KB153733

대한민국임시정부사연구

이현희 지음

혜안

표지사진 : 임정요인 140여 명 합동기념사진
대한민국임시정부 요인들이 중국 상해의 한 장례식장에서 찍은 사진을 최근 도산 안창호의 외손
자인 필립 안 커디(미국거주)가 공개했다. 임정 수립(1919년 4월 13일) 1년 뒤인 1920년 4월 14일
상해 장빙로 서양인 공동묘지에서 독립지사 안태국의 장례식을 마친 이동녕 이시영 김구 안창호
등을 비롯한 임정요인 140여 명이 합동으로 찍은 것이다. 이 사진은 안창호의 부인인 김혜련이 상
해에 갔다가 입수한 것으로 가로 130여cm 세로 30여cm의 대형 흑백사진이다. 이처럼 많은 인원이
한 자리에 모여 기념촬영한 것은 처음이다.

임정을 이끌어간 핵심 3인 이동녕 이승만 김구(이들은 임정의 수반이었다. 좌로부터)

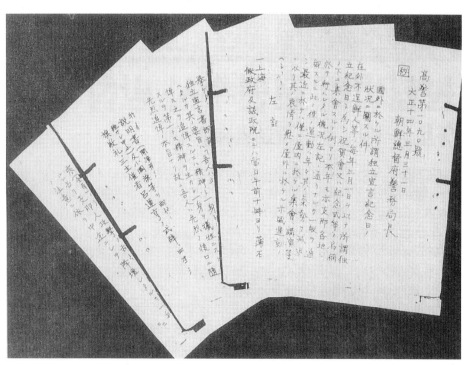

일제는 한국독립진영에서 개최하는 3·1혁명 기념식 행사를 감시 탄압하였다. 사진은 1925년 3·1절 제6주년 기념행사를 정탐 보고한 밀정의 총독부 경무국의 비밀문건.

3

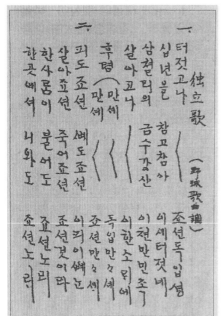

3·1혁명 당시 전국 시위현장에서 자주 불렀던 노래「독립가」의 가사. 감격적인 내용이 포함되어 있다.

볼드리지에게 상해 임정에 보낼 금붙이를 가져온 한국인들.『시간과 기획』(176쪽)에 수록된 이 그림에는 '1919년 자기 마을의 금을 모아 나에게 전해준 사람들의 일부'라고 영어로 설명되어 있다.

3·1혁명 첫돌 기념식 장면. 1920년 3월 1일 상해시내 중심가 올림픽대극장에서 개최된 기념식에는 이동휘 이동녕 김구 등 임정요인을 비롯해 교민, 외국인 등 2백 명이 참석해 3·1혁명정신을 되새겼다.

임정 군무총장 노백린이 설립한 미국의 항공학교 비행대원(민국 2년(1920) 2월 5일 항공학교에서). 장병훈 오림하 이용선 노백린 이초 이용근 한창호

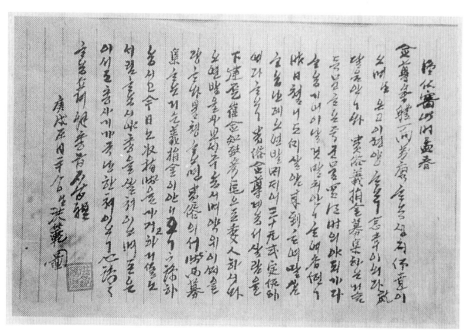

임정 수립 80주년 전시회에서 처음 공개된 홍범도 장군의 서한. 동삼성 등에 살고 있는 동포들에게 무기를 구입해 임정 산하 독립군에게 보내 달라는 간절한 내용이다.

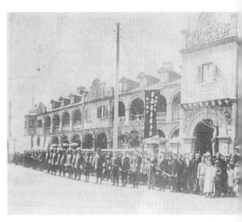

한말 민족지 『대한매일신보』에서 업무직 사원으로 근무한 애국지사 이교담(왼쪽)·임치정의 당시 모습. 복장은 대한제국 장교의 정장 차림이다(이교담의 손자 이정원 제공).

독립운동가 安泰國지사의 장례식 사진

독립운동가 안태국지사의 장례식(1920. 4. 14)에 참가한 상해 임정요인 140여 명의 대형 가로사진이다. 이 사진은 가로 102cm×세로 24cm 크기의 대형 흑백사진으로, 장의행렬이 장지로 향하기 위해 상해시내 中華英文專門學校 앞 대로변을 지나는 장면을 담은 것이다. 사진에는 중앙에 백범 김구(흰 점선)가 왼팔에 검은 완장을 끼고 서 있는 모습이 보이며, 영구마차와 줄을 잡고 따르는 이동녕 이유필 김병조 조동호 등 요인 행렬, 만장 등의 모습이 눈길을 끈다.

한자리에 모인 상해 대한민국임시정부 요인

임시정부 초기 상해에서 활동한 요인들의 면면을 담은 희귀사진이 입수됐다. 가로 130여cm×세로 25cm 크기의 두루마리 형태로 된 이 흑백사진은 방한한 도산 안창호의 외손자 安必立(미국 LA거주)이 그동안 보관해 오던 것을 최근에 첫 공개한 것.

이 사진은 1920년 4월 11일 상해 홍십자병원에서 순국한 독립운동가 安泰國(건국훈장 독립장 추서)의 장례식에 참석한 이동녕·김구 등 임정 간부·교포들을 함께 담은 것으로 장소는 상해시 인근 萬國公墓. 사진 속에는 임시정부 초대 의정원의장을 지낸 석오 李東寧과 도산 安昌浩, 성재 李東輝를 비롯해 백범 金九, 『독립신문』편집국장 춘원 李光洙, 『독립신문』창간동인 조동호, 상해거류민단장 몽양 呂運亨, 鄭仁果 목사, 해공 申翼熙, 동암 車利錫, 군무부차장 金義善, 교통부차장 金澈 등 140여 명의 임정요인들이 자리를 함께 했다.

大韓民國赤十字會宣言書

1. 우리는 우리의 設立 호 벗든 赤十字會를 被侵 혼 耶穌中에서 六로 憾难 호야

我의 完全 호 精神 과 赤十字會를 組織 호고 世界에 宣言 호 노라

赤十字會 는 唯一 호 天慈善 의 葉 과 博爱 其 精神 이 며 人類 의 生命 救護 가

其 職分 으로 國의 國과 斯民에 無辜 호 族 과 族의 差別 이 업고 瘵 瘠 傷 痛 의

有 홈 을 兄 說 分 其 死 홈 을 欲 호 と 者 를 박 디 救 護 의 責 言 負 行 호 と 仁 者

는 術 을 標榜 호 로 實 任 호 と 者 赤 十字 의 主義 의 精神 이 라

诸 君 이 우리 と 赤 十字 會 と 今 俊 의 恥 辱 의 旺 家 運 命 에 随 호 야 悔 痛 과 呈 晤 홈

어느 今 日 에 우리 된 리 로 벗 든 다

合 併 의 耻 辱 音 當 호 니 우리 同胞 을 서 社 會 党 其 教 一

宇 萬 名 이 過 호 고 우리 의 捐 告 금 을

一 千 萬 元 의 额 音 捐 金 을

이 리 로 民 類 題 捐 金 을 其 職

대한민국 국회의사당 내에 세워진 임정의 초대 의정원의장(국회의장) 이동녕의 상반신 동상(1996. 5. 16)

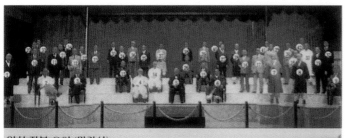

임시 정부 요인 (밀랍상)

1 송병조	7 이상룡	13 신규식	19 박용만	25 김동삼	31 조성환	37 박찬익
2 이동녕	8 양기탁	14 이시영	20 김인전	26 김좌진	32 김 철	38 김원봉
3 안창호	9 홍 진	15 김규식	21 윤기섭	27 오동진	33 조상섭	39 유 림
4 박은식	10 손정도	16 이동휘	22 장 붕	28 유동열	34 김성숙	40 황학수
5 이승만	11 여운형	17 노백린	23 김붕준	29 조완구	35 장건상	41 조경한
6 김 구	12 조소앙	18 최재형	24 이 강	30 차리석	36 신익회	42 지청천

대한 민국 임시 정부 27년사	대한 민국 임시 헌장
제1기→상해 시대 (1919~32) 14년간 제2기→이동 시대 (1932~40) 8년간 제3기→중경 시대 (1940~45) 5년간	제 1조 대한 민국은 민주 공화제로 함 제 2조 대한 민국은 임시 정부가 임시 의정원의 의결에 의하여 통치함 제 3조 대한 민국의 인민은 남녀 귀천 빈부의 계급이 없고 모두가 평등임 제 4조 대한 민국의 인민은 신교(信敎) 언론 저작 출판 결사 집회 신서(信書) 주소 이전 신체 그리고 소유의 자유를 향유함 제10조 임시 정부는 국토 회복 후 만1년 내에 국회를 소집함

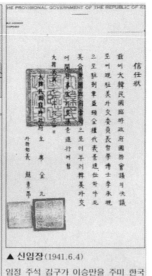

▲ 신임장 (1941.6.4)

임정 주석 김구가 이승만을 주미 한국 위원회 위원장으로 임명한 신임장

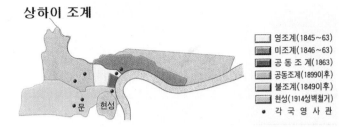
상하이 조계

☐	영조계(1845~63)
☐	미조계(1846~63)
■	공동조계(1863)
☐	공동조계(1890이후)
☐	불조계(1849이후)
☐	현성(1914성벽철거)
●	각국 영사관

대한 민국 임시 정부 및 임시 의정원 조직

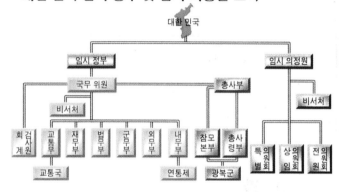

대한 민국 임시 정부의 성립과 이동(1919~1945)

▲ 이동녕   ▲ 김구

▲ 임시 정부 기관지 [독립 신문] ▲ 대한 민국 3년 1월1일 상해판

▲ 대한 민국 임시 정부 청사 ▲ 대한 민국 임시 정부 요인들

대한민국 임시정부(1919~1945)의 지도제
대통령제(이승만)⇨내각 책임제(김구)⇨국무위원 중심제(이동녕)⇨주석제
(김구)⇨주석·부주석제(김구·김규식)

한국 광복군의 투쟁과 국내 진입 작전(1940~1945)

대일선전 포고(1941)
훈련반 개설 예정지
제2지대
제1지대
제1지대 제1구대
제3지대
총사령부
대한 민국 임시 정부
광복군의 본토 진입 계획 (공정대OSS)
인도 파병
미얀마 파병
제2지대 강남 분대
제1지대 제2구대

평양 동해
서울
황해 부산
시안
청두 노하구 푸양
충칭
캘커타
젠산
젠양

0   500Km

지청천 이범석 김홍일의
사진(저자의 최근 저서에
서)

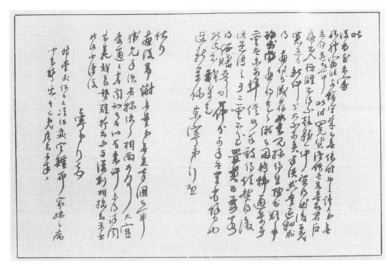

석오 이동녕(임정 주석)의 친필서신

임정의 기관지 『독립신문』 사옥
(상해 동익리 5호 : 현 황피남로
337-5 : 철거되었다)

임정의 4호청사(1919~1920)

임정을 보호하던 상해 프
랑스 경찰국(1919~1932)

1920년 1월 1일 임정의 신년 축하기념(상해 임정청사 앞 : 요인지도자 다수가 모였다)

1921년 1월 1일 임정 신년 축하기념

1920년대초 상해 임정에 관여하던 여운형 김인전 윤건중 김갑수 조동호 등

영국인 죠지 쇼가 경영하던 이륭양행 자리
(연통제 비밀조직 : 현 단동시의
단동시건강교육소)

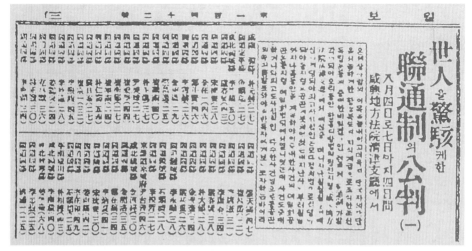

임정의 비밀 국내외 연락조직인 연통제 관련인사(47명)의 공판을 취재한 동아일보의 기사

임정 제2대 대통령 박은식의 상해 묘소(현재는 국립현충원 임정묘역에 안장되어 있다)

임정의 내무총장 등을 역임한 항일투쟁가 이유필(오른쪽)과 그 가족(상해, 1929)

임정의 작탄활동으로 세계를 놀라게 한 윤봉길의사의 의거지 상해홍구공원(현재는 노신공원으로 변했다)

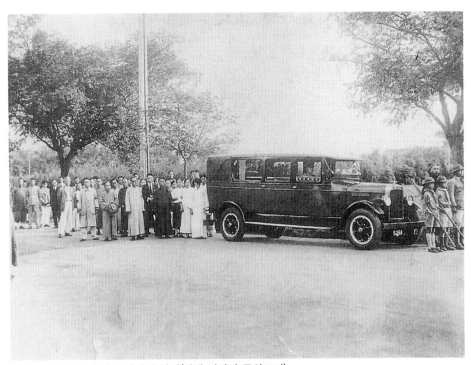

임정요인 엄항섭의 장모 장례식 광경(상해 정안사 공원묘지)
김구 김붕준 조소앙 엄항섭 연미당(엄항섭의 합부인) 조완구 이시영 이동녕 박찬익 엄도해 연병
호 신명호 연충열 등의 모습이 보인다(1931).

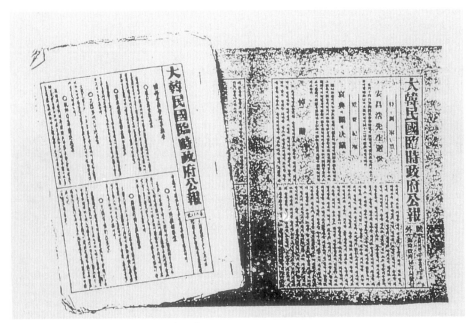

임정의 홍보를 전담한 『임정공보』의 모습

한인애국단원 이봉창의사의 의거를 다
짐하는 씩씩한 모습(1931. 12. 13 상해)

이봉창의사의 일왕폭살 미수를 알리는 신
문의 호외

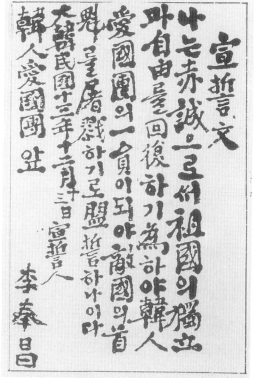

이봉창의사의 선서문(1931. 12. 13 상해)

항주피난시대의 임시정부청사(1932~1935 : 호변촌 23호)

중국 가흥에 피신하던 김구 이동녕 엄항섭지사(1932년경)

이동녕·김구를 후원한
이용문지사(1930년대)와
임정에 헌신한 장덕로목사

현재 상해 임정청사(마
당로)에 전시되어 있는
이동녕 김구 이봉창
등의 관련사진

1924년에 쓴 임정 국무총리 이동녕의 휘호

상해 임정청사(1926~1932). 현재 상해에 유일하게
보존 전시되어 있다(현 상해 마당로 306-4).

1934년 남경에서 한자리에 모인 백범 일가. 앞에 앉은 이는 백범의 자당 곽낙원이며, 뒷줄 왼쪽부터 장남 仁, 차남 信

장사의 임정청사 근처 남목청(이운한이 김구를 저격했던 회의장, 1938 : 현재 그 당시의 목조 건물이 그대로 보존되어 있다)

1938년 중국 심양에서 두 조카 (흥식·광식)에게 보낸 임정 후기 국무위원 유림의 서신

22

김구의 『**백범일지**』. 이 속에 이동녕주석으로부터 백범이 최후까지 애호를 받은 사람은 나였다고 분명하게 기록하였다.

광복군 배지

광복군 사열
중국 西安에 주둔하고 있던 광복군 제2지대(지대장 이범석)의 사열장면.

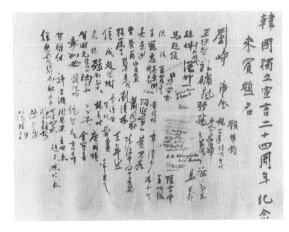

1943년 3월 1일 3·1혁명 24주년 기념
식에 참석한 중국측 주가화, 유치 장군
등 내빈들의 자필서명 방명록

61년 전의 김구와 지청천
1940년 9월 17일 중화민국의 임시수도 중경의 嘉陵賓館에서 한국광복
군 총사령부 성립전례식 후 대한민국임시정부 김구 주석과 지청천 광
복군총사령관이 기념촬영을 한 모습.

한국광복군 제2지대 본부자리(서안 二府街 4호)

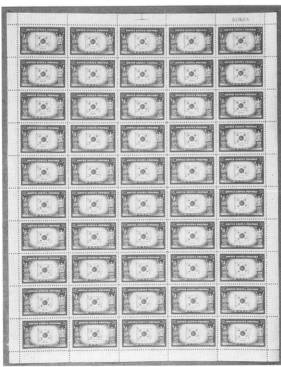

임정(중경)에서 발행한 태극기 기념 우표(1944. 11. 3)

중국 기강에 있었던 임정 청사(1940)
이동녕의 장손 이석희(화동육영회 이사장)와 저자

이동녕 임정주석이 거처하던 중국 기강의 거택(2층)과 이동녕주석이 서거한 청사 2층(1940. 3. 13)

대한민국임시정부사연구

이현희 지음

혜안

THE STUDY ON HISTORY OF
THE PROVISIONAL GOVERNMENT
OF THE REPUBLIC OF KOREA

by

Lee, Hyun Hee, Ph.D.

Hyean Publishing Co.

Printed in Seoul, Korea
First Edition 2001

책 머리에

1981년도에 국내 최초로 임정연구의 체계적인 연구의 결실로 『대한민국임시정부사』(1)를 펴낸 이후 저자는 20년 만에 그 후속편이라 할 수 있는 본서 『대한민국임시정부사연구』(2)를 출간하게 되었다. 앞의 저술을 간행한 이후 틈틈이 연구 집필한 논문이 40편에 이르렀다. 그 중 우선 20편을 정선하여 나의 정년을 기해 지나온 길을 뒤돌아보며 자책 반성하면서, 전편의 후속편으로서 이 책을 펴내게 된 것이다.

1961년부터 11년 동안 국사편찬위원회 편사연구사·연구관으로 재직하면서 당시로서는 생소하기 이를 데 없는 임시정부에 관련된 귀한 자료들을 뽑아 차분하게 논문을 쓴 이후 1972년 성신여대 사학과(국사학과)로 근무지를 옮겨 본격적으로 임정에 관련된 연구를 계속하였다. 그 연구 성과물을 묶어 문학박사 학위논문으로 제출하였고, 이를 대폭 보완하여 학술논문집, 『대한민국임시정부사』(1)를 펴낸 바 있었다.

돌아보건대 당시 한국사학 분야에서는 최초로 임시정부사를 연구 집대성한 것이라 하여 주목을 끌었다. 많은 선배·동학들이 분에 넘치는 찬사와 격려를 보내 주었고, 이 방면에 대한 연구를 축원해 주었다. 물론 저자의 연구 이전에도 사회과학 분야에서는 단편적이기는 하나 무게 있는 임시정부 관련 연구논문이 학계에 제시된 바 있었다. 저자에 대한 주목과 관심은 역사학 분야에서 최초로 단편적인 임정 관련 연구성과들을 한 책에 묶어 임시정부 27년사(1919~45)를 체계화하고 역사적 의미를 부여하였기 때문일 것이다. 더욱이 당시는 대한민국정부의 법통성을 임시정부사에서 찾아 이를 인적·법률적·사상적으로 연결시켜야 한다는 목소리가 높을

6

때였다. 북한이 우리나라의 정통성을 자신들의 편리함을 중심으로 제기하고 있던 시기에 이러한 임정사의 법통성 주장은 보편타당성과 함께 시사성을 띠면서 학계·정계로부터 널리 격려·공감을 얻을 수 있었다.

이러한 움직일 수 없는 나의 학문적 소신과 바탕 위에다가 독립유공자 중 임정 관련 지사의 적극적인 추진에 힘입어 마침내 1988년 제9차 개정 헌법 前文에 임정의 법통성이 문자상 명문화되기에 이르렀다. 저자의 연구에 대해 이런 저런 비판과 이의가 따르는 것은 나의 보잘것없는 학문의 자극·발전이라는 면에서 보더라도 당연하며, 또한 소망스러운 것이기도 하다. 그러나 위와 같은 성과를 거둘 수 있었던 것은 역시 나의 40여 년에 걸친 일관되고 우직스러운 자료에 의한 임정연구가 결코 쓸모 없는 결과로 끝나지 않고 일정하게 그 타당성과 객관성·개척성을 공인 받았기 때문이 아닌가 하여 크나큰 보람으로 생각한다.

오직 임정연구 한길로만 내달려 온 저자가 1981년 이후 다시 임정사 연구를 집대성하여 정년을 앞두고 새로운 책으로 묶어 세상에 내놓게 되었으니, 감회가 얼마나 큰지 모르겠다. 화보 역시 먼저 번 책에서 다루지 않았던 새로운 사진을 발견·개발해서 참신성을 돋보이게 하였다. 이 책을 엮어 내는 데 도움을 준 은사님과 부모님·가족, 또 성신여대 강사이며 현대사연구소의 연구원 황묘희박사와 석·박사 과정생 10여 명 등 정성을 쏟아 준 學弟들에게 고마움을 전한다. 그리고 수지타산을 도외시하고『이현희교수저작선집』(1)으로 그간 나의 학문 연구의 중간평가·정리이기도 한 이 책을 쾌히 간행해 주신 양서의 전당 '혜안'의 오일주 사장님께도 감사한 마음 끝이 없다.

2001년 3월 13일
임정 수립 82주년을 맞아
글쓴이   李 炫 熙   삼가

차 례

이 저서는 2000년도 성신여자대학교
학술연구조성비 지원에 의하여 연구되었음

2부　상해시대의 임정과 광복정책 163

4부 임정을 이끌어 간 인물 385

서 론

　대한민국임시정부(이하 임정)는 국내에서의 3·1혁명을 마무리지은 국민항일투쟁사상 최대의 성과로 우리나라 5천년의 역사를 계속성이라는 이해의 특성에 따라 일제강점하 35년(1910~1945) 간을 공백이 아닌 민주공화정의 혁명체제 유지로 계속 통치하였다고 해석한다.

　1910년 근대화와 제국주의 침략수법에 앞서고 익숙한 점령책동 등을 구사하는 일본에 의해 우리나라는 강점당하였다. 그러나 1919년 2천만이 참여한 3·1혁명 이후 1945년 8·15의 독립을 쟁취할 때까지 27년간은 임정을 이끈 40여 명의 지도자가 국내외를 3권 분립체제에 따른 단일 민주공화정부로서 대표성을 갖고 대본영(大本營)하의 헌법에 의거, 합리적으로 내외를 지도원리에 따라 통할·통치하였다고 문제를 제기한다. 여기에 5부로 나눈, 각각 다른 성격과 특성이 나타나는 20여 개의 개별 논문이 하나의 정부-국가형태로 차분하게 정통성에 따라 협력체제 속에 대일투쟁을 통해 광복정책을 펴 나간 것이다.

　3·1혁명을 전후로 급격하게 변화하고 있는 요인을 분석해 보면 국내적으로는 도의·자유·국권의식이 표출되었고, 외부적으로는 제1차 세계대전의 영향으로 독립과 민주의식이 팽배하였다. 이미 2·8독립선언문(東京) 속에 '신국가건설론'이 제기되었고, 세계 평화의 갈구와 자유 정의 진리가 우리의 당면과제임을 믿고 있었다. 이에 따라 3·1혁명 중 이미 군주제의 청산과 민주공화제의 출현이 국제경쟁력과 새로운 세계 발전의 대처체제로 무엇보다 시급하고 필요함을 절감하게 되었다.

　이리하여 국내외 8~9개처에서 군주제 이후의 통치체제로 자유민주공화정이 각기 특색 있게 대두되어 대한민국임시정부 형태의 3·1혁명의 마무리 작업이 활발히 진행되었다. 여기에 민족지도자 중 이동녕 이시영 김구 조소앙 등 40여 명이 앞장서서 손문정부의 후원을 얻어 프랑스조계 내(김신부로)에서 임정을 수립 선포하였으니, 그것이 1919년 4월 13일 오전이었다. 물론 임시의정원(입법부)을 두고 국무원(행정부)을 구성하였으며, 이어 사법부까지 제도적으로 두는 3권분립의 임시헌장 10개조를 선포한 것이다.

이들은 내정·교통·외교·군사·교육·문화·재정·사법 등 여러 분야의 광복정책을 실시하는 등 제도적으로 광복정책을 폈다. 임정은 상해시대 14년(1919~32) 이후 이동시대 8년(1932~40), 중경시대 5년(1940~45)까지 27년간을 중국의 주요 거점을 왕래 정착하며 완전 자주독립을 위해 광범위하고도 실질적인 현실광복정책을 폈다. 때로는 임정 동지 간의 갈등과 대립, 공산사회주의계의 주도권 쟁투, 일제의 임정 파괴, 해산, 밀정 양산 책동, 국제사회의 몰이해로 인한 진로의 불투명과 혼돈이 온존했던 어려운 시기도 있었다.

그러나 이러한 현실모순과 도전을 효과적으로 대처 극복하고 임정의 국제적 공인을 위해 여러 국가에의 외교책략을 직·간접으로 전개하였다. 구미의 지도자로 하여금 강대국의 후원과 협조를 간구하는 등 임정을 구심점으로 한 해외 광복정책의 공략은 자유세계를 대상으로 부단히 계속되었다.

마침내 1945년 8월 15일 우리는 내외에서의 엄청난 인적·물적 손실을 입으면서도 의연한 자주적 자세견지로 완전 자주독립 국가를 복원하기 위하여 한사코 투쟁하여 독립을 쟁취하고, 제한적이나마 제도와 인물이 법통적으로 환국하게 된 것이다.

임정은 그 고난과 영광의 27년간 자체는 물론 국내와의 지속적인 연계 투쟁을 전개하여 일제를 압박하고 독립쟁취를 위해 무진장 혈투를 계속하였던 것이 사실이다.

다음에 펼쳐질 20여 개의 개별 논문은 이 관점을 놓고 27년간 어떻게 독립쟁취와 함께 국정을 개화적 측면에서 일관되게 국민을 위해 힘써 왔는가를 제도와 인물, 정치이념적 측면에서 연구·천착할 계획이다.

　그것이 얼마만큼 오늘의 자유 민주공화정치의 훈련과 밑거름이 되었는가를 한국인의 역량·의욕·능력·참여 면을 제도적인 정치발전 형태의 연구 전진과 함께 그 실체가 무엇이었는가를 내외 귀중자료에 의거, 진지하게 학문적이고 실증적으로 제시하게 될 것이다.

1부 광복투쟁의 대본영 – 임시정부의 터닦기

1. 1910년대의 임정수립기반조성

1) 1910년대 한중연대의 필요성

한국과 중국은 동북아시아 대륙에 인접하면서 시종 오랫동안 역사와 문화를 함께 한 공동운명체적인 긴밀한 관련을 맺고 수천 년 동안 외교관계를 지속해 왔었다. 고대로부터 현대에 이르기까지 오랜 역사적 유대의 연원을 갖고 상호 융합과 협력관계를 맺어왔다. 그러나 공교롭게도 한중 두나라는 20세기 들어와서 일본제국주의의 공통된 침략 앞에 공수동맹해야할 절박한 공동운명적 한계상황에 놓이게 되었다.

중국인 가운데 한국민의 항일투쟁을 적극 지원한 인사의 견해와 같이 일본이 한국을 침략한 것은 제국주의적인 강도행위였다. 이에 중국 민족은 원래 침략을 반대한 데다가 두 나라는 다같이 일본에 의한 침략의 피해를 받고 있었으므로 한국의 항일독립운동의 확산과 성과의 적극적인 지지에 대해서는 의리상으로도 사양할 수 없었다. 뿐만 아니라 한국에 대한 일본의 군국주의 통치는 시종일관 가혹잔악한 데다가 人道가 없었으므로 이러한 일본의 야만적 행동에 대해 중국은 증오하였다. 한국이 일본에 강점됨으로써 즉시 한반도가 종내는 일본의 중국침략기지로까지 발전하였다는 것이다.

이처럼 한중 두 나라 인민들의 禍福은 사실상 같은 운명에 있었고, 중국은 한국이 기필코 광복을 찾는 것이 중국 스스로를 돕는 것이라고 믿고 있었다.[1] 즉 한중 양국은 脣齒와 같이 상호 존망에 관계되기 때문에 한국을

---

1) 蔣君章, 「孫文·蔣介石의 韓國獨立活動支持」, "中韓兩民族 歷史淵源最久 彼此

적극 협조해야 함을 당론으로 확정했다. 중국은 한국을 돕거나 연합하여 일본 침략을 공동으로 분쇄 저지하고자 하였다.

중국 국민당이 奉行하고 있는 三民主義 중의 민족주의는 민족 스스로의 독립·자유·평등을 의욕적으로 찾아야 한다는 것으로, 약소민족을 協援하여 함께 독립과 자유 및 평등을 찾아야 한다고 주장하였다. 손문은 그의 유언에서 "세계에서 우리를 평등으로 대하는 민족과는 반드시 연합하여 공동분투해야 된다"라고 명백하게 지적하고 있음을 주목해 볼 수 있다.[2]

결국 독립·자유·평등을 갈망하는 한국과 중국은 어차피 제휴 연합하여 공동의 적인 일본에의 항일투쟁을 전개하지 않을 수 없었다. 한국의 피압박 상태를 애석히 여긴 중국 국민당은 한중연대를 정책적인 차원으로 확산·실천하였으니 이는 중국인 전체의 크나큰 소망이었던 것이다.[3]

1910년 8월 한국은 일제에 의해 강점 당한 뒤, 즉시 그 해 9월부터 종교계 인사들을 중심으로 광복투쟁을 위한 다각적인 항쟁을 국내에서 일으켰으며[4] 중국으로 망명한 인사들은 주요지점을 광복투쟁의 거점도시로 기반화하였다.[5] 그 대표적인 망명지사는 申圭植 曹成煥 韓興敎 閔忠植 등이었으며 이들은 孫文의 辛亥革命에 참가하여 중국 인사들과 知面을 넓혀 독립투쟁의 기반을 닦았다. 그 뒤 마침내 국내에서 1919년 3·1혁명이 일

關係 向來融洽 像兄弟一般 日本侵略韓國爲帝國主義者的行爲 中國人民向來反對侵略 而且是同受日日本侵略之害 因此對貴國獨立運動 是義不容辭的要支持 日本對韓軍國主義的統治 慘無人道 我們對日本這種行動 格外憎惡 大韓被併呑 卽成日本侵略中國之基地 他的北進政策 就是以韓國做橋梁 中韓人民 禍福相同 我們幫助貴國來反對日本求獨立也 就是我們自己髣助自己"(精文硏 編, 『韓國獨立運動史資料集』, 博英社, 1983, 191~192·205쪽).

2) 滕傑, 「三民主義力行社의 韓國獨立運動에 대한 援助」, "世人皆知:中國國民黨所奉行之三民主義中的民族主義 是主張民族自求獨立自由平等同時也 主張扶助其他一切 弱小民族共求獨立自由平等的總理孫中山先生在其遺囑中 又明白楷出 爲求達到民族之獨立自由平等 必須聯合世界上以平等 待我之民族共同奮鬪 而中韓兩國脣齒相依 其關係更特別密切 故援助韓國追求其獨立自由平等 同不抵 是我中國國民黨政策 實亦爲我全中國人之所大願"(위의 책, 62·78쪽).

3) 앞의 資料, 62~63쪽.

4) 李鍾一, 『默菴備忘錄』(未刊), 1910년 9월 30일.

5) 李炫熙, 『韓民族光復鬪爭史』, 正音文化社, 1989, 第2篇 참조.

어남을 계기로 해서 동년 4월 13일 국제도시 상해 프랑스조계 내 金神父路에 대한민국 임시정부를 수립, 정식으로 국내외에 정통민간정부임을 공포하기에 이르렀다. 이에 관한 논고 성과는 저자가 몇 권의 연구서로 이미 정리 검토된 바 있다.6)

대한민국임시정부가 상해 프랑스조계 내에 수립된 뒤 그곳을 중심으로 한 한국의 독립지사들은 중국 인사와 손잡고 연합 항일투쟁을 전개하게 되었다. 본 항목에서는 임정이 수립된 1년 뒤인 1920년부터 1932년 4월 29일 尹奉吉의사의 홍구공원 의거로 인해 상해의 프랑스조계를 떠난 1932년 5월 전후까지의 14년간에 일어났던 주요한 한중연대 항일운동을 투쟁사적 측면에서 심층적으로 고찰하고, 그 기반 구축을 위한 민족사적 의미를 평가해 볼까 한다. 우선 대한민국임시정부 27년사를 세 시기로 구분하는 가운데7) 그 첫째 시기인 14년간을 체류 통할하였던 上海시대(1919~1932)의 한중연대 항일투쟁의 기반조성 등을 살펴본다.

2) 한중연대 항일운동의 정비단계

(1) 한중연대의식의 확대

1920년대 중국에 있어서 한중연대 항일운동은 그 전 단계로 1910년대에 이념적 제휴가 이루어진 한일 양민족 간의 항일투쟁을 살펴보아야만 그 기반과 경과를 극명하게 알 수 있다. 그 중국측 핵심인물은 孫文과 蔣介石, 그리고 그 막료의 군정계 혁명파 인물들이었다. 이에 비해 한국측은

---

6) 李炫熙,『大韓民國臨時政府史』, 集文堂, 1982 ;『大韓帝國의 最後와 臨時政府의 活動』, KBS事業團, 1982 ;『3·1獨立運動과 臨時政府의 法統性』, 東方圖書, 1987 ;『臨政과 李東寧 硏究』, 一潮閣, 1989 ;『大韓民國 臨時政府』, 한국민족운동사학회, 1991. 이상의 저자 저서 외에 金榮秀의 臨政憲法論과 이연복의 임정에 관한 연구저술이 지금까지 이 방면의 연구성과를 정리 놓고 있다.

7) 臨政 27年間의 3시기는 ① 上海時代(1919~1932 : 初期) ② 移動時代(1932~1940 : 中期) ③ 重慶時代(1940~1945 : 後期)로 크게 구분해서 고찰해 보는 것이 이해를 도와줄 수 있을 것이다.

1910년대초에 중국 상해 방면으로 망명한 신규식 조성환 한홍교 민충식 여운형 조동호 장덕수 등을 손꼽을 수 있겠다.

孫文은 삼민주의의 민족주의 정신에 입각하여 독립과 평등을 주장하였듯이, 세계 약소민족과 협원하는 것이 그의 정치철학 및 신념이며 이상이었다.8) 특히 그는 중국에서 혁명을 일으켰는데 그것은 그들의 민족복권운동으로 구체화되었다. 이보다 앞선 1906년 그는 同盟會시절에 한국과 필리핀의 독립운동 - 국권회복운동 - 을 적극지지 찬성함으로써 세계 약소국들의 경우를 동정·분기케 했던 분위기가 이 때에는 더욱 성숙된 바탕 위에 구체화되고 실질적으로 진일보하였다. 중국혁명당 인물이 우리나라가 일제에 강점되는 1910년을 전후로 하여 각종 간행물을 통해 성원하고 반제분위기를 형성하였던 것은 중국이 한국 독립을 적극지지 찬성해 주겠다는 신호인 것이다.9) 胡漢民과 같은 논조로 손문이 일제의 한국침략에 관하여 필설을 통해 준열히 규탄10) 성토하였으니 한중연대와 함께 주목해 보아야 할 것이다.11)

그러나 손문이 이렇게 강점당한 한국을 지원하고 연합하여 항일투쟁할 것을 역설 절규하였음에도 불구하고 중국 내로는 각지의 군벌이 거세게 할거하면서 영역확산을 도모하고 있었으며, 밖으로는 제국주의 국가들의 직·간접적인 압력을 받고 있었기 때문에 한국에의 지원이나 한중연대연계 항일투쟁은 사실상 계획만 된 채 실천에 옮기지 못하고 말았다. 이처럼 국내외적으로 어려운 여건 속에 묶여 있었던 손문이었으나 한국원조에 대한 그의 소신있는 열의는 굽힘이 없는 모든 방법을 다하여 측면협조에 이르기까지 실질적·효율적으로 부각되어 진력하였던 것이다.12)

이와 관련하여 중국 국민당 인사들은 袁世凱 타도에 실패한 후 한동안

---

8) 蔣君章, 『韓國獨立運動史資料集』, 博英社, 1983, 192쪽.
9) 于右任, 『民吁報』 1909. 10~11.24 참조.
10) 胡漢民, 『大亞西亞(Asia)主義與抗日』, 廣州, 1936, 30~38쪽.
11) 孫文이 犬養毅에게 送付한 抗議書(1923).
12) 蔣君章, 앞의 자료, 206쪽, "國父(孫文)在日 中華民國亦在風雨飄搖中 內部有軍閥割據 互相爭奪地盤 外部有帝國主義的壓迫 我們可說自願不暇 但是對援韓工作 依舊非常熱心 故援韓有心無力 在無辦法中想盡辦法來從旁協助".

위협을 받아 국내에서조차 설 수 없었다. 이에 영도하던 각급 지도자들은 망명하여 해외에서 어려운 생활로 연명하지 않을 수 없는 압박상태를 면치 못하였던 것이라는 설득력 있는 주장을 경청할 필요가 있겠다.13) 이런 설명은 지금 중화민국에 생존해 있었던 중국 국민당의 혁명당파 인사들의 공통적인 증언이었다.14)

한중 양국의 연대투쟁은 아무래도 우리나라가 1910년 8월 일제에 불법 강점을 당한 전후부터 본격화된 것이다. 우리나라의 항일투쟁은 중국의 반일제 투쟁과 맥을 같이 하는 것이었다. 일제의 한국과 중국 침략이 심화·가열화되면서 전개된 중국민족의 항일혈전과도 맥을 같이한다고 보겠다. 중국학자로 한국독립운동사를 연구하고 있는 胡春惠는 중국에서 대한민국 임시정부수립 등 한국의 독립운동이 지속화되었으므로, 그의 저술에서 '援韓'이라는 말을 즐겨 쓰고 있지만,15) 중국의 반일항쟁에도 한국인이 적지 않게 인적·물적으로 기여 공헌했음을 인식해야 할 것이다.

한중이 '脣齒의 관계'라고 중국인들이 표현한 것은 단순한 외교적 수사의 수준과 인식만은 아니다. 한중 양국민의 실질적인 항일독립투쟁은 '질·양·성과' 면에서 매우 밀착되어 있음을 눈여겨보아야 한다. 이 당시는 청말의 혁명, 保皇, 입헌운동 등이 최절정기에 도달하고 있었으므로, 어느 유파와 제휴하는 것이 현명하고 실질적으로 이득이 있겠는가 하는 것을 쉽게 판단할 수 없는 일이기에 혼돈이 일어날 수도 있었다.

이런 시기에 중국 혁명당 투사들과 우리의 독립운동 관계자들은 우국적 충정에서 한중연대의식을 심화 확산시켜 나감에 선도적 임무를 수행하였다. 그 중의 대표적인 분이 신규식 조성환 한흥교 여운형 조동호 등 1910년 직후 중국으로 망명해 온 인사들이었다. 이들은 그 투쟁의 전력으로 보

---

13) 滕傑, "我中國國民黨人 自倒哀失敗以後 有一段時間在國內己無立足之餘地 領導同志多在海外過着顚沛流離的隱亡生活 此時對韓援助 實亦心餘力絀".

14) 精文研, 『韓國獨立運動史資料集』, 于國勳 顧祝同 羅英德 滕傑 方志懋 唐縱 陳立夫 祝秀俠 蕭錚 蔣君章 沈昌煥 등의 증언 속에서 한중연대 항일투쟁의 당위성과 절실성을 공통적으로 강조한 바 있음을 주목해 볼 수 있겠다.

15) 胡春惠, 『韓國獨立運動在中國』, 中華民國史料研究中心, 1976 및 정문연, 앞의 자료 참조.

아 이미 학창시절에 소위 '不穩分子'로 낙인이 찍혀 퇴학을 당하는 등 항일기질이 충만했기에 해외로 망명의 길을 밟았던 것이다.16) 신규식이 중국 혁명당파 인사들과 제휴해서 때로는 크게 물심양면으로 돕기도 하고 격려도 아끼지 않았던 것은 그 애국적인 충정이 충만하였기 때문이었다.

그는 1910년으로부터 1922년 상해에서 서거할 때까지 이동녕 등과 같이 임정의 산파역을 맡는 등 그 기반 조성을 위한 결사에 몸 받쳤으며, 이와 아울러 기성단체에도 가입하여 중국인과 연대항일투쟁을 전개하였다.

(2) 중국혁명당인과의 연대활동

1910년대의 한중연대활동은 한국인 중 신규식의 경우가 두드러진다. 그는 망명 전 漢語(중국어)에 관심을 가지고 집요하게 어학을 익혔으므로 각별히 중국에 관한 관심이 심화되어 있었음을 짐작할 수 있다. 이 당시에는 변법유신운동의 실패와 함께 손문의 혁명활동이 주목받고 있었는데, 의협심과 모험심을 함께 가지고 있었던 신규식은 1909년 그 자신이 간행 배포하던『工業界』란 잡지를 통해 중국의 급변하는 사정을 소개하면서 그 스스로도 중국인의 정서와 예의를 익힐 수 있었다.17)

그가 국제도시인 중국 상해로 간 것은 그의 말대로 신해년(1911) 이른 봄이었던 것 같다.18) 그는 압록강을 건너 안동(단동), 심양, 산해관 등을 거쳐 북경으로 달려 가서 마침 그곳에 있던 무관학교 동기생 조성환과 해후하고 상해 사정 등 전후 정세를 들었다.19) 이후 그는 북경을 떠나 천진, 제남, 청도에 이르러 膠州灣에서 영국배편으로 상해에 도착하였다. 이곳은 프랑스조계와 영국, 미국, 러시아 등 열강의 공동조계가 접경을 이루면서 경계가 마련되어 있는 등 국제도시로서의 영역과 이점이 그를 더욱 안정

---

16) 李炫熙,『계원노백린장군연구』, 신지서원, 2000, 34·149·203·261쪽.
17) 閔石麟,『韓國魂』, 보신각, 1971, 125~126쪽.
18) 辛勝夏,「예관 신규식과 중국혁명당인과의 관계」,『金俊燁교수화갑기념중국학논총』, 1983, 591~597쪽.
19)『兒目淚』, 21~23쪽.

되게 활동할 수 있게 뒷받침하였다.[20] 이곳은 인쇄·통신시설이 발달되고
있어 혁명당인들의 신문이나 잡지, 단행본류가 많이 간행됨으로써 국내에
있을 때 비슷한 경험이 있던 신규식으로서는 활동에 안성맞춤이었다. 더욱
이 상해는 중국의 혁명을 일으키고 파급시키는 데 지역적·환경적 여건이
잘맞는 최적격지였다. 江蘇 浙江과 揚子江 長江 중하류 일대를 거치면서
거점을 광역권화할 수 있었던 것이다.[21]

따라서 당시는 혁명을 촉진하고 전파할 수 있는 각종 결사가 조직되어
있거나 조직될 단계에 있었다.[22] 임정은 상해 프랑스조계 내에 임시로 수
도를 정하고 정책을 폈다. 이때 석오 이동녕 등은 그곳에서만 14년간이
나[23] 국정을 펴면서 국내외를 통합하고 법통적 정부의 근거지를 마련한
것도 상해의 역사적 위치를 짐작할 수 있게 하는 것이다.[24]

신규식이 상해에 도착하여 처음 접촉한 중국인은 24세로 요절한『民立
報』사원인 徐天復(血兒)이었다.[25] 申檉이라고 이름을 고친 신규식은 서
천복을 통해 신문사의 일로 연계가 된 戴季陶(天仇) 于右任 范光啓 鴻仙
朱少屛 등을 알게 되었다. 그 중 우우임은『民呼日報』(1909. 5)·『民吁日
報』·『民立報』등을 차례로 창간하였다. 먼저『민호일보』를 통해 혁명사
상을 고취하고자 했을 때 우국논설을 집필한 이가 서천복 외에 앞의 대계
도·범광계 등이었다. 바로 이들이 혁명당인들이었기에 이것이 계기가 되
어 그는 더욱 넓게 중국혁명인사들과 접촉 범위를 유지할 수 있었다. 그러
나『민호일보』는 3개월 만인 동년 8월 14일에 정간되고 다시『민우일보』
로 속간하였다. 이 신문은 反일제의 논조를 강하게 폈고 伊藤博文의 만주
행(동삼성)을 침략행각으로 규탄하기도 하였으며,[26] 安重根 의사가 이토

---

20) 1930년대에 일본인이 제작한 상해도시 지도 참조.
21) 상해는 南京조약(1840~1842)을 계기로 개항되어 광주를 능가할 만큼 활발하였다.
22) 同盟會가 조직되기 전 愛國學社(1902~1903)·中國敎育會·南羊工學·동맹회의
   중부 및 光復會總部 등이 상해의 중심부에 위치하고 있었다.
23) 이현희,『臨政과 李東寧硏究』, 일조각, 1989, 225~265쪽.
24) 국사편찬위원회,『韓國獨立運動史』3, 1967, 561~562쪽.
25)『兒目淚』.
26) 方漢奇,『中國近代報刊史』, 山西人民出版社, 1981, 498~499쪽 ; 金九,『白凡逸

오 히로부미를 총살 제거하자 열렬히 지지 찬성한 바 있었다.[27]

다시 이 신문도 정간되자 우우임은 좌절하거나 포기하지 않은 채 집념을 불태워 『민립보』(1910.10.11)를 창간 운영하였다. 이 신문에는 먼저 논급한 중국인 외에도 馬君武, 呂志伊, 章士釗, 葉楚傖, 張季鸞, 吳忠信, 邵方子, 宋敎仁, 陳其美 등 50여 명이 관여하였다. 송교인은 『민립보』의 주필이었고, 민첩하기로 이름난 진기미(英士)는 외근기자로 복무하였다. 이들은 뒷날 중국혁명운동의 주역들이었다. 『민립보』의 논조가 앞장서서 혁명사상을 고취시키면서 반일제운동에 앞장선 것은 자명한 일이었다. 광주 黃花岡의거가 일어났을 때(1911.3.29)나 武昌起義사실(1911.10.10)도 『민립보』는 눈치 살피지 않고 가장 먼저 사실대로 보도하였을 뿐 아니라 혁명성의 당위론, 필연론 등을 부추기고 있었다.

뿐만 아니라 2만부를 발행한 『민립보』는 필리핀, 인도 등 제국주의 탄압에 시달리고 있는 세계 약소국가들에게 민족주의 운동을 충동 고무하고 자주독립의 필요성을 강조하는 논조를 기사와 사설로 취급하고 있었다. 이는 한국의 경우와 비교해 볼 때 매우 격려가 되고 고마운 일임과 동시에 그들과 연대하여 우리나라의 광복투쟁을 정리하지 않을 수 없었다. 이처럼 상해에서 가장 영향력이 강한 혁명파의 일간지 『민립보』의 사원이었던 서천복을 신규식이 처음 접촉하여 지면을 익혀 두었다는 사실은 한중연대활동을 위해 매우 다행스러운 일이었다. 상해 중심지에 위치한 『민립보』의 사옥은 신문발행 보급의 중심지일 뿐 아니라 재차 회복세로 돌아선 상해 양자강(현 장강) 유역인 各省의 혁명파 인사들의 비밀연락장소가 되어 혁명세력을 양성하고 있었다.[28]

1911년 7월 31일 중국동맹회 중부총회가 상해에서 조직되었는데, 이상의 주요 혁명파 인사가 주도적으로 참가하였다. 여기에는 신규식과도 지면을 익히고 있던 우우임 외에 송교인(그의 묘는 상해시 북부에 있다), 진기미, 범광계, 여지이, 譚人鳳, 楊譜生, 潘租彝 등이 간부로 활약하고 있었다.

志』, 敎文社, 1979, 233쪽.

27) 張存武, 「中國對於日本亡韓의 反應」, 『中韓關係史國際硏討論文集』, 1983 참조.
28) 徐詠平, 『民國陳英士先生其美年譜』, 商務印書館, 1980, 55~54쪽.

『민립보』의 관련자가 이 중부총회에 참여함으로써 이 신문은 이 기관의 회원 상호간의 연락거점과29) 홍보지의 임무를 수행한 셈이 되었다.30)

신규식은 詩交로 한중 양국민의 아픔을 달래면서31) 서천복을 통해 중국 혁명당 인사와 선별, 밀착하면서 마침내 그들의 핵심모임체인 동맹회에 가담 활동하였다. 중국혁명의 신속한 전진은 한국민족 등 당시 상해에 온 필리핀, 인도, 베트남, 터어키 지도자 등 동방 피압박민족에게 의욕과 희망을 안겨 주었다.32) 앞의 서천복과 송교인은 『민립보』를 통해 밀접한 사이가 되었는데, 송교인이 살해된 뒤 『宋敎仁集』을 간행한 것이 서천복이었을 정도였다. 신규식은 서천복을 통해 송교인을 알게 되었고 그를 통해 華興會와 중국동맹의 창립멤버인 黃興과도 지면을 넓혔다.

이 때 신규식은 상해혁명을 일으킨 진기미와 함께 辛亥革命에 참가하였다.33) 당시는 기백이 큰 혁명가로 한국과 베트남의 혁명을 가장 중시한 진기미 중심의 인사들이 상해에 출입하던 각 성의 혁명인사와 접촉하고 있었다. 따라서 그의 친숙한 사이가 된 신규식이 각처에서 활약하던 유능한 혁명파 인사들과 연쇄적인 접촉으로 안면을 넓혀 한중연대활동을 펼 수 있었던 것은 매우 당연한 절차였다고 陳立夫는 이야기하고 있다. 이 때 미국에 있던 손문은 1911년 12월 21일 吳敬恒 등 10여 명과 같이 香港에 도착하여 광동도독 호한민과 같이 상해에 와서 혁명파 인사들과 합류하였다.34)

손문이 12월 하순부터 송교인 등의 추대로 중국의 정통정부인 중화민국의 초대 임시대통령에 당선되자, 신규식이 취임축하의 시문까지 보낸 일도

---

29) 辛勝夏, 앞의 논문.

30) 劉鳳翰, 『于右任年譜』, 傳記文學社, 1982, 25~27쪽.

31) 『兒目淚』, 58 · 61쪽.

32) 『孫中山先生哀思錄』 중 1925년 3월 30일 천도교인 대표 姜九禹 등 祭孫中山先生文 참조.

33) 高岩, 「韓國革命志士 申圭植」, 『중앙일보』 1955년 4월 25일.

34) 국민당사편찬위원회, 『胡漢民自傳』, 1978. 손문이 귀국하기 전에는 혁명 직후 黎元洪의 湖北정부, 宋敎仁의 同盟會, 北京滿淸정부의 袁世凱 등 사이의 알력이 계속되고 있을 때여서 정치적으로 매우 불안정한 상태가 계속되고 있었다.

있었다. 손문이 다음해(1912년) 1월 1일 남경에서 정식으로 대통령에 취임
하자, 송교인의 중개로 한국의 독립운동가는 손문 대통령을 면담할 수 있
었다. 물론 여기서는 중국정부의 적극적인 지원 요청과 함께 그 동안의 노
고, 협조 등을 고려해서 快應의 말이 오고 갔다.35)

그 밖에도 신규식은 역시 서천복을 통해『天鐸報』의 편집을 담당하면서
우우임의 신문에도 집필하고 있던 戴季陶와도 교분을 두텁게 쌓았다. 그
가『民權報』를 창간할 때 자금난으로 허덕이자 신규식은 자기가 가지고
있던 얼마 되지 않는 자금이나마 쾌히 지원하여 이들과 더욱 가깝게 되었
다.36) 그 뒤 양위한 손문의 관심이 실업과 건설 쪽으로 쏠리자 이번에는
방침을 변경하여『민권보』도 그런 논조를 게재하고, 여론을 수렴하려는 성
향으로 돌아가고 있었다. 따라서 그에 대신하여『민권보』가 오히려 민권을
확장 발전하고 신정부를 감독하여 자유 행복을 추진하게 되었다. 손문의
三民主義를 지지하고 받들던 대계도는 신규식 등 한국의 혁명지사를 의식
하였음인지 사설이나 강연 등을 통해 일본의 한국침략을 규탄함과 동시에
한국민을 박애로 대할 것을 강력히 주장한 바도 있었다.37)

원세개와 손문의 대통령 교체는 일종의 조건부였다. 원세개가 北京兵變
을 야기, 북경에서 취임하자 손문은 정부를 내각책임제로 바꾸고 정식으로
사임하였다. 동맹회원들이 관계한 국민당이 압승하자 내각총리로 송교인
이 부각되었다. 이에 위협을 느낀 원세개는 송교인을 제거하였다(1913. 3.
20). 신규식도 송교인의 교살, 순국소식을 듣고 심한 충격으로 비탄에 빠졌
는데,38) 즉시 각처에서 討袁軍이 결성되었다. 즉 황흥(남경), 진기미(상해),
柏文蔚(安徽), 호한민(廣東) 등이 원세개의 정벌을 강력히 주장하였다.

그 뒤 제2차 혁명이 일어나자 신규식 등 한국망명지사들은 진기미를 도
와 혁명전에 참가하였으나, 성과를 거두지 못하였다. 그리하여 진기미는

---

35) 金正明 編,『朝鮮獨立運動』Ⅰ, 東京 : 原書房, 1967, 279・952・50・59쪽. 孫文이
    대통령직을 袁世凱에게 넘기면서 한국지원의 약속은 곧 실천에 옮겨지지 못하였다.
36) 민석린,『예관 신규식선생전』, 72쪽.
37) 吳相湘,『戴天仇文集』第1輯, 文星書店, 1962, 5~7・43~45쪽.
38) 민석린, 앞의 자료 참조.

일본으로 망명하여 거기서 중화혁명당의 중책을 맡았으며, 신규식 역시 당시에 북경정부로부터 위협을 받아 의기소침해 있었다.[39] 원세개로부터 받은 2만원으로 한국혁명을 도운 진기미는 비록 성공하지 못하였으나(1916년), 그의 혁명정신과 한중연대활동은 조카인 진과부·진입부 형제에게 이어졌다.[40]

이 같은 과정과 기반이 1910년대의 임정의 기지조성과 1920년대의 한중연대투쟁의 배경이며 맥락이라고 지적할 수 있겠다.

3) 결사와 가입활동

1910년대의 한중연대운동은 신규식이 조직한 新亞同濟社를 구심점으로 하여 양국의 혁명파 인사가 가담 활동한 것으로 발전하였다. 이것이 기반이 되고, 중국혁명당 인사들에게 친중우애심이 호의적으로 받아들여져 1920년대에는 양국의 항일호조연대운동으로 구체화되었다.

신규식이 상해로 망명하여 신해혁명 등 혁명투쟁에 참가한 사실은 뜻있는 한국 청년들에게 호의적이고 희망적으로 받아들여졌다. 무관학교 동지 조성환 등이 큰 힘이 되었고 한국의 청장년들이 속속 상해로 오자, 신규식은 同舟共濟의 의미로 同濟社를 조직하였다. 이처럼 그가 항일결사를 조직할 수 있었던 배경은 무엇보다도 중국혁명당 인사들과의 폭넓은 교분과 그 지지기반 위에서 찾아볼 수 있겠다.

신규식은 동제사를 발전적으로 해체하고, 같은 시기(1912년경)에 신아동제사를 재조직하였다. 여기에는 여운형, 조동호 등 20여 명이 가입 활동하기 시작하였다. 그리고 중국혁명당 인사를 가입시켰는데, 이는 한중연대활동을 보다 유리하게 전개하기 위한 애국 충정에서였다. 이를 조직함에 있

---

39) 陳其美(英士)는 체일중에도 예관과 서신왕래로 한중 간의 우의를 돈독히 다지고 있었다. 이 왕래는 陳이 袁派에게 제거될 때까지 계속되었다.

40) 陳立夫, 「中國의 韓國獨立運動支援과 韓國指導者의 紛爭」, 『한국독립운동사자료집』, 博英社, 1983, 36~38쪽.

이렇듯 1910년대의 한중연대 항일활동은 중국혁명파 인사의 후원으로 어려운 환경 속에서도 강력하게 추진되어 어느 시대 못지 않게 활성화되었다. 1919년 국내에서 3·1혁명이 기폭제가 되어 국제도시 상해 프랑스조계 김신부로에서 4월 8일 처음으로 임시의정원을 개설하고, 4월 10일부터 2일간 석오 李東寧 등 29명의 의원이 모여 대한민국의 국호, 연호와 헌법을 제정 공포함으로써 마침내 4월 13일 대한민국임시정부가 수립 선포되었다.49)

이와 같이 1910년대의 한중연대활동의 기층화는 마침내 민족지도자로 하여금 임정을 수립 선포케 하였으며, 이를 구심점으로 하여 1920년대의 연합항일투쟁을 광복혈전으로까지 연결 승화시킬 수 있었다.50)

4) 5·4운동과의 연대항일운동

(1) 중국인의 3·1혁명인식

중국의 항일민족운동 가운데 큰 비중을 점유하고 있는 5·4운동은 결론적으로 한국의 3·1혁명에 결정적인 영향을 받아 중국대륙을 휩쓸게 되었다. 어떤 유수한 중국의 지도자는 청년시절에 3·1혁명이 신사상의 파동을 받아들여 동아시아에 있어서 5·4운동 등 국민의 자각을 증대시켰다고 주장하기도 하였다. 이것은 3·1혁명이 일본의 米폭동, 중국의 5·4운동과 함께 신해혁명 이후 현대사의 전환기를 형성하였다는 의미도 된다. 이는 1919년 7월 周恩來가 『천진학생연합회보』에 쓴 발간취지 속에서 밝혀진 내용의 요지이기도 하다.51)

'신사상'이란 혁명성으로 정리된 공산주의가 아니고 민족·민주와 자유 평화주의의 성격 범위 내에서 해석해야 할 하나의 이념이다. 반제 반혁명

---

49) 이현희, 『대한민국 임시정부사』, 집문당, 1982, 서론 및 결론 ; 『3·1독립운동과 임시정부의 법통성』, 동방도서, 1987, 결론 참조
50) 이현희, 「임정의 수립과 석오」 ; 『임정과 이동녕 연구』 참조.
51) 懷恩, 『周總理靑少年時代詩文書信集』上, 四川인민출판사, 1979, 149~150쪽.

적 대응으로 야기된 러시아 혁명이 중일 공동방어군사협정을 압박하게 되
자, 그에 저항하는 의미로서 중국에서는 5·4운동이 폭발한 것이었다.52)
한편 일본에서 주부를 선두로 해서 시작된 米폭동은 寺内正毅 내각을 붕
괴시켜 그에게 탄압 받던 한국인의 독립의욕을 고무시켰으며, 중국에서는
북양군벌 段祺瑞의 하야를 촉진시켰다(1918. 10). 이에 따라 안휘군벌의
지휘계통이 혼돈케 되어 5·4운동을 유리한 국면으로 이끌었다.53) 안휘파
는 1920년 7월 安直전쟁 때 패하여 몰락하였다. 1924년 段祺瑞는 다시 임
시집정이 되었으나, 이는 제2의 奉直戰에서 이긴 張作霖의 옹립에 의한
것이었다. 여하간 이러한 내외의 정치 사회적 소용돌이 속에서 일어난 5·
4운동은 시기적으로나 내용면, 이념면에서도 한국의 3·1혁명의 자극이 외
연적 성숙 여건을 조성해 주었다고 본다.54)

1919년 3월 1일 한국에서 폭발하였던 3·1혁명은 중국인들 사이에 특별
한 관심과 영향을 불러 일으켰다. 이 때 중국의 신문, 잡지 등 언론매체는
2천만 한국인들의 3·1혁명에 동정과 지지를 아끼지 않았으며, 이를 보고
중국인들은 크게 고무되었다. 반제 반봉건의 지지의식이 고양되어 인민들
은 비참한 생활의 청산이 곧 성취될 것으로 인식하였으며, 국민이 광범위
하게 연합하여 자신들의 문제를 해결해야 할 호기가 도래할 것이라는 확
신을 가지게 되었다. 곧 중국과의 연대적 독립운동은 중국 국민의 직접적
인 참여로서밖에 쟁취할 수 없다는 엄연한 사실을 인식하게 된 것이다.55)

그러니까 3·1혁명의 영향이 이처럼 중국의 상하국민을 고무 격발케 하
였다고 보아도 좋을 것이다. 이와 같은 중국인의 움직임은 어떤 계층이나
신분만이 나서서 선도적 임무를 수행하려는 엘리트의식의 발로가 아니고,
중국 민중이 자신들의 정치적 요구를 제기하여 투쟁하였다는 매우 주목할

---

52) 小島晉治, 「3·1운동과 중국의 5·4운동」, 『季刊三千里』 17호 참조.
53) 小島晉治, 「3·1운동과 5·4운동」, 『朝鮮史研究會論文集』 17 참조.
54) 楊昭全, 「現代中朝友誼關係史開端 - 3·1운동과 5·4운동기간 양국인민상호지원
    사실」, 『세계역사』, 1979, 3기 참조.
55) 丁守和·段叙彝, 『從5·4啓蒙運動到馬克思主義的傳播』, 三聯書店, 1979, 52~62
    쪽.

만한 '자발적 저항'자세의 전향적 구체화였다고 본다.

1918년 5월 북경의 중국인 남녀학생 2천여 명은 '중일군사비밀협정'을 무효로 돌릴 것을 절규 강조하는 서한을 총통부에 제출하고, 일종의 온건한 시위운동을 전개하였다. 그러나 그것은 온건하게도 총통 馮國璋의 면회요청인 동시에 新華門 밖에서의 질서 있는 회담 절차에 지나지 않았다.56) 이것은 3·1혁명 이전의 일이었기 때문에 5·4운동 같이 극렬성이나 전파성이 취약할 수밖에 없었던 게 아닐까 한다. 만약에 한국의 3·1혁명이 5·4운동 이후였다면 그 방법이나 내용면에서 훨씬 강경하고 격렬했으리라 미루어 짐작해 보아도 좋을 것이다. 그 가장 적절한 근거는 1919년 5월의 5·4운동 때의 격렬성을 지적하면 충분할 것이다. 5·4운동 때 중국학생들은 국권의 쟁취와 매국노의 제거 응징을 표방한 채 대규모의 집회를 열었고, 매국노의 가옥을 소각하는 등57) 격렬한 시위를 보였다.58) 이러한 점은 5·4운동에 대거 참가한 학생들이 1918년 5월에 겪었던 좌절의 교훈과 한국에서의 투쟁의 교훈을 바로 흡수함으로써 응용할 만한 주체적 역량을 키웠기에 가능하였다고 보아도 좋을 것이다.59)

이를 통해 3·1혁명이 얼마나 중국인들에게 자극적이고 고무적으로 받아들여졌는가를 느낄 수 있다. 중국인들은 3·1혁명의 교훈이 자기네 나라에도 반제 반봉건운동의 실질적 정착화로 뿌리내릴 것이라 믿었던 것이다.

이와 같이 3·1혁명의 영향이 컸음을 인식하였음인지 1920년 2월 임정의 내무총장 이동녕은 在天津不變團(朴慧觀)과 손잡고 앞으로 재차 독립

---

56) 張國燾,『我的回憶』1, 明報월간출판사, 1971, 44~46쪽.
57) 비중있는 매국노 중국인 曹汝霖의 저택이 성난 군중에 의해 소각 폐기되었다. 중국 각급학교 대학생 5천여 명은 21개 조약의 책임자인 조와 그곳에 같이 있던 주일공사 章宗祥을 구타하였다. 중국경찰이 32명의 학생을 체포하자 학생들은 스트라이크로 이에 맞서 저항하였다.
58) 小野信爾,「5·4운동과 민족혁명운동」,『세계역사』25, 岩波講座, 1920.
59) 金永鎬 편,「3·1운동과 5·4운동」,『일제하 한국사회구성체론 서설』, 청아출판사, 1986, 260~261쪽. 5·4운동 당시 상해에서 6만 명의 노동자도 동참, 스트라이크의 열기를 높였다. 정부는 친일파 요인의 파면과 베르사유강화조약의 거부를 결정하였다. 곧 민족산업의 발전과 지식인의 등장이 이 운동을 성공시킨 것이다.

의 기세를 올리는 계획을 세우고 있음을 볼 수 있다.[60] 上海에 온 석오 이
동녕은 3·1혁명 1주년에 제하여 천진불변단과 중국인 앞으로 다음과 같
은 글을 보내고 있다.

> 3월 1일은 民國독립선언 기념일이다. 최후운동을 시작하기 이전의 최후
> 축하일이다. 此日은 일반 인민인者 축하하여야 한다. …… 축하의식과 次
> 第를 一定하지 않음은 현금 내외 각 지방과 사정의 부동이 있는 所以이
> 다. 각각 연구하여 가급적 성대히 거행하기 바란다.[61]

이 글 속에서 석오는 3·1혁명정신을 영구적으로 계승 선양함은 물론
중국인에게도 연대항일운동을 전개할 것을 아울러 촉발시킴으로써 혁명운
동의 확산 효과를 거두려고 하고 있다.[62]

(2) 한중연대활동의 필연성 인식

중국의 신해혁명(1911~1912)이 일제의 한국강점 다음해에 이루어졌다
는 사실은 중국인에게 민족적 위기의식을 심어 주었다. 중국인들은 21개조
의 문제, 西原차관, 중일군사협정과 일제의 중국침략이 병행될 때 '韓亡的'
사실을 자기 자신의 절실한 위기로 직감하고, 공동방어해야 할 절박한 분
위기를 감지하였다.

중일군사협정을 적극 반대하던 상해의 학생들은 한국이 일제에 강점 당
하는 비운을 목격하였다. 이에 그들은 자기의 문제를 자신이 스스로 해결
하지 않고 남에게 의지하려는 고질적 폐풍을 버리라고 절규함과 동시에
백절불굴의 혁명자립정신을 진작하도록 독려하였다. 이와 아울러 망국된
한국의 현실을 승인하지 말라고 주장하였다. 이는 일본의 한국 강점이 곧
중국의 경우와 조금도 다를 바가 없음을 강조한 것이고, 이에 따라 한중연

---

60) 大正 9년(1920) 2월 18일 高警 제4309호의 「대한민국임시정부의 3·1절 축가의
    件」, 『국외정보 내무부공고 제26호』.
61) 앞의 자료.
62) 주) 58과 同.

대의식의 취합을 열렬히 강조하였다.[63]

청소년에게 영향력 있는 논저를 펴낸 바 있는『新靑年』의 발행인 陳獨秀는 3·1혁명 직후에 발표한 글 속에서 여러 차례 한국의 독립운동을 칭송 격려하였다. 즉 3·1혁명은 위대, 성실, 비장, 명료하며, 민의를 바탕에 깔고 무력을 사용치 않은 세계혁명사의 신기원을 정립하였다고 지적 극찬하였다. 이와 아울러 한국민족의 영광스러움에 비해 중국민족은 취약하다면서 1911년 신해혁명 이후 중국민은 명료, 정확한 주체성 있는 민족을 갖지 못했다는 점을 분석하고, 한국의 독립운동과 그 인사들과의 제휴를 암시하였다. 곧 농민, 신사, 정객, 교육자 어느 누구도 적극 나서지 않고 있다는 것이다. 또한 한국인이 무기가 없다 해서 반항하려 하지 않았으며 그렇다고 주인공의 자격을 스스로 포기하였느냐고 묻고 있다. 그러니까 중국인은 한국인에 비하여 나약 비겁하다는 것이다. 그는 한국의 3·1혁명에 특히 학생과 기독교인이 다수 자발적으로 참여하였음을 강조하면서 중국의 경우도 그들이 전면으로 나서야 한다는 것을 안타깝게 제안하고 한중의 연대항일활동을 은근히 권유하였다.[64]

北京의 학생들을 선도하고 있는 傅斯年은 3·1혁명이 무기도 없으며, 순수 학생운동에다가 성공이 불가능하다고 판단하였음에도 불구하고 민족사의 새로운 부활적 기원을 수립하였음을 지지한 뒤,[65] 역시 중국과 비교해볼 때 부끄러움을 금하지 못한다고 솔직히 고백하였다. 그는 이어서 자각 유무를 떠나 심기가 박약함을 자성의 자료로 남기고 있다. 그는 지행합일적인 실천력을 중국인들에게 지속적으로 촉구하였던 것이다.[66]

이어 북경대학의 학생잡지『國民』에도 몇 사람이 3·1혁명의 위대성을 독립선언문과 함께 게재하였는데, 한국인의 독립운동을 탄압하는 동북지

---

63)「旅滬學生警告國人」,『時報』1918년 5월 13일자 참조.

64) 陳獨秀,「朝鮮獨立運動之感想」,『每週評論』14호, 1919년 3월 23일자.

65) 3·1혁명에 관한 북경에서의 최초 보도이며(1919년 3월 10일) 그의 긍정적 평가라는 측면에서 주목될 교훈이라고 흥분을 감추지 못하였다.

66) 傅斯年,「朝鮮獨立運動之新敎訓」,『新潮』1권 4기 1919년 4월 1일.『신조』는 북경대학생의 동인지임에도 불구하고 놀랍게도 수만권을 발행하였으며, 구어문학의 확산보급을 신문화운동의 일환으로 제창하였다(小野, 앞의 논문, 262쪽).

역의 중국당국자들을 성토할 정도였다.67) 여기에서 집필자들은 한결같이
일본인의 3 · 1혁명에서의 한국인 학살, 고문, 납치, 탄압의 양상 등 무수한
잔학상을 마치 朴殷植의『韓國獨立運動之血史』에 나타난 바와 같이 낱낱
이 폭로하고 있다.68)

상해의 중립계 신문『時報』에는 1919년 5월 4일 이전에『高麗宣布獨立
之情形』(3 · 14)이라는 제목의 보도 외에도 3 · 1혁명과 관련하여 23건의
기사가 채워져 있었다.69) 이들 제목은 한결같이 한중연대 항일활동의 당연
성과 필연성을 제기하고 있었다.70)

5월 4일 북경 천안문 앞에서의 5 · 4운동도 전국적인 규모로 요원의 불
길같이 보급 확산되었던 3 · 1혁명 때의 양상과 같이 비슷한 상황을 연출
하였다. 이 같은 추세와 전개양상에 따라 이 운동은 각계 각층을 망라 수
렴하는 대중투쟁으로 발전되어 나갔다. 오히려 5 · 4운동이 일어남을 계기
로 한국의 독립운동이 촉발되는 전기를 잡았다는 타이완의 국립정치대학
교수 胡春惠의 견해도 있으나,71) 이것은 3 · 1혁명정신의 효율적 영향을
옳게 인식 해석하지 못한 우견이 아닐까 싶다. 앞에 언급한 진독수나 傅斯
年의 3 · 1혁명 예찬론의 이론을 수용해 보면 胡의 잘못된 견해가 어떤 것
인가를 알 것이다. 진독수의 근심과 호소어린 열렬한 주의 주장은 5 · 4운
동을 계기로 청년학생층에 파급되었다. 또한 기독교계 인사들도 중국해방
투쟁사상에서의 반일제운동에 큰 성과를 거두었으므로 그 배경적 원인을
3 · 1혁명의 숭고한 자주, 자유, 정의, 진리, 양심의 정신이라 하였다. 이처
럼 5 · 4운동이 3 · 1혁명에 영향을 받았다는 사실은 이후 5 · 4운동의 지도
자들의 회고나72) 해석 인식 중에서도 확인되고 있는 것이다.73)

---

67)『國民』제1권 제4호에는 許德行,「人道和平和」· 楚僧(許德行),「可敬可廢幣的朝
　　鮮人」· 林冠英,「擊斃韓人之交涉」등이 한중연대 討日을 위한 주요논문으로 손
　　꼽을 정도였다.『국민』은 1919년 1월에 동인조직으로 창간되었다.
68) 이현희,『한민족광복투쟁사』, 정음문화사, 1989 제1편 3 · 1혁명론 참조.
69)『時報』1919년 3월 14일~동 4월 30일까지의 기사제목 참조 84쪽.
70)『매주평론』13호 ;『신조』1권 4호 각 참조.
71) 胡春惠, 앞의 책, 49~51 · 60쪽.
72) 張國燾, 앞의 자료, 49~51쪽.

(3) 중국인의 한국독립문제 이해와 활용

1919년 6월 말 5・4운동이 對獨강화조약 저지로 인해 소강상태로 돌아
가자 안휘파 군벌과 일본은 대독강화조약의 추가조인, 山東문제 등 산적한
문제를 해결하기 위해 중일의 직접교섭을 모색하였다. 따라서 1920년 초에
이르기까지 천진을 중심으로 한 반대투쟁운동은 대대적인 파급 분위기 속
에서 이어졌다. 기독교계 단체가 여러 개 조직되어 학생들을 더욱 고무 격
려하였다.[74] 당시 종교인들의 애국운동의 가담은 한국독립운동에서의 효
율성을 크게 자극 고무하였음이 분명하다.[75]

천진의 일본영사관은 이들 단체와 가담자를 단속 색출 구금코자 혈안이
되어 있었으나 그들은 즉시 조계 내 거점으로 이동하여 검거를 모면하곤
하였다.[76] 天津에서의 배일운동은 압록강 근처 안동(단동)에까지도 파급
되어 극렬한 전단이 나붙을 정도였다. 카톨릭구국단이나 기독교10인단 등
종교계 구국단체는 日貨불매, 구국저축 등 국력신장을 위해 전심전력을 다
하였다. 결국, 이 같은 일련의 구국적 항일활동은 5・4운동이 창조한 대중
적 조직형태의 소산이라고 봄이 타당할 것이다. 이 운동은 조직체에 수렴
되지 않았던 시민 외에 상인・점원・노동자 등 대중세력의 위력을 학생대
열에 동참시키는 데 성공한 것이었으며, 전파지역은 북경・천진・상해・
항주・남경・장사・제남 등이었다.[77]

카톨릭구국단이나 종교계 단체가 주도 작성한 격문은 그 주요 핵심이
일제의 한국강점을 옳게 이해하여 활용하고 있다는 점이다. 3・1혁명이나
그것의 영향으로 국내외적인 민족의 진로가 잡혀가고 있을 때 중국인들은
그것을 모델로 삼아 항일투쟁과 그의 효과적인 추진을 위해 한중연대투쟁

---

73) 小野信爾, 앞의 논문, 266～267쪽.
74) 카톨릭구국단・카톨릭교10인단・기독교구국기도회・기독교10인단 등이 반제국투
    쟁을 주도하였다.
75) 天津은 지리・경제적으로 우리나라와 밀접한 관계가 있음을 주목해야 할 것이다.
    이 운동은 중국인에게 정면으로의 영향을 촉발시킨 셈이 되었다.
76) 『일본외교문서』 1919년 제2책 下, 1920년 하의 公信・電報 참조.
77) 小野信爾, 앞의 논문, 269～270쪽.

을 희망하고 있었다.

5·4운동 시발 때 북경학생들의 선언이나 애국선전 등 救亡선언은 한국의 독립문제가 적응·활용의 주요 대상이 되었다는 면에서 주시해야 한다.[78] 가령 중국인이 '조선망국한'을 상연할 때는 무대 상하에서 통곡성이 진동하였다고 하며, 무대 아래로부터 각종 저항적 구호가 내뿜어지면 장내에서도 호응하여 감동과 열기로 가득찬 광경이 눈앞에 얼씬거렸다는 목격담을 보면, 한국의 독립문제가 중국인들의 민족해방투쟁에 적지 않게 활용되었음을 알 수 있다.[79]

5·4운동은 중국인들이 한국의 독립운동을 옳게 이해한 최대의 예이며 성공한 사례이다. 그들은 항일적 중국학생들이 대사를 계획하면서도 실행을 못하고 움추리는 경향이 있음을 지적하면서, 그렇게 된다면 용감한 한국인 학생들에게 부끄러워서 죽고 싶을 만큼 몸둘 바를 모를 것이라 실토하였다. 만약 용감한 실천의 정신이 한국의 학생들과 같이 쇠퇴하지 않고 용솟음친다면 중국을 재생시키는 데 그리 큰 힘이 요구되지 않을 것이라고 강조하였다.[80]

5) 한중연대 항일투쟁의 결속

중국인들은 3·1혁명이 새롭게 세계를 경악시켜 동남아 등의 민족운동에 확산되었고, 이 결과 5·4운동에 직접적인 거사의 영향을 미쳤다고 고백하고 있다.

그들은 우리의 3·1혁명에 대해 동정이나, 비하, 평가 절하 그리고 중국인 특유의 과장이 아닌 주체적이고 객관적인 타당성 있는 평가를 내리고

---

78) 활동의 소재는 阿片전쟁 등 중국 내 사실까지도 거론되고 있었으나 安重根·고려 망국사·동학혁명·조선亡國恨 등 한국인의 비극 영웅담 전쟁 등도 상당수 선입 활용되어 호평을 받았다.

79) 『5·4운동회억록』下, 중국사회과학출판사, 1979, 783~789쪽.

80) 『신조』 2권 4기 羅家倫의 논문 참조.

있는 것이다. 그들은 이를 토대로 하여 3·1혁명에서의 大衆的·一元的·
平和的 운동의 확산 방법을 선별 수용해서 상호지원하며 협력하는 관계가
지속화될 수 있도록 기원하였던 것이다.

　신규식 여운형 김철 조동호 등이 1918년에 결성한 50명 규모의 신한청
년당도 임정수립의 기반을 조성하였다. 이처럼 한중의 혁명가들이 연합하
여 공동의 적인 일제에 저항할 수 있는 기반을 중국 상해를 중심으로 하여
조성해 놓았다. 이것이 1919년 4월 13일 이동녕 등 지도자 40명이 상해에
대한민국임시정부(1919~1945)를 수립 선포할 수 있는 정치·경제·인
맥·사상적 배경의 형성과 민족사적 기반을 공고히 구축할 수 있었던 것
이라 생각한다.[81]

---

81) 이현희, 『大韓民國臨時政府』, 한국민족운동사학회, 1991 결론 참조.

2. 한성임시정부와 독립운동

1) 한성임시정부의 위치

　세칭 漢城臨時政府는 1919년 국내에서 일어난 3·1혁명을 완전 자주독립의 광복정부로 마무리짓기 위하여 서울에서 민간인들이 모여 대표적 수권통치기관으로 구심점을 마련하려고 수립한 정식 민간공화정부의 사전단계였다. 더욱이 한성임시정부는 국내외 7, 8개 처에 수립된 다른 임시정부와는 달리1) 3·1혁명의 진원지인 우리나라의 수도 서울 중심부에서 皇室 측근인사가 아닌 순수한 민간인에 의하여 규모·체제 면에서 내실 있게 수립되었다는 면에서 주목을 끈다. 따라서 규격과 이념·체제를 구비하였을 뿐 아니라 한국 13도 대표가 모여 조직하였으므로 어떤 정부보다도 가장 대표적 민의의 대변과 正統性을 국내외에 상세히 나타낼 수 있다는 면에서 그 존재가치의 의미가 크다고 아니할 수 없다. 이 같은 맥락에서 1988년에 제9차 개헌으로 확정된 대한민국의 新憲法 前文에는 한국이 대한민국임시정부의 법통성을 연결하여 오늘에 정식 국가로 건국되고 있음을 문자상으로 확실히 명시한 바 있다.

---

　1) ① 러시아의 大韓國民議會政府(1919. 3. 27)
　　　② 畿湖의 大韓民間政府(1919. 4. 1)
　　　③ 서울의 朝鮮民國臨時政府(1919. 4. 10)
　　　④ 上海의 大韓民國臨時政府(1919. 4. 13)
　　　⑤ 吉林의 高麗臨時政府(1919. 4. 15)
　　　⑥ 平北의 新韓民國臨時政府(1919. 4. 17)
　　　⑦ 서울의 漢城臨時政府(1919. 4. 23)

그렇다면 그 법통성의 근본적이고 가장 절실한 맥락성은 주지하는 바와
같이 상해의 대한민국임시정부에서 찾아야 함이 法理上 순서일 것이다.
그런데 경위를 추적해 보면 우선 상해라는 해외 독립-광복정책의 구심점
을 마련한 대한민국임시정부(1919~1945) 27년사에서 찾아야 한다.2) 따라
서 그 법통성의 현주소를 국내의 13도 대표가 모여서 수립한 한성임시정
부에서 법적인 근거를 찾지 않으면 안 된다. 상해의 임정은 그 법통성을
국내의 민간대표와 서울 중심부에서 일제강점하였음에도 비밀리에 민의를
수렴해서 한성임시정부를 수립한 데서부터 찾아야 하기 때문이다.

한성임시정부는 비슷한 때 국내에서 수립되었던 大韓民間政府·조선민
국임시정부·신한민국임시정부와는 결과 면에서 크게 달리3) 대표성과 주
권·국토·국민을 구비 보유한 상태에서 체제와 여건에 걸맞게 辛苦 끝에
수립되었으므로 그 법통사적 연결의 의미가 크다. 그러므로 국내외에 그간
알려진 '紙上정부' 또는 '傳單정부'까지를 포함하여 8~9개 처에서 임시정
부가 수립되었다는 사실을 놓고 볼 때, 이 한성임시정부가 5천년 민족사의
正脈을 가장 잘 연결할 수 있다. 따라서 이에 대표성을 부여할 수 있겠다.
물론 천도교인이 중심이 되어 지도급 인사를 망라해서 서울(畿湖) 중심으
로 임시정부를 수립하여 법통성으로 연결코자 했던 '大韓民間政府'의 민간
국민대표라는 정통성을 인정하지 않을 수는 없다(도표 참조). 이 문제에
관해서는 이미 저자가 연구로 정리한 바 있다.4)

한성임시정부는 국내외에 수립된 여러 개의 임시정부보다 가장 늦은
1919년 4월 23일에 수립 선포되었다 해서 그 역사적 의미를 높이 평가하지
않으려는 경우도 있다.5) 그러나 그것은 잘못 인식된 바탕 속에서의 해석이

---

2) 李延馥(서울교육대 교수, 한국사)은 그의 박사학위논문인 『大韓民國臨時政府30
 年史(1919~48)』(국학자료원, 2000)에서 나의 임정27년사를 30년사로 보아야 한다
 고 주장하였다. 그 문제(30년사 주장)도 일견 수긍할 수 있다고 보면서 더욱 검토
 할 여지가 있음을 인정한다.

3) 李炫熙, 「大韓民國臨時政府의 樹立計劃과 天道敎」, 『韓國思想』 20, 韓國思想硏
 究會, 1985, 118~138쪽.

4) 李炫熙, 「天道敎의 大韓民間政府 樹立始末 - 서울地方의 民間政府 樹立意志 - 」,
 『鄕土서울』 48, 서울특별시 시사편찬위원회, 1989, 137~175쪽.

라고 본다.

이 한성 임정의 주도적 창건위원 중의 1인인 아산인 雲湖 李奎甲(1888
~1970)에 따르면 3·1혁명이 일어나서 한창 진행중이던 1919년 3월 17일
경 이 정부수립을 위한 구체적인 회합이 있었다고 회고한 바 있다.[6] 漢城
師範과 神學校를 나와 목사가 된 그는 1919년 3월 초순 어느 날 동지들이
숨어 있던 자신을 찾아와서 임시정부의 수립문제를 논의하였다고 한다. 당
시 민주의식이 정착되지 않아 낯설은 상태에서 그들은 임시정부를 수립함
에 있어서 기분이나 항일감정만으로 몇몇이 모여 결론을 내릴 수는 없었
다고 했다. 국민의 總意를 대표할 만한 지역대표라든가 민족독립운동단체
의 대표를 모아 그 이름으로 강력하게 밀고 나가야 공신력도 있고 동원
력·호소력이 있다고 보았던 것이다.[7]

따라서 한성임시정부는 여타 국내외에 산재하고 있는 독립기관적인 무
장항일독립운동단체를 처음으로 구성하는 단순성과는 그 성격이 판이하였
다. 한 두 사람의 동지만이 모여 의기가 투합 되었다 해서 거창한 '민간정
부'를 정책·內實 없이 수립 선포하지는 않았던 것이다. 국민대회를 열어
선언문을 채택하고, 정부의 閣員을 자타가 공인하는 저명인사, 신망과 덕
망을 겸비한 민족지사를 선발 추대하였다. 거기에 선포문이나 취지서·격
문·정강·결의사항·헌법(約法)·정부령의 공포, 전국 13도 대표회의의
소집 등 하나의 정부를 구성하기 위해 복잡한 사전 준비를 거쳤다. 이와
같은 절차와 순서가 있어야만 정부로서의 규모와 체제가 구비되어 국민이
그를 믿고 동참 지지 찬성하게 되리라 생각하였던 것이다.

어렵게 탄생한 한성임시정부는 여러 개의 국내외에 산재했던 임시정부
가운데 상해의 대한민국임시정부와 러시아 영토 내의 대한국민의회정부와
함께 각종 정강·강령·선포문·선서문·서고문·헌법 등을 구비한 정식
의 정통성을 갖는 정부였다. 서울의 한성임시정부는 그런 의미에서 규격·

---

5) 주 3)·4) 참조.

6) 1969년 3월 13일 自宅面談 ; 국회도서관,『韓國民族運動史料』중국편, 1976, 28·
   42~47·52쪽.

7) 李奎甲, 「漢城臨時政府 樹立의 顚末」,『新東亞』1969년 4月號, 175~176쪽.

체제와 헌법을 구비한 정통정부로서 他 2곳의 임시정부의 憲法的인 법통성을 기저에 깔고 단일 민주공화정부로 출범할 수 있는 바탕이 마련되어 있다는 의미에서 존재가치가 평가되어야 한다.

　여기서는 법통성을 호소하는 설득력을 중심으로 국민대표기관으로서의 위상과 임무 통합에의 手順 등을 검토코자 하였다.

2) 정부수립의 배경

(1) 3·1혁명과 임정의 필요성

　1919년 3·1혁명 직후 수립된 국내외의 임시정부 중 한성임정이 가장 늦게 성립되었다. 그러나 3·1혁명에 직·간접으로 서울에서 주도적으로 참여했던 인사들에 의하여 벌써 3월 초순부터 '임시정부' 수립의 사전 논의가 활발히 전개되었다. 민족대표 33인을 제외한 인물들이 이에 참여하였다. 충북 영동 출신으로 대한제국 당시 한성 평리원 검사[8]와 충청도 검찰청 검사[9] 등을 역임했던 洪震(1877~1946 : 洪鎭·洪冕憙)을 비롯하여,[10] 목사인 李奎甲을 들 수 있다.[11] 그 외 광주 출신의 임정의정원 의원인 韓南洙(1881~),[12] 서울 출신으로 국민대회의 李敏台(1872~),[13] 金思國, 청주 출신의 閔橿(1883~),[14] 李敎憲, 尹履炳, 尹龍周, 崔銓九, 李容珪, 金奎 등 20여 명이 바로 한성임시정부 수립에 공헌한 주동인물들이다.

　이규갑은 3·1혁명 당시 만세시위운동을 치루고 나서 일단 지하로 피신하였다고 회고하면서,

---

8) 朝鮮總督府警務局,『國外容疑朝鮮人名薄』, 148쪽.
9) 朝鮮總督府,「思想情勢視察報告書」, 242쪽.
10) 洪震은 號를 晩晤라 했고 李春 又鳳 鳳根이라고도 불렀다.
11) 국가보훈처,『獨立運動資料集』5권, 78~79쪽 ; 同 9권, 51쪽 ; 同 13권, 144쪽 ; 同 14권, 314쪽 참조.
12) 上海日本總領事館,『朝鮮民族運動年鑑』, 3~9쪽.
13) 앞의『독립운동사자료집』권5, 67·132~133쪽, 同卷 13·96·114·144쪽.
14) 상해일본총영사관,『朝鮮民族運動年鑑』, 185~186쪽.

당일 태화관 별관인 別有天地에서 민족대표 33인(실은 29인)이 모두 일
경에 잡혀가고 그 후사를 우리가 맡게 되었는데 만세 시위는 점점 격렬하
게 전국 각지에 파급되고 이에 맞서 일경이나 일군헌병 등은 데모진압과
주모자의 색출 검거에 혈안이 되어 있어서 우리는 그들의 감시 아래에서
제대로 활동할 수 있는 기능을 잃고 말았다.[15]

라고 그 당시의 긴박했던 상황을 설명하고 있다.

이와 같은 절박한 정세하에 일정한 지휘 명령계통이 없는 독립만세 시
위로 서울 장안을 매운 40만 국민이 마치 당장 독립이 달성된 것 같이 무
질서하게 시위를 진행하여 날이 갈수록 희생자만 늘어가기 시작하였다. 희
생자수에 비하여 독립달성에의 열기와 성숙도는 점점 식어가고 거리가 멀
어지는 것 같았다. 이에 홍진 한남수 이규갑 등 민족지사 20여 명은 감시
의 눈을 피해 이 민중혁명을 조직화하고 구심점·대표성으로 기준을 삼을
수 있는 민간인 중심 통제기관의 필요성을 동시에 느끼기 시작하였다.

한성임시정부 수립의 시말을 상세히 알 수 있는 기록은 매우 영세하다.
다행히 한성임시정부의 창건위원 중의 한 사람이며 1969년 당시 민족정기
수호회 회장이었던 이규갑이 「광복의 증언」을 통해 문서를 남겨놓은 자료
와 저자와의 면담이 한성정부수립 시말을 이해하는 데 도움이 된다. 아울
러 만오 홍진을 가까이에서 보좌하였던 중국중앙군관학교를 나와 광복군
총사령관의 전속부관이었던 兪海濬장군(1919~1986)의 수기가 간접 자료
로 활용될 수 있다.

한성 임정의 핵심지사인 홍진 이규갑 한남수 등은 3·1혁명 당시에 많
은 한민족이 문벌·地閥·학벌을 초월하여 서울을 중심으로 독립만세 시
위운동에 동참하고 열렬히 지지 찬성케 유도했던 것을 보면서 이를 마무
리해서 가까운 장래에 독립이 쟁취되었을 때 어떤 수권기관이 필요하지
않겠느냐는 생각을 공통적으로 가지게 되었다.[16] 그것이 한성임시정부의
필요성으로 집약될 수 있었겠다.

---

15) 이규갑, 앞의 논설, 176쪽.
16) 『兪海濬의 手記』(1983년 8월 20일 유장군이 저자에게 넘겨준 絶筆手記).

이규갑도 동지들이 극비리에 연락을 취함으로써 3·1혁명을 조직화·일원화할 것을 궁리하게 되었다고 진술하면서

> 이 기회에 우리들이 서울을 중심으로 임시정부를 수립하고 이를 국내외에 널리 알리면 당장에 독립은 쟁취할 수 없다고 해도 이를 바탕으로 수렴하여 장차 독립투쟁을 위한 전열을 정비하는 구심점이 되리라고 생각하였다.[17]

라고 하는 것을 동지와 함께 임시정부수립을 위한 종합적 의견의 일치라고 생각하였다는 것이다.

3·1혁명 당시 독립만세만 고창하는 것으로 모든 광복투쟁이 달성되리라고는 생각치 않았다. 뒷날 광복투쟁의 구심점이 되고 기준정책 결정을 위한 핵심기관의 필요성을 공통적으로 느꼈다. 한성임시정부의 수립일자가 비록 고려임시정부까지 포함하여 7~8개의[18] 임시정부 중 가장 뒤늦었지만 실은 가장 먼저인 3월 초순경부터 이 원초적 움직임이 구체화되었던 것이다.

3·1혁명이 일어난지 4일 뒤인 3월 5일에 이규갑은 체포의 위험이 높아지자 그의 재종조카인 이민태의 거택에 잠시 은신해 있었다.[19] 이 당시 이규갑과 기맥을 통하고 있던 동지 중 우선 이교헌·윤이병·윤용주·최전구·이용규·김규 등 8명이 그날 오후 9시경 이규갑이 은신해 있던 비밀장소로 찾아 왔다. 그들 중의 한 동지가 임시정부의 수립은 이 시기가 가장 적절한 사후조치가 아니겠느냐는 뜻밖의 좋은 고견을 제시하고, 이규갑에게 이 임시정부 수립에 실무적으로 적극 나서줄 것을 강청하였다.[20] 그만큼 당시 이규갑은 기독교 목사와 육영사업으로 인해 동지로부터 신망을 얻고 있었기 때문이었다.[21]

---

17) 앞의 이규갑의 증언.
18) 金正明 編, 『朝鮮獨立運動』 I, 東京 : 原書房, 1967, 805쪽.
19) 국가보훈처, 『독립운동사』 4, 1972, 135~141쪽.
20) 국가보훈처, 『독립운동사자료집』 5권, 67·132~133쪽 ; 同 13, 144~145쪽.
21) 국가보훈처, 『獨立有功者功勳錄』 5, 1988, 697쪽.

그러니까 벌써 3·1혁명의 발발과 동시에 독립만세로 끝나버리는 일과
성의 운동이 아니라 백암의 지적과 같이 민중혁명 뒤에는 반드시 혁명정
부가 구심점으로 탄생하는 것이 세계혁명사상 공통적인 후속 조치였음을
인식하고 있었는지는 모르겠지만, 독립단체의 조직만으로는 국제경쟁력이
없을 것이라고 믿었다.

당시 임시정부의 문제를 전적으로 위임받은 이규갑은 전국민적 합의를
필요로 하는 중차대한 문제에 이르러서는 경솔히 나서서 행동하지 않았다.
여러 의견을 수렴하지 않은 채로 그냥 정부를 구성할 수는 없었던 것이다.
이리하여 그는

> 나는 정부를 만들려면 우선 국민의 총의를 대표할 만한 지역대표라든가
> 또는 기존의 각 단체의 대표들을 한 자리에 모아서 그 단체의 복수 명칭
> 으로 밀고 가야 한다고 생각하였다.[22]

라고 하였다. 이규갑은 전통시대의 인사로서 민주주의나 그 의식에 익숙하
지 못했다. 하지만 그는 임시정부라는 '정부'의 구상이나 설립은 단순논리
로 시종되어서는 안 된다는 확고한 신념을 가지고 있었던 것으로 보인다.
그는 한성임시정부의 수립에 가까운 동지만을 합류시켜서는 소기의 목적
을 달성할 수 없을 것이라는 판단에 따라, 포섭과 의논의 범위를 넓히기로
작정하였다.

그리하여 비밀로 활동했던 독립운동본부의 한남수,[23] 홍진, 이민태[24] 외
에 김사국, 민강[25] 등을 일일이 심방하면서 한성임시정부 구성문제를 본격
적으로 논의하였다. 이규갑이나 한남수 등은 한성임시정부의 수립을 새로
운 세대에의 비젼으로 여기고 이 문제를 핵심적으로 거론하기 위한 '임시

---

22) 이규갑, 앞의 증언, 176쪽.
23) 국가보훈처, 『독립운동사』 9, 1975, 197쪽.
24) 『박은식전서』 상권, 566쪽 ; 국회도서관, 『한국민족운동사료』 중국편, 1976, 24~27
   ·36~38·43·87쪽.
25) 앞의 『朝鮮民族運動年鑑』, 185~186쪽 ; 앞의 『독립운동사』 4, 1972, 134·145~
   146쪽.

정부구성준비위원회'를 먼저 설립하자고 제안하였다. 이에 모인 동지 10여 명이 동조 발언하였다. 이에 한성임시정부 조직을 위한 준비가 착착 진행되어간 것이다.

(2) 정부수립론의 성숙

3·1혁명이 시작되자마자 이미 한성임시정부를 수립해야 하겠다는 논의가 청장년층의 민족지사 사이에서 대두되고 있었음은 매우 경탄할 만한 민주의식의 구체적인 발로였다.

앞서 언급했듯이 임시정부 수립을 위한 준비위원회의 20여 명의 동지가 첫 회합을 갖고 사업을 진행시킨 것은 3월 17일 오전이었다. 장소는 서울 종로 내수동 64번지 현직 검사인 한성오의 가택이었다. 왜 현직 검사인 한성오의 가택에서 기세등등하게 이 같은 엄청난 큰 계획을 수립하기 위한 난상토론을 해야 했을까? 앞에 지적한 20여 명은 모두 3·1혁명에 가담한 혐의로 대개가 미행을 당하고 있었다. 그것은 검사 출신이었던[26] 홍진(홍면희)이 일본 경찰의 눈을 피하기 위한 僞計였다는 이규갑의 증언이 사실에 가까운 것 같다.

무엇보다도 이들 독립지사들이 모여 3·1혁명의 경과와 그 성격을 놓고 토의·의견을 수렴할 때 주목을 끄는 것이 있었다. 3·1혁명은 그것이 성패를 불문하고 그 뒤에 전개될 사태를 수습할 向後 단계의 중심기관이 절대적으로 필요하다는 데에 의견의 일치를 보았다는 사실이다. 그들은 혁명 사태 수습을 효과적이고 능률적으로 다스려 나갈 구심점으로서의 중심기관을 임시정부라고 규정하였다. 이것이 누구의 개인적인 의견의 제시라고는 분명하게 지적할 수 없으나 공동관심을 가지고 난상 토론하는 과정에서 임시정부수립론이 복합적으로 부각 성숙되어 갔던 것이다.

그들이 모여서 토의한 결과 임시정부의 수립은 어떤 개인이 주도적으로 조직하였던 크고 작은 독립운동 단체의 성격과는 판이하게 달라야 한다는

---

26) 앞의 『독립유공자공훈록』 5권, 1988, 697~698쪽.

중론이 대두되었다. 그것은 적어도 정부라는 것은 공공의 개념이기 때문에 개인의 의견이나 결과가 좌우하는 것이 아니라 단체의 공공의견이 광범위하게 수렴되어야 함을 강조하였던 것이다. 그리하여 전국 13도 대표의 공통적인 애국의지·신념·결의가 반영될 수 있어야 함을 이규갑은 강조 역설하였다.[27]

3월 17일 한성오 검사의 가택에 모여 이 같은 결의를 만장일치로 채택한 뒤, 약 보름 뒤인 4월 2일을 기하여 인천 만국공원 안에서 대대적이고 공개적으로 13도 민족대표 회합의 국민대회를 개최하기로 합의하였다. 여기서 각지의 대표가 모여 2천만 한국민의 민의가 집약 반영된 어떤 기관·기구를 탄생시킨다면, 그것을 곧 전국민의 의사·결의·신념이 하나로 집약된 것으로 보아도 타당하다는 것이었다.

여기서 민족대표를 이끌 인물은 앞에서 지적한 동 준비위원회의 회원인 홍진 한남수 이규갑 등 20여 명이었다. 대표자회의에서의 최대 목표는 대의적인 기구로서 '임시정부'를[28] 수립하여 전국민에게 이 엄청나고 고무적인 사실을 극명하게 공포하는 데에 있었다. 그 자리에서 한성임시정부를 당장에 조직해서 일제의 침략잔당을 깨끗이 숙청 극복하여 수권기관으로 활용할 수 있다면 그 이상의 목표 달성이 어디에 또 있겠느냐고 홍진은 상기된 채 역설하였다.[29]

그 후속 작업으로 진행해야 할 사업은 한성임시정부의 각료-각원을 선

---

27) 앞의 이규갑과의 대담에서 확인하였다.
28) 日帝側 각종 비밀 자료에서는 우리의 '임시정부' 수립의 의지를 묵살 약화시키기 위하여 '假政府'라고 비칭하였다. 그러니까 '가정부'는 '가짜정부'라는 괴뢰정부의 의미를 부여하고자 기도한 악의가 충만한 방해 저지 책동임이 분명한 것이다. 관련 판결문·형사재판원문 등에서 이런 비방조의 조서는 상당부분 발견되고 있는 것이다. 내외에 있는 우리 한국인에게 '임정'을 '가정부'로 부르게 강요하였다. 이봉창 의사가 김구를 찾아 상해에 와서 거류민단을 왕래할 때 이의사는 정통 민주공화정부인 임시정부를 언필칭 '가정부'라고 불렀던 예에서 일제의 한국인 기만 술책이 얼마나 진지하고 심오했던가를 알 수 있게 한다(『조선독립운동』『현대사자료』『근대사자료』『일제통치사료』 등 근·현대사연구가들이 즐겨 자주 인용하는 자료에서 이렇게 임시정부가 그릇되게 표현-표기되고 있는 것이다.).
29) 앞의 『兪海濬의 手記』 참조.

출하는 중차대한 일이었다. 또 한성임시정부의 명칭을 무엇으로 확정하느
냐 하는 것이었다. 홍진은 서울의 옛 명칭을 따서 '한양정부'라고 함이 가
하다 했고 이규갑은 한양보다는 한성이 더 친근감이 있고 고향의 안정감
이 있어 더 익숙한 명칭이 되지 않겠느냐고 역설하였다. 이에 비하여 한남
수는 '수도임시정부'라고 함이 가하다고 주장하였다. 그 이유는 이규갑의
간접적인 설명을 듣건대 '서울임시정부'가 가장 적합하나 그것을 상징하는
포괄적인 의미가 '수도'라는 명칭이므로 '수도임시정부'라고 부름이 타당성
과 객관성이 있다는 것이었다.

20여 명의 동 정부수립을 위한 준비위원회에서는 이것을 2시간 이상 격
렬하게 토의하였다. 그리하여 최종적으로 가장 많은 찬성과 지지를 얻은
명칭이 종국에는 서울을 상징하고 중심을 이룬다는 의미로서 '한성임시정
부'로 합의에 도달하였다.[30] 그리하여 임시정부 수립론은 마침내 성숙되어
'한성임시정부'라는 호칭으로 최종 결론이 유도되었던 것이다.

3) 국민대회의 개최

(1) 대회의 준비

서울로부터 크게 폭발하기 시작한 3·1혁명과 동시에 즉각적인 항일 반
응을 보였던 홍진··한남수·이규갑 등 민족지사는 향후 과정도 임시정부
라는 대표기관을 설치하여 크고 작은 혁명 이후의 제반 문제점을 해결, 수
렴코자 시도하였다. 그리하여 갑론을박 끝에 마침내 임시정부의 명칭을 수
도 서울의 옛 이름인 '한성'을 넣어 '한성임시정부'라고 최종적으로 확정지
었다.

임시정부의 명칭을 확정한 이들은 전혀 들어본 경험이 없는 가운데 그
정부(행정부)의 장관급 각료의 이름을 무엇으로 불러야 할지 몰라 매우 곤

---

30) 이규갑과의 면담에서 이렇게 상세하게 한성정부 수립을 위한 진행과정의 내막을
알려 주었다.

혹스러워 했다고 한다.[31] 3·1혁명 이후 성립된 임시정부 중 가장 마지막에 성립되었으나 당시의 교통관계나 일제의 감시·미행·탄압으로 인해 쉽게 다른 임시정부의 통치기구와 법제 명칭 등을 참고 비교할 수가 없었다.

그러므로 각료-각원이 중심이 되는 임시정부에 부합되고 민주공화의식을 강력하게 나타낼 수 있는 제일 합당한 명칭이 무엇인가를 숙론·토의하였다. 部長·卿·長官 등의 명칭이 3·1혁명 이후에 세워진 임시정부의 각료 명칭으로 타당성 있게 정해져 있었으나 이들은 그 명칭이 얼른 가슴에 와닿지 않았다고 한다.[32] 그리하여 오랜기간 심사 숙고한 끝에 이규갑의 제안으로 토의·의견을 거쳐 마침내 각부의 장관을 '總長'이라고 확정하였다. 그는

　　총장이라는 이름으로 합의가 되었는데 그 이유는 우리가 제국의 이름으로 결단(망국을 뜻함)났기 때문에 정부조직을 대통령제로 하지 말고 제국식으로 이름을 그대로 이어받아 사용함이 좋겠다.[33]

라는 일치된 의견에 따라 '부장'이 아닌 각 '총장'이라는 명칭을 썼다. 이는 가장 세련되고 민주적이고 순리적으로 합의에 의해서 최종 확정되었다는 면에서 민주주의와 그 의식이 서서히 정착되어 가고 있음을 시사하였다.[34]

다음으로는 행정부 장관의 명칭과 누구를 그 자리에 선출 추대해야 하는가의 문제가 남았다. 먼저 임시정부를 구성하기 위해서는 13도 대표가 모일 수 있는 국민대회의 개최가 필수적인 선행조건이었다. 그것은 '정부'를 구성함에 있어서 한두 사람의 저명인사만 참석해서는 정통성이 결여되

---

31) 앞의 이규갑의 증언, 176~177쪽.
32) 이규갑과의 면담, 여기서 이규갑은 部長이나 卿 등은 장관으로서의 의미와 뉘앙스가 잘 풍기지 않아 2일간이나 고심하였다고 털어 놓았다.
33) 이규갑의 증언, 176쪽.
34) 이 당시 청장년층은 군주제의 부활을 희망하지 않고 민주적으로 우리 지사 중에서 신망있고 열성이 넘치는 유능한 동지를 지도자로 추대하자는 민주적 의견으로 그 의미가 굳어져 있었다.

리라고 믿었다. 13도의 대표가 모두 한 자리에 모여서 여러 가지 의견을
수렴해서 정부를 공고하게 세워야 누구에게나 건전한 국가로 승복을 받을
수 있다고 결의하였다. 더욱 내외 각지에 산재한 독립운동단체와 그 지도
자를 거의 다 망라해서 그들의 이름으로 국민대회를 열어 결의해야 국민
의 지지와 찬성을 얻을 수 있다는 데 의견의 일치를 보았다.

그 주도적인 인사는 홍진과 이규갑이었다. 신앙인으로서 이규갑은 國亡
에 관해 죄책감에서 벗어나지 못한다면서 깊이 자책 어린 회고의 言辭를
끝내지 못하고 있다. 北滿과 시베리아의 눈보라 속에서 일제의 총탄에 쓰
러지던 그의 동지가 때때로 기억에 새로워 고민하고 있었다. 그는 그 자신
때문에 무고하게 죽음을 당한 문중의 일족에게도 면목이 없노라고 추연히
회고하였다. 따라서 그는 나라의 죄인이고 문중에서 죄를 많이 범했노라고
참회어리게 고백하고 있으나 그것은 겸사의 말로 들린다. 그는

> 나로 인하여 내 처가 죽고 친족 7명이 죽었다. 나 때문에 문중에서 외적
> 에게 죽은 사람만도 9명이나 되니 先塋에 그런 作罪가 있겠는가.[35]

라고 자신과 가정 주변에 관한 희생의 사례를 열거하고 있다. 그 자신도
33회나 일제에 의해 투옥된 사실도 있었노라고 진술한 바 있다. 수십 차례
에 걸친 갖은 고문으로 "지금의 내 노구는 성한 데라고는 없다"고 앞에서
와 같이 증언하였다.

홍진 이규갑 한남수 李東旭 등은 이때 우선 민의를 광범위하고도 객관
적으로 토의 수렴할 수 있는 공개적인 절차로 국민대회를 열어 범시민적
혁명의식을 제고하는 것이 상책이라는 데 의견의 일치를 보았다.

임시정부 수립을 위한 동 준비위원회는 李教憲 尹履炳 尹龍周 李容珪
金奎 崔銓九 홍진 한남수 김사국 이민태 민강 이동욱 및 이규갑 등 약 20
여 명이 동참하였다. 이 자리에서 임시정부 구성의 논의가 구체화되었다.
정부의 명칭과 총장제의 국무위원 동 차장제까지도 전체위원회에 상정하

---

35) 앞의 이규갑의 증언, 175~176쪽.

여 2시간 여의 열띤 토론 끝에 그대로 채납 실행키로 결정하였다. 이 자리에서 사회를 맡아 본 이규갑은 국민대회의 취지문과 한성임시정부 선포문의 집필을 누구에게 위임해서 기초하게 하면 좋은가를 물었다. 홍진 한남수 등이 이동욱을 동 취지서와 선포문의 기초자로 선정하고 그에게 이 일을 위임하였다.

이어 연락위원으로 각도에 있는 신망과 비중이 있고 대표적인 인물을 선정하여 상경 동참케 하는 데 적합한 인물을 선임하였다. 구두 추천에 의거하여 그 연락책임위원으로는 홍진 김규 민강 이규갑 등 4명이 최종적으로 뽑혔다.[36]

이들은 전국 주요 도시를 순방하면서 그 지역의 대표급을 면담 설득하여 감시망을 피해가면서 국민대회 장소인 인천으로 상경 합류케 백방으로 주선하였다.[37] 마침 이 때는 수도 서울을 중심으로 3·1혁명이 전국적으로 파급 확산되어 진행중이었으므로 국내의 치안상황이 안정되지 못하였기에 은밀히 가가호호마다 방문해야만 면담이 가능할 수 있었다. 유력 인사를 13도 대표위원으로 포섭할 수 있었던 시간적 여유가 있었기에 동 준비위원회의 홍진 등은 백방으로 면담하면서 주선할 수 있었다. 그러므로 이들은 - 한남수·홍진·김사국·이규갑 - 각 독립운동단체를 총망라하여 대규모의 전국대회를 소집해서 조직할 수 있는 사전준비를 완료할 수 있었던 것이다.[38]

민족지사 이동욱이 고심 끝에 국민대회의 취지문을 만들었다. 그리고 그 기초문안을 마련한 뒤 5일 동안이나 동 준비위원회 20여 명의 핵심 멤버가 모여 그 안을 축조 심의하고 수정해서 손질을 완료했다. 다음에 소개할 완벽한 국민대회취지서는 원래의 초안하고는 크게 거리감을 갖는다고 이규갑은 생전에 저자에게 그간의 경위와 사정을 상세히 증언해 준 바 있었다. 중지를 모아 증보 첨삭한 동 명문의 취지서가 바로 세상에 알려진 이 국민대회 취지서라고 볼 수 있다.

---

36) 앞의 이규갑의 증언, 177쪽.
37) 李炫熙, 『대한민국임시정부사』, 집문당, 1982, 67쪽.
38) 朴殷植, 『韓國獨立運動之血史』, 서울신문사, 1946, 245~246·248쪽.

(2) 국민대회취지와 그 의미

완벽하게 손질한 국민대회취지서는 다음과 같다.39)

國民大會趣旨書

우리 조선민족은 過般 孫秉熙씨 등 33인을 대표로서 정의 인도를 기초로 하여 조선독립을 선언했다. 이제 그 선언의 권위를 존중하고 독립의 기초를 공고케 하여 인간필연의 요구에 보답키 위해 이에 민족일치의 동작으로써 대소의 단결과 각지방 대표자들로서 본회를 조직하여 이를 세계에 선포한 我조선민족은 4,200년간 자주자립의 국가는 특수한 창조적 문화의 偉史를 갖고 정의와 인도를 존중하는 평화적 민족이다. 실로 세계문명의 一株主이며 인류진화의 一助手이다. 당당한 세계적 존영과 건전한 민족성의 정화로서 결코 이민족의 비인도 부자연의 箝制(겸제)에 눌려 동화될 처지는 아니다. 하물며 정신적 문명이 吾族보다 2,000년의 후진 피일본의 물질적 침략을 얻어서랴

일본이 과거의 철석맹약을 식언하고 우리의 생존권을 침해함은 세계의 공지하는 바다. 오족은 이제 일본의 昨昔의 非를 논함이 아니라, 또 과거의 숙원을 생각함이 아니라, 다만 생존의 권리를 확보하고 자유평등을 신장하고 정의 인도를 옹호하고 동양평화를 보전하고 세계공안을 존중하기 위해 아조선의 독립을 주장함이다. 실로 신의 명령이며 진리의 발동, 정당의 요구, 적법의 행위이다. 이것으로 세계공론을 결정하고 일본의 개오를 촉구한다. 세계평화를 위협한 군국주의의 일본은 정의와 인도 아래 굴복하며 영원한 평화로 세계를 개조하는 차제에 있어서도 홀로 반성 없을 소냐, 자각 없을 소냐, 자연과 대세를 逆해 재래의 착오를 고집하는 결과는 단지 양국민의 행복을 삭감하고 나아가 세계의 평화를 위험케 할 뿐더러 본회는 일본정부로 하여금 早晩 비인도적 침략주의를 포기하고 동양정립의 우의를 확보시킬 것을 절실히 주장하며 이를 본국민에게 警策하노라.

오호라. 일본이 오족의 생명력에 인한 此문명적 행동에 대해 야만적 무력을 殘虐肆行함은 인류양심에 堪爲하는 바이며 아 2,000만 민족의 誠衷 熱血은 이 不正理的 壓的으로 인해 枯盡되지 아니하며 만일 일본이 종시

---

39) 이현희, 앞의 책, 396~397쪽, 자료편 10「李東旭의 國民大會趣旨書 및 決議事項·約法」참조.

改悟하는 바 없으면 오족은 부득이 최후의 행동에 나가 최후의 1인까지 최후의 1각까지 완전한 조선의 독립을 期成할 뿐이다. 정의와 인도로써 용진하는 오족의 앞에 무슨 적이 있으랴.

다만 최대의 성의와 최선의 노력으로 국가적 독립과 민족적 자립을 세계에 주장할진저.

조선건국 4252년 4월 일

국민대회

13도대표

曺晩植	李春珪	康 勳	金 鎣	崔銓九	李來秀	柳 植
金明善	奇 寔	金 鐸	朴漢永	李鍾郁	柳 瑾	朱 翼
金顯峻	朴章浩	宋之憲	姜芝馨	洪性郁	鄭潭敎	李容俊
李東旭	張 樫	張 根	朴 鐸

국민대회취지서는 후술할 임시정부선포문보다 앞서서 만들어졌다. 여기에는 13도의 대표가 한 곳에서 (임시)정부 수립을 편제로 하여 범국민 단합대회를 열고 민의를 광범위하게 수렴하자는 저의와 계획이 기저에 깔려 있음을 인식해야 할 것이다.

필력이 강한 이동욱에 의하여 기초된 국민대회취지서는 한성임시정부 수립을 전제로 한 한말의병의 격고문과도 같은 민족지성의 집합 대동참여를 호소한 설득력 있는 차원 높은 내용으로 서술 구성되었다고 보는데40) 그것이 갖는 민족사적 의미는 무엇일까.

첫째, 이 취지서에서는 서울로부터 3·1혁명이 일어났음을 명기하면서 광복투쟁사의 시원이 서울에 있음을 특히 강조하고 있다. 민족대표 33인을 대표로 정의 인도를 기초로 하여 '조선의 독립을 선언하였기에' 3·1혁명이 곧 자유와 정의 그리고 진리의 시발점임을 명백히 천명하였다. 이 취지서에서 비로소 8개의 임시정부와 그 출범의 출발점이 가깝게는 3·1혁명 정신으로부터 기원하고 있음을 명백히 천명하고 있다. 그러므로 '민족일치의 동작'으로 대소의 단결 - 대동합류라는 정통성의 부여 - 과 각 지방대

---

40) 張道斌, 『3·1運動史』, 國史院, 1960, 82쪽, 국민대회사건.

표 - 전국민의 민의를 수렴 - 의 전국민적 의사를 존중 집성케 할 것이라는 정통성의 제시와 그 적용에 우리는 유념치 않을 수 없다.[41]

둘째, 우리민족사의 유원성과 창조적인 문화의 근저가 반만년의 찬란한 전통 속에서 우러나온 민족 자생력과 공존의 의미로서 표출되고 있음을 이 취지서에서는 선명하게 강조하고 있다. 그러므로 8개의 임시정부 중 가장 늦게 출범한 한성임시정부는 무엇보다도 한성-서울이라는 나라의 수도 중심적인 핵심적 민족사상, 광복의식, 정통성을 보유하고 있음을 정확하게 명시했다. 이는 심오한 조국광복의 뜻이 한성임시정부의 수립으로 수렴될 수 있다는 의미인 것이다. "세계적 존영과 건전한 민족성의 정화로서 왜적에게" 눌려 동화될 바가 아님을 분명하게 제시하는 역사적 자존심을 명백히 분출하였다. 우리 민족사의 역사연륜보다도 2천 3백 년이나 뒤진 일제의 물질적 침략의 제물이 될 수 없음을 강조하고자 이 취지서는 역동성을 보여주었다.[42] 물질적 우위보다 정신적 선진성이 강한 한민족이 어찌 후진적인 일제에 동화 침식당할 수 있느냐는 강한 민족문화의 자존심을 발휘하고 있음을 규시할 수 있겠다.

셋째, 본 한성임시정부의 수립을 위한 국민적 의지의 취지서에서는 생존의 권리와 자유 평등을 신장함에 우선적인 비중을 두고 있다는 점이다. 스스로 진정한 동양평화를 보존 유지하고 세계 공안을 지키려는 원대한 포부와 희망을 가지고 있다는 점이다. 이는 저자도 강조하였듯이, 일찍이 안중근 의사의 동양평화론에서 그 영향이 연결 소생된 것이 아닌가 한다.[43] 이 취지서에는 과거 일본의 철석맹약의 식언을 탓하려 하지 않는다고 과거에 집착해서 미래를 평가하는 옹졸한 민족이 아님을 분명하게 제시하였다. 이 대목은 3·1독립선언서의 내용과 유사한 조건을 찾아볼 수 있다. 이는 저자가 10여 년 전에 발굴 공개하여 국사교과서에도 반영되었듯이 이종일 중심의 제2의 독립선언문과도 같은 맥락에서 고찰함이 타당할 것이

---

41) 同, 『國民大會趣旨書』原本 참조.

42) 張道斌, 앞의 저술 참조.

43) 안중근, 『東洋平和論』, 이는 미완성의 絶筆 平和宣揚論이었다. 이현희, 「안중근의사의 동양평화사상 연구」, 『문명연지』3, 2001.

다.44) 과거의 숙원을 지금 재론해서 그 부당성, 기만성을 다시금 성토 규탄하려는 의도는 추호도 없음을 극명하게 제시하여 우리 민족의 대범성을 내외에 과시함으로써 해외인사들로부터는 지지와 찬성을 유의하였다. 동시에 국내 유지인사들로부터는 신뢰성과 동참성을 동시에 유도하고자 기도하였음을 간과할 수 없겠다.45) 우리는 대범한 민족으로서 이상과 같은 절차와 과정을 세계 자유인 앞에 내세워 일본의 대대적이고 근본적인 개오를 촉구한다는 점을 명확히 나타내고 있다. 죄인 스스로가 속죄하는 자발성을 기대한다는 뜻도 포함되어 있는 것이다.46)

넷째, 제1차 세계대전의 폭력·강압상황이 끝나고 평화와 도의·윤리시대가 방금 도래하였는데도 오직 이 지구상에서 일본만이 반성 없이 전제주의 패도주의에 빠져 있느냐고 일제의 맹성을 촉구하고 있다. 이 같은 불편함이 지속될 때 한일 두 나라 국민의 행복권은 여지없이 박탈 소멸될 것이 명약관화하다는 점을 일깨우고 있다. 그리하여 본 국민대회는 일제에게 침략 패권주의를 포기하고 정의 인도에 입각해서 동양 내지 세계 평화정착에 동참할 것을 호소하고 있는 것이다. 강력하고 무력적 위험을 가하고 있는 일제의 권위주의를 상쇄 소멸시키기 위하여 국민대회를 열어 그 중추기관으로서 한성임시정부를 설립하고자 한다는 취지를 부각시키고 있는 것이다.47)

다섯째, 평화와 도의의 시대가 도래하였음에도 불구하고 일제는 평화적인 정당한 시위를 무력 탄압으로 정당한 민족을 말살하려느냐고 힐문하고 있다. "不正理的 압박으로 인해 枯盡되는 것이 아니다"라고 당당한 한민족의 의기를 일제침략자 앞에 결연히 제시하였다. 순리적이고 우호적인 충고를 일제가 받아들이지 아니하고 3·1혁명대열을 파괴 소멸하려고 사특한 마음을 갖는다든지 지금 구성하려는 한성임시정부를 도괴시키려 한다면 우리는 최후의 1인까지, 1각까지 싸워 우리의 광복을 기성하겠다는 결

---

44) 이현희, 「제2의 3·1독립선언문」, 『3·1운동사론』, 동방도서, 1979.
45) 앞의 이규갑의 증언, 178쪽.
46) 金正明 編, 앞의 책, 806~807쪽.
47) 張道斌, 앞의 자료, 83쪽.

의를 조금도 누그러뜨리지 아니하였음을 미루어 알 수 있다. 그리하여 정의 인도 앞에 어떤 적이 있을 수 있겠느냐는 비장한 각오의 언사를 이해할 수 있게 되는 것이다.[48]

이처럼 수도 서울 중심의 한성임시정부 수립을 위한 전제 단계로서의 同취지서는 가장 명쾌한 민족문화의 우수성을 과장 없이 표방 선양하여 문화민족으로서의 높은 긍지를 그들에게 보여줌과 동시에 국내 13도 국민에게도 무위동참·지지·찬성을 호소하고 있었던 것이다.

4) 정부각료의 선출과 정부의 수립

(1) 정부의 구성과 결의사항

국민대회를 개최키 위한 취지서에 따라 앞에서와 같이 새롭게 뽑힌 13도 민족대표 25명이 전국민을 대표하였다. 13도의 대표는 인선상 별 문제점 없이 거의 균형있게 망라되었다. 발기인 25명 중에는 3·1혁명을 주도적으로 이끌어간 인사 - 독립지사 - 도 있고, 학생계 대표를 비롯하여 농민 노동자 언론계 종교계 교육계 사회사업계의 각계 대표가 거의 추대 망라되었다. 이런 면에서 국민대회의 개최는 정통성 문제가 정립되었다고 해도 과언이 아니다. 13도 대표 25명은 대부분 그 분담지역 내에서 3·1혁명을 직·간접적으로 인도하여 성과를 거둔 민족지사들이기도 하였다.[49]

위에 나온 李晩植은 曺晩植이 아닌가 한다. 고당 조만식(1882~1950)은 한국의 간디로 한평생을 애국운동을 펴다가 김일성에게 억류되었다 작고한 것으로 보인다.[50] 이 당시 조만식은 13도의 민족대표로서 3·1혁명을 평안남도에서 진두 지휘하였으며, 그곳에서 물산장려운동을 처음으로 일으키기도 하였다.[51] 그는 평북의 이유필과 쌍벽을 이루는 평안도의 애국지

---

48) 앞의 『兪海濬의 수기』.
49) 李炳憲, 『3·1運動秘史』, 時事時報社出版局, 1959, 第7~49 第56 第58~71 각 참조.
50) 吳永鎭, 「한국의 간디」, 『人物韓國史』 5, 博友社, 1965, 290~301쪽.

사였다.

박한영과 이종욱은 불교인으로 3·1혁명 때 주요 임무를 띠고 동지규합에 특별한 공로가 있었다.[52] 이종욱은 연통제의 국내연락책으로 철도인인 숨은 애국지사 全鎭源[53]을 시켜 안동 이륭양행을 거점삼아 신의주역을 거쳐 서울 마포 동막역까지 주요 문서자료, 비밀첩보 등을 비밀리에 운반 전달케 하였다.[54] 이 분이야말로 숨은 애국지사로 포상을 받을 분이다. 柳瑾은 언론인으로서 3·1혁명 때 그 홍보에 심혈을 기울였으며, 朱翼은 학생으로 3·1혁명 때 동료 학생들의 동참에 열과 성을 다해 크게 기여하였다.[55] 그 외 인사들도 각 지방의 대표급으로서 3·1혁명 때 각지에 나가서 소속 지역의 주민을 만세시위에 동참시키고 독립만세를 고창케 주선하였다.

13도 민족대표 25명이 모인 국민대회에서는 정부수립을 위한 구체적인 일을 준비하였다. 민의를 수렴할 대표기구의 탄생은 악랄한 일제의 탄압·지배를 효과적으로 풀 수 있는 좋은 방안이었다. 이 대회에서 25명의 대표와 한성임시정부의 수립을 위한 실무진 등 50여 명이 다음과 같은 6개항의 결의사항을 만장일치로 채택하였다.[56]

　　　　決議事項

---

51) 趙璣濬,「朝鮮物産獎勵運動의 展開過程과 그 歷史的 性格」,『歷史學報』41, 1969, 84~118쪽 ; 이현희,「1920년대의 民族實力養成運動」,『大丘史學』7·8합집 - 申奭鎬博士古稀紀念論文集, 대구사학회, 1973, 333~358쪽.

52)「李鐘郁의 자필유서」(全秉珏 소장문서 : 경기도 김포군 통진면 도사리 281-1 애국지사 全鎭源의 자제).

53)『全鎭源文書』. 앞의 전병각 소장문서철 속에 보존되어 있다. 우계 전진원은 신의주와 서울 간을 왕래하는 열차의 기관사로서 가장했으나 실은 연통제의 국내 조직책으로 이종욱과 긴밀한 연락을 취하였다. 李炫熙,『3·1獨立運動과 臨時政府의 法統性』, 동방도서, 1987, 70쪽.

54) 이현희,「숨은 애국지사 전진원」,『무궁화』1989년 8월호 ;『임시정부의 숨겨진 뒷이야기』, 학연문화사, 2000, 118~130쪽.

55) 앞의 이규갑의 증언, 178쪽.

56) 上海日本總領事館,『朝鮮民族運動年鑑』1919년 4월 23일자.

1. 임시정부 조직의 건
1. 일본정부에 향하여 조선통치권의 철거와 군대의 철퇴를 요구할 일
1. 파리강화회의에 출석할 인원을 선정할 일
1. 조선인으로서 일본관청에 재직하는 관공리는 일체 퇴직할 것
1. 일반민은 일본관청에 각항 납세를 거절할 일
1. 일반민은 일본관청에 대하여 일절 諸願 및 소송행위를 말 일

이상의 6가지 결의사항을 일별해 보면 한성임시정부수립 발기인 50여 명은 이날 모임을 갖고 결의된 합의사항을 개조식으로 정리하였음을 알 수 있다.[57]

첫째, 이들이 공통적으로 최대의 관심을 갖고 표명했던 현안의 당면과제는 3·1혁명의 마무리로서 임시정부를 수립한다는 것이었다. 그러므로 국민대회 소집을 위한 취지서의 작성 배포의 최대 목표는 3·1혁명 직후 서울에 한성임시정부를 수립하여 광복투쟁의 구심점으로 삼겠다는 신념이 강하고 활발했었다는 것이 명백하다고 본다.[58]

둘째, 이들은 한결같이 광복투쟁의 구심점인 한성임시정부를 구성해 놓은 다음에는 일제의 탄압적인 통치권의 삭제와 강압적인 군대의 철수를 강력히 요구하고 나섰다. 이는 한성임시정부가 곧 3·1혁명의 뒷처리를 마무리 짓는다고 확신하였기 때문이다. 세계혁명 뒤의 임시정부의 출범은 공통적인 현상이라는 박은식의 주장이 당시 국내 민족지사 사이에서 더욱 정통적으로 받아들여진 것으로 해석해 봄이 타당하다.[59]

셋째, 제1차 세계대전의 종결과 동시에 파리강화회담의 소식은 전세계에 파급되어 패전국 소속 국가들의 독립-자립 분위기가 성숙되어져 가고 있었다. 우리는 당시 제1차 세계대전의 패전국 소속은 아니었지만, 파리강

---

57) 김정명, 앞의 편저, 806쪽.
58) 鄭光鉉, 『3·1獨立運動史 - 判例를 통해 본』, 法文社, 1978, 190~199쪽 ; 이현희, 『광복투쟁의 선구자』, 동방도서, 1990, 金九條.
59) 박은식, 앞의 『한국독립운동지혈사』, 108쪽, "卽必有臨時政府之最高機關 爲民國之標準 占國交之地位 亦世界革命之慣例也 三月一日以後 各處獨立團 均有此想".

화회담을 자립할 수 있는 좋은 기회와 구실로 삼을 수 있을 것이라는 스스로의 이념적 판단이 있었다. 그래서 파리강화회담에의 출석을 구체적으로 논의하였던 것이다. 이는 당시의 열망된 독립에의 분위기를 읽어 볼 수 있는 참신한 예이다.[60]

그리하여 중국 내에서 외교에 능통한 임정의 외무총장 김규식이 파리에 파견되었으며,[61] 대한국민의회정부에서도 尹海·高昌一을 그곳에 대표로 파견하였다.[62] 이 당시 전국의 대표가 선임한 파리평화회담에 출석할 국민대표는 이승만 등 7명이었다. 그들은 다음과 같다.

파리강화회의에 출석한 국민대표자
李承晚　閔瓚鎬　安昌浩　朴容萬　李東輝　金奎植　盧伯麟

이들은 거의가 미국이나 소련 중국 등지에서 활약하였던 대표적인 독립지사요, 항공인이며 정치외교가이기도 하였으므로 파리평화회담의 참석자로는 가장 적합하였다.[63]

넷째, 한국인 중 일제관청에 봉직하는 자는 전원 자진사퇴하라는 내용이다. 이미 상해 임정 때도 이와 유사한 조치가 대외적으로 강력히 주장되었다. 1919년 9월 이후 초대 의정원 의장이며 임시정부의 내무총장이었던 석오 이동녕이 이 같은 취지의 격렬한 성명서를 발표한 바 있었는데[64] 그의 영향일는지 모르겠다. 일제관청 근무자의 전원 자진사퇴는 대한민국임시정부로의 복귀를 시사한 것이 아닌가 한다.[65]

다섯째, 전체 한국인에게 거국거족적인 납세 거절을 촉구하였다. 이것역시 상해 임정에서의 통합단일정부 이래 施政광복정책으로 정식 채택된

---

60) 이현희, 앞의 『대한민국임시정부사』 자료편 10, 396~397쪽 참조.

61) 이현희, 『臨時政府와 金奎植』, 尤史研究會, 1990.

62) 宋相燾, 『騎驢隨筆』, 국사편찬위원회, 1970, 245쪽.

63) 국회도서관, 『臨時政府議政院文書』, 1974, 3·52·86·88·108·223~226·230~235·625~635·855쪽.

64) 이현희, 『臨政과 李東寧研究』, 일조각, 1989, 제2·3·5장 참조.

65) 이현희, 『光復鬪爭의 선구자』, 동방도서, 1990, 「李東寧」항목.

조세저항정책이었다.66) 일제에의 납세 거절은 곧 한성임시정부로의 전용을 강력히 유도 시사하는 내용이었다.

여섯째, 한국인은 일제 관청에 대한 청원은 물론 소송 역시 모두 거래하지 말라는 것이다. 이는 분명한 주체적 정책의 세부 시책이며, 동시에 우리 국민의 임정으로의 복귀를 강력히 권유하여 보강해 줄 것을 결의사항으로 호소한 내용이다.

(2) 임시정부의 수립

이 같은 절차에 따라 국민대회는 한성임시정부를 조직하고 파리에 외교관을 특파하여 국제적으로 우리의 독립문제를 환기시키고 여론화할 것을 천명하고 있다. 임정 선포문은 다음과 같다. 아울러 約法도 발표하였다.67)

宣布文
玆에 국민대회는 민의에 따라 임시정부를 조직하고 국민대표로서 파리 강화회의에 출석할 위원을 선정하여 약법을 제정 이를 선포한다.

朝鮮建國四千二百五十二年 四月 日
國民大會

約法
제1조 국체는 민주제를 채용함.
제2조 정체는 대의제를 채용함.
제3조 국시는 국민의 자유와 권리를 존중하고 세계평화의 행복을 증진하게 함.
제4조 임시정부는 좌의 권한을 有함.
　1. 일체 내정
　1. 일체 외교

---

66) 앞의 주 63)·64) 각 참조.
67) 앞의 『朝鮮民族運動年鑑』 1919년 4월 22·23일자 참조.

제5조 조선 국민은 좌의 의무가 있다.
1. 납세
1. 병역
제6조 본조약은 정식 국회를 소집하여 헌법을 발포하는 때까지 적용함.

이상의 한성국민대회에서 제정 공포한 6개조의 헌법을 「한성정부약법」
이라고 한다. 이 헌법이 제정 공포됨으로써 마침내 숙원이던 한성임시정부
가 조직 수립되었다. 그러니 이 정부는 전단상의 정부적 규모가 아닌 국민
적 합의와 지지하에 정식절차를 거쳐 '정부형태와 체제'를 정통적으로 구
비하였다고 평가된다.

서울 중심부에 본부를 둔 한성임시정부의 약법은 러시아 블라디보스톡
의 대한국민의회정부의 결의문이나 그 체제·내용보다 사실상 훨씬 진보
되고 세련된 헌법조문으로 현대적인 감각의 정치의식이 표출되고 있다고
본다. 그러나 상해 대한민국임시정부의 임시헌장 10개조나 단일통합정부
로의 제1차 개헌헌법 58조에 비해서는 국가의 기본법으로서 완전한 모습
을 구비하였다고는 볼 수 없다.[68]

제1조에서 강한 톤으로 외친 '국체는 민주제로 한다'는 것은 5백여 년의
조선조의 군주제를 과감히 극복 청산하고 민주공화제로 대전환한다는 분
명한 '국체'의 규명이었다. 제2조의 '정체는 대의제로 한다'는 것과 더불어
제1·2조의 두 조목은 오늘날 국체·정체의 헌법 논리상으로는 정확하지
않다. 인민의 기본권, 권력분립, 대의제 등이 현대 민주정치의 본질임을 감
안할 때 문제점이 있을 수 있다. 그러나 지금으로부터 82년 전의 민주의식
수준에서 보면, 이는 훨씬 진보되고 세련된 - 개명된 - 현대 정치지향적인
근대적 사고방식의 구체화라 하지 않을 수 없다.

제3조의 인민의 기본권에 관해서 살펴보면, 국민의 자유와 권리를 존중
하는 것이 국시라고 직시하고 있다. 그러나 자유나 권리에 대한 내용이 무
엇이며 어떤 방향으로 나아갈 것인가 하는 데에 따른 구체적인 규정이 애
매하여 그 단서적 평가에 당혹감을 갖게 된다.[69]

---

68) 국가보훈처, 『독립운동사자료집』 7·8·9 별집 Ⅱ, 1973~1976 각 참조.

제4조에서는 정부의 권한을 내정과 외정으로 크게 구분하여 정부가 양대정책으로 그 민족사적 정치행위를 집행해 나가겠다고 하였다. 이는 임시정부의 내·외치에 대한 큰 의지로 생각된다.

제5조에서는 국민의 의무를 납세와 병역으로 명기하였다. 여기에는 교육의 항목이 빠져 있어 오늘날의 헌법정신에 비해 다소 미흡한 감이 있다.[70]

제6조에서는 정식 국회가 소집되어 완벽한 헌법을 頒布할 때까지 本 約法을 母法으로 삼아 통치수단으로 적용한다 하였다. 이는 대한민국임시정부 내각에 전권을 위임한 것이다. 아울러 이후 국민대회는 한번도 소집·토의된 경우가 없다. 때문에 이론상 1948년 제헌국회가 헌법을 정식으로 내외의 그것을 종합 고찰하여 제정하기까지 뒤에 소개할 이승만 집정관총재에게 전권을 위임한 것이라고 보아도 좋을 것이다.

이승만은 국외의 여러 대한민국임시정부가 있었으나 그것보다는 국내 13도 대표자가 모여서 결의사항을 제정 선포하고 국민대회의 결의에 따라 수립된 한성임시정부를 가장 민중적이고 공화적인 '민중근본의 정부'로 보아 정통성을 부여한 것으로 보인다.[71]

(3) 각료의 선출과 정부의 선포문

한성임시정부의 수립이나 그 존재도 엄격히 따지고 보면 이미 저자가 정리 발표한 대한민간정부나 조선민국·신한민국임시정부와 마찬가지로 '傳單政府'적 차원을 크게 벗어난 수준은 아니었다(도표 참조).[72] 하지만 약법이나 소개한 선포문 결의사항 등이 앞에서 언급한 8~9개의 '紙上政府'·'立案政府'적 수준보다는 체제나 규모 면에서 질적으로 상회하고 있

---

69) 이현희, 앞의 『대한민국임시정부사』, 69쪽.
70) 金榮秀, 「大韓民國臨時政府의 憲法에 關한 硏究」, 『公法硏究』 4, 1976 참조.
71) 金榮秀, 「上海 臨時政府 憲法에 관한 硏究」, 『忠南大社會科學硏究所論文集』 2-2, 1975 참조.
72) 주 3) 참조

다. 한성임시정부가 갖는 가장 큰 장점 - 강점 - 이라면 우리가 비록 강점당한 나라였으나 한국의 수도 서울에서 민의를 대변 수렴하면서 당당히 출범하였다는 점이다. 더욱 국토·민족·주권이 공존해 있다는 사실이다. 말하자면 정통성의 맥락이 핵심을 이루고 있었다는 평가가 가능하다.

국민대회는 13도 대표 25명과 임시정부 수립 준비위원회 소속 20여 명 등 50여 명이 4월 2일 인천에서 모여 우선 정부와 장관의 명칭이 정해졌으므로 가장 중요하고도 최대관심사가 되었던 행정부의 책임자인 장과 각부 장관에 누구를 선임하느냐 하는 것으로 대부분의 시간을 소비하였다.

사실상 집정관총재나 국무총리총재 그리고 각 총장(장관급)에 선임된 사람은 13도 대표나 同 준비위원회의 인사는 하나도 선임되지 않았다.

이것은 가장 공정 무사하다는 자평도 받지만 신망·덕망 있는 유력하고 저명한 민족지사를 공동으로 추대해서 망라해야만 정부의 권위와 신뢰의 바탕이 마련된다는 뜻에서 同 정부 준비위원은 전원을 배제한 것이었다.[73] 단지 자문 및 행정 실무를 맡아 볼 평가단에만 실무진 중 이규갑, 이규풍 형제와 한남수를 선임하였다. 이 때 중론에 의거하여 순리적으로 선임된 한성임시정부의 각료와 평정관 명단은 다음과 같다.

臨時政府閣員名單

執政官	總裁	李承晩
國務總理	總裁	李東輝
內務部	總長	李東寧
外務部	總長	朴容萬
軍務部	總長	盧伯麟
財務部	總長	李始榮
	次長	韓南洙
法務部	總長	申圭植
學務部	總長	金奎植
交通部	總長	文昌範

---

73) 앞의 이규갑과의 면담시 재확인하였다.

勞 動 部 　　總長　安昌浩
參 謀 部 　　總長　柳東說
　　　　　　　次長　李世永

評 定 官
趙琬九　朴殷植　玄尙健　韓南洙　孫晋衡　申采浩　鄭良弼
玄 楯　孫貞道　鄭鉉湜　金晋鏞　曺成煥　李奎豊　林景鍾
朴贊翊　李範允　李奎甲　尹 海

　이어서 同 국민대회에서는 일반민중이 준수 勵行해야 할 7가지의 주요
사항을 동시에 발표한 바 있다.

1. 爲國戰死
2. 同族拍救
3. 仁義制畢
4. 政府服從
5. 合心合力
6. 主權尊崇
7. 財政義務

　이처럼 일반민중이 須知할 사항은 한성임시정부가 민주공화제에 의한
자유민주주의 이념과 의식을 뿌리내리려는 의지를 반영하고 있는 점이
다.74) 이는 수도 서울에서 민중정부를 수립하여 仁義로 폭력·전쟁·억압
을 구축하여야 하며, 나라를 위해 죽음으로 임함과 동시에 동포를 구해내
는 데 합심·합력하여 나라의 주인이 국민-민중임을 자각케 하되, 그 민중
의 나라는 민중 스스로가 재정을 부담 지원 조달해야 한다는 의미를 내포
하고 있다. 민중들에게 어떠한 경우라도 정부의 명령이 군왕의 명령보다
더 막중하고 위대하다고 인식시킴으로써 절대적으로 복종하게 만들려는
의도도 있었다.

---

74) 金元容, 『在美韓人五十年史』, 376~377쪽.

한성정부의 집정관 총재(대통령)가 된 이승만은 물론 다른 장관들도 본인의 의사와는 무관하게 그 자리에 추대되었다. 우남 이승만은 그 당시 미국 워싱턴에 체류하고 있었기 때문에[75] 한때 한성임시정부를 '워싱턴임시정부'라고도 불렀다.[76] 한성임시정부의 통치구조는 7部一局으로, 상해의 대한민국임시정부의 6部 1院에[77] 비하여 1部(학무부)가 늘어났음을 알 수 있다.

한편 한성임시정부의 가장 취약점은 실질적인 타정부에 비하여 의회가 시종 설치되지 못하였다는 점이다. 그것은 상해나 러시아 지역과는 달리 일제의 공권력으로부터 기습당할 위험이 상존했기에 의회를 설치해서 입헌활동을 자유자재로 전개할 수 없었기 때문이었다.

정부의 조직체계를 완성한 1919년 4월 23일에 임시정부선포문도 곧 발표되었다.[78]

臨時政府宣布文

4,400년간 계승된 조선민족의 역사적 권리에 기하야 신세계의 대세에 순응하며 자손만대의 생존과 발전의 자유를 위하야 조선의 독립국임과 조선민중의 자유민임을 임의 세계만방에 선언한지라. 비록 조선의 국토가 아직 일본군대의 점거한 바 되었다 하더라도 此는 일즉 白耳義가 독일의 점거한 바 되었음과 同하니 조선의 주권은 엄연히 존재한지라. 我民族은 일즉 일본의 아민족에 대한 통치권을 승인하는 민족적 의사표시가 없었을 뿐더러 임의 정식으로 此를 부인하는 의사를 전민족 일치로 표시한지라. 이제 다시 我民族은 세계만방에 대하야 조선의 독립국이요 조선민족

75) 이승만의 北美合衆國內 臨時事務所의 位置는
    The Portland
    14st Vermont Ave. Washington D.C.
    U.S.A.
    라고 하였다. 이곳의 컨티넨탈빌딩 908호실을 얻어 사무소를 차렸으나 뒷날 歐美委員部 사무실로 고쳤다. 同 9月 다시 '歐美委員部'로 확정되었다.
76) 앞의 『朝鮮民族運動年鑑』 1919년 4월 24 · 25일자
77) 內務部 外務部 法務部 軍務部 交通部 財務部 國務院
78) 앞의 『朝鮮民族運動年鑑』 1919년 4월 23 · 24 · 25일자.

의 자유민임을 선언하고 아울러 전민족 의사에 基하야 임시정부가 성립
되었음을 자에 포고하노라. 과거에 통호하던 諸友邦과 인도의 기초상에
新建된 각국은 아국에 대하야 深厚한 동정과 우의를 표할 줄 확신하노라.

紀元四千二百五十二年 四月 日

朝鮮民族代表 一同

이 임시정부선포문에 우리는 그 눈부신 민족사적 의미를 부여해야 한다.
한성임시정부는 3·1혁명의 최대성과임을 초두에 명백히 지적하였고, 독
립의 선포는 곧 우리나라 주권의 엄존성·자신감을 의미하는 것으로 받아
들일 수 있다. 여기서도 그들은 일제의 한국강점은 원초적으로 무효이기
때문에 그 이후에 일어나는 불법·탈법적 완력의 억지 사태는 모두 원인
무효임을 천명하고 있다. 따라서 우리는 당당한 독립국이며 자유민임을 선
언하였으므로 그에 의거한 후속조치로서 한성임시정부가 수립되었음을 세
계만방에 선포하게 되었다는 것이다. 한성임시정부는 "全民族 意思에 基
하야 臨時政府가 成立되었음"을 포고한다는 것이다.[79] 그에 따라 각국과
의 외교관계의 정상화를 적극적으로 도모할 것임을 천명하였다.

한성임시정부는 해외망명정부로서 유지하려 했다. 집정관 총재(대통령)
인 이승만이 미국에 체류하고 있음을 필두로 이동휘 이하 한성임정의 7部
1局의 주요 각료는 전부 해외에 체류하면서 상해의 대한민국임시정부와
대한국민의회정부 등에 각료로 추대되는 등 애국단체와 밀착되어 관여하
고 있었다.[80] 이에 대해 이규갑은

그래서 우리가 任命한 각원(장관)들도 전부 그 당시 해외에서 활동하고
있는 애국지사들로 충당한 것이다.[81]

라고 증언 회고하였다.

---

79) 同,「臨時政府宣布文」참조.
80)『獨立新聞』1919년 9월 20일자.
81) 앞의 이규갑의 증언, 179쪽.

한성임시정부가 비록 완벽하게 삼권분립의 민주공화제적 성격을 갖는 수준의 정부는 못되었으나 7개 처의 임시정부보다 법통성의 현주소가 바로 이곳이었다는 점에서 그 위상은 보다 확실하고 분명하다. 뒷날(1925) 이승만이 상해의 임시의정원(국회)에서 만장일치로 그 직책이 면직 처분되었음에도 불구하고 대통령직에서는 일보도 물러나지 않았다.[82] 그것은 그 자신은 법통성의 원류인 한성임시정부의 집정관 총재 즉 대통령으로서, 국내의 13도 민족대표와 동 임시정부수립준비위원들이 숙론한 끝에 자신을 선출해 주었으므로 가장 법통성이 있다는 것이다. 뿐만 아니라 한성임시정부에서 자신을 면직 처분하지 않는 한 스스로 퇴진 사퇴할 수 없다고 굳게 버티었던 이 사례를 보아도 한성임시정부의 법통성은 자타가 공인하였음을 알 수 있다.[83]

5) 임시정부의 국정행사

(1) 국민대회의 성격

서울에서 한성임시정부를 수립하기 위한 준비운동은 이미 3·1혁명 직후부터 일기 시작하였다함은 앞서 언급한 바 있다. 이때 민족지사 한남수·홍진·이규갑 등의 발기로 국민대회를 열되 전국 有志를 대표로 포섭하여 전원 참여시킴으로써 누구에게나 승복할 수 있는 중심적인 임시정부를 열망하고 있었다.[84] 그리하여 동 4월 2일 인천 만국공원에서 처음 서울(한성)의 임시정부를 수립하기로 결의하였다. 앞의 이규갑 등 3명 외에 종교계 대표를 전원 영입하려고 하였다. 그것은 3·1혁명의 주도 세력이 바로 종교·사상계의 원로 중진이었던 선례를 따르기로 한 것이었다. 천도교 대표로는 安商悳(德), 기독교 대표로는 朴用熙·張鵬·이규갑, 유교 대표

---

82) 李仁秀,『대한민국의 건국』, 촛불, 1988, 31~36쪽.
83) 『李承晩文書』臨政部(1919).
84) 앞의 이규갑과의 대담에서 증언한 바 있다.

로는 김규, 불교 대표로는 이종욱을 선임하여 정부 수립을 착수하였다.[85]

장도빈은 앞에 소개한 『3 · 1운동사』(84쪽)에서 「국민대회취지서」를 한남수 · 김사국 · 이헌교(이교헌인 듯) · 이민태에게 맡겨 작성하게 하였다고 한다. 그러나 이는 상해와의 연락 관계로 볼 때, 이동욱이 기초했음이 틀림없는 것으로 보인다.[86] 이들은 국내에 체류해 있지 않았으므로 국내의 한성임시정부건립 추진사업은 안상덕에게 위임하였다.[87]

이에 위임을 맡은 안상덕은 즉시 4월 중순경 동지 玄錫七을 끌어들여 국민대회를 소집하기에 이르렀다. 상해로 업무 연락차 출국한 사람을 제외한 모든 준비위원들과 13도 대표 25명을 서울 서린동 봉춘관에 모이도록 착실하게 연락해 놓았다. 그 결과 간부 현석칠 등과 학생 김사국, 張彩極, 金玉玦 등이 백방으로 대표자를 찾아다니면서 연락을 취해 마침내 4월 23일 오전 국민대회를 반공개적으로 개최할 것을 결의하였다. 이날 임시정부의 각료를 선임했고 임시정부포고문도 동시에 반포하였다.[88]

그러나 국민대회의 준비와 각료의 선임이 완료되어 선포할 찰나에 일본 경찰에 발각되어 현지에서 전원 체포되었다. 그렇다고 한성임시정부가 일도 하기 전에 완전히 도괴되고 만 것은 아니었다. 상해로 건너가 이미 조직이 완료된 대한민국임시정부의 이동녕 등 요인들과의 연계하에 국내외에서 활발히 움직이고 있던 이규갑과 李壽奉 등이 상해에 있으면서 원격 조정했고, 때로는 직접 이들에게 문서로 지시를 내리기도 해서 사실상 한성임시정부는 광복을 위한 국정을 행사하기도 하였다.

이규갑은 한성임시정부 수립을 위하여 일본에서 활약하고 있던 학생들에게도 연락해서 동참 지원케 하였다.[89] 그는

---

85) 張道斌, 앞의 저술, 82~83쪽, 國民大會事件.

86) 이때 한남수, 홍진, 이규갑이 상해 임정과의 연락을 위해 同 4월 8일 상해로 갔기 때문에 국민대회취지서는 이동욱이 단독으로 기초한 것이다.

87) 장도빈, 앞의 책 참조.

88) 洪淳鈺, 「上海臨時政府의 正統化過程」, 『新東亞』1969년 4월호, 329~331쪽.

89) 鄭光鉉, 앞의 책, 200~201 · 230쪽.

　　2월 26일(1919) 일본에 파송되어 일본정부에 독립청원서를 제출하는 등
의 활약을 하고 있는 林圭, 安世桓 등에게도 연락하여 유학생들에게 정부
(한성임시정부인 듯) 수립을 알리도록 서둘렀다.[90]

라고 한다. 이어 국민대회취지서, 한성임시정부 선포문 등의 여러 가지 관
련문건의 인쇄에 착수하였다. 일제의 감시가 극심한 때였으므로 공공연하
게 이런 위험한 비밀정보를 인쇄에 부친다는 것은 용이한 일이 아니었다.
그리하여 이규갑은 어떻게 하던지 은밀히 일을 진행시켜야 무사하리라 마
음먹고

　　궁리 끝에 나는 지금 서울 서소문동에 있는 우리 집안 사람인 李敏洪家
의 방 하나를 빌어서 두 사람을 데려다가 목각으로 이것을 한 자씩 팠다.
이 목각을 가지고 6천 매를 인쇄한 다음 목각을 전부 그 집 앞뜰에 파고
묻어 버려서 후에도 이 일들을 일경들은 끝내 밝혀내지 못하였다.[91]

라는 것이다. 그리하여 일본측 기록에도 목판을 만든 곳이 불명처라고만
기록되어 있다. 비밀을 철저하게 유지하기 위해서 심지어 동지인 현석칠에
게도 그 장소를 알리지 않았다고 이규갑은 증언하였다. 그 인쇄장소를 알
고 있었던 사람은 오직 자신(이규갑)과 재정담당책이었던 동화약품의 창업
자인 민강지사의 두 사람뿐이었다고 한다. 그 당시 떠오르는 표어가 있었
는데 "보고 듣고 말하지 말고 하기만 하자"였다는 것이다. 사실이 공개되
면 다른 동지가 연루 체포되어 감은 물론 사업도 중도에 좌절될 것이 당연
하였기 때문이었다. 국민대회는 이처럼 공개적인 것 같으면서도 철저히 비
밀을 지키면서 천신만고 끝에 그 개최문제를 일사천리로 처리할 수 있었
던 것이다.[92]

---

90) 앞의 이규갑의 증언, 179쪽.
91) 앞의 이규갑과의 면담 및 동 증언, 179쪽.
92) 홍순옥, 앞의 논문.

(2) 정부수립의 산파역 이규갑

한성임시정부를 수립함에 있어서 가장 공로가 큰 인사로 이규갑을 손꼽지 않을 수 없다. 마침 그가 82세 당시에 증언한 자료가 있어 고심 끝에 1차 사료로 활용하였다. 이 방면의 다른 기록이 영세한 상황에서 이 자료를 적극 활용할 수밖에 없다.

한성임시정부를 수립할 당시 이규갑은 그의 再從姪되는 이민태의 골방에서 창문 앞에 장작(땔나무)을 쌓아 놓고 은신하고 있었다. 그때 마침 그의 자당어른의 환상이 떠올랐다고 한다. 그러나 그는 어머님이 아니고 곧 여성연락원이었다. 그는 그날의 일을 지시받으러 온 여성이었다. 그 여성이 평양의 그 자당을 뵙고 오겠다며 평양집엘 다녀왔는데, 그의 가족 전체가 일본경찰에 체포되어 갔다는 것이다. 단지 자당어른만 계셨다고 하면서 버선 한 켤레의 속을 뜯어 그 속에서 자당의 편지를 내주는 것이었다. 그 속에는 안부도 묻지 않고

> 내가 너같은 못난 자식을 둔 줄 몰랐다. 지금이 어느 때라고 나랏일을 하는 사람이 내 걱정을 하고 사람을 보냈느냐.

라고 엄중히 책망하였다고 한다.93) 그의 자당은 춘부장의 후처로 황해도 출신이며 밀양 박씨였다. 사서삼경에 통달하고 예학에 조예가 깊어 이규갑의 형 이규풍은 서당에 보내지 않고 가정에서 독학으로 학덕을 쌓게 하였다. 박씨는 1905년 을사조약 이후 아들 형제에게 "남아가 국난을 당해 집에만 앉아 있어서야 말이나 되겠느냐"면서 매일 호통을 쳤다고 한다. 의병이라도 일으켜 광복전쟁의 대열에 주도적으로 참여하라는 분부였다. 그리하여 형제는 1908년 전후에 의병전쟁에 가담하였다.

이때 이규갑의 부인되는 李愛羅는 이화학당을 졸업하고 평양 숭의여학교에서 교편을 잡고 있었다. 그는 상경하여 남편보다 동지들과 먼저 합류하였다. 오히려 남편 이규갑은 만나주지도 않았다.94) 그녀는 지방조직을

---

93) 앞의 이규갑의 증언, 179~180쪽 참조.

완료하기 위하여 충청지방과 수원일대를 순회하면서 업무를 수행하다가
상경하였다. 남편 이규갑을 찾아다녔으나 찾을 수가 없자 그녀의 친정 형
이 거주하고 있던 서울 서대문 아현동 25번지를 찾아가다가 아현고개(애
오고개)에서 일본헌병에게 체포되었다.[95] 그 광경이 목불인견이었다고 한
다. 이규갑은 그 당시의 일제만행에 관해서

> 헌병(일제)은 아내가 업고 있던 생후 백일이 미처 못된 갓난 딸아이를
> 빼앗아 길바닥에 내동댕이쳐 죽게 하고 아내를 잡아갔다. 그때 내 아내를
> 돌보며 뒤따르던 교회전도부인이 어린애를 주워 안았지만 이미 죽어 있
> 었다. 애비는 숨어 있고 애미는 잡혀간 뒤 그 아이는 전도부인의 손으로
> 아현고개에 묻혔다.[96]

라고 담담히 술회하였다. 이애라는 남편이 주선한 한성임시정부 수립에 적
극 가담하여 동분서주하다가[97] 체포되었으나 끝까지 비밀을 누설하지 않
았다. 그 드높은 용기에 새삼 주목해 본다.[98]

이규갑의 애국적인 열의는 이처럼 그의 자당 박씨와 형 규풍 그리고 부
인 이애라 등의 희생적인 노력과 상호 연결되었던 것으로 보인다.

(3) 13道 대표자의 회동과 중심기구

한성임시정부의 산파역인 30대 초의 건실한 기독교인 이규갑은 당시 한
성임시정부가 출범하게 된 경과를 설명하면서 13도 대표자회의가 곧 우리
나라 임시정부의 법통성을 직접 증거해 준다고 극명히 술회하였다.[99] 그는

---

94) 주 82) 181쪽 ; 국가보훈처,『독립운동사자료집』13권, 144쪽.
95) 文一民,『韓國獨立運動史』, 186 · 339쪽.
96) 앞의 이규갑의 증언, 180~181쪽.
97) 국가보훈처,『독립운동사』3권, 607 · 734쪽.
98) 국가보훈처,『독립유공자공훈록』5권, 1988, 697쪽 ; 국사편찬위원회,『日帝侵略下
   韓國 36年史』9卷, 154쪽 ;『民族獨立鬪爭史』海外篇, 13~15쪽.
99) 앞의『독립유공자공훈록』5, 697쪽.

1919년 4월 20일 인천에서의 13도 대표자 회동에 관하여 그 당시의 긴박했던 상황과 추진경과를 다음과 같이 상세하게 설명하고 있다.

> 4월 2일 아침 나는 권혁채, 홍면희(홍진), 안상덕과 함께 서울역에서 기차를 타고 인천으로 행했다. 인천 만국공원에서 13도 대표자회의를 열고 앞서 제정한 약법(일종 헌법)과 임시정부기구 및 각원 명단, 국민대회취지서 등을 통과시켜서 앞으로 있을 국민대회에서 이를 선포하고자 하였다. 지금으로 말하자면 일종 국회 임무의 대행이라 할 수 있겠다.
> 앞서 우리가 이날 모일 13도 대표에게 통지할 때 (인천)만국공원에서 공공연하게 모이면 일경이 눈치채 모조리 잡혀갈 위험이 있으니 우리 동지끼리만 알아볼 수 있도록 손가락에 흰 종이나 헝겊을 감도록 하고 일절 필요 없는 말은 하지 말도록 일러두었다. 그때는 3·1운동 후 각 지방의 만세시위가 아직도 산발적으로 일어나고 있던 때이라 일경의 경계는 매우 삼엄하였다. 더욱 우리 몇몇 지도급 동지들은 전국에 지명수배되어 있었다.
> 인천역에 내리자 우리 일행은 왜경의 불심검문을 받았다. 홍면희 등은 현직변호사이기 때문에 무사했지만 나 혼자만 그들의 의심을 받고 검색을 받게 되었는데 홍면희가 나서서 "이 사람은 약장사하는 사람으로 우리와 일행"이라고 둘러대는 바람에 겨우 위기를 면하였다.[100]

위에서 언급하였듯이 13도 대표자회의는 일종의 의회의 대의적인 국정행사로서, 서울의 임시정부(한성)가 이제 정식으로 하나의 망명정부가 아닌 정통정부로서의 임무와 위상을 지녔음을 극명히 보여준 것이다.[101]

정통정부로서의 출범이 해외가 아닌 국내에서 진행되다 보니 일제의 불법적 통치권이 직접적으로 미치고 있었고, 이에 실패할 위험성이 그들을 위협하고 있었다. 그리하여 13도 대표로 서명한 이들이 전원 참여하지 못한 아쉬움이 남는다. 이규갑은 그 당시를 이렇게 회고하였다.

---

100) 앞의 이규갑의 증언, 181쪽.
101) 이현희, 『3·1독립운동과 임시정부의 법통성』, 동방도서, 1987, 56~60쪽.

그날 오후 3시쯤 해서 만국공원에 당도하여 참회한 동지들을 상세히 점검하여 보니 20명 내외밖에 모이지 않았다. 서울에서 내려가기로 한 각 단체 대표로는 천도교 대표 안상덕, 기독교 대표로 박용희 장봉 이규갑 홍면희 권혁채, 유림 대표 김규 등이었는데 대부분 참석하였다. 지방 대표는 거의 나오지 않았으며 다만 수원 강화 인천 등 인근 지역에서 10여 명이 모였으나 지금 그 이름을 기억할 수 없는 것이 유감이다.102)

한성임시정부의 수립을 이룬 뒤 이제는 어떤 절차나 방법을 동원하여 발표할 것인가 하는 당면 현안문제 해결에 부심하였다고 한다. 이에 대해 그는

우리는 노천에서 다수집단이 모이기보다는 은밀한 실내에서 모이는 것이 안전하다고 생각하고 어떤 음식점의 조용한 방 하나를 빌어서 음식을 시켜 먹으며 의논하였다. 그때 토의한 자세한 내용은 50년 전의 일이고 기록으로 남은 것도 없어서 자세한 것을 낱낱이 말할 수는 없으나 골자는 우리가 만든 임시정부를 어떤 절차와 방법을 통하여 발표하느냐, 그리고 국민대회를 여는 데 있어서의 인원동원 문제와 지방조직의 강화문제 등이었던 것으로 대개 기억한다. 그리고 여기서 특히 밝혀두고 싶은 것은 단체대표로서 縉紳이라 하여 한말고관을 지낸 분들의 대표로 月南 李商在 선생과 朴承鳳씨를 내정했었는데, 후에 일본정부와 우리나라의 독립문제로 담판하는 경우가 생겼을 때 민족대표로 추대하기 위해 일부러 뺐던 일이 있다.103)

라고 하면서 이상재 등 저명인사의 13도 대표회원 삭제문제는 민족대표로 뒷날 일제와 담판할 경우 추대 활용해야 했기 때문이라고 이규갑은 기억을 되씹고 있었다. 그는 이 거사계획에 천도교가 적극 가담해서 군자금을 지원하였음을 밝히고 있다. 저자가 발굴한 자료를 통해 언급하였듯이 천도교 자체가 3·1혁명 이후 '대한민간정부'를 수립하려고 만반의 준비를 완

---

102) 앞의 이규갑의 증언, 180~181쪽.
103) 앞의 이규갑의 증언, 181쪽.

료해서 1919년 4월 1일을 기해 그 발족을 내외에 정식으로 선포하고자 했던 데에서도 애국에의 강도 높은 구국열기를 지니고 있었음을 규시할 수 있다.104) 이처럼 모든 국민적 지지가 곧 한성임시정부의 수립을 촉진했고, 동참·찬성을 얻을 수 있었던 것이다.

한성임시정부의 정통성 문제는 국민적 지지와 찬성이 절대적이었다는 데 그 민족사적 의미가 깊은 것이다. 심지어는 사회에서 냉대 소외받던 기생들도105) 한성임시정부에 군자금을 자진 헌납하여 근대여성항일운동의 열기도 짐작케 한다.106) 이규갑은

한번은 妓生 오래비가 되는 閑良 한 사람이 나를 찾아와서 자기 누이인 金玉蓮이란 기생이 나를 꼭 만날 일이 있으니 모시고 오란다는 것이었다. 나는 기독교 교직에 있는 사람이라 酒色은 금기하는 형편이었고 기독교도가 되기 전에는 우리집 가훈이 주색은 철저히 배격했기 때문에 그때까지 술 담배는 입에 댄 일이 없었고 더구나 기생방은 구경한 일도 없었다. 처음에는 괴이하게 생각하고 어물어물 이를 거절하여 왔는데 몇 차례 졸리우다가 사정이나 들어볼 양으로 그 한량을 따라 茶洞에 있는 어느 기생방을 찾아갔다. 그 기생은 내게 금붙이 패물 등이 들어있는 꽃주머니 하나를 쾌히 내주며 자기 동료 기생들이 독립운동 자금을 위한 성금으로 이 패물을 모았으니 팔아서 써 달라는 것이었다.107)

라고 하여 일반여성에게까지도 한성임시정부의 존재의미가 높이 받아들여졌음을 알게 한다. 그 당시 우리 국민들의 지지와 단결력의 강도가 얼마나 크고 깊었는가를 헤아릴 수 있다. 이로써 전국 13도 대표가 회동함으로써 서울 중심 광복투쟁의 대표기구인 국내 한성임시정부가 탄생할 수 있었던

---

104) 이현희, 「대한민국임시정부의 수립계획과 천도교」, 『한국사상』 제20집, 한국사상연구회, 1985, 118~138쪽.
105) 이현희, 『한국근대 여성개화사』, 二友出版社, 1978, 序·結論 참조.
106) 이현희, 『여성의 개화와 그 활동』[한국여성 5천년사] 13권, 명문당, 1990, 216~230쪽, 동14권 참조
107) 앞의 이규갑의 증언, 182쪽.

것이다.108)

(4) 한성임시정부의 항일정치와 국외연장

서울 중심의 한성임시정부는 13도 대표자의 총의를 통해 2천만 민의가
충족되고 반영된 우리의 민간 중심적 항일독립정부로서의 구심점 임무를
맡았다. 그 첫 항일행정이 納稅와 司法上의 거절이라는 실제 집행명령의
하달이었다. 그것은 다음의 임시정부령 제1·2호를 통해 알 수 있다.

> 臨時政府令 第一號
> 납세를 거절하라.
> 적이 폭력으로 한국의 영토를 점령한 이래 우리 국민은 적에게 무력과
> 민족적 결합의 기회를 빼앗겨 10년간 적의 횡포 하에 노예의 受辱을 忍
> 受해 왔으나 이제야 우리 국민은 민족적 단결과 정치적 통일을 완성하였
> 다. 벌써 적의 노예가 아니라 당당한 독립조선국민이다. 추호도 적의 지배
> 를 받지 말고 납세는 국민의 국가에 대한 의무이므로 이미 정식으로 적의
> 통치권을 부인한 이상 적에게 厘毛의 조세도 주지 말 것이다.
> 완전히 국토를 적병의 손에서 구출할 때까지는 일체의 조세를 면제한
> 다. 설사 적의 관리가 납세를 강요하는 일이 있다 하더라도 '우리들은 조
> 선국민이요 일본의 노예가 아니다'라고 펼히 강경하게 거절하라. 이리하
> 여 里가 단결하고 面이 단결하고 郡, 府도 또한 대동단결하여 죽음으로
> 그들에게 항거할지어다.

> 臨時政府令 第二號
> 적의 재판과 행정상 모든 명령을 거절하라.
> 우리 국민은 적의 재판과 경찰 및 행정상 모든 명령을 거절하라. 그리고
> 面마다 자치체를 조직하여 행정 사법 및 경찰의 각 위원을 선거하고 국토
> 회복을 완성할 때까지 질서유지의 일을 맡아라. 이는 국민된 의무일 뿐더
> 러 本令에 위반하는 자는 영원히 국민권을 상실하고 또 적으로 간주되어
> 재산 명예는 물론 생명에 이르기까지 보전할 수 없게 될 것이다.109)

---

108) 이현희, 『한민족 광복투쟁사』, 정음문화사, 1989, 서·결론 참조.

한창 3·1혁명의 들뜬 축제 분위기 속에서 '自由民'임과 '自主國'임을 만끽하고 있던 한민족에게 이는 크게 고무적이었을 뿐 아니라 서울에 우리의 임시정부가 수립되었다는 안정감이 절대적인 신임과 호응을 얻을 수 있었다. 비록 국내에서 일경의 눈을 피하여 정부의 구실을 제대로 하기는 불가능하다 해도 2천만 국민의 마음 속에는 안도감과 신뢰감이 교차되고 있었던 것이다.

따라서 한성임시정부를 地下로 끌고 들어간다면 그 기능·임무가 유명무실해질 것이 명백하므로 이 정부를 海外로 들고 가서 행동의 자유 및 우방과의 교류·협력을 얻는 것이야말로 가장 이상적인 현실 인식이라고 믿었다. 한성정부를 해외(上海)로 이끌고 나가 정부의 연장·정착을 기도했던 李奎甲은

> 동 4월에 접어들어서야 李敏洪家에서 새로운 한성임시정부 각원 명단 및 국민대회취지서 등 一件書類가 완성되었고, 또 스코필드 박사가 각지에 돌아다니며 찍은 만세시위 광경과 왜놈들의 무자비한 잔악상을 폭로하는 사진을 얻게 되었다. 나는 4월 8일 韓南洙가 상해로 떠난 이후 내가 맡아 지도하던 국민대회 개최의 일과 지방조직, 그리고 운동자금 염출, 옥중에 있는 민족대표자들의 뒷바라지 등 일체의 일을 玄錫七 등에게 인계하였다.110)

라는 것이다.

이규갑은 동 4월 중순 서울을 떠나 상해로 향하였다. 평양역에서 洪震을 만나 함께 떠났다. 이로 인해 두 사람은 江上에서 의형제를 맺었다고 한다. 연장자인 홍진이 형이 되었다.111) 이규갑은 '李种'이라 변명하고 압록강을 건너 安東(現 丹東)에 도착하였다. 거기서 이규갑은 제자인 鄭約翰 등의 도움으로 중국 옷으로 변장했다. 그는 중국인 행세를 한 채 山海關까지 일

---

109) 이현희, 앞의 『대한민국임시정부사』 자료편 참조.

110) 앞의 이규갑의 증언, 182쪽 ; 『玄楯文件』 참조.

111) 앞의 이규갑과의 면담에서 더욱 상세히 그 경위를 설명해 확인하였다.

체 함구하고 무사히 도착하였다.[112) 李·洪 두 사람은 중국인으로 변장하고 상해를 향해 떠났으나 문제되는 것이 각종 서류의 은닉과 중국인의 상투적인 질문 수색에 대처하는 것이었다.

이규갑은

그런데 가장 문제되는 것이 임시정부의 각원명단과 국민대회취지서 같은 서류를 어떻게 감추고 가느냐 하는 것이었다. 궁여지책으로 생각해낸 것이 담배갑과 성냥갑 속에 이를 감추는 것이었다. 다행히도 서류는 얇은 종이에 찍어서 접으면 양이 매우 적었기 때문에 그 속에 감출 수가 있어 중간에 몇 번 조사를 받았지만 발각되지 않고 山海關까지 갈 수 있었다. 우스운 일은 洪冕熹가 내게 하는 말이 자네 행동이 아무래도 중국사람 같지가 않으니 우선 침뱉는 것부터 배우라며 중국인들의 침뱉는 흉내를 내는 것이었다.[113)

라는 웃지 못할 고통도 두 사람은 감내하고 국제도시 상해를 향해 떠나면서 민족운동의 새로운 설계를 그린 것이다. 이규갑은 상해 임정이 수립 선포되었다는 소식을 가면서 들었다.

이때 우리는 鄭約翰으로부터 數三日 전에 상해에 임시정부가 수립되었다는 얘기를 들었다. 나는 속으로 크게 걱정하였다. 우리가 서울서 정부를 만들어 이를 국민대회의 명의로 공포하기로 작정하고, 이 정부를 외국에 가지고 가서 운영하기 위하여 상해를 가는 도중인데 그곳에 이미 정부가 섰다면 결국 두 개의 정부가 생긴 셈이니 이를 어쩌란 말인가. 더구나 兩者間에 서로 불화라도 생긴다면 우리 독립운동전선에 크게 혼선이 생길 것이 아닌가. 확실한 것은 상해에 가서 내 눈으로 확인해볼 일이지만 장차 동지들 간에 파쟁을 예감하는 듯 해서 坐不安席이었다.[114)

---

112) 앞의 이규갑의 증언, 183~184쪽.
113) 앞의 이규갑의 증언, 184쪽.
114) 주 112와 同.

이것은 이규갑의 개인적인 생각에 지나지 않았다. 문제는 한성임시정부가 국내에서 조직되었으나 활동에 제약이 뒤따르기 때문에 이를 국제도시 상해로 가지고 가서 그곳에서 명칭이야 어떻게 결론이 나던 하나의 임시정부로서 국내외를 통할 통제할 것으로 믿고 있었다. 그러나 이미 상해에 우리 임시정부가 수립되었다는 소식을 듣고는 매우 당황했고 차질도 생겼다고 생각하였다는 것이다. 전혀 상해에 임시정부가 수립되지 않은 상태라면 한성임시정부가 온전하게 서울-한국의 국민과 주권이 그대로 진솔하게 해외에서 우선적으로 국정의 행사를 할 수 있었기 때문이었을 것이다.

(5) 국민대표와 학생단의 활동

여기서는 李奎甲과 洪震이 상해로 떠난 동년 4월 8일 이후부터 4월 23일에 한성임시정부가 수립 선포되기까지의 전개과정을 또 다른 자료에 입각하여 구체적으로 살피고자 한다.

홍진, 이규갑이 떠난 뒤 서울에서는 安商悳 李敏台 金奎 李容珪 李憲敎 尹履炳 등 20여 명이 4월 8일 이후의 정부수립논의를 담당하였다. 이들은 국민대회를 원만히 치르려면 먼저 학생단과 제휴해야 한다는 의견을 받아들였다. 국민대회날 학생들이 대대적으로 시위케 해서 혁명 분위기를 고조 성숙케 하였다. 김사국은 이를 실무적으로 실천시키기 위하여 학생측의 알선자 金裕寅 등과 연락을 취하였다. 4월 19일 김사국이 숙박한 서울 通義洞 金晦秀의 집에서 안상덕 민강[115] 김유인 현석칠 등이 회합하였다. 여기서 안상덕(천도교 대표)과 현석칠(기독교 대표)은 각 1백 원을 군자금으로 선뜻 내놓았다.[116]

이 같은 진행분위기에 맞추어 張採極 金玉玦 李鐵 등은 동 4월 중순경부터 김유인·김사국의 부탁을 받아 국민대회의 실행분야를 담당하였다. 4월 18일경 김사국은 李春均으로부터 문서를 교부받아 한국독립사상을 고취함으로써 앞에 언급한 임시정부선포문·임시정부령 두 가지 문건 약

---

115) 鄭光鉉, 앞의 책, 「민강」 항목 참조.
116) 국가보훈처, 『독립운동사』 4, 「민강」 항목 참조.

100매까지 보관할 수 있었다. 이 때 김유인의 명에 의거, 이를 다수 인쇄하여 국민대회취지서와 함께 국민들에게 배부할 것을 기도하였다. 그리하여 尹佐珍·金鍾夏·羅鍾何·김옥결 4명은 서울 諫洞 김춘정 가택에서 윤좌진 소유의 등사판을 활용하여 2종의 인쇄물을 1500부 인쇄하였다.[117]

김유인은 4월 22일 장채극에게 당일(22일)을 기해 국민대회를 개최한다고 통지하였다. 그날 자동차 3대를 임차하여 1대에 1인씩 탑승케 하고, 「國民大會共和萬歲」라고 쓴 旗 각 두 개씩을 게재하여 동대문·서대문·남대문 일대에 인쇄물을 배부하고, 정오에 종로 보신각에 집합할 것을 명하였다.[118] 이 때 학생 노동자 각 3천명씩을 종로·보신각 일대에 집결케 하여 시위운동을 결의 감행케 하였다. 봉춘관에서의 행사는 4월 23일로 잡아 놓았다.

이날(4. 23) 장채극은 김유인과 같이 普成高普에서 자동차 탑승자와 李萬奉에게 비용 35원을 주고 그 외 2명에게는 30원씩을 교부하였다. 숙소에서는 劉奉應·朴壽奉 외 1명에게 5원씩과 旗를 주었다. 이어 교부를 맡은 廉禹烈은 동대문 방면, 金炳鎬는 서대문 방면, 柳基元은 창덕궁 방면, 金洪植은 서울 시내에서 당일 정오를 기하여 각기 기를 배부케 하였다. 李鐵은 그가 포섭한 학생 全徹伯·宋炳鳳 두 명에게 전단을 배부하고 표어가 붙은 기를 게양케 하였다.[119]

그런데 4월 23일 일제 경찰의 철저한 수색으로 우리 민족지사들이 체포되었다. 다음날(4. 24)에도 2, 3명이 체포되어 갔다. 이 때 각종 인쇄물 1만여 매가 비밀리에 인쇄된 것이 연합통신기자에게 알려져 세계적으로 '漢城臨時政府'의 존재가 분명하게 드러나게 되었다.[120]

---

117) 坪江汕二, 『朝鮮獨立運動秘史』, 36~42쪽.
118) 위의 책, 35~40쪽.
119) 洪淳鈺, 앞의 논문, 330~332쪽.
120) 김정명, 앞의 편저, 648~649쪽.

6) 상해 임정과의 합류

(1) 합류의 배경과 교섭

이규갑 등은 同 4월 20일경 상해에 도착하였다. 상해 임정이 수립 선포된 뒤였으나 이동녕 등 몇몇 인사만 그곳에 와 있어서 次長이 중심이 되어 정무를 분담하고 있었다.121)

상해에 도착한 이규갑과 홍진도 상해 임정에 합류하였는데, 이로써 한성 임정과 상해 임정의 통합문제가 제기되었다. 이에 관해 이규갑은

한성임시정부와 상해임시정부의 통합문제가 본격적으로 논의된 것은 이해 5월 17일 도산 안창호가 상해에 도착한 이후부터였다. 그는 상해임 정의 수석국무위원인 내무총장이요 또 한성정부의 노동총판으로 양쪽에 다 국무위원의 자격을 가지고 있었는데 상해정부는 그런 대로 정무를 시 작했고 한성정부는 내 보따리 속에서 아직 햇빛을 못보고 있었기 때문에 우선 상해정부의 수석국무위원으로 국무총리 대리의 일을 맡아하며 초창 기 임시정부의 산파의 여러 가지 일을 도맡아 하였다.122)

라고 하였다. 그는 洪震 등과 같이 두 임시정부의 통합을 본격적으로 논의 하고 이를 도산 안창호에게도 의견을 물었다고 한다.

나는 島山과 서서히 두 정부의 통합을 의논하기 시작했다. 다행한 일은 도산과 나는 십 수년 내의 知己로서 피차 서로의 심경을 이해하는 처지이 며, 또 그는 열화와 같은 애국지사이며 대인의 襟度를 지닌 군자로서 추 호도 개인적인 감정을 내색하지 않는 사람이었다는 점이다. 그럴수록 그 에게 미안한 점은 그와 같은 대민족지도자를 漢城政府 조각 때 제일 말 단국무위원인 노동총판으로 뽑은 것이었다. 실상 그를 노동총판으로 뽑은 이유는 그의 지도자적인 역량을 몰라서 그런 것이 아니라 그의 특출한 외 교적인 수완을 살려서 러시아혁명을 계기로 세계적으로 일고 있는 노동

---

121) 이현희, 『임정과 이동녕연구』, 일조각, 1989, 서·결론 참조.
122) 앞의 이규갑의 증언, 184~185쪽.

운동에 중점적으로 대비하기 위한 조치였다.[123]

라고 도산의 인격과 능력을 극찬한 뒤

　어렵게 생각했던 두 정부의 통합문제도 도산과 내가 마주앉아 의논하게
되니 쉽사리 그 실마리가 풀려나갔다. 명목상 도산이 상해정부의 대표이
고 내가 한성정부의 대표자격이었지만, 우리는 십년 知己의 다정한 해후
의 분위기를 지켜나갔다. 나는 한성정부보다 상해정부가 단 며칠이라도
먼저 생겼으니 우리가 상해정부에 합류하는 것이 마땅하다고 양보하였고,
도산은 아무리 상해정부가 활동력 있는 쟁쟁한 독립지사들이 만든 것이
라 하더라도 이는 나라를 떠난 유랑자들에 의하여 된 정부이고 한성임시
정부야말로 국내에서 13道 대표들이 모여 국민의 總意에 입각하여 만든
정부이니 상해정부를 해체하고 한성정부의 법통에 순응해야 한다고 극력
사양하였다.[124]

이를 통해 볼 때, 상해임정에서도 한성임정의 권위와 정통성은 인정하고
있었음을 알 수 있다.

　其實 한성정부의 권위에 대해서는 이것이 국내에서 13도 대표에 의하
여 수립됐고 국민대회에서 공포한 것이라는 점으로도 해외의 인사들에게
는 향수의 대상이 됐었던 것도 사실이었다.[125]

라고 국내의 한성임정을 정통성으로 이해하였다. 이 때 대한국민의회 정부
와의 통합 논란도 있었다. 玄楯(내무차장)과 金聖謙은 이 논의를 절충하여
다음과 같이 제시하였다.

　一. 상해와 노령에서 설립한 정부들을 일체 해소하고 오직 국내에서 13

---

123) 주 122)와 同, 184쪽.
124) 앞의 이규갑의 증언, 185~186쪽.
125) 위와 同, 196쪽.

도 대표가 창설한 한성임시정부를 계승할 것이니 국내의 13도 대표
가 민족대표인 것을 인정함이다.

二. 정부의 위치는 아직 상해에 둘 것이니 각지에 연락이 비교적 편리한
까닭이다.

三. 상해에서 설립한 정부의 제도와 인선을 작소한 후에 한성정부의 집
정관총재 제도와 그 인선을 채용하되, 상해에서 정부설립 이래 실시
한 행정은 그대로 유효를 인정할 것이다.

四. 정부의 명칭은 대한민국임시정부라 할 것이니 독립선언 이후에 각
지방을 원만히 대표하여 설립된 정부의 역사적 사실을 살리기 위함
이다.

五. 현재 정부 閣員은 일제히 퇴직하고 한성정부가 선택한 閣員들이 정
부를 인계할 것이다.126)

라는 의견이 개진되었다. 그리하여 단일 통합정부로의 의견이 좁혀져 갔
다. 이에 대해 이규갑은

　　무조건 즉시 통합하자 함은 지극히 관념적이고도 소박한 의견이었다.
그러나 도산은 해외에 오래 있으면서 견문도 넓혔고 천성적으로 사리를
달관하는 거시적인 지도자의 안목으로 다음과 같이 말하였다. 독립운동의
구심점이 될 임시정부는 국민의 총의로 이룩된 한성정부라야 그 명분이
선명하다. 만약 한성정부가 또 생기더라도 이를 제어할 방도가 없어지게
된다. 또 한성정부의 정신을 계승한다 해도 형태적으로 큰 변동이 있는
것은 아니고 閣員들도 자리만 조금씩 틀리지 그 사람이 그 사람이니 개각
하는 형식으로 잘 조정한다면 무난할 것이라고 설파하였다. 나는 결국 그
의 도도한 웅변에 굴복하고 말았다. 그리고 나는 도산의 勸請으로 임시의
정원의 충청도 대표의원이 되어 통합을 위한 임시의정원회의에 참석키로
하였다.127)

라고 말하고 있다. 두 임시정부의 통합이 마침내 이루어진 것이다. 이 때

---

126) 이현희, 앞의 『대한민국임시정부사』, 자료편 및 결론 참조.
127) 앞의 이규갑의 증언, 186쪽.

근본의 법통성이 서울에서 수립된 한성임시정부에 두어졌음을 앞에서 말한 바와 같다.

이규갑은 통합 이후 임정의 발전을 위해 새로이 내각을 구성하였다고 했다.

(2) 임정의 개조와 합동

제6회 임시의정원회의에서 상해정부가 제출한 두 정부통합을 위한 헌법개정안과 정부개조안을 토의 결의한 것은 1919년 8월 19일부터 9월 17일까지였다. 그리고 8월 28일 안창호 국무총리대리의 명의로 제출한 임시정부개조안은 다음과 같다.

> 一. 제도를 변경하여 총리제를 통령제로 하고, 현 국무총리 이승만박사를 대통령으로 선거할 일
> 二. 조직을 확장하여 行政 6部를 7部1局으로 하고 左와 如히 총리 총장을 선임할 일
>
> 國務總理　이동휘
> 內務總長　이동녕
> 外務總長　박용만
> 軍務總長　노백린
> 財務總長　이시영
> 法務總長　신규식
> 學務總長　김규식
> 交通總長　문창범
> 勞動局總辦　안창호[128]

이러한 절차를 거쳐 통합의 임시정부가 구성되었던 것이다.[129] 이와 관련하여 임시의정원안에서 안창호의 발언을 경청할 필요가 있다.

---

128) 국회도서관, 『임시의정원문서』, 1974, 450~455쪽.
129) 이현희, 앞의 『임정과 이동녕연구』, 251쪽.

...... 今에 여차한 개조를 단행하려 함은 실로 我等에 절대적으로 필요
한 전 민족의 정치적 통일을 내외에 나타내고자 함이라. 그러므로 차는
양자의 優劣 또는 法不法에 향함도 아니요, 오직 피치 못할 사실문제라,
상해의 임시정부와 동시에 한성의 임시정부가 발표되어 이승만 박사는
전자의 국무총리인 동시에 후자의 대통령을 겸하여 세상으로 하여금 我
民族에게 2個 정부의 존재를 疑케 한다. 동시에 우리 정부의 유일무이함
을 내외에 표시함은 긴요한 일이니 如此히 하려면 상해정부를 희생하고
한성의 정부를 승인함이 온당할지니라. 혁명시대를 際하여서는 피차의 교
통과 의사의 소통이 불편하므로 각기 필요에 의하여 一時에 2, 3의 정부
가 출현됨이 또한 不可免한 事勢이니 차는 오직 애국심에서 出함이요 결
코 何等의 사욕이 有함이 아니라 그 2者에서 1을 취한다면 우리 국토의
首府에서 조직된 정부를 승인함이 또한 의의 있는 일이다.130)
  무한한 이유를 說하여 무한한 의혹을 起할 필요는 無하다. 상해의 정부
가 玄楯의 전보를 통하여 세계에 발표됨과 가히 한성임시정부도 연합통
신원을 통하여 세계에 발표되었으니 이제 요구하는 바는 명실상부하는
완전한 통일이요 기타 하등 隱諱하는 이유가 無하다. 4百次라도 오직 此
答이 有할 뿐이다.

라고 언급한 뒤 이러한 안도산의 통일방안은 당시의 事勢로서는 최적의
방안이 아닐 수 없었으니

  즉 2가 아니오 오직 1이라는 實을 표하기 위하여 兩樣으로 발표된 정부
를 1로 하되 정신적으로는 한성의 임시정부를 이어 받고 형식적으로는 상
해 정부를 개조하여 한성의 정신과 상해의 肉으로써 통일정부를 산출시
키자는 것이 우리의 의도였다.131)

라는 것이다.
  우리는 여기서 안창호의 애국의지·신념·결의에 넘치는 기백을 엿볼
수 있다. 홍사단을 이끈 그의 영향으로 애국적인 분위기가 상해에도 충만

130) 앞의 이규갑의 증언, 187쪽.
131) 『獨立』第4號 民國 6年 7月 2日 (火) 社說 참조.

하였다. 이규갑은

　그러나 문제는 안도산 자신의 직위가 수석총장서열에서 노동국총판으
로 일급 격하되어 수석객원으로서 대통령대행의 직무를 보기가 어렵게
됐다는 점이었다. 이로 인하여 정부측과 임시의정원측과의 설전이 벌어졌
으나 도산은 끝내 양보치 않고 정부원안을 굳게 고집하여 결국 원안대로
통과시켰다.132)

는 것이다.

　이로써 한성임시정부의 정부적 기능은 국내, 상해, 러시아 등 3개 처의
임정이 단일화된 상해의 대한민국임시정부로 대동합류하여, 정통 민주공
화정부라는 법통성의 정부로 정식 출범할 수 있었다.133) 그것은 이상의 세
곳의 임시정부가 통합함으로써 정통성의 완벽함을 마무리 지었던 것이
다.134)

　서울에서 시작한 한성임시정부의 법제적·전통적 기능과 임무는 이렇게
결과적으로 큰 민족사적 의미를 부여하게 되었다.

　따라서 상해 중심의 대한민국임시정부(1919~1945) 27년사의 민족사적
정통성이 오늘날 대한민국 헌법 전문에 명시되어 있음을 볼 때 그 원류성
은 바로 서울 도심지에서 출범하였던 한성임시정부의 정부적 기능에서 찾
는 것이 순리일 것이다.

---

132) 앞의 이규갑의 증언, 186~187쪽.
133) 앞의 『朝鮮民族運動年鑑』 1919년 9월 20일자.
134) 洪淳鈺, 「漢城·上海·露領臨時政府의 統合過程」, 『3·1운동 50주년기념논집』,
　　 東亞日報社, 1969, 893~906쪽.

국내외 각지 임시정부의 각료 명단과 수립시기 및 체제 槪況

諸政府 (공표일자·장소)		大韓國民議會政府 (1919. 3. 27 : 露領)	大韓民間政府(案) (1919. 4. 1 : 畿湖)	朝鮮民國臨時政府(案) (1919. 4. 10 : 서울)	大韓民國臨時政府 (1919. 4. 13 : 上海)	新韓民國臨時政府(案) (1919. 4. 17 : 平安)	漢城臨時政府 (1919. 4. 23 : 서울)
閣僚	大統領	孫秉熙	孫秉熙	孫秉熙 (正都領)		李東輝 (執政官)	李承晚 (執政官 총재)
	副統領	朴泳孝	吳世昌	李承晚 (副都領)			
	國務總理	李承晚	李承晚	李承晚 (內閣統務)	李承晚	李承晚 (國務總理)	李東輝
	外務(總長/長官)		金允植	閔瓚鎬	金奎植	朴容萬	朴容萬
	內務(〃)	安昌浩	李東寧	金允植	安昌浩		李東寧
	軍務(〃)	李東輝	盧伯麟	盧伯麟	李東輝		盧伯麟
	財務(〃)		權東鎭	李 相	崔在亨	李始榮	李始榮
	法務(〃)		李始榮	尹益善	李始榮		申圭植
	學務(〃)		安昌浩	安昌浩			金奎植
	交通(〃)		朴容萬	趙鏞殷 (素昻)	文昌範 (申錫雨)	文昌範	文昌範
	産業(〃)	南亨祐		吳世昌			
	度支(〃)	尹顯振					
	勞動(〃)		文昌範			安昌浩	安昌浩
	參謀(〃)	柳東說(悅) 金奎植					柳東說(悅)
	講和大使	(尹海·高昌一)		李承晚·閔瓚鎬	金奎植		李承晚 閔瓚鎬 安昌浩 朴容萬 李東輝 金奎植 盧伯麟
	議政府長官 總務部長官		金奎植 崔 麟				
約法·憲法		5개 項의 決議案(國民議會 實在)		政府創立章程 3개 條	臨時憲法 10개 條(臨時議政院存置)	約法 7개 條	約法 6개 條(立法府無)

諸政府 (공표일자 ·장소)	大韓國民議會政府 (1919. 3. 27 : 露領)	大韓民間政府(案) (1919. 4. 1 : 畿湖)<서울>	朝鮮民國臨時政府(案) (1919. 4. 10 : 서울)	大韓民國臨時政府 (1919. 4. 13 : 上海)	新韓民國臨時政府(案) (1919. 4. 17 : 平安)	漢城臨時政府 (1919. 4. 23 : 서울)
備考 (의미 부여)	① 국호에 대한 명문이 없으나 '大韓'을 시사하고 있다. ② 尹海·高昌一 등은 정부수립 전 강화회의대표 ③ 행정부가 기능을 발휘한 흔적은 없다.	① 傳單政府 ② 인적 구성에 있어서 公正無私하다. ③ 임시연락사무소를 천도교 중앙총부 내에 두었다. ④ 部署의 명칭이나 구성이 오늘날과 비슷.	① 傳單政府 ② 각료 명단에 국내 천도교인과 미주의 기독교인이 많이 포함되어 있다.	① 대통령이 없다. (초창기) ② 다른 임시정부보다 가장 규모가 있고 알찬 헌정을 운영해 나간 민주정부였다.	① 傳單政府 ② 집정관이 동휘와 국무총리 이승만 이외에는 전원이 한성정부와 같다.	① 講和大使에는 名士를 망라한 것 같다. ② 외교적 수완이 있는 인사가 추대되었다.
	① 손병희를 대통령으로 선임한 것은 민족대표 33인의 영도자이며 국민의 합의에 의한 정부적 존재와 법통성으로 인정하여 그를 계승한 법통사적 의도로 평가된다. ② 국내외의 저명한 민족지사는 거의가 다 망라되었다.			· 상해와 한성의 연락은 旣知의 사실이고, 신한민국 국호가 상해의 新韓靑年黨의 이름과 같고, 각료는 세 정부와 거의 같으므로 三者間에 어떤 관계가 있지 않을까 추측된다.		
	① 모두 민주공화제를 표방한 것은 3·1혁명의 민중적 자립의지를 정치적으로 수렴·반영한 것이라 할 수 있다. ② 정부수립 추진자들은 該政府 각료명단에서 거의 제외되고 있다. ③ 이승만·안창호는 모든 정부 각료명단에 들어 있고, 대부분 중복되어 있다. 그 이유는 신망·인기·능력이 인정된 것이다.					

7) 법통성의 현주소-한성임시정부

서울을 근거로 수립된 한성임시정부는 그 수립 배경을 민중혁명 역사의 승리인 3·1혁명을 마무리 짓는다는 세계혁명 역사의 관례에서 찾을 수 있다.[135] 이 임시정부는 국민, 국토, 주권이 국내기반적 범주 속에서 동참 성립하였으므로 해외의 어떤 대한민국임시정부보다도 법제적 측면에서의 정통성-법통성을 온 국민이 모두 승복하지 않을 수 없었다.

한성임시정부는 이미 3·1혁명이 일어나기 시작하면서 일부 의식 있는 인사들에 의하여 감히 탄압적인 일제통치 하임에도 불구하고 만난을 극복 하면서 인천에서 모여 그 정부 구성을 완료하였다.[136] 따라서 동년 4월 23 일 국민대회를 열어 서울 도심에서 각료를 뽑고 결의문을 채택하였으며 임시정부의 선포문을 내외에 선포 공고하였다.[137] 이리하여 한성임시정부 는 1919년 4월 23일 8개의 임시정부 중에서 가장 늦게 서울에 근거를 둔 채 출범하였다.[138]

출범하기 시작한 한성임시정부는 約法을 제정 공포하고 국내외 국민에 게[139] 납세와 사법행정상의 업무를 거절하게 하는 등 국정을 실질적으로 행사하였다.

한성임시정부는 4월 23일 서울 도심에서 정식으로 노동자 학생 등 시민 수천 명을 동참시키고 각종 전단의 살포와 旗의 게양, 자동차 등을 통해 정부의 선포식을 거행하였다. 그러나 이 사실이 일경에 탐지되어 당일 관 련자가 거의 다 체포되어 갔다.[140]

그럼에도 불구하고 한성임시정부가 傳單的인 정부의 성격에서 격상 평 가될 수 있는 것은 約法의 제정이나 각료, 평정관, 해외특파 외교관의 선정 과정에서 국내외의 저명인사(민족지사)를 민의에 의하여 선임하였다는 정 통성이 누구에게나 자연스럽게 받아들여질 수 있다는 점에서도 찾아낼 수 있겠다.[141]

더욱 한성임시정부의 대통령이나 국무총리 각부 총장(장관)으로 본인의

---

135) 朴殷植, 앞의 책, 108~109쪽.
136) 金承學, 『韓國獨立史』 下卷, 220쪽.
137) 앞의 『독립운동사자료집』 13卷, 114~115쪽 ; 同 14卷, 314~315쪽.
138) 金正明 編, 앞의 책, 13~16·20·22·35~37쪽 각 참조.
139) 姜德相, 『現代史資料』 27, 52~53·70쪽.
140) 앞의 『朝鮮獨立運動秘史』, 36~44쪽.
141) 앞의 자료와 동일.

의사와 관계 없이 추대된 인물들이 그 뒤 3개 처의 임시정부가 1919년 9월 초 통합하여 단일 민주공화정부로 새롭게 출발할 당시 거의가 그대로 각 부처에 선임되고 있음을 보면 국내에서의 법적 계승권으로서의 '정부'의 신뢰도와 흡수력이 그대로 수용·수렴된 것으로 보아도 무방할 것이다.[142)

한성임시정부가 동년 4월 23일 수립되자마자 관련자가 거의 다 체포되어 감으로써 사실상 이 정부는 그 국가적 기능이 상실 정지된 것이 아닌가 하는 의구심도 제기되고 있다. 그러나 이미 이 정부의 법제적 효력을 13도 대표가 모인 1919년 4월 2일 인천에서의 결의에서 나타나고 있음을 인정해야 한다.[143)

뿐만 아니라 이 정부수립의 산파역을 맡았던 洪震·李奎甲·韓南洙 등이[144) 4월 8일 상해 임정으로 건너가서 '한성임시정부'를 상해임시정부에 합류시켰으므로,[145) 이 한성임시정부는 상해임시정부에 국내 국민의 의사를 전부 수렴해서 광복의 뜻을 정통성으로 연결시켜 주었다고 볼 수 있다.

이에 따라 한성임시정부는 우리나라 등 해외 여러 곳의 어떤 임정보다도 법제사적 측면에서 선편적이며, 핵심을 이루는 대표성으로 연결·평가해야 할 것으로 결론짓는다.[146)

---

142) 蔡根植, 『武裝獨立運動秘史』, 大韓民國公報處, 1946, 24쪽.
143) 앞의 『臨時政府議政院文書』, 51~59·68·79쪽.
144) 앞의 『兪海濬의 手記』 앞의 李奎甲의 證言 186~187쪽.
145) 蔡根植, 앞의 책, 24~26쪽.
146) 앞의 『臨時政府議政院文書』, 1974, 50~52·79~81쪽.

3. 이동녕의 독립운동과 임정의 광복정책

1) 石吾의 출생과 성장과정

　1919년 3·1혁명과 국내외에서 1900년대를 전후한 시기에 열화같이 일어났던 거국거족적인 민족 독립투쟁의 결과로 그해 4월 13일 대한민국임시정부가 上海에서 석오 등 독립 동지들에 의하여 수립 운영되기 시작하였다. 저자는 저서『대한민국임시정부사』(1981)에서 임시정부가 3·1혁명을 전후로 하여 국내외 8~9개 처에 수립되었거나 될 단계에 있었음을 지적하였는데, 그 중 상해 임정을 세우는 데 초기에 있어서 원로로 막후의 수훈자는 石吾 李東寧(1869. 10. 6~1940. 3. 13)이었다.

　독립운동가인 동시에 개화민권의 기수이며 언론인·교육가인 동시에 혁명투사로서 그의 70평생을 생각해 볼 때 석오만큼 폭넓고 다양하며 기품과 포용력이 충만한 큰 인물을 발견하기가 쉽지 않다.[1]

　그가 태어난 곳은 충청남도 천안 木川面 東里(舊 木川郡 木川邑 東里)이며, 때는 고종이 왕위에 오른지 6년 만인 1869년 10월 6일(음력 9월 1일) 새벽이었다. 그가 태어난 곳은 지금 독립기념관이 들어선 땅이며, 柳寬順·李範奭·趙炳玉 같은 큰 인물이 났던 유서 깊은 고장이기도 하다. 그가 태어난 마을 전면에 우뚝 솟은 黑城山은 동학군의 혈전지이며 웅장한 영기를 내뿜고 있는 듯한데 석오도 그런 영험한 산의 정기를 타고난 인물임에 틀림없다. 연안 이씨인 그는 경북 의성군과 영해군의 군수 등을 지낸 李炳鑿의 2남중 맏아들로 태어났다. 그의 호는 石吾였고 모친은 廣州安氏

---

　1) 李炫熙,『大韓民國臨時政府史』, 集文堂, 1982, 357~362쪽.

였다.2) 이 시기는 이른바 西勢東漸과 弱肉强食의 적자생존이 치열한 국제 경쟁 상황 속에서 위기의식으로 가득 차 있을 때였다. 이미 1년 전인 1868 년 일본은 明治維新을 단행, 왕정복고를 알림과 동시에 근대적인 의미로 서 한국에 개항을 강청해 오고 있었으며, 청조는 北京이 함락당한지 10년 째가 되고 국내외의 여러 가지 복잡다난한 일들이 일어나 어수선할 때였 다. 석오의 파란만장한 70평생이 곧 이 같은 배경 속에서 연결된 한국근대 사의 역경·시련을 그대로 증명해 주는 것 같다.

그의 부친 이병옥은 외지에 나가 벼슬을 하는 경우가 많아 가정적으로 따뜻한 대화를 나눌 여가와 시간적인 기회가 잘 주어지지 않았다. 매사에 강직하였던 부친의 공직생활의 기본자세가 곧 아들 석오에게 그대로 계승 유지된 것이 아닌가 싶다.3)

석오가 5살 때 서당에 들어가 한문수학으로서 첫 인생공부를 겸할 수 있 었고, 7살 때 천자문과 서도를 쉽게 익혀가자 그 서당의 훈장어른이 석오 의 총명함을 인정하고 특별한 관심 속에 앞날을 점쳐 보면서 "이 아이는 장차 큰 인물이 될 것이라"고 예감섞인 전망에 그도 열심히 맡은 바 학업 에 전념하였다. 그는 인품이 준수총명하였고 마음씨가 너그러워 화를 내는 법이 거의 없이 자애로운 언변으로 쟁점을 풀어 나갔다. 학문과 인품을 잘 연마하고 닦아간 것이다. 그가 열 살이 되었을 때 木川에서 나와 文義面 後谷里 조부 李錫九 집에 기거하면서 소년시절을 보냈다. 4서3경을 읽고 이에 문리가 나서 미루어 사물을 보는 예리한 지혜를 갖게 되었다. 목천골 에 神童이 났다고 칭송해 마지않았던 것은 이 때문이며 이즈음이었다. 그 는 어렸을 때 충청도 목천과 文義를 자중 왕래하면서 고향산천을 관찰, 새 삼 조국애가 싹트기 시작하였다. 그가 뒷날 오직 국가와 민족의 앞날을 걱 정하면서 개화운동에서 독립투쟁에 이르기까지 물 불 가리지 않고 뛰어들 어 몽매한 자를 깨우치고 침략자를 응징하였던 것도 따지고 보면 고향산 천이 영원한 마음의 고향, 사색의 터가 되었기 때문이었을 것이다. 시조 말

---

2) 『延安李氏大同譜』 참조.
3) 주 1)과 同.

씨를 선조로 한 연안이씨 석오는 그의 15대 손으로, 당당한 명문거족으로
서 그 선대들은 각 분야에서 국가 발전에 크게 기여하였다. 그는 8살 때
(1876) 일본에 의하여 불평등을 전제로 한 강제 개항이라는 침략의 서곡을
맛보았고,4) 14세 되는 1882년에는 임오군란을 맞았다. 개화와 척사의 정치
적 소용돌이 속에서도 그는 줄곧 "아는 것이 힘"이라는 구호하에 더욱 더
중국 고전을 섭렵하면서 우리 현실에 맞게 해석하고 그것을 실사회에 펴
보고자 노심초사하고 있었다. 그로부터 2년 뒤인 1884년 말에는 역시 청·
일을 배경으로 한 신구파간의 쟁투가 갑신정변으로 구체화되었다. 이것은
3日天下로 끝나고 말았지만 19세기말 開化黨의 40여 명 요인에 의한 급진
적인 개화의 실천을 국내외에 천명한 구체적인 독립자주권의 의지와 그
욕구로 볼 수 있겠다.5) 이 때 그의 나이 16살이었다. 이 정변보다 앞서 그
는 부친 이병옥을 따라 서울에 도착하였다. 개화의 물결이 출렁거리고 있
을 때였다. 개화와 척사보수의 기로에서 급전하는 국내외 정세를 민감하게
체험할 수 있었다. 여기서 우리나라 최초의 신문인『漢城旬報』를 손에 만
져 볼 수 있었다. 1883년 10월말 개화당 요인에 의하여 창간된 이 신문에
는 행정소식과 국내외 정세, 고금동서의 새로운 신식견문을 소개하여 개화
에 시사점을 던져주고 있었다.6)

그는 신문의 효용가치와 근대사회의 총아로서의 구실을 충분히 이해할
수 있었다. 그가 뒷날 개화민권운동과 독립운동 대열에서 신문에 글을 쓰
고 이를 직접 발행하여 국내외 동포에게 신속 정확하게 전달 주지시킨 사
실은 이 때의 감명깊었던 인상이 그대로 현실에 연결된 것으로 볼 수 있겠
다.

1884년 3월에는 朴泳孝 등에 의하여 경찰제도가 도입 실시되었는데 그
들이 실각하면서 일시 중단되었다.7) 또 8월에는 操鍊局이 설치되어 사관

---

4) 李炫熙,『韓國現代史硏究』, 同和文化社, 1972, 150~162쪽.
5) 李炫熙,「開化黨의 形成」,『한국사』제16집, 국사편찬위원회, 1975 ;「서울을 中心
   으로 한 開化運動 Ⅰ·Ⅱ·Ⅲ」,『향토서울』35·39·42, 서울시사편찬위원회,
   1977~1884 ;『承政院日記』1883年 11月 1日.
6) 李光麟,『韓國開化史硏究』, 一潮閣, 1970, 제1장 참조.

학교의 건립문제도 제법 활기있게 논의되었다. 국왕도 관심을 가졌었기 때문이었다.8)

갑신정변이 실패한 뒤 漢城條約이 체결되었고, 다음해(1885)에는 한국문제에 관한 天津條約이 체결되어 주인노릇 못한 한말의 우리나라에서의 세력 균형을 시도하였다. 이에 따라 일본제국은 우리나라 침략의 기반과 그 조건을 더욱 굳히고 유리하게 이끌어 나간 것이다. 이 때 그의 부친이 영해군수로 부임하자 그는 그 곳으로 갔다. 영민한 석오는 그 부친의 행정을 보조하고 뛰어난 식견을 펴곤 하여 '작은 군수'로 알려지게 되었다.9) 비록 그의 부친은 관리로 복무하고 있었지만 어린 소년 석오에게는 출세니 양반이니 하는 특권의식이나 특권층인 듯한 인상이 마음에 들지 않았다. 그는 민중과 더불어 웃고 울면서 그들이 진정으로 무엇을 원하고 있는가 하는 것에 귀를 기울이고 있었다. 억울한 일을 당한 민중 편에 서서 인간다운 품의 있는 생활을 영위해 나가는 것이 가장 보람이고 목표라고 스스로 다짐하였다. 말하자면 전통적인 가치관에서 새로운 가치관을 모색 형성하고, 의식구조를 개편해 나간 것이었다. 사회개혁 제도의 혁신, 민중이익의 옹호와 대변, 외세도전의 효과적인 응전 같은 것을 생각하게 되었다. 개화의식이 스스로 싹터간 것이었다.

그 부친은 경상북도 영해군수에서 다시 평양으로 전근되어 갔다. 가족을 대동할 수 없어서 석오 청년은 동경하면서 꿈의 나래를 펴고 싶었던 서울로 보내게 되었다. 17살 때(1885) 서울 鳳翼洞 11의 4번지로 5식구가 이사 정착함으로써 오늘날까지 서울이 제2의 고향이 된 셈이었다. 그의 자가 鳳所인 것은 이 동명에 기인한 것이다(현재 기념표석이 세워져 있다). 곧 그의 부친을 따라 평양으로 갔다가 서울로 왔다. 그는 국가시험인 應製進士 시험에 응시하여 거뜬히 합격하였으니 이 때 그의 나이 24살이었다(1892). 이제 그의 포부와 경륜을 하나하나 펴갈 수 있는 제도적이고 사회적인 여

---

7) 李炫熙, 「19세기 후반의 韓國開化運動管考」, 『誠信論文集』 7, 1974 ; 『韓國警察史』, 德賢閣, 1979, 79~94쪽.

8) 金道泰, 『徐載弼博士自敍傳』, 首善社, 1948, 55~66쪽.

9) 이현희, 『석오 이동녕평전』, 동방도서, 1992, 27~31쪽.

건이 조성된 셈이었다.

2) 개화사상과 민권운동의 선도

석오는 그 뒤 부친을 따라 교육의 고장 원산에 가서 육영사업을 통하여 개화의 첫 포부를 펴나갈 수 있었다. 어렵게 주선된 부친의 출자금으로 光成學校를 개교하여 인재를 양성하기 시작하였다. 뒤에 이 학교는 光明學校로 개칭하여 이 지역에서는 손꼽히는 초등학교로서의 기반을 닦아갔다. 원산 산제동에 세워진 이 학교를 중심으로 개화의 물결은 출렁이고 있었다. 학원의 기반이 튼튼하게 정리되어 갈 때 석오는 상경하였다. 할 일이 많은 그를 원산에만 잡아둘 수는 없게 국내의 정세는 급박해진 것이었다. 그는 26살 때인 1894년에 풍산김씨 金慶善과 결혼하여 다음해 장남 義直을 얻었는데, 이 해(1894)는 동학혁명·갑오개혁·청일전쟁 등이 연달아 일어나 국내외가 소연해지고 있었다.

그는 이 시기가 일제를 비롯한 외세의 정치 경제상의 침투가 가장 극심한 때라고 내다보면서 민권운동과 이권수호운동에 전심전력할 것을 스스로 다짐하였다. 특히 일제침략의 징후가 청일전쟁의 결과로 노골화되자 일제타도에 앞장서기도 하였으며 항일의식을 고취하였다. 한편으로는 1896년 7월에 결성을 본 獨立協會에 가담, 개화와 민권운동에 헌신하기 시작하였다.

석오가 참여 활동하던 서재필 중심의 독립협회는 두 갈래의 인사들의 참여로 조직되었고, 斥俄사상을 강조하면서 운영되었다고 하지만[10] 여기에 順成會 중심의 여성회원도 다수 참여하여[11] 남녀 시민들이 주도적으로 황권의 강화 속에서 국정개혁과 민권운동을 전개해 나갔으니 3갈래로 보아야 할 것이다. 민중계몽과 과학기술문명의 유용성과 그 보급을 위하여

---

10) 愼鏞廈, 『獨立協會硏究』, 一潮閣, 1979, 성립의 배경 참조.
11) 李炫熙, 『韓國近代女性開化史』, 二友出版社, 1978, 103~110쪽.

獨立門·獨立館·獨立公園 등을 조성하고, 이미 그 해 4월 7일 간행한 獨立新聞을 통하여 서울 중심의 개화운동을 더욱 발전시켜 나갔다.[12] 그 활동의 참여범위는 처음에 고관대작으로부터 시작하여 여성·시민·농민·노동자·승려·천민 등 이른바 "萬民의 集合地"로서의 민중적 뿌리의식을 노정시키고 있다. 자유주의 정신, 민주시민의 기능과 임무, 여성교육을 포함한 신식교육의 필요성, 국어와 국사교육의 강조, 외세 배척과 폐정 개혁 등을 계몽의 주요 대상으로 삼아 이를 적극 추진해 나갔다. 여기에 나라를 위하여 모인 인사 가운데 젊은 인재들을 살펴보면, 徐載弼 尹致昊 李商在 安昌浩 南宮檍 李采淵 李儁 李東寧 朴殷植 羅喆 申圭植 盧伯麟 金奎植 朴容萬 李東輝 鄭喬 李甲 申興雨 李昇薰 朴定陽 金嘉鎭 周時經 梁起鐸 全德基 閔泳煥 張志淵 池錫永 吳世昌 韓圭卨 李承晩 李建鎬 등이 이에 가담 활동하였다.

독립협회의 민권운동에 있어서 최절정기는 萬民共同會를 개최, 의회적 기능을 발휘할 때였다. 이 때 석오는 운영위원으로 민권운동에 앞장섰다. 독립협회의 조직은 正副議長 외에 총무, 간사, 재무, 선전, 지방, 조사, 섭외, 문교 등의 부서가 있었는데 석오는 간사부에서 활동하였고, 노백린, 이갑 등과 같이 외세배격 폐정쇄신 등을 절규하였다.

이 당시의 국내정세는 서세동점, 약육강식 등 격동기에 해당한다. 명성황후의 시해와 아관파천이 있었고, 철도 등 각종 이권이 북쪽의 침략자 러시아의 자의로 구미각국에 허여되고 있었다.[13] 이에 석오 등 독립협회회원과 국민들은 고종의 경운궁으로의 환궁을 강력히 주장, 마침내 실현시켜 러시아 공사관 체류 1년 만에 지금의 덕수궁인 경운궁으로 이어케 하였다. 이어 자주적인 대한제국을 선포케 하였으며, 광무개혁이라는 제2차의 개화운동을 나라를 일본에 빼앗기는 1910년까지 자율적으로 지속 추진해 나갔다.[14]

---

12) 『독립신문』 1896년 4월 7일자 참조. 李炫熙, 「서울을 中心으로 한 開化運動(Ⅱ)」, 『향토서울』第39號, 1981.

13) 李炫熙, 『한국철도사』Ⅰ, 철도청, 1974, 78~90쪽.

14) 李炫熙, 『大韓帝國의 最後와 臨時政府의 活動』, KBS事業團, 1983, 52~65쪽.

한편 청년 이동녕은 동지들과 같이 독립협회를 사수하면서 민권운동과 개화운동을 함께 추진하다 이준 등과 같이 종로경찰서에 구금되었다. 그 뒤 7개월 만에 풀려난 일도 있었다. 이때 옥중에서 申興雨 朴容萬 이승만 등과 교유를 맺고 구국운동의 의지를 펴도록 강철같은 맹세로 서로를 격려하였다.

이 때 민족대표 33人 중의 한 분인 묵암 이종일과 가깝게 알고 지냈다. 이종일은 大韓帝國民力會 회원과 以文社 동지들의 힘을 얻어 1898년 8월에 『제국신문』을 창간, 사장으로 이를 운영하고 있었다.15) 석오는 이종일의 가르침을 받고 이 신문에 논객 즉 논설위원(비상임)이 되어 사설 등 시국에 관한 글을 발표하고 있었다. 「民族自强의 방도」16)나 「위국의 방도」 등의17) 논설제목은 석오가 수십 종류의 사설을 무기명으로 집필한 글 중 눈길을 끄는 것이었다. 이 외에도 많은 개화와 자강에 관련된 글을 이 신문에 게재하였다고 이종일은 그의 유저 비망록에서 강조한 바 있다.18) 결국 석오는 묵암으로부터 민족의식과 개화에 관한 사상적인 감화를 받았음이 분명하다. 그뿐 아니라 이종일이 1925년에 餓死한 것도 결국은 고결준매, 청직한 지조와 고고함의 실증임을 알고 있었기에 그것도 그대로 본받은 셈이었다.

3) 尙洞靑年學院의 조직과 활동

석오가 32세 되던 1900년에 둘째 아들 義植(실제로 장남)이 태어났다. 그는 다음해 아들의 장래를 위해서라도 열심히 살아 보람있는 일을 전개

---

15) 『默菴備忘錄』, 1898年 8月 10日字. 李炫熙, 「開化期의 人物과 思想」, 『韓國思想』 제17집, 1980.
16) 同 1898年 9月 25日字.
17) 同 1898年 10月 28日字.
18) 李炫熙, 「開化期의 人物과 思想」, 『韓國思想』 第17輯, 韓國思想硏究會, 1980, 197~200쪽 ; 李炫熙 外, 『민족의 십자가를 지고』, 「이종일」 항목, 한빛문화사, 1981, 61~80쪽.

해야 한다는 생각을 굳히고 월남 이상재와 전덕기 목사 그리고 양기탁·
노백린·金弼壽 등과 교류 상종하면서 시국문제를 논의하였다. YMCA 운
동을 일으킨 것은 이 무렵이었다. 그가 기독교의 신자가 된 것도 이 때의
일이었다. 그는 YMCA의 전신인 기독청년회에서 총무로 활동하고 있었다.
그 당시 尙洞교회, 蓮洞교회, 妙洞교회, 勝洞교회 등은 모두 양반교회인
동시에 외국선교사의 도움을 받지 않았던 자립교회였다고 생각된다.

석오가 기독교를 믿게 된 것은 상동교회의 주임목사 전덕기의 영향이
컸다. 고향이 경기도 양평인 전덕기 목사는 불우한 계급으로서 기독교인이
된 사람 중의 한 분인데 한때 숯장사였었다.[19] 일찍부터 구국운동에 신명
을 바쳤던 인물로 석오에게 신앙의 불길을 던져준 결정적인 계기를 마련
한 집념의 신앙인이었다. 그에게 세례를 받은 청년 석오는 감격의 눈물을
흘리면서 조국의 앞날을 스스로 짊어질 일꾼임을 다짐하였고, 국권회복운
동도 종교적인 순교적 차원에서 신념있게 전개해야 함을 체득하였다. 이
무렵 그는 큰딸 義貞을 얻었다. 세 아이의 아버지가 된 석오로서는 장년기
에 접어든 원숙함을 보였다.

그가 36세 되던 1904년에 러일전쟁이 터졌다. 한일의정서와 한일협약이
잇달아 강제 체결되어 일본에 유리하게 전개되더니 다음해 일본은 승리하
고 말았다. 이것이 불씨가 되어 미국의 후원까지 얻고 소위 보호조약이라
는 을사조약이 강제·불법적으로 체결되어 우리의 외교권이 일제 수중으
로 넘어가게 된 것이다. 전국 각지에서는 상소, 의병, 결사항쟁과 종교, 교
육, 언론, 경제 등 분야에서부터 개별적인 항일투쟁이 1910년까지 지속적
으로 일어났다.[20]

이 때 석오도 빠질 리 없었다. 그는 1904년 상동교회에서 전덕기 양기탁
신채호 鄭淳萬 崔在學 申尙敏 김구 조성환 金鎭浩 이광 등과 같이 독립
운동과 국민계몽단체로서 상동청년학원을 조직·항일 투쟁을 다른 분야의

---

19) 李炫熙 편, 『東學思想과 東學革命』, 청아출판사, 1984 ; 국사편찬위원회, 『한국사』
    20, 1974, 249쪽.
20) 李炫熙, 『韓國現代史의 理解』, 瑞文堂, 1976 ; 「韓國의 獨立思想과 文化運動」,
    『歷史敎育』 22, 歷史敎育硏究會, 1977.

동지와 같이 전개하였다. 이 때 李會榮 李始榮 등과도 알고 지냈다. 이는 신민회의 기관학교로서 강천명이 보낸 5円으로 설립한 것이다. 그는 청년들에게 독립사상을 고취하면서[21] 민족주의 자립의식을 북돋우게 하다가 1910년에 폐교되고 말았다.[22]

상동청년학원은 국학에 관한 내용의 교과를 가르쳤고 이를 통하여 더욱 분발할 수 있었는데 주시경의 『대한국어문법』(1906)은 이들 청년들에게 국학진흥정신을 일깨워 줌에 공로가 컸다.[23] 그 외에도 한국사, 세계 지식, 법률, 경제대의, 수신 등의 과목은 청년들에게 민족적 자부심과 주체의식·자립의지를 심어줌에 있어서 심리적으로 크게 고무케 한 바 있었다.

이 무렵 석오가 가깝게 지낸 동지로는 동갑의 성재 이시영이 있었다. 뒷날 대한민국임시정부를 같이 이끌어왔던 동지이기도 한 꼬장꼬장한 청렴결백의 청년인 그는 이미 18살 때부터 벼슬길에 오른 재사요 혁명투사로 『感時漫語』라는 저술도 남긴 바 있다.[24] 金弘集의 사위로서 38살에 평양감사까지 지낸 명문거족 경주 이씨의 중흥을 꾀한 탁절한 인물로 그 6형제가 가산을 정리, 나라 구하는 일에 전력 투사하였다.[25]

4) 瑞甸書塾의 설립과 교육구국의 의지

1905년 11월 17일, 석오가 37세 되던 해 을사조약이라는 외교권 박탈을 전제로 국권을 탈취하는 5개조의 조약이 일제 침략 수뇌와 부일파 한국인

21) 앞의 『한국사』 20, 1974, 159쪽 ; 이현희, 『임정과 이동녕연구』, 일조각, 1989, 381쪽.
22) 孫仁銖, 『韓國近代敎育史』, 延世大 出版部, 1971, 30~31쪽.
23) 앞의 『한국사』 20, 1974, 334~335쪽 ; 이현희, 앞의 『임정과 이동녕연구』, 357~360쪽.
24) 李始榮, 『感時漫語』, 一潮閣, 1983 ; 『省齋李始榮先生實錄』, 「未刊本」 참조 ; 이은우, 『임시정부와 이시영』, 범우사, 1998, 79~82쪽.
25) 李炫熙, 『大韓民國臨時政府史』, 集文堂, 1982, 85~90쪽 ; 李恩淑, 『獨立運動家의 아내의 手記』, 正音社, 1975, 70~80쪽.

의 동조로 강제 불법 체결되었다.

　상동교회를 중심으로 항일투쟁을 전개하던 석오 등 한국청년들은 이 같은 청천벽력과 같은 사실이 알려지자 즉시 동지들과 결사대를 조직, 적극적으로 나서서 조약의 무효와 을사5적의 참수를 절규하였다. 이 때 진남포 청년회 총무였던 김구는 도끼를 메고 상소하자고 외치는 등[26] 그 분위기는 매우 경직되었고 살벌하기 이를 데 없었다. 이들 일행은 을사조약 체결 장소인 덕수궁의 大漢門 앞으로 달려갔다. 일동은 혈서로 '死守獨立'이라는 글자를 써 가지고 대궐문 앞에서 시위하며 복합상소하였다.[27] 여기서 일본 경찰과 헌병이 달려들더니 급기야 시비가 벌어졌다. 이윽고 참관하던 애국 시민이 거연히 동참하자 일본은 중대 병력을 투입, 항쟁열을 식히려 칼을 휘두르며 진압에 열을 올렸다. 충돌사태로 인하여 다수의 한국인이 강제 연행되어 갔는데, 결사대 중에는 석오 외에도 崔在學 金仁濈 申尙敏 田錫俊 이시영 등 쟁쟁한 독립투사가 수십 명이나 끼어 있었다. 석오는 두 번째의 옥고를 치룬 셈이었다. 2개월 뒤 풀려난 석오는 다시 항쟁을 계속하고자 기도하였으나 겁에 질린 동지의 소극적인 참여와 요시찰인이 된 자신을 미행하는 검은 그림자의 위협적인 몸짓 등으로 국내에서의 민족운동이 여의치 못함을 절실히 느낄 수 있었다. 국외로 나가 장기적인 치밀한 계획하에 나라의 위기를 구하되 먼저 해외에 있는 동포들에게 교육구국의 의지와 신념을 심어 주어야 한다고 믿었다. 그가 북간도에 瑞甸書塾이라는 우리나라 최초의 해외 민족사립학교를 세운 것은 독립운동의 장기적인 안목하에서 인재양성에 착수한 기초작업이라고 보아야 할 것이다.

　구국교육기간을 세울 곳으로는 동삼성 연길현의 龍井村이 마땅하였다. 이 곳에는 이미 한국인이 백여 만 명 가까이 운집하고 있었기 때문에 교육을 통한 민족적 자립과 기상을 제고 주입시켜 독립운동자를 길러내는 데 좋은 조건을 구비했다고 믿었다.[28] 선발대로 지절과 용기가 뛰어난 李相卨이 떠나고 이어 呂準이 뒤를 따랐으며 뒤에 석오가 간신히 3만원을 장

---

26) 金九, 『白凡逸志』, 101~102쪽.

27) 『皇城新聞』 1905年 11月 19日字.

28) 이현희, 앞의 책, 47~52쪽.

만해 가지고 鄭淳萬 黃公達 朴茂林 등과 같이 목적지에 도착 합류하였다. 그들은 上海로 갔다가 러시아의 블라디보스톡을 거쳐 그곳에 무사히 당도 하게 된 것이다. 모금이 어렵고 학교설립의 인식도 잘 안 되어 있는 용정 촌에 동포를 상대로 학교를 세운다는 것이 쉬운 일은 아니었다.

그러나 그들은 좌절하거나 의기소침하지 않고 무에서 시작하였다. 피와 땀의 결정으로 마침내 李相卨 呂祖鉉 王昌東 석오 등은 프랑스 神父 큐리 의 도움을 받아 그해(1906) 9월 1일 학교건물을 완성시킴과 동시에 개교하 면서 그 건물에 태극기를 훨훨 날릴 수 있었다. 다른 학교의 규모에 비하 면 보잘것없는 집 한 채가 고작이었지만 어느 큰 학교 못지 않는 원대한 이상과 포부로 가득 넘쳐 있었다.

학교의 이름은 규모나 학생수로 보아 영세성을 면치 못하였으므로 서전 의숙이라고 명명하였는데 일명 서전서숙이라고도 불렸다. 이 학교의 숙장 은 이상설이었고, 직접 학생을 훈도 격려하는 교사로는 석오와 여준, 정순 만, 황골달, 박무림 등 함께 천신만고 끝에 그곳에 도착한 혈우들이었다. 이들은 민족의식을 고취함을 목표로 하였기에 교과목으로 한국의 언어, 역 사, 지리, 풍속, 국제공법, 경제대의, 修身 등을 두어 의식화 교육에 주안점 을 두었다.[29]

원대한 이상과 포부에 의하여 개교한 서전의숙이었으나, 학생 수는 60명 을 넘지 못하였다. 하지만 양보다는 질에 더 치중한 민족주의 지사들에게 는 조금도 낙심할 것이 못 되었다. 수업료와 침식이 모두 무상이었으므로 의무교육제의 시초라 해도 과언이 아니다. 그러므로 학교 운영이 매우 난 처하였는데 더욱이 석오 등 동지를 곤혹케 한 것은 민족주의교육에 대한 인식부족이었다. 가령 동지 가운데 李範允 같은 과격파는 先獨立 後敎育 을 강조하였다. 그러나 석오는 두만강 연안 일대를 누비면서 자녀교육의 사명과 구국의지 심화에 개연성의 인식과 협조를 간청하였다. 우리 교포의 제2세 교육에 전념하던 석오에게는 좌절과 실의가 겹쳤다. 그가 자기 몸같 이 아끼던 서전서숙이 설립된지 1년이 안 되어 문을 닫게 되었기 때문이

---

29) 『나라사랑』 20 - 李相卨 特輯號, 1975 ; 국사편찬위원회, 『한국사』 21, 1975, 130쪽.

다.

본국에 있던 李會榮이 친숙하게 지내던 내관을 통하여 네덜란드 수도 헤이그(海牙)에서 열리는 제2회 만국평화회의에 특사를 파견, 우리의 원통한 처지를 세계 자유국민 앞에 폭로하고 동정을 구할 것을 고종에게 상주하였다. 이에 고종의 신임장이 헐버트를 통해 이곳에 체류하고 있던 이상설에게 극비밀리에 전달되었다.

이상설은 이준·이위종 등 헤이그 특사의 여비를 조달할 길이 없어 서전서숙의 운영자금을 끌어썼다. 그러다 보니 자연 민족 구국교육의 요람지로서 석오가 피와 땀을 흘리던 이 학교를 스스로 문닫을 수밖에 없었다.[30] 자금이 부족하였던 고종으로서도 별다른 융통방법이 없어 이상설 등에게 여비 등 경비 문제를 일임한 것이었다. 비감하게 작별을 고한 석오는 여준, 황공달 등 동지와 같이 국내로 변장 귀국하였다.

5) 신민회의 조직과 국권회복운동에의 헌신

서전서숙이 더 큰 일을 위하여 문닫자 이에 신명을 바쳤던 석오는 다른 계획하에 서울에 돌아왔다. 그가 갈 곳은 역시 우국동지들의 거점인 상동교회뿐이었다. 그는 가족의 안부보다는 애국동지들의 동향이 더 궁금하였다. 더 큰 일의 추진은 역시 비밀결사가 그 구심점이 될 수 있다고 믿었다. 그것은 곧 新民會라는 비밀결사 항일투쟁단체였다.

신민회가 조직된 시기는 확실치 않으나 1907년 초로 보고 있다.[31] 석오 이동녕은 이해 초 안창호 양기탁 등과 비밀결사 문제를 협의한 뒤, 이동휘 이갑 유동열 김구 전덕기 등과 같이 비밀리에 신민회를 조직하였다. 그 외

---

30) 瑞甸書塾에 관하여서는 다음과 같은 參考資料가 있기에 소개한다. 외솔회, 『나라사랑』 20, 1975 ; 李承熙, 『韓溪集』 ; 국사편찬위원회, 『韓國獨立運動史』 1~5, 1965~1969 등이 있다.

31) 『默菴備忘錄』 1907年 2月 20日字, "聞新民會, 愛國活動云, 此年初創建而不詳時場也".

에 이 회가 조직된 것을 전후로 하여 안태국 이상재 이종일 윤치성 여준 노백린 이승훈 이시영 신채호 이종호 최광옥 임치정 주진수 김홍량 이준 김인즙 조성환 이강 등의 저명한 독립지사들이 모였다. 직·간접으로 관계된 이 인사들은 비밀결사이기에 상세치 않으나 백여 명에 달하는 것 같다.[32] 회원 상호간의 횡적인 접촉이나 사업 추진은 금하였으며, 연락은 YMCA 출입사진사가 담당하였다. 국권피탈 전후에는 비밀회원 수가 대략 800명 선을 유지하였다고 한다.[33] 비밀결사인 신민회의 공식 대표는 양기탁이었고, 총무는 이동녕, 재무는 전덕기, 조직·선전은 안창호가 책임 있게 담당하였다.

한편 이 시기에 전국적으로 나라의 빚 1,300만원을 갚자는 國債報償運動이 대구의 촌파로부터 시작되었다.[34] 서울을 비롯한 전국 각지에서 대소 규모의 모임을 통하여 활발히 진행되고 있었다. 석오도 이에 감동하여 온 국민이 국채보상운동에 동참하고 있으니 이 조직을 항일투쟁으로 전환시키면 기대 이상의 효과를 거둘 수 있을 것이라 믿었다. 서울 등지에서는 신문을 이용하여 모금 운동에 박차를 가하였다. 대한매일신보의 양기탁이 소위 공금횡령죄를 덮어쓰고 한 때 구속된 것은 거세게 타오르는 국채보상운동이 전국적인 민족운동으로 확산 보급되는 파급효과를 우려한 나머지 억지로 취해진 모략중상의 촌극이었다.[35]

제2회 세계만국평화회의에 고종이 이상설 등 3명(초기에는 5명)의 특사를 파견한 사실이 일제를 자극하여 고종을 강제 퇴위시키고 아들 순종을 대신 황제로 앉혔다. 3명의 특사 가운데 이준 열사가 그곳에서 분사하자 동지를 잃은 석오 등 애국지사들은 비통 격월해 있었다. 설상가상으로 차관통치를 전제로 한 丁未 7조약이 체결되고, 이어 한국 군대가 해산당하자 (1907. 8. 1) 군인들이 지방의병에 동조 가담하여 격렬한 의병투쟁이 일어

---

32) 同, "聞新民會關係人, 據準數百人士云".

33) 이현희, 앞의 책, 70~79쪽 ; 『韓國開化百年史』, 乙酉文化社, 1976, 225~227·298 ~299쪽.

34) 李炫熙, 『韓國近代女性開化史』, 二友出版社, 1978, 88~92쪽.

35) 崔埈, 「國債報償運動과 프레스·캠페인」, 『白山學報』 3, 白山學會, 1967.

났다. 모든 의병의 결집인 서울진공작전이 '13도창의대'의 이름으로 진행되었다. 물론 이 의병운동은 의병장들의 사상적인 한계성, 전술 전략의 문제, 리더쉽의 취약성 등으로 성공을 거두지 못하였으나,[36] 그 정신은 1910년 뒤 서서히 독립군과 광복군으로 연결되어 호국사상화의 기반이 되었다.

석오 등이 조직한 신민회는 다음의 세 가지로 항일투쟁의 방침을 세웠다. 첫째는 민족교육, 둘째는 민족기업의 육성, 셋째는 서적의 편찬 간행이었다. 이를 통해 민족의식의 선양과 국민정신의 개조라는 미래지향적인 국민정신교육에 주안점을 두었다.[37] 사태가 이렇게 심각하게 돌아가자 일제의 감시 경계 감독 구금이 연속적으로 일어나 신민회도 그 활동이 크게 위축되고 말았다.

일제 침략에 격분하면서도 야만적인 탄압에 환멸을 느낀 석오 이동녕은 1908년 봄 40살 때 잠시 신민회의 활동을 중단하고, 주진수 이시영 張裕純 등과 함께 북간도 明東村으로 갔다. 그곳에는 마침 민족교육가이며 애국지사인 金躍淵이 건립 운영하고 있던 사립학교 明東書塾(뒤에 明東中學校)이 있었다. 이 학원에는 金弘一 黃義敦 등 유수한 인사가 교사로 봉직하면서 제2세 동포에게 애국사상·민족의식을 고취하고 있었다.

석오는 그가 뿌려 놓았던 교육의 씨앗을 키우기 위하여 낯설은 동토, 설원의 땅 북간도를 찾아 왔으나 정착하면서 정열을 쏟기에는 여건이 너무나 영세하였다. 더욱이 그해 8월 일제 통감부는 이곳에 간도파출소를 설치하여 감시의 눈동자를 번쩍이고 있어 효과를 거두기가 매우 난처함을 알았다. 그는 귀국하여 새로운 민족운동의 가능성을 찾아야만 했다. 일제의 우리 애국지사, 의사, 열사, 지사들에 대한 감시는 이제 국내에서 국외로 돌려져 새로운 높은 차원의 탄압책동으로 전개되고 있었던 것이다.

---

36) 金義煥, 『義兵運動史』, 博英社, 1975, 147~170쪽 ; 同, 「義兵運動의 思想的 限界性」, 『韓國思想』 10, 1972.

37) 李炫熙, 『韓國現代史散考』, 探求堂, 1975, 19~20쪽.

6) 新興武官學校의 설립과 군사교육의 실시

석오 이동녕이 41세 되던 1909년 양기탁의 집에서 석오 안창호 전덕기 최광옥 김구 등이 모여 민족운동의 역량을 축적하고 위급시에 대비하기 위하여 교육기관을 설치하자고 의논하였다. 그들은 신교육의 진흥과 함께 각 상공기관을 두어 國富를 증진시켜야 함을 역설한 바 있다.[38] 이해 (1909) 7월 12일 일제는 한국의 사법 및 감옥사무를 일본정부에 위탁하는 己酉覺書를 총리대신 이완용과 통감 曾禰荒助(소네 아라스케) 사이에 조인시킴으로써 사법권을 탈취하였고, 통감부는 이를 동 7월 24일에 정식으로 고시하였다.[39] 이에 뜻 있는 한국인은 절치부심하였는데, 그 해 10월 26일 하얼빈에서 의병장 安重根 의사는 한국침략의 원흉 伊藤博文(이토 히로부미)를 총살함으로써 전세계의 자유인을 고무시켰다. 일제가 한국 강점을 앞당겼던 것도 그들의 당황·초조를 이기지 못한 결과인지도 모르겠다.

안중근 의사는 다음해(1910) 3월 여순 감옥에서 일제에 의하여 형식적인 재판 결과에 따라 처형됨으로써 순국의 위업을 후세에 남겼다. 마침내 일제의 계획적인 침략책에 따라 근대화에 뒤진 우리나라는 그해 8월 22일 소위 한일합방조약이라는 형식적인 종이조각에 따라 나라의 종묘사직이 끊어지게 되었다. 庚戌年(1910)의 일대 국치가 아닐 수 없었다. 8월 29일 이 조약은 정식으로 내외에 공포되었고 우리는 어처구니없게 조용히 나라를 백주에 빼앗긴 것이었다.[40]

석오 역시 국권회복운동에 신명을 바쳤음에도 불구하고 나라를 백주에 빼앗기자 수포로 돌아간 과거의 공든 탑이 너무나 허무한 것 같아 통곡으로 며칠을 지샜다. 몇몇 선비들은 스스로 목숨을 끊는 것으로 마지막 보국의 血誠을 보였다. 석오는 자결보국하는 것도 하나의 애국충군은 될 수 있지만, 이는 탈취당한 국권 앞에서 무책임한 행동이 아닐 수 없다고 생각한 나머지 "이 목숨이 다할 때까지 투쟁할 것을" 다짐하였다. 일찍이 묵암 이

---

38) 앞의 『한국사』 제21권, 1976, 134~135쪽 ; 李炫熙, 앞의 책, 19~22쪽.
39) 『舊韓國官報』 1909年 7月 13日字.
40) 李炫熙, 『日帝時代史의 硏究』, 三珍社, 1974, 23~24쪽.

종일도 그의 유저 속에서 자결보국보다는 목숨을 부지하면서 싸워 이겨야 함을 역설한 바 있었다.[41]

망국의 한을 맛보았을 때 석오의 나이는 42살이었다. 원숙의 경지에 들어선 그의 언행은 즉흥적이지 않고 심사숙고하며 이지적이었다. 사색적인 타협에서 출발하였기에 "가족보다는 나라"를 더 우선적으로 생각하였고, 가정 위주의 행동보다는 나라사랑의 길을 먼저 택하였다. 이는 타의 모범이 되었고 동포들을 감동시켰다. 그는 가족을 불러 놓고 일제의 침략이 가열되고 악독해질 것이니 중국으로 망명하여 민족의 광복을 점진적으로 시행해야 함을 역설하였다. 석오는 원산에 계신 부모님께 하직서를 띄우고 가산을 정리, 그해 12월 동삼성 서간도 遼寧省 柳河縣 三源堡로 망명하였다.

이즈음 이석영 이철영 이회영 이시영 등 경주이씨 6형제도 가산을 정리하고 역시 동삼성 지역으로 망명, 새로운 독립운동의 기지를 설치하였다. 석오는 조국을 떠나면서 이상재를 찾아 작별인사를 하고 국내에서의 민족운동을 협의하였다.

이회영의 대가족과 이상용 · 주진수 등이 북행열차에 분산 승차한 뒤 석오도 가족과 함께 떠났다. 동지 李光 尹琦燮 金東三 金昌煥 등의 가족도 미리 정해 놓은 서간도로 떠났다. 이때가 엄동 12월 하순이었다. 감시가 심하여 신의주에서부터는 압록강 철교를 이용치 않고 얼어붙은 압록강 위를 썰매로 건넜다. 안동현에서 桓仁으로 갈 때 국내에서는 안명근사건, 신민회사건, 105인사건이 터져 600여 명의 국내 각계 저명인사가 체포 구금되어 재판을 받고 있다는 소식을 들었다. 신민회 관계인사가 안명근의 군자금 모집에 연루되었기 때문에 취조 중에 탄로가 나서 일망타진된 것이다.[42] 소위 寺內正毅 총살혐의사건이라는 날조된 누명을 씌워 서북인 600여 명의 인사 중 105인을 기소하였는데, 주모자로 지목된 인사는 미처 망

---

41) 『默菴備忘錄』 1910年 9月 20日, 10月 20日, 11月 15日字.

42) 鮮于燻, 『民族의 受難-百五人 事件의 眞相』, 愛國同志援護會, 1959. 이 사건이야 말로 日帝가 한민족에게 소위 예비구속을 보여주기 위하여 날조한 사전 조작극에 지나지 않았다.

명치 못한 양기탁 윤치호 안태국 유동열 전덕기 김구 등이고 최고 징역 10
년이 선고되었다. 이때 혹독한 고문으로 옥사 순국한 인사도 있었다.

신민회원도 이때 거의 다 체포되었으나 동삼성으로 망명한 석오를 비롯
한 이동휘 이종호 안창호 조성환 등은 미국이나 러시아 동삼성 등지로 떠
나버려 체포되지 않았다. 신민회에서 모금해 주기로 한 75만 원 건도 그들
이 잡혀 수포로 들어갔다. 이제는 황무지를 일구고 닦아 터전을 잡는 길밖
에 없다고 생각하였다.

천신만고 끝에 낯설고 추운 산간벽지 동토에 정착하면서 첫째의 시련에
부딪혔다. 중국인의 방해를 받은 것이 그것인데, 在滿 한국인 동포가 일제
의 앞잡이라고 오해함에서 비롯된 것이었다. 석오는 그곳 군벌 張作霖을
찾아갔고 이회영은 북경에 있는 원세개를 찾아가 여러 번 설득함으로써
한중관계는 원만히 해결되었고 한민족 백년의 근거지를 안정되게 구축할
수 있었다.

여기서도 석오는 이회영 장유순 등과 빈번한 접촉 끝에 한국민들의 생
활·교육 등 자치기관으로서 유하현에서 耕學社를 조직할 수 있었다. 경
학사는 주경야독하는 자활기관이었는데 뒤에 西路軍政署로 발전하였다.
석오는 서전서숙 등의 학교 경험을 토대로 교육기관의 설치를 구상하였다.
젊은 역군을 양성하는 것이 곧 민족의 광복을 앞당기는 일이라고 굳게 믿
었다. 마침내 빈 창고를 빌어 新興講習所(뒤에 新興武官學校로 발전됨)를
열게되었다. 이 빈 창고는 물론 경학사의 부속 건물이었다.

경학사의 사장에는 이철영이 추대되었고 신흥강습소의 초대 소장에는
석오가 임명되었으니 뒤에 신흥무관학교의 교장이 된 셈이다. 운영은 교주
인 이석영이 맡았고, 교수는 임정 요인 가운데 한 분인 朴贊翊 등이 한국
의 말 역사 지리 풍속 제도 등을 담당하였다.

이 당시 우리 동포들의 생활상은 말할 수 없을 만큼 비참했고 고통 속에
서 나날을 보냈다. 병마에 시달려 목숨을 잃는 경우가 많았는데, 여기서 석
오도 맏아들 의직을 잃었다. 동 교장의 아들이 사망하였다 하여 화제가 되
었다. 그의 가슴은 한없이 아프고 울적하기 그지없었다. 그러나 사사로운

가정일에 묶일 석오가 아니었다. 이에 관해서는 저자가 이미 다른 책에서 정리하였다.

신흥강습소에서는 학습과 군사훈련을 동시에 부과하였다. 정신무장을 육체단련과 동격으로 생각한 것이었다. 본과와 특별과로 나뉘어져 있었는데, 전자는 중학과정이며 후자는 사관양성의 속성과라 할 수 있다. 이곳에서 양성된 인재들은 800여 명에 달하였으니 뒷날 독립군과 광복군의 기본 역군이 되었음은 물론이었다. 첫 번째 특기생으로 배출된 애국청년들로서는 金鍊 李圭鳳 卞榮泰 成周寔 등을 손꼽을 수 있다.

나라가 일제에 강점된 이후 본국으로부터의 동포 이주가 늘어나자 경학사를 발전적으로 해체하고 1912년 가을 扶民團을 조직하여 활동범위를 다원화시켰다. 그 소재지도 鄒家街에서 90리 거리에 있는 통화현의 哈泥河로 옮기고 신흥강습소도 함께 이전하여 제2의 새로운 기지건설에 매진하였다. 1913년에 이는 신흥무관학교로 승격되었고, 교장에는 여준이 임명되었다. 졸업생이 중심이 되어 신흥학우단도 조직됨으로써 무장독립운동의 역군이 배출되었다.[43]

석오가 45세 되던 1913년 봄이었다. 수원에 거주한다는 孟普淳이란 사람으로부터 일본 형사가 이동녕, 이회영, 이시영, 장도순, 金澄先 등을 체포하러 동삼성으로 떠났으니 피신하라는 정보가 있었다. 이들은 즉시 의논 끝에 행선지를 정하였다. 석오는 러시아의 블라디보스톡으로 정하였다. 이곳에는 보재 이상설이 살고 있었기 때문이다. 이회영은 국내로 이시영은 奉天으로 떠나기로 작정하였다. 이회영은 다시 중국으로 탈출하여 활동하였고 이시영은 북경으로 가서 독립운동을 계속하였다.

석오의 손길이 얼른대던 신흥무관학교는 그 이후 9년간 계속되었다. 1919년에는 교실 8개로 확장 운영되었고 張學良이 지원한 38식 장총과 기관총 등으로 군비를 갖출 수 있게 발전하였다. 석오는 러시아로 떠나면서 부인과 둘째아들 의식, 딸 의정을 고국으로 보냈다. 고국으로 온 석오의 부인 김경선은 원산에 가서 시부모 이병옥 내외를 모시면서 원산 당리 감리

---

43) 이현희, 「신흥무관학교연구」, 『東洋學』19, 단국대 동양학연구소, 1989.

교회의 전도부인으로 선교활동하다가 서울 묘동교회의 권사로 헌신하였다. 1964년 8월 향년 89세를 일기로 장서하니 그 내조의 공이 얼마나 컸던가는 헤아릴 수 없다.[44] 이회영의 합부인이 크게 독립운동을 내조한 것은 잘 알려진 사실이지만[45] 석오 이동녕의 합부인도 이에 못지 않게 음으로 양으로 독립운동가의 아내로서 궂은 일은 다 도맡아 명쾌하게 처리하였다.

7) 민족의식의 선양과 구국투쟁의 모색

1913년 9월 그는(45세) 가족을 국내로 보낸 뒤 서간도를 거쳐 러시아의 블라디보스톡에 도착하였다. 그곳에는 고종의 헤이그 특사 가운데 한 분인 이상설이 이미 와 있었다. 석오와 이상설은 다시금 뜨거운 해후로 독립운동의 새로운 발전을 모색하였다. 우선 신변의 안전을 위하여 거처를 그해 10월 하바로프스크로 옮기고 독립운동의 거점확보를 꾀하였다. 이상설은 이 도시가 러시아 연해주 일대를 지배하는 극동 총독의 관할 아래 있음을 알고 미리부터 의도적으로 교제해 두었었다. 이에 보스타빈 총독은 일제에 의한 한국의 강점사실을 깊이 이해하고 군관학교의 설치를 약속하였다. 하지만 비용은 자력으로 주선해야 한다고 하였다. 북풍 한설과 삭풍이 몰아치는 시베리아 땅에도 독립운동의 젊은 열기가 넘치자 대지마저 훈훈하게 돌아가는 것 같았다.

이즈음 남북만주 중국 상해 등지로부터 동지들이 모여들기 시작하였다. 석오가 가는 곳마다 동지가 찾아오는 것은 그의 자애로운 인간미와 독립운동의 높은 신념 의지 이상을 도와주려는 애국적인 기상 때문이었을 것이다.[46] 대종교에 입교한 석오는 단군의 국조사상을 이어 민족의 유구한 문화적 긍지를 높이 선양하여 동지와 국민들에게 용기를 주려는 의도에서 이를 독실하게 신봉하였다.

---

44) 上同.
45) 李恩淑, 『獨立運動家 아내의 手記』, 正音社, 1975, 59~63쪽.
46) 국사편찬위원회, 『韓國獨立運動史』1, 資料篇중 露領關係 항목, 1965 참조.

1914년 초 고국으로부터 閔忠植 등이 석오를 찾아왔다. 민충식을 맞은 석오는 권업회를 조직한 이상설과 대종교인 白淳 이동휘 李鍾浩 鄭在寬 등을 자주 만나 독립운동단체를 조직할 것에 합의하였다.[47] 이들은 제1차 세계대전이 일어나 러시아가 전쟁의 와중에서 정신이 없을 때 극동 총독 보스타빈의 양해와 협조를 얻어 韓國光復軍政府를 조직하였다.[48] 이들은 제1차 세계대전 때 러시아정부와의 대일연합작전을 계획하며 군사의 모집은 물론 훈련할 수 있는 사관학교 설립 등을 계획하였으나[49] 이 문제가 발각됨으로써 러시아 경찰에 석오 등이 투옥되어 3개월간 옥고를 치른 일도 있었다.[50] 이곳에서 권업회 외에도 李範允 중심의 海蔘大東會와 共共會, 大韓人共濟會, 大韓基督敎靑年會, 노인회, 靑年同志會, 鐵血團, 韓人會 등 군소항일단체가 허다하였는데[51] 러시아정부의 추방령을 받아 이합집산하였다. 1917년에 全露韓族中央會가 조직되면서[52] 이에 서서히 흡수 통합되었다가 韓族會로 확대 발전되었던 것이다.

1915년에 천신만고 끝에 석방되어 나온 석오는 무엇보다도 중요한 것이 민족의식의 선양이라고 믿었다. 이를 고취하기 위해서는 각종 독립운동단체를 통합해야 하며, 그런 뒤에 우리나라의 역사를 체계적으로 가르쳐 새로운 민족사관을 정립시킴으로써 민족적 긍지와 사명을 느낄 수 있게 될 것이라고 주장하였다. 이를 위하여 구체적으로 在露한국인들에게 민족의식을 심어주는 데에는 신문을 이용하는 것이 효과 있을 것이라 강조한 석오는 그곳 부호 崔鳳俊의 자금을 통해 『海朝新聞』을 발행 배포하였다.

일찍이 이종일의 제국신문사 논객(논설위원)을 지낸 석오는 언론기관에 종사했던 좋은 경험을 가지고 있어[53] 이를 이용한 민족의식 고취와 선양에 심혈을 경주하였다. 이 때 뜻하지 않게 동지 이상설과 이갑을 사별하였

47) 朝鮮總督府拓殖局,『朝鮮外에서의 朝鮮人 狀況一般』露領의 部.
48) 주 46)과 同.
49) 독립운동사편찬위원회,『독립운동사』4 - 임시정부사, 1972, 116~117쪽.
50) 金錫營,『先驅者 李東寧一代記』, 乙酉文化社, 1979, 379쪽.
51) 주 47)과 同 史料「露領在住 朝鮮人의 排日的 結社」참조.
52) 앞의『독립운동사』제4권, 117~118쪽.
53)『默菴備忘錄』1898年 10月 28日字.

다. 석오는 이상설의 건강 회복을 위하여 함께 니콜라에프스크시로 옮겨 극진히 간호하였으나 그 도시 남쪽의 좁은 방에서 폐렴을 앓다가 눈을 감았으니 이 때가 1917년 6월 13일이었다.[54] 그 도시 북쪽의 단칸방에서는 벌써 6년 전부터 신민회 이래의 동지 이갑이 전신불수로 투병생활을 해 오다가 이즈음 세상을 떠났다. 최근에 나온 『추정 이갑(이정희)』이란 저술에 의해 그 일생의 전모가 밝혀졌다. 인생무상을 다시 한번 뼈저리게 느낀 석오는 종교적 차원에서 이 울적하고 황량한 허무함을 메꾸느라 온갖 힘을 다 동원하였다.

동지를 잃은 그는 독립을 속히 우리 손으로 완수하는 것이 먼저 간 투사들에 대한 보답이라 생각하고 독립운동의 기본방략을 세웠다. 그것은 한민족의 군대를 양성하여 일제와 직접 독립전쟁을 전개, 우리 손으로 빼앗긴 국토를 수복하는 성스러운 일을 수행하는 길에 있다고 보았다. 이는 그야말로 주체적이고 끈질긴 민족사의 맥박을 느낄 수 있는 획기적이고 박력 있는 독립전쟁의 구체적인 계획이며 실천 방법이기도 하였다.[55]

8) 대종교의 포교와 대한독립선언서의 선포

시베리아 지역에서 민족의식의 선양과 구국투쟁의 효과적인 방법을 모색하던 석오 이동녕은 1918년 초 50살 때 대종교인 백순과 함께 이 지역을 뒤로 하고 동만주 寧安으로 독립운동의 새로운 지역을 찾아 이동하였다. 그것은 다름 아닌 이곳에 대종교의 金敎獻 교주가 있었으며 그 총본사가 자리잡고 있었기 때문이었다.[56] 그는 민족주의사상의 뿌리는 단군사상이며, 그의 현대적 재현운동이 신앙적 차원으로 구체화된 것이 대종교라고

---

54) 『나라사랑』20 - 李相卨 特別號, 1975 ; 尹炳奭, 『李相卨傳』, 一潮閣, 1984, 55~58쪽 참조.

55) 앞의 『독립운동사』 제4권, 117~118쪽.

56) 朴永錫, 「大倧敎의 獨立運動에 관한 硏究 - 金敎獻敎主時期를 中心으로」, 『史叢』21 · 22合輯, 1977.

생각하였다. 그에겐 정신의 고향이며 마음을 고요하게 안정 정립시켜 줄
안식처인 동시에 용기의 본산이라고도 생각하였다.

독실한 기독교 신자이기도 하였던 석오 이동녕이 대종교에 심취된 것은
그것이 민족주의사상의 고취나 전파에 매우 설득력이 있었고, 한민족에게
단군이야말로 가장 익숙한 국조적 존재라고 생각하였기 때문이었다. 북로
군정서 총재 徐一, 총사령관 金佐鎭, 연성대장 李範奭 등이 독실한 대종교
인이었다. 이곳에서의 대종교 포교사업은 1931년 만주사변 때까지 명맥이
이어진다. 민족의 광복을 위하여 희생된 인사 가운데 대종교인은 10여만
명을 헤아릴 수 있다고 본다.57) 석오는 이즈음 대종교 서도본사 포교책으
로서 선교활동에 매진하였다. 특히 청년 지식층에게 민족의 혼백정신을 이
대종교를 통하여 스스로 우러나오게 설득 유도하였다.

1918년 11월 하순, 제1차 세계대전은 발발된지 만 4년 만에 거만의 손실
을 기록한 채 종결되었다. 이에 관한 선후책을 강구하기 위한 평화회의가
프랑스의 수도 파리에서 개최되었는데, 그 주재자는 미국 대통령 윌슨이었
다. 그의 민족자결원칙의 주장은 비록 제도적인 면에서 우리 민족에게 직
접적으로 영향을 행사할 수 없다 해도 이념적인 측면에서 약소국의 범주
에 우리나라도 포함될 수 있다는 사실을 보여 주었다. 이는 우리의 민족진
영에게 독립의 단서를 열 수 있을 것이라는 기대를 주었다.58) 그리고 당시
천도교총수 손병희 등은 제1차 세계대전에 끼어든 일제가 패전할 것이라
추측하고 있었다.59)

석오는 이 같이 국제정세의 변화에 민감하게 대처해야 할 것임을 판단
하고 김동삼 조소앙 등과 함께 평화와 자유를 애호하는 전세계 민족에게
호소할 독립선언서의 필요성을 역설한 뒤 그 문안을 작성하기 시작하였다.
바로 이것이 과격한 항일투쟁을 유도한 '大韓獨立宣言書'였다.

1918년 12월(1919년 2월 초)이었다. 석오 이동녕은 독립선언서 작성을
위하여 대종교의 제2대 교주인 김교헌을 필두로 具德常 金天植 閔忠植 白

---

57) 이현희, 「대종교의 민족사적 위치」, 『종교신학연구』 2, 서강대, 1989.
58) 李炫熙, 『大韓帝國의 最後와 臨時政府의 活動』, KBS事業團, 1983, 25~36쪽.
59) 李炫熙, 『3·1運動史論』, 東方圖書, 1979, 56~66쪽.

淳 安基善 尹一炳 趙琬九 李鍾翊 李昇馥 李敏馥 李奎豊 등과 협의한 뒤
39명의 명의로 대한독립선언서를 선포하기에 이르렀다.[60]

이에 동참 서명한 독립지사는 金敎獻 李東寧을 비롯하여, 金東三 趙素
昻 申圭植 呂準 李範允 朴殷植 朴贊翊 李始榮 李相龍 尹世復 文昌範 申
采浩 허혁 李世永 柳東說 李光 安定根 金佐鎭 金學滿 李大爲 孫一民 崔
炳學 朴容萬 임방 金奎植 李承晚 曺成煥 金躍淵 李鍾倬 李東輝 韓興 李
沰 黃尙奎 李奉雨 朴性泰 安昌浩 조완구의 39명이었다. 여기에는 국내외
에서 활약하던 쟁쟁한 독립지사가 거의 망라된 느낌이 든다. 이 독립선언
서가 이 시기에는 가장 앞섰고 그 내용도 과격한 전투적 의욕으로 충만된
내용임을 일별할 수 있다. 이 가운데 이승만 이상룡 안창호 허혁 이세영
이대위 손일민 최병학 임방 김약연 한흥 황상규 등 12명을 제외한 27명이
모두 대종교인이었다. 이는 대종교가 우리 독립운동사에 기여한 공로와 비
중이 매우 큼을 알 수 있게 하는 대목이다.

국내에서는 석오와 헤어져 귀국해 있던 이회영이 궁중의 시종을 시켜
고종을 북경으로 모셔갈 계획을 꾸미고 있었다. 그는 5만 원을 북경에 있
는 동생 이시영에게 전달, 황제의 거처를 알도록 주선하였다. 이는 1919년
1월 프랑스 파리에서 열릴 강화회의에 독립을 호소하기 위한 공신력 신장
에 의미를 가지는 것이었다. 그러나 그해 1월 21일 새벽 고종은 일본이 시
킨 하수인에 의하여 갑자기 독살당하였다.[61] 일본이 무어라고 변명해도 건
강하던 고종이 갑자기 暴崩(폭붕)한 것은 그들에 의해 살해당하였음이 분
명하다.[62]

이즈음 석오는 대한독립선언서를 배포하며 블라디보스톡에 와 있었는데
레닌을 면담하고 돌아오던 呂運亨을 만났다. 국제정세와 이에 대처하는
우리의 경우를 여운형과 서로 교환하면서 이러한 시기일수록 민간지도자
가 나서서 민주정부를 세우고 그것을 구심점으로 하여 새로운 독립투쟁을
전개해야 한다고 힘주어 말하였다.[63] 더욱이 파리 강화회의에 걸던 기대도

---

60) 『東菴日記』, 1918年 12月 15日字.
61) 李炫熙, 「高宗의 毒殺과 孫秉熙의 國民大會召集」, 『新人間』387, 1980, 42~50쪽.
62) 『默菴備忘錄』1919年 1月 22日·1月 29日字 각 참조.

사실상 무너져버린 상태에서, 우리는 세계의 약소국이 혁명 이후 독립하여 민주정부를 세우고 있음에[64] 뒤지지 말고 민주정부형태를 갖추어야 한다고 역설하였다. 그리하여 석오는 그해 2월 블라디보스톡으로부터 상해로 가서 민주공화정을 전제로 한 정통 공화정부 구성에 새로운 세계사적인 안목에 따라 힘차게 정부구성을 추진하였다.

9) 大韓民國 臨時政府의 수립과 광복정책

석오 이동녕이 국제도시 중국 상해에 도착하였을 때는 생각보다 훨씬 많은 동지들이 이곳에 와서 각기 독립운동의 거점을 마련하거나 인재를 규합하는 등 임시정부 수립을 위하여 바쁜 나날을 보내고 있었다.

이미 국내에서는 2·8독립선언 등에 자극되어 천도교의 손병희, 기독교의 이승훈, 불교의 한용운 등 민족대표 33인이 3월 1일을 기하여 독립선언서를 낭독하고 민중혁명을 일으켰다. 천도교의 일부 교도는 1910년부터 독립운동을 개시하였는 바 이를 3·1운동이라고 지칭하고 있으나[65] 저자는 '3·1혁명'으로 명명함이 사실에 근접할 수 있다고 주장한 바 있다.[66] 그것은 3·1혁명의 결과로 '臨政'이 탄생하여 정치는 물론 경제 사회 문화 각 방면의 상태가 그 이전에 비하여 크게 전환 변혁되었기 때문인 것이다. 즉 군주제가 민주공화제로 전환되었음을 의미한다.

---

63) 앞의 『독립운동사』 4, 60~61쪽.

64) 朴殷植, 『韓國獨立運動之血史』, 서울신문사, 1946, 47~52쪽.

65) 李炫熙, 『3·1運動史論』, 東方圖書, 1979 序論 및 結論 ;『默菴備忘錄』1910년 9월 30일자 ; 李炫熙, 「3·1民主革命에 관한 研究」,『李永福先生華甲紀念論文集』, 천도교 중앙총부, 1982, 133~162쪽 참조.

66) 李炫熙, 앞의『大韓民國臨時政府史』에서 臨政 樹立의 背景을 3·1革命으로부터 찾아보고 있으며 이 저술에서는 「3·1운동」을 「3·1革命」으로 이 운동이 단순한 운동적인 차원을 넘어 民衆革命歷史의 승리이며 민족의 영광임을 천명한 바 있다. 李炫熙, 앞의 논문 「3·1民主革命論」 ; 李炫熙, 「大韓民國臨時政府와 李東寧」,『劉元東博士華甲紀念論文集』, 正音社, 1985 참조.

　고국에서 절규하고 호소하던 독립만세의 우렁찬 목소리는 해외에 있는
우리 동포들을 매우 흥분케 하였다. 신약한 석오의 가슴도 한창 설레이고
있었다. 그는 급히 북경으로 가서 동지 이회영 이시영 이광 등을 만나 민
주공화정부의 수립을 의논하였다. 이시영은 긍정적인 반응을 보였으나, 이
회영은 부정적인 입장을 취하였다. 3월 20일경 석오는 이회영의 집에서 조
성환 박용만 등과 중국 대륙을 중심으로 한 독립운동 계획을 의논하여 얻
은 결론이 민주적인 임시정부의 수립이었다. 상해로부터 달려온 여운형 현
순의 전갈로 석오는 다시 상해로 왔다.

　그런데 상해에는 국내외 각지에서 유능한 청년 애국지사들이 3천여 명
이나 모여들어 제법 번창하기까지 하였다고 윤보선은 저자에게 귀뜸했었
다. 2·8선언을 주도했던 인물 가운데 李光洙와 崔謹愚가 먼저 상해에 도
착해 있었다. 그 뒤 여운형이 노령에서, 그 계씨 呂運弘은 미국으로부터
각기 와서 구국투쟁의 방도를 모색하고 있었다. 이 때 조동호도 동참했다.
鮮于爀 金澈 徐丙浩 현순 조소앙 최창식 등은 국내에서 달려왔다. 서울
독립운동본부에서 파견된 이봉수 강대현 홍진 이규갑과 안승원 김구 조상
섭 김병조 이원익 남형우 한기악 등도 이곳에 도착하였다. 물론 노령 동삼
성 방면에서는 석오 이외에 이시영 조완구 조성환 김동삼 趙英鎭 등 30여
명의 지사가 의욕에 가득 찬 시선으로 독립투쟁에 뛰어들 차비를 차리고
있었다. 그리하여 동년 4월 초순까지 2천여 명에 가까운 한국동포가 운집
해 있었으니, 그 전해에 결성을 본 新韓靑年黨의 조동호 신규식으로서는
흐뭇하고 보람있는 일이었다.[67] 이 때를 대비하여 예관은 상해 프랑스조계
내 愛仁里에 방을 얻어 놓고 임시 연락사무소로 제공하면서 정부를 수립
토록 주선하였다.

　석오는 선후배 동료 독립동지들과 협의한 뒤, 임시정부를 우리 손으로
수립하고 그것을 국내외 독립운동의 핵심체로 삼자고 제의하자 누구도 반
대하지 않았다. 오히려 환성을 올리며 지지 찬성하였다. 이들은 처음에 임

---

67) 앞의 『독립운동사』 4, 60~62쪽 ; 이현희, 『조동호항일투쟁사』, 청아출판사, 1992,
　　89~95쪽.

시연락사무소를 프랑스조계 내 寶昌路 329번지에 정하고 구체적인 문안 작성에 들어갔다. 이 순간은 민주공화국의 新국가와 정부가 탄생되는 엄숙하고도 역사적인 계기가 되었다. 정부를 수립함에 있어서의 순서는 입법기관인 의회(국회)부터 구성하여, 헌법 헌장 서고문 강령 정강 등을 정하고 나서 정부의 부서와 각료를 내정하는 것이었다. 석오도 법률지식은 풍부치 않았으나 그 절차와 요식을 익혀 임시의정원의 개설부터 착수하는 것이 기본이라고 역설, 이시영 · 손정도 · 조소앙 · 남형우 · 한기악 동지들을 이해시켰다.

임시의정원은 8도의 국민대표와 노령 미주 중국령 동삼성 등지까지의 국민대표를 모두 망라하여 구성하였다. 그러니 이것이야말로 민주주의 방식의 구체화요, 민의를 존중한 석오의 근대정치사상을 가장 잘 반영한 것으로 미루어 생각해볼 수 있다. 헌장 10개조는 조소앙과 이시영 두 법률전문가가 '手草'하였던 것 같다.[68]

임시사무소의 총무로 있던 현순이 정부조직을 위한 선언서를 여러 나라에 보냈다. 동년 4월 8일에는 이규갑 한남수 홍진 등이 한성정부로부터 각료 명단과 임시헌법 초안을 가져옴으로써 보다 구체적이고도 활발하게 움직일 수 있었다. 4월 9일에는 孫貞道 목사 등의 제의로 각 지방의 대표자대회를 열고 임시의정원 의원을 뽑았는데 29명이 선임되었다.

그들은 석오를 필두로 현순 손정도 이광수 최근우 신익희 조성환 이회영 이시영 조소앙 이광 남형우 조완구 신채호 김철 선우혁 여운형 여운홍 김동삼 白南七 韓鎭敎 秦熙昌 申鐵 李漢根 申錫雨 趙東祜 玄昌運 金大地(池) 趙東珍의 29명이었다.[69]

1919년 4월 10일 밤 10시 프랑스租界 金神父路에 있던 현순의 임시가택

---

68) 『趙素昻傳』(親筆本 未刊) 및 『李始榮先生實記』(筆寫本 未刊) 同 『趙素昻傳』에서는 "……組織臨時議政院及臨時政府, 手草十條憲章等主要文字, 受任國務院秘書長……"이라고 하여 임정의 헌장 10개조가 趙素昻의 초안이었음이 비로소 밝혀지게 되었다. 李炫熙, 앞의 『大韓民國臨時政府史』, 『續東鑑綱目』 全 卷3下 각 참조.

69) 앞의 『한국민족운동사론』, 35~45쪽 ; 李炫熙, 『日帝時代史의 硏究』, 三珍社, 1974, 131~133쪽.

에서 제1회 임시의정원 회의가 열려 다음날 오전 10시까지 진행되었다. 갑론을박 끝에 석오 이동녕이 의장에 정동 제일교회 목사 손정도가 부의장에 각기 선출되었고, 서기에는 이광수와 백남칠이 뽑혔다.[70]

다음날(4월 11일) 석오가 초대 임시의정원 의장으로 집무하면서 "이제 우리는 대한민국입니다"라는 울음섞인 감격의 선언이 있었고, 대한민국임시정부수립의 법제적 뒷받침-절차를 원만히 밟아 민족사의 정통성의 맥락이 이어졌다.

당시 동지들과의 협의와 토론을 거친 뒤 국호는 신석우의 동의로 대한민국, 연호는 그해(1919)를 대한민국 원년이라고 하였다. 또한 관제를 의결한 뒤 전문 10조로 된 임시헌법을 선포하였다. 이어 다음과 같은 각료가 선임되어 행정부인 국무원(내각책임제 형태)이 조직되었다[( )안은 동 차장 명단].[71]

```
임시의정원 의  장 : 이동녕
임시정부 국무총리 : 이승만
         내무총장 : 안창호(申翼熙)
         외무총장 : 김규식(현  순)
         법무총장 : 이시영(南亨祐)
         재무총장 : 최재형(李春塾)
         군무총장 : 이동휘(曺成煥)
         교통총장 : 문창범(선우혁)
         국무원비서장 : 조소앙
```

이후(1919)부터 1945년 8월까지의 임정 및 임시의정원의 역대 각료명단을 자료에 의거 도표로 표시하면 다음의 도표와 같다(123~125쪽).

상해를 거점으로 하여 출범하기 시작한 대한민국임시정부는 최고집행기관으로 내각제인 국무총리제를 채택하였다. 이때 임정의 수반을 누구로 補

---

70) 앞의 『독립운동사』 4, 62~63쪽 ; 『朝鮮民族運動年鑑』 1919년 4월 11~12일자.
71) 『省齋李始榮先生實記』 ; 李炫熙, 앞의 『大韓民國臨時政府史』, 61~62쪽 ; 『趙素昻傳』 자필자서전.

하는가 하는 것이 당면문제였다. 이때 투표에 의하여 미국에 체류하고 있었던 이승만이 국무총리에 선출되어 본인의 의사와는 관계없이 임정의 수반이 된 것이다. 그러니까 이때의 정부형태는 내각책임제와 같은 것이었다. 1919년 9월 통합된 임정에서 처음으로 대통령제가 지도원리로 채택되어(제1차 개헌) 이승만이 대통령에 선출된 것이다.

그런데 3·1 혁명 이후 국내외에 성립된 임시정부는 모두 8개 처 이상에 이르고 있다.72) 그 중의 하나가 곧 상해에 조직된 석오가 산파역을 맡았던 임시정부였다. 8개의 임시정부는 상해의 임정 외에 露領의 大韓國民議會政府, 畿湖의 大韓民間政府, 朝鮮民國臨時政府, 漢城의 臨時政府, 平安道의 新韓民國臨時政府 등이었다.73)

이들 정부 가운데 석오가 각료로 추대된 경우는 기호지역의 대한민간정부의 내무부장관에 올라 있는 것과 한성 임시정부의 내무총장에 기록된 것 등이 그 대표적이었다.74)

이리하여 상해의 임시정부는 문제점을 안고 있었지만 이미 논급한 바와 같이 그해(1919) 4월 13일 임시의정원 명의로 각종 관계 헌법을 통과시키고 정부의 선서문과 정부의 정식수립을 내외에 알리게 되었다. 이것이 한국사에 있어서 매우 획기적인 민주역사 발전의 한 전환점을 마련하였다고 평가해 볼 수 있겠다.

이 시기에 고국으로부터 김구가 상해에 도착하였는데 임시정부가 수립된지 10여 일이 지난 뒤였다. 상동교회 이래 자별한 사이가 되었던 석오와 백범은 손을 잡고 파벌로 분란 침체 상태에 놓여있는 임시정부를 이끌어나가는 데 힘을 모았다.

利를 보면 겸양의 도를 앞세우고 義를 보면 어떠한 위험이나 난관을 꿰뚫으려는 석오의 고결관후한 인품에 공산주의자와 회색분자도 그를 존경

---

72) 앞의 책, 47~71쪽 및 357~362쪽 각 참조 ; 李炫熙,「大韓民國臨時政府의 樹立計劃과 天道敎」,『韓國思想』20, 1985, 118~138쪽.

73) 李炫熙,「大韓民國臨時政府의 指導體制」,『韓國史論』10, 국사편찬위원회, 1981.

74) 이현희,「대한국민의회와 손병희의 대통령추대」,『신인간』1981년 9월 ;「天道敎와 臨時政府」,『新人間』1982年 6月號, 천도교총부 참조 ; 앞의 책, 62~63쪽.

하고 흠모하였다는 사실을 볼 때 임정 27년사에 흐뭇한 정경이 아닐 수 없었다.

大韓民國臨時議政院 및 臨時政府 歷代閣員 一覽表(1919~1945)

臨時政府 議政院 歷代議長	歷代閣員			
	第1屆	第2屆	第3屆	第4屆
	國務總理制	大統領制	大統領制	大統領制
1. 李東寧	國務總理 李承晚	大 統 領 李承晚	大 統 領 李承晚	大 統 領 李承晚
2. 孫貞道	同 代 理 李東寧	國務總理 李東輝	國務總理 盧伯麟	同 代 理 李東寧
3. 洪震	內務總長 安昌浩	同 代 理 申圭植	內務總長 金 九	國務總理 李東寧
4. 金仁全	外務總長 金奎植	內務總長 李東寧	外務總長 趙素昂	內務總長 金 九
5. 趙素昂	軍務總長 李東輝	外務總長 朴容萬	軍務總長 柳東說	外務總長 趙素昂
6. 張鵬	法務總長 李始榮	軍務總長 盧伯麟	財務總長 李始榮	軍務總長 盧伯麟
7. 尹琦燮	財務總長 崔在亨	財務總長 李始榮	法務總長 洪 震	財務總長 李始榮
8. 趙向燮	交通總長 文昌範	交通總長 文昌範	學務總長 曺成煥	勞動總辦 趙琬九
9. 呂運亨	國務院秘書長	勞動總辦 安昌浩	交通總長 李 沰	
10. 崔昌植	趙素昂		勞動總辦 金東三	
11. 李東寧				
12. 李剛				
13. 李東寧				
14. 宋秉祚				
15. 金朋濬				
16. 宋秉祚				
17. 洪震				
18. 洪震				
19. 洪震				
自 民國元年 至 同24年 1919~1942	自 元年 4月 至 同年 9月 1919~1919	自 元年 9月 至 4年 8月 1919~1922	自 4年 9月 至 6年 4月 1922~1924	自 6年 5月 至 同年 12月 1924~1924

歷代閣員			
第5屆	第6屆	第7屆	第8屆
大統領制	大統領制	國務領制	國務領制
大統領 李承晩	大統領 朴殷植	國務領 李相龍	國務領 洪震
國務總理 朴殷植	同代理 李東寧	國務員 李沰	國務領 李東寧
內務總長 李裕弼	國務總理 盧伯麟	同 金東三	國務員 趙素昂
財務總長 李圭洪	內務總長 李裕弼	同 吳東振	同 趙尙燮
法務總長 吳永善	外務總長 李圭洪	同 尹世茸	同 李裕弼
學務總長 趙尙燮	軍務總長 盧伯麟	同 玄天默	同 金應燮
勞動總長 金甲大	法務總長 吳永善	同 尹秉庸	同 崔昌植
	財務總長 李圭洪	同 金佐鎭	
	交通總長 趙尙燮	同 曹成煥	
		同 李裕弼	
自 6年12月 至 7年 3月 1924~1925	自 7年 3月 至 7年 7月 1925~1925	自 7年 7月 至 8年 2月 1925~1926	自 8年 7月 至 8年 12月 1926~1926

歷代閣員			
第9屆	第10屆	第11屆	第12屆
國務領制	國務委員制	國務委員制	國務委員制
國務領 金九	國務委員 李東寧	國務委員 宋秉祚	國務委員 梁起鐸
國務員 尹琦燮	同 金九	同 曹成煥	同 宋秉祚
同 李圭洪	同 趙琬九	同 金奎植	同 趙素昂
同 金澈	同 趙素昂	同 李承晩	同 曹成煥
同 吳永善	同 金澈	同 尹琦燮	同 金奎植
同 金甲	同 李始榮	同 崔東旿	同 尹琦燮
		同 車利錫	同 柳東說
		同 申翼熙	同 崔東旿
			同 車利錫
			同 金澈
			同 成周寔
自 8年12月 至 9年 4月 1926~1927	自 9年 11月 至 14年 11月 1927~1932	自 14年 11월 至 15年 3月 1932~1933	自 15年 10月 至 17年 10月 1933~1935

歷代閣員			
第13屆	第14屆	第15屆	第16屆
國務委員制	國務委員制	主席制	主-副席制
國務委員 李東寧	國務委員 李東寧(死)	主　席　金九	主　席　金九
同　　金九	同　　金九	國務委員 內務部長 趙琬九	副主席　金奎植
同　　李始榮	同　　李始榮	國務委員 外務部長 趙素昂	國務委員 外務部長 趙素昂
同　　曹成煥	同　　曹成煥	國務委員 軍務部長 曹成煥	國務委員 軍務部長 金若山
同　　宋秉祚	同　　柳東說	國務委員 法務部長 朴贊翊	國務委員 秘書長 車利錫
同　　趙琬九	同　　宋秉祚	國務委員 財務部長 李始榮	國務委員 李始榮
同　　車利錫	同　　洪震	國務委員 秘書長 車利錫	同　　曹成煥
	同　　趙琬九	內務部長　申翼熙	同　　黃學秀
	同　　車利錫	法務部長　崔東旿	同　　張建相
	同　　趙素昂	文化部長　崔錫淳	同　　趙擎韓
	同　　池靑天	(金尙德)	同　　柳林
		宣傳部長　嚴恒燮	同　　成周寔
			同　　金朋濬
			同　　金星淑
			同　　朴贊翊
自 17年 10月 至 21年 10月 1935~1939	自 21年 11月 至 22年 10月 1939~1940	自 22年 10月 至 24年 12月 1940~1942	自 26年 3月 至 (光復) 1944~1945

　상해 대한민국임시정부가 수립되면서 최고지도자로 추대된 국무총리 이승만이 미국 워싱턴에 체류하면서 부임치 않으므로 정치 행정적 공백상태를 더 이상 방치할 수 없어 초대 임시의정원 의장으로 선임된 석오가 4월 30일 국무총리 대리로 취임하였다. 그뿐 아니라 당시 상해에는 안창호(내무총장) 이동휘(군무총장) 같은 인물이 아직 도착하지 않았으며, 신규식은 병석에 누워 있어 그 행정적 기능이 거의 가동되지 못하는 실정이었다. 단지 이시영 법무총장이 임정을 지키고 있었는데, 그도 얼마 뒤 신병치료 차 북경에 갔다가 대한민국임시정부가 하나로 통합된 뒤 재무총장의 중임을 띠고 상해로 돌아오게 된 것이다.75)

　대한민국임시정부 초기부터 각료 명단은 신망도와 능력 그리고 민족의

식이 투철한 인물 위주로 선임되어 발표되었는데, 선임되지 못한 이들의
불만이 높았고 차장으로 선임된 이도 그에 만족치 않고 사퇴하는 소동을
빚는 등 人選에 불평이 누적된 것으로 보인다.

이 같은 위기상황을 극복키 위하여 국무총리 대리로 선임된 석오 이동
녕은 그해 4월 말경 임시의정원의 의장 자리를 부의장인 손정도에게 위임
하고, 그는 임정의 선장이 되어 침착하게 인화와 단결, 主敵 개념의 철저한
인지, 자주독립의 신념과 이상을 위해 헌신할 것을 다짐하였다.

이 때 안창호가 5월 25일 내무총장에 취임하기 위하여 군자금 등을 가지
고 미국으로부터 상해에 도착하여 석오 등과 제휴하면서 임시정부의 독립
운동은 다시 활기를 띠기 시작하였다. 그가 관장하던 내무부에서 1월 중순
부터 연통제를 실시하여 국내외의 업무연락, 기밀문서 수발, 군자금 조달
등 국내외를 통할하였다.76) 교통부(문창범 총장)에서도 이에 조금 앞서 교
통국을 설치, 구국운동을 전개하여 통신정보의 수집·검토·교호나 기밀
문서의 수발 등의 업무를 전담하면서77) 역시 국내외를 비밀리에 연락하고
통할 통치하였다. 그러나 이들 두 가지 비밀조직이나 연락체제는 2년 정도
활발히 움직이면서 실적을 올리다가 그 조직이 발각되어 김인서 등 외국
인을 비롯한 국내의 관련 인사가 거의 체포되는 등 곤욕을 겪어 더 이상
효과를 거두지 못하고 말았다.78)

이와 병행하여 동 6월 중순경에는 재무부(최재형 총장)에서 재무부령 제
1호로 인구세 시행세칙을 공포 시행한 뒤, 7월에는 재무부령 제3호로 임시
징수령을 공포하여 4천만 원의 독립공채 발행을 계획하였다. 이런 일들은
모두 성재가 석오와 함께 의논하고 협의를 거친 뒤에 이루어진 재정타개

---

75) 『省齋李始榮先生實記』; 趙東杰, 「大韓民國 臨時政府」, 『한국사』 21, 국사편찬위
    원회, 1976, 200~207쪽 ; 李炫熙, 「白凡의 獨立運動과 臨政의 法統性」, 『白凡研
    究』 1, 백범김구선생기념사업회, 1985, 66~102쪽.
76) 李炫熙, 앞의 책, 100~107쪽 참조.
77) 上海日本總領事館, 『朝鮮民族運動年鑑』, 10~28쪽.
78) 李延馥, 「大韓民國 臨時政府의 交通局과 聯通制」, 『韓國史論』 10, 국사편찬위원
    회, 1981, 90~126쪽 ; 李炫熙, 「大韓民國臨時政府를 通해 본 民族意識의 成長」,
    『人文科學研究』 1, 성신여대, 1981 참조.

책이었다. 특히 이 같은 자금조달은 임시 육군무관학교(상해)의 재정적 토대를 마련코자 계획한 것으로 주목되고 있다. 석오는 일찍이 서전서숙의 경험을 살려 중국의 雲南講武堂, 保定軍官學校, 黃埔軍官學校 등에 교포청년을 입소, 훈련케 하였다. 7월 2일에는 도산·춘원 등의 발의로 臨時史料調査編纂部를 두어 9월에『한일관계사료집』전4권을 펴냈는데, 박은식의『韓國獨立運動之血史』는 이에 근거하여 저술한 것으로 보인다.[79]

한편 석오 등 독립투사들은 국내외에 산재해 있는 임시정부의 지도자들과 자주 회합을 갖고 그 통합·단일화에 역점을 두었다. 이리하여 상해 임정이 구심점이 되어 노령의 대한국민의회정부와 서울의 한성임시정부의 중진이 단일화 작업을 전개, 마침내 9월 2일에 임시의정원 결의에 따라 임시 헌법개정(제1차 개헌)을 공포하였다.[80] 동 6일에 만장일치로 이것이 통과되어 전 58조의 신헌법이 공포됨으로써 11일 국무원의 권한이 강화된 대통령중심체제의 신내각이 탄생되어 15일을 시정일로 정하였다.

이 신내각은 단일 통합정부를 구성하되 대통령 중심의 지도체제로 확립된 자유민주공화국의 새로운 출범을 시사하는 실로 놀라운 민주정치의 시발이었다. 국내외의 독립운동을 통제 통합하고, 대한민국을 대표할 당당한 정통정부로서의 의미가 부각되었다.[81] 이 신내각의 각료로 석오가 가담한 것은 물론이며, 그대로 내무총장에 임명되었고 대신 국무총리대리는 사임하였다.

이때 공식명칭을 「대한민국임시정부」로 확정하였다. 상해 프랑스조계 내에 청사를 확보하여 이후 1945년까지 중국내 각지를 이동하며 국내외의 행정 등을 통할 통치하였다. 신내각의 각료 명단은 다음과 같다.

---

79) 李炫熙,「白巖 朴殷植의 平和思想硏究」,『아카데미論叢』5, 世界平和敎授協議會, 1977.

80)『獨立』제4호, 1919年 9月 2日字.

81) 李炫熙, 앞의 책, 79쪽 ; 李炫熙,「大韓民國臨時政府의 正統性問題 檢討」,『정신문화연구』17, 정문연, 1983 ; 胡春惠 著 辛勝夏 譯,『中國안의 韓國獨立運動』, 檀國大出版部, 1978, 제2장 참조.

```
대  통  령 : 이승만(전 국무총리)
국 무 총 리 : 이동휘(후임 이동녕)
내 무 총 장 : 이동녕( 〃  김  구)
재 무 총 장 : 이시영( 〃  이시영)
외 무 총 장 : 박용만( 〃  신익희)
군 무 총 장 : 노백린( 〃  유동열)
법 무 총 장 : 신규식( 〃  홍  진)
학 무 총 장 : 김규식( 〃  조성환)
교 통 총 장 : 문창범( 〃  이  탁)
노 동 국 총 판 : 안창호( 〃  김동삼)
국무원비서장 : 김  립( 〃  신익희)
```

이렇게 구성된 단일 통합정부에 석오는 내무총장이라는 중책을 띠고 독립자주운동을 전개할 사명감에 젖어 이후 5년여 동안 그 기틀 마련에 심혈을 쏟아 어느 정도의 성과를 이루었다. 그럼에도 불구하고 국력이 수렴되지 못하고 임시정부가 국제적으로도 승인받지 못하는 실정에 놓여 있음을 석오는 매우 안타까이 여겼다. 파리강화회의에서의 무성과에 더욱 심한 좌절감과 극도의 소외감을 느꼈다.

결국 믿을 것은 '힘'밖에 또 무엇이 있겠느냐고 반문하면서 경무국장 김구, 재무총장 이시영 및 여운형 조완구 이유필 박은식 신규식 조동호 조성환 엄항섭 등과 자주 협의하면서 고국에 있는 2천만 동포를 위하여 무엇을 어떻게 해줄 것인가를 모색하였다.

반만년 역사의 권위를 통해 민의를 기반으로 公理를 창명하며 공익을 증진하는 등 정부의 기초를 확립하고자 역설함에 있어서 대한민국임시정부의 존립가치와 그 행동방향, 목표는 확연하게 정돈되어 있었다. 그것을 위해 모두 신명을 바쳐 나라를 구제하는 聖業대열에 동참할 것을 석오는 집중적으로 호소하였다.[82]

---

82) 『省齋李始榮先生實記』, 大韓民國臨時政府 憲法 前文 참조 ; 李炫熙, 「臨時政府의 指導體制와 法統性」, 『申國柱博士華甲紀念論文集』, 一志社, 1985.

10) 항일구국운동의 추진과 그 민족사적 성과

석오 이동녕은 통합된 대한민국임시정부에서 내무총장의 직함을 가지고 임정을 쇄신하고 밖으로 우리나라의 독립을 세계에 고하면서, 한편으로는 국내수복을 염원하였다. 고국에 있는 2천만 동포의 안부와 임정 지원을 요청하는 포고문을 작성, 비밀조직을 통하여 국내에 송달하였다.

1919년 10월 15일에 보낸 포고문 제1호는 고국에 있는 청년 앞으로 보내는 내용의 글로, 제목이 「남녀학생에게」였다.[83] 이 글의 요지는 3·1 혁명 당시 국내에서 일제의 총칼 앞에서도 결연히 자유·정의·진리를 위하여 투쟁하고 조국의 독립을 촉성시키고자 했던 학생들의 순교적 위업을 높이 칭송 평가하는 것이었다. 이어 석오는 "조국의 위기를 구원함은 지금이다"라고 그 시기적 절박성을 지적하면서 "세계의 인류는 침을 삼키며 금후의 吾族 행동에 주목한다"라며 왕년의 용기를 냉각시키지 말고 완전독립이 완성될 때까지 계속 분기하여 "삼천리 강산에 무수한 태극국기를 게양하자!"고 호소력 넘치게 절규하였다. 남녀 학생들의 전투적인 독립에의 열의 신념 용기 의욕 등을 환기시키면서 그들에게 "국가는 의뢰한다"라고 끝을 맺고 있다.

같은 날(10월 15일) 석오는 「상업에 종사하는 동포에게」라는 제목으로 포고문 제2호를 보냈다. 이 글에서 석오는 3·1혁명시에 상인들이 막대한 손실을 무릅쓰고 장기간 閉市한 채 독립시위대열에 동참하여 국민적 성원과 독립열의를 전세계 자유인 앞에 과시한 점을 높이 평가한다고 강조하였다. 이어 일제가 3·1 혁명에 크게 위축되고 세계여론 앞에 위기를 인식하자 우리나라에 대해 소위 '문화통치'라는 이름으로 고등경찰 통치이간책동을 씀을 격렬히 비난하고, 이에 현혹되는 어리석음이 없도록 할 것이며, 위장된 통치방침을 직시 판별하여 성토 규탄할 것을 권유하였다. 아울러 국제연맹에 참석하고 있는 우리 대표를 적극 지지할 것을 촉구하며, "기회의 도래에 임하여 일치하고 용맹한 대한민족의 본성을 발휘"할 것을 끝으

---

83) 『한국민족운동사료』(중국편), 1974, 45~55쪽.

로 상인들의 자율적 애국심을 환기 촉구하였다. 결국 이 글은 국내외에 있는 상인에게 독립운동자금의 송부를 간절히 당부하면서 임정 유지를 위하여 안간힘을 쓰는 고충을 이해해달라고 호소하는 내용이었다.

동 11월 20일에는 포고문 제3호 속에서 국내외 일반국민의 대한민국임시정부의 지원과 협조를 호소하였다. 일제가 날조한 '임정붕괴설'은 전혀 사실무근임을 추가로 해명하면서 "본 대한민국임시정부의 내정은 날로 더욱 증진하고 외무는 수시로 많아지고 있다"라며, 오히려 대한민국임시정부의 왕성한 발전과 국내의 독립운동의 통제 통할의 역사적 사명이 한층 고조되고, 집중적으로 실천되고 있음을 알려 주었다.

이와 같은 문서는 뒷날 독립신문과 함께 극비리에 연락원, 특파원, 조사원, 파견원이라는 독립운동가에 의하여 국외와 고국의 요소 요소에 배포 전달 인식되었다. 이로 인하여 실제로 국내는 물론 해외에도 독립운동단체가 조직되고 왕성한 독립운동이 희망차게 전개되었던 것이다.

석오는 독립운동의 기본구조를 마련한 뒤 재무총장 이시영과 같이 임시정부 운영을 위한 경영 방안을 모색한 끝에 현안이던 독립공채의 발행을 구체화하였다. 이때 공채 모집구역은 미국(하외이 포함)본국, 노령, 동삼성 지역으로 나누어 탄력 있게 모금하였다.

1920년으로 접어든 때 석오는 52세였다. 그는 정부의 기관지인『獨立新聞』을 확장 개편하고, 인성학교의 운영을 위한 자본조달을 위해 이유필·여운형 등과 긴밀히 협의하면서 맨주먹으로 동분서주하였다.[84] 석오는 독립운동의 최선의 방법으로 임정의 유지, 본국의 독립운동 지원 및 통제, 해외동포들의 생계유지 및 독립운동 지원, 국제적인 후원과 승인, 건국 방략 등을 표방하고, 이에 의하여 그 실천을 강력하게 추진해 나갔다.[85] 즉 내정과 교통, 외교와 군사, 교육과 문화, 재정과 사법 등 8개 분야로 나누어 강력하게 실제적인 구국운동을 추진해 나간 것이다.[86]『朝鮮民族運動年鑑』

84)『趙素昻傳』; 국사편찬위원회,『韓國獨立運動史』9 - 資料篇, 1973, 384~389쪽 ;
  金河璟,『大韓獨立運動과 臨時政府鬪爭史』4장, 鷄林社, 1946.
85)『獨立新聞』1920年 11月 30日字.
86)『省齋李始榮先生實記』; 李炫熙,『大韓民國臨時政府史』, 集文堂, 1983, 86~88쪽

에 보면 석오는 3·1 혁명 1주년 기념식을 거행해야 한다는 내용의 촉구문을 발표하였으며, 大韓不變團長 앞으로도 이를 성대히 거행할 것을 내무총장의 이름으로 권도하고 있다.

석오가 53세 되던 1921년 12월 28일 이승만이 대한민국임시정부의 대통령에 취임하기 위하여 미국 워싱턴으로부터 천신만고 끝에 비서 임병직과 같이 상해에 도착하여 약 6개월 머물렀다. 그러나 그가 대통령으로 재임한 기간은 6년간이었다.[87] 그가 도착하면서 이동휘 국무총리와는 사이가 나빠져 이동휘는 그 직을 사퇴하고 러시아로 가버리니 임정은 더욱 혼란에 빠지게 되었다. 더욱이 군자금 유용 문제 및 이승만의 독단적 행정처리 문제 등이 대두되어 분란이 일어났다. 결국 1925년에 가서 이승만은 탄핵을 받아 그가 임지에 없는 상황 속에서 대통령직을 박탈당한 셈이었다.

이러한 임정의 내부 문제가 쌓여 가자 대한민국임시정부 자체에 대한 불신이 높아져 갔다. 임정의 노동국총판이었던 안창호도 그 직을 사퇴하고 나오니 그들을 중심으로 임정의 개조 논의가 대두되었고, 처음부터 이에 참여치 못하였거나 외면 당하던 인사들은 불만 속에 임정의 창조를 주장하였다.[88] 전자의 인사로는 안창호 여운형 김마리아 등이 있고, 후자의 인사로는 신채호 박은식 신숙 김창숙 윤해 元世勳 등이 있다. 이에 중립을 지키려는 중도파도 있었다. 결국 이들은 1921년에 국민대표회의라는 명칭으로 회의를 개시하여 1923년 1월에 120여 지역과 단체에서 120여 명의 대표 인사가 상해에 집합하여 약 5개월간 60여 회의 모임을 진행시켜 갔다.[89] 그러나 이 모임은 개조·창조·중도 등 말의 盛宴으로 끝나고 마침내 1923년 6월 초에 결렬되는 현실에 직면하였다.[90] 이즈음 창조파 인사들은 한국국민위원회를 거점으로 하여 시베리아의 블라디보스톡에 高麗共和

　; 大正 9年(1920) 2月 18日, 高警 第4309號 참조.

87) 李炫熙, 앞의 책, 493~495쪽 ;『임시정부의 숨겨진 뒷 이야기』, 학연문화사, 2000, 「이승만·이동녕」 항목 참조.

88)『趙素昂傳』; 李炫熙,『韓國近代史의 摸索』, 二友出版社, 1979, 200~245쪽.

89)『趙素昂先生文集』上 ; 李炫熙,「國民代表會議 召集問題」,『白山學報』18, 1975.

90) 李炫熙,「海外의 獨立運動 - 亡命의 隊列에서」,『韓國現代史』5, 新丘文化社, 1969, 172~179쪽 참조.

國을 설치하였으나 얼마가지 않아 소련의 냉대로 와해되고, 대한민국임시
정부는 오히려 침체국면에서 벗어나는 계기가 되었다.

한때 이런 난국을 타개하고자 1922년 석오는 동지 이시영 조소앙 차이
석 홍진 노백린 안창호 都寅權 이유필 金弘叙 현순 윤기섭 등 50여 명과
時事策進會를 조직하였었다. 이로써 임시정부는 새로운 재기의 도약이 마
련되었다. 그런데 1924년 4월 25일 이승만 대통령이 탄핵을 받아 임시의정
원에서 정식으로 논란이 일게 되자 더욱 어지러운 사태가 벌어지게 되었
으며, 손문이 다소 용공 정책을 씀으로서 민족진영 인사를 자극하여 임정
요인들로서는 더욱 진퇴유곡의 형국을 만나게 된 셈이었다.

그러는 가운데 동년 4월 23일 석오는 정식으로 국무총리에 취임하면서
김구를 내무총장으로 추천하는 등 새로운 '발전내각'을 성립시켰다. 그해 6
월 국무총리 석오는 노백린에 이어 군무총장까지 겸임하였으며, 9월에는
장기궐석이 되어 있는 대통령 직권을 대행하여 명실상부한 임정의 최고
영도자가 되어 민족진영의 대동단결을 읍소하였다.

우리의 살길은 오직 대동단결하는 지혜를 발휘할 수밖에 없다.

라고 오장육부를 도려내는 듯한 호소력 있는 주장에 호응하는 동지 선후
배가 많았다. 이때 조선총독(齋藤實)이 한국인 관리 洪承均을 시켜 석오로
하여금 일본에 귀화할 것을 권도하였으나 즉석에서 그 자의 뺨을 치고 내
쫓아 버렸다. 이것이 화근이 되어 선친 이병옥이 원산에서 일본경찰에 체
포되어 옥고를 치른 일도 있었다.

마침내 1925년 그가 57세 되던 때 두 번째의 임시의정원 의장이 되었는
데 의정원에서 탄핵받은 이승만이 궐석인 채 만장일치로 그 안이 통과되
어 대통령 자리에서 물러나게 되었다. 이어 이동녕이 대리로 집무하다가
박은식이 정식으로 제2대 임시대통령에 취임하였으나 6개월이 채 못되어
대통령중심 지도체제에서 국무령중심 지도체제로 제2차 개헌이 이루어졌
다.91)

이상룡 양기탁 안창호 홍진 김구 등이 차례로 국무령에 교섭 내지 임명

되었다가[92] 1926년 8월 석오가 새로이 국무령이 되었고 법무총장도 겸임
하면서 독립운동을 계속하였다. 그러나 공산주의자들의 방해 분란공작에
말려 모든 공직을 사퇴하였다. 따라서 백범에게 그의 자리를 물리고 조용
히 애국하는 길을 모색하였다.[93]

11) 大韓光復陣線의 구축과 독립의 쟁취

1925년 제2차 개헌으로 국무령중심 지도체제를 유지하고 있던 대한민국
임시정부는 2년 뒤인 1927년 제3차 개헌을 통하여 국무위원중심체제, 즉
내각책임 지도체제로 전환하였다. 이 체제는 1940년 제4차 개헌 때까지 계
속 유지되었다.

그리하여 석오가 59세 되던 1927년 4월에 제3차 임시헌법이 개정된 뒤 8
월에 그는 국무위원에 임명되었을 뿐 아니라 주석이라는 막중한 임무를
맡았다. 그는 재건기에 들어선 임시정부를 더욱 공고한 기반 위에 올려놓
기 위하여 모든 역량・능력・집념을 집결시켰다. 이 때는 특히 민족단일당
운동이 일고 있어 국내에서도 같은 성격의 新幹會 槿友會 新正會 등이 조
직되어 합법적인 활동을 전개하고 있었다.[94]

기회가 주어질 때마다 민족진영의 결속을 강조한 석오는 그의 노력에도
불구하고 내분이 진정되지 않자 고민과 갈등 속에 있다가 그 직책을 사임

91) 『省齋李始榮先生實記』; 李炫熙, 「大韓民國臨時政府의 指導體制」, 『韓國史論』
　　제10집, 국사편찬위원회, 1981 ; 民心社編, 『大韓民國臨時政府의 內容』, 1945, 5
　　~46쪽 ; 趙東杰, 「大韓民國 臨時政府」, 『한국사』 21, 국사편찬위원회, 1981 ; 趙
　　東杰, 「大韓民國 臨時政府의 組織」, 『韓國史論』 10, 국사편찬위원회, 1981.

92) 嚴恒燮, 『屠倭實記』, 京城日報社, 1946, 제1장 참조 ; 李炫熙, 『日帝時代史의 研
　　究』, 三珍社, 1974, 120~130쪽.

93) 李炫熙, 「大韓民國臨時政府의 樹立과 法統性」, 『平和統一民族運動史』 1, 平統
　　諮問會議事務處, 1985.

94) 『趙素昻傳』; 李炫熙, 『韓國現代史散考』, 탐구당, 1975, 36~37쪽 ; 秋憲樹, 「大韓
　　民國臨時政府의 政治史的 意義」, 『韓國史學』 3, 정문연, 1980.

하고 민족진영의 강력한 정당을 결성하기로 작정하였다. 1928년 趙明河 의사가 臺中에서 천황의 장인(구니노미야)을 刺殺케 한 의거는 매우 반가운 소식이었다. 1929년 석오가 60세 되던 해에 동지 김구 조완구 조소앙 이시영 안창호 엄항섭 등과 함께 韓國獨立黨을 조직, 그 이사장에 추대되었다. 원로 석오는 당기관지로 『韓報』와 『韓聲』을 발간하여 중국식인 以黨治國의 건국이념을 실현시키는 데에 온 정력을 경주하였다.

국무위원 지도체제 조각변천상황 (1929~1940) 제3차 개헌

1927.8~1930 <개헌>	1930.11~1933 <개각>	1933.3~1934 <변천>	1934.1~1936 <개각>	1934.10 <보선>	1935.10 <사임과 보선>	1936.11~1939 <개각>	1939.10~1940.10 <개헌·개각>
이동녕(주석·법무장)	이동녕(주·법)	송병조(주·재)	양기탁(주)	군무겸임 후 사임	이동녕(주)	좌 동	좌 동(서거)
김구(재무장)	김구(재)	이승만(무)	송병조(내)	좌동	송병조(내)	〃	송병조
오영선(외무장)	조완구(내)	김규식(〃)	김규식(외)	사임	김 구(외)	〃	김 구(재)
김철(군무장)	김철(군)	이유필(〃)	조소앙(법)	사임	조완구(내)	〃	조완구
김갑(내무장)	조소앙(외)	조성환(〃)	차이석(무)		차이석(비)	〃	좌동
		윤기섭(군)	윤기섭(군)	유동열(사임)	조성환(군)	〃	조성환(군사특파단주임)
		차이석(내)	김 철(비)	사임	이시영(법)	〃	좌 동
		신익희(외)	성주식(무)	사임			조소앙(외)
		최동오(법)	좌동	사임			홍 진(내)
							지청천(군)
							유동열(무)

*『대한민국임시의정원 문서』 참조.

다음해 10월 석오는 세 번째로 13대 임시의정원 의장에 선출되었다. 11월에는 국무위원회 주석을 겸임함으로써[95] 역시 임정의 실질적인 주인으로서의 최고 행정지도자가 되었다. 이 때(1931) 만보산 사건이 나면서 만

---

95) 이 內閣이 임시정부 수립 이후 10번째의 강력행정부였다. 석오는 1931년까지 그 직책을 수행하였다.

주사변이 터지자[96] 동삼성 노령 일대의 독립운동이 크게 위축되었다. 더욱이 1929년의 세계경제공황으로 국제정세 역시 검은 먹구름이 거세게 짓누르고 있었다. 이런 국제정세에 민감하게 대처할 수 있는 방도를 석오는 김구와 협의한 뒤 일제 및 친일파 사살과 그 기관의 파괴계획 차단 등의 방법을 취하였다. 그리하여 韓人愛國團을 조직하고 조소앙 김철 김구 등으로 하여금 모든 사업을 소신껏 추진케 독려하였다.[97]

김구는 이와 같은 배경 속에서 1932년 1월 8일 수원사람 李奉昌으로 하여금 일본 천황을 폭살케 하였으나 실패하였다. 그러나 동년 4월 29일 상해 虹口公園에서의 尹奉吉 의사의 투탄 의거는 성공시켰다. 이로 인해 중국 국민들은 새삼 한국의 독립운동을 지원하게 되었고, 서먹하였던 양국의 국민감정도 매우 호전되었다.[98] 그러나 이로 인해 그해 5월 일제의 혹심한 탄압 감시와 검거 선풍이 일자, 석오는 임정요인들과 같이 절강성 가흥으로 옮겼다. 김구 박찬익 안공근 등이 함께 피난봇짐을 챙겼다. 이로써 임시정부는 중경에 일단 정착할 때까지 이동시대(1932~1940)를 맞게 되는 것이다.

그해(1932) 6월 64세의 석오는 일본경찰의 감시의 눈을 피하기 위하여 임시정부 요직을 사임한 뒤, 3년을 민족진영 단합을 위한 준비기간으로 잡고 정당통합운동에 전력투구하였다. 마침내 석오가 67세 되던 1935년 11월 임시정부의 주석(1935~1939)이 되어 楊宇朝 엄항섭 송병조 이시영 조소앙 차이석 등과 함께 韓國國民黨을 조직한 후 그 당수가 되었다.

한편 이해(1935) 10월에는 김두봉 일파와 김원봉의 의열단·신한독립당·조선혁명당·한국독립당·미주 대한독립당 등이 통합하여 朝鮮民族革命黨을 태동시키면서 임정을 위협하였다. 결국 5당 통합은 임정을 궁지로

---

96) 朴永錫, 『萬寶山事件硏究』, 亞細亞文化社, 1980, 59~63·78~82쪽 ; 金正明 編, 『朝鮮獨立運動』 Ⅲ, 제3편, 日本 : 原書房, 1967, 59~61쪽.

97) 金九, 『白凡逸志』, 國士院, 1947, 88~92쪽 ;『趙素昻傳』, 「1931年 與李東寧·金九·趙琬九·金澈·李奉昌·尹奉吉, 殲敵, 手草宣言」.

98) 任重彬, 『千秋義烈 尹奉吉』, 人物硏究所, 1975, 110~115쪽 ; 李炫熙, 「白凡의 獨立運動과 臨政의 法統性」, 『白凡硏究』 1, 백범김구선생기념사업협회, 1985, 66~102쪽.

몰아 넣었고 붕괴를 초래케 하였다. 몇몇 국무위원이 이에 가담하는 일도 있어 임정의 위기는 풍전등화격이었다. 이를 구원하기 위해 당의 정비작업을 서둘러 온 석오는 한국국민당을 조직하기에 이른 것이었다.

1937년 중일전쟁으로 일제의 중국침략이 노골화되자 중국정부가 남경으로 이동하였고 임정도 그 뒤를 따랐다. 그러나 남경이 함락당하자 장사 광주 유주를 거쳐 綦江에 이르렀다.[99) 69세의 석오는 그해 5월 한국국민당 대표의 자격으로 모든 민족진영의 단합체로서 大韓光復陣線을 구축하고 전쟁중의 우리 민족이 나아갈 바를 모색하면서 노구를 돌보지 않았다.

뿐만 아니라 그해(1937) 11월 25일 석오는 동지 이시영 조성환 김구 송병조 조완구 차이석 등과 함께 대한민국임시정부 포고문을 작성, 내외 동포에게 알려 민족적 단결과 후원, 그리고 최후의 일각까지 우리나라의 완전자주독립을 쟁취할 수 있게 모든 역량을 한곳으로 집중하자고 호소하였다.

민족지사끼리 쟁투가 벌어지자 왜놈하고나 싸우라고 핀잔을 주었던[100) 그는 1940년 3월 13일 기강의 임정청사에서 엄항섭 가족이 지켜보는 가운데 향년 72세로 순국하였다. 그곳에 국장으로 영면하였다가 광복 후 효창원으로 천장, 오늘에 이르고 있다.

---

99) 李炫熙, 『韓國開化百年史』, 乙酉文化社, 1976, 81~89쪽.
100) 李炫熙, 앞의 『임시정부의 숨겨진 뒷 이야기』, 「이동녕」 항목 참조.

4. 김구의 독립운동과 임정의 법통성

1) 白凡의 구국활동

3·1혁명의 최대성과로서 나타난 대한민국임시정부(1919~1945)는 1919년 4월 13일 상해에 수립·선포된 이래 1945년 민족의 광복기까지 27년간의 헌정사로 연결되고 있다.[1] 이는 우리나라의 국가적 법통성을 연결하는 근대사에서 첫 번째의 헌법에 의한 민주공화정부로 그 민족사적 의미를 白凡의 독립투쟁과 연관하여 평가해야 한다.[2] 군주제의 부활이 아닌 민주공화체제로의 시대적 요청에 따른 대전환을 가져오게 하였다는 측면에서 민중역사의 성공한 대중시위운동이었다고 평가해 볼 수 있다.

이는 한민족의 정치의식이 현대의식화 경향에 따라 그만큼 긍지와 심도 있게 성장하였던 것을 시사하는 것이며, 세계사적인 조류와 분위기에 보조를 같이 하였다는 민주의식 제고에 높은 수준을 시사하는 뜻으로도 풀이되고 있다. 3·1혁명을 전후로 한 시기에 국내외에는 상해 임정을 포함하여 약 8~9개의 임시정부가 수립되었거나 될 역사적 단계에 놓였었다.[3] 그 가운데 가장 민주정부형태로서 규모와 체제를 갖춘 실질정부는 국내외의 3개 처에 달하고 있었다. 그것은 서울의 한성임시정부와 노령의 대한국민의회정부, 상해의 대한민국임시정부 등이었다. 이 3개 처의 임정은 5개월 뒤 상해 임정을 구심점으로 하여 단일민주 통합정부로 단일화되었던 것인

---

1) 李炫熙, 『대한민국 임시정부사』, 1982, 集文堂, 序論 및 結論 참조.
2) 李炫熙, 「3·1主革命에 관한 研究」, 『東學思想論叢』 1, 천도교중앙총부, 1982.
3) 李炫熙, 앞의 『대한민국 임시정부사』, 47~71쪽.

데, 이는 석오, 도산, 백범의 평소 지론이며 광복사상이기도 한 통일정부 단일체제로의 요망이 실현된 것으로 판단된다.4)

수십 년 동안 국내에서 기울어져 가는 나라의 운명을 좌시할 수 없어 민족운동에 몸과 마음을 바친 바 있는 백범이 3·1혁명 이후 독립운동의 새로운 章을 열기 위하여 상해 대한민국임시정부에 새로운 각오와 신념으로 참여 합류하기 시작한 것은 임정이 수립된 직후인 그해 4월 중순이다.5)

3·1혁명은 황해도 안악군 일대에서도 그곳의 압박 받은 국민에 의하여 3월 하순경까지 지속적으로 일어났다. 44세의 혁명투사 백범은 국내에서의 민중에 의한 만세시위운동은 결국에 체계적이고 조직적인 독립전쟁으로 발전시켜야 할 것임을 그 자신이 평등·구국 등을 배운 동학혁명 등에 참여한 경험으로 깨달았다. 그것을 위한 구체적인 방략은 민간 주도의 정부를 세워 빼앗긴 대한제국의 맥락을 다시 잇는 국가적 위업이 후속적으로 이루어져야 할 것이었다. 동산평의 농장지주 김홍량의 격려를 받은 백범은 변장하고6) 국경을 넘어 중국 안동현에 갔다. 그곳에서 동지들을 만난 뒤 상해로 가서 망명처를 찾았다. 그들은 상해는 국제도시로서 독립운동의 거점을 마련하기가 용이하다는 데 의견의 일치를 보았다. 백범은 모인 동지 15명과 같이 怡隆洋行 소속의 영국 선박을 타고 항해하여 상해 浦東碼頭에 도착하였다. 이로써 그의 새로운 가치관 형성의 임정 27년사의 서막이 열리게 되었던 것이다.

먼저 상해에 터를 잡은 독립지사 석오 등 30여 명은 4월 13일 대한민국임시정부를 수립 선포하였다. 4월 11일 이들은 김신부로의 임시의정원에서 趙素昻 李始榮 등이 초안한 10개조의 헌장을 제정 선포하고, 국호와 관제를 공포함으로써 민주정부로서의 체제 등 골격을 갖추고, 4월 13일 이를 내외에 정식 선포하였다.7)

---

4) 趙東杰, 「大韓民國 臨時政府의 組織」, 『韓國史論』 10, 국사편찬위원회, 1981.
5) 白凡金九先生紀念事業協會, 『白凡 金九 - 생애와 사상』, 교문사, 1982, 108쪽.
6) 안악군지편찬위원회, 『安岳郡誌』, 1976, 137~139쪽. 『路程略記』의 자료에서 白凡이 東學接主로 反封建 운동에 참가한 경위가 설명되어 있다. 이경남, 『김홍량전』, 2000, 120~129쪽.

3권분립 형태의 자유민주 공화정치체제를 지향한 임정은 국무원(행정)과 의정원(입법), 그리고 사법부를 각기 독립시켜 운영하되 처음에는 절충안인 국무총리제의 실시를 표방하였다. 국무총리에 李承晚을 선임하고 그 뒤 각부(6개부)의 총장을 차례로 선출하였다.8) 이렇게 성립된 임정은 헌장 외에 정강 서고문 고시문 등을 밝히고, 10여개 부문에 관한 절대 자주독립운동의 새로운 기본목표와 방향을 제시하였다.

임정은 1919년 4월 정부령 제1호와 제2호를 한국 내의 동포에게 반포하였다. 제1호는 납세를 전면 거절하라는 것이었고, 제2호는 적의 재판과 행정상 모든 명령을 거절하라는 강력한 저항적인 내용이었다. 임정은 그 첫째의 경우에서 나라를 빼앗긴 지 10년 만에 우리는 민족적 단결과 정치적 통일을 완성하였다고 3·1혁명의 가치를 부여하면서 대한민국임시정부가 식민치하라 해도 독립된 우리의 정부임을 분명하게 확인하고 있다. 따라서 우리는 "적의 노예가 아닐 뿐더러 이미 당당한 독립 조선국민이다. 毫도 적의 지배를 受할 것이 없다. 납세는 국민의 국가에 대한 의무이므로 이미 정식으로 적의 통치권을 부인한 이상 적에게 厘毛의 조세도 與하지 말라"고 납세거부의 취지와 함께 독립된 대한민국의 정통성을 스스로 인정하고 있는 자신감, 개연성을 고취하였다.9) 그 둘째의 경우에서는 "面마다 자치제를 조직하여 행정, 사법, 경찰의 각 위원을 선거하고 국토회복이 완성되기까지 질서유지의 任에 衝할지어다"라고 간곡한 중앙통치력의 행사를 代任하는 한편 이 이후로는 국내도 임정의 통치권 내에 속해 있음을 자신 있게 천명하였다.10)

당시 상해 임정의 국무원에는 총장·차장제도가 있었는데 그곳에 총장으로 부임해 온 독립투사로는 임시헌장 10개조를 만든 趙素昻과 성재 李

---

7) 玄楯 徐丙浩 呂運亨 鮮于爀 李光洙 金澈 崔昌植 呂運弘 조동호 등은 현순을 총무로 추대하고 獨立臨時事務所를 설치한 뒤 김신부로 현순의 가택에서 우리나라의 독립을 당당히 선언함으로써 大韓民國의 정부수립문제가 마무리되었다.

8) 각 총장은 內務에 安昌浩, 外務에 金奎植, 財務에 崔在亨, 交通에 申錫雨, 軍務에 李東輝, 法務에 李始榮 등이었다.

9) 「假政府組織과 不逞鮮人의 行動」, 大正 8年 4月 朝鮮國內에 頒布.

10) 국사편찬위원회, 『韓國獨立運動史』 資料 2 - 임정편, 1971, 46~47쪽.

始榮 등이 있었다.11) 총장의 빈 자리는 임시로 차장들이 업무를 代攝하였다.12) 상해에는 그동안 독립지사가 각지로부터 1천여 명이나 운집되어 있어서13) 이들 중 의원을 뽑아 그해 4월 22일에는 김신부로에서 제2차 의정원 회의를 열어 다음 날까지 속개하였다. 여기서 차장들이 제출한 사직원을 수리하고 차장제를 위원제로 개편한 뒤 李東寧을 국무총리 대리로 선임하였다.14) 이 때 백범은 임시의정원 의원으로 선출되어 제2차 의정원 회의에 참석, 15명의 국무위원선거의 전형위원이 되었고 9명으로 구성된 국무위원으로 당선되었다.15)

이렇게 임정이 출범하면서 민족사적인 정통적 긍지와 사명을 떠맡게 되었으나 여러 곳에서 모인 독립지사 사이에는 의식 구조상의 갈등·마찰이 있어 협조체제가 분명하게 정돈되지 못하였다. 특히 재정문제의 불투명, 국내외의 8개 처에 각기 수립되려는 임시정부의 난립상이 한국민의 단결체제를 대외적으로 의심받게 하였다.16)

이에 백범은 한 나라 안에 여러 개의 임정이 각기 독자성을 띠고 난립되어 있다는 것은 민족의 분열을 조장할 우려가 있다고 판단하여 그해 5월 13일 제4차 의정원 회의에서 "각지에 산재한 임시정부를 통합할 것"을 강력히 촉구하였다. 그러나 연락의 불충분과 동료들의 몰이해로 단일정부의 구성문제는 한동안 겉으로 맴돌았다. 그러다 그해 6월 민족지도자 島山 安昌浩가 임정의 내무총장을 맡아 부임하면서 이 문제는 급속도로 진전하였다.17) 그에 의해 임정 청사도 넓은 곳을 마련하였고, 태극기가 날리고 애국

---

11) 朴昌和, 『省齋先生實記』(미간본), 19쪽 참조.
12) 國務院 秘書長 趙素昻 외에 次長으로는 內務에 申翼熙, 軍務에 曺成煥, 法務에 南亨祐, 財務에 李春塾 등이 실무진으로 일하고 있었는데 거의가 임시의정원에 사직청원서를 제출하여 행정의 공백상태를 면치 못하였다.
13) 『趙素昻傳』(未刊本). 이는 조소앙의 親筆 자선전과 같은 형식의 이력서와 유사하다.
14) 앞의 『한국민족운동사료』(중국편), 275~280쪽.
15) 앞의 『白凡 金九』, 110쪽.
16) 李炫熙, 앞의 책, 50~71쪽.
17) 주요한, 『安島山全書』, 三中堂, 1975, 141~142쪽.

가가 울려 퍼지는 가운데 입법·행정 활동이 활발하게 가동될 수 있게 발전하였다.[18]

동년 8월 허명 탐하기를 두려워한다고 외친 백범은 도산을 찾았다.[19] 임정의 문지기를 자청하기 위해서였다. 이 같은 결심은 나라사랑운동에 투신한 사람이 지위의 고하가 문제될 리 없다는 평소의 백범다운 소박한 뜻이 구체적으로 표현된 것이었다. 그러나 그는 임정 수호의 실무적 상징인 경무국장의 직책을 맡게 되었다. 그는 그후 몇 년간 경무국장 직위에 재임하면서 통합을 의결, 한성 임정의 법통성과 노령 국민의회정부의 구국정신과 상해 임정의 헌법을 계승함으로써 대한민국의 정통적인 맥이 본 궤도에 오르도록 하였다.[20]

2) 백범의 임정지도체제 형성과 발전

자유로운 활동과 독립기지 건설에 유리한 고지였던 상해를 중심으로 한 대한민국임시정부의 발전적인 통합으로 3개 처의 임정 지도자가 수십 차례 모여 원만한 타협을 끝냈다. 백범은 뒤에 20여 명의 정·사복 경호원을 직접 진두지휘, 변절자 밀정 부일배 등을 적발 처형하고 임정을 안전하게 경호하였다. 따라서 행정·사법 업무까지도 도맡아 처리하곤 하였다.[21]

이렇게 임정은 백범에 의하여 문 밖은 잘 정리되고 질서가 잡혀갔지만 내부 문제가 잘 풀리지 않았다. 여러 임정의 통합문제와 안창호와 이승만 간의 호칭·법통문제, 그리고 겹치는 재정적 어려움이 그것이었다. 도산은 통합원칙을 세우고 국무회의 의결을 거쳐 그것을 8월 18일부터 열린 제6

18) 金龍國, 「大韓民國 臨時政府의 成立과 初期의 活動」, 『3·1運動 50周年紀念論集』, 동아일보사, 1965 참조.
19) 金九, 『白凡逸志』, 敎文社, 1979, 204~205쪽.
20) 위의 책, 216~222쪽 ; 이현희, 앞의 『임시정부의 숨겨진 뒷 이야기』, 「김구」 참조.
21) 孫世一, 「大韓民國 臨時政府의 政治指導體系」, 앞의 『3·1運動 50周年紀念論集』, 915~917쪽.

차 의정원 회의에 제안하였다. 그리하여 9월 6일 대통령중심체제의 개헌으로 임정의 통합이 성립되었다. 즉 9월 11일 전문 및 58개조의 제1차 개헌을 통하여 대통령중심 지도체제로 변경함으로써 이후 4차의 개헌과정을 밟는 등 27년간 임정의 법률적·민주적 지도체제의 기반이 지속적으로 형성되게 되었다.

그 전문에서 "대한민국의 인민을 대표한 임시의정원은 민의를 體하여 원년(1919) 4월 11일에 반포한 10개조의 임시헌장을 기본 삼아 본 임시헌법을 제정하여 공리를 창명하며 공익을 증진하고 국방·내치를 籌備하여 정부의 기초를 공고히 하는 보장이 되게 하노라"고 상해 임정이 제정한 임시헌장 10개조를 기본 삼아 3개 처의 임정을 발전적으로 통합하게 되었음을 분명하게 천명하고 있다.

이는 분명히 개헌이면서도 58개조의 헌법을 '제정'한다는 창업개국의 정신을 분명하게 밝히고 있다. 또 국내에서의 3·1독립선언문을 인용하여 자주독립정신의 정통적 계승으로 임정의 수립을 맥락지음으로써 이후 우리나라 헌법 전문은 3·1혁명정신을 계승하는 것을 법통국가의 발전·유지로 간주하게 되었다. 우리는 이 점을 주목해 봐야 한다.22)

동 9월에 완료된 통합단일 민주공화정부의 수립은 그해 4월 상해에 수립되었던 임시정부의 경우와는 완연히 다른 통제 통합과 법통성·체제성의 의미를 갖는다. 이는 분명히 정통정부로서 군주국가로부터 민주적 국민국가로의 일대 전환을 통한 실제적 민간정부의 탄생을 강력히 시사한 것으로, 우리나라 근대정치사상 획기적인 계기를 마련하였다고 평가할 수 있겠다.

대한민국임시정부는 대한제국의 수립(1897) 이후 국권피탈(1910)로 인한 정부 부재의 정치적 진공상태 이래 근 10년 만에 법통정부로서 뿐 아니

---

22) 李炫熙, 「臨政의 法統性 維持와 金九의 寄與」, 『廣場』 1984년 8월호. 8차의 改憲 과정을 거친 大韓民國 憲法 前文에서 "유구한 민족사, 빛나는 문화, 그리고 평화 애호의 전통을 자랑하는 우리 대한민국은 3·1운동의 숭고한 독립정신을 계승하고……"라고 3·1혁명정신과 臨政의 制憲의도를 선명하게 반영시키고 있음을 천명하였다.

라 새로운 자유민주공화체제 정부로서의 괄목할 만한 면모로 근대성을 띠고 수립 출범케 되었다는 점에서 그 존립 의미가 실로 크다. 1945년 광복 때까지 상해로부터 중경에 이르기까지 외롭게 중국 각지로 십여 번 이동하는 가운데 통제적이고 공존적인 민주의 단결, 차원 높은 자유와 도의적 자긍 속에서 민주공화헌정을 유지해 왔던 것이다.

통합 단일정부의 대통령으로 추대된 이승만은 워싱턴에서도 프레지던트라는 직함을 띤 채 집무하고 있었으나 국무총리 李東輝는 9월 18일 상해에 도착하였으며 10월에 항주, 북경에 있었던 이동녕, 申圭植도 상해에 도착 합류하였다. 이어 文昌範, 朴容萬, 盧伯麟도 곧 합류한다는 전갈이 왔다. 동 11월 초에 총리와 세 총장이 임정 청사에서 조촐하게 민주주의 방식에 따라 취임식을 끝냈다.

3개 처 임정의 통합을 축하하는 백범 등 30명의 축하문이 1919년 11월 15일자『독립신문』에 게재되었다. 그 속에서 백범은 동지들과 같이 "아 국민은 다시 異民族의 노예가 아니요, 다시 부패한 전제정부의 노예도 아니요, 독립한 민주국의 자유민이다"[23]라고 완전독립의 기초를 공고히 하였다.[24] 이를 토대로 백범 등 30여 명은 조국광복을 위한 자유쟁취의 전쟁을 즉시 전개할 것을 강조하였다.

임시정부의 성립을 축하하는 축하가는 3절로 구성되어 있다. 그 내용은 다음과 같다.

　　一. 자유민아 소리쳐서 만세 불러라
　　　　대한민국 임시정부 만세 불러라
　　　　대통령 국무총리 각부 총장과

---

23)『獨立新聞』, 1919년 11월 15일자.
24) 그들은 "오직 신성한 국토 - 아직 敵의 占領下에 在하니 2천만 자유민아 起하여 自由의 戰을 戰할지어다"라는 엄숙한 민족적 결의를 다짐하였다. 이 大韓民族 代表로는 白凡 외에 朴殷植 朴桓 朴世忠 安定根 安宗逑 趙宣弘 吳能祚 許玩 崔正植 崔志化 都寅權 鄭雲時 延秉祐 申泰和 韓于三 高一淸 李相老 李洛淳 李秉德 李鍾昨 李華淑 李根英 明濟世 金義善 金景河 金燦星 金可俊 金基昶 金 澈 등이었다.

　　　　국제연맹 여러 특사 만세 불러라
　　　　(후렴) 대한민국 임시정부 만세
　　二. 우리 이미 이(異)민족의 노예 아니오
　　　　또한 전제정치 하의 백성 아니라
　　　　독립국 민주정치 자유민이니
　　　　동포여 소리쳐서 만세 불러라

　　三. 자유민아 일어나라 마지막까지
　　　　삼천리 신성국토 광복하도록
　　　　개선식 독립연의 날이 가깝다
　　　　동포야 용감하게 일어나거라.25)

　동년 10월 31일자로 백범 등이 발표한 대한민국임시정부의 선언서와 공약 3장에서도 대한민국의 국민은 일치 협화한 대동단결의 의사와 희망에서 출발한 즉, 법통성을 기반으로 한 한 국가의 국민된 도리임을 강조하고 있다. 대한민국을 건국한 국민은 바로 우리 민족이며 민족을 통치하는 자는 대한민국의 임시정부이니 우리 민족은 영원히 다시 일본의 지배를 받지 아니할 것임을 분명하게 밝히고 있다. 따라서 우리 대한민국의 완전한 독립을 확인하기를 요구하였다. 우리 민족의 요구는 완전하고 절대한 독립이 있을 뿐임을 이 문맥에서도 분명하게 천명하였다. 여기서도 백범의 완전통일과 자주독립정신이 그대로 의연히 표현되고 있음을 엿볼 수 있다. 이 임정의 선언서는 3·1독립선언서를 재확인하는 내용으로서 임정수립의 역사적 배경이 3·1독립혁명정신에서 출발하였음을 분명하게 밝혔다.

　이후로 전개되는 독립운동은 그 개념이 곧 독립전쟁이며 이는 자유와 생명의 전쟁이므로 최후의 목적을 위하여는 수단과 방법을 택하지 아니하기를 엄숙히 성명하였다.

　1. 질서를 엄수하여 난폭한 행동이 없을 것.

_____

25) 앞의 『韓國獨立運動史』, 자료2 - 임정편 Ⅱ, 10~11쪽 참조.

2. 부득이 自衛의 행동에 出하더라도 부인·소아·노약자에게는 절대로 해를 가하지 말 것.

3. 전국민 일치로 독립의 요구를 강하게 표하되 최후의 1인까지 할 것.

등이었다.[26]

임정 수립 초기에는 백범 등 임정 지도자 사이에 사상의 대립과 독립운동 방략 및 이념정립 등 노선상의 까다로운 문제로 단결보다는 침체와 부진을 면치 못하였다. 미국 워싱턴에.계속 남아 대통령 자격으로 집무하면서 위임통치를 주장하고 있던 대통령 이승만에게 임지인 상해에의 來到를 촉구했으니 그것은 국정을 직접 돌보지 못함에서 오는 행정적 공백이 있기 때문이었다.[27] 이것이 뜻대로 이루어지지 않아 취임거부, 비난, 이탈 등 혼란과 침체는 계속되었다.

이런 곤경 속에서도 백범은 임정의 파수꾼인 경무국장으로서의 직무를 충실히 수행하고 있었다. 이때 세력을 규합한 李東輝가 백범에게 독립투쟁의 한 방략으로서 공산혁명을 제의하였으나[28] 그는 한국의 독립운동은 어디까지나 누구의 간섭이나 방식을 본받는 것이 아니고 대한민국 독자의 운동이므로 공산혁명 같은 제3자의 지시를 받는 따위는 단연 배격해야 한다는 것을 강조하였다.[29] 이를 통하여 그가 자주적 민족주의 사상을 견지하고 있었음을 다시 한번 확인할 수 있겠다.

백범은 임정의 명분이나 법통을 무시하는 자에 대해서는 단호하였다.[30]

---

26) 위의 책, 80~81쪽.

27) 大韓國民會 中央總會 臨時委員會의 李承晩과 鄭翰景은 윌슨 미국 대통령에게 委任統治를 청원하였다. 그 내용은 첫째 열강은 한국을 일본 학정으로부터 구출할 것, 둘째 열강은 장래 한국의 완전독립을 보장할 것, 셋째 한국은 당분간 국제연맹 통치하에 둘 것 등이었다.『獨立新聞』, 1920년 3월 23일자 3면, 25일자 3면.

28) 李東輝는 1920년 3월 경 金立 李漢榮 金萬謙 등 러시아에 있을 때의 주요 동조자들과 제휴하여 공산세력을 규합하고, 코민테른 遠東局 서기로 상해에 파견된 보이틴스키와 손잡고 여운형 신채호 신숙 윤기섭 선우혁 김두봉 등을 포섭, 그 자신의 기반구축을 다짐한 바 있다. 金俊燁·金昌順 공저,『韓國共産主義運動史』I, 高大亞世亞研究所, 1967, 197~198쪽.

29) 앞의『白凡 金九』, 122~123쪽.

이 점은 임정 27년사의 전기간을 통하여 그의 일관되고 움직일 수 없는 완전통일과 독립을 위한 민족주의 독립사상의 기본방향이며 전부이기도 하였다.[31] 임정이 재정적으로 곤경에 처해 있었고 사상적으로도 방황·혼미를 거듭하여 동지들이 하나, 둘 각지로 떠날 때도 그는 임시정부를 지켰고 난국타개에 앞장선 바 있었다.

바로 임정을 불신하거나 부분적으로 개선해야 하겠다는 창조파와 개조파가 모여 2년 여를 소비한 뒤 1923년 1월 초에 국민대표회의를 소집, 5개월간(1923년 1월에서 동 5월까지) 논란을 거듭하였을 때[32] 그는 내무총장으로서 이의 해산을 명한 바 있었다.[33] 오로지 임정만을 유일한 대한민국의 법통정부로 한민족사의 맥락을 연결해야 한다는 구심점으로서의 큰 자부와 사명감을 가지고 있었다. 그는 1923년 6월 1일 내무총장 명의로 내무부령 제1호로서 국민대표회의에서 尹海 申肅 박은식 등을 겨냥하고 연호와 국호를 정한 것은 민국의 모반이며 조국의 존엄한 권위를 침범한 것이라고 힐책하였다.[34] 그는 이어 2천만 한민족이 공동 위탁한 치안의 책임 및 4천 년 유업의 신기를 보전할 직권으로 공산당 두 파의 쟁투로 시작된 이 대표회의 해산을 즉각 실행토록 엄명하였던 것이다.

3) 白凡의 임정법통성 유지와 독립자주 이념

대한민국의 법통성을 고수해 온다는 민족적 자부심에서 출발한 임정은

---

30) 주요한, 앞의 책, 168~171쪽. 임정을 비난하는 申采浩가 『新大韓』이란 잡지를 통하여 계속 李承晩과 임정을 비방하자 白凡은 이를 실력으로 제지코자 계획하였다. 그러나 島山의 간곡한 만류가 있어서 행하지 않았다고 上記書에서 밝히고 있다.

31) 李炫熙, 「白凡의 나라사랑 精神」 ; 『東亞日報』, 1984년 6월 26일자 참조.

32) 李炫熙, 「國民代表會議 召集問題」, 『白山學報』 18, 白山學會, 1975.

33) 朴永錫, 「大韓民國 臨時政府와 國民代表會議 - 西間島地域의 獨立運動關係 參與와 관련하여 - 」, 『韓國史論』 제10집, 국사편찬위원회, 1981.

34) 金正明 編, 『朝鮮獨立運動』, 東京 : 原書房, 1967, 304~306쪽. 주 20)의 임시정부 이면사(김구) 참조.

그 출범 초창기의 침체상태에서 탈피하지 못하고 새로운 방향을 모색하고
있었다. 바로 그 임정이 진로문제로 허덕일 때인 1922년 7월 이를 타개할
목적하에 임정 수호자 백범은 都寅權, 呂運亨 등과 시사책진회를 조직, 활
동하였으나 본래의 출발의도와는 거리가 멀어지게 되었다. 이에 백범은 다
시 그해 10월 28일 동지와 같이 韓國勞兵會를 조직하였고35) 그 이사장이
되었다. 한국노병회는 조국광복을 위하여 향후 10년간 1만 명 이상의 勞兵
을 양성한 뒤 100만 원 이상의 전쟁비용을 장만할 것을 목표로 하고 국가
에서 독립전쟁을 일으킬 때 이사의 결의로 참전하는 조국광복 운동단체였
다. 이는 결국 임정 지원의 외곽단체로 규약 전33조를 제정하였으며 임정
을 다른 차원에서 더욱 공고히 보필할 목적하에 임정의 법통성을 강조했
다고 보겠다.36) 1923년 4월 20일 제1회 정기총회를 개최한 이 노병회37)는
청년을 중국 각 군사강습소 등에 파견, 교육을 받게 하는38) 한편 투옥된
애국지사들의 석방운동도 병행하였다.39) 백범은 1926년 4월에 동 이사장
직을 사임하였으며 1929년 11월까지 이에 관계하면서 임정과 함께 민족
독립운동에 전심 전력하였다.40)

　1920년 백범의 부인 崔遵禮가 큰 아들 仁을 데리고 상해에 왔으며 모친

---

35) 『東亞日報』 1922년 11월 1일자.
36) 勞兵會에서는 국내에서 독립전쟁에 투입 활용할 勞兵을 모집하기 위하여 국내에
　　 同會의의 임원이 파견되어 활동하였다. 金樂山, 『春山李裕弼小史』(未刊), 1943, 8
　　 ~15쪽.
37) 『東亞日報』 1923년 4월 10일자. 李裕弼, 尹琦燮 두 사람의 시국 강연이 上海 三
　　 一堂에서 개최되었다. 노병회에서는 白凡의 뜻에 따라 군사 관계의 서적과 잡지
　　 의 간행을 결정하였다. 군사지식을 임정 요인 및 한국동포에게 주지시키려는 목
　　 적이 있었기 때문이었다(『朝鮮民族運動年鑑』). 金樂山, 앞의 책, 10~12쪽.
38) 1922년 12월 5일에 개최된 제3회 정기이사회에서 李東健을 邯鄲 軍事講習所에,
　　 白雲瑞를 北京學兵團에, 朱文源 등을 開封兵工局에 파견, 소정의 훈련을 이수케
　　 하였다.
39) 1927년 3월 吉林에서 安昌浩 등 40명의 민족지도자가 被逮, 곤경을 겪자 上海의
　　 諸團體와 협의하여 北京政府와 吉林 당국최고지도자를 만나 끝내 석방시키는 데
　　 성공하였다. 金樂山, 앞의 책, 9~16쪽.
40) 金正明 編, 앞의 책, 322~323쪽. 勞兵會는 1932년 10월 28일, 10년 만기가 되는
　　 때에 解散하였다.

郭樂園이 역시 외아들 백범을 찾아와 재회의 한 때를 기리기도 하였다. 그러나 백범은 둘째 아들 信을 얻은지 얼마 뒤인 1924년 1월 부인을 잃고 실의에 빠지기도 하였다.41) 끼니 걱정을 할 때였으니 만큼 가족을 잘 보살필 겨를마저 없었던 백범이었으나 임정의 법통성 만큼은 그대로 유지 보존해야 한다는 것이 그의 정치적 소신이며 민족사적 사명이라고 판단하여 어려움이 겹치는 가운데서도 그대로 공적인 생활을 우선하고 사적인 생활을 다음으로 미루면서 자신을 희생하였다.42)

더욱이 국민대표회의가 성과 없이 끝나자 동지들은 각처로 흩어져 갔다. 백범은 그래도 '임정의 충실한 문지기'로서 임정을 굳게 지키고 있었다. 혁명이란 "호화스러운 지역, 편안한 분위기 속에서는 불가하다"는 신념, 움직일 수 없는 의지를 가지고 있었기에 비록 동지가 임정을 다 떠나간다고 해도 그는 "혼자서라도 임정을 지키겠다"고 선언하였다. 그는 이동녕, 조소앙, 조완구 등 몇몇 가까운 선배동지와 함께 임정을 이끌어 간 것이다.

1926년 그의 자당이 그의 차남을 데리고 본국으로 가자 백범의 외로움은 더하였다. 그러나 그는 가족보다 임정, 즉 나라를 더 앞세우고 염려했던 투철한 지도적 인물이었다. 그는 민족사상에 불타고 있는 투철한 민족지도자의 자질을 가지고 있었음을 알 수 있다.

임정이 다시 활기를 띠게 한 것은 대통령 이승만의 진퇴문제와 제도적인 개편문제였다. 이 문제의 논란은 국민대표회의가 열리기 전부터 있어 왔던 과제 중의 하나였다. 따라서 임시의정원은 국민대표회의가 결렬된 뒤인 1924년 6월 임시헌법에 따라 대통령 有故案을 통과시키고 이동녕을 임시대통령 대리로 선임하였다. 미주에 있는 이승만의 비협력적인 주장43)에 대해 1925년 3월 임시의정원에서는 임시대통령에 대한 탄핵안이 상정되었다. 이 안은 곧 심판위원회에 회부·처리되어 탄핵안을 통과시키게 되었던

---

41) 앞의 『白凡 金九』, 134~135쪽 및 앞의 『白凡逸志』, 205쪽.
42) 김구의 자제 金信과의 면담(1984년 6월 11일).
43) 李承晩의 주장은 太平洋의 東西를 分界로 하여 극동 각국은 上海지역에서 관할하고 北美 각국은 워싱턴에서 통할하자는 내용이었고 중대사항이 발생하면 상호 긴밀한 협의하에 처리하자는 고집이었다.

것이다.

심판서의 내용은 세 가지였다. 첫째 한성임시정부의 법통을 거론하고 임시대통령을 신임한 임시헌법과 임시의정원을 부인하고 있었다는 점, 둘째 미주·하와이로부터 임정으로 송달되는 성금(군자금)을 통제하거나 무단 유용하였다는 점, 셋째 태평양의 동서 양분론으로 인한 불신임안이 혁명투사의 독립정신을 평생의 신조로 강조해 온 이승만의 독립의지와 신념을 存疑케 하였던 것이다.[44]

따라서 임시대통령으로 6년 재직중이던 이승만은 갑자기 대통령직을 박탈당한 셈이었다. 사실 임시대통령 이승만은 최고통치자의 자격으로 6년간이나 재임하였다. 그러나 상해에 있었던 기간은 불과 6개월에 지나지 않았다. 그 대리로 박은식을 임시대통령에 선임하고 3월 30일 개헌을 단행하여 4월 7일 공포하였다.[45] 이것이 제2차 개헌으로 내각책임제인 국무령중심 지도체제인데, 이는 전문 없이 35개조로 성립되어 있었다.[46] 주요 내용은 첫째, 독립운동 기간 중에는 광복 운동자가 전국민을 대신하여 권리와 의무를 진다. 둘째, 다수의 광복운동자가 주인정신을 갖고 임정에 참여할 수 있다. 셋째, 국무령의 임기를 3년으로 하고, 사법 업무를 행정부가 관장케 한다. 박은식 임시대통령은 동 4월 7일 개정헌법을 공포하고 10월에는 말썽 많았던 구미위원부의 폐지령을 발표하였다.[47] 그러나 고령의 박은식이 난국에 처한 임정을 온전하게 각파의 반대나 의견을 무마하고 조정하기에는 무리가 뒤따랐다.[48]

---

44) 독립운동사 편찬위원회, 『독립운동사』 제4권, 1970, 543~545쪽.
45) 李炫熙, 「大韓民國 臨時政府의 正統性 問題檢討」, 『정신문화연구』 제17집, 한국 정신문화연구원, 1983.
46) 『獨立新聞』 1925년 4월 9일자.
47) 앞의 『白凡 金九』, 139~141쪽.
48) 李炫熙, 앞의 『임시정부의 숨겨진 뒷 이야기』, 「박은식」 참조.

4) 백범의 國務領 취임과 임정의 지도이념

제2차 개헌을 통해 국무령중심 지도체제로 전환한 임정은 초기의 침체를 벗어나 새로운 지도체제와 이념에 의한 독립운동의 방향이 잡히게 되었다. 이해(1925) 7월 초 임시의정원에서는 헌법개정의 발효를 통하여 초대 국무령을 선출하였다. 적합한 인물을 물색하던 임시의정원에서는 임정 관할의 통치권을 넓히고 독립운동을 전민족적 차원에서 폭넓게 수행해야 할 소명의식에 따라 西路軍政署 독판인 석주 李相龍을 선임하였다. 1925년 9월 상해로 부임해 온 국무령 이상룡은 정의부의 呉東振을 비롯하여 신민부의 金佐鎭, 참의부의 중진 등을 내각원으로 위촉하였다. 그러나 이들이 모두 취임을 거부함으로써 조각에 실패하고 다음해(1926) 사퇴하고 말았다.

이에 언론계에 종사하던 梁起鐸을 선임하였으나 그는 취임도 하지 않았다. 마침 그해(1926) 5월 안창호가 다시 미국으로부터 상해에 도착하였기에 국무령으로 선출하였으나, 그도 역시 사양하였다. 이에 동년 8월 법무총장과 임시의정원 의장을 지낸 바 있는 洪震을 국무령으로 선출하는 데 성공하여 마침내 조각이 완료되었다. 이유필, 최창식, 조소앙, 金應爕 등이 입각하였으나 재정난을 비롯하여 인화, 단결, 진로모색 등 난관에 봉착, 표류하다가 4개월 만인 그해 12월에 사퇴함으로써 모처럼의 조각도 와해되고 다시 원점으로 돌아가고 말았다.[49]

이와 같은 무정부상태를 더 이상 좌시하기에는 민족 앞에 면목이 없으며 무책임한 직무유기에 해당한다고 느낀 이동녕은 백범에게 국무령 취임을 강권하였다. 백범은 몇 가지 이유로 사양하였으나 석오와 의정원의 결의에 따라 1926년 12월 14일 임정의 수반인 국무령에 취임하였다.

국무령에 취임한 백범은 곧 정부를 이끌어 갈 요인인 내각을 조직하였다. 이 때 국무원으로 선임된 인사는 尹琦爕 呉永善 金甲 金澈 李圭洪 등 5명이었다. 백범은 이동녕을 선임자로 추대하였고, 이동녕은 백범을 적극

---

49) 李炫熙, 『日帝時代史의 研究』, 三珍社, 1974, 임정관계 참조 ; 주 48)과 同一.

후원하면서 어려운 환경과 여건 속에서도 굴하지 않고 신정부의 지도체제를 밀고 나갔다.

백범이 국무령으로 취임한 이후 10일 만에 개헌안이 임시의정원에 상정되었다. 개헌의 이유는 제2차 개헌인 국무령중심 지도체제로서는 민주공화국을 지도해 나가기가 어렵고 불합리함과 동시에 비현실적이었기 때문이었다. 즉 1인에게 책임을 지우는 국무령 지도체제로는 다수의 의견을 반영하기 어렵고 다스림에 있어서도 현실적으로 문제점이 있기 때문이었다. 이 점에 관하여 개헌안 상정의 당사자인 백범은 이런 견해를 피력하였다.

현재의 제도로는 내각을 조직하기가 곤란할 것을 통절히 깨달았으므로 한 사람에게 책임을 지우는 국무령제를 폐지하고 국무위원제로 개정하자는 것이 개헌의 동기가 된 것이다.[50]

이에 따라 국무위원제인 집단지도체제를 채택하기에 이른 것이다.[51] 그러니까 제3차 개헌안(대한민국 약헌)이 발의된 셈인데, 이 개헌안은 1927년 1월 12일 기초위원 윤기섭에 의하여 정식으로 임시의정원에 제출되었다. 그러나 이 안은 동 1월 15일 논란을 거듭하다가 비현실적이라는 이유로 부결되었다. 이에 김갑, 이규홍, 황의춘으로 하여금 約憲起草委員會를 다시 구성케 하여 2월 15일, 제16회 임시의정원에서 통과시켜 3월 5일 공포하였다. 이것이 곧 제3차 개헌으로 국무위원제인 집단지도체제로서 정부의 단일수반을 폐지하고 이후 1940년 중경 정착 때까지 14년간 집단지도체제로 통치하게 될 법제적 기반이 민주헌정 절차에 따라 마련된 셈이었다.[52]

이제 백범의 임시정부에서의 위치가 뚜렷하게 부각되었을 뿐 아니라 그가 임정의 법통성을 고수하는 우국충정이 또한 타인을 압도하였다. 그의 순수하고 정열적인 성실함에 선배, 동료, 후배의 임정 관계인이 크게 감복

---

50) 金九, 앞의 책, 228~229쪽.
51) 李炫熙, 앞의 논문, 162~164쪽 참조.
52) 上海日本總領事館, 『朝鮮民族運動年鑑』 1927년 3월 5일자.

하고 그의 뒤를 따르게 되었다. 고집이 없지 않은 백범이었으나 타협하고 양보하는 겸양의 미덕이 또한 그를 신망있는 임정의 최대통치인으로 추대 되게 하였다.

5) 國務委員制로의 개편과 백범의 독립투쟁

임시정부의 제3차 개헌안인 임시약헌의 경우는 모두 5장 50개조로 구성 되어 있는데 전문은 삭제되었다. 즉 총강(1장), 임시의정원(2장), 임시정부 (3장), 회계(4장), 보칙(5장)으로 잘 정돈되어 있다. 이는 제1차의 개정헌법 보다 규모로 볼 때 작지만 제2차의 개헌 때보다는 현실성(통치구조)에 있 어서 보완된 점이 특징적이다. 따라서 15개 조항이 증가한 것은 현실통치 문제에 주안점을 강조한 것으로서 군주제적인 잔재가 훨씬 청산되고 민주 공화제적인 근대체제의 성격이 농후하게 나타나고 있는 것이다.

이 문제에 관하여 백범은 "국무위원의 주석은 다만 회의의 주석이 될 뿐 이요, 모든 국무위원은 권리에나 책임에나 평등하다. 종래의 모든 분리를 일소할 수 있다"고 강조하여[53] 보다 민주적인 지도체제로의 전환을 백범 자신은 열망하고 있었던 것으로 짐작할 수 있겠다.

민주적인 제3차 개헌안의 장점을 들추어본다면 첫째, 종래의 정부수반 을 없애고 완전히 회의체의 집단지도라는 책임과 의무의 분산으로 각자가 다 나라의 대표라는 사명감을 갖게 하였다는 점이다. 둘째, 임시의정원의 지위가 월등하게 격상되었다는 점이다. 물론 행정부의 지위가 그만큼 격하 되었던 것은 불가피한 형세였다. 셋째는 단일 大政黨의 출현을 전제로 초 정부적인 의미를 부여하고 있는 점을 특색으로 거론할 수 있겠다. 이는 소 련이나 국민당의 以黨治國이란 현실정치로 민주혁명을 성공적으로 이끌 어가고 있음에 크게 기여한 것이다.

따라서 이 같은 구상으로 단일정당 결성운동은 현실로 나타나 1927년

---

53) 金九, 앞의 책, 229쪽.

11월에는 한국의 유일독립당 촉성회 각지 대표연합회가 개최되었는데, 이 보다 앞선 1920년 10월에는 북경에서 대독립당조직 북경촉진회가 조직되었다. 이어 광동, 상해, 무창, 남경 등지에도 각기 독립촉성회가 결성되는 등 그 대결당의 분위기가 매우 성숙되어 갔다. 이 같은 영향은 즉각 국내에도 미쳐 1927년 2월에 신간회와 동 5월에 근우회, 동 6월에 신정회가 각기 민족 단일당적인 성격을 띠고 결성되기에 이른 것이다.[54] 그러나 유일독립당 결성을 통한 민족 총역량의 집결운동은 공산주의자들의 방해공작으로 성과를 거두지 못하였다.

1930년 1월 백범은 이동녕 안창호 이유필 조완구 金朋濬 車利錫 宋秉祚 등과 손잡고 한국독립당을 조직하였다. 이는 각종각양의 파벌청산을 명분으로 표방하고 대동단결이라는 기치하에 조직하였으니 임정의 기본정당이 구성된 셈이었다. 한국독립당의 黨義를 검토해 보면 임정의 기본정당으로서의 당리·당략을 초월하여 광복운동을 조직화하고 신민주국을 건설함에 기본방향이 제시되고 있다. 그에 따르면 "혁명수단으로 원수 일본의 모든 침략세력을 박멸하여 국토와 주권을 완전히 광복하고 정치·경제·교육의 균등을 기초로 하는 신민주국을 건설할 것임"을 기약하고 있는 것이다. 黨綱 7개항도 이때 제시하였는데 엄밀한 조직하에 민족적 반항과 무력적 파괴를 적극적으로 단행할 것임을 필두로 민족적 혁명역량의 집중, 기본권의 보장, 대량생산기관의 공유 등으로 그 선진적인 정책을 천명하였다.[55] 그러나 임시약헌이 기대하고 있었던 것보다 폭넓고 실제적인 광복운동의 대단결인 유일당의 성격에는 미흡한 감이 없지 않았다.[56]

한편 이 헌법에서 「광복운동」의 章은 폐기하고 선거권의 규정은 「임시의정원」장(5조)에, 의무규정은 「총강」장(4조)에 각기 삽입시켰으며, 군법회의를 예비하고 있음(45조)도 특징이라 아니할 수 없겠다.[57]

54) 李炫熙, 『韓國現代史의 理解』, 瑞文堂, 1976, 145~151쪽.

55) 金正柱, 『朝鮮統治史料』Ⅰ, 東京 韓國史料硏究所, 1971, 697~699쪽.

56) 이 臨時約憲上 최고권력 귀속체로서의 大同團結을 위한 정당의 규정은 그 뒤 1935년에 가서 民族革命黨의 결성으로 나타났고, 임정이 내외적인 위기에 봉착되는 요인이 되었다.

제3차 개헌은 1927년 4월 11일부터 본격적으로 발효되어 주석중심 지도
체제로 개편되는 1940년 제4차 개헌 때까지 14년간이나 존속되었던 지도
체제와 그 이념이었다. 이에 의하여 백범은 윤기섭 이규홍 김철 오영선 김
갑 등과 같이 국무위원이 되었고 주석으로 호선된 바 있다. 집단지도체제
가 이루어진 셈이다.

이 시기는 임정이 이동기(1932~1939)에 놓여 있었던 때였다. 만주사변
(1931)이 일어난 다음해의 윤봉길 의사의 의거 이후 杭州(1932), 鎭江
(1935), 長沙(1937), 廣州(1938), 柳州(1938), 綦江(1939), 重慶(1940) 등지
로 피난하여 정착하였으며 재정궁핍으로 큰 곤경을 겪었다. 처음 임정이
수립되어 절정기에 달하였을 때는 2천여 명에 달하는 독립운동가가 상해
일대에 운집하여 생활을 이루었으나 1930년 전후에는 수십 명 정도밖에
남지 않았다. 변절·피체·귀국·이탈로 인해 임정은 거의 간판만 유지하
고 있을 정도였다.[58] 더욱이 국제적인 여건이 한국의 독립운동을 불리한
국면으로 몰아 넣었고 재정적 궁핍은 임정의 처지를 더욱더 어렵게 만들
었다.

백범이 임정의 어려운 살림살이에 관하여 다음과 같이 솔직히 고백한
것을 보면 실감난다.[59]

이렇게 하여 정부는 자리가 잡혔으나 경제 곤란으로 정부의 이름을 유
지할 길도 망연하였다. 정부의 집세가 3십 원, 심부름꾼 월급이 2십 원 미
만이었으나 이것도 낼 힘이 없어서 집주인에게 여러 번 송사를 겪었다.
…… 나는 임시정부 정청에서 자고, 밥은 돈벌이 직업을 가진 동포의 집
으로 이집저집 돌아다니면서 얻어먹었다. …… 나는 이들의 집으로 다니
며 아침 저녁을 빌어먹는 것이니 거지 중에도 상거지였다.

이 같은 어려운 상황 속에서도 백범은 14년간 임정의 지도체제(1927~

---

57) 李炫熙, 앞의 논문, 165쪽.
58) 金九, 앞의 책, 231쪽.
59) 金九, 앞의 책, 229쪽.

1940)를 의연히 지속 유지되게 하였다. 따라서 백범의 임정에 거는 丹誠이 얼마나 열성·농도가 짙었느냐 하는 것을 짐작할 수 있다. "배가 고파서 쓰레기통의 배추잎을 주워먹으면서도"60) 그의 독립운동상에는 시종일관 아무런 변화가 있을 수 없었던 것이다. 백범을 구심점으로 한 임정의 1940년까지의 독립투쟁을 살펴보면, 한국독립당의 조직과 池靑天의 고려혁명사관학교 설립운영(1928)을 비롯하여61) 三均主義에 의거한 건국원칙 발표가 있었다. 또한 지청천의 한국독립당군 등이 중국인 의용군과 연합 제휴하여 유격전을 강화하였다.62)

李奉昌·尹奉吉의 投彈義擧는 바로 백범 조소앙 김홍일 등의 연합작전에 의한63) 독립투쟁의 최고봉을 만들었다고 본다. 특히 윤 의사의 홍구공원 의거의 성공으로 장개석 정부의 물심양면의 지원은 침체국면에 빠져있는 임정을 새로운 차원에서 활력을 불어넣어 준 것이다.

이로 인하여 낙양군관학교에 한인훈련반을 설치키로 합의했고(1933), 홍진 등의 신한독립당이 조직되었다(1934). 백범은 석오를 모시고 다시 한국국민당을 조직하였다(1935). 1937년 중일전쟁을 계기로 남경에서 백범은 한국광복진선과 김원봉의 조선민족전선 등과 연합체를 조직하여 민족운동의 새로운 방향을 모색하였다.

임정이 중경으로 이동 정착한 뒤는 광복군을 성립하여(1940) 1945년 이후 환국 때까지 임정의 정규군대를 양성, 국내 진입작전까지 전개하려 하였다. 이 기간 중에 실제로 백범에 의한 대한민국임시정부의 법통성은 맥락있게 연결되었고 구국사업은 공고한 기반 위에서 규모있고 내실있게 전개되어 나갔던 것이다.

임정은 중국에 위치하고 있었기에 중국 국민당으로부터 자연스럽게 지원을 받을 수 있었으나 그들 역시 열강의 침략을 받고 있어 소기의 성과를

---

60) 독립운동사 편찬위원회, 앞의 『독립운동사』 4권, 1972, 434쪽.
61) 李鍾學, 「大韓民國 臨時政府 軍事制度에 關한 硏究」, 『亞細亞學報』, 11, 1975 참조.
62) 秋憲樹, 「中日戰爭과 臨政의 軍事行動」, 『亞細亞學報』, 11, 1975 참조.
63) 『趙素昻傳』(未刊本) 참조.

거둘 수 없었다. 백범은 군자금의 루트가 끊기자[64] 간간이 오는 성금을 중국 옷깃에 감추어 가지고 절약하다가 집세를 지불하고 나머지는 아껴서 그것을 윤 의사 애국 투탄의거에 투입하였다.[65] 백범은 1929년 8월부터는 교민단장 직책도 맡아 임정 산하의 유력기관으로 그 진로에 활용하였다. 이것은 모두 궁핍한 재정을 본 궤도에 올려 놓고 광복운동을 활력있게 강력히 추진하자는 의도에서 나온 것이다. 실제로 그가 1927년 8월 이동녕 주석 아래 내무장으로 있다가 1930년 11월 재무장을 맡게 된 이후 재외동포에게 편지로 재정지원을 요청하여 성공한 것 등은 바로 그의 애국일념의 한 표현으로 높이 평가해야 할 것이다.

시카고의 金慶, 하와이의 玄楯, 金商鎬, 林成雨, 朴信愛, 국민회의 韓始大, 金乎, 李鍾昭, 멕시코의 金基昶, 李鍾旿, 쿠바의 林千澤, 동지회의 이승만, 李元淳, 孫德仁, 安賢卿 등이[66] 모두 얼마간의 귀한 성금을 임정의 재무장(백범) 앞으로 은행을 통해 송금해 왔다. 이로 인해 임정이 활기를 띠기 시작한 것은 물론이었다.[67]

6) 主席 지도체제와 백범의 임정통치정책

임정의 집단지도체제는 민주적인 통치와 독립운동의 방략으로 가장 적당한 방침이었으나 내외 여건으로 보아 강력한 영도력의 집중화가 시급히 요청되었다. 그것은 1940년대로 들어오면서 내외의 정세가 더욱 급박해지기 때문이었다. 태평양전쟁 등의 외부적 도전에 능동적이고 체계적으로 대

---

64) 원래 군자금 루트는 연통제와 교통국의 제도적 보장이 뒷받침되어 있었다. 그러나 1922년 말경에 관련자가 거의 발각 체포되어 단절되었다. 미주로부터의 송금은 이승만의 탄핵(1925) 이후 거의 단절되어 上海 교민의 人口稅로 겨우 명맥을 유지하였으나 그것도 공산계와의 사상적인 대립, 갈등, 마찰로 인해 실효를 거두지 못하고 말았다. 이리하여 재정적 궁핍의 가속화는 걷잡을 수 없었던 것이다.

65) 국사편찬위원회, 앞의 『韓國獨立運動史』資料 2 - 臨政篇 II, 279~281쪽.

66) 李元淳과의 인터뷰(1984. 6. 20).

67) 앞의 책, 150~153쪽.

처해 나가는 데 있어서 문제점이 노출되고 있었다.

한 때 5당 통합으로 임정의 폐지론도 비등했었지만 백범의 통치방침에는 우리 임시정부를 고수하는 것이 독립운동의 구심점이 되고 통제력을 발휘할 수 있다고 믿고 있었기에 그대로 밀고 나가게 되었다. 따라서 백범은 김원봉과 연합단체를 조직하면서 동지·동포에게 보내는 공개통신을 발표하였고, 그것을 그대로 연결하고 민주국가 건설의 기본이 될 10개안의 정강을 분명하게 제시하여 임정의 정통성이 곧 광복 후의 민주공화국으로 연결, 맥락지어짐을 강력히 시사하였던 것이다. 이 강령의 성격은 근대적인 인간의 기본권리와 민족혁명사상을 표방하고 있으며 사회주의적 가치관도 공존되고 있다.[68]

이 같은 민족독립운동의 방향과 목표에 따라 대한민국임시정부가 그것을 수렴하는 최종적인 민족의 역량이 발휘될 수 있게 조치하였다. 1938년 장사(長沙)에서는 군사학편수위원회가 설치 운영되었고, 마침내 1940년 9월 17일에는 임시정부의 정규군인 광복군이 성립됨으로써 임정의 정규 항일 독립군이 창설된 것이다. 이는 의병투쟁 이래의 모든 무장세력의 현재적 맥락으로 평가해 볼 수 있다. 광복군 총사령부와 3개 지대가 설치 운영되었으니 이는 두말할 필요 없이 광복군 창설위원장인 백범의 강력한 독립투쟁의 실천적 방침하에서 기획 발전된 민족적 장거였다.[69]

임정의 강력한 군사행동은 백범의 특수공작하에 장개석의 후원으로 이루어지게 되었는데, 3당을 재정비하고 한독당을 임정의 유일당으로 결성, 이당치국의 본보기로 삼았다.

1940년 10월 임시의정원을 통하여 광복군에 대한 중국 정부와의 조약체결 촉구, 그리고 대원수부 신설 등의 결의를 실행하였다. 동년 10월 9일 임시약헌을 개정함으로써 마침내 14년 동안의 집단지도체제는 종료되고 주석중심 지도체제로 전환되어 갔다. 주석으로 선임된 백범의 강력한 지도력이 합리적으로 각부면에 걸쳐 나타나게 되었던 것이다.

---

68) 삼균학회, 『趙素昻先生文集』上, 52~65쪽.
69) 독립운동사 편찬위원회, 『독립운동사』제6권, 680~685쪽.

국무위원으로 이시영 조완구 조소앙 차이석 박찬익 조성환 등이 선출
됐는데, 다음과 같은 부장(장관)도 겸임했다.

　　내　　무 : 조완구
　　외　　무 : 조소앙
　　군　　무 : 조성환
　　법　　무 : 박찬익
　　재　　무 : 이시영
　　비 서 장 : 차이석
　　참모총장 : 유동열
　　고　　문 : 송병조, 홍　진

제4차 개헌안은 1940년 10월 8일 통과되어 9일 정부가 공포하였으니, 대
한민국임시약헌이 바로 그것이다.[70] 이는 전문이 없고 5장 42개조로 구성
되어 갔다. 총강(1장)에 이어 임시의정원(2장), 임시정부(3장), 회계(4장),
보칙(5장)으로 짜여져 있다. 이는 제3차 개헌보다 8개 조가 감소 조정되었
지만 구조상의 변동은 거의 없는 정통적인 憲政의 맥을 연결함에 그 의미
가 있겠다.

이의 특징은 국무위원회의 주석은 임시의정원에서 선거하고 국군의 총
괄과 대내외로 임정을 대표하게 되어 있는 점을 지적할 수 있겠다.[71] 급박
한 전시체제하에서 백범 주석의 위치를 국가원수로서의 지위로 부각시키
고 국군(광복군)의 통수권을 행사할 수 있는 강력한 영도자의 지위를 보장
해야만 그의 지도력이 유감없이 발휘될 수 있다.

이에 따라 백범을 주석으로 하는 내각이 조직되어 주석중심체제의 임정
통치구조가 완비되었다. 단지 광복운동자의 대단결인 당의 규정이 삭제되
었는데, 이는 유일당 운동의 지지 부분을 반영하는 상황인식으로 이해된

---

70) 「第32回 臨時議政院議事錄」 참조.
71) 여기서 國軍은 곧 光復軍을 지칭하는 것으로 한국군의 맥을 연결하였다는 점을
　　강조한 것이다.

다.[72) 그 외에 민주공화국이란 단체표시가 삭제되었고 국권이 주권으로 변경되었으며 다음으로는 국무회의가 국무위원회로 바뀌었다. 전에 시행되던 국무위원의 2개월 궐석시 자동 해임되는 조항(34조)도 삭제 조정되었다.[73) 백범 주석의 임정 요인들이 광복운동에 임하는 자세나 그 이념은 대한민국임시정부의 건국 강령 속에 반영되고 있다.[74) 이미 1920년대 말 조소앙의 제창으로 삼균주의에 의거한 건국원칙을 천명하였는데 민주공화국의 복지국가건설을 지향하고 있었던 점에 주목해야 할 것이다.

이 건국강령은 1944년의 제5차 개헌정신과 광복 후 헌법에도 반영되었거니와 그 내용은 전22항으로 구성되어 있다. 총강(1장)에 이어 복국(2장), 건국(3장) 등의 22항인 것이다.[75) 백범의 조정과 찬성에 의하여 발효되기 시작한 이 건국강령의 총강에서 민족공동체로서의 한국의 의미를 최고 조직체로 규정하였다. 따라서 건국정신을 삼균제도에서 찾았고 토지의 국유화, 순국선열의 유지, 3·1혁명과 임정수립과의 불가분의 관계 등을 포괄적으로 설명 제시함으로써 대한민국임시정부의 정통성과 삼균주의가 한국의 건국이념과 직결된다는 건국정신을 강조한 바 있으며 온 국민의 민족적 화합을 호소하고 있다.

특히 백범 주석의 정통적인 민주주의의 신념과 그 이상이 반영되고 있음에 주목치 않을 수 없으니 백범의 시종일관된 항일성, 완전 통일성, 자주 자립성을 엿볼 수 있다.[76)

임시정부의 헌정적인 운영방식은 민주적인 체제를 고수하면서 4차에 걸친 개헌을 통하여 공화정체를 정통적으로 이끌어 갔다. 그것은 주석중심적인 일사불란한 지도체제였는데, 여기에 부주석 1인을 두어 외교문제를 담당케 하는 제5차 개헌 문제가 대두되었다.

---

72) 洪淳鈺, 「大韓民國 臨時政府의 第5段階 憲法文案에 관한 硏究」, 『論文集』 6, 東國大 참조.
73) 李炫熙, 앞의 논문, 167~168쪽.
74) 국사편찬위원회, 『韓國獨立運動史』 5, 1969, 47~48쪽.
75) 앞의 『趙素昂先生文集』 上·下 참조.
76) 金九, 앞의 책, 250~270쪽.

7) 副主席制를 보강한 임정의 통치구조

이에 따른 헌법기초위원으로 조소앙 유자명 신영삼 박건웅 최석순 최동
오 조경한의 7인이 백범의 재가를 얻어 선임되었다. 이들은 1944년 10월에
이 헌법이 공포되기 전까지 1년여의 기간을 진지하게 심의하였다. 그리하
여 1944년 4월 22일 제36회 임시의정원에서 약헌개정 완료안을 통과시킴
으로써 대망의 주석·부주석중심 지도체제가 신설된 것이다.[77] 이 개정헌
법에 따라 국무위원회의 주석에는 백범이 선임되었고 신설된 부주석에는
좌익계이며 외교통으로 알려진 김규식이 선임되었다. 새로운 국무위원(부
장)은 다음과 같은 임정요인이 선임되었다.

이시영
조완구(재무)
조소앙(외무)
신익희(내무)
김약산(군무)
최동오(법무)
최석순(문화)
엄항섭(선전)
차이석(비서장)
조성환, 황학수, 장건상, 유림, 성주식, 김붕준, 박찬익, 조경한
이상만(회계감사원장)
유동열(참모총장)

제5차 개헌은 전문과 7장 62개조로 성립된 가장 방대한 헌법으로, 주요
내용을 보면 총강(1장), 인민의 권리의무(2장), 임시의정원(3장), 임시정부
(4장), 심판원(5장), 회계(6장), 보칙(7장) 등으로 구성되어 있다. 이 헌법의
특징은 주석 백범의 지도력 강화와 부주석제의 신설로 국내외에 걸친 임

---

77) 「第36回 臨時議政院議事錄」참조.

정이 광복정책의 방향과 '완전절대독립의 달성'이라는 강력한 자립의지의 일단을 나타내는 데서 찾아볼 수 있겠다.

백범 주석은 국가 최고통치자라는 권한 외에 중앙 각 기관의 주무 책임자를 그의 제청으로 국무위원회에서 임명하는(43조) 등의 권한이 추가로 부여되었다. 김규식 부주석은 국무위원회에 열석하여 발언할 수 있고 표결권은 없지만 주석 유고시에 그 직무를 대행하게 되어 있었다(33조).[78] 그는 외교통으로 활약하였기 때문이다.[79]

이 헌법에서는 행정부를 국무위원회와 행정연락회의로 구분하여 국무위원회는 임시의정원에서 선출하는 국무위원들로 구성되며 복국과 건국의 방략, 예산·결산, 선전, 그리고 강화, 군무에 관한 사항 등을 일괄 의결하는 정책결정기관으로서 임시의정원에 대해서 책임을 지는 일방, 그 정책을 집행하는 행정사무는 주석의 추천으로 국무위원회에서 임면하는 각 부장들의 연석회의를 갖게 하는 이른바 이중구조의 형태를 취하고 있음이 주목할 대체적인 내용이다.

사법권은 중앙 심판원, 지방 심판소, 기타 특종 심판위원회 등의 기관에서 조정·집행하도록 규정해 놓았다(45조). 각급 심판기관은 법률에 따라 민사·형사의 심판과 혁명자 징계처분에 관한 사항들을 일괄 관장하도록 규정해 놓고 있어(48조) 사법업무의 한계와 그 기능을 합리적이고 민주적으로 처리하고 있음을 엿볼 수 있다.

또한 광복 운동자의 개념을 명문화하고 있고 이에 해독을 끼치는 자는 광복 운동자의 자격을 상실함이라고(8조) 규정하여 독립 운동자의 특권과 변절·이탈·전업 등 목적 이외의 상황 변경을 상당히 억제하고 있는 듯한 인상을 나타내고 있다.[80]

백범은 李範奭으로 하여금 직접 광복군을 인솔, 국내진공작전을 전개케 하여 빼앗긴 조국을 우리 손으로 다시 찾게 독려하였다. 그래야만 완전자

---

78) 李庭植, 『金奎植의 生涯』, 新丘文化社, 1974, 117쪽.
79) 李炫熙, 「大韓民國 臨時政府의 外交政策硏究」, 『한국사학』 7, 한국정신문화연구원, 1986 참조.
80) 李炫熙, 앞의 『大韓民國 臨時政府史』, 325~327쪽.

주통일의 열망을 달성할 수 있다고 믿었기 때문이다.

그러나 1945년 8월 15일 민족의 광복을 맞이하였음에도 불구하고 국제적인 역작용에 의하여 남북분단이라는 민족적 비극을 맞게 되었던 것이다.[81]

8) 임정의 법통성 문제

결론적으로 백범과 임정의 법통성에 관하여 요약 정리하면 첫째, 국내에서 민족운동에 몸바쳐 온 백범이 1919년 4월, 상해 임정에 경무국장으로 참여한 이래 1945년 8·15 광복까지 27년간 석오의 지원하에 주석자리에 앉아 대한민국의 정통성을 유지 계승해 온 것은 그가 헌정을 기초로 삼권분립형태의 민주공화제 지도체제를 고수했기 때문이다.[82]

둘째, 백범은 임정 27년 동안을 하루같이 국가의 법통성을 유지 고수하기 위하여 재정적 궁핍과 신변의 온갖 공포에도 불구하고 오직 국가와 민족의 장래만을 위하여 멸사봉공의 구국정신으로 일관하였다는 점이 곧 그의 독립정신이며 그 기본방략이었다.[83]

셋째, 그는 임정의 법통을 지키면서 완전독립과 통일민주공화국의 실현을 위하여 8·15 후에도 남북협상 등을 직접 실천함으로써[84] 오늘날 더 절실히 필요로 하는[85] 위대한 민족의 지도자였다.[86]

---

81) 李炫熙, 「8·15 光復의 歷史的 意義와 統一意志」, 『統一』, 1984년 8월호 참조.
82) 秋憲樹, 「大韓民國 臨時政府의 政治史的 意義」, 『韓國史學』 3, 한국정신문화연구원, 1980.
83) 李炫熙, 『大韓帝國의 最後와 臨時政府의 活動』, KBS事業團, 1983 結論 참조.
84) 鄭京煥, 『白凡金九硏究』 I, 신지서원, 1999, 17·152·157·299쪽.
85) 이현희, 『우리 역사 속의 진실찾기』, 신지서원, 2001, 47~53쪽.
86) 李炫熙, 「3·1革命後 臨時政府의 成立과 그 性格」, 『歷史敎育』 30·31合輯, 1982.

2부 상해시대의 임정과 광복정책

1. 『독립신문』과 유정 조동호의 기여

1) 독립신문의 필요성

『독립신문』은 서재필에 의해 1896년 4월 7일 처음 발행된 이래 그 광복사적이고 주체적인 의미가 공감대를 형성하고 있다. 이에 걸맞게 1919년 8월 중국 상해에서 대한민국림시정부(1919~1945)의 기관지로 同名의 신문이 발행 보급되기 시작하였다. 그것은 미국에서 독립운동하던 안창호의 발의로 개시되었는 바 그가 상해 임정의 내무총장으로 합류함으로서 실현을 보게 되었다.

이 신문의 창간동인에는 李光洙를 비롯하여 李裕弼 金錫璜 崔謹愚 車利錫 白性郁 朴賢煥 등 20명이 이에 관계되고 있으나 가장 실무적이고 심도 있게 깊이 조력한 인물은 榴亭 趙東祜(1892~1954)라는 점을 강조하고 싶다. 본 연구에서는 유정이 어느 정도 이에 관계되었으며 그 기여도가 얼마나 크게 미치게 되었는가를 각종 국내외 자료를 섭렵 검토하면서 그 성과를 정리해 보고자 한다. 특히 독립신문 발행 이전에『독립신보』를 발간 배포하려 했다는 일제측 극비문서의 내용을 주목하면서 이를 대조 검증해 볼 생각이다.

2) 『獨立新報』의 창간 논의

독립운동에 신명을 바칠 각오하에 민족적 역량을 기르던 유정 조동호는 일찍이 신문이 발행 유통되고 있던 중국 上海에 1914년 여운형과 같이 망명하였다. 그는 독립지사가 광복투쟁을 위해 취할 수 있는 가장 절실하고도 효과적인 선전과 사업전파, 동참 호소의 실효는 역시 신문이 으뜸이라고 믿었다. 당시 상해는 국제도시인 만큼 외국인들의 신문 인식도가 깊었으며, 중국 가운데도 인쇄 시설이 가장 먼저 발달한 도시였다. 그러므로 중국인들이 여러 개의 신문을 발행하고 있었기에 망명한 한국의 독립지사들도 그것을 매우 호의적으로 이해하고 있었으며 더 나아가서는 필요성이 절실하다고 동감하게 된 것이다.

신한청년당원이고 발기인인 조동호가 1917년 金陵대학(현, 남경대학) 중문과를 졸업하고 중국계 『救國日報』와 『中華新報』의 기자로 재직하고 있었던 것은 그같이 상해가 신문과 인쇄의 도시임을 입증한 실례라고 생각된다. 따라서 조동호는 임정이 수립되면서부터 여운형이나 이동녕 등 임정 수뇌부에게 그의 필요성을 인식시키고 알려 신문의 유용성을 강조한 바 있다.

이에 따라 임정이 수립 선포되는 동 4월 13일 이후에는[1] 그런 필요성이 제기되어 임정의 기관지 발간이 논의된 바 있다. 그것은 도산 안창호가 상해에 도착하여 한인대회를 개최한 동 5월 25일[2] 이전에 이미 『독립신보』의 발간 논의가 구체적으로 있었던 게 아닌가 한다. 그것은 자료에 비치고 있기 때문이다. 일제측의 비밀자료에 따르면 『독립신보』 문제가 제기된 것은 도산이 상해에 도착하기 10일 전인 1919년 5월 16일이었다.[3] 재상해일본총영사가 일본 외무대신에 보고한 요지 속에 나타나고 있기 때문이다.

이에 따르면 다음과 같은 내용이 지적되고 있다.

韓人獨立運動者 申錫雨 尹愿三 체포에 관해 1919년 5월 16일자로 在上海總領事가 外務大臣에 報告한 요지

---

1) 上海日本總領事館, 『朝鮮民族運動年鑑』, 1919년 4월 13일자.
2) 앞의 資料, 17쪽.
3) 국회도서관, 『韓國民族運動史料』 中國篇, 1976, 62쪽.

2. 韓人獨立運動者 申錫雨 尹愿三 逮捕의 件

　當地의 韓人獨立運動者 중『獨立新報』를 간행하는 데 관해 앞서 프랑스 官憲에 依囑하여 發行을 停止케 하였는데 그후 獨立運動에 있어 일부 韓人獨立運動者의 행동에 默視할 수 없는 것이 있으므로 그 首謀者로 지목되는 자에 대해서는 단연 도치할 결의를 가지고 있던 차에 마침 朝鮮總督府로부터 岡本警視 등을 파견한다는 통보에 접하였으므로 그 조사의 결과를 기다려 실행하기로 하고 일단 保留해 두었다.……4)

　이 같은 내용의 사실을 주목해 보아야 하겠다. 그렇다면『독립신문』이 정식으로 창간된 1919년 8월 21일보다 3개월 앞선 시기에 독립신문이 아닌 앞의 사료에 보이는 대로『獨立新報』라는 것이 한국인 독립운동자 중에서 누구에 의하여 간행할 계획이 세워졌었다고 볼 수 있다. 이 문제는 신문사 연구전문가에 의한 상해판 독립신문에 관한 일련의 연구에서도 전혀 언급이 없는 것으로 보아 독립신문 창간 이전에 벌써 이 같은 계획이 독립운동자 사이에서 논의되었던 것인데 이에 대한 엄연한 사실의 규명이 전혀 안 되어 있는 것으로 생각된다.5) 이러한 사실로 미루어 볼 때 임정의 초대 임시의정원 의원 29명 중의 한 분이며 중국인 경영의 두 개의 신문사에 기자로서 항일구국논설을 쓴 바 있는 유정 조동호가 바로 앞의 사료에 나타나 있는『독립신보』를 주도적으로 간행하려 했다가 프랑스 관헌의 간접적인 압력을 받아 동 임정 기관지『독립신보』창간사업의 진행을 중단한 것이 아닌가 싶다.6)

---

4) 앞의 資料, 62~63쪽.
5) 崔埈,「大韓民國臨時政府의 言論活動」,『韓國史論』10, 국사편찬위원회, 1981 ; 鄭晋錫,「上海版 獨立新聞에 관한 연구」,『汕耘史學』4, 산운학술재단, 1990.
6) 앞의『獨立新報』를 창간하고자 했던 인사가 趙東祜이거나 아니면 체포대상자로 거명된 申錫雨나 尹愿三일 수도 있다. 그러나 앞의 申·尹 두 사람은 신문사하고는 전혀 관련이 없었다는 점이 이「신보」의 창간과 무관하다는 사실을 강조할 근거가 될 수 있다. 그렇다면 이미 1914년에 渡中하여 중국의 금릉대학의 중어중문학과를 졸업하고 상해로 와서 유창한 중국어를 구사하여 두 개의 신문에 기자로 직접 논설을 썼던 조동호가 임정의 대선배 李東寧이나 李始榮에게 건의하여 임정의 기관지로 앞의『獨立新報』를 창간하고자 했던 것이 아닌가 싶다. 유정은 그

이 같은 사실은 비상하게도 안창호가 상해에 도착하던 동 5월 25일 훨씬 이전의 일이었다. 유정 조동호가 독립신문이 아닌 앞의 『독립신보』를 독자적으로 그를 지원하던 石吾(이동녕)나 李始榮, 申圭植 등과 상의하고 간행하려 했었던 것으로 봄이 타당할 것 같다. 그러나 그것이 여의치 못하자 상해에 온 도산과 春園(이광수)을 통해 지면을 넓힌 뒤 기관지인 『독립신문』의 창간을 건의한 듯하다. 이에 도산도 미국에서 체류할 때 신문의 유용성을 이미 인지하고 있었기 때문에 전문적인 선전의 임정 기관신문을 간행키로 작정한 것이다.

이리하여 그 전초적인 준비과정이며 절차로서 임시사료조사편찬부를 임정의 하나의 독립된 언론기구로 설치·운영하기 시작한 것이다.[7]

3) 『獨立新聞』의 창간

상해판 『獨立新聞』은 안창호에게 신문의 유용성을 강조, 인식시킨 조동호를 비롯한 이광수 최근우 이영렬 김석황 옥관빈 김득형 김차룡 유병기 차이석 백성욱 주요한 박현환 고진호 장만호 차관호 나재민 등의 상의로 발간되었다.[8] 1919년 8월 21일자로 주 3회(화, 목, 토) 발행되기 시작하여 1925년 11월 11일까지 6년이 넘는 기간에 걸쳐 모두 189호가 발행되었다. 창간 당시 제호는 『獨立』이었는데 10월 25일 제22호부터 『獨立新聞』이라고 고쳤고, 다시 1924년 1월 1일자 제169호부터 한글로 『독립신문』이라 바꿨다.[9] 발행장소는 처음 창간 당시에는 상해 프랑스조계 貝勒路 同益里 5호

뒤 독립신문의 주요기자로서 활약했고 字母도 조달한 것으로 보아 그렇게 추리함에 큰 무리나 과오가 없을 것으로 보인다.

7) 주요한 편저, 『安島山全集』, 三中堂, 1963, 208쪽.

8) 『독립신문』昌餘里 23號 - 李光洙, 李英烈, 趙東祜, 玉觀彬, 朱耀翰, 朴賢煥, 崔謹愚, 高辰昊, 車觀鎬, 白性郁, 金得亨, 金次龍, 柳炳基, 羅在玟, 張萬鎬
   『新韓靑年』(雜誌) (現在 停刊)
   『新大韓』寶康里 五十四號 - 申采浩, 韓偉建 其他(現在 停刊中)
   앞의 『韓國民族運動史料』中國篇, 1976, 149~153쪽.

(현, 南陂南路337弄5)였다.10)

　『독립신문』이 불발로 끝난 『독립신보』에 이어 1919년 8월 21일 창간 배포된 것은 일제강점하 민족언론의 효시로 손꼽을 수 있다.11) 이를 주도한 안창호도

　　『獨立』이라는 주간신문은 1919년 8월 21일 임시정부 기관지로 창립되었다.12)

라고 하여 『독립』이 주간신문으로 간행되기 시작하였음을 시사하였다.

　원래 『독립신문』이란 이름의 신문은 독립협회 기관지인 『독립신문』이 1896년 4월 7일 창간 배포된 바 있다. 그 뒤 3·1혁명 때 천도교의 지하신문으로 『朝鮮獨立新聞』이 창간 배포되었다. 이는 옥파 李鍾一 과 尹益善 등의 굳은 의지로 시작되었다. 그들이 3·1독립투쟁과 관련하여 첫 호를 낸 뒤 투옥되자, 후계자들에 의해 36호까지 발간되었다. 이는 신문을 통한 민족주의 운동이 매몰차게 전개되었음을 보여준다.13) 다음은 柳烈化 등이

---

9) 國會圖書館, 앞의 『韓國民族運動史料』 中國篇, 「日本外務省 陸海軍省文書 第2輯」, 1976, 36쪽 ; 國史編纂委員會, 『韓國獨立運動史』 Ⅲ - 臨政篇, 1983, 17쪽 ; 獨立運動史編纂委員會, 『독립운동사』 4, 앞의 책, 411~415쪽 각 참조.

10) 뒤에는 상해 프랑스조계 昌餘里 23號로 옮겨 발행, 국내외에 배포하였다. 臨時政府의 機關紙인 『獨立新聞』이 1919년 창간된 곳은 貝勒路 同益里 5號였다. 1944년 현재는 남피남로 337弄 5號로 번지가 변경되었다. 2층집으로 외형은 원형대로 남아 있으며 현재 김모씨가 살고 있다가 빈집으로 남아 있다. 독립신문사는 그후 昌餘里 23號(1923)로 이전한 바 실답을 했으나 위치를 확인하지 못하였다.

11) 『世界日報』 1990년 3월 2일 鄭晋錫의 「上海版 獨立新聞에 관한 연구」 소개문 참조.

12) 앞의 『安島山全集』, 208쪽. 이 신문은 3·1혁명 후 아직 국내에서는 민간신문이 발행되기 전에 창간되어 독립운동의 본산이 되는 대한민국임시정부와 중국 동삼성지방의 독립운동 소식을 국내외에 널리 알렸었다는 점에서 민족언론의 정통을 세운 신문으로 평가할 수가 있다. 이 신문은 대한민국임시정부를 중심으로 한 독립운동사 연구의 일차 자료로서도 중요한 위치를 차지하기 때문에 독립운동사를 이해하는 데 큰 도움이 될 것이다.

13) 독립협회의 신문 이후 최초의 『독립신문』은 3월 1일에 창간된 천도교계의 지하신문 『朝鮮獨立新聞』이었다. 이 신문발간의 주동 인물로는 천도교의 중진 李鍾一

발간한 『獨立自由民報』이다.14) 그 다음의 것이 앞에서 언급한 임정의 기관지 『독립신보』이다.15)

1919년 4월 13일에 상해 프랑스조계 김신부로에서 이동녕에 의해 국내외에 수립 선포된 대한민국임시정부는16) 독립운동에 있어 신문과 선전의 중요성을 일찍부터 익히 잘 알고 있었다. 1919년 5월 12일 임시정부 국무위원 우천 趙琬九는 국무원에서 결의한 시정방침 연설 가운데 정치 고문과 신문 고문 각 1명을 두어야 한다고 이채롭게 역설하였다.17) 임정의 중심인물이었던 안창호가 가장 열성을 기울여 추진했던 일이 선전사업이었

李鍾麟 朴寅浩 尹益善 金弘奎 등이었다. 이종일은 1898년 8월에 『제국신문』을 창간하여 오랫동안 이를 운영해 왔던 한말 언론의 선구적 인물이었다. 3·1혁명 당시는 천도교가 경영하는 普成社를 맡았고, 『天道敎會月報』는 이종일 이종린 등의 주도하에 33인 가운데 윤익선을 사장으로 첫 호를 발간했는데 33인의 민족 대표가 독립선언서를 발표하여 이 혁명이 전국적으로 전개될 것임을 알렸다. 그러나 첫 호를 발간한 후 이종일과 사장 윤익선이 체포되자, 이종린과 張倧健이 2호부터 4호까지를 프린트판으로 발행하다 체포되었다. 그후 여러 사람의 또 다른 후계자들에 의하여 비밀리에 발행이 계속되어 이해 6월 22일까지 36호가 나왔고, 8월 29일에는 國恥紀念號가 발행되기도 했다. 처음 이 신문을 발행했던 윤익선은 보성법률상업학교 교장이었다. 그는 출판법 위반혐의로 기소되어 1년 6개월 뒤인 1920년 9월 2일에 출옥했다. 『每日申報』 1920. 8. 28, 「九月二日 滿期出獄될 獨立新聞사장 尹益善」; 『東亞日報』 1920. 9. 3, 「獨立新聞 事件의 尹益善씨 出獄」.

14) 『獨立自由民報』를 발간하였던 유열화, 최석인, 백광필은 민족신문발행에 신명을 바치고 투쟁하다가 출판법 위반혐의로 체포되어 징역 1년 반을 선고받고 복역하였다. 그 뒤 1921년 2월 28일에 석방되었다. 3·1혁명을 계기로 발간되기 시작한 지하신문은 이 밖에도 전국 각지와 해외에서까지 여러 종류가 발간되었다. 대부분 실물은 남아 있지 않지만 현재 그 제호나마 알 수 있는 것은 국내에서 발행된 것이 29종, 서북간도 등 동삼성일대에서 발행된 것 13종, 露領 沿海州가 9종, 上海를 비롯한 구미의 신문이 9종이나 되고 있다(鄭晋錫, 「滿洲의 한국어 언론사 연구」, 『新聞硏究』 1989, 여름호, 247, 268쪽). 해외에서 발간된 우리말 신문은 이보다 먼저 나온 것도 많았지만 주간 또는 월간이었고 일간지로는 『滿洲日報』가 최초였다. 『동아일보』 1921. 3. 1, 「獨立自由民報事件 三氏 出獄」.

15) 앞의 『韓國民族運動史料』 62쪽.

16) 李炫熙, 『大韓民國臨時政府史』, 集文堂, 1982, 40~85쪽.

17) 金正明 編, 『朝鮮獨立運動』Ⅱ, 東京 : 原書房, 1967, 196~197쪽 ; 趙圭恩, 『孤獨한 勝利』, 한민출판사, 1993, 40~55쪽.

다. 8월 29일에 개정한 대한민국임시정부 임시헌법에는 대한민국의 인민은 법률의 범위 안에서 "언론·저작·출판·집회·결사의 자유"를 향유할 수 있도록 규정해 놓고 있다.

독립신문의 前身格은 역시 『독립신보』였을 것이다. 그러나 이 신보는 이미 불발로 끝났다. 조동호 등은 새로 결성한 신한청년당의 『우리소식』이라는 통신문을 발행(주간)하였다. 그때가 1919년 초경일 것이다.[18]

독립신문의 창간준비는 그 전초사업으로 임시사료조사편찬부의 업무부터 시작하여[19] 사료조사편찬이 한창 진행중이던 8월 21일 창간되었다.[20] 따라서 언론으로서는 이 『독립신문』이 가장 대표적인 신문으로 각광을 받게 되었다.[21]

뿐만 아니라 이 『독립신문』은 대한민국임시정부(1919~1945)의 중심적

---

18) 독립신문이 창간되기 전 상해에 모인 한국인들은 신한청년당과 居留民團을 조직했었는데 신한청년당은 「우리消息」이라는 등사판 통신을 주간으로 발행하기 시작했다. 이 소식지의 정확한 창간일자는 알 수 없지만 이해 5월 하순 주요한이 상해로 갔을 때에 이미 발행이 되고 있었다는 것을 보면 3월 또는 4월 경에 창간된 것으로 여겨진다. 주요한은 5월 25일 상해에 도착한 안창호의 연설을 취재하여 등사판 신문에 실었다는데 이 등사판 신문이 『우리소식』이었던 것 같다. 주요한, 「記者生活의 追憶」, 『新東亞』 1934. 5, 124쪽 ; 『도산안창호전』, 마당문고사, 1983, 125쪽.

19) 안창호는 상해로 와서 먼저 신문기자 출신인 조동호의 건의로 『한일관계사료집』 4권 편찬에 착수하였다. 그는 6월 17일 임시사료조사편찬부의 총재가 되어 이광수를 편찬부의 주임으로 임명하고 조동호에게 편찬사업을 맡겼다. 7월 2일부터는 위원 8명과 조역 22명이 편찬작업을 진행한 끝에 9월 23일에는 프린트판으로 된 네 권의 사료집 1백 질을 인쇄하였다. 이 사료집은 원래 국제연맹에 제출할 안건의 참고자료로 만든 것인데 박은식의 『韓國獨立運動之血史』는 이 사료집을 처음으로 활용하여 쓴 것이다. 민족대표 33인의 하나였고 이 사료 편찬에 힘썼던 김병조의 『獨立運動史略』도 이 사료집을 근거로 하였다. 사료 편찬위원은 총재 안창호, 주임 이광수, 간사 김홍서, 위원은 조동호 김병조 이원익 장붕 김철 김두봉 박현환 김여제 이영근 등이었다. 『獨立』(19), 1919. 9. 29, 「史料編纂 終了」; 박은식, 앞의 책, 227쪽 ; 이광수, 『도산 안창호』(이광수전집 7), 삼중당, 1971, 147·261쪽 ; 이현희, 앞의 『임시정부의 숨겨진 뒷 이야기』, 「안창호」·「김병조」 편 참조.

20) 『獨立』 1919년 8월 21일자 참조.

21) 姜興秀, 『朝鮮獨立血鬪史』, 22쪽. 언론기관으로는 『독립신문』 외에 『新大韓』 『大韓民報』 『新韓靑年』 등이 있었다. 앞의 자료, 122쪽.

인 기관지로서의 소임을 다해 중국지역에는 물론이려니와 국내와 미주, 하
와이, 동삼성, 구라파에까지도 인편이나 우편으로 송부되어 대한민국임시
정부의 광복투쟁 상황을 널리 인지시켰다. 이는 일제강점하의 한국민에게
탄압 질곡 고문 속에서도 새로운 용기와 희망을 갖게 하였다. 임정을 구심
점으로 하여 빼앗긴 조국이 다시 광복을 맞게 될 것이라는 기대를 갖게 하
였던 것이다.[22]

4) 발행자금의 조달

독립신문을 발간 배포하는 데 소요되는 자금이나 인쇄시설, 신문용지의
비용, 인건비 등은 어떻게 조달될 수 있었을까.『독립신문』의 사장인 이광
수는 신문발행의 자금은 미주의 대한인국민회가 송금한 자금으로 조달하
였다고 실토한 바 있다.[23] 주요한과[24] 나다니엘 페퍼의 저작물을 번역한
김여제는[25] 안창호의 발의와 金錫璜 등의 자금염출 노력으로 충당되었노
라고 증언한 바 있다.

그러니까 2・8독립선언에도 자금조달 등으로 기여한 바 있는 황해도 봉
산 출신의 김석황(1894~1950)과 李英烈, 조동호 등이 이에 참여한 바 있
다. 임시사료조사편찬부에 김붕준과 함께 조역으로 참가한 바 있는 김석황
은 도산의 측근 인물로서 유정과는 2년 후배로 절친한 사이였다. 유정의
출연권유를 받은 그는 600원을 먼저『독립신문』자금으로 충당케 하였으
며[26] 그 외에도 대소의 찬조금을 출연한 바 있다.[27] 이어 이 때도 김석황

---

22) 鄭晋錫,「上海版 獨立新聞에 관한 연구」,『汕耘史學』 4, 1990.

23) 이광수,『도산 안창호』, 이광수전집 7, 146쪽.

24) 주요한,『도산 안창호전』, 마당문고사, 1983, 120~125쪽.

25) 金興濟,「獨立新聞시절」,『新東亞』, 1967년 7월호, 166~167쪽.

26) 국가보훈처,『獨立有功者功勳錄』제5권, 1988, 494~495쪽 ; 同,『독립운동사』 3
    권, 738쪽 ; 同 4권, 67・201~302・303・416・461쪽 ; 同 5권 288・461・671쪽 ;
    同 1권, 304쪽 ; 同 9권, 124쪽.

27)『獨立新聞』1919년 10월 7일 廣告.

은 어려운 형편 속에서도『독립신문』에 500원,『우리소식』에 100원을 헌금
하였다. 이 시기에(1919. 10) 김석황은 독립신문의 발행자금을 계속 조달하
기 위하여 국내로 잠입, 大同郡 秋乙美面 梨川里의 김창빈, 진남포 후포리
의 안기영, 姜奈登 상회의 김인수 등에게 독립신문 자금모집의 신임장을
교부하고 군자금을 모집, 독립신문 발간에 크게 기여한 바 있다.

아울러 김석황은 독립신문사 기자 조동호의 종용에 따라 독립신문사의
국내 각 지국장을 임명하였는 바, 평남지국장에 평양시 장별리의 박순도를
임명하였다. 그는 상해로 귀환할 때 황해도 안악군의 부호 崔日로부터 군
자금 2천 원을 제공받아 임정에 전달한 바도 있다.[28] 그는 1920년 5월 하
순경 국내로 들어와 군자금 1천 원을 다시 모집하여 세 번이나 상해 임정
에 전달하는 등 독립신문 발행자금을 조달하는 데 가장 기여도가 컸다.[29]
그것은 조동호의 권유와 그 필요성 인식 고취에 힘입은 바 크다는 사실을
간과할 수 없다.[30]

다음으로는 독립신문의 영업부장 이영렬이 사재 5천 원을 출연하였다는

---

28) 주 26)과 同, 494쪽.
29) 金正明 編,『朝鮮獨立運動』I, 1967, 429・452・467쪽 ; 同 II, 1967, 108・445쪽
 ; 송상도,『騎驢隨筆』, 292쪽 ; 국가보훈처,『독립운동사자료집』9권, 258쪽 ; 同
 11권, 97~105쪽 ; 同 14권, 468~469・961쪽.
30) 김석황은 이광수를 찾아서 도쿄 와세다대학으로 공부하러 갔었다. 그는 이광수가
 기초한 2・8독립선언서 등을 인쇄할 비용을 부담했었다. 그는 상해에서 안창호와
 조동호의 지도로 독립운동에 참가하고 임시정부에 자금을 대는 방안을 강구했다.
 1920년 1월 27일 안창호가 김석황에게 자금이 필요하다고 말하자 金은 자기가 본
 국에 가면 2만원 정도를 가져올 수 있다고 대답했다. 안창호는 大洋 2만원이 필요
 하다고 말하고 본국에 가서 힘대로 구해 오라고 지시했다. 그는 5월경 평양으로
 돌아와 의용단을 조직하고 독립운동자금을 모집하다가 상해로 되돌아 갔는데 이
 해 8월 동삼성 봉천(심양)에서 체포당해 평양으로 압송되어 징역 10년형을 선고
 받고 복역하다가 1925년 11월에 가출옥했다. 1982년에 국민장(현, 독립장)이 추서
 되었다(이광수,『나의 고백』전집 7, 251쪽). 김석황은 1930년대에 이광수가 수양
 회운동으로 감옥에 들어가 있을 때에도 도움을 주었다(전집 7, 272쪽).『안창호일
 기』1920. 1. 22, 1. 27, 앞의『안도산전서』632・635쪽 ;『동아일보』1920. 9. 19,
 「의용단장은 김석황」 ; 9. 23,「김석황 등 평양착」 ; 1921. 2. 27,「김석황은 징역십
 년」 ; 1925. 11. 12,「의용단장 김씨 가출옥」). 이현희,『우리나라 근대인물사』, 새
 문사, 1994, 김석황 항목 참조.

증언도 있다.[31] 그 외에도 유지들의 성금으로 독립신문은 계속 발행될 수
있었다.[32] 이는 신망이 큰 안창호가 신문기자의 경험이 있는 조동호 등을
기자로 선임하여『독립신문』을 어렵고 열악한 여건 속에서도 속간하려니
각지의 유지들이 이 소식을 듣고 감동한 나머지 크고 작은 성금(발행자금)
을 쾌히 보내주었던 것이다.[33] 조동호는 장덕수로부터 받은 군자금 800원
을『독립신문』속간자금으로 즉각 전달, 활용하였다.[34]

5) 유정 조동호의 기여도

1919년 8월 21일에 창간된『독립』(『독립신문』의 전신)에는 이광수 사장
의 창간사가 게재되어 있다. 이 때 춘원과 동갑인 동지 조동호는 동 기자
로서 10여 명의 동료와 같이 참여하였으며 영업부장에 이영렬, 출판부장에
주요한이 선임되어 착실하게 신문발간의 업무가 진행되었다.
　이광수는 신문의 사명을 다섯 가지로 천명했다. 첫째 독립사상을 고취하

---

31) 독립신문의 운영자금에 대해 주요한은 김석황이 출연했다고 말하는 한편으로 영
　업부장 이영렬이 사재 5천원을 내놓아 창간자금으로 삼았던 것으로 회고한 바 있
　다. 주요한, 「상해판 독립신문과 나」,『亞細亞』1969년 7~8월호, 150~155쪽.

32) 독립신문에는 김석황 이후에도 성금을 내놓은 사람의 명단이 자주 실렸다. 제22호
　(10.25)는 柳逸海가 금화 50원, 車必成이 금화 10원을 내놓았다 했다. 제23호
　(10.28)는 崔東昨가 대양 2원을, 그리고 제26호(11.8)는 여러 사람들이 5원에서 3
　원, 2원 또는 1원씩을 출연했다는 광고가 실렸다.

33)『안창호 일기』(1920.2.20)에는 廉奉根이라는 사람이 안창호에게 "선생이『독립신
　문』에 관계가 있는 줄 알고 2백원을 내놓았다"고 말했다. 이때 안창호는 재미국민
　회의 자금을 들여 오기도 했지만 상해에 와있던 독립운동가들도 그의 명망을 믿
　고『독립신문』이 어려운 지경에 처할 때면 제일 먼저 안창호에게 가서 도움을 청
　했다. 여러 상해거주 교민들이 성금을 내놓았고 국내에서도 모금운동을 벌였으며
　동북삼성지방에 살던 사람 가운데도 이에 호응하는 사람들이 있었다.

34) 3·1혁명 당시 연락원으로 일본에 파견되었다가 다시 상해로 돌아가기 위해 인천
　에서 선편을 기다리던 중 1919년 2월 20일 일본 경찰에 체포된 장덕수는 橫濱에
　서 조동호 앞으로 비밀리에 긴급히 800圓을 송금한 일이 있었다. 앞의『韓國民族
　運動史料』3·1운동편 3, 1979, 237쪽

여 민심을 통일시키며, 둘째 독립사업과 사상을 전파하고, 셋째 유력한 여론을 환기하고 정부를 독려하여 국민의 사상과 행동의 방향을 제시하고, 넷째 문명 국민에게 불가결한 신학술과 신사상을 소개하며, 다섯째 국사와 국민성을 고취하고 개조 혹은 부활한 민족으로서 신국민을 이끄는 데 노력한다는 것 등이다.35)

독립신문사장 이광수는 문인으로서 유명하였으며 도쿄유학생으로 2·8 독립선언문을 기초하는 등 명성이 떨쳐 있었던 인물이었다.36) 그는 조동호·장덕수와 절친한 친구 사이였다. 조동호가 독립신문사의 기자로 참여하여 각종 항일논설이나 사설을 집필 발표할 수 있었던 것은 춘원의 주선 때문이었다. 조동호가 일찍이 『구국일보』와 『중화신보』 등 중국계 신문사의 기자로 명성을 떨치고 있었던 사실을 이광수가 익히 알고서 초빙한 것이었다.

『독립』이라는 제호 아래 나타난 초창기 신문의 지면 구성을 살펴보면

---

35) 『獨立』 1919년 8월 21일자 창간호 참조.
36) 『독립신문』 사장 이광수는 『독립신문』을 창간하기 이전에 명성을 떨친 인물이다. 그는 도쿄 유학시절부터 최남선과 알게 되어 그가 발행했던 잡지 『少年』 1910년 2월호에 「어린 犧牲」이라는 단편을 발표한 이래 8월호에 「獻身者」, 「余의 自覺한 人生」 등의 논문을 실었다. 1910년부터는 오산학교에서 교편을 잡다가 1913년 11월에 사직하고 상해로 갔다. 그곳에서 미국 샌프란시스코에서 발행되던 『新韓民報』의 주필로 초빙되었다. 그는 유럽을 거쳐 미국에 갈 계획으로 1914년 1월 시베리아까지 갔다가 치타에서 시베리아 지역 군민회가 발행하던 월간 『政敎報』의 제작을 도왔다. 그러나 8월에 국내로 돌아왔다가 1915년 5월 일본으로 가서 와세다대학 철학과에 입학했다. 1916년 9월에는 총독부 기관지 『매일신보』에 「東京雜信」을 게재했다. 1917년에는 『每日新報』에 장편 「무정」(1917.1.1~6.14), 「開拓者」 (1917.11.10~1918.3.15) 등을 연재하여 작가로서 명성을 얻었다. 무정의 연재를 끝낸 뒤 1917년 6월 26일에는 「매신」의 특파원 자격으로 충남, 전북, 전남, 경남, 경북 등을 여행하면서 「五道踏破紀行文」을 게재하였다. 1918년 9월 6일부터는 「新生活論」을 연재하였고 12월에 다시 일본을 건너갔다. 이듬해 2월 유명한 2·8독립선언서라는 「조선청년독립단선언서」를 기초한 뒤 선언서 발표를 앞두고 2월 5일 돌연 선전을 위한다는 이유를 내걸고 상해로 도피하였다. 상해로 간 이광수는 도쿄서 가지고 온 선언서를 영문 번역하고 상해에서 발행되던 영자신문을 비롯하여 세계의 요로에 배부하였다(鄭晋錫, 『韓國現代言論史論』, 전예원, 1985, 126쪽 ; 이광수, 『나의 고백』 전집 7, 年譜 참조).

조동호의 논설이 주조를 이루었다. 1면에는 사설을 비롯하여 국무원령, 시무감언, 시사만평 등이 실려 있고, 2면에는 임시의정원의 동정을 비롯하여 독립군의 활동상황, 해외 각지 교포들의 움직임 그리고 구미 각국의 약소민족에 대한 정치동향 등을 실었다. 3면에는 본국 소식란을 두어 각종 국내에 있어서의 움직임을 보도하였다. 이어 「한국과 일본」이란 난을 두어 일본의 조선에 대한 각종의 침략정책 및 인사 등을 실었다. 4면에는 '피눈물'을 비롯한 그달의 소설과 '독립일' '한국독립운동시' 등 매일의 시를 실어 문예 및 교양, 민족의식에 관한 내용을 착실하게 게재하였다.37) 이 중 중요한 것은 외국통신을 이용하여 보도하였다.

『독립신문』의 창간사는 다음과 같다.

전국민이 일심이 되고 일체가 되어 견고하고 통일 있는 대단결을 作함은 재력보다도 병력보다도 우리 吾等의 기초요, 생명이니 此를 득하는 방법이 하에 在하뇨, 건전한 언론기관이 有하여 동일한 주의를 고취하고 동일한 문제를 제출하여 개인과 단체의 간에 立하야 그 의사를 소통케 함에 재하도다. 사상고취와 민심통일이 본보의 사명의 첫째요.

외국의 신문이 천백 종이 有하더라도 오등은 각기 自家事에 골몰하야 우리를 논할 여유가 무하며 겸하여 우리의 사정과 사상을 지실키 난한지라. 그래서 혹은 우리 국토에 기하는 대사건을 외국인에게는 물론이려니와 我국민 중에까지도 전하지 못하며 혹은 우리의 주의와 행동을 오해하야 막대한 손실을 초케 하도다. 우리의 사정과 사상은 우리의 口로 설하여야 할지니 차는 본보의 사명의 둘째요.

이 존망이 分하는 기로에 입하여 일은 당면의 絶敵을 당하여 일은 세계의 여론을 동하여야 할 오등은 합할 수 있는 의견을 모다 합하야 우리 국민의 최대 최고한 능력을 발휘하여야 할지니 이러함에는 만인의 의견을 토로하여서 신빙할 만한 유력한 여론을 환기하여서 일은 정부를 독려하며 일은 국민의 사상과 행동의 방향을 지도하여야 할지라. 여론의 환기가 본보의 사명의 셋째요.

---

37) 崔埈, 「大韓民國臨時政府의 言論活動」, 『韓國史論』 10, 國史編纂委員會, 1981, 168~170쪽.

오래 異族의 겸제 하에 재하야 세계와 교류를 斷하였던 우리 민족은 今으로부터 독립한 국민이 되어 세계열국민으로부터 角逐의 생활을 시하려 하는지라. 이러함에는 우리 국민은 상당한 준비를 필요할지니 즉 문명국민에 필요한 지식의 준비라, 오등은 오등의 눈을 통하야 오등에게 적당하다고 생각하는 신학술과 신사상을 섭취하여야 할지니 신사상 소개가 본보의 사명의 넷째요.

우리 국민은 과거에 영예로운 역사를 유하였고 차를 통하야 전하는 고결하고 용장한 국민성을 유하였으나 일은 儒家의 횡포에 일은 일본족의 횡포에 많이 소멸하고 엄폐된지라. 유형한 국토는 차라리 失할지언정 선조의 정신이야 엇지 참아 失할가. 건전한 국민교육을 受치 못한 불행한 우리는 그 영예로운 역사를 잊고 고결용장한 국민성을 활용치 못함에 지하도다. 그러나 우리의 정신에는 아직도 고귀한 맹아가 유하니 일풍일우가 족히 차를 소생케 할지니 국사와 국민성을 고취하고 並하여 신사상을 섭취하여서 개조 혹은 부활한 신국민을 造하려고 노력함이 본고의 사명의 다섯째라.(이하 8행 생략)

위와 같은 편집방침 아래 등장된 기관지『독립신문』은 한국 민족의 자주독립을 위한 민족정신의 앙양과 독립 달성에 그 초점을 맞추어 나가는 데 전력하였다.38)

조동호는 이 신문의 기자로서 사장 겸 편집국장인 이광수를 도와 창간사를 수정하고 교열하는 데 힘썼다. 아울러 그는 귀국하던 1923년까지 그가 쓴 사설과 일반논설·기사 등을 선별 수록한 바 있다.39)

---

38)『獨立』창간호 참조.
39) 1919년도 …… 國恥 第九回를 哭함(3호), 政府改造案에 대하야(4호), 韓日兩族의 合하지 못할 이유(5호), 爆發彈事件에 대하야(9호), 日本國民에게 고하노라(10호), 애국자여(14호), 임시정부와 국민(22호), 적의 虛像(25호), 재산가에게(26호), 경제독립(31호), 신뢰하라 용서하라(32호), 1920년도……우리 국민이 단정코 실행할 六大事業(35호), 본국 동포에게(41호), 國民皆兵(46호), 재외동포에게 경고하노라(52호), 의정원의원에게(55호), 미국상원의 韓國獨立承認案(59호), 俄領同胞에게(61호), 韓中提携의 要(65호), 獨立公債募集(71호), 간도사변과 독립운동의 장래(87호), 1921년……悲憤慷慨(103호), 자유와 死(105호), 국민적 자각(106호), 통일운동과 국민대표회의의 사명(109호), 韓國人民致太平洋會議書(115호), 華盛頓

신문제작에 있어서 문제가 되는 것은 한글 활자였다. 이를 일본에서 들여오자면 안보상 위험이 뒤따르고 국내에서 가져온다는 것도 사실상 불가능했기 때문이다. 이 같은 어려운 상황에 봉착했을 때 조동호의 고심으로 한글자모가 만들어지게 되었다.

안창호 전기에 보이는

정청을 정제하는 외에 큰 일은 『독립신문』 발행과 민족운동 거두를 일당에 모으는 일이다. 『독립신문』은 어렵지 않게 발행되었다. 조동호의 고심으로 국문 자모도 마련되고 미주 국민회의 송금으로 자금도 조달되었다. 그러나 문제는 거두들의 회합이었다.[40]

라는 글 속에서 조동호의 열성적이고 기술적인 작업으로 자모를 만들게 되어 『독립신문』을 발행할 수 있었음을 알 수 있다. 조동호는 한글성경의 활자를 한자 한자 떼내어서 중국인 기술자를 시켜 사진 등판을 떠서 자모를 만들어 4호 활자를 주조했고, 이를 다시 확대 축소하여 호수별 활자를 고심끝에 완성한 것이다.

이 같은 사실은 이광수의 회고 속에서 확인되고 있으나[41] 주요한은 자신이 직접 신문제작에 임하였다고 주장하고 있다.[42] 당시의 정황을 주요한

會議의 진전(116호), 噫평화세계(118호), 1922년……국무원총사직에 대하야(122호), 故손병희선생을 弔하노라(127호), 我임시정부의 현재와 장래(128호), 우리의 三一運動과 중국의 五四運動(131호), 독립운동의 민중화(141호), 실학운동의 위력(148호), 1923년……금후의 독립운동은 엇더케할가(162호), 敵地災變에 대하야(164호), 적의 죄악(165호), 개천절기념(166호), 연말의 느낌(168호), 1924년도와 1925년도분은 생략한다.

40) 흥사단 출판부, 『島山 安昌浩』, 1983, 78쪽.

41) 이광수의 회고에 의하면 처음에는 동갑인 조동호와 신문을 시작하였으나 그가 그만두자 주요한이 참여하게 되었다고 한다. 한글 자모도 조동호의 고심으로 만들어졌다는 것이다(이광수, 『나의 고백』 전집7, 261쪽).

42) 주요한은 일본 도쿄 제1고교 佛法科에 재학했었다. 1918년에는 이광수, 김동인, 전영택, 김억 등과 함께 우리나라 최초의 문예지 『創造』의 동인으로 참여하였다. 그는 3·1혁명 후 상해로 건너가 잠시 『우리소식』의 편집을 맡았다가 『독립신문』 출판부장으로 신문제작에 참여했다. 그는 처음부터 자신이 직접 『독립신문』 제작

은 1934년 5월호『新東亞』에 다음과 같이 기록하고 있다.

> ……活字를 가지고 신문을 발간하자는 議論이 생기고 돈이 변통되었다. 우리는 朝鮮文 聖經에서 활자를 골라서 商務印書館에 주어서 字母를 만들라고 하였다. 手動鑄造機 一臺와 中國人鑄造工 一人을 마련하였다. '가'자로부터 '홰' '횅'자에 이르기까지 약 2천 종의 諺文活字가 鑄造되었다.……43)

이와 같은 과정을 거쳐 비로소 국·한문의 활자 신문을 발행할 수가 있었으니 조동호의『독립신문』발간사업에는 기자로서의 임무뿐 아니라 공무분야의 기여 면에서도 그 비중이 컸다고 할 수 있겠다. 주요한은 다시 다음과 같이 당시의 어려움을 회상하였다.

> 그러나 케쓰 배열을 아는 사람은 없었다. 나는 조선문 책을 가지고 언문자 사용 통계를 만들었다. '이'자가 제일 많이 쓰이고 그 다음에는 '의' '한' '하' '고' 등이 쓰였다. 그래서 右便으로부터 시작하야 '가나다순'으로 각 활자의 위치를 정하고 많이 쓰이는 글자는 케쓰의 간격을 넓게 하여 많이 비치하도록 만들었다. 그리고는 직공 지원자 수명과 함께 문선연습을 개시하였다. 아지못할거라 지금도 상해에서는 주식 문선출장이 그대로 사용이 되는지 혹은 그 뒤에 정식 문전직공이 가서 고쳐 노았는지, 한문 문선은 물론 중국인이 한다. 그 다음에 식자는 중국인이 하게 되는데 언문글자는 잘 모르니까 짐작으로 눈에 익지 않은 것은 자수를 세어 가지고 차례로 한자와 섞어 나간다.44)

이 같은 방법으로 신문을 조판하다보니 '사'자를 '仆'자로 잘못 보거나 '츠'자를 '立'자로 잘못 보는 경우도 흔히 있었다. 인쇄 활판공들이 중국인

에 참여하였다고 조동호의 자모주조 사실을 부인하고 있다(주요한,『상해판 독립신문과 나』; 이광수,『나의 고백』전집 7, 261쪽;『도산 안창호』전집 7, 146쪽).
43) 주요한, 「기자생활의 추억」,『新東亞』5월호(1934), 124쪽.
44) 앞의 자료.

이었으므로 이들의 신년 휴가로 인해서 음력 정월 초하루를 전후하여 신문은 휴간해야 하는 부득이한 일도 감수해야 하였다는 것이다.45)

이에 주요한은 앞의 『신동아』(1934년 5월호)의 '기자생활의 추억'이란 글에서

조동호군과 함께 신문반절형 사면을 조판, 교정을 끝내서 기계로 넘기고 나니 날이 딸꾹 새었다. 우리는 (조동호와 함께) 맞은 편 집에서 아이스크림을 한잔씩 사먹고 쾌재를 불렀다. 8월 27일이었다고 기억된다.……
자금부족으로 우리들의 반절형 신문은 발간한 날보다 휴간한 날이 많은 형편이었다. 비록 1주 1회의 정기간행이었지만.

이라고 기록하였다. 조동호의 기여도와 독립신문의 재정적 압박상황이 어느 정도 심각하였는가를 짐작케 하는 회고담이다. 당시 독립신문의 기자로는 조동호 외에 임정 국무위원이었던 차이석46)을 비롯하여 박현환,47) 김여제48) 등이 깊이 관계하였다.

---

45) 주요한, 「기자생활의 추억」, 『신동아』 1934년 5월호, 124~125쪽 ; 『독립신문』 1920. 2. 17, "休刊".

46) 임정의 국무위원과 의정원 부의장 등을 역임한 바 있는 차이석은 처음 간행부터 참여했던 것으로 보이는데 1920년 5월 10일 안창호가 이영렬에게 차이석을 다른 곳에 쓰고자 하는데 신문제작에 지장이 없겠는가고 물어본 뒤에 이튿날 차이석을 선전부 이사로 초빙해 갔다(이현희, 『光復鬪爭의 선구자』, 東方圖書, 1991, 車利錫條).

47) 박현환에 대해서는 1920년 2월 5일자 『독립신문』에 사원 일동의 명의로 "본 사원 박현환씨의 부친상을 당하심에 대하야 제위의 간절하신 위문과 賻儀를 감사하나이다"라는 광고가 실려 있다. 그는 사료조사편찬부위원이었고 안창호와는 흥사단 운동의 인연으로 측근이 되었다. 그도 1920년 7월12일부터 안창호의 선전부에서 근무하였다.

48) 김여제는 이광수가 정주 오산학교에서 가르친 제자였다. 그는 1913년 1월 1일 최남선이 창간한 어린이 신문 『붉은 저고리』의 편집인이 되었다가 일본 와세다대학 영문과를 졸업한 뒤 황해도 載寧의 명신학교에서 일어와 영어를 가르쳤다. 3·1혁명 후 상해로 가서 다시 이광수를 만나 객원자격으로 신문제작을 도왔다. 이때 그는 대한민국임시정부의 외무부 선전부장, 국무원 비서장 대리 등을 겸하고 있었다. 그는 또 미국인 기자 페퍼(Nathaniel Peffer)가 차이나 프레스에 게재했던

『독립신문』은 상해를 중심으로 중국 각지와 중국 동삼성 지방, 미주 하와이 등 해외동포들에게 송부되었을 뿐만 아니라 국내에도 비밀리에 상당 부수가 반입되었다. 이 신문의 배포는 주로 임정의 교통국과 연통제 조직망을 이용하였다. 교통국은 통신기관으로서 정보의 수집, 검토, 교환, 연락 등 통신업무에 치중하는 한편 독립운동 비밀자금의 수집업무도 겸했던 것이다. 연통제는 국내외를 연결하는 지방행정 기관으로서 임정 군자금의 수합 및 통신업무・기밀연락・정보교환 등을 동시에 관장하였다.[49]

독립신문은 창간된 이후 일본의 방해공작으로 인해서 한때 정간이 되기도 하고 거듭되는 어려운 경영난에 직면하게 되어 몇 번이나 끊어질 듯한 어려운 고비를 넘기면서도 6년 동안에 걸쳐 계속 발행되었다.[50]

당시 독립신문사의 경영난은 1920년 4월 10일자 『독립신문』에 게재된 社告를 통해서 알 수 있다.

　　…… 신문대금 4만원은 원래 한푼도 수입되지 못하고, 또 적립한 자본
　　이 없으매 …… 이제는 애국 동포 제위에게 읍원할 길밖에 없사오니, 동
　　포여 다소를 불구하고 독립신문을 도우소서.

이 같은 구독료의 단절 압박, 광고수입의 감소 등 열악한 재정적 어려움 속에서도 『독립신문』은 상해 일대에서 불사조인양 속간의 위업을 독립투쟁적 차원에서 진행시켜갔다. 한때 임정의 터줏대감 이동녕 등이 동지를 모아 독립신문의 후원운동을 전개한 일도 있었다.

―――――――――――――
　　"The Truth about Korea"를 「한국 독립운동의 진상」이라 번역하여 『독립신문』에
　　연재한 다음에 독립신문사 총서 첫 번째 책으로 출간하였다. 김여제는 1921년 8월
　　에 상해를 떠나 미국으로 건너갔다. 『안창호일기』 1920. 5. 10, 5. 11, 2. 16, 7. 12,
　　『六堂 崔南善』 삼중당, 1964, 228쪽. 1994년 3월 국가보훈처에서 이를 다시 원문
　　과 함께 쉽게 풀어써서 간행 배포하였다.
　49) 이현희, 『大韓民國臨時政府』, 韓國民族運動史學會, 1991, 106쪽.
　50) 『獨立新聞』 1920년 4월 10일자 社告.

6)『독립신문』 폐간의 의미

우리나라 법통성의 현주소인 임정의 기관지로서 큰 사명을 띠고 출범한 『독립신문』은 창간 후부터 국내에서도 모금을 시작했었다. 1919년 12월 일본 경찰은 『독립신문』의 모금을 위해 배포한 비밀 격문을 발견하였다.

송금을 하고자 하는 사람이라도 첫째는 성명이 알려질 것을 두려워하고 둘째는 송금된 돈이 신문사에 도달하지 않을까 우려하여 주저하는 인사가 있는 듯 하다. 수취인은 상해 중국 우체국 사서함 100호(上海中國郵務局信箱 第100號)내의 이영렬로 하면 된다. 본보를 위하여 2천만 형제자매가 1전씩을 보내어도 이를 합하면 2십만 원의 큰 돈이 될 것이다. 이 글을 본 사람은 아는 사람들에게 널리 보여 다소를 불구하고 후원이 있기를 간절히 바란다.

라는 간곡한 내용으로 후원을 읍소하였다.[51] 한편 신문대금의 납부를 호소하는 내용의 특고로 임정 요인이 이 신문사를 방문, 사원을 격려한 일도 있었다.[52]

그러나 이것은 실효가 없어서 주식모집을 시도하였다. 신문사측은 독립신문 발기위원 9명과 찬성위원 11명을 모아 10만원을 목표로 주식모금을 개시하고 규정도 지어 공고하였다.[53] 그러나 이것 역시 목표를 달성치 못

---

51) 국사편찬위원회, 『韓國獨立運動史』 자료편 3 - 임정편 Ⅲ, 280~282쪽.
52) 1920년 3월 4일자(제50호)에는 영업부장 이영렬 명의로 신문대금의 납부를 독촉하는 특고가 실렸다. 대금은 반드시 선금으로 보내 달라는 것과 구독료를 보내주지 않는 경우에는 발송을 중단하겠다는 급박한 내용이었다. 3월 9일과 10일 이틀 동안 임정의 내무 이동녕, 재무 이시영, 법무 신규식 세 총장이 직접 신문사를 방문하여 사원들을 격려했다. 이때 이들 임정 요인들은 신문 경영의 어려움을 인식하고 근본적인 방안을 강구하게 되었던 것으로 보인다. 독립신문사를 주식회사로 만들기 위한 모금운동도 오랫동안 벌였던 것이다. 『독립신문』 1920년 3월 16일자.
53) 발기위원 안창호(위원장) 이광수 이영렬 손정도 윤현진 김석황 이유필 이춘숙 고일청
찬성위원 이동휘(위원장) 이동녕 이시영 박은식 김병조 김시점 김가진 여운형 정인과 김 철 선우혁

하고 도중 하차하고 말았다.

이에 신문사측은 독립신문총서로 서적을 간행하여 판매코자 기도하였다. N. 페퍼의『한국독립운동의 진상』이 첫 권이었고,[54] 그 다음은 이광수의『독립신문논설집』이었다.[55]

독립신문의 또 다른 사업은『신한민보』와『한미보』의 대리판매였다.『신한민보』는 미국 샌프란시스코에서 발행되던 주간신문이었고,『한미보』는 하와이에서 발행되었다.『독립신문』은 이 두 신문을 대리 판매하여 미주의 독립운동소식을 전달하는 임무도 맡았다.『신한민보』는 1920년 4월 10일자의 것부터 대리판매 광고가 실렸으며,『한미보』는 창간호부터 대리판매 광고가 실렸다.

『독립신문』은 국내에도 연통제와 교통국의 조직을 통해 비밀리에 전달되었을 뿐 아니라 독립운동자금조달을 위한 파견원, 조사원 등이 이를 휴대하고 각 지역단체 유력인사에게도 배부하여 상해의 '임정'이 무엇을 하고 있는가를 알려 주었다. 따라서 이를 보고 군자금을 내는 국내인사도 있

주식의 모집 규정은

1. 자본은 금화 10만원으로 하고 2백주로 분하여 매주 5백원으로 한다.
1. 사업은 독립신문을 발행함과 동시에 국민에게 필요한 소책자를 발행 보급하기로 한다.
1. 모집기간은 民國 2년 3월말까지로 한다. 株金은 일시에 출금하기로 한다.
1. 자금관리의 책임은 국토광복시까지는 발기인이 부담한다.
1. 국외의 각지에는 발기위원장의 위임장을 有한 모집위원을 파견한다라는 것이다(국사편찬위원회, 앞의 資料, 277~278쪽).

54) 첫 번째 책이 N. 페퍼의『한국독립운동의 진상』이었다. 이 책의 원본은 39페이지로 팜플렛 분량이었다. 김여제가 번역하여 신문에 연재한 다음에 50페이지의 책으로 보완 발행하였다. 이 책은『韓國眞相』이라는 책명으로 한문으로도 다시 출판하였다. 또한 이 책은 1960년 3월부터 7월까지 월간지『새벽』에도 5회에 걸쳐 연재되었다.『새벽』은 주요한이 발간한 잡지였다.

55)「독립신문 총서」제2권은 이광수의『獨立新聞論說集』이었다. 이 책은 창간호부터 실렸던 논설 35편을 골라 4부로 구성한 것이다. 제1편 "건국의 心誠", 제2편 "독립완성의 시기", 제3편 "한국과 일본", 제4편 "雜纂" 등 2백여 페이지 분량으로 1920년 7월 1일에 출간할 예정이라고 광고했으나 실제 발행되지는 않은 것 같다(『독립신문』1920. 12. 18.「本社特廣告」, 1921. 2. 17. 광고).

었다. 예장파 목사 金麟瑞는 연통제의 함경남도 참사로 활약하였는 바 독
립신문의 국내 보급을 책임지고 항일투쟁을 전개하다가 피체, 징역 4년을
선고받고 복역한 바 있다.[56] 강서군의 독립신문 탐방원이 군자금조달혐의
로 일경에 체포된 경우도 있었다. 철도인 全鎭源도 열차 편으로 임정의 기
밀정보를 국내로 연락하는 임무를 띤 일이 있었다.[57] 安州, 定州 등지에서
의 독립신문 배포나[58] 서울교통국장 李元植의 체포도 독립신문 배포의 강
한 의지를 보여준다.[59]

　한편 『독립신문』에 대한 일본의 방해공작은 창간 직후부터 시작되었다.
『독립신문』은 처음에는 『독립』이라는 제호로 8월 21일에 창간되어 10월
16일자 제21호까지는 순조롭게 발행되었다. 그런데 그 뒤 이날로부터 열흘
동안은 발행이 중단되었다가 10월 25일에 제22호를 발행하면서 제호를
『독립신문』으로 변경하였다. 이 때 신문발행이 중단되었던 경위에 대해서
는 신문에 아무런 설명이 없었으나 상해 주재 일본 총영사 山崎가 프랑스
조계 관헌에 청구하여 임정 사무소와 『독립신문』의 발행소를 즉각 폐쇄했

---

56) 앞의 『朝鮮民族運動年鑑』 등에 간간이 군자금조달 기록이 보인다 ; 이현희, 「임
　　정의 聯通制와 金麟瑞의 獨立運動」, 『延世神學論業』 1, 1994 참조.

57) 1920년 5월에는 평안남도 강서군 신흥면에 사는 『독립신문』 탐방원 金基淳이 신
　　청년단을 조직하여 임정의 통신기관이 되는 동시에 독립운동의 자금 50원을 마련
　　하여 상해에 있는 임정의정원 의장 孫貞道에게 보내는 한편 상해에서 밀송해온
　　『독립신문』을 배포하면서 국내의 사정을 『독립신문』에 제보하다가 일경에 체포되
　　었다(『매일신보』 1920. 5. 13).

58) 1920년 7월경에는 독립신문 5천부를 한꺼번에 가마니에 넣어 평안북도 安州에 보
　　낸 일도 있었다. 이 신문 무더기는 정주읍 예수교 장로 吳學鎭에게 보내온 것인데
　　오학진은 이것을 받아 정주에 있는 雲川河日浦에서 배에 싣고 안주의 청천강가에
　　내려서 李茂永이라는 해산물 수송업자에게 전달했다. 이무영은 이것을 받아 그곳
　　교회로 가서 교회장로 金廷善 曹永杰 등과 의논한 끝에 이 신문을 안주, 영변, 평
　　양 등에 수차에 걸쳐 배포했다가 이듬해 5월 7일 피검되어 평양지방법원 검사국
　　에 송치되었다(『동아일보』 1921. 5. 2).

59) 1920년 8월에는 임정의 서울교통국장으로 都染洞에 살던 李元植이 『독립신문』을
　　비롯한 여러 문서들을 반입하여 배포하다가 동지 10여 명과 함께 체포되고 勝洞
　　과 宗橋 양 예배당에 은닉했던 문서들은 압수당했다. 이원식은 7월에 쇼우와 함께
　　체포된 오학수와 관련된 조직원이었다(『고등경찰관계연표』, 33쪽).

기 때문이었다.60)

독립신문의 경영에 가장 큰 애로는 무엇보다도 경영자금의 압박이었다. 1920년 1월 14일 이광수는 조동호를 대동하고 안창호를 찾아가 독립신문이 인원도 부족한 데다가 경비가 곤란하여 종이를 구입하기조차 어려워 정간할 형편이라고 말했다. 안창호는 대한민국임시정부에 『독립신문』에 보조금을 지급하도록 주선하여 위급한 경우를 벗어나게 해 주었다.61) 안창호는 1월 14일과 16일자 자신의 일기에 다음과 같이 기록하였다.

"3시반에 李光洙氏가 내방하야 獨立新聞社에 工人 부족과 同히 경제 곤란으로 紙物까지 구입할 수 없어 停刊할 경우라 하므로 정부에서 임시 보조금을 支發하여 爲先 간행을 계속하고 永久維持策의 특별방법을 정하기로 하다."
"독립신문 간행비를 보조케 하라고 尹顯振씨 다려 비서장 金立氏의게 말하야 應諾하다."
"비서장 金立君의게 독립신문 보조금청구서를 독촉하야 劉相圭君으로 하여금 李英烈君의게 送하다."

사장 이광수는 개인적으로도 어려운 처지에 있었다. 열악한 환경과 과로로 인해 건강이 많이 상했다. 1920년 1월 8일 안창호는 교회를 들러 이광수를 찾아가니 방안이 추워서 先施公司에서 요양케 하여 주고 경비를 부담하였다. 그러나 이광수는 과로, 고독감, 영양부족, 기후불순 등으로 인해 1920년 4월부터는 한달 이상 병석에 누워 신문제작 업무를 수행할 수 없었다.62) 이광수가 애인 허영숙에게 3월 14일자로 보낸 편지에는 일주일 동안 세 번이나 연설을 한 뒤로 목에 염증이 왔다고 쓰여 있다.

독립신문이 경영난을 호소하고 성금을 요청하는 社告를 싣는 한편으로 주식을 모금하기 시작했던 것은 이광수가 병석에 누웠을 무렵이거나63) 또

---

60) 김정명 편, 앞의 책, 61 · 68 · 72쪽.
61) 『안창호일기』 1920년 1월 14 · 16일.
62) 이광수, 「親知同志에게」, 『독립신문』 1920년 5월 6일자.
63) 『李光洙全集』 9, 300~301쪽.

는 그 직전쯤이었을 3월 25일부터였다. 『독립신문』의 발행횟수는 주2회로
줄이고, 그 뒤 일본의 압력으로 6개월이나 중단하였다.[64] 12월 18일에 『독
립신문』은 속간되었으나 주1회 발행이니 주간형태나 다름없었다. 이광수
는 1921년 4월 19일 귀국하였다.[65]

이광수가 떠난 후 영업부장인 이영렬이 주필을 맡았고 조동호가 조력하
였다. 이영렬이 주필이 되면서 『독립신문』에는 3·1인서관의 인쇄시설로
인쇄를 대행한다는 광고가 실렸는데, 이는 주문을 『독립신문』의 사서함번
호인 상해 中國郵務局信箱 제100호의 이영렬에게 연락하라는 것이었다.[66]
그러나 프랑스조계 당국은 6월 9일 독립신문 인쇄소(3·1인서관)의 폐쇄를
명해 10월 5일에야 겨우 신문을 발행할 수 있었다.[67]

---

64) 성금이 조금씩 들어오기는 했지만 그것으로 근본적인 유지책이 강구될 정도는 아
  니었다. 『독립신문』은 5월 11일자 제57호부터 발행회수를 주 2회로 축소하지 않을
  수 없었다. 원래는 화·목·토요일 발행했으나 목요일은 발행하지 않고 화·토요
  일만 발행하게 된 것이다. 그러나 또 다시 일본의 방해로 인해 신문발행이 6개월
  간이나 중단되는 사태가 왔다. 6월 24일자 제86호를 발행하고 나자 프랑스조계 관
  헌이 세 번째로 『독립신문』의 정간을 명한 후 신문사를 봉쇄했기 때문이다. 안창
  호가 여운형과 함께 프랑스 영사를 찾아가 이유를 묻자 『독립신문』은 작년에 이
  미 폐쇄한 것인데 왜 속간시켰느냐는 일본 영사의 엄한 항의가 있었기 때문이라
  는 대답이었다(『독립신문』 1920년 5월 11일자 社告 ; 『高等警察關係年表』, 29쪽
  ; 『안창호일기』 1920년 6월 24일)
65) 마침 1921년 2월 16일 약혼자 허영숙이 상해로 건너왔다. 그는 의사였으므로 상해
  에서 개업하여 살 생각으로 온 것이었으나 이광수는 약혼자를 먼저 서울로 돌려
  보낸 뒤 4월 상해를 떠나 서울로 왔다. 안창호는 이광수의 귀국을 극구 말렸다. 안
  창호는 지금 압록강을 건너는 것은 적에게 항복서를 바치는 행위라고 말했다. 또
  이광수 개인의 앞길에도 큰 화를 부르는 일이라고 충고했다. 그러나 이광수는 4월
  19일 국내로 들어왔다. 그의 귀국에 대해서 국내외에서는 변절자라 하여 공격을
  퍼부었다(전집 7, 264~265쪽 ; 『안창호일기』 1921. 2. 18 ; 김정명, 앞의 책, 271쪽).
  『독립신문』 4월 1일자(103호)에는 이광수가 수월 전에 사임하였다는 사고가 실려
  있다(전집 7, 265쪽).
66) 『독립신문』 1921년 4월 20일자.
67) 이광수가 상해를 떠나 본국으로 귀국한 지 두달쯤 뒤인 6월 9일에 프랑스조계는
  『독립신문』을 인쇄하던 三一印書館의 폐쇄를 명했다. 이유는 과격주의 서류를 인
  쇄했다는 것이다. 『독립신문』은 이로써 창간 이래 네 번째 정간을 당한 것이다.
  이에 대해서 이동휘 등이 북경에 모여 대책을 논의하고 돌아와 프랑스 관헌에 대

이영렬이 퇴사한 뒤에는 金承學이 경리부장을 맡아 운영하였다.『독립신문』의 복간이 김승학 차이석 등의 손으로 이루어졌는데, 김승학은 "재간후의 본 신문은 안창호의 전용 기관지이며 대한민국임시정부와는 거의 무관계라고 전하는 자가 있다"고 말하고 있다.68) 이에 대해 김승학 자신은 다음과 같이 쓰고 있다.

　倭 영사의 간섭으로 프랑스 工務局에서 정간처분을 받았다가 안창호 김승학의 교섭으로 解禁이 되었으나 자금난에 봉착하여 김승학의 巨金 출자로 다시 속간되었다. 당시 진용은 사장 김승학, 주필 박은식, 편집국장 차이석, 기자 김문세 박운갑(일명 英)외 3인, 발송부장 백기준, 인쇄부장 高俊澤 외 중국인 何某 孟某 등이다.69)

1921년 6월 네 번째로 정간당하는 수난을 겪었다. 김승학이 경리부장이 되고 나서는 열흘, 2주, 또는 3주에 겨우 한 번씩 가끔 발행되기도 하다가 1922년 1월 1일 제119호를 발행한 뒤에는 한달 20일이 지난 2월 20일에야

해 복간을 요청하여 프랑스조계의 이 폐쇄조치는 풀렸다. 그러나 재정난으로 인해서 속간을 못하다가 10월 5일에야 제100호와 101호를 동시에 발행할 수 있었다. 일본측 비밀기록을 보면 8월 15일자로 발행된 것으로 나와 있는 제100호도 사실은 101호와 함께 10월 5일에 발행되었다는 것이다(김정명, 앞의 책, 149쪽 ; 국회도서관,『韓國民族運動史』三·一運動篇 其1, 1977, 515쪽 ;『동아일보』1921. 7. 30,「上海假政府員이 獨立新聞再計劃」;『조선일보』7. 30,「李東輝등 運動으로 독립신문을 재간코자 운동중」;『독립신문』1921. 10. 5, 社說 ; 국회도서관,『韓國民族運動史料』三·一運動篇 其 1, 636쪽).

68)『독립신문』1921. 10. 5, 10. 14, 社告. 위의『韓國民族運動史料』, 636쪽.
69) 김승학,『韓國獨立史』, 독립문화사, 1966, 294~295쪽. 김승학은 자신이 사장이었고 박은식이 주필이었다고 말하지만 그의 공식 명칭은 사장이 아니라 경리부장이었다. 당시『독립신문』에는 그가 언제나 경리부장으로 기재되었고 사장으로 불리지는 않았다. 다만 尹海가 주필이었던 때인 1920년 10월 30일자에 김승학이 주간으로 기재된 적은 한번 있을 뿐이다. 그러나 전임 이영렬 때에도 이광수가 사장이기는 했지만 영업부장이 신문의 실질적인 경영주였으므로 사장과 비슷한 위치였는데 김승학이 맡을 때에는 사장이 따로 없었기 때문에 그를 사장으로 볼 수도 있는 것이다. 그러나 더 정확하게 말하면 그는『독립신문』의 경리부장 겸『독립신문』을 인쇄하던 삼일인서관의 사장이었다.

다음 호를 발행했고, 3월 1일에는 121호, 그리고 한 달이 지난 3월 31일에 122호를 발행했다.

김승학은『독립신문』의 경영난 타개와 신문발행의 정상화를 위해 몇 가지 새로운 사업을 시행했다. 그는 우선『독립신문』을 도와달라고 호소하는 글 "독립운동과 독립신문"을 통해 이 신문이 어느 한 단체나 당파의 기관신문이 아니라 독립당원 전체의 기관신문임을 강조하면서 신문 유지를 위한 방안 네 가지를 제시했다.[70)

김승학은 尹海를 주필로 모셔왔다. 그는 매우 활동적인 인물이었다.[71) 그러나 윤해는 오랫동안 재임하지는 못했다. 그는 1922년 7월 독립신문 주필에 취임했다가 이듬해 3월 초순 경 사임하고 러시아 방면으로 가게 되었다. 그 후임으로 박은식이 국문판 주필이 되었다. 박은식은 1922년 8월 경부터 이미 중국어판의 주필로 있었으나 윤해가 물러나자 국문판 주필직을 겸하게 되었다. 1924년 1월 무렵부터는 조완구가 주필이 되었다는 보도도 있었으나 그가 어느 정도로 간여하였는지 확실하지 않다.[72) 1924년 1월부

---

70) 첫째, 신문 값을 잘 보내주기 바란다. 신문사업은 신문값을 받아서 유지하는 것이니 신문값을 보내주어야 그 돈을 가지고 신문을 다시 박아서 또 보내게 된다. 둘째, 각처에서 등사판 또는 석판으로 찍어내는 신문들이 많은데 그런 신문을 내는 사람들은『독립신문』과 합동하여 큰 신문이 되도록 힘쓰기 바란다. 셋째,『독립신문』을 위하여 다소를 불구하고 성금을 보내주기 바란다. 10전도 좋고 1원도 좋다. 해외동포가 1백만 명이라면 1원씩만 보내면 1백만 원이 된다. 넷째, 신문사업의 뜻을 지닌 동지의 참여를 바란다. 독립운동에 민족의 선도가 될 만한 포부를 가진 지혜있고 능력있는 주필되실 동지를 환영한다(『독립신문』1922년 6월 3일).

71) 윤해는 1923년 7월 주필직을 맡았는데 그는 프랑스어에 능통했고 국제적인 감각을 지닌 사람이었던 것 같다. 윤해는 1919년 8월 블라디보스톡의 대한국민의회 연맹응호회에도 참석했던 사람이다. 1922년 겨울 상해로 와서 국민대표회의 개최를 위해 노력하여 안창호와 함께 부의장에 선출되었다.『독립신문』의 주필 취임 직전이었던 1923년 5월에는 상해에서 발행되던 불어 신문에 일본인의 소론을 반박하는 글을 싣기도 했다. 그는 일본인 자작 中山이 한국을 국제연맹의 위임통치하에 두자고 쓴 글을 극력 반박했던 것이다(『독립신문』1922. 7. 8, 「尹海先生과 本社」;『독립신문』1922. 6. 3, 「日人이 主張하는 韓國의 委任統治 法國新聞紙上에 揭載된 것을 尹海氏가 反駁」).

72)『조선일보』1924년 1월 5일자.

터 이듬해 11월까지 겨우 20호를 발행했는데 1924년 말에는 박은식이 사장이 되었으므로[73] 조완구는 실제로 신문 제작을 한 것이 별로 없을 것으로 보인다.[74] 그런데 박은식은 1925년에 사망하였으므로 신문은 10호도 발간치 못한 셈이었다.[75]

1922년 6월에 「독립운동과 독립신문」이라는 글을 통해서 그 동안의 공적을 다음과 같이 평가했다.

…… 몇 해를 두고 일해 나가는 동안에 우흐로 정부당국의 정책을 도우며 아래로 동지 동포의 혈성을 고동하며 안흐로 독닙군의 단결을 힘쓰고 밧그로 세계에 우리사업을 선전하여야 하리니 우리 독닙운동에 대하야 독닙신문의 적지 안음은 감히 스스로 붓그럼 업시 장담하는 바로다. ……[76]

이처럼 조동호가 기자 겸 인쇄직공으로, 또는 창간 동인으로 적극 참여 발간하기 시작한 상해판『獨立新聞』은 3·1혁명 후 국내에서 민간신문(『조선일보』·『동아일보』)의 발행 이전에 창간되어 임정과 중국 동삼성 지방의 민족 독립운동 소식을 국내외에 알리면서 민족의 통일과 단결을 주장하였고, 민족언론의 정통을 세운 신문이라는 점에서 그 6년여의 장기 존속의 의의를 찾을 수 있겠다.[77] 이 신문의 폐간은 못다 푼 독립운동의 숙

---

73) 상해 독립신문사는 창간 후 6년 동안에 여러 가지 모양으로 난관을 겪어오다가 재작년부터 金希山(承學)씨가 만흔 성력을 다하야 천신만고 중에서 자긔 생명과 가티하야 근근 유지하야 오던바 이번에 부득이한 사정으로 인하야 김희산씨는 사임하고 백암 박은식씨가 사장으로 崔光郁씨가 경리부장으로 새로히 취임하얏스며 기타 여러 직원은 류임되얏다더라(『조선일보』 1924년 12월 12일자).

74) 『독립신문』 1924년 4월 26일자.

75) 백암은 취임 직후인 1925년 3월 25일 임정의 제2대 대통령으로 선임되었으나 11월 1일에 사망하였다. 독립신문 마지막호는 그의 사망 기사가 실린 11월 11일자 제189호였다. 독립신문은 이미 1924년 초부터 더 이상 유지하기 어려울 정도로 경영난이 악화되어 있었으므로 박은식은 취임 후 1년 사이에 겨우 7호를 간행하고 말았다.

76) 『독립신문』 1922년 6월 3일자.

77) 洪閨晶, 『유정 조동호연구』(未刊), 1990, 24쪽 ; 鄭晋錫, 앞의 論文.

제이기도 한 것이다.

7) 조동호의 신문발행 기여

임정(1919~1945)의 초창기 상해시대의 유일한 기관지였던 『독립신문』
은 원래 『獨立』이란 제호가 붙은 채 창간되었다. 그 뒤 『獨立新聞』(1919.
10. 25, 22호)과 한글로 『독립신문』(1924. 1. 1, 169호)이란 명칭 속에 1919
년 8월 21일부터 1925년 11월 11일까지 6년 3개월간(189호) 정도 속간되었
던 순수 민간의 민족신문이었다.

국내에서 창간 배포된 민간신문인 『조선일보』(1920. 3. 5)와 『동아일보』
(1920. 4. 1)보다 7개월 앞서서 발행된 것이 바로 임정의 기관지 『독립신
문』이다. 그러므로 상해판 『독립신문』은 순수 민간인 선각자가 창간한 신
문으로는 최초의 일간신문이라고 결론내릴 수 있다. 이 신문은 비록 중국
상해에서 발행되었으나 국내외에 배포되어 우리 동포들에게 새로운 용기
와 희망·자신감·삶의 의욕을 불러일으켰다. 이 신문의 기반을 닦은 인물
이 島山과 유징 조동호였다.[78]

신문의 자모는 물론 인쇄시설, 용지 공급, 기사작성 요령 등에 이르기까
지 중국계 신문사에 근무한 경험이 있던 유정 조동호가 역량을 발휘, 중국
인의 적극적인 도움을 받게 되었다.[79] 도산의 경우도 이 신문발행에 기여
하였지만[80] 자금조달은 유정의 알선에 따라 金錫璜의 헌신적 노력이 크게
주효하였다.[81]

유정은 1923년 말에 새로운 광복운동을 모색키 위해 귀국하여 한때 사
회주의 운동에 투신한 바 있으나 전후 4년간 그가 『독립신문』에 신명을 바
쳐 창간과 보급에 기여한 면은 社屋을 여러 번 이전하면서도[82] 끝내 좌절

78) 李炫熙, 『趙東祜抗日鬪爭史』, 청아출판사, 1992, 174~198쪽.
79) 李炫熙, 『우리나라 근대인물사』, 새문사, 1994, 535~542쪽.
80) 上同, 414~415쪽.
81) 上同, 525~528쪽.

치 않고 주3회씩 발간 보급했던 것이다. 때로는 少年 관계기사에 이르기까
지[83] 다양한 취재와 보도로 상해 동포는 물론 국내 동포에게도 새로운 기
쁜 소식, 감격적인 기사를 대면할 수 있게 하였던 것이다.[84]
　유정이 국내에 들어와 당시를 회고한 말에 의하더라도

　　"상해시대 임정에 쏟은 정열은 가장 강했고 고귀했으며 깊었다. 특히 독
　립신문 만드는 일에 어떻게 그렇게 신명을 바쳤는지 모르겠다."

라고 강조한 것을 새삼 음미해 볼 수 있다.[85]
　이 신문은 그뒤 임정의 이동시대(1932~1940) 8년을 거쳐 重慶시대
(1940~1945)로 들어서서 임정이 안정된 뒤 중경판 『독립신문』(中文)으로
변경 속간되었다.[86]

---

82) 앞의 『韓國民族運動史料』 중국편, 149~155쪽.
83) 金正義, 『韓國少年運動史』, 민족문화사, 1992, 231~244쪽.
84) 『東亞日報』 1922년 3월 5일, 1923년 2월 20일, 5월 15일, 6월 18일자 참조.
85) 유정의 인척 趙東弼의 증언(1991. 10. 23 安城 自宅).
86) 李炫熙, 『趙東祜抗日鬪爭史』, 청아출판사, 1992, 320~340쪽.

2. 이동녕의 혁명가상

1) 革命家像의 형성

대한민국 정통성의 상징인 대한민국임시정부(1919~1945)의 산파역을
지적할 때 먼저 임정의 터주대감 石吾 李東寧(1869~1940)을 손꼽을 수
있다. 그의 70평생은 고난과 시련, 항일투쟁과 광복정책 수립 시행으로 시
종 일관되어 있었다.

석오 이동녕은 대한민국임시정부 주석으로 위상이 주어졌고, 조국광복
의 투쟁가·혁명가로 알려지고 있다. 그는 1910년 이전에 벌써 민족문화
발전과 개화민권운동가·교육가·종교인으로서 국가발전에 기여한 흔적
이 역력히 나타나고 있다. 그 점이 곧 석오가 온건주의자라기보다는 혁명
투쟁가로서의 면모가 약여했음을 알려주는 근거가 되는 것이다. 그가 출생
한 뒤 1910년 대한제국이 일제에 의하여 강점당할 때까지 1870년 이래 40
여 년 동안의 경륜이 그를 혁명가로서 꾸준히 단련시킨 것이다. 그의 굳건
한 우국적 신념하에 형성된 혁명가상이 하루 아침에 이루어지지 않았음을
볼 때 오랜 외세 도전 속의 응전태세의 실적을 통해 인격과 경륜의 역량이
축적·활용될 수 있었다고 생각된다.

충남 천원군 목천에서 경상북도의 여러 군의 군수를 지낸바 있는 이병
옥의 맏아들로 태어난 석오 이동녕은 연안이씨 문중에서 지혜와 총명을
한 몸에 담고 성장하였다.[1] 그가 크게 성장하던 1860년대와 1870년대 및
1880년대는 문자그대로 구미 세력과 신흥제국주의 일본, 청국 등 해양 및

---

1) 『延安李氏大同譜』 참조 ; 이현희, 『임정과 이동녕연구』, 일조각, 1989, 3~9쪽.

동양세력도 함께 우리나라로 쏠리는 위기의식이 감돌던 시대였다. 이때 1860년 4월 몰락 양반인 최제우에 의하여 동학이 득도되었다. 이는 갈 바를 모르는 민중 앞에 메시아적인 종교와 사상을 제공하여 차차 삼남 일대로부터 전국으로 삽시간에 전파됨으로써 온통 세상이 '동학의 분위기'로 휩싸이는 듯하였다.2) 석오의 집안도 이 동학혁명의 영향으로 한동안 갈피를 잡지 못한 일도 있었다. 그러나 뒤에 그런 와중에서 벗어나 평온을 되찾았다. 이번에는 세도통치가 끝나고 대원군이 아들 고종을 철종 다음 26대 왕으로 옹립케 한 뒤 그는 섭정왕으로서 실권을 장악하여 이후 10여 년간 과감한 개혁정치를 단행하였다.3) 이때 일본은 근대화의 전환기로 접어든 明治維新을 단행하여 농업국가로부터 상공업국가로 부국강병을 재촉하였다.4)

이렇게 면모를 일신한 일본은 우리나라에 그들의 왕정복고를 통보함과 동시에 개항을 요구해 왔다. 근대적인 의미로서의 외교관계의 수립을 기도하였지만, 그 숨은 의도는 자기네들이 미국과 영국으로부터 당한 냉정한 제국주의적 수법에 의하여 불평등조약을 체결당하였기 때문에 이를 우리나라에 적용해 보자는 침략적인 뜻이 다분히 깔려 있었다.5)

이때 淸國은 북경이 구라파세력에 의하여 함락당한 지 10여 년이 되는 때로서 그들 역시 근대화의 물결이 출렁이고 있을 때였다. 그러나 우리나라만 유독 대외통상거부정책을 고집하였던 것은 곧 홍선대원군의 대외인식 빈곤에서 빚어진 크나큰 실책이 아닐 수 없다. 이 당시 동양 3국을 손꼽을 때 청국, 일본과 조선이 해당된다. 그런데 청·일은 자의건 타의건 간에 근대화에 박차를 가하고 구체적으로 歐美 문화를 섭취하고 있었으나 우리나라의 경우는 거부감을 가지고 있었던 것이다.6)

---

2) 崔東熙, 「水雲의 基本思想과 그 狀況」, 『韓國思想』 12, 1974 참조.

3) 『承政院日記』, 高宗 2년 3월 29일조 「哲宗記事拾遺己百卷64追集 乙丑年3月」 ; 李瑄根, 「大院君의 政治」, 『한국사』 16, 국사편찬위원회, 1975.

4) 車基璧·朴忠錫, 『일본현대사의 구조』, 한길사, 1981 ; 河野健二, 『명치유신론』, 155~192쪽 참조.

5) 이현희, 『정한론의 배경과 영향』, 대왕사, 1986, 序·結論.

6) 한국정신문화연구원, 『민족의 시련과 영광』, 1983, 31~41쪽.

이동녕의 파란만장한 혁명기의 70평생은 곧 험난한 한국근대사의 가시밭길과도 같았다.

석오는 5살 때 고향에 있는 서당에서 한문공부를 시작하였다. 첫 번째의 제도적인 교육의 기회이기도 하였다. 이때 그 서당의 훈장은 석오를 보고 비상한 관심을 가졌다고 전해진다.[7]

"이 아이는 장차 이 나라의 기둥이 될 것이다. 저 총명한 눈과 의욕적인 진지한 자세 속에서 그렇게 감지할 수 있겠다."

이어 천자문과 중국의 고전인 四書三經을 떼었다. 서예에도 재능이 있는 등 큰 인물로 자랄 소지가 역력하였던 것이다. 신동이며 재동으로 불린 것은 매양 그 언행 속에 발랄한 모습과 넘치는 총기로 인해 그렇게 인정되었음에 틀림없는 것이다. 분명 천안 목촌골에 신동이 나타났다고 칭찬을 아끼지 않았던 것은 연안이씨 집안은 물론 他姓을 가진 관심있는 동네의 여러 유지들도 함께 느끼고 있었다.

재능도 뛰어났지만 그에게는 빛나는 눈과 굳은 의지의 딱 다물려진 입, 우뚝 솟은 코가 어떻게 보면 난세를 구할 풍운과 기백으로 가득 서려 있어 보는 이로 하여금 혁명가의 인간상을 연상케 하였다.

더욱이 10세가 되던 때(1878) 이동녕은 청원군 문의면 후곡리에 사는 학식높은 조부 이석구 선비집에 가서 높은 기개와 절제있는 생활법도를 익히고 인격을 수양하였다. 이석구는 석오에게

"사람이란 글 공부를 더 많이 하고 적게 하는 것으로 그 척도를 나타낼 수는 없는 것이다. 글보다 더 앞서는 것은 인격을 닦고 교양을 쌓아가는 데서 그 참모습을 찾을 수 있는 것이라. 너도 얄팍한 시속에 너무 끌리지 말고 참된 삶이 무엇이며 인생의 보람을 찾는 것이 보다 더 인간다운 정도라고 생각하고 그것을 추구해야 하느니라!"(앞의 『임정과 이동녕연구』)

---

7) 尹潽善 대한민국 前대통령과의 인터뷰(1987. 8. 7. 安國洞 自宅).

이런 이석구의 「인격수양론」에 감동한 석오로서는 무엇보다도 인격과 학문을 병행해서 갈고 닦았던 것이다. 뒷날 혁명투사로 大器가 될 수 있었던 배경은 한말 외세도전이라는 거센 침략의 물결 속을 헤치고 꿋꿋한 의지와 신념을 내면화하여 단련시켰을 뿐 아니라 강인화하였기 때문이 아닌가 생각된다.

2) 외세도전 속의 성장

이동녕이 14세 되던 해는 임오군란이 일어나던 1882년이었다. 개화정책과 위정척사정책이 서로 견제하는 가운데 신식군인과 구식군인 간의 갈등, 마찰이 결국 구식군인이 중심이 되어 군란을 일으키게 된 것이다. 이런 소란으로 일본군인 10여 명이 죽고 花房義質 일본공사는 저희 나라로 피신해 버렸다. 이를 계기로 제물포조약을 맺었으니 이런 일련의 정치적 혼돈 상태는 이후 갑신정변 등 정국의 혼란을 가중시킨 가운데 외세의 발호를 부채질해 준 결과를 초래하였다.[8] 소년 이동녕의 생각에는 서울에서 일어난 이런 일련의 사태가 나라를 더욱 어지럽게 하며 주인으로서의 기백을 나타내지 못하는 계기를 마련하였다고 스스로 개탄하였다. 아니나다를까 2년 뒤인 그가 16세 되던 때인 1884년에는 갑신정변이 일어나 金玉均 등 개화파가 3일천하로 몰락하는 모습을 보았다. 개화는 마땅히 우리 스스로가 진행시켜야 했다. '왜 일본의 힘을 빌려야 했을까'하고 어린 소년의 가슴이 현실을 직시할 때 회의 투성이의 사회임을 보아 안타깝기 그지 없었다.

자력과 자강이 무엇보다도 국력을 키우는 구체적인 힘이라는 사실을 터득할 수 있었다. 혁명가의 자질을 타고난 이동녕으로서는 마땅히 생각해야 했고 거쳐야할 과정으로 믿어진다.[9]

그는 17세 되던 1885년 부친을 따라 고향 목천에서 서울로 일가가 이주

---

8) 李光麟, 「甲申政變에 대한 一考察」, 『開化黨研究』 所收, 一潮閣, 1973.
9) 金錫營, 『石吾 李東寧一代記』, 乙酉文化社, 1982, 20~25쪽.

하였다. 시골에서 자라는 것도 성장에 도움이 되겠으나 역시 역사의 중앙
무대 속에서 단련되면서 자라는 것이 자녀교육상 도움이 되리라는 생각으
로 이런 결심을 하게 되었다. 특히 갑신정변 때 뒤에서 김옥균 등 개화당
40여 명 규모의 비밀 급진개화파를 지원하던 일본이 이 정변이 실패하자
곧 배신하였다는 어른들의 뒷 이야기를 듣고서부터 일본에 대한 증오심과
적개 감정이 솟기 시작하였다.10) '못믿을 것은 일본이구나'하는 생각이 점
차 굳어지게 되었고 고정관념화될 정도였다. 서울 종로 3가 봉익동 11의 4
번지에 정착한 그는 이때부터 字를 그곳 동명을 따서 '봉소'라 하였다.

그는 20세 때까지 아버지의 직장을 따라 경북 영해군과 평양 등지에서
얼마 동안 살았다. 이때 그는 일제 침략자들의 정치적 침입은 물론 경제
사회와 문화적인 침략상도 목도하고 '이럴 수가 있나' 하면서 통탄하고 더
욱더 일본에 대한 경계심을 다짐하였다. 개화정책이 하나 둘 펴지고 있을
때 그의 유교적 지배의식에도 큰 변화가 일어나고 있었다.

3) 격랑의 청년기

부친을 따라 평양에서 머물고 있던 그는 한때 '작은 군수'로까지 불려질
정도로 뒷전에서의 협력이 적지 않았다.11) 아들 석오 이동녕의 장래를 생
각한 그 부친 이병옥은 자상하게 "이젠 너도 네 앞길을 개척해야 하지 않
겠느냐. 과거에 급제하는 길이 곧 출세의 관문이니 어찌 하겠느냐. 굳게 마
음을 고쳐 먹고 서울로 가서 응시하여 급제하도록 준비하라"고 근엄한 격
려의 말씀과 함께 노자를 주어 상경케 하였다.12)

준비를 게을리 하지 않은 청년 이동녕은 應製進士 시험에 응시하였다.
동생 南寧은 무관이 되기 위하여 사관학교에 갈 차비를 차리고 있을 때였
다. 형제는 준비에 여념이 없었다. 모친의 정성스런 기도가 매일 시작되었

---

10) 李光麟, 『開化黨研究』, 一潮閣, 1979, 「開化黨의 形成」 參照.
11) 김석영, 『석오 이동녕일대기』, 을유문화사, 1982, 32~33쪽.
12) 석오의 손자 李乘熙씨와의 인터뷰(1996. 10. 5. 自宅에서).

다. 급제를 기원하는 정성스러운 기도였다. 24세 되던 1892년 응제진사시험에 무난히 합격하여 난세를 건질 한 청년의 장래를 희망차게 바라보게 되었다. 이때는 동학도가 반봉건 반제운동을 전국적인 규모로 일으키고 있을 때였다.13) 동학혁명이 일어나던 때 이동녕은 26세였다. 그 자신은 다른 양반들처럼 동학을 匪賊(비적)이라고 생각치 않았다. 개화한 사람답게 동학을 인식하였다. 동학도가 봉기하게 된 근본적인 동기는 탐관오리의 부정부패와 비리 모순이라고 생각하였기 때문에 오히려 정의로운 항거이며 반봉건운동이라고 여겼다. 그는 그만큼 진보적인 사상을 키워가고 있었던 것이다.

그가 부친을 따라 삼천리 주요 지역을 돌면서 느낀 것 가운데 하나는 이 나라 백성들의 대부분이 아직도 세계발전의 진운에 낙후되어 있다는 사실이었다. 그러니까 개화운동에도 앞장서야 이 나라가 장차 발전의 대열에서 뒤지지 않을 것이라고 믿었다.

응제진사 시험에 합격한 석오 이동녕은 사나이로서의 야망을 펼 여건이 성숙되었다고 믿고 우선 아호는 石吾라고 지었다. 석오는 곧 돌이란 뜻이다. 돌은 바보같고 냉냉한 듯 싶지만 공고하고 지조가 깊은 뜻을 포함하고 있는 것이다. 돌은 간사하고 요사하며 교활하거나, 기회주의자와 같은 바람에 날리는 갈대가 아니라고 생각하였다.14) 세상에 모든, 동식물이 다 변하고 지조를 꺾는다 해도 「돌」만큼은 전혀 그런 류의 俗物化가 될 수 없다고 믿었기에 그 호를 쓴 것이다. 어찌보면 돌같은 굳은 의지와 신념을 갖는 혁명가로 자랄 것을 목표로 삼았는지도 모를 일이다. 돌은 대중적이고 친근미가 있다고 생각하여 비록 자신이 양반후손이라고는 자칭해도 백성, 즉 민중을 사랑하고 늘 그 속에서 커가는 것을 원한 그로서는 겸손과 아량을 그 돌에 비유하였다. 젊은 시절부터 생각하는 것이 이렇게 깊고 넓어 대인의 풍모를 엿보게 하였다. 대인의 면모가 때로는 무기력하고 예리한

13) 金義煥, 「1892·3年 東學農民運動과 그 性格」, 『韓國史研究』5, 1970/李炫熙 엮음, 『東學思想과 東學革命』, 청아출판사, 1985 所收 ; 李炫熙, 『東學革命과 民衆』, 大光書林, 1986, 49~72쪽.
14) 앞의 장손 李戴熙와의 인터뷰.

면이 없다는 世評을 받지만 석오로서는 '돌같은 사나이'로 통하는 것을 더 원하였던 것이다.

백범 김구가 석오를 보는 눈이 얼마나 정확하였는지 『백범일지』에 나오는 다음 글 속에서 느낄 수 있다.

> 이동녕 선생은 일생을 자기만 못한 동지를 도와서 선두에 내세우고 자기는 他의 부족함을 補하고 啓導함 같은 것을 미덕으로 여겼으니 선생의 최후의 일각까지 애호를 받은 사람은 바로 나, 즉 吾人이었다.

석오가 대한민국임시정부의 터줏대감으로 불리우는 연유를 바로 백범의 고백적 회고 속에서 잘 느낄 수 있겠다.[15] 그럼에도 불구하고 석오가 백범보다 공적면에서 잘 알려지지 않은 것은 두말할 필요없이 민족의 광복 이전에(1940) 중국대륙인 기강에서 長逝하였기 때문이다.

그는 1893년 25세 때 아버지를 따라 원산으로 잠시 주거지를 옮겼다. 그의 이동생활은 이제 익숙한 단계에 접어든 것 같았다. 어느 곳을 가든지 그곳에의 적응도는 항상 빠르고 앞장섰다. 여기서 육영사업을 시작한 부친을 도왔다. 어렵게 마련한 자금으로 그 부친은 광성학교를 설립 운영하였다. 무엇보다도 나라의 힘을 기르는 가장 빠르고도 효과적인 방법은 인재육성밖에는 없다는 교육구국사상에서 그 자신도 부친의 뜻을 받들었으니 뒷날 서전서숙과 신흥무관학교 설립에 앞장선 것은 이 같은 풍부한 경험에서부터 비롯된 혁명사상 때문이었다. 뒤에 이 학교는 광명학교라고 고쳐 부른 뒤 이 지역 일대의 청소년을 흡수, 본격적으로 養人사업(인재육성)을 시작할 수 있었다. 이 학교가 세워진 곳은 원산 산제동이었다. 이곳을 중심으로 그의 청년기의 꿈은 한껏 부풀었고, 혁명가로서의 훈련과정으로는 좋은 경험이 되었던 것이다. 부친을 도운 교육사업이었으나 아마도 이 같은 좋은 경험은 곧 그 자신의 사업인 양 血과 誠을 다해 젊음을 고스란히 몸바쳤다.

---

15) 金九, 原本 『白凡逸志』, 147쪽. 이같은 사실은 李範奭 장군의 회고록 속에서도 반영되고 있다.

이 학원이 어느 정도 기반이 잡혀가자 할 일이 산적해 있는 청년 이동녕으로서는 그곳에 더 이상 머무를 수가 없었다. 곧 상경하면서 뒷일을 마쳤다. 그 어간에도 국내외 정세는 유동적이고 급박해 갔다.

우선 그에게 중요한 것은 가정적인 안정이었다. 26세에 결혼한 것은 이 때문이다. 그 당시로서는 노총각임에 틀림없었다. 풍산김씨 慶善규수와 결혼하여 안정감을 갖게 되었다. 室人 김규수는 석오보다 6살이 아래였던 재원이었다. 그가 결혼하던 때는 1894년으로 동학혁명이 일어난 것을 필두로 갑오개혁(경장)·청일전쟁 등이 연달아 일어났고,16) 김옥균이 상해에서 자객에게 살해당하는 등 국내외가 정치적 소용돌이로 휩싸여 있을 때였다.

그가 이렇게 국내 치안이 소연해지고 외세가 내정 깊숙이 침투해 오는 것은 국내의 정치적 안정이 안 되어 있음과 동시에 이를 거척할 세력이 구조적으로 형성되어 있지 못하기 때문이라고 믿었다. 그가 1896년 7월 독립협회 결성에 적극 가담 활동한 것은 이 때문이었다.17)

따라서 정치·경제·사회·문화상의 외세 침투가 극심한 차제에 민권운동을 통하여 民力을 길러야 하였다. 더욱 이권사수운동을 펴서 국력을 더 공고히 다져야 우리나라가 외세 도전을 능동적으로 대처 극복할 수 있다고 굳게 믿었던 것이다.18)

4) 민권신장운동의 先導

석오 이동녕이 28세 되던 해인 1896년 7월 독립협회가 개화의식의 세 갈래 남녀 지식인의 자발적인 참여로 서울에서 조직되었다. 그것은 서구 시민의식 계열, 개신유학자 계열, 그리고 順成會 등 여류지식인 계열의 참여로 생각된다. 독립협회는 이후 3년간 피나는 황권 강화 속에서 민권신장사

---

16) 柳永益, 「甲午更張을 圍繞한 日本의 對韓政策」, 『歷史學報』 65, 1975.
17) 愼鏞廈, 『독립협회연구』, 일조각, 1979, 「성립의 배경」 참조.
18) 김숙자, 「독립협회의 斥俄사상」, 『인문과학연구』 1, 성신여대 인문과학연구소, 1981.

상을 저변으로 확산시켜 나갔던 것이다.[19]

석오는 당시 독립협회의 서재필 윤치호 이상재 남궁억 이채연 이준 박은식 정교 이갑 양기탁 전덕기 장지연 지석영 이승만 이건호 이종일 등 40여 명의 혈기 왕성한 선배 독립투사들과 어울려 직접 간접으로 외세의 도전을 능동적으로 대처 극복할 방략을 강구하고 있었다.

그의 제2의 개화운동으로 불리우는 光武개혁에도 남다른 관심과 흥미를 가지고 있었다. 개혁이란 곧 현실의 낙후성이나 불합리 모순 정체현상 등을 청산하고 새로움을 추구하는 것이라고 그는 인식하였다. 그러기 위해서는 그 자신이 혁명적인 인간상이 되어야 한다고 믿었던 것이다. 그의 혁명가다운 기질이나 담력의 배양은 이 같은 개혁의 정신에서 찾아 볼 수 있는 것이다. 독립협회운동은 결국 서울 중심의 개화운동으로 구체화되어 그의 혁명정신을 찾아 볼 수 있는 것이다.[20] 독립협회는 신식교육의 필요성을 역설하고 특히 국사교육을 통한 민중의 역사의식이 얼마만큼 투철하고 그에 기반이 된 시민정신이 얼마나 강인한가에 따라 그 나라 국민정신의 척도를 가늠할 수 있다고 강조하였다. 청소년의 장래가 그 국가 흥망성쇠에 관건이 된다는 사실을 더욱 힘주어 강조하였으니 석오 청년도 이에 동조, 직극 계도하고 몸소 실천하는 데 앞장을 섰다.

석오는 이에 적극 앞장서서 호소하는 계층에 속했으나 소장파로서의 한계성은 있었다. 석오는 3세 위인 서재필과 잘 어울려 大志·웅지를 펴는 데 크게 조력하였으며, 4세 위인 윤치호, 6세 위인 남궁억, 19세 위인 이상재 등 선배들의 총애를 받아 그들을 돕는 데 소명의식을 가지고 참여, 실적을 올렸다.

독립협회는 무엇보다도 의회제도의 시초를 이룩했고 민중구국운동의 선구적 임무를 수행했으니, 만민공동회를 열고 수천 명이 모여 6개조의 헌의를 결의한 것이 큰 실적이며 클라이맥스인 것이다. 독립협회의 조직을 보면 正副議長 다음에 都總務를 두었고 이어 총무·간사·재무·선전·지

---

19) 정교, 『大韓季年史』 상 권2~4, 국사편찬위원회 참조.
20) 이현희, 「서울을 중심으로 한 개화운동」(Ⅱ), 『향토서울』 제39호, 서울특별시시사편찬위원회, 1981 ; 同(Ⅲ), 『향토서울』 제42호, 1984.

방·조사·섭외·문교 등 여러 가지 부서를 두어 업무를 분담 처리해 나
갔다. 동 운영위원으로 당당히 참여한 석오는 간사부 소속의 연락책이었
다.

그는 후배 동지 노백린 이갑 유동열 등과 고락을 함께 하면서 선배 동지
의 뜻을 충실히 이행하였다. 이들은 뒷날 대한민국임시정부의 주요 멤버로
함께 민주주의의 신장을 위하여 신명을 바친 동지로 발전하였다.

현대사회는 조직과 체계적인 운영을 전제로 한다. 석오는 유교의식에서
일대전환의 계기를 마련한 뒤 조직사회의 일원으로 사회적 적응력을 갖기
시작하였다. 그 첫 번째의 조직사회에의 참여가 바로 독립협회의 간사부
연락책이었다.

이 당시 국내정치는 더욱 혼미를 거듭하였다. 아관파천이라는 전대미문
의 불법무도한 러시아인의 황제연금사건이 발생하였으니 이는 그 전해에
일어난 명성황후 시해사건에 이은 매우 불행한 국가적 수치요, 격분할 사
실이 아닐 수 없었다. 아관파천 중에 각종 경제이권이 러시아의 자의적 배
분에 의해서 60% 이상이 구미 각국에 적절히 양여되어 우리의 경제권이
점차 침식당해 갔다.

독립협회 회원들과 합세한 석오는 고종황제의 덕수궁 환어를 눈물로 호
소하고, 각축을 벌이는 외세 배척을 목청껏 절규하였다. 전국민의 자발적
인 고종환어의 열화가 결국 러시아의 콧대를 꺾어 연금 1년 만에 복구의
실현을 본 것이다.

이에 국민의 여망에 따라 자주적인 대한제국이 선포되고 광무개혁이라
는 제2의 개화운동이 1910년까지 줄기차게 이어져 사회경제적인 부국강병
이 실시되었다.21) 대한제국이 수립되었을 때 석오는 이제야말로 혁명의 시
대가 도래할 것이라고 스스로 믿고 있었다.

혁명적인 분위기 속에서 성장한 석오는 독립협회를 사수하기 위하여 목
숨을 걸고 민권쟁취운동을 전개하였다. 그때 정부는 독립협회를 와해시키
기 위해 황국협회라는 정치테러집단을 조직케 하여 대항시켰다. 거기에다

---

21) 송병기, 「광무연간의 개혁」, 『한국사』 19, 국사편찬위원회, 1976.

가 세계 열강이라는 나라들도 자기네들의 이권쟁탈에 독립협회가 끼어들어 방해공작을 펴자 정부에 압력을 가하여 붕괴 소멸시킬 만반의 공작도 펴고 있었다. 이런 국내외적인 여건이 독립협회 회원의 구국활동을 제어하는 장치가 되었다. 그러나 이에 굴하거나 관망만 할 애국청년들이 아니었다. 석오 등이 다른 청년과 손잡고 독립협회의 자주독립운동을 격렬히 계속하고 이에 감동한 애국시민이 자진해서 다수 가담 활동할 분위기로 접어들자 압력을 받은 정부는 방해의 앞잡이라 지적한 석오 이준 이승만 등 10여 명을 연행 구속하였다. 이때 구금되었으나 뚜렷한 죄와 물증이 없는 상황 속에서 더 이상 억류시킬 수 없어 불법적으로 7개월 동안이나 취조하고 고문하다가 풀어준 넌센스도 있었다. 석오로서는 이런 영어의 유치장 생활이 그의 혁명가로서의 기질을 더 강렬히 키우고 담력과 경륜을 쌓는 데 크게 도움이 되었다. 뿐만 아니라 옥중에서 뒷날 독립운동에 역군이 된 이승만·박용만 등과 안면을 넓히고 구국의 의논을 함께 할 수 있었던 것은 그런대로 큰 수확이 아닐 수 없었다. 독립혁명가들과 악수하고 자기의 뜻을 피력할 때 동조하는 동지가 나타나면 그것보다 더 보람있는 일은 없을 것이다. 석오의 경우는 이 '옥중경험'이 곧 혁명가로 대성하는 데 어떤 암시를 받았던 것이 아닐까 생각된다.

이즈음 그는 묵암 李鍾一을 찾게 된다. 민족대표 33인 중의 1인이며 천교도인이기도 한 묵암은 大韓帝國民力會를 동지들과 같이 조직하였는데 이 모임은 독립협회와 비슷한 민권운동을 전개하였던 결사가 아니었나 생각된다. 그러나 일반자료에는 나타나지 않고『묵암비망록』에만 보이고 있을 뿐이다.22) 이종일은 以文社의 동지들과 손잡고『독립신문』이래 처음으로 한글신문을 발행하였다.『제국신문』(1898. 8 창간)이 그것으로, 이는 중류이하 여성들을 독자로 한 계몽판 한글신문이었다. 이종일은 그 사장인 동시에 기자까지 겸하였고, 때로는 사환의 임무도 수행하였다고 그의 비망록에 상세히 전해지고 있다.23)

---

22) 이종일,『묵암비망록』(未刊) 1898년 8월 10~15일자.

23) 이현희,「개화기의 인물과 사상」,『한국사상』17, 한국사상연구회, 1980. 이 논문 속에 대한제국민력회와『제국신문』의 창간 배경이 잘 밝혀져 있다.

석오는 묵암의 권유로 『제국신문』의 論客 즉 논설위원이 되어 사설과
일반 기사도 썼던 것으로 보인다. 「민족자강의 방도」, 「위국의 방도」, 「나
라의 장래」 등 몇 편은 무기명으로 쓴 사설인데 매우 참신성이 있다.24)

묵암에게 사사한 석오 청년은 그의 깨끗하고 혁명가다운 기질과 언행에
심취되어 그 인격과 학문을 흠모하였던 것으로 보인다. 석오 이동녕의 혁
명가로서의 풍모나 기질, 성격, 착실성 같은 것은 어떻게 보면 묵암 이종일
의 깨끗한 일생에 영향받은 것이 아닐까 생각된다. 왜냐하면 이종일은 3·
1혁명 때 33人 중 천도교대표 15명의 일원으로 참여, 가장 긴 복역수가 되
었고, 석방된 뒤에는 제2의 독립선언문을 제작, 대대적인 민중운동을 전개
하고자 했었던 사실을 보아도 혁명가의 기백이 꽉 차 있는 인물인 것이
다.25) 더욱이 묵암은 1925년에 굶어죽은 지조의 인물이기도 함을 생각할
때 석오가 받은 그의 개결한 인상은 오랫동안 지워지지 않았을 것임에 틀
림없겠다.

5) YMCA 운동과 혁명의식

1900년에 접어들면서 국내정세는 더욱 어려워만 갔다. 그해 9월 27일 큰
아들 의식(실은 둘째아들)을 얻은 32살의 이동녕은 이제 30대의 원숙한 지
경에 이르러 정세를 알면 알수록 우국애민의 신념이 더욱 새록새록 일어
나고 있는 자신을 발견하게 되곤 하였다. 그럼에도 아직 이렇다 할 혁명가
로서의 업적을 내지 못한 석오로서는 세월 가는 것이 안타깝기 그지없었
다. 개화의 물결은 의식면에서보다는 문명의 이기를 갖다준다는 차원에서
눈에 띄게 몰려왔다. 전차·전기·전화·통신·철도·기선 등 과학기술문
명이 눈에 띄게 발달하여 서울거리도 제법 발전하는 선진국을 바짝 뒤따
르고 있었다. 이렇게 개화문명이 크게 밀어닥치고 기계화의 물결이 거세게

---

24) 이종일, 앞의 책, 1898년 9월 25일, 同 10월 28일자 참조.
25) 이현희, 「제2독립선언서의 사적 의미」, 『동국사학』 15·16합집 - 이용범박사화갑
    기념논문집, 동국대사학회, 1981.

몰아칠 때마다 늘 아쉽게 느끼는 것이 있었다. 마음의 평화와 안식처를 갈구하는 것이 그것이었다. 석오는 벗을 통하여 기독교인과 손잡고 종교적인 갈등을 벗어날 수 있었다. 종교적인 차원에서의 구국운동이라면 목숨을 민주자립제단에 바칠 각오가 되어 있는 것이 바로 석오의 혁명가적인 기질이며 결심이기도 하였다.

기독교청년운동에 흔쾌히 뛰어든 것이 이 때문이며 이 무렵이었다. 1902년 이상재 양기탁 전덕기 노백린 김필수 임치정 등 지사는 감시의 눈을 피해가면서 시국문제를 논의하곤 했다. 여기 석오도 한몫 낀 것은 물론이었다. YMCA의 전신인 기독청년회의 총무로 못다 한 나라 사랑의 기백을 하나님의 가르침 속에서 더욱 줄기차게 펴볼 결심으로 「거듭나는 인생」을 맛보게 되었던 것이다.

이 당시 외국선교사의 도움을 받지 않고 자력으로 성장한 교회는 상동교회·연동교회·승동교회·묘동교회 등 그 숫자는 손꼽을 정도로 많지 못하였다. 석오가 기독교에 기울게 된 것은 이상재의 영향에다가 당시 상동교회 주임 목사이며 신민회도 함께 조직하였던 전덕기의 음·양으로의 설교가 크게 주효하였던 것이다.[26] 한때 시장바닥의 숯장사로 지낸바 있는 입지적인 인물이기도 한 전덕기는 구국운동에 몸바친 집념의 신앙인이었다.[27] 혁명가로서의 석오를 그답게 신앙으로 뭉치게 한 결정적인 인물이 바로 전 목사였다.

그는 전덕기 목사로부터 직접 세례를 받았다. 이때 전덕기 목사는 석오에게 말하길

"사나이의 결심은 목숨보다 더 중하게 여겨야 하오. 석오는 곧 이 나라의 구국의 혁명가로서 국민의 기대를 저버려서는 아니되오. 시련과 고통이 뒤따를 때마다 하나님을 의지하고 골고다 언덕에서 죽어간 예수님의 고통을 생각하면 마음이 편해지고 용기와 신념이 용솟음친다오."

---

26) 김양선, 『한국기독교사연구』, 기독교문사, 1971, 104~105쪽.
27) 국사편찬위원회, 『한국사』 20, 1974, 249~250쪽.

유창한 설교에 석오는 감동하여 눈물까지 흘리면서

"이 몸은 나라 위해 이미 바치기로 맹세하였습니다. 이 나라가 나를 필
요로 하는 이상 내가 무엇이 두렵겠소."(김양선의 증언)

그의 각오는 하늘을 찌를 듯 충만해 있었다. 국권회복운동도 곧 종교적
인 순교의 차원에서 생각하였고, 곧 실천에 옮긴 것이다.

이무렵 큰딸 의정을 얻어 세 아이의 아버지로서 집안에서의 책무도 결
코 적지 않았다. 자녀가 늘고 자라나는 과정에서 그의 혁명가로서의 자질
은 더욱 빛났고 사명감에 차 있었다. 단지 나라사랑운동에 몸을 내맡기다
보니 가정적으로 따뜻한 분위기를 만들어 주지 못함이 못내 아쉬운 점이
었다.

1904년 2월 러시아와 일본이 우리나라 인천에서부터 침략전쟁을 일으켰
다. 청·일전쟁에서 승리한 일본이 한국을 독점코자 갖은 흉계를 꾸몄으나
북방의 침략자 러시아가 관망하지만 않고 남침자세를 보였다.

두 나라 간의 전쟁은 북해도 등지에서 일어나야 오히려 마땅하거늘 우
리나라 심장부에서 터진 것이다. 석오의 나이 36세 때의 일이었다. 그의 분
통은 이만저만이 아니었다. 일본침략자들의 상투수법에 따라 중외중립을
선언, 초연한 자세를 취하고 있는 한국정부 수뇌부를 작동·위협하여 한일
의정서와 한일협약을 계속 체결하였다. 전세는 일본에게 유리하게 돌아갔
으며, 이때 일본은 재빨리 손을 써서 미국과 손잡고 러시아와의 전쟁에서
의 승리를 전후로 비밀협정을 맺어 한국의 정치·경제·군사상의 권한을
수중에 넣었다. 이 후속 조치가 을사조약으로 구체화된 것이다.

우리나라의 외교권이 일제침략자들 수중에 들어가자 전국 각지에서는
애국시민의 구국항쟁이 줄을 이었다. 상소항쟁을 비롯하여 의병투쟁 결사
항쟁 종교·교육·언론·경제·여성 등 각 분야에서의 항일투쟁이 1910년
나라를 일본에 강점당할 때까지 계속되었다. 이동녕도 이에 빠질 리 없었
다. 그는 상동교회를 중심으로 동지들과 같이 상동청년회를 조직, 일제침
략 정책에 정신적으로 저항하였다. 여기 모인 동지는 양기탁 정순만 최재

학 김인즙 신상민 조성환 김구 이준 신채호 김진호 등이었다. 동 회원이기
도 한 이 당시 진남포 청년회의 총무였던 김구는 상동교회를 중심으로 단
합구국대회가 개최되었을 때 도끼를 메고 가서 상소의 격렬성을 보이자고
절규한 일도 있었다.[28] 김구를 처음 본 석오는 그의 사람됨에 감탄한 나머
지 장서할 때까지 줄곧 선후배의 동지관계를 맺었으며 이회영·이시영 형
제들과 기맥을 통하고 있었다. 뒷날 임정의 동지가 된 것은 지극히 당연한
추세이기도 하였다.

상동청년회에는 그 당시 독립투사들이 하나 둘 모여들기 시작하였다. 그
리하여 신민회의 중추교육기관의 임무를 수행할 수 있었다. 그러나 1914년
에 민족의식을 고취한다는 혐의를 받고 일제에 의해 폐교당하였다.[29] 석오
는 상동청년학원을 설립하여 뒷날 독립동지가 된 수많은 인재들과 교유했
다. 혁명가로서의 자질이 이런 교우를 통하여 더욱 확인되고 세련되게 성
장될 수 있었다. 그 가운데 이회영 이시영 이상설 등 명문거족 경주이씨와
는 사생을 같이할 혁명동지로 동지애가 두터웠었다. 석오는 이시영에게 그
의 혁명사상가다운 면모를 나타냈었다고 한다.

"부패·무능·부정한 정치는 그것이 비록 싹틀 정도라 해도 가차없이
목숨을 바쳐 쇄신 제거해야 우리나라가 선진국이 될 수 있겠소. 그러나
만일 혁신할 자신이 없다면 처음부터 공직에서 스스로 물러나는 결단력
이 있어야 할 것이요. 기운 국운을 바로잡고 허덕이는 민생을 구할 수 없
다면 차라리 결사보국하는 것이 대한 남아의 떳떳한 기상이며 혼백의 건
재함을 나타내는 지름길이 될 것이오."(이시영의 회고담)

라고 곧고 신념이 강한 젊은 혁명가의 의지를 보였다.[30] 뒤에는 안창호를
찾아 국가와 민족의 앞날도 염려하고 나라사랑의 길이 무엇인가를 진지하
게 의논하곤 하였다.

---

28) 김구, 앞의 책, 267~269쪽.
29) 손인수, 『한국근대교육사』, 연세대출판부, 1971, 30~32쪽.
30) 박창화, 『省齋先生實記』(未刊本), 25~90쪽.

이렇게 석오가 혁명가로서의 기풍을 닦고 인격을 수양할 수 있었던 정신적 구심점은 상동청년회라고 생각된다. 상동청년회에서는 주시경의 『대한국어문법』(1906) 등을 청년에게 읽도록 독려하였다. 이런 국학교과 외에도 법률·경제대의·수신·세계지식·지리 등 신지식을 청년들에게 입문 터득케하여 민족적 자부심과 주인의식을 심어주었다. 여기서 교육받은 인물의 대다수가 뒷날 독립운동에 중추적 역군이 되었다는 것은 결코 우연한 일이 아니었다.[31]

6) 新民會의 조직과 주도

석오는 독립운동의 장기적인 계획하에 북간도(용정 일대)로 가서 동지와 같이 서전서숙을 설립한 뒤 인재양성에 들어갔다. 동삼성 연길현 용정촌에는 이미 한국 동포가 수만 명이나 도착하여 운집해 있어 교육기관을 통한 인재양성과 민족의식교육의 선양은 적격이며 때를 잘 만났다고 생각하였다.

먼저 이상설과[32] 呂準이 선발대로 갔고[33] 석오는 3만원을 들고 정순만 등 동지와 같이 목적지에 가서 합류하여 갖은 고난과 시련을 뚫고 서전서숙을 세우게 되었다. 숙장을 이상설로 추대한 여준 황공달 박무림 등과 같이 교사로서 학생들을 교육하였다. 역사·지리·국제공법·경제대의 등의 신식학문이 이들의 주요 교과목이었다. 여기서 석오는 우리나라 역사상의 위인이나 혁명가의 모습을 상세하게 풀어서 학생들에게 그의 굳은 의지와 함께 집념 혁신사상 등을 심어 주었다.

그러나 혁명가상을 학생들에게 심어주고 가꾸는 새로운 의욕 속에서 혁신이념을 꽃피우던 석오에게는 실의와 좌절이 닥쳤다. 서전서숙을 개교한지 1년여만에 일제의 방해·탄압과 경영난으로 학교문을 닫아야 하였던

---

31) 김양선, 앞의 책, 150~159쪽.
32) 『나라사랑』 20 - 이상설특집호, 1975 참조.
33) 조소앙, 『소앙자서전』(미간본) 참조.

쓰라린 현실 앞에 한숨과 눈물을 내보일 수밖에 없었다. 이상설특사에게 헤이그 파견의 고종의 명령이 있었으므로써 학교운영자금의 얼마간을 이 여비에 충당하고 여준 등 동지와 같이 귀국하였다.[34] 1년 정도의 교육경험 이 있었으나 석오로서는 그의 평생 가운데 가장 값진 교훈을 얻었던 시기 이기도 하였다.

귀국한 석오는 역시 서울 상동교회로 발길을 돌렸다. 우국동지들의 유일 한 모임의 본거지가 그 교회이기 때문이었다. 그는 혁명가답게 가족의 안 부보다는 우국동지의 동향이 더욱 궁금하였다. 나라 걱정이 집안일보다 우 선이었기에 석오로서는 당연한 순서이기도 하였다. 석오는 북간도에서의 경험을 토대로 하여 앞으로의 진로를 구상하였다. 그러나 그 당시 정치성 을 띤 결사를 설립시킨다는 것은 그렇게 용이한 일이 아니었다. 나라의 외 교권은 물론 경찰권마저 이미 일제의 수중에 맴돌고 있는 상황이고 보면 그리 쉬운 일이 못되었다. 하지만 혁명의식이 남달리 투철하고 실천력이 강했던 석오로서는 동지들을 개별 접촉해서라도 모임을 만들 생각을 구체 화시켰다. 이때가 1907년 초였다. 양기탁의 집을 은밀히 방문한 자리에서 신민회의 조직문제가 거론되어 안창호의 절대찬성 속에서 더욱 구체화되 었다.[35]

이리하여 석오는 전덕기 이동휘 李甲 柳東說 李鍾一 등을 더 보강하여 발기형식을 취하고 신민회를 탄생시킨 것이다. 그 뒤 김구 이상재 이시영 안태국 주진수 이승훈 김도현 조성환 이준 최광옥 노백린 윤치호 이강 임 치정 신채호 이종호 등[36] 400여 명이나 되는 커다란 규모로서 이를 비밀리 에 확장시켜 나갔다.[37] 비밀결사인 신민회의 연락방법은 YMCA 사진사 閔忠植을 통하여서 출사함을 위장 접촉하였던 것으로 보인다.[38]

---

34) 국사편찬위원회, 『한국독립운동사』 2, 1967, 자료편 참조.
35) 신용하, 「신민회의 창건과 그 국권회복운동」 상, 『한국학보』 8, 1977, 31~75쪽 ; 「신민회의 창건과 그 국권회복운동」 하, 『한국학보』 9, 125~188쪽 참조.
36) 이종일의 주장으로는 '수백인사'로 표현되고 있다. 이현희, 『계원노백린장군연구』, 신지서원, 2000, 79~88 · 105 · 129쪽.
37) 독립운동사편찬위원회, 『독립운동사』 4, 임시정부사, 1972, 100~102쪽. 뒤에는 그 회원수가 더 증가하여 1910년 경에는 1천여 명에 달하였다고도 한다.

　신민회의 공식대표는 양기탁이었는데 실질적인 업무는 총무를 맡고 있던 석오가 담당했으며, 재무는 전덕기 목사가, 선전이나 조직·연락 등은 안창호가 각기 분담 처리하였다.[39]

　이때 석오는 독립운동의 방략을 설명하는 논의중에 "우리나라의 자립정신이나 독립의식은 곧 전통적인 문화유산으로서 인식하여 계승하고 유지해야 한다. 지금 우리는 투철한 역사의식을 견지하고 이를 구체적으로 하나하나 펴나가야 할 것이다. 그것을 실천하기 위하여 우리는 이 비밀결사를 활용해서 전국민적 의식으로 확산시켜야 할 것이다"라고 역설하여 모인 동지들을 감동 흥분시킨 바 있었다.

　이 시기에 남녀국민의 국채보상운동이 전국적으로 확산되어 갔다. 신민회 회원들은 이를 국민저항운동 확산 보급을 위한 절호의 기회라고 생각한 뒤 이를 보다 조직적이고 효과적이며 체계적으로 전파시키기 위하여 신문사를 그 국채보상모금운동의 본부로 삼아 더욱 구체적인 사업을 독려하였다. 대한매일신보사를 통한 이 운동은 삽시간에 호응을 얻어 수백 만원이 모집되는 놀라운 성과를 거뒀다. 그것은 우리 민족의 정치의식이 그만큼 높았다는 것과 나라의 빚을 국민 각자가 갚자는 애국열·자각심이 충만해 있음을 감지할 수 있는 사실이었다. 석오는 이 운동에 소홀히 대할 수 없었다. 모금운동에 적극 나서서 양기탁 등 동지를 뒤에서 협조하였던 것이다. 이 운동을 핵심적으로 추진한 양기탁이 한 때 투옥된 것은 국민저항운동으로의 모금열기가 저변으로 확산되어 갔기 때문인 것이다.[40]

　만국평화회의에 특파한 특사의거로 그 사실이 알려지자 고종이 일제침략자에 의해 강제퇴위 당하고 그 아들 순종이 대를 이었다.[41] 이를 계기로 각종 악법이 제정되고 차관통치를 전제한 정미 7조약이 역시 침략자와 친일파내각 사이에 위협적·일방적으로 체결된 뒤 군대마저 해산당하는 비운을 계속 맛보았다.[42] 그 가운데 해산당한 군대가 서울이나 지방으로 흩

38)　김석영, 앞의 책, 104쪽.
39)『신민회사건판결문』 참조.
40)　최준, 「국채보상운동과 프레스·캠페인」, 『백산학보』 3, 백산학회, 1967.
41)『승정원일기』, 1907년 8월 2·4일.

어져 항일의병부대에 합류함으로써 의병항쟁은 전쟁규모로 발전해갔다.[43] 의병항쟁에는 사상적인 제약성이나 지도층의 취약점 등으로 인하여 소기의 효과를 거두지 못하였으나[44] 국내외에서의 독립전쟁을 수행하는 데 사상적·항쟁의 기지적인 기반을 조성해주었던 것이다.

여기서 특기할 것은 신민회의 3가지 독립사업의 방침을 수립하면서 국권의식이 투철하여 정치체계의 개편을 구상한 점이다. 민족의 교육, 기업육성발전과 서적의 편찬보급이라는 3가지 목표달성을 곰곰히 생각해 온 석오는 장차 이 나라의 國體는 군주제의 보강이나 그 공고성으로는 발전하는 국제세계 경쟁에서 낙오되거나 외면당할 우려가 있다고 믿었다. 그리하여 군주중심체제로부터 민주공화체제로의 전환을 서둘러야 발전성 즉 장래성이 있으며 온 국민이 이에 승복할 것이라고 혁명가다운 견해를 피력하였다. 민주주의 사상에 기반을 둔 정치체제로의 점진적인 개편을 최대의 목표로 삼고 용약하기 시작하였다.

사태가 이렇게 급진전되자 그렇지 않아도 신민회와 그에 관련된 독립지사들의 동태를 예의 주시하고 있던 일제당국은 경계는 물론 검거·색출·구금을 서슴치 않고 단행하였다. 신민회가 위축되어 표면적인 활동을 활발히 전개하지 못하였던 것은 이 때문이었다.[45]

일제의 혹심한 감시망 속에서 눈치만 살피는 것은 독립혁명가로서는 생리에 맞지 않는 고통이었다. 따라서 40세의 석오는 1908년 신민회의 행동범위를 벗어나 비교적 활동이 편리한 북간도(용정) 明東村으로 잠시 무대를 바꾸었다. 마침 이곳에는 민족교육자로 추앙받고 있는 김약연의 명동서숙이 서전서숙에 이어 운영되고 있었다. 서전서숙을 운영했던 석오로서는 좋은 경험을 이곳에서 다시 한번 실천에 옮길 기회이기도 하였다. 얼마간 이곳에 몸담던 석오는 설원의 땅에서 강인한 교육을 통해 민족의식을 고취하는 것으로 그 광대한 포부와 이상을 실현시키기에는 부족한 것 같았

---

42) 『승정원일기』 1907년 8월 20~25일.

43) 김의환, 『의병운동사』, 박영사, 1974, 140~180쪽.

44) 김의환, 「의병운동의 사상적 한계성」, 『한국사상』 10, 한국사상연구회, 1972 참조.

45) 『신민회사건판결문』 참조.

다.

더욱이 의도적으로 일제의 간도파출소가 신설되어 감시망이 이곳까지 확산되자 석오는 여기에서 더 이상 지체하는 것은 독립운동 진행상 유익하지 못하다는 판단을 내렸다.

기울어져가는 나라를 다시 바로잡을 수 있는 길은 무엇보다도 인재양성이라고 생각하였다. 후일 동삼성에 신흥무관학교를 설립해 인재를 육성하기 시작한 것은 이 때문이었다.

7) 東三省의 혁명군 육성

김약연과 작별한 석오는 즉시 귀국, 과감히 서울로 왔다. 그는 처음 이회영을 만나고 북만주의 지형이나 의식있는 인물분포 그리고 일제의 감시대책 등을 광범위하게 상호 타진하였다. 이때 석오는 이회영으로 하여금 블라디보스톡에 가서 헤이그특사 이상설과 합류하도록 협의하였다. 독립운동의 효과적인 전진기지를 만들기 위함이었다. 1909년 양기탁의 서울 가택에서 석오는 안창호 전덕기 김구 최광옥 김도희 안태국 박찬익 주진수 이철영 등과 만나 남만주 일대에 독립운동 기지를 설치할 것과 독립군양성소도 함께 만들어 젊은 한국인을 독립군화하자는 데 의견의 일치를 보았다.[46]

이를 위해서는 군자금 해결이 급선무였다. 군자금의 용도는 정착금과 무관학교 설치비용이었는데 결코 작은 액수가 아니었다. 이들은 자금을 15일 이내로 마련하기 위하여 비상수단을 썼다. 그것은 각자의 성의에 따라 내는 분담처리안이었으니 도별 책임과 모금액수를 정하였다.

황해도의 김구는 15만 원, 평안남도의 안태국은 15만 원, 평안북도의 이승훈은 15만 원, 강원도의 주진수는 10만 원, 경기도의 양기탁은 20만 원을 각기 분담 모금하여 목적 사업에 전용키로 합의를 보았다.[47] 동시에 독립

---

46) 김구, 『백범일지』, 260~270쪽.

운동의 본거지는 한국 동포가 집중적으로 거주하고 있는 지역을 택하기로 작정하고 합당한 장소를 물색한 결과 동삼성 遼寧省 柳河縣 三源堡 鄒家街로 최종 결정이 내려졌다.

한편 이상설을 만나 협의한 바 있는 이회영은 다시 서울로 와서 석오의 숙소를 찾았다. 두 사람은 밤이 늦도록 금후의 독립운동방략을 구체적으로 협의하였다. 무엇보다 먼저 서둘러 착수할 일은 지방별로 애국운동을 지속적으로 전개하는 일과 학교를 건립하는 일이었다. 평양에 대성학교를 필두로 정주에 협동학교, 상동에 상동학교가 이 시기를 전후로 하여 세워졌다. 이들 지사는 신교육의 진흥이 국력배양에 첩경이 된다는 생각을 갖고 이를 적극 추진하였으며 아울러 각처 요지에 상공기관을 설치 운영함으로써 부국강병을 실현시켜야만 한민족이 살아남을 수 있다고 역설하였다.[48]

1909년 7월에 일제는 우리나라의 사법 및 감옥사무 등을 탈취하는 己酉覺書를 이완용(총리대신)과 曾禰荒助(통감) 사이에 조인 공고하기에 이르렀다.[49] 누적된 한국인의 일본침략자에 대한 적개심은 동년 10월 26일 안중근 의사가 하얼빈에서 伊藤博文을 총살 제거하는 쾌거로 나타났고, 이로 인해 안의사는 다음해(1910) 3월 여순감옥에서 순국당하였다. 일제의 앞당긴 본격적인 침략정책에 따라 우리 민족은 그해 8월 나라를 일제에 강점당하는 일대 국치를 기록하였다.[50]

어처구니없이 일제에게 나라를 강점당하자, 석오의 심중도 비통·격분·우울 속에 며칠밤을 뜬눈으로 지샜다. 일부 선비들은 자결로 마지막 보국의 혈성을 나타내는 경우도 있었다. 이런 문제에 관하여 몇몇 지사는 차라리 목숨이 다할 때까지 국권회복을 위하여 신명을 바쳐야 옳다는 주장도 있는 등 엇갈린 반응을 보였다.[51] 석오는 목숨이 붙어있는 한 지속적

---

47) 이 거금모집계획은 안명근과 김구 등이 계속 체포 연행됨으로써 실현시키지 못하고 말았다.
48) 국사편찬위원회, 『한국사』 21, 1978, 133~136쪽 참조.
49) 『舊한국관보』 1909년 7월 13·26일자.
50) 山邊健太郞, 『日韓合倂史』, 岩波書店, 1965, 제8장 참조.
51) 이종일, 『묵암비망록』, 1910년 9월 20일·9월 29일·10월 20일자.

인 투쟁을 전개해 나가는 것이 현명한 우국적 처사라고 강조하였다. 비통한 망국의 한을 당하였을 때 석오의 나이 42세였다. 사리를 정확하게 판단할 줄 아는 예리한 이성과 지성이 겸비되어 있었다. 그는 가족 앞에서 일제 침략의 가혹성이 보다 더 악랄해질 것임을 강조하고 만주(동삼성)지역으로의 망명을 의논하였다. 이미 동지들과도 합의된 집단적인 망명행동이었다.

석오는 당시 원산 산재동 27에 거류하고 있는 부친에게 하직의 인사장을 보냈다.52) 얼마간의 가산을 정리한 뒤 그는 그해 12월 동삼성 삼원보 독립기지로 떠났다. 이 시기에 이석영 6형제도 가산을 매각처분하고 동삼성지역으로 망명길을 재촉하였다. 모두들 국권피탈 이전에 이미 독립기지를 물색해 두었으므로 그곳으로의 이주는 약속된 결단이며 실천이었다.

석오는 떠나기 전에 평소 그를 아껴주고 혁명가로서의 이념이나 사상을 심어준 이상재 이종일 전덕기 등을 찾아 석별의 정을 나누고 다시 만날 때는 조국이 광복한 뒤가 되어야 한다는 것을 다짐하였다. 먼저 이석영 6형제와 이상룡 주진수 등이 떠나고 석오는 가족과 같이 그 뒤를 따랐다. 몇 번 다녀온 적이 있는 땅이었으나 이처럼 나라를 완전히 빼앗기고 기약없이 축출되는 것 같은 허전한 상태에서는 나라없는 슬픔이 얼마나 절실하게 폐부에 와 닿는지 분간하기조차 어려운 참담한 실정이었다.

그해 12월 하순경 망명대열은 줄을 이어 가되 여러 역에서 흩어져 북풍한설 몰아치는 북행길을 서두르게 되었다. 뒤에 떠난 석오는 동지 이광 김동삼 윤기섭 김창환 등과 같이 서간도로 향하였다. 압록강 일대의 국경지역은 국권피탈을 전후로 하여 왕래자의 검문검색이 더욱 삼엄 치밀하였다. 신의주지역은 물론 국경근처와 정주지방에서부터 안동현으로 향하는 여객의 경계는 더욱 엄중하였다. 이들처럼 조직적이고 계획적인 독립전쟁을 전제로 한 해외망명객들의 경우에서는 감시 경계 검문을 유발할 외적 요건이 많았기 때문에 특히 경계의 대상이 되었다.

---

52) 조선총독부, 『局外에 있어서 容疑朝鮮人名簿』, 1934, 300쪽. 여기서는 석오의 본적이 '함경남도 원산부 산제동 27번지'로 표시되어 있다. 그 부친이 잠시 체류하고 있었던 곳이나 정탐자는 이곳을 그의 본적지로 잘못 판단한 것이다.

석오 등이 안동현에서 환인현으로 망명의 길을 재촉할 때 국내에서는 안명근사건, 신민회사건, 105인사건이 잇따라 일어나[53] 600여 명의 저명한 민족지도자가 일시에 체포되어 갖은 고초를 겪고 있었다. 이의 발단은 황해도 안악의 안명근의 군자금모집운동이 발각되어 신민회 관련자가 이에 상당수 포함되어 있었으므로 사건이 확대된 것이다. 따라서 일제는 기왕에 민족지도자들을 사전에 일망타진할 흉책하에 寺內正毅 조선총독 사살모의사건에 600여 명이 관련되었다는 날조된 음모를 획책, 양기탁 등 10명이 최고 10여 년의 실형선고를 받았다가 얼마 뒤 석방된 날조사건이 있었다.[54] 이에 혁명가 이동녕도 신민회원으로서 지명수배당하였으나 망명하였기에 이동휘 이종호 안창호 조성환 등과 같이 무사하였다. 따라서 이미 언급하였던 신민회의 군자금 모집목표액 수십만원건도 실현시키지 못하고 말았다.

이처럼 시련과 고난을 뚫고 악전고투 끝에 낯설은 이역만리에 도착하여 뿌리를 내림에 있어서는 겪어야 할 곤욕이 너무나 많았다. 허름한 복장에 용모가 단정치 못한 우리 망명객이 일제의 앞잡이 같다는 중국인의 오해를 받아 정착하여 근거지 즉 기반을 공고히 닦는 데 여러 가지 방해를 받았다. 억울하고도 난감한 일이 아닐 수 없었다. 석오는 만주군벌 張作霖을 찾아 한국동포의 순수함을 호소하였고, 이회영은 북경에 있는 袁世凱를 찾아 설득함으로써 한중관계가 원만히 되어 정상을 회복할 수 있었다.[55] 이에 망명객들은 한민족 백년대계의 터전을 구축할 수 있는 여건이 호전되었던 것이다.

이곳에서 석오는 이철영 이회영 장유선 등과 같이 한국동포의 자치기관으로 경학사를 조직하였다. 이것이 뒤에 서로군정서로 발전하였던 것이다. 석오는 이미 교육기관을 설치 운영하였던 경험이 있었기에 이를 토대로 빈 창고를 건물로 삼아 신흥강습소를 개설하였다(이 건물은 경학사에 부

53) 윤경로, 「105인 사건의 一研究 - 기소자 122인의 인물분석중심으로」, 『한성사학』 1, 한성사학회, 1983, 20~70쪽.

54) 선우훈, 『민족의 수난』, 애국동지수호회, 1959, 52~59쪽.

55) 『중국근대大事年表』, 중화민국70년, 1910~1912 참조.

속된 것으로 同 사장은 이철영이 선임되었다).56) 석오는 이때 신흥강습소
의 소장이 되었다. 소장은 곧 교장이나 다름없는 지위였다. 이 강습소를 운
영하는 인물은 이석영이었다. 이 강습소의 교사(교관)로는 박찬익 등이 초
빙되었는데 한국어와 역사·지리·풍속·제도·수신 등 신식학문이 민족
의식에 호소하여 교육되었다. 위생환경이 나쁘고 기후도 적합치 않아 전염
병으로 시달리는 동포들이 많았다. 석오의 장남 의직이 사관생일 때 17세
이었는데 풍토병으로 사망한 것은 이런 환경 때문에 당한 희생의 경우였
다. 교장의 아들이라 하여 다른 집 아이보다 먼저 치료할 수 없어 자식을
잃은 것이다. 아버지로서 자식을 잃은 뼈를 깎는 듯한 아픔은 이루 형언키
어려웠다. 그러나 사정에 얽혀 심리적 갈등만을 일으킬 수는 없었다.

이런 내외적 시련과 고초가 따르면 따를수록 그는 신흥강습소를 자신의
수족인양 정을 쏟고 학습과 군사훈련으로 학생들을 단련시켰다. 이 시기에
강습소는 본과와 특별과로 분립 운영되었다. 본과는 중학과정에 해당되었
고 특별과는 사관양성의 속성과와 비슷하였다. 석오는 어느날 비록 좁고
추운 운동장이었으나 학생들을 모아 놓고 결의에 찬 강연으로 민족혼을
심어주었다.

여러 학생들! 제군들은 지금 어디에 서 있는가. 우리는 왜 나라를 빼았
겼는가. 곰곰히 생각해 볼 때가 왔다. 오늘의 시련과 고통이 곧 내일의 영
광과 희열로 탈바꿈할 것이 분명한 이때 한 몸의 안위를 돌볼 틈이 없다
고 본다. 제군들! 그대들의 두 어깨는 곧 대한의 운명이 걸려 있고 2천만
동포의 희망이 넘실거리고 있는 것이다. 꾹 참고 조국을 다시 찾을 때까
지 조그만 고통은 눌러 인내하고 분골쇄신하여 이 나라와 겨레의 안녕을
지켜야 할 것이다. 내 자신도 이미 조국광복의 경건한 제단 앞에 몸바친
지 오래 되었다. 오늘 따라 불현듯 조국이 그립고 민족이 생각나고 있어
내 자신에게 용기를 주기 위하여 제군 앞에 내 심경을 털어놓는 바이다.
(저자의 『임정과 이동녕연구』)

---

56) 이 강습소가 뒤에 신흥무관학교로 발전 확장되었다.

우렁찬 목소리에 학생들은 모두 숙연해졌다. 어떤 학생은 눈물을 닦고 있는 모습도 보였다. 경건하고 엄숙한 분위기였다. 혁명가 석오의 매서운 가르침을 받고 새 사람이 되어 배출된 독립의 역군은 전후 800여 명에 달하였다. 이들이 독립군과 뒷날 광복군으로 연결 편입되어 독립전쟁을 주체적이고 능동적으로 수행해 나간 것이다.

여기서 배출된 첫 번째의 특기생으로는 金鍊·李圭鳳·卞榮泰 등이 있었다. 이들은 석오 이동녕 교장으로부터 초급장교로 임명되어 활동할 수 있었다. 이주해 온 한국동포의 중심기관이었던 경학사는 동포수가 늘어 1912년 10월 중순경 해체하고 扶民團을 조직, 활동범위와 방식을 크게 변화시켰으며 소재지도 通化縣 哈泥河로 옮겨 새로 확장된 기지건설을 계획하였다. 이곳은 鄒家街에서 90리 떨어져 있는 거리로 신흥강습소도 함께 이전하였다. 신흥강습소도 발전적으로 해체하고 신흥무관학교로서의 규모로 발전되었다. 동 교장에는 여준이 임명되었고 이 무관학교 졸업생이 중심이 되어 신흥학우단이 조직됨으로써 무장독립전쟁의 새로운 의식있는 역군이 탄생된 것이다.[57]

1913년 봄 석오가 45세 되던 때였다. 국내 동포로부터[58] 일본 형사가 이동녕 이회영 이시영 장도순 김형선 등 독립지사를 체포하기 위해서 동삼성 일대로 출발하였다는 전갈을 받았다. 몸을 피할 수밖에 없었다. 행선지를 정한 뒤 석오는 러시아의 블라디보스톡으로 향하기로 하였다. 그곳에는 보재 이상설이 머물고 있었기에 큰 힘이 될 수 있었다. 이회영은 중국으로, 이시영은 심양으로 각기 뒷날을 기약하며 흩어졌다.

신흥무관학교는 그 후 9년간 존속하였는데 1919년경에는 교실이 10여 개로 늘어 학생수도 수천 명에 달하였다. 더욱이 張學良이 지원한 38식 장총과 기관총 등으로 군비를 막강하게 갖출 수 있었다.

석오는 러시아로 떠나면서 동지와 이별하고 부인과 아들 의식(사실상

---

57) 원의상, 「만주 독립군의 활동」, 『신동아』 1969년 6월호 참조 ; 이현희, 「신흥무관학교연구」, 『동양학』 19, 단국대, 1990 ; 박환, 「만주지역의 신흥무관학교」, 『만주한인민족운동사연구』, 일조각, 1992, 322~365쪽.
58) 경기도 수원에 거주한다는 孟普淳이라고 한다.

장남), 딸 의정을 고국으로 보냈다. 귀국한 석오의 부인 김경선은 원산에 가서 시부모인 이병옥 내외를 모시면서 원산 상리 감리교회의 전도부인으로 하나님의 말씀을 증거하고 그 뜻에 따라 선교활동에 투신하였다. 그 뒤 서울로 와서 묘동교회의 권사로 교회일에 헌신한 바 있었다(1964년 8월 장서).

석오 이동녕은 낯설은 동삼성 벌판을 종횡 치주하면서 한국동포를 격려하고 청년들에게 민족사상의 고취와 함께 독립전쟁에 쓰여질 인재를 양성하였다. 그의 혁명가로서의 자질과 기백이 곧 유위유능한 청년 인재를 배출할 수 있었다. 그의 혁명투사로서의 기풍과 의욕은 빼앗긴 조국을 다시 찾는 위대한 독립사업에 物心을 한곳으로 쏟을 수 있게 뒷받침하였다. 임정으로 인물을 모을 수 있었던 것도 석오 등의 신망받은 독립운동에의 여망이 하나 하나 실현된 것을 시사하는 것으로 생각해 볼 수 있다.59)

8) 大韓獨立宣言書의 선포와 활동영역

1913년 9월 석오는 가족을 국내로 보낸 뒤 블라디보스톡에 도착하여 이상설과 새로운 독립운동의 방향을 모색하였다. 신변의 안전을 위하여 그해 10월 하바로프스크로 거처를 옮기고 독립운동의 거점확보를 도모하였다. 이곳의 총독 보스타빈과 친교를 맺은 그는 군관학교 설립을 지원받도록 백방으로 주선하였다. 석오가 러시아영토로 옮겨가자 그곳에 다시 동지들이 모여들었다. 혁명가로서의 석오의 기풍은 같은 남성들도 흠모하고 신뢰감을 가질 수 있었기 때문에 상당수가 운집하였다.60)

이때 대종교에 입교한 석오는 대종교가 곧 혁명사상의 중심이 될 수 있었고 그 같은 의지와 신념이 그로 하여금 독립투쟁의 혁명적 인간상을 그릴 수 있게 하였다.

---

59) 『續東鑑綱目』全 제3 하, 임시정부, 12~13쪽.
60) 국사편찬위원회, 『한국독립운동사』1, 1965, 자료편 노령관계 참조 ; 이현희, 앞의 『임정과 이동녕연구』, 180~189쪽.

1914년 초에 고국에서 민충식 등이 석오를 찾아왔다.[61] 석오는 勸業會를 조직 운영하던 이상설과 백순 등 대종교인을 만나 독립운동단체를 조직해야 그것을 구심점으로하여 보다 조직적이고 체계적으로 독립전쟁을 확대 수행할 수 있다고 주장했다.[62]

그것은 대한광복군정부를 조직하여 독립운동을 본격화하기 위한 준비작업으로 나타난 것을 의미한다. 이상설·이동휘와 함께 석오는 처음으로 군사정부라는 민간 중심적인 독립운동기구를 설치하는 데 협력적인 임무를 수행하였다. 석오 자신은 이미 3·1혁명이 일어나기 전부터 나라의 주권은 국민이 장악해야 한다는 생각을 가지고 있었다. 군주시대는 나라를 빼앗긴 이후 청산해야 할 구시대의 유물이라는 판단하에 민주공화제를 실시해야 할 것으로 믿고 있었다. 비록 이때 수립한 것이 군사정부이기는 했으나 그것은 민간정부로 가는 과도기적인 체제변화를 예상하는 혁명적인 사실로 받아들일 수 있는 것이다.

석오 등은 제1차 세계대전 때 러시아 정부와 협의하며 군사모집이나 훈련을 위한 사관학교 설립 등을 구상 계획하였다. 석오는 구체적인 문제접근 때 이 사실이 드러나 러시아 경찰에 투옥되어 3개월간 고문 속에서 옥고를 치른 일도 있었다.[63]

이곳에는 권업회를 비롯하여 대한기독교청년회, 노인회, 청년동지회 등 20여 개의 대소 독립운동단체가 있어 석오 등과의 연계하에 혁명분위기를 성숙시켜 가고 있었다. 이들 여러 단체는 1917년 전로한족중앙회로 대동흡수 조직되었다가 한족회로 확대 발전되었던 것이다.[64]

석오는 1915년에 석방되어 부호 최봉준의 지원을 얻어 『해조신문』을 발행 배포하면서 민족의식고취에 앞장섰다. 이시기에 동지 이상설(1917. 6.

---

61) 민충식과의 인터뷰에서 확인(1975. 10. 10).

62) 조선총독부척식국, 『조선외에서의 조선인 상황 일반』, 노령의 部 참조 ; 이현희, 「대종교의 광복투쟁과 임정주석 이동녕」, 『유병덕화갑기념한국철학종교사상사』, 원광대 1990.

63) 독립운동사편찬위원회, 『독립운동사』 4, 임시정부사, 1972, 115~117쪽.

64) 이 독립운동단체가 1919년 대한국민의회정부로 민주공화체제를 갖추기 시작하였다.

13)과 이갑이 사망하였다.[65] 석오의 허전함은 이루 형언키 어려웠다. 먼저 간 동지의 유지를 계승하는 길은 빼앗긴 조국을 속히 찾는 일뿐이라고 생각하였다. 그것을 구체적으로 실현시키는 길은 군대를 양성하여 우리 손으로 국토수복을 단행하는 방법이라고 다짐하였다.

50세의 석오 이동녕은 1918년 초 대종교인 백순 등과 같이 동만주 寧安으로 이동, 새로운 독립운동기지를 설치하였다. 이곳은 대종교의 김교헌 교주가 자리하고 있었기에 독립운동을 통해 혁명이론과 그 자립사상을 펴기에 적당하다고 판단하였다.[66]

누구보다 독실한 기독교 신자였던 석오가 대종교에 깊은 관심을 갖게 된 것은 그것이 민족의식 고취나 그 전파에 호소력과 설득력이 강하기 때문이었다. 혁명 사상에의 적용에도 이 같은 대종교의 힘이 크게 저력이 될 수 있다고 믿었던 것이다. 실제로 독립혁명투사들 가운데 대부분이 대종교인이었다는 것은 결코 우연한 일이 아니다.[67] 석오의 대종교 직책은 西道本司布敎責이었다. 그는 단군의 한민족 사상에 더욱 심취하여 민족 혁명가로서의 약여·의연한 모습을 보여 주었던 것이다.

1918년 11월에 가서 4년 만에 막대한 전비를 소비하고 제1차 세계대전은 종결되었다. 이에 관한 선후책 강구는 당연히 제기될 문제였다. 베르사유 이념에 따라 파리평화회의가 바로 그 실무 담당의 국제대책회의였다. 이에 주재자는 미국대통령 윌슨이었다. 이미 그는 전세계를 향하여 민족자결주의 원칙을 발표한 바 있었다. 패전국에 소속된 약소국들은 이제 자국의 영토처리 문제는 자국의 의사대로 처리할 수 있다는 내용이었다. 단지 '약소국의 독립'이라는 이념적인 호소에 따라 우리나라의 독립지사, 특히 해외에 거주하던 동포사회에는 크게 고무되는 것으로 간주하고 있었던 것이다.[68] 그 당시 유력한 독립지사들은 제1차 세계대전에 끼어든 일제가 패

---

65) 외솔회, 『나라사랑』 20 - 이상설특집호, 1975년 참조.
66) 박영석, 「대종교의 독립운동에 관한 연구 - 김교헌교주 시기를 중심으로」, 『사총』 21·22합집, 1977.
67) 북로군정서의 총재 서일, 총사령관 김좌진, 연성대장 이범석 등이 곧 독실한 대종교인이었다.

전할 것으로 예측하였던 것이나 종전될 때의 결과는 그것이 아니었다.

석오는 비록 한학을 공부하고 전통시대의 의식구조를 가지고 있었으나 일찍이 제국신문사장 혁명가 이종일의 영향을 받아 세계정세 인식에 남다른 혜안과 식견을 가지고 있었다. 따라서 격변하는 국제정세에 능동적으로 대처해야만 도전과 응전과정에서 승리할 수 있다고 믿었다. 그리하여 비교적 세계사적인 센스가 있다고 믿었던 김동삼 조소앙 등을 만나 시국담을 교환하였다. 그들은 한결같이 평화와 자유를 애호하는 전세계 민족 앞에 우리의 억울한 상황을 호소할 독립선언서의 필요성을 강조하였다. 그의 文案을 작성할 인물을 추천하여 독립선언문이 작성 배포되기에 이른 것이다. 그것이 곧 大韓獨立宣言書였다.[69]

대한독립선언서는 석오와 조소앙의 협의로 기초 선포된 것 같다. 시기는 음력 1918년 12월 15일이었다고 본다(양력 1919년 2월초).[70] 석오는 이 독립선언서 작성을 위해 대종교의 김교헌을 위시하여 구덕상 민충식 백정 윤일병 김천식 김종익 김규풍 이승복 이민복 등과 협의한 뒤 39명의 명의로 일명 대한독립선언서가 선포되었던 것이다.[71] 그외에 동참한 인물로는 김동삼 정재관 여준 이범윤 신규식 이시영 이상룡 박은식 박찬익 신채호 윤세복 이세영 김좌진 김학만 이대위 최병학 손일민 이광 유동열 허혁 문창범 김규식 조성환 이탁 황상규 이봉우 박성태 안창호 이종탁 김약연 이동휘 임방 박용만 한흥 이승만의 39명이 그 참여인사였다. 대한독립선언서는 동삼성 길림성에서 제작 배포되어 2·8선언 및 국내 3·1혁명에 지대한 영향을 미쳤다.[72]

이 독립선언서를 조소앙과 함께 공동 선포한 석오의 혁명가적인 기질이나 품성은 두말할 필요없이 매우 전투적이며 돌격적인 문사로 짜여 있었다. 이 가운데 이승만 이상룡 안창호 이대위 손일민 임방 김약연 허혁 이

---

68) 이현희, 『대한제국의 최후와 임시정부의 활동』, KBS사업단, 1983, 25~37쪽.

69) 조소앙, 『조소앙전』.

70) 앞의 『조소앙전』에서는 소앙이 手草한 것으로 기록되어 있다.

71) 『동암일기』 1918년 12월 16일자 참조.

72) 이종일, 『묵암비망록』 1919년 1월 22일·1월 29일자.

세영 황상규 최병학 한홍 등 12명을 제외한 27명이 모두 그당시 대종교인의 신분이었다. 그들은 단군한계레 사상으로 혁명의식이 굳어져 있었고 체계화가 이루어진 것이다.

이회영에 의하여 북경으로 옮겨갈 찰나에 있던 고종이 1919년 1월 21일 갑자기 서거하자 독살설이 분분하였다.73) 이때 석오는 대한독립선언서를 배포하며 불라디보스톡에 와 체류하고 있었다. 마침 러시아에서 레닌을 만나고 귀환중이던 여운형을 만나 국제정세를 어떻게 대처해야 할 것인가를 서로 의논하였다. 석오가 이럴 때일수록 민간지도자가 나라의 새로운 통치자가 되며 온 국민이 주인이 되는 민주공화체제국가를 세우는 것이 가장 국제경쟁력이 강할 것이라고 역설하였다.74)

일찍이 박은식도 주장하였듯이 지금의 세계적인 분위기는 약소국이 혁명 이후 자주적으로 독립하여 각기 혁명정부를 세우고 있으니75) 우리도 이에 낙후되어서는 세계적인 발전을 외면하게 되므로 모처럼의 독립국가 건설의 기회를 포기할 수는 없다고 역설하였다. 이 점은 석오도 역설한 바 있었다. 혁명가로서의 석오는 바로 그 시기가 혁명의식을 선양 고취할 때라고 다짐한 뒤, 그 민족 발전의 돌파구를 마련코자 노심초사하였다. 3·1 혁명의 전환으로서의 새로운 발전이나 변화의 실체를 형성해야 하겠다는 혁명가 석오의 심중에는 이미 자유민주정부 구성의 계획이 구체적으로 이루어져 있었다.

그것은 민주공화정부의 수립문제였다. 그러나 남의 나라 땅에 어떻게 새로운 우리의 민간정부를 세울 수가 있겠는가 하는 등 난관에 봉착하였다. 동지들과 상의한 결과 중국 상해가 적합하다는 최종 판단을 내렸다. 국제도시에다가 그곳은 영국이나 프랑스의 租界가 있으므로 그곳에 대한민국 임시정부를 세우고 국내외를 통할 통치할 중추기관으로서의 기준이 될 수 있다는 생각을 가졌다.

따라서 석오 이동녕은 그해 2월 짐을 챙겨 블라디보스톡을 출발, 국제도

73) 『동암일기』 1919년 1월 22일자.
74) 앞의 『독립운동사』 4, 60~62쪽.
75) 박은식, 『한국독립운동지혈사』, 서울신문사, 1946, 15~16쪽.

시 상해로 향발하였다. 혁명의식이 누구보다 투철하였던 석오는 결단력을
발휘하여 민주공화정부 수립을 구상하고 외국의 정부구성에 관한 자료를
수집해 가지고 상해로의 민주장정을 결행하였던 것이다.[76]

대한독립선언서의 절규는 결국 상해에 동지들과 같이 대한민국임시정부
를 수립 운영케 할 정치사적인 기반의 전단계가 될 수 있었다.

9) 민족혁명인사의 상해 집결과 임정의 수립

국내에서의 3·1혁명은 곧 석오의 군주제 변혁사상과 상통하는 혁명수
행상의 큰 전환점으로 생각하고 있었다. 이미 3·1혁명 전에 민주공화정부
수립의 경험을 가지고 있었던 그로서는 이제 시기 적절함을 느끼고 있었
다. 3월 하순 그는 급히 북경에 가서 이회영 이시영 이광 등을 만나 시기도
래를 논의하면서 "이때야말로 우리가 기원하던 민주정부를 세워 국내외의
독립운동을 한 곳에서 통제 통할해야만 국제 경쟁력에서 승산이 있을 것
이요, 동지들은 지체치 말고 적극 참여 호응해 주시오"라는 그의 절규는
우렁찼고 근엄하였다. 민주정부 수립을 위하여 각기 주인의식을 갖고 이에
임하기로 하였다. 석오는 "임정의 수립과 통합이야말로 이제 민주혁명 과
업의 큰 진전이며 역사의 전환점을 시사하는 것이요"라고 강조하였다. 그
의 말은 부드러우면서도 헌걸차고 의욕과 집착에 열기가 감돌고 있었다.[77]
이때 이시영은 즉각 수락하고 상해로 같이 오기로 작정하였으나 그 형님
이회영은 정부구성에 회의를 나타냈다. 이즈음 석오는 상해에서 달려온 여
운형과 국내에서 온 현순 등을 만나 즉시 상해로 가야함을 역설하였다. 임
정 수립의 분위기는 점차 성숙되어 가고 있었다.

상해에 온 석오 일행은 신규식의 거처 애인리에 도착하여 그곳을 임시
연락처로 삼고 임정 출범을 위한 제반 준비작업에 여념이 없었다. 이미 상

---

76) 이강훈, 『대한민국임시정부사』(문고본), 서문당, 1975, 11~32쪽.
77) 조경한과의 면담 확인, 1989년 9월 15일(서울 중곡동 자택).

해 국제도시에는 국내외 각지로부터 유위한 청년애국지사들이 속속 모여들어 정부수립의 분위기가 성숙되어 갔다. 이미 일본에서 2·8 독립선언의 주인공 이광수와 최근우가 도착하여 독립사업을 구상하고 있었으며 여운형이 노령에서, 그의 동생 여운홍은 미국으로부터 왔다. 선우혁 김철 서병호 조소앙 김병조 최창식 김창숙 남형우 등은 국내로부터 새로운 독립의 터전을 마련하기 위하여 독립지사의 광장 상해로 집결하였던 것이다.78) 이에 중국유학생 조동호 등 20·30대 신한청년당원과 50대 노년층이 합작해서 임정을 수립하게 되었다.

이때 서울 독립운동본부에서 보낸 인물로는 이봉수와 강대현 이규갑 한남수 등이 있었다. 그 뒤 김구 안승원 이원익 한기악 정인보 등도 각기 국내에서 독립운동에 매진하다가 동지를 찾아 상해로 합류하기 시작하였다. 거의 같은 시기에 노령·동삼성 지역으로부터는 석오의 설득과 권유에 따라 이시영 조완구 김동삼 조성환 조영진 등 30여 명의 투사들이 대거 합류하여 크게 구심점으로서의 독립기구 설치를 모색하고 있었다.79)

따라서 동년 4월 초까지 상해 프랑스조계 일대에는 각지로부터 도착한 한국청장년이 약 2천 명에 달하고 있었다. 그 전해에 조직된 신한청년당의 신규식의 경우로 보면 감격적이고 고무적인 사실이 아닐 수 없었다.80) 석오는 선후배 동료와 관심자들을 찾아다니면서 임정 수립의 필요한 실무들을 의논하였다.

이들은 그를 위한 임시연락사무소를 프랑스조계 내 보창로 329번지에 정해 두고 구체적으로 이에 필요한 문안 작성을 검토하였다. 임시정부라 해도 하나의 민주정부인 이상 그것을 출범시키기 위하여서는 먼저 입법기관(오늘날의 국회)인 임시의정원을 설치해야 하는 우선 순위가 고려되어야 하였다. 이를 법제적으로 뒷받침하기 위하여 헌법 헌장·강령·정강·서고문 등 기본법을 정하여야 했다. 그 뒤에 행정(정부) 기구와 사법기구를 설치하고 각료와 율사출신을 등용하게 되어 있었다. 석오는 일찍이 개화한

---

78) 이강훈과의 면담 확인, 1984년 5월 20일(서울 봉천동 자택).

79) 김병조, 『한국독립운동사략』, 아세아문화사, 1980, 120~129쪽.

80) 앞의 『독립운동사』 4, 60~63쪽 참조.

인물이었지만 현대의식과 그 기구설치에 관하여서 구체적인 지식이 충분치 못하였다. 임시의정원을 구성할 때 각지와 단체를 대표하는 의원이 먼저 선임되어야 진행이 수월해지는 것이다. 따라서 8도의 국민대표와 노령·중령·미주 등지까지의 각 국민대표를 두루 망라하기로 결정하였다.

각도의 대표 6명씩과 해외 각지의 대표는 3명씩을 선임하기로 하여 동년 4월 9일 손정도 등의 제의로 각 지방 대표회를 열고 의원을 선임하였다. 이 같은 민주절차에 의한 선출방식은 석오의 결심과 그의 근대정치의식의 발전을 시사해 주는 일대 전환점이라 해도 과언이 아닌 것이다.

먼저 임시헌장 10개조는 조소앙과 이시영 두 법률전문가가 초안 즉, 手草하였던 것으로 보인다.81) 물론 석오와 상의 검토한 것임은 자명한 일이었다.

임시정부 조직을 준비하기 위한 임시사무소에서는 현순이 총무로 앉아 정부조직을 위하여 선언서를 여러 나라에 송부하였다.82) 동 8월에 정부의 내무차장으로서 활약한 바 있는 현순은 석오를 도와 임정 수립에 기여하였다.83) 4월 8일에는 국내의 한성정부로부터 주요 각료 명단과 임시헌법에 해당하는 초안을 가져와서 구체적인 정부조직에 관하여 논의하기 시작하였다. 다음날(4월 9일) 손정도 이광수 등의 건의에 따라 프랑스조계 金神父路에 소재한 현순의 임시 거택에서 임시의정원회의를 열고 정부조직을 위한 의원을 선출하였는데 석오 등 29명이 선임되었다.84) 이들은 석오의 진두지휘로 대한민국임시정부 조직을 위한 입법부위원으로 선출되어 입법 활동에 매진하였다. 이들이 곧 대한민국임시정부의 산파역을 맡았던 것이다.85) 석오를 필두로 한 29명의 임시의정원 의원들은 4월 10일 오후 10시

---

81) 앞의 『조소앙전』, “……組織臨時議政院及臨時政府, 手草十條憲章等, 主要文字……”라고 조소앙은 자필이력서에서 그동안의 경위를 피력하고 있다.

82) 채근식, 『무장독립운동비사』, 1946, 24쪽.

83) 『朝鮮民族運動年鑑』, 1946, 24쪽.

84) 29명의 의원은 이동녕 김동삼 현창운 여운형 여운홍 조동호 조동진 신석우 이영근 신철 진희창 한진교 선우혁 이회영 이시영 조완구 신채호 남형우 김대지 조소앙 백남칠 이광 이광수 최근우 김철 현순 손정도 신익희 조성환이다 ; 이현희, 『조동호항일투쟁사』, 청아출판사, 1992, 결론.

경 프랑스조계 金神父路에서 제1회 임시의정원 회의를 개최하여 다음날 오전 10시까지 철야 마라톤 회의를 진행시켰다. 여기서 석오 이동녕이 임시의정원 초대 의장에 선출되었고 부의장에는 손정도가, 서기에 백남칠 이광수가 각기 선임되었다.86) 의장에 선임된 석오는 비장한 각오하에 역사적 사명을 새삼 투철하게 인식하고 다음날(4월 11일) 당장 초대 의장자격으로 사회직을 수행하면서 현순 의원의 동의와 신석우 의원의 제청으로 국호는 大韓民國으로, 年號는 大韓民國 元年(1年)으로 정하였다. 이에 따라 의장은 관제를 의결한 뒤 全文 10개조의 임시헌장을 상정, 심의 통과시켰다.

따라서 국무총리에 이승만 등 각료가 선임되어 의정원과 함께 국무원이 조직되었다.87) 임시헌장 선포문에서는 석오의 혁명가로서의 독립의지와 신념이 잘 반영되었다. '恒久完全한 자주독립의 복리를 我子孫 여민에게 世傳하기 위하여' 이 헌장을 선포한다는 점을 분명히 밝히고 있다. 10개조의 헌법 자체가 혁명적임은 두말할 필요조차 없는 것이다. 군주국에서 민주국가로 전화하는 법제적 시발점이 곧 민주헌법의 제정 정신인 것이다. 우리나라는 민주공화국임을 내외에 천명하여 그 민주정체의 확실성을 공포하였으며 국민은 남녀·귀천·빈부·지역·문벌·학벌의 차별이 없음을 처음으로 천명하였다. 이때 공식적인 약속을 분명하게 알렸다. 평등과 자유의 한계를 명시함과 동시에 신교·언론·저작·출판·결사·집회·주소이전·신체의 자유 행사를 향유할 수 있다는 획기적인 사실을 공식적으로 법제화와 이념화로 확인하였다.

국민의 3대 의무(교육·납세·병역)를 명시하여 권리와 함께 의무조항도 명문화함으로써 국민된 도리가 무엇이며 국민이 지향해야 할 정도를 제시하였다는 면에서 가히 혁명적인 사실의 공포와 그 계기가 아닐 수 없는 것이다.88) 이는 개화파가 근대국민국가의 실현을 제창, 강조한 1880년 이래 40년 만에 실현을 보게 된 민중 역사의 승리라고 평가할 수 있는 것이다.

---

85) 독립운동사 편찬위원회편,『독립운동사』자료집 9, 1975, 46~49·55쪽 참조.
86) 同 書記에는 여러 사람이 추천되었으나 최종적으로는 이광수가 선임되었다.
87)『대한민국임시의정원문서』, 1974, 50~51·54쪽 참조.
88) 유진오,『헌법의 기초이론』, 일조각, 1954, 99~100쪽.

상해에 수립된 대한민국임시정부는 정강과 선언문을 작성 채택한 뒤 1919년 4월 13일 이동녕 임시의정원 의장의 명의로 임정의 정식 수립을 내외에 선포하고 4월 17일 청사에 멋지게 임정이란 간판을 달았다. 3·1혁명 정신을 계승한 임정은 이제 대한민국의 법통성이 공인된 셈이다. 그러나 당시 국내외에는 상해의 임정을 비롯하여 8개의 임시정부가 있었다. 따라서 이의 통합이 큰 문제로 떠오르게 된 것이다.[89] 이들 여러 임시정부의 각료명단에는 석오가 두 군데 임정의 내무총장에 선임되어 있었다. 혁명가로서 뿐 아니라 신망과 지도력이 뛰어났기 때문이었을 것이다.

이즈음 김구가 석오를 찾았다. 이미 서울 상동교회 시절에 상봉한 이후 두 번째의 두 거물의 해후였다. 두 인물의 합류로 인하여 임정은 활기를 띠기 시작하였다.

임정이 수립되면서 최고의 지도자로 추대된 국무총리 이승만이 미국 워싱턴에 체류하고 있어 석오가 4월 30일 국무총리대리로 취임하였다. 더욱이 상해 임정에는 내무총장 안창호, 군무총장 이동휘 같은 큰 인물이 도착되지 않은데다가 신규식이 와병중이어서 행정적 기능이 원활치 못하였다.

다만 이시영 법무총장이 자취를 하면서까지 임정을 지키고 있었다.[90] 그러나 그 역시 신병치료차 북경으로 갔다가 그해 9월 초 임정이 대통령중심 지도체제로 제1차 개헌을 통하여 통합된 뒤 재무총장의 중임을 띠고 다시 상해 임정의 본거지로 귀임하였다.[91]

8개 이상의 임정이 하나로 통합되기는 하였으나 참여와 비참여 간의 갈등·마찰이 일어나 그 직임을 사퇴하거나 비방하는 사례까지도 있는 등 임정 초기의 분위기는 평온치 못하였다. 이에 앞서 국무총리 대리로 신임된 석오는 4월 말경 임시의정원 의장 자리를 부의장인 손정도에게 위임케 하였다.

석오는 인화와 단결, 파벌 지양과 인물 위주의 인재 양성을 강조하였다.

---

89) 이현희, 『대한민국임시정부사』, 집문당, 1983, 47~71·357~362쪽 ; 이현희, 『광복투쟁의 선구자』, 동방도서, 1990, 임정요인 7명 전기 참조.

90) 앞의 『성재이시영선생실기』, 15~19쪽.

91) 이현희, 「대한민국임시정부의 지도체제」, 『한국사론』 10, 국사편찬위원회, 1981.

안창호가 5월 25일 군자금을 가지고 상해에 와서 내무총자에 취임하자 김구 등과 같이 손잡고 침체된 임정을 활성화하였다. 안창호의 건의로 교통국과 연통제를 실시하여 국내외를 통할 통치하였으니 이것이 곧 직·간접적으로 임정이 국내외의 모든 독립운동을 구심점으로 담당할 수 있었던 기반 조성 작업의 일환이었다고 평가해 볼 수 있는 것이다.[92] 도산도 석오와 함께 의논한 뒤 이 문제를 공개적으로 펴나가기에 이른 것이다.[93] 교통국과 연통제의 운영은 임정의 초기 독립사업 작품으로는 주목을 받을 만한 독창적이며 성과가 컸다고 평가해 볼 수 있겠다.[94] 물론 2년 정도 활기를 띠었으나 그 조직이 발각되어 경향 각지에서 관련자가 체포 실형을 받는 등[95] 곤욕을 치룬 일이 비일비재하였다.[96] 이것은 그 뒤 다른 형태로 계속 전개되었다.[97] 임정의 조사원·특파원 등은 명을 받고 국내로 잠입, 경향각지로 왕래하면서 납세거절 고취, 협박포고문의 발송 확인, 공채모집, 친일부호재산 자진헌납간청, 독립정신 고취문 살포로 체형을 감수하면서 이 위대한 독립사업을 지속화하였다.[98]

석오는 6월에 재무부총장 최재형과 협의, 인구세 시행세칙을 공포 시행한 뒤 7월 임시징수령을 공포, 4천 만원의 독립공채 발행을 계획하였고[99] 1억원의 화폐주조까지 구상한 일도 있었다.[100]

92) 조동걸, 「대한민국임시정부」, 『한국사』 21, 국사편찬위원회, 1976, 200~208쪽.
93) 앞의 『성재이시영선생실기』, 5~9쪽.
94) 上海日本總領事館, 『朝鮮民族運動年鑑』, 5~9쪽.
95) 이연복, 「대한민국임시정부의 교통국과 연통제」, 『한국사론』 10, 국사편찬위원회, 1981, 90~127쪽.
96) 이현희, 「대한민국임시정부를 통해 본 민족의식의 성장」, 『인문과학연구』 1, 성신여자대학교 인문과학연구소, 1981.
97) 『동아일보』 1920년 7월 10·16·17·18일자.
98) 예를 들면 달성군 교통사무지국장 이상철의 하수인인 김달문의 『대구복심법원판결문』, 1921년 4월 9일자 참조.
99) 상해 일본영사관, 『假政府組織과 不逞鮮人의 행동』; 『독립신문』 1919년 12월 25일자.
100) 『高警』 제14529호 大正 9년(1920) 5월 22일, 「상해가정부 시정방침등 인쇄의 건」 참조.

새롭게 통합된 내각은 미주 지역을 중심으로 활동하고 있던 이승만이 대통령이 되었고 국무총리는 이동휘가 추대되었으며, 석오는 내무총장이 되었다.101) 통합정부의 독립운동 시정방침은 내정·교통·외교·군사·교육·문화·재정·사법 등 대략 8개 부분에 걸친 분야별 업무 수행을 동시에 추진하는 일이었다.102)

10) 革命家像의 정립

70평생을 오솔되게 조국광복제단에 바친 석오 이동녕의 혁명가상은 통합된 단일 민주정부의 내무총장 시절에 더욱 투철하게 부각되고 있다. 그는 안으로 임정을 쇄신하고 밖으로 우리나라의 완전독립을 세계에 고하였다. 그는 포고문 제1호에서 고국의 남녀 청년에게 이렇게 애국심 넘치는 주목할 내용을 마음으로부터 호소하였다.103)

> ……… 포악한 적의 수중에 있으면서 자유를 위하여 모든 것을 희생한 여러분들의 고결한 정신에 찬탄을 금할 수 없다. ……… 오호 통재라. 조국의 위기를 구원함은 바로 지금이다. 여러분이 분기할 때는 또다시 도래하였다. 주저함을 허하지 않는 위기는 목전에 핍박하였다. ……… 세계인류는 침을 삼키며 금후의 吾族의 행동에 주목한다. 我民族의 유일한 요구인 독립에 대한 결심은 더욱 견고하게 되어질 뿐이 아니냐. 적의 마음과 담을 서늘하게 하려고 천지를 움직일 만큼 만세를 합창하였다. 세계에 이목을 풀기 위하여 삼천리 강산에 무수한 태극국기를 게양하자. ……오족의 분기점은 목전에 박두하였다. 오호라! 위대한 자유! 혹은 무참한 패망! ……노력하라 국가를 의뢰한다.
>
> 大韓民國 元年 10월 15일
> 내무총장 李 東 寧

---

101) 김정명,『조선독립운동』 2.21,「대한민국임시정부 改造說 報告의 件」(1919. 9. 18).
102)『독립신문』 1920년 3월 6일자 ; 이현희,『광복전후사의 재인식』Ⅰ·Ⅱ, 범우사, 1992, 서·결론.
103) 국사편찬위원회,『한국독립운동사』자료 3 - 임정편 3, 1973, 156~186쪽.

이 같은 애절하고 신념에 넘치며 조국광복진선에 흔쾌히 뛰어들 용기유
도의 혁명적인 발언 속에서 그의 혁명가상은 완연 고매 청아하게 극명히
표출된다고 본다.

같은 날 석오의 포고문 제2호를 통한 「商業에 종사하는 동포에게」라는
글도 애국열을 고취하고 용기를 북돋아 주는 것으로 간절한 내용의 메시
지를 발표하였다.

> 전국민의 구기와 세계의 동정이 諸子가 이 의거에(3·1만세시위운동)
> 힘입은 바 적지 않으며 국가는 영원히 諸子의 충성에 감사할 것이다. …
> … 단지 독립이라는 것을 전국민이 일치하여 성명함을 필요로 한다. 그
> 첫째는 일본이 아국민의 독립을 요구하는 의사와 요구 그 자체를 무시하
> 고 모욕하는 것이라는 것을 반박하는 것이다. 둘째로는 국제연맹에 참가
> 하는 我전권대표를 승인하고 또한 후원하는 것이다. 동포여! 이 死活 분
> 기의 地頭를 당하여 3월 1일의 맹약대로 최후의 힘을 다해야 할 것이다.
> …… 용맹한 대한민족의 본성을 발휘하기를 바란다.
>
> 대한민국 원년 10월 15일
> 내무총장 이 동 녕

이 같은 포고문을 통하여 석오의 인간미와 지칠 줄 모르는 구국적 혁명
의식의 표출과 끈기를 느낄 수 있는 것이다. 이를 통해 우리는 상인들에게
혁명의식을 불어넣는 석오의 혈성어린 우국의 신념을 엿볼 수 있는 것이
다.

석오의 혁명가로서의 명성은 일제의 조선군 참모부가 비밀히 보고한
「조선내외의 일반상황 보고의 건」 중 상해방면의 정보탐지에도 무단과격
파로 지목되고 있다. 그에 따르면 임정 요인 가운데 혁명가로서 이승만·
이동휘에 이어 석오를 세 번째로 보고하고 있다.[104]

1919년 9월 24일자로 내무총장 이동녕은 지방 중 목포의 종교단체 앞으

---

104) 『朝特報』 제57호, 1919년 10월 9일, 「鮮內外一般情況」(自 9월 1일 至 9월 30일)
참조.

로 보낸 독립운동에 관한 내용을 통하여 재차 분기할 것을 강조하였다. 즉 기독교와 천도교회인사에 대하여

3월 1일 독립운동 개시 이래 귀교의 충성한 공헌은 국가와 국민이 영원히 감사 기억할 바이다. 특히 포학한 적 정부의 압박하에 무한한 곤난과 위험을 무릅쓰면서 事에 당함은 열성있는 자가 아니면 능히 할 바 아니다. …… 現今 列國의 동정과 여론이 푬에게 集하고 해외의 여러 단체 및 유력한 인사도 一致和協하여 본 임시정부 하에 최후까지 분투할 것을 맹세하였다. …… 我 대한민족의 요구는 구한국 정치제도의 개혁 또는 참정권이나 자활을 얻고자 함이 아니오 오직 절대자주독립에 있다는 확고한 의견을 단호히 표시하지 않으면 안 된다. …… 전도에 더욱 위험과 곤난이 橫在하여 各位 애국동지는 충분히 연구한 뒤 분려 노력하기를 바람.

이라고 투쟁과 무력항쟁을 권장하고 있다.[105]

동년 11월 하순 석오는 다시금 포고문 제3호를 통하여 在內外 일반국민에게 혁명정신을 논리 정연하고도 설득력있게 강조하였다.

천리의 順潮와 2천만의 誠血로 건설된 대한민국임시정부는 징신상의 기초가 공고하여 천하의 何物이라도 이를 요동할 수는 없는 것이다. 대한민국임시정부의 세력 범위는 전세계에 확장되고 2천만의 정신은 이에 집중됨을 알아야 할 것이다. …… 대한민국임시정부도 폐쇄되었다는 등 증언을 날조하여 항간에 퍼트리고 있다. …… 대의를 변절할 이유가 있으리요마는, 혹은 내정을 알지 못하는 동포가 있을까하여 이에 포고한다.

대한민국 원년 11월 20일

내무총장 이 동 녕

이런 내용은[106] 그 자신이 '임정의 터줏대감'으로서의 임정에 거는 기대와 애착이 누구보다 크고 깊었기 때문에 이 독립기구가 무슨 사변이 야기

---

105) 앞의 『한국독립운동사』 자료 3 - 임정편 3, 1973, 161~162쪽.

106) 앞의 책, 157~180쪽.

된다 해도 이를 조국광복의 구심점·대표성으로 기준을 삼아야 하겠다는
확고한 발전 철학관이 수립되었음을 의미하는 것이다.

석오는 3·1만세운동의 혁명성을 인정한 뒤 在天津不變團員 박혜관
(박용태) 앞으로 보낸 「民國獨立 기념일에 있어서의 축하식의 件」에서

    …… 오늘은 최후 행동을 시작하기 이전의 최후 축하식이다. 此日은 일
반 인민인 者 축하하여야 한다. 貴단체에서도 당일 축하식을 거행하기 바
란다.……

고 3·1절의 혁명성 즉 성공의 수준을 스스로 다짐하고 있다.107)

그도 또한 간도지방 한국인에 대한 諭告文 속에서 "최후 수단인 전쟁의
일성을 발치 아니치 못하였기에 至케 한 것은 극히 惺恐하는 바이다. 그러
나 전쟁이라는 것은 원만한 준비가 갖추어진 후에 착수하지 아니하면 안
된다"고 과격사상 일변도가 아닌 의식과 사전 준비적인 그의 예리한 행동
철학을 엿보게 하는 것이다.108)

석오는 1921년 3월 국무총리 임시대리로서 3·1혁명을 '千載不再의 巨
創'이라 규정하고

    국민은 吾人의 최후 해결이 혈전에 있음을 각오할 것으로 믿는다.

고 절규하였다.109)

임정의 수립이 3·1혁명정신의 부흥과 맥락이었음을 천명하고 그에 따
른 임정의 법통성을 강조한 매우 논리적이고 시사성 있는 의미가 강조된
것임을 짐작케 하는 것이다. 따라서

---

107) 김정명 편, 앞의 『조선독립운동』 2, 「대한민국임시정부의 3·1기념일 축하의 건」.
108) 『高警』 제15315호 大正 9년 5월 24일, 「上海 假政府員의 諭告文에 관한 件」 참
조.
109) 『高警』 제20496호 大正 10년(1921) 6월 24일.

3월 1일은 대한민국이 부활한 聖日이다.

라고 서두를 꺼낸 석오는

금년(1920)은 독립혈전이 개시될 제1년이므로 일층 축하하라.

고 호소하였다. 상·공업에 종사하는 동포는 물론 학생은 학업을 폐지하고
서도 대한독립만세를 절규하라고 강조하였다. 그것은 "혈전의 끝으로서 혈
정의 준비로서"라고 의미 심장한 一言을 토로하였다.[110]

석오는 1940년 3월 13일 기강에서 장서할 때까지 혁명가로서 항일투쟁
의 일선에 섰다. 1922년에 시사책진회를 동지 이시영 조소앙 차이석 홍진
노백린 등과 조직, 난국 타개의 묘안을 제시한 바 있다. 1924년 4월에는 국
무총리로 취임하였고 군무총장도 겸임하였다. 9월에는 미주 이승만의 장기
궐석으로 인해 대통령직을 대행한 일도 있었다. 그는 1925년 57세로 두 번
째 임시의정원 의장이 되었고 다음해에는 국무령이 되어 혁명의 이론을
실제 독립전쟁에 폈던 것이다.

법무총장까지 겸섭하였던 석오는 1927년 국무위원회 주석이 되었으며
무엇보다도 임정의 침체를 벗어나게 된 것은 이봉창·윤봉길 의사의 투탄
의거를 김구 등과 계획하고 이를 실천함에서 찾아볼 수 있겠다.[111]

72세의 고령임에도 석오는 네 번째 주석(1939~1940)으로 마지막 국가
에 충성하고 광복제단에 몸바치게 되었으니 이때가 1940년 3월 13일(陰 2
월 5일) 하오 4시 40분 중국 사천성 기강의 썰렁한 임정청사로서 이국땅이

---

110)『高警』제5016호 大正 9년 2월 25일,「上海假政府布告 發布에 관한 건」.

111)『조소앙전』(未刊本). 이 수기 속에서 소앙은 윤봉길 의사의 투탄의거를 백범 외에
    석오 자신 등이 직접 계획 실천하였노라고 주장하고 있다. 이에 가담하여 의거준
    비를 본격적으로 논의한 독립지사는 김구 이동녕 조소앙 조완구 김철 등이라고
    소앙은 강조하고 있다. 김구의 단독적인 의거로서 기록될 수도 있으나 그 당시 上
    記 인물들은 항상 얼굴을 맞대고 침체·실의·좌절상태에 놓여있던 임정을 어떻
    게 활성화하고 조국독립투쟁의 구심점이 되게 할까를 의논 고심하였기 때문에 '공
    동작품'으로 볼 수 있을 것 같다.

었다.112) 급성폐렴으로 그는 72세를 일기로 순국하였다.

노혁명가의 최후는 그의 임종 순간을 지켜보던 많은 동지와 후배 등을 감동시켰던 것이다. 조국광복을 5년 앞둔 그로서는 "끝까지 투쟁하고 통일과 독립을 실현시켜 달라"는 혁명가의 유언 속에서 독립투사로서의 기품과 고매한 인격을 조금도 흐트려 보이지 않았기 때문이었다.113)

그의 혁명가로서의 이론은 곧 실제적인 면에서 그대로 행동으로 보인 점이 더욱 두드러진다고 평가해 볼 수 있겠다. 석오는 결코 온건 안정적 광복운동가가 아니었다.114)

그는 혁명의 이론과 실제를 균형있게 전개하면서 임정의 수립과 발전단계에서 혁명가상을 올바르게 정립하였다. 그의 쓸쓸한 서거 후 이 혁명정신은115) 좌우익의 통합과 한국광복군의 성립 그리고 중경시대 5년간의 임정을 승리로 이끄는 데 있어서 정신적으로 연결 맥락지어졌다고 결론짓는다.116)

---

112) 이현희, 앞의 『임정과 이동녕연구』, 358~363쪽.

113) 정정화, 『녹두꽃』, 미완, 1986, 138~140쪽.

114) 국회도서관, 『한국민족운동사료』 중국편, 1976, 398~401쪽.

115) 이현희, 『광복투쟁의 선구자』, 동방도서, 1990, 이동녕조.

116) 이현희, 『광복전후사의 재인식』 I · II, 범우사, 1992, 序 · 結論 ; 주 112)와 同, 450 · 475 · 500쪽.

3. 1920년대 임정지도제의 성격

1) 임정지도제의 시각

국내에서 일어난 3·1혁명의 전민족적 염원인 광복의 마무리를 위해 국외에 수립, 전후 27년간 유지 운영된 대한민국임시정부(1919~1945) 역사는, 오늘날 9차 개헌을 거친 대한민국 헌법 전문에도 그 민족사적 정통성이 문자로 명시되어 있으므로 그 어느 때보다 독립운동선상에서 가장 핵심적이고 뚜렷한 대표성을 인정받을 수 있는 '혁명정부'로 인식할 때가 온 것으로 본다. 임정 27년사 가운데, 지도체제를 뿌리내리며 국민적 기반을 구축하고 합리적 운영을 하던 시기를 든다면 후술할 임정 27년의 3단계 분류 가운데 그 1단계인 상해시대 14년간(1919~1932)이라고 규정할 수 있겠다. 이 시기에 임정의 지도체제가 가장 현실에 맞게 개편, 보완되었던 것이다.

1919년 9월 15일부터 임정의 始政日이 되어 몇 개의 각 임정이 통합, 단일화됨으로써 대통령중심 지도제로 발전하였다. 그러나 운영상의 불합리점이 누적되어 8가지의 광복정책을 수행하던 '임정'의 불신이 가중 심화되었다. 따라서 이미 저자가 살펴본 바대로 국민대표회의가 소집되기도 했으나 창조·개조의 분열적 논쟁의 광장만 제공된 셈일 뿐 '最良한 公論의 수렴'은 당장 실현될 수 없었다. 더욱이 공산계의 자금개입이나 무단활용, 유출 등은 임정의 혼란만을 가속화시킬 뿐이었다.

임시대통령 이승만의 재임 6년 중 상해 체류 6개월 정도로의 임정 수습책은 큰 효과를 보지 못하고 말았다. 이런 이유까지를 포함해서 임정 대통

령 이승만의 불신임안이 복합적으로 제기되어 마침내 의회에서 표결, 통과
됨으로써 대통령중심 지도체제의 1인 독주가 임정 광복정책 수행상 도움
이 되지 않는다는 여론이 정책적으로 받아들여졌다. 이 기간 중 5명의 한
국대표가 파견된 위싱턴회의(1921. 11~1922. 2)에 걸었던 독립 열망에의
기대도 수포로 돌아갔다. 또 여운형·김규식 등 52명이 참석했던 모스크바
회의(1921)라는 극동노력자회의에서의 활동도 문제의식은 환기시켰으나
결정적인 측면에서의 직접적인 도움은 당장에 주지 못했다.

그러므로 1920년대 국민이 동참할 수 있는 가장 합리적인 임정통치의
광복정책을 이끌어 갈 지도체제는, 어떤 형식이 공감대와 국내외의 지지
찬성을 얻을 수 있을까 하고 고심하던 끝에 궁여지책으로 제기한 것이, 이
승만의 탄핵 이후 國務領 지도체제와 국무위원제로의 변경이었다. 1920년
대에 두 번에 걸친 지도체제의 변경과 실시로 인해 임시대통령 1인에게 무
한 책임을 지우는 폐단이나 불합리 모순 등이 상당 부분 제거되고, 청산되
게 되었다.

뒷날(1932)에 나타난 이봉창·윤봉길 의사를 전위적으로 개입시킨 무장
炸彈항일투쟁은, 결국 지도체제의 합리성과 신중한 광복정책의 고뇌 속에
서 탄생한 결정적인 '작품'이었다고 평가해도 좋을 것이다. 1920년대의 이
임정지도체제 문제를 이 글에서 집중적으로 추적 해명해 보고자 한다.

2) 임정지도체제 변화의 이유

임정 27년 활동 가운데 중국 상해시대(1919~1932) 광복정책 전개의 14
년간은, 임정의 기본정책을 제기하여 방향의 정립이 완성된 민족사적 의미
를 갖게 된다. 임정 전체를 조감해 보건대, 우리 근·현대사에서 최초의 정
통·단일 민주공화정부인 임정의 27년(1919~1945)은 그 활동의 성격이나
광복정책 수행 및 업적 상으로 보아 3단계로 구분하여 인식 이해하는 것이
타당하다. 1단계는 상해시대(1919~1932) 14년간, 2단계는 이동시대(193
2~1940) 8년간, 3단계는 서남천했던 중경시대(1940~1945) 5년간으로 나

누어 볼 수 있다.

저자가 몇 권의 논저와 논설 속에서 이미 충분히 언급하였듯이 1919년 4월 8일 손문의 심복이며, 상해의 특급유지인 杜月笙의 간절한 소개와 편리 제공으로 중국 상해의 프랑스조계 내 金神父路(현순 거처)에 처음으로 임시의정원(의회) 건물을 임차하여 최초의 정부청사를 설치할 수 있었다.[1] 당시 회의장에 모인 이동녕 신규식 이시영 조소앙 남형우 신익희 조동호 선우혁 현순 이광수 최근우 신채호 이회영 등의 의원이나 동조자 30~40명은 새로운 각오로 임시의정원을 구성하였다. 이곳을 중심으로 이동녕을 임시의정원 의장으로 선임, 그가 동지들의 의견을 수렴하여 4월 10·11일 양일 간에 걸쳐 헌장 10개조를 심의, 제정 선포하였다. 이어 국호(대한민국)·연호(민국)를 결정하였으며, 각종 선서문·강령·경고문 등을 심의 제정한 뒤 태극기를 게양하고 13일 오전 9시를 기해 내외에 선포하였다. 이는 『朝鮮民族運動年鑑』에 의거한 근거이며, 그뒤 임정 기관지 『독립신문』에도 그 사실이 기사로 나와 있다. 그러나 중경시대에는 임정수립 기념일을 4월 11일로 정했었다는 초청장이나 전단도 있다. 이는 앞으로 검토할 문제라고 생각하나 초창기에는 4월 13일에 선포하였다고 명시하였으니, 최초의 '선포일'이 역사적으로 유효하지 않을까 싶다.

아무튼 임정이 태극기가 펄럭이는 가운데 이동녕 임시의정원 의장에 의해서 수립·선포되었을 때, 우리는 그것을 민족의 함성이요 혁명적 분위기로 우리 인구가 '전원 참여'했다고 보는, 3·1혁명의 마무리로서 대표성과 단일성을 포함한 우리의 정통정부라고 인정 인식함에 무리가 뒤따르지 않는다고 믿는다.

그러나 북한에서 출간된 『조선전사』의 해당 분야나 대한민국의 국민이란 사람이 펴낸 『민중의 역사』 등 몇 권의 자의적인 민중사관적 시각의 역사책에서는 임정 27년의 역사적 의미는 물론 그 법통사적 성격마저 부인하거나 잘못 해석하는 무책임한 논조를 전개하고 있다. 이에 저자는 임정 27년사가 일제강점 35년(1910~1945)의 역사적 공백기를 그만큼 보완 승계

---

1) 『杜月笙傳』 전4권 중 제3권, 臺北, 1986, 47~55쪽 참조.

유지해주고 맥락짓는 '역사 광복'의 의미로 해석할 수 있다고 문제를 제기하고 싶다.

합리적 지도체제의 변경을 포함한 임정 27년사는 그것이 한민족 5천년사의 일시적 단절을 거부할 뿐 아니라 대표성과 구심점을 충분히 표출할 수 있는 힘찬 민족사의 맥락을 갖고 있다고 평가해도 좋을 것이다. 따라서 객관적 의미로 볼 때 대한민국의 민족사적 정통성을 맥락짓고 단절의 역사를 지속성의 민족사로 이어줌에 누구도 승복하지 않을 수 없을 것이다.[2]

임정이 수립될 당시에 국내외에서 출범했거나 할 단계의 몇몇 대한민국임시정부가 독립운동세력의 대동단결을 위해 대폭 양보 타협한 결과, 단일 민주공화정부로 통합되면서 대통령중심 지도제로 전문 58개조의 헌법 조문까지 제정 공포하고 단일체제로 민주정부를 재탄생시켰다. 상해청년동맹원(金樂山·賓國光)이 남긴 자료 속에서 대한민국임시정부는 혁명의 구심점이며, 민력 집중의 총체적 기능을 수행하며, 국내외의 독립운동을 통제 지도 조정하고 수렴할 대본영이라 서술하고 있다.[3] 이는 광복정책의 제도적 장치가 마련된 셈이었다.

임정의 설립은 전통적인 조선조의 군주제 정치체제에서 의회민주공화제 정부로의 제도적인 대전환을 가져왔다. 물론 몇 가지 국가와 정부가 구비해야 할 요건 등을 갖추지 못한 취약점을 가지고 있었다. 하지만 일제강점 하에서도 당당히 복고적인 군주제 답습이 아니라, 박은식의 『韓國獨立運動之血史』에서 강조하였듯이, 세계혁명투쟁사의 전례이기도 한 민간혁명정부로 등장하였으니 그 민족의 정통사적 의미와 평가가 극명하게 나타난다고 생각된다.

따라서 저자는 대한민국임시정부를 탄생시킨 국내의 2천만 민중의 의지·신념의 총체인 3·1운동은 '3·1혁명'으로 간주해서 평가해야만 대한

---

2) 李炫熙, 『大韓帝國의 最後와 臨時政府의 活動』, KBS사업단, 1983, 序·本論 참조.

3) 金樂山, 『春山 李裕弼小史』(未刊), 1943, 10쪽, "制定臨時憲章, 而爲大本營, 策進革命工作, 武備籌辦". 이 책은 李裕弼의 臨政동지 金樂山의 저작이므로 사료적 가치가 높다고 생각된다. 이는 이유필의 판결문과 내용이 비슷하기 때문이다.

민국임시정부의 혁명적 위상과 국제적 인식이 균형과 공감을 불러일으키
게 되리라 본다. 실제로 1919년부터 1945년까지 27년간 중국에 있었던 임
정 당국자들은 매년 3·1절 기념식 때는 '3·1혁명', '3·1대혁명', '혁명정
신' 운운하여 3·1절의 혁명성을 공통적으로 인식하는 바탕 위에서 임정이
평가되고 광복정책이 엄숙하게 혁명적으로 이룩되고 있음을 의식한 것으
로 보인다.4)

상해에 임정이 수립되었을 당시는 2천여 명의 민족 정통세력인 우리 동
포가 각지로부터 집결되어 있었다. 초대 임시의정원 의원이었던 윤보선
(1897~1990)은 3천여 명이나 모였다고 저자에게 증언했다. 여하간 자금
사정이 점차 악화되고 지도자 간의 갈등·마찰·견해차 등 운영의 문제가
제기되자 이들은 각기 흩어져갔다. 모략 중상으로 파쟁이 심심치 않게 노
출되기도 하였다.

임정의 대표성의 불인정이나 지도체제에의 의회 노출 따위로 출범 당시
의 지나친 의욕이나 기대감에 못 미치는 안타까움이 나타나고 있었던 것
이다. 이 때를 전후로 나타난 큰 문제가 이미 언급했던 국민대표회의 소집
이었다.

어려움에 처해 있던 1921년 임정은 이동녕 이시영 신규식 김구 등이 혼
신의 힘을 쏟아 초창기 출범 때의 8개 분야의 광복정책을 과감히 밀고 나
갈 재충전의 결의를 다짐하였다. 이 때 임정 참여파나 비참여파가 거의 동
시에 국민대표회의의 소집을 요구하였다. 그리하여 2년 뒤인 1923년 1월부
터 '최량한 공론의 통일'을 절규하고 5개월여 동안 60여 일간 갑론을박 회
의를 진행하였으나 성과 없이 끝나고 말았다.5) 이 회의는 독립운동기구의

<hr/>

4) 國會圖書館, 『韓國民族運動史料』中國篇, 1976, 377쪽. 가령 같은 해 3월 1일 오
   후 2시부터 영국조계지 西藏路 寧波會館에서 개최되었던 3·1운동기념 축하회장
   에 '3·1革命'이라 大書한 선전전단을 입장객에게 모두 배부하였던 것은 혁명성
   의 인식이해를 거듭할수록 더 명백하고도 분명히 이행되었음에서 '3·1운동'을 '3
   ·1혁명'으로 승화시켜 명칭을 恒式化해야 할 것임을 거듭 제안한다.

5) 李炫熙, 『韓民近代史의 摸索』, 二友出版社, 1979, 200~215쪽. 결국은 그것이 '말
   (言語)의 盛宴'으로 종막을 고하고 말았다. 이로 인해 한때 상해 정국은 공산화로
   의 전환적 분위기에 휩싸인 바도 있었다. 그러나 공산당의 배신으로 간신히 원점

통일논의와 개편문제를 중점적으로 토의하기로 하여 기대가 컸었다. 하지만 창조파와 개조파의 논의 가운데 공산주의자들의 임정 백지화 책략이 노출되어 충격을 주었다. 金東三 등 원래 임정의 산파역을 맡았던 독립군 지휘자가 동삼성으로 귀환함으로써 여러 독립운동자의 사기가 크게 저하되었다.

3) 지도체제 변경의 필연성 인식

이처럼 국민대표회의의 해산같은 조치는 임정의 거듭나기와 홀로서기를 가능케 했었다. 그러나 실은 아쉬운 여운만 남기고 말았다. 임정의 지도노선이나 광복정책에 혼선을 빚게 하거나 임정 요인의 불신임 따위를 거론케 하고 말았다. 이승만 이동휘 안창호 등의 안타까운 결별은 임정의 지도체제와 그 의식을 혼란케 하였을 뿐 아니라 상호 비방과 불신 풍조가 고개를 드는 듯 싶었다.

임정 고수파인 이동녕 김구 김규식 등은 국민대표회의의 소집을 주장한 인물 중의 한 사람인 박은식을 초치한 뒤 무분별함을 힐책하고 폭언으로 항의하였다. 엄청나게 모욕을 당한 박은식이 자택으로 돌아가 그 양아들 朴始昌에게 그 사실을 알렸다. 아들 박시창은 公陞南里에 있는 김규식 가택을 찾아가 부친(박은식)을 매도한 이유를 묻는 등 힐난 항의하였다. 그러나 박시창은 김구 등으로부터 구타당하여 寶康里 프랑스조계 내에 있는 중강의원에 입원한 일도 있다고 일본정부는 전하였다.[6] 이 사실이 얼마만큼 진실에 가까울지는 일제측의 자료이므로 확인할 길이 없으나 임정 고수파와 불평파와의 마찰은 분명 있었을 것으로 보인다.

국민대표회의의 소집 문제가 한창 논의되던 1922년은 이동휘 일파가 중국땅을 떠난 뒤였다. 그를 이어 노백린 군무총장을 제외하고 신규식이 국

을 되찾게 되었다. 李炫熙, 『韓民族光復鬪爭史』, 正音文化社, 1990, 結論 참조.
6) 國會圖書館, 앞의 책, 325쪽 ; 李炫熙, 앞의 『임시정부의 숨겨진 뒷 이야기』, 「박은식」 항목 참조.

무총리로 임정을 지휘하였으나 내치·외교 등의 지지부진을 책임지고 사표를 냈다. 임정 공보 제1호에 따르면 그 뒤를 이어 노백린이 국무총리에 선임되었다가 1924년 4월 9일 면직되었다. 이어 김구가 총리서리를 맡다가 1924년 4월 23일 이동녕이 국무총리가 되었다. 그는 6월 2일에는 군무총장까지 겸섭하도록 발령받았고, 같은 해 8월 21일에는 대통령 대리로 선출되었다. 그 뒤 김구를 내무총장 겸 노동국총판에, 조소앙을 외무총장에, 법무차장 金甲을 법무총장 대리에, 학무차장 金承學을 학무총장 대리에, 이시영을 재무총장에, 교통차장 金圭冕을 교통총장 대리에 각각 임명 발령하였다. 이런 와중에 이동녕과 노백린은 시사책진회를 조직하여 현안문제 해결의 실마리를 찾으려 하였다. 김구는 이유필과 같이 노병회를 조직하여 독립전쟁 수행을 위한 인적·물적 자원 확보와 그 활용에 심혈을 기울이고 있었다.

국민대표회의가 임정 자체를 전복하고자 함에 이동녕이 추천한 내무총장 김구는 이들을 타도하고 임정의 고수와 광복정책의 선명성을 강조하였다. 김구는 내무부령 제1호로 尹海·申肅 등 독립운동 저해세력의 모반행위를 통렬히 비난·성토하였으며, 文時煥 등 임시의정원 의원의 징계안도 제출하였다. 국무원 포고 제3호에서도 임정 전복세력을 규탄하였다.[7]

1923년 5월 국민대표회의가 자체의 공론 통일을 못한 채 수포로 돌아가면서 1924년 12월 11일 이동녕 국무총리도 인책 사직하고, 12월 16일 박은식이 국무총리가 되어 내각을 조직하였다.[8] 1925년 3월 23일 밤 임시의정원에서는 나창헌 등 5명에 의해 제기된 이승만 임시대통령의 해임안이 통과 발표되었다.[9] 이에 대통령 대리로 있던 이동녕은 동시에 국무총리 박은식을 후임 대통령으로 임시의정원에서 만장일치로 당선케 뒷받침하였다.

---

7) 『朝鮮民族運動年鑑』 1929년 6월 6일자.

8) 이 당시의 내각은(1924. 12. 17) 국무총리에 朴殷植, 내무총장에 李裕弼, 외무·재무총장에 李圭洪(외무총장에 선임된 安恭根은 취임하지 않았다), 군무·교통총장에 盧伯麟, 법무총장에 吳永善, 학무총장에 趙尙燮, 노동국총판에 金甲, 국무원비서장에 金朋濬, 내무부경무국장에 孫斗煥이 각기 선임되었다.

9) 國會圖書館, 앞의 책, 550쪽.

이리하여 박은식은 정식으로 이승만에 이어 제2대 임정 대통령이 되었다. 임시정부는 곧이어 구미위원부를 폐지해 버렸다.10)

이 같은 절차에 의해 임정의 신임 대통령으로 선출된 박은식은 그동안 내외의 실정이나 대통령 1인에게 무한책임을 지음으로써 야기된 여러 가지 문제점을 파악하고 일반 여론을 수용하여 지도체제를 변경하려 하였다. 제2차 개헌을 통해 국무령제의 지도체제로 개편하고 그 자신은 물러날 결심을 굳혔던 것이다.11)

박은식은 그해 11월 상해에서 작고하거니와 1925년 이후 임정은 진로 타개상 어려움이 있었다. 그렇다고 '지도자 역할을 상실하고'12) 운운처럼 임정이 방향감각을 잃은 것은 아니었다. 위협·난관·시련 속에서도 임정 27년을 지속적으로 이끌어온 것은 민족정신이 투철한 임정 요인들 30여 명의 협조와 독립투쟁의 의식이 충천했기에 가능했던 것이다. 악의적으로 보고한 일제측 정보에서조차도 내분과 분쟁이 끊이지 않았다고 했으나, 그들(임정 요인)이 논쟁하는 바는

　　대개 어떻게 하여 일본의 羈絆을 벗어나 독립의 목적을 달성할 것인가. 그 수단 방법에 대해 爭議한 것으로 그 누구도 독립 목적을 향해 맥진할 것을 期한 觀이 있다.13)

고 한 것은 아무리 독립운동가·지사 사이에 심각한 분쟁·논란·상호비방이 교차되고 있었다고 해도 공동의 궁극적 목표달성은 한 가지 '광복'이라는 구심점으로 귀일될 수 있었음을 이해해야 할 것이다. 이런 우국적인 분위기 속에서 제2차 개헌을 통한 임정의 발전적 개편은 매우 자연스럽고 순리적인 절차에 따라 이루어지게 되었다. 일제측 정보자료에서 나타나고 있듯이, 일제는 임정 요인을 기호파니 서북파니 하면서 의도적으로 분류,

---

10) 『朝鮮民族運動年鑑』 1925년 3월 10일·4월 9일자.
11) 李炫熙, 『大韓民國臨時政府史』, 集文堂, 1982, 結論 참조.
12) 국사편찬위원회, 「독립전쟁」, 『한민족독립운동사』 6, 1988, 444쪽 참조.
13) 國會圖書館, 앞의 책, 350쪽.

여러 갈래로 파쟁을 조장해 동족 간의 이간책동이나 임정타도 구상,14) 귀
순종용 등의 양동작전을 폈지만 이들의 한 가지 움직일 수 없는 구심점은
바로 '조국광복의 달성'이었던 것이다.

그들의 교활한 술책에 가끔은 임정 요인들도 검토·비판 없이 그런 '소
문'의 사실을 규명치 않고 받아들여 동지를 우선적으로 파면하거나 변절자
로 몰아 붙인 비통한 사실이 지금까지도 드러나고 있는 실정이다.

4) 지도체제의 성격과 광복정책

이 같은 위급한 시기에 임시의정원의 결의라는 민주적 절차에 따라 이
승만 임시대통령은 면직되었다. 이어 이동녕이 대통령 대리를 맡은 이래로
내린 비상조치가 개헌안으로 확정되었다. 3월 30일 정부가 제안한 국무령
중심 지도체제인 내각책임 지도제의 제2차 개헌안이 임시의정원을 통과하
였고, 그것이 4월 7일 공포됨으로써 두 번째로 임정의 지도체제가 변경케
되었다. 국무령제에 따라 이동녕이 국무령에 추대 임명되었다가 곧 李相龍
으로 바뀌었고 이어 梁起鐸·安昌浩·洪震·金九에 이르기까지, 짧은 기
간 동안 국무령이 여러 번 교체되는 우여곡절 속에서 이 지도체제는 겨우
계승·유지될 수 있었다. 이같이 국무령제가 유지되던 2년 동안은 임정이
구심점을 잃고, 어려움 속에 있었던 시기였다.

최종적으로 '견고 내각' 구성에 성공한 인물은 백범 김구였다. 김구가 그
의 자서전에서 "금일에 吾人을 있게 한 이면에는 석오(이동녕) 선생의 보
살핌이 있었기에 가능했으니 최후의 은고를 입은 사람은 나 하나뿐이
라"15)라고 회고했던 것은 곧 김구를 김구답게 키운 인물이 곧 석오 이동녕
임을 알 수 있게 하는 사례이다.16) 국무령으로 힘을 얻은 김구는 1926년
12월 국무원인 尹琦燮·李圭洪·金澈과 이동휘의 사위 吳永善, 그리고

---

14) 위의 책, 363쪽.
15) 金九,『白凡逸志』원본, 147쪽.
16) 李炫熙,『臨政과 李東寧研究』, 一潮閣, 1989, 序·結論 참조.

김갑의 5명을 선임 조각함으로써 임정을 이끌어나갔다. 이 때 임정은 현재 상해시 마당로 306-4호로 이전한 직후였다.

제2차의 개헌안은 전문 없이 6장 35개조로 구성되어 있다.[17] 지도제의 변경을 전제로 한 개정헌법의 주요 내용은 첫째, 임정의 대통령 대신 국무령이 정부의 수반으로 광복정책을 진두 지휘해 나가게 되었다. 둘째, 임정은 국무령과 국무원(5명 이상 10명)으로 구성하되 국무령의 임기는 3년으로 한다는 재임 연한 조항을 명시하였다. 1919년 9월 제1차 개헌 때의 대통령 임기 표시가 없었던 점을 감안해서 이렇게 분명히 시행케 한 것이다.

그러나 실제로 3년 안에 다시 지도제가 변경, 내각-정부가 국무위원제로 고쳐진 것은 주목을 끌게 한다. 셋째, 광복운동자가 전 인민을 대신한다. 넷째, 사법 업무는 국무회의에서 집행 통할한다. 다섯째, 임시의정원 의원 선거는 간접선거로 하고 지방의 독립운동기구에서 이를 선출한다는 것으로, 그동안의 헌법상 불합리·모순을 과감히 청산 척결한 것으로 의회민주 정치의 제도적인 세련미를 엿보게 하는 대목이다.

그러나 개헌만으로 역경을 겪고 있는 임정이 순조롭게 명쾌한 프로그램을 제시할 수 있었던 것은 아니다. 의욕은 앞섰으나 그 실천이 곧 뒤따르지 못했다. 다행히 김구나 홍진에 의해 내각이 구성된 것은 1920년대 초 임정의 진로를 가늠하는 데 크나큰 힘이 되었다. 김구보다 앞서 1926년 7월 8일 국무령에 취임한 홍진은 당시의 혼미한 상황으로 조각에 어려움을 겪었으나, 안창호가 그해 8월 19일 남경에서 돌아와 적극 협조했으므로 내무장에 崔昌植, 재무장에 이유필, 사법장에 조상섭 조소앙 金應燮의 5명을 입각시킬 수 있었다. 그러나 조소앙과 김응섭은 개인사정으로 보직을 받고도 취임하지 못했고, 최창식 이유필 조상섭 3명만이 현직 장관으로서 내각의 실무를 담당하였다.

특히 홍진은 국무령으로서 국무회의를 소집·운영하였으며, 시정방침을 천명하였다. 그 내용은

---

17) 6개 장은 제1장 大韓民國, 제2장 臨時政府, 제3장 臨時議政院, 제4장 光復運動者, 제5장 會計, 제6장 補則으로 구성되었다.

첫째, 비타협적 자주독립운동을 진작한다.

둘째, 전민족적 대정당을 건설한다.

셋째, 전피압박민족과 대연맹을 체결하고 우의적인 국교를 증진토록 한
다.[18]

등으로 잘 짜여져 있었다. 그러나 독립전쟁을 구체적으로 어떻게 실천해
나가겠다는 시정 방침은 나타나 있지 않다. 이는 그 당시의 임정의 운영
형편이 초창기처럼 의욕적으로 일을.풀어나갈 수는 없었기 때문일 것이다.

그 뒤를 이어 국무령이 된 김구에 의한 내각이 구성되어 국무회의를 개
최하였다. 국민대표회의 소집으로 인한 임정의 약화를 김구의 강력한 리더
십이 만회해 주었다. 법적 제도적 장치가 재강화되었고,[19] 국무원의 법적
지위도 상승되었다. 법률·명령의 공포 제안 등을 발의할 경우에는 연서로
하였으며, 관리임면권도 국무령이 직접 집행할 수 있되 국무회의의 의결을
통과해야 하였다. 이는 임정의 지도체제가 중진급 인사를 필요로 하는 집
단지도체제로 대전환되었음을 보여주는 것이라 평가된다.[20] 국무령의 임
기는 3년으로 한정하되 중임을 허용하였다. 법원은 폐지하고 국무회의가
행정업무와 함께 사법을 겸섭하도록 하였다.

국무령중심 지도체제가 대통령중심 지도체제에 비해서 광복정책 집행상
전진한 것은 사실이지만, 내각 구성이 제대로 이루어지지 않았을 뿐 아니
라 구성되었다 해도 약체 내각이거나 인재와 정책이 두루 섭렵 망라되지
않았다. 이에 개선을 위한 다른 지도체제를 모색하였다. 따라서 다음해인
1927년 4월에는 다시 집단지도체제인 국무위원제 정부를 구상해서 제3차
개헌을 준비하게 되었다.

국무령중심 지도체제하에서의 내각변천 상황을 정리해 보면 다음과 같
다.

---

18) 『朝鮮民族運動年鑑』 1926년 9월 27일자.
19) 李炫熙, 『3·1獨立運動과 臨時政府의 法統性』, 東方圖書, 1987, 139쪽.
20) 주 6)과 같음. 『독립신문』 1925년 4월 5일자.

국무령중심 지도체제(제2차 개헌)하의 내각변천 상황(1925~1927)

1925.7~1926.2 제7차	1926.2~1926.12 제8차	1926.12~1930.11 제9차	비 고
이상룡(국무령) 이 탁(국무원) 김동삼(국무원) 오동진(국무원) 윤세용(국무원) 현천묵(국무원) 윤병용(국무원) 김좌진(국무원) 조성환(국무원) 이유필(국무원)	홍 진(국무령) 조소앙(국무원) 조상섭(사법장) 이유필(재무장) 김응섭(국무원) 최창식(내무장)	김 구(국무령) 윤기섭(국무원) 김 철(국무원) 오영선(국무원) 김 갑(국무원)	① 1927년 4월까지 국무령제임. ② 이동녕, 안창호, 양기탁 등도 국무령이었으나 사실상 조각하지 못했음. ③ 대통령제와 국무령제 사이의 과도기적인 내각의 책임은 박은식 국무총리에게 있다. 이때(1925. 3. 10) 국무위원은 이유필(内)·이규홍(外·財)·노백린(軍·交)·오영선(法)·조상섭(學)·김갑(勞)·김붕준(비서장) 등이었다. ④ 이상룡 국무령이 여운형 구타사건으로 해직되자, 양기탁이 그 후임으로 임명되었다. 그러나 도착시까지 1925. 3. 19 최창식(의정원 의원장)이 권한을 대행하였다.

*『대한민국임시의정원 문서』 등에 의거 작성.

5) 대한민국임시정부의 개편과 책임의 균담화

제9차 내각이 개편되어 갈 때 임정 초창기 대통령 및 국무령의 지도제는 정통성을 법적으로 뒷받침한 헌법적 기초 위에서 이루어져 시행되었다. 국무령으로 최종 추천된 김구가 윤기섭 등을 영입, 신내각을 조직한 뒤 宋秉祚 임시의정원 의장과 손잡고 제3차 개헌에 착수하였다. 이는 제2차 개헌의 불합리성을 타파하고, 비현실적인 정치체제를 확고하게 안정권에 진입시켜 놓고, 광복정책을 정착시키며, 전국민적 관심을 집중시켜 광복을 당기려는 의도 속에서 추진된 것이다.[21]

제3차 개헌안은 대한민국 약헌으로 윤기섭의 안이 부결되자 김갑·이규홍·황의춘 등으로 약헌기초위원회를 다시 구성케 하였다. 준비를 끝내고,

---

21) 金九, 『白凡逸志』, 敎文社, 1979, 287쪽.

1927년 2월 15일 제16회 임시의정원에서 50개조로 축조 통과시켜 3월 5일 공포하였다.[22] 그 주요 내용은 국무위원으로 정부-내각을 조직하고, 주석 은 그대로 존치하되 국무회의의 장이 되는 정도에 그치게 하였다. 그것도 국무위원의 호선에 따라 교대로 집무하는 것을 원칙으로 규정하였다. 어떤 특정인을 어느 기간 동안 정부-내각의 최고 책임자로 규정하는 것이 아니 라 광복정책의 중진급 인물을 망라하여 국무위원회를 구성하고 행정부의 안건을 처리케 하였다. 따라서 국무위원이 공동으로 책임을 지는 제도적 장치하에 원만하게 국가 중대사를 처리해 나갔다.

임정의 원로 이동녕이 국무위원장이 되었는데, 그를 '주석'이라고도 불렀 다. 이 당시의 각료는 주석 이동녕 외에 내무장 홍진, 외무장 조소앙, 군무 장 지청천, 법무장 이시영, 재무장 김구, 비서장 차이석, 참모총장 유동열, 무임소에 조성환 송병조 조완구 등이 있었다. 국무위원은 이동녕 김구 이 시영 조소앙 홍진 송병조 유동열 조완구 조성환 차이석 지청천의 11명이 었다. 제3차 개헌안은 전문이 없고 5장 50개조로 되어 있다.[23] 이는 제1차 개정헌법보다는 소규모의 헌법이지만 제2차의 개헌헌법보다는 현실성에 있어서 보완된 점이 주목된다. 증가된 15개 조항은 현실타개 문제에 주안 점을 둔 것으로서 군주제적인 잔재가 극명하게 청산 정리되고, 민주공화제 적인 민중의식의 성격이 분명하게 나타나 있다. 김구는 그의 회고에서

모든 국무위원은 권리에나 책임에나 평등하였다. …… 종래의 모든 분 리를 일소할 수 있었다.[24]

라고 강조하였다. 좀더 민주적인 지도체제로의 전환이 이룩된 셈이다.

제3차 개정헌법에서 "대한민국의 최고 권력은 임시의정원에 있다. 광복 운동자가 대단결한 정당이 완성될 때에는 최고 권력은 그 당에 있는 것으

22) 『朝鮮民族運動年鑑』 1925년 3월 6~7일자.
23) 제1장은 總綱, 제2장은 臨時議政院, 제3장은 臨時政府, 제4장은 會計, 제5장은 補 則인바 모두 5장으로 구성되어 있다.
24) 金九, 앞의 책, 288쪽.

로 한다"라고 규정하였다. 이당치국의 중화민국식 정당정치를 지향하되, 뒤에 나올 한국독립당이 여당으로서의 그 위치가 분명하게 부각된 것이다.

이 제3차 개정헌법은 집단지도체제의 회의체로서 종래 정부의 수반인 대통령·국무령·국무총리를 폐지한 사실이 주목을 끈다. 정부의 개편도 이런 맥락에서 이루어진 것이다. 이 개헌은 각 '국무위원'에게 평등한 권리와 책임이 주어짐을 골격으로 유지하고 있다. 이는 1927년으로부터 시작하여 1932년 이봉창·윤봉길 의사의 의거 이후 이동시대(1932~1940)를 끝낼 때까지인 1940년까지 14년간이나 계속 유지되었다.

국무위원이 국무를 총괄하고 임시의정원에 대해 책임을 지며, 그 임기는 3년이나 재선(중임)의 여지가 주어졌다. 책임이 큰 국무위원이 2개월 이상 집무하지 않았을 때는 자연 해임된다는 엄격한 약헌의 규정을 두었다. 이동녕이나 김구도 윤봉길 의사의 의거로 인해 항주·가흥 등지로 한때 피신해 다니다가 2개월 정도 결석하여 이 조항에 저촉됨으로써 그 직책을 자동 사면당한 일도 있었다. 실세였던 이 두 지도자에게도 법적 규정의 적용은 엄격히 준용되었음을 알 수 있다.

이와 같은 구상 아래 단일정당의 결성운동은 그전(1926) 7월 홍진 국무령의 시정방침 천명에서도 나타나고 있다.[25] 그것은 임정이 개편되면서 책임 문제가 균등화되고 평등화됨으로써 '다같이 함께 이끄는 임정'의 이미지가 강하게 나타난 것이라 볼 수 있다.

6) 빈곤 속의 진로모색

이 같은 절차와 경로에 따라 임정 지도부는 1927년 10월 중국령에서 독립촉성연합회를 조직하고, 1927년 2월 이래 4년 동안은 국내에서 활동하고 있는 신간회 등과 호응하여 점차 노령, 미주 등 각 방면의 기관과 연합할 것을 기도하였다.[26] 그리하여 한국독립당 관내촉성회연합회의 성립을 보

---

25) 『朝鮮民族運動年鑑』 1926년 9월 27일자.

왔다. 이 회의 전위로서 嚴恒燮 등 40여 명이 한인청년동맹을 조직하여 기타 지역의 청년단체와 연락을 도모할 계획을 세우고 있었다. 각 지역연합회 집행위원은

북 경	朴健秉	북 경	裵天澤	북 경	張建相
광 주	崔海秋	광 주	咸 聲	광 주	鄭學彬
남 경	張聖山	남 경	金一柱	무 창	許悅秋
무 창	崔 圓	상 해	陳德三	상 해	洪 震
상 해	玄鼎健	상 해	趙素昻	상 해	金枓奉

등이다. 그 예산은(6개월간) 272원이었다. 이들은 대독립당조직 북경촉진회 외에 한국유일독립당 상해촉성회·대독립당 광동촉성회·한국유일독립당 무한촉성회·한국유일독립당 남경촉성회 등의 명의로 각기 선언서를 발표한 바 있다.[27]

이 같은 유일독립당 결성을 통한 한민족 역량의 총집결운동은 빈곤·혼돈 속에 빠진 임정을 더욱 옹호하고 효과적인 광복정책을 지원함에 그 목표가 있었다. 그러나 공산계의 방해책동으로 인해 당장의 큰 성과는 거두지 못하였다. 임정은 국민대표회의 이후 3·1혁명 기념일이나 임정의 직할 공립학교인 인성학교 졸업식 등에 민족정신 고취와 대한민국임시정부에의 지원을 호소하는 인쇄물을 제작·배포하므로서 충천하는 기세를 강력히 나타내고 있었다.

이 당시 대한민국임시정부 청사는 프랑스조계 마당로 보경리 4호(현재 마당로)였다. 이 청사는 1926년 3월 이후 같은 조계 蒲石路 新民里 14호(이시영 가택)에서 이전한 것으로 임대료는 36달러였다. 중국인으로부터 차수한 2층 건물(현재는 3층 연립식 구조)로 古洋館이라 이름하였다. 1층은 집회장으로, 2층은 사무실로 사용하되 항상 한국국기(태극기)를 교차 게양하였다. 5평의 좁은 회의실이었으나, 몇 개의 낡은 의자를 놓아두고 이

---

26) 國會圖書館, 앞의 책, 618~621쪽.
27) 위의 책, 620~621쪽.

곳에서 정례적인 국무회의를 개최하곤 하였다. 이곳은 민단 사무실이나 기타 임정 지원단체의 임시사무소(연락소)로도 겸용했었다. 때로는 2층 사무실이 이동녕 김구 김철 김갑 오영선 등 국무위원의 숙소로도 이용되었다. 당시(1928년 현재) 재무부장 김갑이 이 청사 가옥의 유지·관리·보관의 책임을 겸하고 있었다. 따라서 김갑의 주소는 일본측 자료에 '임시정부 내'로 기재되어 있었다.[28] 가옥 임대는 미국교민단의 송금과 안창호 金昌世[29] 등의 지원에 의존하였다. 또 김규식의 지기이며, 상해에 자산을 갖고 있던 徐秉奎[30]가 500달러를 쾌척할 것이라고 예고한 것에서도 임정지도자들은 힘입은 바 컸다.

1926년 1월에 창립한 이유필 등의 병인의용대는 독립투쟁을 과격하게 전개하고 임정을 후원하였으나 李永善(德三) 등 간부가 체포됨에 따라 광동으로 이전하였다고 한다.[31] 의열단도 김원봉 이하 활동의 지속성을 보이면서 독립당 촉성을 선언하였다. 한국노병회·시사책진회·애국부인회 등 30여 단체도 임정을 지원하며, 광복정책 수행에 적극성을 띠었다.[32]

1930년 임정의 수반 이동녕은 以黨治國의 이념하에 다시 임정에 참여한 안창호 김구 등과 한국독립당을 조직하였다. 이것이 임정의 기본 여당이 되었는데, 임시 약법이 기대했던 유일당의 성격에는 미치지 못하였다.

1930년 6월에는 제2차 국무위원회가 구성되었다. 이동녕·김구·김철 외에 조소앙·조완구가 국무위원으로 선임되었다. 이 때 이동녕은 국무위원회 주석(국무위원장)으로서 임시의정원 의장도 겸하고 있었다. 그는 뛰어나 지도력을 발휘하며 어려운 형편에 놓인 임정을 이끌어나갔다.[33] 1920년대의 임정은 재정적 궁핍, 공산계의 준동, 일제의 임정 도괴작전, 임정

---

28) 앞의 책, 628쪽.
29) 金昌世는 工部局 衛生課에 근무중이었는데 상당한 수입이 있어서 그가 지원했던 액수가 비중을 차지한 것 같다.
30) 徐秉奎는 上海稅關에 근무하며 월 400~500달러의 수입이 있었고 上海 北四川路에 志成公司라는 무역업체를 경영하고 있는 부유한 한국 교포였다.
31) 『朝鮮民族運動年鑑』 1927년 3·5·11월분 참조.
32) 國會圖書館, 앞의 책, 629~634쪽.
33) 李炫熙, 『임정과 이동녕연구』, 一潮閣, 1989, 제14·15장, 224~268쪽.

요인의 귀순장려책동, 이간책략, 밀정양산책동 등으로 인한 여러 위기를 극복하지 않으면 안 되었다. 김구의 회고와 같이

> 경제곤란으로 정부의 이름을 유지할 길도 막연하였다. 집세, 심부름꾼값 (중략) 이것도 낼 힘이 없어 집주인에게 여러 번 송사를 겪었다. (중략) 동지들의 집으로 다니면서 자고 아침 저녁을 빌어먹는 것이니 나는 거지 중에도 상거지였다. 앞길이 망막할 정도였다.34)

라고 실토한 것은 그 당시 임정의 전도가 매우 암담·혼미·위협 같은 불확실성 속에 있었음을 알게 한다.

1920년대의 임정에서 대통령중심의 1인 독주체제보다는 고난과 역경을 극복함에 공동의 책임과 조화의 균형을 중요시하는 국무위원제가 시행되었고, 이것이 근 10년 동안 계속 유지되었다는 점에서도 당시의 시대적 특성을 짐작할 수 있다. 1920년대는 임정에게 있어 1910년대 말의 혼돈과 무

국무위원중심 지도체제 하(제3차 개헌)의 내각변천 상황(1927~1940)

1927.8~ 1930.10 (개헌)	1930.11~ 1933.2 (개각)	1933.3~ 1933.12 (변천)	1934.1~ 1936 (개각)	1934.10 (보선)	1935.10 (사임자 보선)	1936.11~ 1939.9 (개각)	1939.10~ 1940.10 (개헌·개각)
이동녕(주석·법무장)	이동녕(주·법)	송병조(주·재)	양기탁(주)	군무겸임	이동녕(주)	좌 동	좌 동(서거)
김 구(내무장)	김 구(재)	차이석(내)	조소앙(내)	사 임	조완구(내)	좌 동	홍 진(내)
오영선(외무장)	조완구(내)	신익희(외)	김규식(외)	사 임	김 구(외)	좌 동	조소앙(외)
김 철(군무장)	김 철(군)	최동오(법)	송병조(재)	사 임	송병조(재)	좌 동	김 구(재)
김 갑(재무장)	조소앙(외)	윤기섭(군)	최동오(법)	사 임	조성환(군)	좌 동	이시영(법)
	이시영(무)	이승만(무)	윤기섭(군)	사 임	이시영(법)	좌 동	지청천(군)
		김규식(무)	성주식(무)	유동열(사임)	차이석(비서장)		조완구(무)
		이유필(무)	조성환(무)	사 임			송병조(무)
		조성환(무)	유동열(무)	차이석(무)			유동열(무)
			김 철(비서장)	사 임			조성환(군사특파단주임)
							차이석(비)

* 『臨時議政院文書』 등에 의거 작성.

---

34) 金九, 앞의 책, 286쪽.

질서를 착실히 정리하고 자유민주공화제의 훈련과 경험을 쌓아나가던 귀한 수련의 시기였다고 본다. 이동녕 김구 이시영 신규식 조소앙 김규식 등 40여 명의 노혁명투사들이[35] 비록 빈곤과 체포위기, 파쟁의 회오리 속에서도 중국인과 제휴하며 착실하게 자신을 임정에 뿌리내리게 하였다 해도 그 저변에 깔려있는 鬪歷 등은 독립의지 신념 등과 같이 광복투쟁정신으로 높이 사야 한다.[36] 국무위원중심 지도체제하의 내각이 어떻게 변천 발전하였는지 도표로 표시해 보았다.

7) 독립달성의 집념

지금까지 1920년대 중국 상해를 근거로 국내외를 통할·통치하며 항일투쟁하던 임정의 피나는 투쟁과정을 석오 백범 등과 연계하여 살폈다. 곤경·난관·시련·위협 속에서도 좌절 방황치 않고 끈질기게 자주적으로 항쟁을 폈던 과감한 광복정책을 간략히 살펴 보면서 이를 요약 정리하기로 한다.

첫째, 1920년대 임정의 합리적인 지도체제는 두 사람 이상의 집단적인 지도체제를 채택하다가 1919년에 시행했던 단일통합 민주정부 시기의 대통령중심적 정치형태인 1인에게 대권이 맡겨졌던 불합리한 정치형태를 기대치 이상으로는 평가할 수 없어도 세련되게 지양했다는 점을 손꼽을 수 있다.[37]

둘째, 1920년대 초의 임정은 국내외 각지로부터 밀려들어온 개성이 강하고 경륜이 부족하며 전근대적 요소가 있었던 이질적인 성격의 지도자까지 가담 합류, 參集해서 근대정치를 성급히 실시하였다. 그러므로 조용하게 헌법에 기초한 - 일사불란한 - 체제 속에 순응하는 정통적인 광복정책이 원만하게 수행될 수는 없었다. 그것이 파쟁이나 붕당을 일삼으려는 심각한

35) 李炫熙, 「정부의 개편과 광복전략」, 『한민족독립운동사』 5, 1990 참조.
36) 李炫熙, 「1920年代의 韓中聯合抗日鬪爭」, 『國史館論叢』 1, 1989.
37) 趙東杰, 『韓國近代史의 試鍊과 反省』, 지식산업사, 1989, 104~111쪽.

책략, 파행 속에서 행해진 의도적인 혼돈의 연속은 아니었다. 가령 국민대 표회의 소집, 국제회의에 참가해서 활동할 문제의 진지성, 각종 정당사회 단체의 무통일 상태 속에서 無定見한 주장의 난마성, 청년과 노·장년층 간의 세대적 차이와 갈등 같은 것이 크게 문제로 대두하여 지도체제를 위한 합리적이고 지혜로운 공감대 형성 '축'의 설정이 매우 어려웠다.38)

셋째, 1920년대 초의 이와 같은 무정견하고 기본 이해의 기반이 설정되지 아니한 시점에서 새로운 지도체제의 모색과 그 실시는 가장 당면한 문제점이 아닐 수 없었다. 더욱 초대 대통령의 이런 저런 방만한 정책의 이유로 불신임이 팽배된 분위기 속에서 지도제의 변경은 자연스러운 욕구였다. 따라서 중국적인 제도나 의식에 영향을 받아 국무령(대통령)이라는 지도체제를 채택, 법적 뒷받침 속에서 집행해 보았다.

그러나 이것이 시행착오의 연속이란 혼돈형태로 구체화됨으로써 책임의 분산이나 집단적인 책임의 균형이 모색되어 복수적인 지도체제가 국민적 욕구에 의거 나타나게 되었다. 이는 뒷날 조명하·이봉창·윤봉길 의사 등의 연속적·희생적 의거로 연결됨으로써 14년간의 임정 지도체제의 정착화가 이룩된 셈이다.39) 그러므로 1920년대의 국무령·국무위원중심 지도체제는 그 이후 조소앙의 건국강령 제작·적용에 이르기까지 광복정책 수행상 성공한 사례라고 판단된다.40)

한때 임정은 무정부주의계와 경쟁 관계의 균형을 유지했었다.41) 그러나 1920년대의 지도체제가 체제우위론을 견지하여 임정중심적 광복투쟁의 대표성은 인정받게 된 것이다.42)

---

38) 尹炳奭, 『韓國史와 歷史意識』, 仁荷大出版部, 1989, 227~264쪽.

39) 李炫熙, 『光復鬪爭의 선구자』, 東方圖書, 1990, 이봉창·윤봉길조 참조.

40) 愼鏞廈, 『韓國現代史와 民族問題』, 文學과知性社, 1990, 293~320쪽 참조.

41) 申一澈, 「한국무정부주의운동」, 『한민족독립운동사』 4, 국사편찬위원회, 1988, 503 ~536쪽.

42) 李炫熙, 「정부의 개편과 광복정책」, 『한민족독립운동사』 7, 국사편찬위원회, 1990.

4. 노백린의 독립사상

1) 독립사상의 정립

桂園 盧伯麟(1876~1926)의 독립사상은 그의 성품에서 출발하였다. 그는 성격이 호탕하고 심지가 굳고 깊었다. 타인으로부터 어떤 낭패나 좌절을 받아들이지 않는 자립심이 있었다. 서당에서 한문을 배울 때부터 영장한 기개와 고아하고 늠름한 인품이 가히 長後에 將材로 보였다. 사서삼경과 史略 通鑑 漢詩作을 통해 그의 자립사상의 기반이 구축된 것이다. 文才가 있었던 그는 무예 닦기를 즐겼고 남과 대전할 때 항복하는 일이 없었으며 피신하는 일도 없었다. 끝까지 승리해야 끝내는 승부근성이 있었다. 따라서 그는 문무겸전의 사상을 길러간 것이다.

이처럼 그는 어릴 때부터 기마 위에서 군대를 호령하던 그는 정통군인의 길을 걷고 싶었다. 그러다 마침 정부에서 시도한 외국관비 유학생 선발에 발탁됨으로써 그가 원하던 군인으로서의 길을 걸어갈 수 있었다. 일본 육사를 졸업하고 돌아와 육군 정령(正領＝大領)으로 육군무관학교의 교장까지 지냈다. 그는 일제에 의해 우리 군대가 강제 해산당하자(1907) "남들이 뭐라고 해도 군인이 되어야 한다"라고 외쳤던 그의 愛軍사상이 곧 그의 자립사상의 기반이며 중심 개념이기도 하였다. 그가 삭발하고 군인이 된 것은 봉건적 구습을 과감히 탈피하려는 변화에의 순응이었으며 급변하는 세계정세에 능동적으로 대처하겠다는 애국적 결단이었다. 그는 의타심이나 막연한 기대심리를 배격하도록 주지시켰다. 자녀들에게 부자·부녀간도 믿지 말고 자립의 길을 추구하라고 외치기도 하였다. 그래서 그를 不拘

不束의 쾌장부라고 평가한 친구도 있었다. 자신감을 갖고 豪闊한 생활신조를 견지하였던 것이다. "다 그만두어라 나 혼자서도 한다"라는 평소의 자립적 지론과 소신이 곧 자립자주사상의 형성 배경이 되었던 것이다.

그는 1900년 일본에서 귀국하여 3·1혁명이 일어날 때까지 지속적으로 금광을 처분해서 무기를 장만하여 한국군의 현대화에 기여하였다. 그는 농부가, 청성묘, 나라근심 같은 가사와 시문을 통해 애국사상을 길러 실천하였다. 그의 독립사상은 임정 초창기(1919~1926) 7년 동안 실천으로 구체화되었다. 그의 독립사상은 임정의 군무총장, 참모총장, 교통총장, 국무총리 등 중책을 역임하는 가운데 광복정책에 반영되었고 서거에 임하였을 때 단합, 단결, 통일을 강조함에서 그 구체적인 사상체계가 정립되었던 것이다.

그는 빼앗긴 조국을 속히 되찾아 환국하는 길이 가장 중요하다고 강조하면서 그 구심점·대표성이 곧 임정에 있다고 역설하는 의지, 신념, 결의를 보였다. 해외에서 비행사 양성소를 설치하여 우리나라 공군창설의 효시를 이룩한 것도 그의 자주독립사상의 실천적 의지요 구체화였다. 임정 초기에 그는 1920년을 '결전의 해'로 잡고선 온국민의 光復軍化를 역설할 정도였다.

이 글에서는 계원 노백린 장군의 자주독립사상을 그의 50평생의 언행을 통해 살펴볼까 한다. 그 실체가 그의 중심사상이며 애국의식의 典範이 되리라 기대한다.

2) 자립사상의 형성

활달강개한 계원 노백린은 50평생을 정통 무인-군인으로 시종한 애국사상가였다. 그러면 그의 애국사상은 어떻게 싹텄을까. 그의 활달하고 쾌활·용감한 성품은 그의 자당 밀양 박씨를 닮은 것이 아닌가 한다. 이는 계원의 장남 선경의 선부장 회고담 속에서 확인되고 있다.[1] 그는 몸집이 크고 얼굴이 컸으며 목이 짧고 눈은 작았으나 성품은 호탕자애하고 깊이

가 있었다. 언제나 '하면 된다'는 낙천적 자신감과 긍정적 마음으로 목표달
성론을 제기하곤 하였다. 그의 이름 伯麟은 그가 사람 중의 호걸이며 기린
같이 질긴 인내심을 지녔음을 비유한 것으로 보인다.[2]

그는 향리(풍천)의 글방에서 한문 선생의 엄한 훈육하에 심신을 단련 받
았다. 6세 때 서당에 들어가 14세 때부터 한학에 능통하여 그곳 유지들이
"재주가 비상하다. 신동이 태어났구나" 할 정도였다고 한다. 이때 훈장은
金모라는 한문에 조예가 깊은 선비였다.[3] 여기서 한문 훈장에게 글을 배울
때는 무릎을 꿇고 衣冠을 정제한 채 반듯이 앉아서 수학하였다. 그러나 집
에서는 질펀하게 방에 누어 누가 출입하는 것을 상관치 않고 집중력을 가
지고 학문 연마에 열중한 것으로 보인다. 누구의 간섭을 받지 않는 습성이
있었으니 이것이 자신감 넘치게 하여 좌절이나 실패나 진다는 생각은 해
본 일이 없었다고 한다.[4]

계원의 항렬자 이름은 '鎭'으로 초명이 鎭邦이었다. 계원은 3남이었는데,
두 형은 진국과 진민이었다. 그만이 '伯麟'이라 해서 해동의 항우로 완강하
고 다부진 면모가 약여했던 것이다. 어려서부터의 씩씩한 기풍과 준수함은
장래에 영걸이 될 것이라는 타인의 평가를 받았다. 그의 영장한 기개와 고
아하고 늠름한 인품이 가히 長後에 將材로 보였다는 것이다.[5]

그는 서당에서 천자문, 四書三經, 史略, 通鑑은 물론 습자 작문한시에도
능통하여 能文의 '재주꾼'이라고까지 불리었다. 기풍이 활달 늠름 강개하
고 의협심이 강해 불의를 보고는 참지 못하는 성품이 밑바탕에 깔려 있었
다. 뒷날 그가 육군무관학교의 교관·교장 때 부하를 사랑함이 자신의 몸
보다 더 세심했다는 지적이 이를 증명해 주고 있다.[6] 급한 때에는 임기응

---

1) 노선경, 『桂園將軍傳記』(未刊), 1959, 1쪽.
2) 宋相燾, 『騎驢隨筆』, 239쪽, "盧伯麟者黃海道豊川人, 高宗乙亥生, 爲人身長面大,
   項接目少, 性豪宕沈深, 一生, 不受人挫折, 伯麟者乃人中豪傑獸中麒麟之意也, 是
   以父母鄕黨戎以遠大期之".
3) 노선경, 앞의 『桂園將軍傳記』(未刊), 1979, 1쪽.
4) 노선경, 앞의 자료(未刊), 1959, 1~2쪽.
5) 노선경, 『盧伯麟將軍實記』(未刊), 年代未詳, 1쪽.
6) 李正熙, 『아버님 秋汀 李甲』, 人物硏究所, 1981, 29~32·55~59쪽.

변의 민첩함을 보였고 어려움을 당해서는 인내심이 많아 장차 큰 인재로 성장하리라 믿었다는 것이다.[7]

같은 동네 서당 학동 사이에서는 '꼬마대장'이라 불리었다. 그는 그때부터 남과 싸울 때도 항복하거나 도중에 피신하는 일이 없었다. 끝까지 승리를 잡겠다는 강고한 승부근성을 지녔던 것이다.[8] 기마 위에서 군대를 호령하던 그의 위풍당당한 군인의 모습은 이미 그의 청소년 시절부터 점차 형성되었던 것으로 보아도 무리가 없을 것이다. 호탕 방일하고 유아독존적인 결협한 기질이 생겨난 것도 모두 이 무렵이었다. 그의 자신감은 나라를 탈취당한 뒤에 "군인이 무슨 필요가 있을까 하는 부질없는 생각 같은 것은 절대 잘못이고 남들이 뭐라해도 군인이 되어야 살 수 있다"고 했다는 원로 예비역 장성 李應俊의 계원 회고담 속에서 그 사정을 엿볼 수 있다. 그야말로 견실한 사상체계였으며 뚜렷한 애국 군인관이기도 한 것이다.[9]

그는 전통시대에 출생한 선비였으나, 세계사 발전에 능동적으로 대처하고 우리의 고루하고 우물 안 개구리식 좁은 세계관을 탈피·전진하기 위해서는 개화하여 격변하는 세계사에 순응하면서 우리의 발전을 도모하여야 한다고 믿었다. 그가 관비유학생으로 선발되어 인천 경유 일본으로 가기 전, 서울 훈련원에서 훈련대장의 훈시를 듣고 고종황제의 어명으로 삭발을 하였다. 완전히 구식 모습을 탈피하고 신식의 군인이 되기 위해서였다. 당시만 해도 "목을 자를지언정 두발은 훼손할 수 없다는 것이 선비들의 공통된 고정관념이었으며",[10] "단발이라면 半목숨 끊는 양 싫을 때였다"고 한다.[11] 그의 고향 풍천에서는 그의 선부장(돌아가신 부친)과 자당 그리고 두 형님이 계원의 삭발 사진을 보고 며칠간이나 대성통곡하였다는 계원의 큰 자제의 기록은 매우 눈길을 끄는 대목이다.[12]

---

7) 주 5)와 同一, 1~2쪽.

8) 노선경, 앞의 『盧伯麟將軍實記』, 2쪽.

9) 金德亨 編著, 『韓國의 名家』, 一志社, 1976, 294쪽. 원로군인 李應俊은 애국군인이며 계원의 동지인 李甲의 서랑(사위)이었다.

10) 黃玹, 『梅泉野錄』, 35~37쪽.

11) 노선경, 앞의 전기, 1979, 1~2쪽.

12) 上同, 1~2쪽.

계원은 독립심과 자립심이 강하였다. 비록 부모의 은공으로 청소년 시절에 강인하게 성장할 수 있었으나 스스로 자립기반이 있어야 사나이다운 투철한 인생관을 펼 수 있다고 확신하였다. 스스로를 만드는 것이 가장 귀하고 자신감을 갖게 한다고 굳게 생각하였다. 그가 자녀들에게

> 오늘날 너희들은 아버지를 믿을 필요가 없다. 나도 또한 너희들을 믿고 의지하지 않겠다. 너희들은 모두 각자가 각자의 일을 스스로 챙길 줄 알아야 한다. 현대는 그것이 자립의 길이다.13)

라고 일갈 훈계한 데서 그의 자립심·자신감·미래의식을 알 수 있다. 스스로 홀로서기를 잘 해야만 험난한 세파를 헤쳐나갈 수 있다고 믿고 자녀들에게도 의타심이나 막연한 기대심리를 못 갖게 지도하였다.

따라서 그는 特立의 독립사상을 스스로 키워나간 것으로 보인다. 그의 애국사상은 청소년 시절에 싹터 군인이 된 이후 더욱 공고해지고 기반화되었다. 일본 망명 중에 친교를 맺게 된 천도교인 권동진과 그의 백형 權瀅鎭과는 막역한 사이로, 그들은 계원의 사상을 평하길

> 아주 不拘不束의 쾌장부요 …… 의기 있고 기골이 장대하고 …… 낭인풍이 있는 호호장부입니다. …… 모든 학생 중의 주모장이 되어 이러구저러구 떠들고 지냄을 보았습니다. …… 교관이 되자 자꾸자꾸 신망을 얻게 되어 불과 몇 년에 正領(대령)이 되어 가지고……14)

라고 회고하면서 명성이 높고 혁혁하였으며 정통군인으로 애국사상을 견지하였노라고 자신 있게 말하였다. 뿐만 아니라 그의 독특한 유아독존적인 자존의 성격과 사상을 이렇게 지적하고 있으니

---

13) 宋相燾, 앞의 자료, 241쪽, "常謂子女曰, 今日汝不必恃父, 吾不必恃子, 汝等皆各自爲之".
14) 權東鎭, 「偶儻不覊의 盧伯麟氏」, 『開闢』 1925년 8월호(통권 제62호), 21~22쪽.

그는 어쨌든 豪闊합니다. 세상을 鼻笑하는 태도가 많지요. 세상이 다 자기 어깨 아래로 보이는 듯한 모양을 많이 가지지요. 그러기에 누가 뭐라하면 벌써 픽 웃고 경멸하는 태도를 가집니다. 그리고는 "다 그만 두어라 나 혼자서도 한다"하는 獨往獨來의 독특한 기풍이 있습니다.[15]

그의 독립·자립사상을 높이 평가하였던 것이다. "다 그만 두어라 혼자서 버티고 있을 것이라"고 자신 있게 내뱉음은 그의 자신감·자립심·자긍심이 사상적으로 투철했음을 알 수 있게 한다.[16]

그의 자립사상의 태동이나 그 형성은 그의 50평생 중 제1기에 해당하는 출생으로부터 귀국한 1900년 초까지로 생각해 볼 수 있겠다.

3) 애국사상의 실천

계원은 자신의 자립사상을 통해 그 일생 제2기에 해당하는 1901년으로부터 1919년까지 20여 년간 30~40세 때 애국애족의 사상으로 실천력을 발휘하게 되는 것이다.

그는 일본에서 돌아와 얼마 뒤 고향에 내려왔다. 그는 자전거를 좋아해서 그것을 타고 고향에 온 것이다. 일이 있건 없건 그는 자전거로 사방을 왕래하면서 일제의 침략으로 국권이 기울어져 가는 조국의 구석구석을 살폈다.[17] 그가 고향에 왔을 때 선부장 노병균과 두 형님은 이미 작고한 뒤였다. 그의 장남(善敬)은 그당시 9년 만에 돌아왔다고 했으나 5~6년 정도 대학과 일본 육사 등에 머물고 있었다.[18]

이때는 우리의 개화가 한창 무르익어 갈 때였다. 일본 육사를 졸업하고 돌아왔다는 소식에 고향은 물론 전국이 떠들석할 지경이었다. 그는 참위

---

15) 權東鎭, 앞의 논설, 23쪽.
16) 上同, 22~23쪽.
17) 宋相燾, 앞의 책, 241쪽, "性好自轉車, 雖無事日乘自轉車往來四方".
18) 노선경, 앞의 전기, 1959, 1~2쪽. 桂園은 慶應義塾·成城學校·日本陸士를 수석으로 졸업하였다고 장남은 회고하였다.

(소위)로 한국군부에 군적을 두었다. 투철한 애국사상이 깃들어 있던 정통
군인 계원은 애국사상을 실천으로 옮겨야 기울어져 가는 국권을 회복할
수 있다고 판단하였다. 장래 한국을 지킬 군인을 양성하는 것이 무엇보다
중요하다고 느끼고 최신 무기와 장비 등을 교체·비치해야 한다는 생각을
가졌다.[19]

일본은 한국인 일본 육사 출신들을 회유해서 침략의 전위부대로 활용하
고자 했다. 일본이 군대해산을 작정한 것은 그동안 정략적으로 육성해온
일본 육군사관학교 출신들이 이미 한국군 상층부를 휘어잡고 있었기 때문
일 것이다. 즉 조선군사령부는 군대를 해산하면서 완충 단계로 사령부 소
속으로 구한국군 고급장교들의 親衛府와 하급장교들의 조선보병대를 두어
육사 출신을 주축으로 한 친일 장교들을 소속시켜 이간질했다.

친위부대에 소속된 육사 출신으로는 군부대신을 역임한 李秉武(副將＝
中將), 군부차관을 역임한 李熙斗(參將＝少將), 참모총장을 역임한 趙性根
參將, 그리고 시종무관을 역임한 魚潭 正領(＝大領), 무관학교 학도대장을
역임한 權泰翰(副領＝中領) 등 일본 육사 제8기에서 제15기까지 있었다.
실권 없는 황제와 황태자의 시종무관으로 한말 외교를 도맡았던 趙大妃의
친정조카 趙寧夏의 아들 趙東潤 부장, 제8기생인 申羽均 참령, 盧伯麟과
동기(제11기)생인 金亨燮 참령, 제15기생인 金應善 참령 등이 이에 소속되
었다.

김응선은 宇都宮(우쓰노미야) 조선군사령관이 청일전쟁 때 평안도에서
데려가 일본에서 소학교부터 사관학교까지 가르쳐 러일전쟁에 참전시켰으
며, 伊藤博文(이토 히로부미)가 영친왕을 일본에 강제로 데려갔을 때 영친
왕의 시종 무관으로 끌고갔던 사람이다. 그리하여 우쓰노미야는 사령관으
로 있을 때 이른바 '김응선의 아버지'로 속칭되었던 것이다.[20]

총알도 없는 총을 메고 임금도 없는 대궐을 지킨 것으로 소문난 괴뢰병
王瑜植 정령은 조선군사령부 소속 조선보병대 대장으로 제8기생이었다.

---

19) 노선경, 앞의 전기, 2~3쪽.
20) 이규태, 「조선군사령부 이야기」, 『朝鮮日報』 1999년 6월 25일자.

조선군사령부에 가 붙은 일본 육사 출신들은 일본 군인과 함께 동등하게 진급하여 호의호식하였으니 지탄받는 친일파로 명성을 떨쳤다. 가령 어담 조성근은 중장까지, 왕유식-김응선은 소장, 김형섭-박두영은 대좌까지 올랐던 사례가 그것이다.

일본 육사 출신으로 이 조선군사령부의 회유책을 뿌리치고 민족진영에서 항일 투쟁에 투신한 분도 없지 않다. 제11기생인 桂園 盧伯隣 正領은 육군 무관학교 교장으로 있다가 군대해산 직후 자결에 실패한 뒤 고향에 내려가 비밀결사에 관여하다가 상해로 망명, 대한민국임시정부의 대통령으로까지 선출될 뻔 하였다.[21] 또 제15기생인 군부대신 부관이던 李甲 參領과 기병대장 柳東說도 군대해산과 더불어 항일 전선에 뛰어들었고, 제11기생인 金義善도 국외로 망명, 광복운동에 투신했으나 김구에 의해 귀순, 변절자로 『백범일지』에 정리가 되었다.[22]

참고적으로 부기한다면 조선군사령부가 할 일이 하나 기다리고 있었으니 바로 3·1혁명을 진압하는 것이었다. 일본 군인들은 신문 끝에 십자가를 늘어놓고 너희 신자들은 그리스도가 그러했듯이 십자가의 고통을 당할지어다 했다. 서울고등여자보통학교 학생인 노영열을 옷을 벌거 벗겨 십자가 위에 뉘었다. 숯불에 붉게 달군 집게로 젖꼭지를 지지고는 사지가 이골이 나고 피부가 벗겨지도록 팔방으로 잡아당기며 그래도 만세를 부르겠는가고 다그쳤다. 마치 유관순과 함께 서대문 형무소에 있던 李信愛의 경우와 비슷하였다.[23] 사흘을 굶기고 닷새를 고문해도 굴복하지 않자 화가 난 일본 병이 군도를 빼어 입을 찌르려 들었다. 이에 상관이 얼굴에 상처를 내서는 안된다고 만류하기도 했다. 그래서 3·1혁명은 일본군의 새디즘을 충족해 주었다는 일본 국내의 비난 여론마저 크게 일었다.[24]

---

21) 國會圖書館, 『한국민족운동사료』, 1976, 509~510쪽.
22) 金九, 『白凡逸志』, 교문사, 1979, 180~210쪽.
23) 李炫熙, 『韓國近代女性開化史』, 二友出版社, 1978, 59~70쪽.
24) 1919년 9월 27일 비밀문서에는 당시 우쓰노미야 조선군 사령관의 훈시가 실려있었다. 운동을 진압하면 불필요한 잔학 행위로 말썽을 빚고 있음을 시인하고 검거 수사하는 것은 행정 관청이 하는 일이요. 군은 소요를 막는 일에만 종사한다는 직분 구분을 엄하게 할 것을 훈시하고 있다. 군부의 잔인한 행위를 자인하는 문서가

한편 계원이 육군무관학교의 학도대장을 맡은 때의 일이다. 그가 야간
순찰을 돌고 있는데 기숙사 속에서 부하들이 모여 이런 저런 사담을 늘어
놓고 있는 것이었다. 자세히 듣자하니 학도대장 노백린이 너무 엄하고 심
술이 많아 그냥 둘 수 없다면서 상기된 학생 하나가 군도를 빼 찔러 죽이
는 형상을 하면서 웅성거리고 있었다. 그 때 계원은 인기척 없이 태연정색
하고 방문을 열고 들어섰다. 대경실색한 학생들은 눈이 둥그래지며 자리를
피하려 하였다. 정직하게 나라고 말하면 불문에 부치겠다고 말하자 잠시
뒤 주모급의 학생이 나섰다. 그는 "솔직히 이야기 한즉 네가 큰 인물이 될
것이다"라 하고 악수를 청하며 계속 교육을 받게 하였다.25) 나의 사랑하는
부하를 내 손으로 벌줄 수 없고 그를 관대히 처리하면 그가 뒷날 회개해서
애국군인이 될 것이 아니겠느냐는 부하사랑 정신의 일단을 알 수 있게 한
다.

계원은 제국 군부 교육국장으로 있을 때 애국하는 길은 군인과 무기를
충실히 배려하는 길이라고 믿고 당시 원수부 총장에게 간청하여 고종의
명을 받아 강원도 華川의 금광을 처분해서 총 1만 정(5연발총)을 장만하여
신식총으로 한국군의 군비 현대화에 기여함으로써26) 자긍심 갖는 한국 군
인이 되게 하였다. 이 또한 그의 애국사상에서 출발한 우국 충정의 발로라
아니할 수 없다.

1907년 군대해산 직전 계원은 신병으로 인해 서울 명동 漢城病院에 입

아닐 수 없다. 이 조선군에 소속됐던 한국인 영관급 장교는 1934년 9월 현재 다음
과 같다. 용산 제20사단의 대대장으로 있던 李應俊 소좌(소령)를 비롯, 朴勝熏 소
좌, 柳升烈 소좌, 南宇鉉 소좌, 白洪錫 소좌, 金錫源 소좌가 있었으며, 함경도 羅
南에 있었던 제19사단에는 申泰英 소좌, 鄭勳 대위, 군사령부에는 李大永 소좌,
관동군 사령부에는 후에 육군 중장으로 전범이 돼 처형당한 洪思翊 중좌, 尹相弼
대위가 있었다. 1937년에 일제는 '조선인 특별지원병 조례'를 만들어 서울과 평양
에 지원병 훈련소를 만들어 훈련시켜 조선군사령부에 입대시켰다. 그리하여 조선
장정 5만5000명을 강제로 전선에 투입한 징병제가 실시됐던 1943년까지 해마다
3000~5500명씩 한국인 지원병을 뽑아 사령부에 배속시켰던 것이다. 이는 침략전
쟁의 소모품으로 여겼기 때문이다.

25) 노선경, 앞의 전기, 3~4쪽.
26) 노선경, 앞의 전기, 2~4쪽.

원, 대수술을 받고 요양 중이었기에 잠시 활동을 중단할 수밖에 없었다.27)
그러나 의사의 만류를 뿌리치고 나와 不眠不休로 군대훈련에 신명을 바쳤
다. 병졸로부터 부령(中領)에 이르는 전장병을 엄하게 교육시키느라고 영
내에 거주하면서 '참된 군인 양성'에 매진하였다. 바로 위기를 극복하는 것
은 애국사상을 생활화하는 군인을 다수 양성하는 길밖에 없다는 活物로써
조금도 가만히 있지 않는 常活사상이라는 평소의 신념 때문이었다.28) 그
야말로 겁없고 대담한 불구불속의 쾌남아였다고 볼 수 있으니 그 사상이
평생을 통해 애국일념으로 일관 통달할 수 있었던 것이라고 보아도 좋을
것이다.29)

그는 한때 보성고등보통학교 제2대 교장으로 부임하여 '군인교장'시대를
열었던 일도 있다. 그때 그는 생도들에게 마침 군대해산으로 인해 곤경에
처한 나라의 사정을 숙지시키고 "오직 학생들이 백척간두의 어려운 나라
실정을 인식하고 애국애족의 사상을 발휘하라"고 하는 등 수준있는 교육
과 애국사상을 보급 확대하는 데 크게 기여하였다.30)

한편 군대해산 때 그는 육군무관학교의 교장이었다. 나라가 망해가는 것
을 본 그는 모든 게 나의 책임이라 느끼고 결사보국의 길을 택하고자 했었
다. 그리하여 침실에서 軍刀를 들고 자신의 목을 찌르려 할 때 수행하던
부관과 全永憲 參領이 황급히 달려들어 위기를 모면하였다고 한다.31) 그
뒤 그는 자결보다는 살아서 일신을 조국구난에 던지자면서 애국사상을 더
욱 폭넓게 보급 배양하였던 것이다.

계원이 육군무관학교 교장 시절 생도로서 직접 군사교육을 받았던 이응
준(전 재향군인회 자문위원장)의 「나의 계원관」에 따르면 계원은 민영환의
血竹을 무관학교 강당 벽에 붙여 놓고 배우라고 외친 충열·애국의 군인
이라 하면서 자신은 그의 군인다운 기상과 풍모에 매료되었다고 회고하였

---

27) 上同, 3쪽.
28) 權東鎭, 앞의 논설, 21~23쪽.
29) 上同, 23쪽.
30) 노선경, 앞의 전기, 4쪽.
31) 노선경, 앞의 전기, 3~4쪽.

다. 체력 단련과 군가로서 애국하는 자세와 정신을 가르쳤다고 한다. 그가 나라가 亡했다고 해도 군인이 되어야 한다고 강조한 것은 계원의 애국사 상을 검증 정리하는 데 부족함이 없는 것이다. 이응준의 계원관을 보면

> 내 장인 되시는 李甲 선생과의 두터운 교분을 가지신 桂園 선생을 나는 어려서부터 뵈어 왔고, 특히 그분이 한국무관학교장 시절 생도로서 친히 그분의 가르침을 받으면서 나는 그분이 체통부터 건장하고 한국 군인으로서는 제일이라고 느껴 왔다.
>
> 칼을 쭉 빼어들고 말타고 가시는 그분의 모습은 위엄이 가득 서려 아주 인상적이었고, 을사조약 후 자결하신 閔泳煥의 사진과 혈죽을 육군무관학교 강당 벽에 붙여놓은 충렬의 군인이었다.
>
> 그러면서 그분은 여름철이면 한남동으로 한강에 우리 생도들을 데리고 가서 상도동 쪽으로 헤엄쳐 건너가는가 하면 오가는 길에 '백두산에서 한라산까지'의 노래를 부르게 하며 애국하는 자세를 익혀 주셨다.
>
> 일제의 침략으로 육군무관학교가 해산된 후 내가 日本陸士로 진학했다 졸업하고 다시 귀국하여 그분을 뵈었을 때 "나라를 잃고 군인이 무슨 필요가 있을까"하는 생각은 잘못이며 "남들이 뭐라고 해도 군인이 되어야 산다"고 격려하시는 것이었다.
>
> 호탕하고, 술 잘 하시는 남자다운 기상에다 군인다운 군인으로서 桂園 선생은 내 어린 시절부터 오늘에 이르기까지 많은 영향을 주셨으며, 특히 그분의 자녀가 모두 광복운동에 참여하여 독립유공자로 표창받은 것도 모두 桂園 선생의 영예인 것이다.[32]

라고 하였다. 이를 통해 이응준(전재향군인회 자문위원장) 원로장군은 계원의 후손들까지도 항일 애국 운동에 헌신한 애국가정임을 다시금 일깨워 주고 있다.

그는 애국사상이 근면 검소함에서 연유한다고 이렇게 일찍이 農夫歌에서 지적한 바 있다.

---

32) 金德亨 編著, 『韓國의 名家』, 一志社, 1976, 294쪽.

조상이 주신 것을 지켜 가려면 이 몸이 게으르고는 할 수 없도다. 이 아침부터 저녁까지 힘써 지으면 기쁨으로 좋은 열매 거두리로다.[33]

라고 근면과 근로정신의 발로를 강조하였다. 땀을 흘려야 좋은 결실을 거두며 독립운동을 지속적으로 속행해야만 조국의 완전독립을 쟁취할 수 있다는 논리를 근면사상 즉 애국사상에서 찾아야 한다고 역설하였다.

국권이 일제에게 빼앗긴 후에 계원은 마음의 우울함과 허전·격분을 이기지 못하고 지방을 유람할 때 해주 땅 청성묘 앞에 이르러 타고 가던 말을 멈추고 그의 애국심회를 담은 시를 다음과 같이 지었다

　　　　清聖廟
東齋廟下 夕陽時 立馬躊躇 不覺達
薛粟採薇 人已去 當年孤節 有難知
(백이숙제 사당 앞에 석양이 기우는데
말 세우고 머뭇거리며 떠날 줄을 모른다.
고사리 캐던 그 사람, 세월과 함께 갔는데
당년의 외로운 절개를 알아줄 이 뉘 있는가)

황해도 해주에 首陽山이 있는데, 이 수양산을 중심으로 伯夷·叔齊의 전설이 널리 퍼지고 있으며, 수양산 남쪽에 백이·숙제의 사당인 '淸聖廟'와 그 紀蹟碑인 '百世淸風' 비가 세워져 있다. 백이·숙제는 중국 은나라 말년, 孤竹君의 아들로서 형제가 저마다 왕위를 사양하고 주나라로 가서 사는데, 周武王의 불의를 간했으나 듣지 않으므로 周의 祿을 받기를 부끄럽게 여겨 수양산에 들어가 고사리를 캐먹고 살다가 죽은 성인이다. 여기서는 백이·숙제의 고사를 이용, 자신의 애국충절 사상을 이에 견주어 펴고자 애쓴 흔적을 엿볼 수 있다. 더욱 그의 절개·선명성·지조를 배워 50 평생 애국 사상을 곧게 지켜갔다고 평가할 수 있겠다.

그는 3·1혁명 당시 나라를 근심한다는 뜻에서 우국사상의 발로인 '憂

---

33) 노선경, 앞의 전기, 8~9쪽.

國'이라는 시가를 지어 자신의 애국사상을 나타냈다.

> 나라 근심(憂國)
> 風雪嗚確釰 月星開陣障
> 三軍不復起 國恥十年長
> (바람과 눈 몰아쳐 영웅의 칼을 울리고
> 달과 별 진을 친 듯 하늘에 벌려 있구나
> 삼군 한번 무너지고 다시 일어나지 못하니
> 나라의 부끄러움이 어느 사이 10년이라네)

한편 그는 절친한 애국군인 동지인 이갑 장군이 타계했다는 소식을 미국에서 전해 듣고선 크게 비통해 하였다. 추정 이갑은 1877년 6월 22일 평남 숙천에서 태어났다. 계원보다 2년 후배이나 둘은 같은 길을 걸었다. 추정이 20세 청년시절에 상경하여 당시 크게 활약하던 독립협회(윤치호, 이상재, 이승만, 이동녕, 서재필 등이 주도했음)에서 계원과 같이 일했고, 일본 육군사관학교는 계원이 제11기생, 추정은 제15기생이며, 서우학회를 만들어 교육 보국사업도 같이 했다.[34] 후에 추정의 사위가 된 이응준을 보성학교에서 무관학교로 전입학시켜 군인으로 키운 것도 계원의 후원으로 이루어졌다.[35]

추정은 1910년 국권피탈을 앞두고 망명길에 올라 동삼성을 거쳐 러시아에 가서도 독립운동을 계속하다가 1917년 6월 13일 41세의 젊은 나이로 니꼴리스크에서 별세하였던 것이다. 이 부보를 듣고 계원은 즉석에서 유창하게 가슴을 울리는 조시를 지었다.[36]

> 弔詩 '秋汀李甲將軍'
> 回憶相離 八歷秋 今聞死別 淚長流
> 與君未誠 黃金甲 先我已登 白玉樓

---

34) 李正熙, 앞의 책, 37~57·62·85쪽.
35) 李應俊, 노백린의 회고담 참조.
36) 노선경, 앞의 전기, 8~9쪽.

牛島山河 重建夢 九原驛遠 萬瑞愁
丹心(忠魂)應化 韓怨鳥 夜夜鳴鳴 北滿洲
(서로 헤어져 8년 세월을 돌이켜 보니
이제 와 부음에 접하여 눈물 길게 흐르네
그대와 같이 황금 갑옷 입고 성공해 보지도 못한 채
나보다 먼저 이미 천상(白玉樓)에 올랐구려
한반도 산하를 다시 세우자던 큰 꿈이
머나먼 黃泉길 수심이 넘침이여
충성스런 마음이 한국을 원망하는 새가 되어
밤마다 북만주 벌판에서 슬피 울리라.)

1917. 4. 24 桂園 盧伯麟 泣輓[37]

계원은 '광무학당가' 속에서 체육의 중요성을 강조하였으며 그의 애국사상은 체육 즉 '건실한 육체' 속에서만 싹튼다고 굳게 믿었다.

계원은 무관학교 교장직을 사임하고 일시 귀향하여 고향 풍천에서 광무학당을 창설하며 인재 양성에 힘썼다. 손수 학교 교가를 작사하여 가르쳤는데 가사에 나타난 애국사상의 주안점은 체육의식의 고양이었다. 군인출신이기 때문에 교육에도 정신교육과 아울러 체육, 즉 육체의 단련을 주로 강조하였다. 몸이 튼튼해야 사상도 든든하게 유지 계발된다고 역설했다.[38] 그는

광무학당 창설하였으니 신식으로 청년자제 교육하시오.
학도들아 우리 학도들아 체조시간 되었으니 일체 나가세.[39]

라고 智德體의 완벽한 결실 속에 애국애족의 사상이 깃들고 체계화된다고 설유 강조한 바 있다.

---

37) 노선경, 앞의 전기, 10~11쪽.
38) 「光武學堂歌」 참조.
39) 「光武學堂歌」 노백린 작사 중 일절.

4) 독립사상의 정립

계원의 독립사상이 정립되어 실천력을 발휘하고 그 영향이 국내외에 전파 보급 환산되기 시작한 것은 그의 일생 중 제3기에 해당하는 임정수립 선포시기(1919)로부터 그가 상해 객사에서 위중한 질병으로 서거 순국한 1926년까지 불과 7년이라는 짧은 세월이었다. 일본측의 서거 자료에도 그를 해외에 있으면서 다년간 독립운동에 종사하고 임정의 국무총리 등을 역임한 인물로 논평 없이 기록해 놓은 바 있다.[40]

앞에서 살폈듯이 그의 사상형성은 자립의식에서부터 태동해서 애국사상을 거쳐 그의 만년에는 독립사상으로 정립된 것으로 유추해 볼 수 있다. 그는 병환이 위중해 갈 때도 조선일보의 기자를 보고 단합·단결 사상을 강조하였으니 그의 독립사상은 곧 合同사상이었던 것이 아닌가 한다.[41] 당시 상해의 병원에 입원중이던 계원을 찾아간 기자가 그의 독립사상과 운동에 관하여 질의하였을 때 잘 알아들을 수 없는 말로 대답하길, 대동단결 즉 합동·통일·협력을 역설하였다고 한다.

내가 지금도 臨時政府의 國務總理 자리에 있는 모양이요. 그러나 국무총리가 된 후로 몸이 健康치 못하야 出入도 하지 못하는 터에 무엇을 할 수 있나요. 어찌 되는 셈인지 나도 알 수 없어 政府의 일이 어찌 진행되는지 나에게 와서 말도 하여주지 아니하는걸 하는 말이 병석에서도 무슨 不

---

40) 국회도서관, 앞의 자료, 577쪽, "多年 海外에 있으면서 韓國獨立運動에 從事하여 近日에는 上海臨時政府 軍務總長 國務總理 參謀總長 등을 歷任한 盧伯麟(57歲 : 실은 52세)은 2年前부터 心臟疾患으로 自宅에서 療養中이었는데 本月 上旬부터 病勢가 惡化되어 지난 22日 午前 11時 45分에 法界의 寓居에서 死去했다. 同人은 桂園이라 號하며 日本에서 師範學校(士官學校)를 나와 歸國後 韓國武官學校教師(교관)를 거쳐 普成高等普通學校長이 된 일이 있다. 當地在留 韓國人 有志는 約 400弗의 葬儀費用을 醵金하여 1月 26日 午後 2時 自宅에서 出棺하여 大韓僑民團이 設立한 仁成學校 校庭에서 葬儀式을 擧行했다. 會葬者는 上海臨時政府 職員 및 學生 등 約 800餘名에 達했다. 遺骸는 同 4時에 靜安寺路 共同墓地에 埋葬하였다".

41) 『조선일보』 1925년 6월 25일자.

卒이 있어서 말하는 듯하며, 다음에는 장래 우리 일에 대하야는 別수가 없이 마음과 뜻이 같은 사람끼리 合하야 하는 수밖에 없고 또 自己의 能力으로 되지 못할 일은 능력이 있는 사람에게 讓步하여야지 자기도 하지 못하고 남 하는 일도 妨害하면 무엇이 될 수 있는가, 우리 사회에 이런 폐단이 있어서 일이 잘 되지 못하니 참 걱정이요.   上海특신42)

군인으로 일관되게 살아온 개결한 애국 일생으로서의 절실한 감회였던 것이다. 그는 1920년 1월 미국에 있으면서도 군무총장으로서 국무총리 이동휘, 내무총장 이동녕, 외무총장 박용만, 노동국총판 안창호 등의 각료와 같이 러시아와 중국일대에 있는 동포들에게 그의 애끓는 독립 구국사상과 그 실천의지를 호소하였다. 그 일절 중에

피와 눈물로 바라거니와 사랑하는 我二百萬 러시아·중국 일대의 동포여 우리가 처해 있는 때와 땅을 고려하여 모든 私見과 私情을 버리고 하나가 되어야 한다. 그리고 대한민국(임정)의 정부를 중심으로 하여 하나가 되어야 한다. 대한민국의 영광이 될 것은 대한민국이 정부 명령 하에 통일되는 날이다. 하루 통일이 지연되면 2천만 동포의 노예된 수치와 고초가 하루 더 연장된다. 독립전쟁의 빠름과 늦음은 實로 諸位에 달린 것이라 하겠다. 오호 애국심이 치열하고 용기있는 신성한 대한의 국토를 적의 手中으로부터 光復하여 2천만 동족을 노예의 기반에서 해방시킬 의무와 정신과 기백과 힘을 가진 우리 러시아·중국의 2백만 동포여 통일할지어다. 모두 奮起할지어다.43)

라고 의미심장하게 설득 역설하고 있다. 계원은 독립투쟁은 곧 임정을 구심점으로 삼아 하나가 되어야 모든 국내외의 의견·정책·건의·이념 등을 수렴할 수 있다고 보았다. 3·1혁명의 최대성과로 탄생한 임정은 혁명공작을 추진하고 민력을 기르는 총본산이 되어야 함을 역설한 것이다.44)

---

42) 『조선일보』 1925년 6월 25일자.
43) 국회도서관, 앞의 자료, 148쪽.
44) 金樂山, 『春山李裕弼小史』, 1943(未刊), 10~11쪽.

金樂山은 임정의 李裕弼이 내무총장, 법무총장으로 계원과 함께 임정을 구심점으로 해서 광복정책을 합리적으로 펴 나가야 한다고 역설한 임정의 언론인 출신이었다.[45] 계원은 나라가 속히 독립될 수 있는 길은 임정의 명령하에 통일·단합하는 길이라고 역설한 바 있다. 특히 러시아·중국의 재류동포가 통일·단합·분기해야 독립국가 달성을 속결할 수 있다고 보았다. 그는 해외에 있으면서도 다른 각료와 손잡고 이런 성명서·권고서를 각지에 발송 인지시켰던 것이다. 그의 독립사상은 단합·통일·분발 속에서 찾아볼 수 있다. 그는 무력파일뿐만 아니라 일반 외교의 주장자라고 일본측 기록에 조사되어 있으며, 조카되는 노태연과 도인권, 金勳 등 육군무관학교 졸업생들은 그를 적극 지지하였던 것으로 보인다.[46]

특히 계원의 독립사상이 정립되고 일반에게 알려지게 된 것은 그가 군무총장으로 있을 때 내린 군무부 포고 제1호를 통해서였다. 이 글에서 그는 대한의 남녀에게 血戰을 강조했고 그것이 곧 광복을 쟁취할 수 있는 길이라 역설하였다. 자유·정의·민족을 위해 鐵과 血로써 조국을 살려야 한다고 하였다. 최후의 일각까지 희생을 제공할 각오가 되어 있지 않으면 어찌 대한인이 될 수 있겠느냐는 것이다.[47] 그는 우리나라가 국권피탈 이래 잔명을 유지해온 것은 오늘의 결전을 예비하기 위함이라고까지 주장하였다.[48] 그것은 독립과 자유를 쟁취하기 위함이라고 절규하면서

군무부 포고(제1호)
충용한 대한의 남녀여, 혈전의 시, 광복의 秋가 來하였도다. 너도 나아가고 나도 나아갈지라. 정의를 위하야 자유를 위하야 민족을 위하야 鐵과 血로써 조국을 살릴 때가 이때가 아닌가. 혼있고 피있는 대한의 남녀여, 선조를 위하야 후손을 위하야 무도한 왜적에게 학살을 당하는 너의 부모

---

45) 李炫熙, 『春山 李裕弼硏究』, 東方圖書, 1994, 結論.
46) 국회도서관, 앞의 자료, 330쪽, "盧伯麟(군무총장) 武力急進과 一般外交의 主張者이며 이에 屬하는 자는 盧泰然 都寅權 金勳 等과 過激한 靑年 主로 武官學校 卒業生 等이다".
47) 임정군무부 포고문 제1호.
48) 『독립신문』 1920년 2월 14일자.

형제 자매를 위하야 최후의 희생을 제공할 때가 이때가 아닌가. 신성한 민족인 대한의 남녀여, 4천여 년의 조국을 일조에 島夷의 야심에 채운 이래로 과거 십년 간 가장 가혹한 압박을 받았으나 가장 恥辱된 고통을 당하여도 오직 혈루를 먹음고 구차히 잔명을 偸生함은 피차 금일을 기다린 것이 아닌가. 반만년 역사의 권위에 의해 2천만 민족의 의용을 합하야, 20세기 금일 시대적 요구에 응하야, 인도를 부르며 나아갈 때에 무엇이 두려우며 무엇을 근심할까. 네 앞에 독립이오 내 앞에 자유뿐이로다.[49]

라고 역설·동참을 호소한 것이 그것이다.

이어 그는 전국민의 광복군화를 간절히 원하고 있었으니, 다음의 대목에서

그런데 우리의 충용과 우리의 피와 우리의 권위로서 나아가 전하랴면, 전하야 승하랴면 무기를 말하니보다 자금을 논하니보다 제일의 급무는 전투의 기초인 군인의 양성과 군대의 편성이라. 이것이 과연 우리의 정당한 요구요 필연한 사실이요 완전한 자각이다. 그렇다면 주저말고 고려말고 하루바삐 너도 나와 대한민국의 군인이 되며 나도 나가 대한민국의 군인이 되어 2천만 남녀는 일인까지 조직적으로 통일적으로 광복군이 되기를 서심 단행할지어다.

대한민국 2년 1월 일
군무총장 노 백 린[50]

라는 호소성 있는 포고문을 통해 전국민의 광복군, 즉 군인화를 선창·열망·성충하였던 것이다. 물론 그는 임정의 군무총장으로서 군사적 광복정책을 조국의 독립 때까지 펼치겠다는 움직일 수 없는 투철한 군사·무장투쟁의 의지·신념을 가졌던 것이다.[51]

당시 임정은 재정적 궁핍과 의견의 불일치로 서로 간의 알력·대립·갈

---

49)『독립신문』1920년 2월 14일자.

50) 上同.

51) 李炫熙,「임정의 군사적 광복정책」,『성신여대 논문집』제36호, 1998, 성신여대.

등이 생겨 혼란·소요상태를 면치 못하고 있었다. 그러나 그가 국무총리가 된 뒤로는 홀로 대범하게 임정을 장악하여 4~5년이나 운영해 나갔다.[52] 그야말로 혼자 꿋꿋하게 버티고 나갔다. 어떤 때는 "다 그만두어라. 내 혼자서 버티고 있을란다"라고도 하여[53] 그는 어떠한 난관·좌절·방해책동·갈등·대립구조가 있어도 시종일관 전진만 있을 뿐이라는 소신이었다.

한때는 계원이 국무총리로 집무할 때 그 행동이 소극적이고 무능하다는 평가가 있었던 것 같다. "나 혼자 다 할란다"라고는 소리쳤으나 임정의 각료, 동지, 동포들의 생각은 조금 달랐던 것으로 비쳐진다. 1922년에는 그냥 넘어갔으나 1923년에 가서는 사정이 좀 달라졌다. 비록 계원이 特立의 독립사상이 있었으나 활동도 미약하고 전향적·가시적 성과가 없었던 것이다. 1924년에는 임정 지도자까지도 계원의 무능무위를 나무라고 좀 더 분발 약동하라는 편달이 계속 있었다. 이것이 여론화되어 문제가 되자 전 내무총장 이동녕과 교체된 바 있다. 이동녕은 국무총리가 된 뒤, 일부 각료의 이동 등 부분적인 개각을 단행하였다.[54]

계원은 상해에 온 이래 가족이 거의 없었고, 있었다해도 그들 마음대로 내버려두었다. 가족이 있으면 독립사상의 체계화·보급화에 방해가 되고

---

52) 宋相燾, 앞의 책, 240~241쪽, "時政府乏財又府員之志見, 各不同相有軋轢, 所謂 政局便成劉笠, 伯麟爲國務總理, 獨撑住得全,凡前後四五年".

53) 權東鎭, 앞의 논설, 23쪽.

54) 국회도서관, 앞의 자료, 539쪽, "1921年 7月 以來 臨時政府 國務總理인 盧伯麟은 就任以來 그의 行動이 消極的이므로 오히려 無能하다는 評이 높았고 一般 韓人 獨立運動者 間의 信望이 적었을 뿐 아니라 財政의 窮乏이 또한 그 極에 達하여 특히 1923年 夏期 以來로는 그 窮狀이 한층 甚하여 全然 徵動조차 할 수 없게 되어 宛然 睡眠상태로 1924年을 맞이했는데 改曆과 同時 그들 韓人獨立運動者에 있어서는 盧伯麟의 無能 無爲를 詰難하고 此際 臨時政府 幹部의 躍動을 促求하지 않으면 안 된다는 輿論이 高潮되었으므로 美國 滯在中의 臨時政府 大統領 李承晩은 閣員 更迭이 不得已하다고 깨닫고 同年 4月 議政院의 同意를 얻어 內務總長이었던 李東寧을 國務總理로 하고 法務次長에 金甲, 交通次長에 金圭晩, 學務次長에 金承學을 任命하여 各 當該總長을 代理케 하고 內務總長 金九, 外務總長 趙素昻, 財務總長 李始榮은 留任케 했다. 이에 陣容을 整理하여 크게 하는 바 있으려는 氣勢를 보이고".

4. 노백린의 독립사상 271

지장이 있다고 생각하였다. 상처한 이래 속현도 아니하고 지냈다. 단지 자전거를 좋아해 자유분방하게 내외를 달리면서 비소·냉소·치소로 세상을 살아갔다. 가만히 있지 못하는 성미였던 것 같다.[55] 혹 권동진을 찾았을 때 방안에 들어앉아 있는 것을 보면 '여보 나갑시다. 방안에는 무슨 방에 있소. 뭘하려고'하며 손목을 끌어당긴 적이 많았다고 한다.[56]

그는 먹기도 잘하고 장난도 잘하는 낭인풍의 호호장부였으며, 네것 내것 닥치는 대로 먹어 없애는 식사광이기도 하였다. 맥주며 양주며 청탁을 불문하고 즐겼다. 금전이 있고 없고도 불문에 부치는 성격이었던 모양이다.[57] 무전취식을 해도 기풍과 수단이 탁월하여 봉변당하는 일이 없었다고 하니 호걸풍의 애국사상가가 아닌가 한다. 이는 반드시 그가 기운이 장사 같이 보이고 체격이 꽉 짜여져 있기 때문만은 아닌 것으로 보인다.[58]

동아일보의 기자는 계원이 서거·순국한 뒤

　　천 만고를 통하여 사람이 최후 운명은 죽음으로 내리는 것이다. 의인도 죽고 영웅도 죽고 부호도 죽고 빈곤자도 다 죽는다. 나면서 죽고 자라면서 죽고 늙으면 죽는 것이 우리 인생의 공통된 운명이다. 어떤 의미로 말하면 生은 死의 순비라 할 것이다. 그러므로 우리는 죽는 것을 그다지 슬퍼할 일도 아니다. 또한 그다지 무서워할 것도 아니다. 도리어 죽을 만한 때를 당하여 죽지 않거나 죽을 짓을 하고도 뻔뻔히 사는 것이 인생의 치욕이며 唾棄할 바가 아닌가. 요컨대 문제는 사람이 되고서 죽는가? 사람이 되다가 죽는가? 또는 개, 돼지처럼 죽는가? 하는 문제일 것이다.[59]

---

55) 宋相燾, 앞의 책, 241쪽, "伯麟當來無家族, 念喪其妻更不娶, 當謂子女曰, 今日汝不必恃父, 吾不必恃子, 汝等皆各自爲之, 性好自轉車, 難無事日乘自轉車往來四方, 不貼在室中, 或訪友人見其在室, 則常日何鬱鬱房爲, 引手至酒肆, 以爲疎暢, 伯麟嘗善笑善飮有義有脅, 每浪笑傲人".

56) 權東鎭, 앞의 논설, 241쪽.

57) 上同, 21쪽.

58) 宋相燾, 앞의 책 241쪽, "見之流浪人風, 與人遊無爾件己件, 苦有錢必食, 如麥酒一飮可三四打, 又酷好料理, 種種往韓·日·洋諸料理, 期在醉飽, 見友人則雖無錢必痛飮一場, 遂盡醉而歸, 酒債後期或不報, 人不爲咎".

59) 『동아일보』 1926년 1월 26일자.

라고 인생의 무상함을 처연·솔직히 표현하고 나서

> 계원 노백린씨는 우리 조선인 중에서 일대의 걸물이였었다. 그 생은 황
> 해도 풍천군이었고, 그 學은 일본 육군사관학교였었다. 그 死는 중국 상
> 해지방이라 한다. 이로만 보아도 씨의 불행(?)한 시운과 다침한 명도는 가
> 히 推覺할 것이 아닌가. 씨가 무엇을 하려고 군인이 되었으며, 또한 무엇
> 을 구하여 고국을 떠나게 된 것은 다시 一說을 불요하거니와 과거 군대시
> 대의 초기와 학교시대의 영명은 아직도 우리의 기억에 사라지지 아니하
> 였을 뿐만 아니라 씨의 장서함을 따라 우리의 심중은 더욱 심각하여진다.
> 어찌하여 우리 사회는 이와 같이 위축하여 가며 이와 같이 소침하여지는
> 가? 씨 일류의 영풍호기를 또다시 누구에게서 보고 들으랴. 우리가 씨의
> 장서를 추도하는 것은 씨의 죽음보다도 그 불운이며 또한 그 불운보다도
> 그 일류의 영풍호기를 또다시 이 세상에서 찾지 못하게 된 것이다. 그러
> 나 씨의 장서로 인하여 인격적 放射가 더욱 우리 사회에 그 인상이 깊어
> 지고 또한 이로 인하여 발랄한 원기와 엄숙한 回省을 환기하여 혁신개조
> 의 일작한다면 이것이 씨의 원혼을 위로하는 본 뜻일 것이다.60)

이같이 계원의 영풍호기·호협의 풍모를 다시 볼 수 없게 됨을 몹시 아
쉬워하고 있다. 그가 서거해서 그의 독립사상이 온 국민에게 확산 보급되
어 감명·감동을 준다면 얼마나 그의 순국이 의미가 있겠느냐는 물음인
것이다.

그는 임정을 광복정책·투쟁의 구심점으로 보았고 상해를 독립운동의
유일한 策源地로 여기고 여기만이 권토중래 광복의 땅이라 확신하였다.61)
조선일보의 기자는 「노백린씨를 추억함」이란 추모의 글 속에서

> 계원 노백린씨는 별로 미덥지도 않다는 듯이 약간 웃음을 띠인 채로 대
> 답을 하고 있다. 그 典實하고도 유트락스러운 풍채에 걸맞지 않게 구수하
> 고 그러나 비장한 貴色이 나타나는 바 있게 한다. 어디서 얼마나 또 왔노,

---

60) 上同.
61) 국회도서관, 앞의 책, 534쪽.

모두가 다 의문의 말이다. 좋은 일도 또 좋은 사람도 別로 없는 결단나가는 조선 사회에서 어떠한 좋은 사람이 어디서 또 왔노, 그는 거의 절망적인 어조로써 그리 대답하는 것이었다. 한 많은 세상 失意한 사람들의 한 가지로 품은 비애의 소리였다. 어디서 얼마나 좋은 사람이 또 왔든지 안 왔든지 알 수 없으나 계원 노백린씨 그분이 매우 드문 전실하고 호탕한 좋은 인물이든 것은 다시 말할 필요도 없는 일이다. 넘어가는 늦은 여름의 태양이 산상봉의 저쪽에 걸리고 仁旺山 白岳山 장엄한 산악들이 울창한 솔 숲 사이로 넘겨다 보이는 桂洞 1번지 그의 저택에서 악수하고 작별하던 기억이 지금 더욱 새로워전다. 모과나무 그늘과 등넝쿨이 우거진 그곳에서 먼 시골의 농부와 같이 질박한 고의적삼으로 그의 뚱뚱한 몸을 쌌고 있든 호탕하고도 전실한 그 풍채가 윤곽이 가장 선명하게 마음 눈에 나타난다. 그러나 그 분은 이제 이미 옛 사람을 지었다. 역사상의 인물을 지었다. 白玉樓 속의 사람이 되었다고 의례적으로 쓰고 싶지는 않다. 그러나 할 수 있는 대로 아름다운 꿈의 세계를 실패로써 마치게 된 그분을 위하여 상상하고 싶다. 아니 온갖 뜻과 같이 못한 역경에서 차례차례 쓸쓸하게 돌아가는 여러 실패한 선배들을 위하여 모두 아름다운 꿈의 세계로 그의 미래를 상상하여 보고도 싶다.62)

라고 그의 견실한 독립사상의 체계와 그 유용성을 기렸다.

한편 군대해산 당시 병사들이 서울에서 일제 군대와 시가전을 전개하다가 장열하게 전사해서 水口門으로 나갈 때, 그와 예관 신규식이 이를 보고 크게 비탄 실성할 지경이었다. 이에 그 기자는

진위 제1대대 영문은 포위되었다. 속사포 구멍으로 쏟아져 나오는 총알에 그 포위중인 이들은 한국의 수많은 군대는 필경 참담히 패할 수밖에 없었다. 예정한 음모대로 영문과 영문사의 전화줄은 다 끊어졌고 이미 해산된 군대는 아무렇게도 할 수 없었다. 典洞영문의 군대들이 종로에 나아와서 한참 사격을 하였으나 물론 큰 힘이 될 수 없었다. 아 아 참패! 그것은 뻔히 보고 어쩔수없는 國民 部下의 병사들이 무더기로 죽어 넘어짐을 보고서도 구할 길이 막연한 그들의 장관이 되었던 뜻 있는 사관들 그의

---

62) 『조선일보』 1926년 1월 27일자.

心事와 지경이야 어찌 말해 무엇하리, 선지피가 철철 흐르는 가련한 청년 병사들의 원통한 죽엄들이 구루마에 척척 실린 채로 수구문 밖으로 끌려 나아갈 제 이에 대하야 각각 다른 태도를 가지는 빛나는 두 사람의 청년 사관이 있었다. 눈이 빨갛도록 상혈이 된 얼굴로 구리개 네 거리에 서서 송장 구루마를 보고 연방 경례를 하면서 혼자말로 "용서를 하시오 언제든지 여러분의 갸륵한 희생을 위하야 일하여 주리라" 하고 끓어오르는 더운 피를 가라안치고 있는 이 곧 예관 신규식씨였었고, 두 다리를 쭉 뻗은 채로 털썩 드러누워 하늘을 우러러 긴 한숨을 쉬며 "오냐 지금은 할 수 없다. 어디 두고보자" 하던 이는 곧 계원 노백린씨 그 분이셨다. 그러나 이 두 분은 모두 先後하야 上海에서 객사하셨다 하니 그들은 모두 冤死 憤死하셨다. "나는 모른다 나는 모른다"고 미친 듯이 부르짖든 것은 너무도 어려운 입맛 쓴 내외의 조선인 사회의 사정에 낙망한 신규식씨가 죽을 臨時의 말이었다. 그는 극도의 비분에 거의 정신에 이상이 생겼다. 그러나 계원 노백린씨는 또한 失神病이 들린 것을 傳한 지가 자못 오래셨다. 고국을 떠나 幾萬里 세계의 갖은 사람들이 법썩이는 上海의 租界안에서 쓸쓸히 세상을 떠나게 되는 이 갸륵한 선배들, 마음이 꼬장꼬장한 그들로는 거의 모두 미칠 수밖에 없이 하는 그의 罪는 조선 사람들의 혼 속에 其中에도 후진하는 청년들의 가슴 속에 깊이 삭여둘 긴급한 문제이었다.[63]

라고 계원의 역사의식과 미래관 그리고 독립사상을 높이 평가하였다. 기자는 다시

노백린씨는 진실한 인물이셨다 그는 구구한 정실 문제에 매우 초연한 인물이셨다. 이제 그 애기는 잠간 그만둔다, 그러나 물질에 등한하고 상리에 밝지 못한 氏가 가죽 장사에 실패한 것은 당연한 일이셨다. 桂洞 1번지, 그의 머물러 있던 저택도 어떠한 재산가의 호의로 빌려준 터이었다. 그리고 그가 삼천리의 산 지옥, 죽어 가는 조선을 벗어나서 상해로부터 하와이까지 뛰어가든 그때 그는 또한 이미 작고한 재산가 趙命九씨와 동행하게 되었다.[64]

---

63) 『조선일보』 1926년 1월 29일자.
64) 『조선일보』 1926년 1월 27일자.

라고 했으며 끝으로

　　그러나 그의 꺾이지 않는 뜻, 벼르고 벼르든 氣骨이야 언제인들 꺾이려
고 하지 않았겠지만은 그러나 내외의 모든 형세는 그로 하여금 오즉 恨
많은 餘生이 되게 하였을 뿐이다. 아 아 그리고 멀리는 황해의 물결 세계
각국 가지가지의 사람들을 담아오는 각 나라의 汽船들이 黃浦江 멀리 우
렁찬 기적의 소리를 끊일 사이 없이 없도록 울적마다 그의 외로히 누운
병든 몸에는 찌르는 듯한 亡國의 恨을 자아내기 얼마일가. 그리웁고 잊히
지 못할 고국의 화려한 강산 그 속에서 들끓고 있는 가련한 동포의 그늘
이 그의 쇄약한 머리에 으스름한 꿈의 수그러이함이 또 얼마일가. 그는
드디어 실신의 병이 들리지 아니치 못하였고나.[65]

라는 처연 강개한 표현으로 계원의 최후를 실감나고 현장감 있게 그렸다.
　계원은 서거 때의 추연함과는 달리 미국 윌로우스부터 상해 임정에 합
류하여(1921. 2. 2) 환영 답사의 연설을 할 때는 기상이 넘치고 자신감이
팽만했으며 애국·자주·독립사상으로 굳게 뭉쳐 있었다. 그는 연설문 중
에서

　　내가 북미주에 있을 때에 비행장에서 부르던 노래를 이제 여러분께 불
러드리우겠습니다. '나가라! 싸우라! 맨 끝의 핏방울을 떨어뜨릴 때까지,
싸우러 나가라!'(박수) 이 노래는 상해에서 어떤 청년이 가지고 온 것인데,
나는 그 때에 이 노래의 '나가라! 싸워라! 싸우러 나가라!'라는 '라'자의 대
신에 '자'자로 고쳐 '나가자! 싸우자! 싸우러 나가자!'로 고쳐 불렀습니다.
(박수) 이것은 여러분이 다 아는 바와 같이 지금은 남만 하라는 '라'자를
쓰지 않고 함께 하자는 '자'자로서 함께 모여 일할 때외다. 우리는 함께 먹
고 함께 입고 함께 살자 함이니 이를 위하여 싸울 때에 여러분만 혼자 나
가 싸우라고 하지 않고 나부터 앞서 나갈 때입니다. 어떻게 되었든지 여
러분이 부재(재주 없는, 능력이 없는)인 나에게 군무부 총장의 자리를 맡
겼으니 나는 이것을 사양할 수 없는 사정입니다. 나는 이미 군사를 맡은
사람이 되었으니, 군사의 다소를 상관치 않고 시기가 이르면 단 십 명이

────────────

65) 上同.

나, 이십 명이나 있는 대로 함께 나아가 싸울 것밖에 없소. 우리가 독립과
자유를 원하는 이상에는 남녀를 불문하고 우리의 뼈와 피가 다하도록 싸
워야만 되겠소.(박수) 국가는 어떤 일개인의 것이 아니요, 많은 온 백성의
것이외다. 그러면 우리는 한국의 임자인 백성이니, 우리 국가를 위하여 최
종까지 싸워야 하겠소. 우리 인구를 적의 인구와 비교하면, 우리 일인이
이인반의 적을 죽여야 되겠소.66)

라고 하였듯이 독립사상이 충만했고 체계화되었으며 군무총장으로서 국가
와 민족의 앞날을 책임지겠다는 솔선수범의 의지·신념이 확고했음을 엿
볼 수 있다. 그의 對일제관은 온 국민의 군인화와 전투화를 강조하면서 간
도의 청소년들은 일제와 전투 중 거의 다 전사하였다고 참상을 소개하였
다. 승리하기 위해서는 군인을 양성하고 군비를 충분히 준비해 두어야 한
다면서 하와이 동포의 대적의식의 철저함을 실감나게 떠 올렸다.67) 그러면
서 단합·통일·협력 사상이 곧 독립사상임을 내세웠다. 그는

　　무엇보다 우리가 단결을 잘하면 왜놈이 두려워하고 세계가 두려워 할
　　것이며 우리의 사업(독립운동)도 이룰 것이외다.68)

라고 하여 단결심이 곧 독립사상의 기반이며 실천력이라고 외쳤다. 걱정스
러운 것은 班常의 구별, 지역의 차별성, 계급의 지배 등이 매우 성할 때 우
리의 독립운동은 분열·실패·좌절하고 말 것이라는 점을 상해 동포에게
경고적으로 주지시켰다.69)
　그는 끝으로

　　그러면 우리는 다 누구를 무론하고 싸울 때 싸워야 하겠으니 반상과 京
　　鄕을 무론하고 다 하나이 되어(단결) 맨 나중의 핏방울이 떨어질 때까지

---

66)『독립신문』1921년 2월 25일자.
67) 上同.
68) 上同.
69) 上同.

나아가 힘있게 싸웁시다.[70]

라고 대동단결을 강조한 명연설을 마쳤다. 이 일장의 연설문 속에서 계원의 자립·애국·단합 사상이 체계화된 독립사상의 본질과 실체를 파악해볼 수 있는 것이다. 임정의 존립을 위협하였던 국민대표회의의 조정을 위해 그는 포고문을 발표하였다.

　　상해임시정부 국무총리 노백린씨는 방금 분쟁되는 시국문제의 해결과 장래 독립운동에 관한 방책과 국민대표회의에 대한 임시정부의 희망을 진술한 포고문을 발표하였다더라. (상해)[71]

　그는 상해 중심의 광복정책을 임정 위주로 펼쳐 임정이 구심점·대표성을 갖고 내외를 통치 통할해야 당연하다는 소신과 철학을 갖고 있었던 지도자 중의 한 분이었다.[72] 그런 사상을 갖고 있는 계원이었기에 反임정적 국민대표회의 분란은 용납할 수 없는 사안으로 받아들인 것이다.
　한편 그는 미국에 있을 때 임정의 이동휘 국무총리에게 건의하여 비행사 양성소를 만들고나서 그때의 애국적 감회를 기념사진과 함께 보내와 그의 독립사상을 다시 한번 이해할 수 있다.

　　戎馬多年 浪得名 愧吾今日 作干城
　　欲破海洋 三萬里 御風先試 航空行
　　(내가 다년간 부질없이 이름을 얻었지만
　　오늘 조국이 간성이 되려니 부끄러워라
　　삼만리 바다를 건너기 위하여
　　먼저 바람을 타고 비행기에 오르네)[73]

---

70) 『독립신문』 1921년 2월 25일자.
71) 『조선일보』 1923년 5월 22일자.
72) 李炫熙, 『大韓民國臨時政府史』, 集文堂, 1982, 結論 참조.
73) 『독립신문』 1921년 1월 20일자.

라고 하여 공중을 제패함으로써 곧 빼앗긴 조국을 속히 탈환할 수 있다는 자신에 넘치는 모습을 보여주고 있다.[74]

5) 저명인사의 桂園評

앞에서 계원을 평한 인사는 최린, 권동진, 송상도, 이응준 등이었다. 원로 예비역 육군소장 김석원은 계원의 군인다운 모습을 보고 군인이 될 것을 결심하였다고 한다. 특히 말을 탄 계원의 모습은 선망의 대상이었던 것으로 기억하고 있다. 그는 계원의 군인다운 모습을

> 나는 어려서부터 무척 개구쟁이였다. 골목대장으로 항상 실력을 발휘했기 때문에 어른들이 장래 큰 군인이 되리라 점쳐왔다. 나는 어려서부터 좀이 쑤셔 가만히 앉아 있을 수가 없어서 무던히 쏘다녔다. 골목대장으로 전쟁놀이를 안할 때는 혼자서 삼청동-삼각산-낙산-동대문-서구문-뚝섬-인왕산-무악재-남산-이태원 등 안간 곳이 없을 정도다. 그런데 내가 군인으로 자라서 종신한 것은 노백린 장군의 모습에서였다. 나는 훈련원에서 한국 군인들이 훈련하는 모습을 해가 가는 줄도 모르고 구경했는가 하면, 노백린 장군이 말을 타고 가는 모습은 나의 최고 선망(羨望)의 대상이었다. 노장군의 말 탄 모습을 보는 날이면 나는 그 뒤를 따라 다녔고, 병영 속으로 사라진 다음에도 한 시간씩이나 문 앞에 서있곤 했다. 솔직히 말하면 노장군의 말 탄 모습에 미쳤었다. 그러면서 언제나 마음 속에 비는 생각은 "나는 언젠 커서 저런 장군이 될 것인가? 아니 기어코 군인이 되고야 말테이다"라고 다짐하고 결심했던 것이 그대로 적중하여 일생을 군인으로 늙었다.[75]

이라고 해서 계원의 명성을 듣고 보고 찬탄 선망한 나머지 그를 모델로 삼았던 것이다. 여기서 김석원은 그가 군인된 시초부터 끝까지 계원에 매료

---

74) 李正熙, 앞의 책, 149~153 · 195쪽.
75) 『한국일보』 1974년 10월 8일, 「나의 이력서」.

되었던 예비역 장성이었다.76)

천도교이며 민족대표 중의 한 분인 崔麟(1898~1958)은 계원을 일러 치밀한 성격과 상해에서 독립운동에 종사하였다고 그의 사후 비통해 하면서

"호방한 중에도 극히 치밀한 성격을 가지고 여러 면에서 활동을 하던 그를 잃어버림은 우리의 큰 손실입니다. 나는 공사간에 수십 년간 지기로써 지내던 터이니까 무어라 할 말이 없소 그가 상해에서 나라와 민족을 위해 큰일을 하시면서도 공사간에 그렇게 많은 고생을 하셨다 하니……" 하며 말을 마치지 못하고 숙연히 눈물을 보이였다.77)

고 명복을 빌었다. 그러나 그는 일제 말 친일파가 되어 일본 정부에 협력한 추한 경력을 갖고 있다.

임정의 이승만 임시대통령 비서인 林炳稷은 계원이 보성중학 교장으로 있을 때의 제자로서 그에게 씩씩하고 늠름한 기량을 배울 수 있었다면서 성격이 무척 청렴결백하고 임정을 빛낸 인물이라고 회고하였다. 위대한 애국자요 정통군인으로 국가와 민족의 일만 생각하고 있었다면서

내가 보성중학 재학 시절 노백린 장군이 교장이었다. 현역 정령(正領 : 현 대령)으로 군복을 입고 건장한 몸집에 긴 칼을 차고 있었으며, 학교 출퇴근 때에는 흰 말을 탔었다. 건강을 위해 체조를 처음 배우니 신도 났었지만 현역 군인들로부터 군대 내의 내막과 나라의 현실을 듣고 격분하던 일도 있었다. 한 부위(副尉)는 항시 머리를 짧게 깎은 데다 기름을 반질반질 하게 바르고 있었는데 노 선생은 그에게 군인답지 못하다고 여러 번 꾸짖는 것을 보았다. 노 선생은 우리를 보고도 남자는 너무 애교를 떨거

---

76) 김석원(1893~1978)은 서울 출생으로 군인, 교육가로서 일본 육군사관학교를 졸업했다. 광복시까지 일본 육군장교로 복무, 중일전쟁시에는 많은 용맹을 떨쳤다. 8·15광복 후 국군에 입대, 육해공군 동지회장, 1사단장이었고, 6·25전쟁 때에는 수도사단장, 3사단장으로 전공을 세웠다. 육군소장으로 예편했다. 한편 1938년에는 元錫학원(성남중학교)을 설립했었는데, 예편 후 교장에 취임하였고, 제5대 민의원을 역임하였다.

77) 『조선일보』 1926년 1월 27일자.

나 얌전한 것은 못쓴다고 하시며 언제나 씩씩해야 한다고 강조하고 있었
다. 노 선생은 내가 미국에서 이승만 박사의 독립운동을 돕고 있을 때 우
연히도 다시 만나게 되었던 것인데, 그는 한일합방이 되자 해외로 망명,
중국과 미국을 무대로 하여 독립운동을 전개했다. 그 후 임시정부에서 만
나 뵈었을 때도 노 선생은 예나 다름없었다. 그는 개인 성격이 퍽 청결했
고 구두는 언제나 반짝이도록 닦아 신었다. 또한 넓은 임시정부 청사의
손잡이 장식이 모두 반짝이도록 닦게 하는 습관을 들인 것도 역시 노 선
생이었다. 노 선생은 구한국 시절에 일본 육군사관학교를 마치고, 한국 육
군무관학교 교장까지 역임하시고, 조국이 일제에게 강제 합방되자 미국으
로 망명, 국민군단, 비행사학교를 창설 지도하셨고, 상해 임시정부의 군무
총장, 국무총리까지 역임하며 조국을 위해 헌신했다. 참으로 위대한 애국
자요 장하신 군인이었다.[78]

그의 참군인으로서의 애국충절을 기렸다. 호걸찬 모습이 어린 학생이었던
임병직의 인상이고,[79] 임시정부 시대에는 군무총장 등 지도적 위치에서 그
에게 감명을 받았던 것으로 생각해 볼 수 있다.

신흥무관학교 졸업생이었던 卞榮泰는 계원이 보성중학교 교장으로 부
임했을 당시의 제자였다. 계원은 장대한 체구와 풍부한 군인 경험에 씩씩
한 풍체가 우선 마음에 들어 학생들의 선망의 대상이 되었다. 그러나 그의
과격한 군사훈련식 교육에 학생들이 호응하지 않아 결국 동맹휴학이라는
비상사태에까지 이르렀다. 결국 교장직을 사퇴하는 아쉬움도 있었다. 변영
태는 자신도 동맹휴학에 가담한 일로 마음이 아팠다고 한다. 그런 훌륭한
선생님 밑에 좀 더 배웠으면 하는 생각도 있었다고 회고하였다. 그는 계원
에 대해

---

78) 林炳稷, 『臨政에서 印度까지』, 임병직 회고록, 女苑社, 1964, 123~129쪽.
79) 임병직(1893~1976)은 부여출생으로 호는 小竹이다. 미국 오하이오 디킨스 대학
   을 수학했고, 법학박사였다. 대한민국임시정부에서 외교활동에 주력했다. 8·15이
   후 외무부장관, 유엔대사, 재건국민운동 본부장, 통일원 고문, 반공연맹 이사장 등
   을 역임하였다.

　노 교장이 사임한지 2년 후 졸업생들이 謝恩會를 열었는데, 노백린 선생을 꼭 모시고자 하여 내가 인사차 노 교장을 찾아가서 지난날의 미련함을 사과하고 사은회에 꼭 오시기를 간청했다. 노 교장은 만면에 미소를 지으며, "딴 데는 안가도 그 자리엔 꼭 간다고 하라"는 한 마디를 던져 주었다. 학생들에 대한 원망도 남은 것이 없고, 퇴임 당시의 서운한 느낌도 찾아볼 수 없는 역시 군인다운 어른다운 모습에 감동했다. 당일 사은회에 참석했는데 동창회원들은 자신들의 懊悔와 노 교장의 대인적 풍모에 다시 한번, 아니 더욱더 존경과 사모하는 심정이 넘쳤다. 노 교장은 기쁜 마음으로 회원들과 함께 놀아주는 그 모습에서 어린아이와 같은 티없고 깨끗한 그의 인품에 다시 한번 경의를 표했다. 내가 성장하여 … 계원을 종종 대변하거나 하시는 일을 살폈는데 한결같은 그의 애국 충절은 모든 국민의 사표가 되었다.80)

라고 술회하였다. 사은회에 나타난 계원의 군인다운 모습과 사사로운 원망 같은 것을 다 잊고 제자 대하는 모습이 관후한 대인의 모습이었다는 것이다.

　권동진은 계원을 호걸쾌남아요 헌헌장부로 마음 역시 충절과 애국사상으로 뭉쳐있었다고 회고하였다. 모든 어려운 것을 그 스스로 짊어지고 나가겠다는 각오를 보여 신뢰감을 더 했다고 한다. 놀기 좋아하고 먹기를 즐기는 인간미가 넘치는 애국지사라고 평가하면서 그는 자립사상·독립의식·애국이념이 관통한 달관의 군인이었다고 평하였다.81)

　그는 이어서 계원의 인상과 풍모를 그리면서

　계원은 보통인과 달리 별다른 인물이었다. 아주 구속받기 싫어하는 자유 남아요, 웃기 잘하고, 돌아다니기 좋아하고, 먹기 잘하고, 놀기 잘하는 장난치기인데 그리고 모든 동료들 중에서 언제나 주모장이었다. 참 체격이 좋았으며, 기골이 장대하고, 키 크고, 얼굴 크고, 목은 다 붓고, 눈은 적으며, 아래 위가 뚝 찍은 장사요 호걸풍이었다. 일본 육군사관학교를 마치

---

80)『보성80년사』, 1986, 150~172쪽.
81) 權東鎮, 앞의 논설, 21~23쪽.

고 귀국하여 한국 육군무관학교 교관·교장을 역임하며 국군 장교를 많
이 양성했으며, 미국 망명시에는 비행사 양성학교를 세워 공군 창설을 꽤
했으며, 중국 상해 임시정부에서는 군무총장, 국무총리를 역임한 애국 독
립투사요 민족의 지도자였다. 어쨌든 호담한 인물이었다. 세상을 비웃고,
세상이 모두 자기 어깨 아래 있다는 뱃심좋은 기백이었다. 그래서 임정
국무총리로 있을 때 어려운 시국 하에서 끝까지 고군분투한 용사였다.[82]

라고 있는 그대로 숨김·남김없이 털어놓았다. 계원은 '사람 냄새나는' 그
런 솔직 담백한 소탈한 인물이었던 것이다. 화해와 용서를 잘하여 국민대
표회의 때 조정의 임무도 띄었던 것이다.[83]

계원은 항상 입버릇처럼 중얼거렸다. 실의와 낙망 가운데서도 "에헤라.
한 번만이라도 좋으니 정복에 말타고 남대문 입성식을 해 보았으면 이제
죽어도 한이 없겠다"라고 만나는 사람마다 이런 말을 했다. 어떤 때는 상
해 우거 지붕 위에 올라앉아 이런 남대문 입성 타령을 외치곤 하였다. "어
서가자 서울로!"라고도 소리쳐 주위 동포들이 눈물을 흘리며 안타깝게 생
각하였다고 전서울대 교수 김명수는 회고하였다.[84] 이 말은 그 당시 사람
들 사이에 하나의 유명한 일화거리가 되었다고 한다.

계원은 평소에도 육군 정령복을 즐겨 입었다. 그것은 구한국에 대한 향
수요, 애착심이며, 충성심의 표현이었다. 육군정령의 복장은 조국의 근대화
와 함께 점점 퇴색하여 갔지만 그럴수록 그는 그 옛날의 정령복을 늘 어루
만지고 가누며 바라보았다. 이따금 비감을 금치 못하여 슬피 울고 때로는
큰 소리로 웃기도 했다. 그가 육군무관학교 교장 시절 군복을 입고 말을
타고 다니는 모습은 그 당시 젊은이들의 선망의 적이었고, 많은 사람들에
게 군에 대한 신뢰감을 더해 주었다.[85]

계원은 백범과 절친해서 상해 임정시대(1919~1932)에 그와 광복정책을
상의하곤 했다. 물론 임정의 중요한 정책결정은 원로 이동녕의 商決을 받

---

82) 上同.
83) 李炫熙,『韓國近代史의 摸索』, 二友出版社, 1979, 138~158쪽.
84) 李炫熙, 앞의『大韓民國臨時政府史』, 195~205쪽.
85) 국회도서관, 앞의 자료, 190~195·202~205·509~510쪽.

아 처리하였다는 내무총장을 역임한 趙琬九의 증언도 있지만86) 계원의 의견도 상당 부분 수렴되었다고 한다.

백범과 이웃에서 거주하고 있던 계원은 어느 날 아침에 백범을 찾아갔다. "뒤 노변에 어떤 젊은 여자의 시체가 하나 있는데 한국인이라고 중국인이 떠드니 백범, 나가서 같이 봅시다"라고 해서 두 명은 현장에 갔다. 明珠라는 여인이었다. 그녀는 鄭仁果 등의 炊母로 있었다고 하는데 경무국 경호원 韓泰奎와 동거하였었다는 사실을 알고 그를 범인으로 체포, 프랑스 경찰에 이첩한 일도 있었다.87) 백범은 계원이 아니었다면 진범을 체포할 수가 없었다면서 정통 애국군인인 계원의 정의·진리·용감성을 높이 평가하였다.

계원은 1926년에 서거하였다. 그는 항상 고향에 있길 좋아했고 자녀를 교육하며 농부가를 제창케 했다. 1925년에는 각 단체의 총대표가 되었는데 入露說은 믿어지지 않는다고 우국지사 송상도는 평가하였다.88)

6) 자주독립사상의 典範

결론적으로 桂園 盧伯麟 장군의 자주독립사상을 정리해본다. 첫째, 계원의 자립사상은 유년시절의 서당교육과 활달 호탕한 성품, 그리고 모친으로부터 이어받은 자주성·분방성을 바탕으로 서서히 형성되기 시작하여 일본 육사를 졸업하면서는 애국사상을 견지하게 되었다.

둘째, 1900년에 귀국한 그는 육군무관학교의 교장으로 승급 보임되면서 그의 활달성과 자립심이 애국사상으로 더욱 발전하였다. 1907년 우리나라

86) 趙琬九,「石吾先生略史」참조.
87) 金九,『白凡逸志』, 瑞文堂, 1994, 268~270쪽 ; 이현희, 앞의『임시정부의 숨겨진 뒷 이야기』, 67~76쪽.
88) 宋相燾, 앞의 자료, 241쪽, "丙寅(一九二六年)卒于上海, 享年五十二, 伯麟嘗居鄕, 敎育其子弟, 相與學徒善唱農夫歌, 初海蔘葳共産黨移居蘇城, 乙丑(一九二五年) 潤四月 各團體使伯麟爲總代表, 遂入露, 人頗注目".

의 군대가 일제에 의해 강제로 해산당하자 한때 충격을 받고 자결보국의 길을 택하고자 하였다. 그러나 이것이 여의치 못하게 되어 오히려 살아 국권회복에 진력할 것을 결심하게 되었다.

이 시기에 이동녕 안창호 이갑 등이 신민회를 창건 결성할 때 무인으로서 참여하여 애국계몽운동을 통해 국권회복에 진력하였다. 이때 그는 해외 독립기지를 동삼성이 아닌 미주 하와이에 건설할 것을 주장하기도 하였다. 그것은 그가 1910년대 중반 그곳으로 망명하면서 실천에 옮길 수 있었다. 그의 애국사상은 해외에서 비행사 양성소를 두고 비행사를 육성해 실천의 의지를 보임으로써 체계화되었다.

셋째, 국내에서 혁명적인 3·1운동이 일어나 40여 일 뒤 중국 상해에 임정(1919~1945)이 수립 선포되었을 때 그는 미국에 있으면서 동참하였다. 이동휘에 이어 제2대 임정의 군무총장에 선임되어 임무수행을 위해 1921년 2월 상해에 도착, 선착한 이승만 등과 합류하고 광복정책 수행에 매진하였다. 여기서 임정 7년 동안(1919~1926) 그의 독립사상은 군무총장으로서의 직무수행에 구체적으로 반영되었고 이어 참모총장, 국무총리에 선임되면서 군사적 광복정책을 종횡 펴나갔던 것이다.

따라서 그의 자주독립사상은 애국일생 50년 동안 구국활동 속에 역동적으로 펼쳐져 저명인사의 평가와 같이 임정을 구심점, 대표성으로 인식하는 바탕 위에 독립투쟁을 계속하였다.

그의 구국투쟁은 이 같은 자주독립사상의 체계화와 실천화 속에서 내실 있게 전개되어 그가 서거한지 20년 만에 8·15민족의 광복을 쟁취할 수 있게 저력화된 것이라고 평가해 볼 수 있겠다.

5. 임시정부와 6·10만세운동

1) 병인의용대의 6·10만세 인식

일제강점하인 1926년 6월 10일 조선조 마지막 임금인 제27대 純宗의 因山日을 기하여 中央高普生 李先鎬 등이 종로3가에서 앞장서서 일으킨 독립만세운동은 서울의 각급 高普 및 전문학교에 재학중이던 민족주의 애국학생들에 의하여 구체적으로 실행되었다.1) 이 때를 당한 독립운동의 계획은 국내외 독립단체나 개인에 의하여 오래 전부터 은밀히 준비되고 있었다. 그러한 움직임 가운데 하나가 대한민국임시정부를 옹호 지원하기 위해 산하단체로 결성된 丙寅義勇隊의 6·10독립만세운동 지원 및 실행 계획이었다.

병인의용대는 1919년 3·1혁명의 결과로 수립된 대한민국임시정부(1919~1945)가 1920년대 들어 안팎으로 어려움에 봉착하자 이를 지지 후원하기 위하여 1926년 1월 상해에서 한국노병회와 정위단을 기반으로 결성한 임정 지원의 외곽 후원애국단체였다. 이는 국권회복이라는 궁극적인 민족의 목표 아래 임정의 권위를 수호 선양하고 임정의 광복정책을 방해하는 친일 주구배나 내통자 밀정 변절 또는 공산주의자들을 처단하며, 일제의 요인 사살과 주요 기관 등을 파괴하는 혁혁한 성과로서의 의열투쟁을 목표로 결의 실천하였다.2)

---

1) 이현희, 「6·10獨立萬歲運動考」, 『亞細亞研究』 12권 1호(제33호), 고려대 아세아문제연구소, 1969, 119쪽.

2) 조범래, 「丙寅義勇隊研究」, 『한국독립운동사연구』 7, 독립운동사연구소, 1993, 2

이 병인의용대원으로 활동했던 주요 인물들은 임정이나 국내외 항일독립운동단체에서 활약하고 있던 20~30대의 활발한 청년들이었다. 이들은 국내의 독립운동단체와 임정을 서로 연계하면서 자신들이 최대의 목적으로 정했던 일제 기관의 폭탄 의거 및 밀정 친일주구배의 처단 등을 실행해 나갔다.

그러던 중 순종의 인산일이 1926년 6월 10일로 결정 발표되었다. 이 같은 거사의 분위기가 다시 성숙되어 갈 때였다. 이날을 기해 이들 행동원은 국내와 연락하고 의거를 수행할 계획을 세웠다. 이는 임정과의 긴밀한 연락과 협조 아래 이루어진 것으로, 임정은 이 병인의용대를 통하여 국내의 동향을 살필 수 있었다. 6월 10일을 기한 독립운동은 국내의 학생들에 의해서 뿐만 아니라 국내외 광복정책을 통합 통치하고 있던 임정에서도 병인의용대를 통하여 준비하고 있었던 것이다.

일반적으로 이 6·10독립만세운동에 대해서는 이해가 많지 않다. 대부분 사회주의계 인사들이 학생층을 이끌고 주도해 간 독립운동으로 연구, 인식하는 경향이 있다.3) 그러나 실제 사회주의계의 6·10만세운동 계획은 사전에 발각되어 실행되지 못하였다. 다만 어떤 움직임보다 먼저 알려짐으로써 사회주의계의 계획으로 6·10독립만세운동 및 그에 대한 의거들이 실현된 것이라고 인식해 왔던 것이다.

6·10독립만세운동은 민족주의를 기반으로 한 순수한 민족독립운동이었기에 학생층(중앙고보학생 등)에 의해 주도 실행될 수 있었다. 이러한 움직임을 주시하고 있던 임정은 그 직할 지원의 전위부대인 병인의용대를 통하여 국내에서의 의거에 영향력을 행사할 것을 시도하였다. 아울러 임정의 조사원을 파견, 막후 조종할 계획도 세웠다.

본고에서는 임정의 후원단체로 조직된 병인의용대의 결성 배경과 활동 내용, 그리고 국내에서 그해 6월 10일을 기한 그들의 거사 관련 상황 등을

쪽.
3) 全錫淡, 「六·十運動小史」, 『韓國現代史資料叢書』 7, 돌배게, 1988, 242~244쪽
   ; 서대숙, 『韓國共産主義運動史』, 코리아평론사, 1965, 84쪽 ; 북한사회과학출판
   사, 『력사사전』 Ⅱ, 1971, 319쪽.

살펴보고자 한다. 뿐만 아니라 이 6·10만세운동 이후 이 정신을 계승한 수원고농의 세 차례에 걸친 항일투쟁과 활동도 이와 연계하여 살펴보고자 한다.

2) 1920년대의 학생운동과 대한민국임시정부

1920년대에 들어선 한국은 1919년 3·1혁명으로 의연하게 항일투쟁을 계속하여 민족사의 맥을 다시 연결시켰다. 우리는 식민지통치 정책·유지에 위협을 느낀 일제에 의해 헌병경찰제의 무단통치대신 소위 문화통치[4]라는 기만적인 경찰통치책으로 탄압받고 있었다. 그들은 헌병경찰제의 폐지와 보통경찰제의 실시, 총독무관제의 폐지, 관리나 교사의 제복과 일본칼 착용 철폐, 관리임면시 한국인 임용, 언론 출판의 자유 등 거창한 회유정책을 표면적으로 표방하였다. 그러나 교활한 통치, 경제적 수탈과 탄압은 더욱 가중되었다. 근본적인 한국인의 항일투쟁의식을 마비 박멸시키고자 획책하였던 것이 일제 '문화통치'의 실체였던 것이다.[5]

더욱이 1922년 2월 공포된 조선교육령은 종전과 다름없는 식민지 노예적 동화교육을 위한 균형 잃은 강제였다[6]. 따라서 이는 한국 학생항일운동의 직접적인 유발동기를 제공해 준 것이었다. 근대적 교육을 받으면서 사회의 한 계층을 형성하여 간 학생층은 비밀결사의 조직, 동맹휴학, 문화계몽운동 등의 방법으로 일제강점하에서 민족독립운동을 직·간접적으로 전개해 나갔다[7].

1920년대에 들어와 보다 주체적이고 실질적인 항일세력으로 등장한 학생들은 이미 3·1혁명 때 민족주의 기성세력과 손잡고 독립운동을 이끌었

---

4) 文定昌, 『軍國日本朝鮮强占36年史』 上, 柏文堂, 1965, 294~296쪽.
5) 朴慶植, 『日本帝國主義의 朝鮮支配』, 청아출판사, 1986, 317쪽.
6) 조선총독부, 『施政25年史』, 1935, 656쪽.
7) 金鎬逸, 「1920년대 항일학생운동의 성격」, 『白山朴成壽華甲紀念論集』, 1991, 345쪽.

던 경험을 갖고 있다. 그러므로 이 시기에 이르러서는 더욱 광범위한 민족
운동을 전개해 나갔다. 학생들은 특정한 정권 장악을 요구하거나 정치적,
경제적 이익을 원하지 않았다. 오직 조국과 민족을 위한 순수한 민족애를
가지고 항일운동에 참여하였다8).

특히 당시는 사회공산주의 사상이 국내로 유입 침투되어 독립운동에 부
정적 영향을 끼쳐 민족주의 운동가들이 사상적으로 혼란을 겪고 있었다.
이에 학생들은 이러한 사상적 경향을 민감하게 수용하여 자신들의 궁극적
인 목적인 민족독립을 위한 이론에 함축시켜 일제 식민지하의 노예적 교
육폭력정책과 통치에 전면적이고 적극적으로 저항해 나갔다.

우리 민족계 학생들은 민족독립운동을 위한 자신들의 역량과 의지를 각
단체의 조직결성과 활동을 통해 꾸준히 실천에 옮기고자 노력하였다. 이에
1920년대 초기의 학생단체로는 민족주의 학생단체인 '조선학생대회', '조선
학생회'가 있었다. 이에 반하여 사회주의 단체로는 '조선공학회', '조선학생
과학연구회', '서울학생구락부' 등이 있었다. 아울러 중간적 노선의 '조선학
생총연합회'와 '신간회학생부'가 있었다.9)

또한 학생들은 자신들의 제반 요구를 관철시키기 위해 실제적으로 그들
이 할 수 있는 항일운동을 동맹휴학의 방법으로 저항하여 갔다10). 이는 학
생들이 단체로 학업을 거부하는 단체행동이다. 이러한 동맹휴학은 1920년
대 항일투쟁의 유일한 방법이었는 바 학교 내의 일본인 교사 배척이나 학
교시설의 확충, 한국역사·지리교육의 요청 등 교내문제로 시작되어 점차
일제식민지하의 노예교육과 총독통치에 대한 크나큰 정치적 저항으로 확
대되어 갔다. 따라서 이는 민족독립을 쟁취하기 위한 학생 민족운동의 방
법으로 더욱 적극화되어 갔다.

이 때 학생들의 동맹휴학은 대한민국임시정부(1919~1945)의 존재를 의
식하면서 민족주의적 입장에서 전개되었다. 1924년 이후 사회주의 사상의

---

8) 鄭世鉉, 『抗日學生民族運動史硏究』, 일지사, 1975, 168쪽.

9) 金俊燁·金昌順, 『韓國共産主義運動史』 제2권, 아세아문제연구소, 1973, 29~48
·101~159쪽.

10) 朝鮮總督府警務局, 『高等警察報』 제5호, 39~40쪽.

영향으로 좌익적 경향이 나타났으나 당시는 민족독립의 열망을 전제로 한 것이었다. 그 다음해(1925) 조동호 등 6명에 의해 조선공산당이 서울에서 정식으로 조직되었다.

이와 같은 동맹휴학을 통한 민족운동은 서울을 비롯한 대도시에서 뿐만 아니라 산간벽지에 있는 영세한 학교에까지 파급되어 일어났다. 심지어 보통학교 학생들도 민족적 갈등에서 비롯된 식민지 차별교육과 민족적인 모욕에 거연히 저항하며 동맹휴학을 단행하였던 것이다.[11]

이러한 동맹휴학을 통한 저항으로 많은 학생들이 미행·검거·투옥당하는 등 희생되었으나 이후 학생들의 민족운동을 발전시키는 분명한 기폭제가 되었다. 또한 1926년의 6·10독립만세운동도 단순히 학생들의 호기심이나 영웅심리하에 일어난 것이 아니라 3·1혁명 전후로 민족운동의 저변에 하나의 민족운동 세력권으로 맥락, 성장하고 있는 학생들의 민족독립사상·신념·의지가 축적된 결과이다. 그러한 항일 애국애족의 역량과 사상이 순종의 승하를 계기로 구체화되고 복합화된 것이었다.

한편 1919년 3·1혁명 직후 최대의 성과이자 민족의 구심점으로 중국 상해에서 수립된 유일한 정통정부이며 민주공화정부 성격을 강력히 표출한 임정은 초기부터 내정·교통·재정·사법·외교·군사·교육·문화 등 제반 광복정책을 마련하여 국내외를 통할 통치해 나갔다. 특히 연통제와 교통국의 설치·운영은 임정을 중심으로 국내외 동포를 연결하는 중요한 통로였다. 이를 통해 구체적인 임정의 광복정책을 통치사적 차원에서 수행해 나갈 수 있었다.[12] 그것이 곧 학생층에도 보편화되어 임정을 인식 이해할 수 있었다. 어떤 경우는 임정의 기관지『독립신문』도 열람할 수 있었다.

그러나 1921년 이후 임정은 안팎으로 많은 어려움에 부딪치게 되었다. 대외적으로 기대했던 파리강화회의와 태평양회의에서 뚜렷한 성과를 거두지 못하였고 수립 초기와 달리 연통제 교통국 조직과 활동의 발각으로 인

---

11)『동아일보』1924년 2월 10일자.

12) 이현희,『대한민국임시정부의 발자취』, 국가보훈처, 1992, 37~42쪽.

한 독립운동가의 희생, 재정적인 곤란, 이승만의 위임통치청원문제, 이동휘의 소련자금유입과 자의 사용 등으로 내부적인 갈등이 심화되어 갔다. 이러한 문제점들을 극복하고자 국민대표회의의 소집이 임정 외적 요소에 의해 요구되어 임정의 반대에도 불구하고 1923년 초부터 6개월간이나 지속 개최되었다. 그러나 창조파, 중도파, 개조파로 나누어지고 별다른 성과 없이 말의 성연만 남긴 채 폐회되고 말았다13).

이와 같은 내외의 압박 등 어려움 속에서도 이동녕, 김구, 이시영 등 임정 요인 30여 명은 약화된 임정의 권위를 회복하여 강력한 지도체제와 광복정책을 마련해 나가 민족운동의 구심점으로써 그 위상을 뚜렷이 펴나갔다. 그리고 이러한 임정을 지원하고 그 권위를 수호하기 위하여 많은 외곽 독립운동단체들이 조직되었는데 그 가운데 하나가 병인의용대였다. 이는 국권회복을 목표로 임정을 지원하면서 일제의 밀정이나 주구배, 공산주의자 등을 일괄 처단하고, 일제의 관공서 등을 파괴하고자 하는 등 무력적 위협을 가한 임정 산하의 외곽단체였다.

이 병인의용대가 1926년 순종의 승하를 계기로 3·1혁명의 교훈을 따라 국내에서 독립운동을 일으키고자 임정과의 연계하여 계획, 학생들과의 연계를 위해 파견되었던 것이다. 즉 6·10독립만세운동이 폭발할 즈음 상해의 임정은 병인의용대를 통하여 강력한 독립운동을 국내에서 실천해 보고자 했던 것이다. 결국 임정은 병인의용대를 통해 국내의 민족운동을 직·간접으로 조종해 왔다.

3) 임정산하 병인의용대의 결성과 구국운동

(1) 6·10만세운동 당시의 국내 정세

1926년 4월 25일 조선조 마지막 임금인 순종이 와병 중에 53세를 일기로 창덕궁에서 승하하였다. 이 소식이 보도되자14) 비록 나라 잃은 임금이라도

---

13) 독립운동사 편찬위원회,『독립운동사』4 - 임시정부편, 1972, 495~510쪽.

반일감정을 자극하기에는 충분하여 서울시내 상가들은 일제히 철시를 하였다. 더욱 전국에서 돈화문 앞으로 호곡하기 위해 운집한 국민이 소복 속에 인산인해를 이루었다. 고종황제가 독살당할 당시 서울시내의 격앙된 분위기를 방불케 하였다.

일제당국은 4월 26일 8시 30분 순종의 승하사실을 발표하고 국장당일과 발상 이후 3일 간은 폐조하며 가무음곡과 죄인의 복역, 사형집행을 정지한다고 회유를 전제로 발표하는 한편15) 소위 명예를 현창하기 위하여 원수로 예우한다고 선전하였다. 이튿날인 27일에는 영친왕 李垠의 왕위계승을 발표하였다16). 이러한 처사는 한국민의 울분을 무마하고 조직적인 항쟁의 거사를 미리 방지하려는 사전조치였다. 그러나 고종황제 때와 같이 일본인의 독살설이 나도는 가운데17) 억압되어 있던 항일감정이 다시 뭉쳐지기 시작하자 17년 전 3·1혁명을 경험했던 일제는 각 경찰서의 정·사복 경관들을 모두 동원하여 시내요소를 엄중 경계하면서 창덕궁 주변에는 고등계형사들을 삼엄하게 배치시켜 놓았다.

조선총독부 三矢 경무국장은 이미 4월 25일 순종이 승하할 경우 각 경찰서에서 취할 치안과 경계방침을 정해 긴급 하달하고18) 순종의 승하를 계기로 일어날 수 있는 한 민족의 크나 큰 시위·동요·저항을 미연에 방지 압살하고자 획책했다. 이에 순종의 장례를 관례적으로 집행하기 위해 군경합동으로 삼엄한 경비태세를 취하여 4월 25일 오후 6시 이후로는 야

---

14) 『동아일보』 1926년 4월 26일자.
15) 『동아일보』 1926년 4월 27일자.
16) 『동아일보』 1926년 4월 28일자.
17) 이현희, 「六·十萬歲抗日鬪爭秘話」, 『最高會議報』 21호, 1963, 65쪽.
18) 『동아일보』 1926년 4월 26·27일자.
　　① 요시찰인 및 요주의 인물의 동정
　　② 전 한국구관리 및 전주이씨 종약소 관계자의 동정
　　③ 사상단체 및 종교유사단체 또는 요주의학교의 동정
　　④ 경성역(서울), 용산역, 청량리역 등의 승강자의 상황 탐찰
　　⑤ 여관 요리점 및 음식점 출입자의 상황 탐찰
　　⑥ 유언비어 및 불온문서 인쇄 및 반포에 대한 탐찰과 주의
　　⑦ 불온한 선전 및 선동에 대한 취체

간에 호곡하는 것을 절대 불허하였다.

일제는 돈화문 앞에 임시경비사령부를 설치하여 200여 명의 경관과 기마순사 헌병을 시내 각 경찰서로부터 차출하여 치밀하게 포진시켰다. 이어 인천·수원·영등포·개성·파주·양주 등 각 경찰서에서도 70여 명의 경관을 차출 입경토록 한 뒤 종로경찰서에 비상 배치하여 서울의 경찰병력에 합류 투입시켰다.[19] 이러한 일제의 경계경비는 날이 갈수록 더욱 극심해져 돈화문 근처의 경비력을 400명 이상으로 늘리고 이들에게 권총(실탄장치) 100여 정을 긴급히 지급하여 끊임없이 모여드는 호곡군중들 중 조금이라도 수상하다고 여겨지면 검속 인치하도록 긴급 조치하였다.

이런 와중에 일제는 인산일을 6월 10일로 최종 결정하였다. 장지는 양주 금곡으로 정한다는 등의 제반 결정을 한 뒤[20] 인산당일의 만약의 상태에 대비하여 초긴장 상태로 철야경계를 펴고 있었다.

그러나 이러한 일제의 빈틈없는 경계태세는 다시 한번 격분케 하여 격앙된 한민족의 항일열기를 종식시킬 수 없었다. 순종 승하 직후 창덕궁 금호문앞에서 조선총독 齋藤實(사이토)를 사살하기 위한 송학선 의거를 비롯하여[21] 6월 10일이 되기 전까지 몇 차례의 거사계획이 진행되었다. 따라서 인산 당일을 기하여 독립운동이 계획 준비되고 있었다. 그것은 몇 갈래로 나뉘어져 각각 계획되어졌는데, 權五卨을 중심으로 한 사회주의 청년계의 움직임이 있었으며, 사직동계와 통동계로 나뉘어진 학생계층의 거사계획도 착착 은밀히 진행되고 있었다.[22] 그리고 이날을 기한 또하나의 움직임으로 상해 임정 지도자(이동녕, 김구 등)와의 연계하에 특파원이 국내로

19) 『동아일보』 1926년 4월 29일자.
20) 『동아일보』 1926년 5월 10일자. 이러한 제반 결정은 도쿄에서의 논의에 따라 결정된 것이었다. 일제는 4월 27일 오후 2시 국장준비위원회를 열고 6월 6일을 국장일로 정하고 장례비는 30만원으로 책정하였다가 다시 6월 11일로 바꾸었다. 그 뒤 5월 8일 오전 9시 20분 총독부회의실에서 국장준비위원회를 다시 개최하여 발인은 6월 10일로 확정, 능침은 금곡, 능호는 裕陵으로 결정하였으며, 국장의 취급기한은 발상일로부터 50일간으로 결정하였다고 발표하였다.
21) 이현희, 「송학선의사의 애국투쟁」 ;『자유신문』 1960년 5월 22일자.
22) 이현희, 앞의 「6·10獨立萬歲運動考」.

들어와 거사를 계획 실천한 병인의용대의 활동이 있었다. 이것이 매우 주목을 끄는 6 · 10만세독립운동의 해외단체와의 확대계획의 암묵적 실행인 것이다.

이중 사회주의계 청년층이 계획했던 거사준비는 중국인 위폐범 검거도중 우연히 발각되어 거사하기도 전 사실상 사전에 좌절되고 말았다. 그러나 학생층에 의한 계획은 일제의 삼엄한 경계 속에서도 순조롭게 은밀히 진행되어 6월 10일 거사당일에 폭발한 독립만세운동에서 주도적 임무를 수행하였다. 일제는 사회주의계 학생들의 동향을 살피다보니 민족계 학생들의 동태는 소홀했던 것 같다. 이들의 계획은 순수한 민족구국의 애국이념에서 출발한 것으로 임정의 파견원, 조사원과의 제휴 속에서 강력한 대한독립만세의 표현으로 구체화되었던 것이다.

한편 이러한 국내의 정세를 예의주시하던 상해의 임정계 독립지사 이동녕 · 김구 등도 6월 10일 순종의 인산일을 기하여 거사를 계획하였다. 그것은 최근자료에 의해 확인되고 있다. 이는 임정산하 지원단체로 조직된 병인의용대를 중심으로 착실하게 그들이 특파원을 파송함으로써 요인에 의해 진행되어졌다.

(2) 병인의용대의 결성과 구국활동

1920년대에 들어와 상해 임정 산하에는 이를 지원하는 외곽단체로 한국노병회, 대한교민단, 구국모험단, 의열단, 병인의용대 등 많은 애국단체가 조직되어 있었다.[23] 이 중 병인의용대는 1921년 이후 위축된 임정의 위상을 정립하여 민족의 구심체로써 광복의 임무를 작탄적으로 수행하도록 지원하기 위해 결성된 응징 과격단체였다.

1926년 1월에 조직된 병인의용대는 한국노병회와 정위단 소속 인물들이 주도적으로 참여하여 결성한 애국단체였다. 한국노병회[24]는 장기적인 안

---

23) 金喜坤, 「1920년대의 임시정부외곽단체」, 『경북사학』 4, 1982.
24) 신용하, 「백범과 한국노병회」, 『백범연구』 4, 백범김구선생기념사업회, 1989, 55～91쪽.

목에서 독립운동을 추진하기 위하여 김구 나창헌 강창제 이유필 조동호 김인전 등 상해 독립운동자들 30여 명이 10년 이내에 1만 명의 노병양성과 100만 원의 전비를 조성한다는 계획 아래 1922년 결성된 것이다. 그리고 정위단[25]은 1925년 6월 13일 임정의 내무차장인 나창헌과 임정 경무국 참사인 강창제 박창세 등이 프랑스조계인 포석로 신민리 14호 임시정부 청사(이시영의 임시거택)에서 임정 경무국의 외곽단체로 결성한 것이다. 그 다음해(1926) 임정청사는 현재 상해 시내에 복원전시된 마당로 306의 4로 이동하였다.

이와 같이 한국노병회와 정위단에서 모두 활동했던 임정관계의 괄괄하고 행동을 앞세운 인물들이 한국노병회에서 새로운 독립운동방략을 모색하던 중 의열투쟁의 경험이 있는 대원들이 중심이 되어 이미 투쟁단체로 조직된 정위단을 확대 개편한 것이 바로 병인의용대였다.[26] 1926년이 병인년이므로 병인이란 결사의 명칭이 생긴 것이다.

병인의용대는 비밀결사로 조직되어 있었다. 참모부, 사령부, 경리부의 3개 부서와 의열투쟁을 직접 행동 실천하는 3개 대대가 편성되어 있었다.

     제1대 : 대장 崔秉善 부대장 高俊澤
     제2대 : 대장 金碩龍 부대장 高俊澤
     제3대 : 대장 姜昌濟 부대장 姜永權[27]

그리고 고문에는 나창헌, 총무 겸 전략참모에는 강창제가 선임되었다.[28] 이들은 대부분 상해 임정에서 적극적으로 활동하거나 임정에서 운영하던

---

25) 국회도서관, 『한국민족운동사료』 중국편, 1976, 562쪽.

26) 대장 박창세, 부대장 강창제, 서기 이수봉, 대원 김창근, 이경산, 이운환. 김희곤, 앞의 논문, 902~903쪽 ; 金正明 編, 『朝鮮獨立運動』 II, 東京 : 原書房, 1967, 504쪽.

27) 독립운동사 편찬위원회, 『독립운동사』 7, 1976, 606~608쪽.

28) 병인의용대의 조직체제는 1933년 6월에 다음과 같이 재정비되었다. 대장 박창세, 부대장 강창제, 서기 이수봉, 대원 김창근, 이경산, 이운환, 예비대원 유일평. 김정명, 『조선독립운동』 II, 東京 : 原書房, 1967, 504쪽.

무관학교에서 군사교육을 받은 인물들이었다.[29] 즉 강창제[30]는 임정의 기관지『독립신문』의 기자를 거쳐 임정 회계검사원 검사관, 임정 내무부의 참사 겸 경부국장 서리를 역임하였다. 나창헌[31]은 임시의정원 의원, 임정 경무국장 및 내무부차장을 역임하였다. 또 병인의용대가 결성될 때 참여했던 이유필[32]은 임정 조사원, 내무부 비서국장, 임시의정원 의원, 임시의정원 부의장을 거쳐 임정 내무총장을 역임하였다. 그외 인물들도 임정과 연결되어 상해 한국독립당, 재건한국독립당, 광복군 등에 참여하여 활동하였다.

이 병인의용대의 결성 목적과 투쟁 방법은 국권회복과 임시정부의 권위, 임시정부의 광복 정신에 위배되는 일제의 모든 시설과 주요 관공서 등을 파괴하고 일제의 밀정이나 친일적 관리 등을 처단 박멸하는 철저한 의열투쟁이었다(朴濟乾, 石鉉九, 柳寅發 등 밀정사형 집행). 이는 병인의용대의 창립선언서에 뚜렷하게 밝혀져 있다.[33] 또한 병인의용대는 임정의 민족주의 광복정책을 방해하는 좌익단체의 활동을 적극적으로 저지하거나 해산을 종용하기도 하였다.[34] 이러한 목적과 성격을 띤 의열투쟁단체인 병인의용대는 구국을 위한 구체적인 무력투쟁을 실행해 나갔다.

우선 일제의 관공서에 대한 폭파를 시도하였다. 1926년 4월 8일 병인의용대원인 김광선 김창근 이수봉 등 3명은 상해 황포강가에 자리잡은 일본 총영사관을 폭파시키기 위해 폭탄 2개를 은밀히 지입, 영사관 건물을 향해

---

29) 병인의용대에는 나창헌 강창제 고준택 최병선 장진원 김광산 김창근 김석룡 최용건 강파 이성구 이일태 문선재 이덕삼 이덕용 박창세 이경산 공득평 이운환 김수산 신송식 강병학 박지웅 이지선 이지찬 문일평 이지만 등이 활동하였다. 전체 대원은 일제측의 기록에도 100여명 정도로 파악하고 있으니 그 이상일 것으로 보인다.

30) 강창제는 일부 기록에서 李昌濟로 잘못 기록한 경우가 있다.

31) 국가보훈처,『독립유공자공훈록』5, 557~559쪽.

32) 이현희,『春山李裕弼研究』, 동방도서, 1994, 62~92쪽 참조.

33) 앞의『한국민족운동사료』중국편, 576~577쪽.

34) 좌익청년단체인 재중국한인청년동맹 제1구 상해지부는「제국주의는 走狗化한 留滬민족 파시스트의 정체를 폭로한다」라는 유인물을 뿌리며 병인의용대의 반공산주의 활동을 격렬하게 비난하였다.

투척하였다.[35] 의도했던 만큼의 성과를 거두지는 못하였지만 영사관 내의 상당한 기물을 파손시키는 등 타격을 주었다. 그 뒤 다시 9월 15일 일제기관 폭파와 요인사살을 시도하였다. 이 때는 나창헌이 직접 만든 폭탄을 중국인 徐倫雙을 시켜 일본총영사관 안으로 가지고 들어가 폭파시키려고 계획하였다. 그러나 이 계획도 폭탄이 영사관 문 앞에서 미리 폭발해 버려 실패하고 말았다.[36] 사재폭탄의 성능이 약했고 제작상의 미숙으로 소기의 성과를 거두지 못했다. 하지만 투탄 의거를 포기하지 않고 이듬해인 1927년 강창제, 김창근, 이수봉 등은 이지선이 만든 강력한 폭탄을 상해 일본총영사관의 부속건물인 창고에 투척하여 크게 파손시킴으로써 그들의 의열투쟁에 대한 강한 구국적 의지를 보여 주었다.[37]

이 병인의용대의 투탄의거는 일제에게 큰 정신적 타격을 안겨 주어 이후 일본총영사관에 대한 경비가 철통같이 강화되었다. 가로등의 숫자를 늘리고 정문을 후문으로 바꾸는 등 일제는 엄중한 경계경비에 전력하였다. 그러한 조치는 일본 상해 총경사가 외무대신에게 보고한 내용에서 알 수 있다.

　當館에서도 충분히 경계하기로 하고 우선 경찰보조원 1명을 증원하여 감옥의 감시를 엄하게 하고 정문을 폐쇄하여 출입구를 후문 1개소로 하고 이곳에 門番 이외에 순사 2명을 상치하여 입문자를 감시케 하다. 또 수시로 관의 문 외를 순시하게 하고 당관의 외측 도로에 가로등 2개를 증설해 줄 것을 요구함……[38]

병인의용대는 또한 일제에 밀정이나 친일 주구배들에 대한 강력한 응징을 목적으로 하였다. 1926년 2월 1일 의용대원인 최병선 張英煥 金光信 박창세 朴仁 등을 시켜 결사암살실행대를 조직하고 박제건이라는 일제의 밀

---

35) 독립운동사 편찬위원회, 『독립운동사자료집』 11, 835쪽.
36) 앞의 『한국민족운동사료』 중국편, 606~607쪽.
37) 앞의 『독립운동사』 7, 614~616쪽.
38) 앞의 『한국민족운동사료』 중국편, 606~607쪽.

정을 처단한 바 있다. 그는 이미 도쿄의 신한건설당의 당원과 한중협회의 회원에 관한 정보를 일제에게 몰래 전달해 주어 이로 인하여 많은 독립운동가들이 사전에 피체되었었다. 그후에도 박제건은 밀정노릇을 계속하여 1925년 봄 일본 외무성의 명령을 받고 일본영사관의 통역관이면서 영사관 경시였던 尾田에게 독립운동가들의 정보를 빼내어 넘겨주고 있었다.[39]

이에 병인의용대의 대장 나창헌은 이미 1926년 1월 29일 인성학교에서 열린 의용대 대원총회에서 박제건을 처단하기로 결정하고 이를 실행할 대원을 선발하여 결사암살실행대를 조직케 한 것이었다. 그리고 이 계획이 실패할 경우를 대비하여 재차 실행할 대기조도 편성시키는 치밀한 계획을 세웠다. 당시 박제건은 상해 北江西路에서 양복점을 운영하고 있었다.

드디어 2월 1일 야채시장에서 결사대 3명은 박제건과 맞부딪치게 되었다. 이들은 박제건을 잡고자 달려들었으나 이내 도망치기 시작하였다. 이에 장진원이 갖고 있던 권총으로 그를 사살하였다. 이때 총소리를 듣고 달려온 중국 경찰이 장진원을 체포하려 하자 장진원은 그 중국 경찰도 사살하고 말았다.[40] 장진원은 체포되고 말았고, 최병선은 어깨에 총을 맞아 병원에서 치료하던 중 붙잡혔다. 김광선만 피신할 수 있었다.

목적했던 바는 달성했으나 동지들이 체포되자 대장 나창헌은 4월 6일 상해 프랑스조계 飛東西路에 있는 중국인 집으로 강창제 이수봉 김광선 김창근 등 핵심대원들을 미리 연락해서 모이게 한 뒤 일제에게 복수할 방책을 논의하였다. 이에 이들은 일본총영사관을 폭파하여 강력한 독립운동의 의지를 알리기로 결의하였다. 그리하여 이틀 뒤인 4월 8일 김광선, 김창근은 폭탄 1개씩을, 이수봉은 권총을 각기 가지고 일본영사관으로 가 타고 간 차 안에서 영사관을 향해 폭탄을 던졌다. 이내 폭음과 함께 폭탄이 터짐으로 일본영사관의 벽이 부서지는 등 일제를 깜짝 놀라게 하였던 것이다.

지속적으로 활동했던 병인의용대의 의열투쟁은 계속되었다. 1926년 4월

39) 추헌수,『자료한국독립운동』II, 연대출판부, 1972, 41~42쪽.
40) 앞의『독립운동사』7, 608~609쪽.

16일에는 의용대원 이영선이 상해 일본총영사관의 관리 內堀을 처단하기 위하여 한 일본 음식점으로 불러냈다.[41] 그러나 이 시간에 山城丸이라는 일본인 선원이 나타나자 內堀의 얼굴을 몰랐던 이영선은 그 선원을 자신이 목적했던 內堀인 것으로 오해하고 처단하여[42] 계획이 실패로 돌아가고 말았다. 이보다 앞서 2월과 3월에 걸쳐서는 일제 경시인 尾田통역관의 밀정이었던 廉益智와 李秀鳳 등 일본영사관의 하수인 노릇을 하고 있던 4명을 응징하였다. 그리고 일본 총영사인 矢田을 처단하고자 계획을 세웠으나 실행으로 옮기지는 못하였다.

이와 같이 임정의 광복정책에 방해되는 것을 제거하는 의열투쟁을 목적으로 결성된 병인의용대는 국내에 있는 독립운동단체와의 연계하에 국내에서도 일제기관의 폭파나 항일시위를 주도하기 위한 계획을 마련하였다. 그것이 1926년 6월 10일 순종의 인산일을 기해 국내에서 계획한 응징적인 항일의거였던 것이다. 이는 임정의 이동녕·김구 등 수뇌부와의 연계 아래 추진되었다는 점에 주목해 보아야 한다.

4) 병인의용대의 6·10운동 계획과 실제

순종이 승하한지 1개월이 다된 1926년 5월 23일이었다. 나창헌은 병인의용대의 활동을 순종인산일에 맞추어 국내에서도 전개하기 위하여 고준택 김석룡 이영선 김광선 등 4명을 上海 自爾路에 있는 자신의 집으로 모이게 하였다. 이 자리에서 나창헌은 국내로 들어가 순종 애도민들과 연합하여 3·1혁명 때와 같이 깜짝 놀랄 대중시위항쟁의 의거를 일으킬 것을 권유하였다.[43]

이때 국내에서는 순종의 인산일이 6월 10일로 결정되어 있었다. 물론 이 시기에 만일의 사태를 대비한 일제 당국의 경계경비는 철통같이 삼엄한

---

41) 독립운동사편찬위원회, 『독립운동사자료집』 11, 153쪽.
42) 앞의 『한국민족운동사료』 중국편, 594~595쪽.
43) 앞의 『독립운동사』 7, 609쪽.

상태였다. 그러나 국내외 각 독립운동단체에서는 이 인산일을 기해서 민족적 저항운동의 의거를 일으키기 위하여 비밀리에 행동단원들을 국내로 파견하고 있었다.

이에 병인의용대도 임정과의 연계하에 인산일을 기한 구체적인 6·10운동 계획을 마련하고 실행에 들어갔다. 병인의용대의 고준택 김석룡 이영선 김광선 4명은 결사대를 조직한 뒤 6월 10일을 기하여 국내의 일제 주요 시설물을 파괴 소각하고 고관을 사살하기 위해 국내로 잠입할 준비를 완료하였다.

6월 1일 중국인으로 변장한 이들은 권총 4정과 폭탄 2개, 다수의 격문을 가지고 중국 상선인 順川號를 타고 상해를 떠나 산동성 威海衛를 거쳐 황해를 따라 국내로 들어가고자 기도하였다.44) 그러나 순천호가 흙탕물 투성이인 상해 황포탄 하류를 지나갈 때 이들의 계획이 누설되어 일제 수상경찰의 수색을 받게 되었다.45) 권총과 가방 속에 숨겨두었던 폭탄이 발각되어 거사 전에 체포되고 말았다.46)

이들 병인의용대원 4명은 즉시 일본총영사관 경찰서에 구금되어 극심한 고문을 받아야 했다. 6월 7일 새벽 이영선은 감옥에서 자살하고 말았다. 병인의용대에서는 일경에 체포된 이들을 구해내기 위하여 일본영사관 경찰관을 습격하기로 하였다. 그러나 이 정보가 탐지되어 일경측은 김광선을 일본 長崎로, 고준택·김석룡을 신의주로 압송하였다. 그후 김광선은 1927년 3월 24일 공관에 회부되어 무기징역을 선고받았고,47) 고준택·김석룡은 동년 7월 25일 각각 징역 5년을 선고받았다.

이들 병인의용대원은 6·10독립만세운동의 실행을 위해 한편으로는 임정 요인과 연계하였고, 다른 한편으로는 국내 독립운동단체와도 긴밀한 연락을 취하여 국내 동향을 살폈다. 임정도 이때 6·10만세운동을 전후한 국내의 사정을 익히 파악하고 있었으니, 이는 당시《동아일보》의 내용을 통해

---

44) 국사편찬위원회,『일제 침략하 한국36년사』제8권, 161·216·502쪽.
45) 김승학,『한국독립사』제2권, 103쪽.
46)『동아일보』1926년 6월 4·19일자.
47)『동아일보』1927년 3월 13일·3월 26일·7월 13일·7월 27일자.

그 전모를 파악해 볼 수 있다.

> 상해 일본총영사관에서 그 사건(6·10운동 계획)의 내용을 발표하였는
> 데 앞의 네 사람(김광선, 이영선, 고준택, 김석룡)은 수년 전에 조선으로부
> 터 상해로 건너가서 병인의용대의 대원이 되어 각 방면으로 활동을 하던
> 중 지난 6월 10일 순종 효황제 인산 당시에 조선 안에 있는 대관을 암살
> 하고 XX교와 호응하여 학생과 함께 조선민족운동을 촉진할 일대운동을
> 일으킬 목적으로…….[48]

순종의 인산일을 기해 거사를 계획하고 국내로 들어온 병인의용대는 그
들의 목적한 바를 달성하지 못하자 동년 12월 다시 순종의 백일제를 기해
독립운동을 계획하였다. 그리하여 의열단의 단원인 羅錫疇를 국내로 파견
하여 성공적인 거사를 단행하기로 결정하였다.[49] 이보다 앞서 병인의용대
원 全正觀이 국내에 잠입하여 6·10만세운동을 일으킨 학생들과 제휴하였
다. 따라서 병인의용대는 임정의 지시에 따라 6·10만세운동을 국내에서
계획대로 학생들과 손잡고 펼칠 수 있었던 것이다.

명을 받은 나석주는 중국인으로 변장하고 동년 12월 24일 芝罘에서 인
천으로 가는 李通號를 타고 이틀 뒤인 26일 오후에 인천항에 도착하였다.
그는 능숙한 중국어로 각 요소에 철통같은 경계망을 치고 있던 일경의 감
시를 무사히 뚫고 서울로 들어가는 데 성공하였다. 나석주는 일경의 정보
를 혼란시키기 위해 자신의 이름을 馬忠德 또는 馬忠大·馬忠達로 바꾸
면서 거사를 계획해 나갔다. 마침내 그는 동년 12월 28일 오후 2시경 한국
인을 수탈 착취하는 본거지가 되었던 서울 도심지의 식산은행과 동양척식
회사에 폭탄을 던져 일본인 관리와 경관 다수를 사살하거나 중상을 입힌
단독의거를 결행하였다. 그런 뒤 자신을 체포하려고 일경들이 달려들자 가
지고 있던 권총으로 자결하였다.

그후 병인의용대는 일경의 감시가 더욱 극심해지자 활동이 위축되었다.

---

48) 『동아일보』 1926년 7월 14일자.
49) 앞의 『독립운동사』 7, 614쪽.

이에 1933년 병인의용대의 세력을 회복시키기 위해 진영을 새로 개편하였는데 대장에 박창세, 부단장에 강창제를 선출하고 신임간부도 임명하였다. 특히 병인의용대는 일제와 밀정의 동향을 살피기 위하여 상해 전차회사에서 차료검사원으로 일하고 있던 한인 교포를 포섭하였다. 그리고 이들에게 병인의용대 산하단체인 정위단을 조직하게 하여 일제나 밀정의 동태를 매일 보고하도록 조치했다. 매우 효과적인 정보망으로 활용되었다.

그러나 일경의 감시와 경계가 날로 심해져 대원들이 검거 체포되어 가자 더이상 의열투쟁을 전개할 수가 없었다. 이에 임정 산하 대한교민단 의경대나 한국독립당, 광복군으로 흡수되면서 자연히 해산되어지고 각 단체에서 조국광복 때까지 독립운동전선에서 활약되었다.[50]

이와 같이 임정의 광복정책을 뒷받침하기 위해 대부분 평안도 출신의 20~30대 청년들이 중심이 되어 조직한 병인의용대는 임정의 외곽응징단체로서 중국 내 한인동포들의 치안을 확보하였고 일제와 밀정 등을 응벌함으로써 임정의 위상을 높이는 데 전력하였다.

이렇게 임정의 결사대인 병인의용대는 기회가 있을 때마다 강력한 항일투쟁을 국내외를 막론하고 전개하였다. 이에 1926년 6월 10일로 예정된 순종의 인산일이 이들의 거사계획에 있어 예외가 될 수 없었다. 그리하여 국내에서의 학생 및 민족지사들의 움직임을 살피면서 임정이 의도한 바의 의거정신을 실천으로 옮기고자 계획하였던 것이다.

그 계획은 병인의용대원들이 6·10만세운동에 직접적으로 뛰어들어 통동계·사직동계의 학생들과 접선할 찰라에 체포되어 감으로써 실효를 거두지 못하였다. 다만 전정관이 주동 학생과 연계되어 절대적인 영향력을 미쳤던 것으로 보인다. 이는 당시 국내신문에 보도되었다.

5) 수원고농생의 항일투쟁과 민족의식

---

50) 김승학, 앞의 책 『한국독립사』, 409~410쪽.

임정의 병인의용대는 그 뒤 6 · 10만세운동의 실천과정에 직접적으로 개입해서 대중화단계로까지 완벽하게 연결시켰다. 따라서 그 정신은 다시 수원고농의 학생항일운동으로 이어지고 있다.

수원고농은 오늘날 서울대 농대의 전신으로 당시에는 전문대학이었다. 이 학교에는 한 · 일학생이 공학하고 있었다. 그 중 한국인 학생들이 중심이 되어 비밀결사를 조직하고 일제의 식민통치를 전면 부정하면서 항일구국투쟁을 일으켰다. 이후에 관련자 중의 한 사람이 일경에 체포됨으로써 1920년대 말 학생의거의 전말이 알려지게 되었다. 이를 수원고농 학생의 항일투쟁이라고 하는 바 제1차 수원고농사건이라고도 한다.[51] 1920년대 학생운동이 중등학교 학생들의 수준에 머물러 있었을 때 전문대학 재학생 수십 명이 조직적으로 비밀결사를 통해 대대적으로 항일투쟁을 결의한 것은 괄목할 만한 큰 투쟁이었다.

수원고농의 학생항일투쟁은 6 · 10만세운동 직후 이에 참여하였던 학생들을 중심으로 1926년 여름방학 중에 조직된 健兒團으로부터 개시되었다. 6 · 10만세운동 직후인 1926년 6월 21일에 수원고농학생 일부의 동맹휴학투쟁이 있었다. 학생들은 6월 17일, 18일에 걸쳐 개최한 학예회 석상에서 맹휴의 분위기가 조성되니 한국학생에게 친절히 할 것, 입학시험을 연 2회로 할 것, 교사를 신축할 것 등을 구호로 내세우며 투쟁의 근거로 삼았다. 맹휴투쟁의 본질적인 이유는 이 학교에 있는 3~4명의 일본인 교사에 대한 배척이었다.[52] 그러나 이 맹휴투쟁은 크게 확대되지는 않았다.

그후 한국인 학생들은 기숙사에서 허락해 준 조선인학생담화회를 열고 민족운동을 전개할 방법을 모색해 나갔다. 이 자리에서 전체 인구의 70%를 차지하는 농민들을 계몽하여 신사회를 건설한다는 목표를 세우고 건아단을 조직한 것이었다. 이의 지도자는 1928년 6회 졸업생인 金聲遠과 金燦道 등이었고, 동교의 禹鍾徽 南榮熙 高在千 등 10여 명이 이 의거에 핵심적으로 관계하고 있었다.

---

51) 이현희, 『한국근현대사의 쟁점』, 삼영사, 1993, 371쪽.
52) 『동아일보』 1926년 6월 28일자.

이들은 농민대중을 계몽하기 위하여 처음에 수원군 안용면 고견리 등 인근 수원 일대에 농민야학과 강습소를 설치하고 민족의식을 고취하는 한편 신생활운동을 제창하면서 민족갱생의 길을 효과적으로 협의하였으며, 단군기년을 사용하였다.53) 또한 1928년 6월 일본 도쿄에 설치되어 있던 조선농우연맹이 내건 "조선농촌개발에는 오로지 조선인 스스로의 힘으로 괭이를 들고 일을 해야 한다"라는 구호가 이 건아단의 이상과 일치하므로 건아단은 조선농우연맹에 가입하였다.

동년 이 농우연맹본부에서 계몽강연을 위해 연맹원이 국내에 들어와 활동하였다. 이때 수원지부의 대표였던 수원고농 임학과 2학년 한전종이 연사로 강연활동을 하였는데, 조치원 등에서 강연을 하던 중 단군기년 사용으로 중지당하였다. 이에 조선농우연맹 강연단은 강제 해산당하였고, 한전종은 학교에서 무기정학을 당하게 되었다. 따라서 건아단의 학생들은 앞으로의 진로를 모색하던 중 비밀조직의 안전유지를 위하여 건아단을 鷄林農興社로 개칭하고, 조직을 확대하여 나갔다.

그러나 이즈음 수원고농을 졸업하고 김해공립농업학교의 교사로 재직중이던 김성원이54) 이 학교에서 건아단의 이상실현을 위해 활동을 전개하다가 일경에 검거되었다. 이에 수원고농의 계림농흥사 학생들은 다시 이를 朝鮮開拓社로 조직을 개편하였다55).

그러나 이 사건은 확대되어 1928년 9월 이에 주도적으로 참여한 학생 우종휘 등 11명 전원이 체포되어 이른바 '제1차 수원고농사건'이 세상에 알려지게 되었다.56) 구속된 학생들은 다음과 같다.

육동백(임과3년) 충북 옥천군 안내면 서대리
김찬도(농과3년) 황해도 황주군 교산면 황강리

53) 독립운동사편찬위원회, 『독립운동사』 9, 1977, 673쪽.
54) 『동아일보』 1928년 10월 15일자. 김성원은 동년 9월 28일 부산지방법원에서 징역 2년을 선고 받았다.
55) 『동아일보』 1928년 9월 18일자.
56) 서울농대, 『수원농학 70년』, 1976, 7~40쪽.

김익수(농과3년) 전남 나주군 공산면 신곡리
황봉선(농과3년) 충남 천안군 목천면 교천리
김민찬(농과2년) 강원도 이천군 이천면 천안리
남영희(농과2년) 충남 아산군 음봉면 동천리
고재천(농과3년) 전남 담양군 창평면 용수리
권영선(농과3년) 황해도 안악군 용문면 민화리
우종휘(농과3년) 함남 삼수군 별동면 동하리
김봉일(농과3년) 경남 고성군 고성면 월평리
백세기(임과3년) 충남 공주군 계룡면 부암리

이 학생들은 동년 9월 15일 수원경찰서에서 검사국으로 송치되었다.[57] 이때 수원고농 학교당국은 이들 11명을 퇴학 처분하였다. 한국인 학생들에게 조선인의 운동은 일부 불량조선인의 행동이며, 조선에는 일본군 2개 사단과 경찰이 있기 때문에 효과가 없다는 등 한민족에 대한 모욕적이고 위협적인 훈시를 하였다. 뿐만 아니라 9월 1일 실습시간이 없었는데도 학생들을 실습장소로 내보낸 뒤 일경이 한국인 학생들의 물품을 수색하는 등 차별적 처사를 계속하였다.

이에 수원고농 한국인 학생 44명은 퇴학원서를 제출하였는데 그 이유는 다음과 같다. 즉

교장의 훈시는 군대와 경찰을 믿고 학생을 위협하였기 때문에 교육자가 취할 태도가 못되는 것이다. 9월 1일 학교당국은 학생을 실습장으로 내보내고 경찰이 무단 수색하게 하였다. 검거된 학생들의 범죄가 확정되기도 전에 이들을 퇴학 처분을 시켰다.[58]

그러나 학교당국은 오히려 9월 25일 이러한 저항에 주모자로 판단된 학생 6명을 퇴학시켜 버렸다.[59] 한편 수원고농사건으로 구속된 학생들은 京

---

57) 『동아일보』 1928년 9월 16일자.
58) 『동아일보』 1928년 9월 22일자 ; 「諺文新聞差押記事輯錄」, 252~253쪽.
59) 『동아일보』 1928년 10월 3일자.

城지방법원으로 이송되어 森浦검사의 심문을 받았다. 이후 18개월의 소위 예심기간을 보냈다. 그러나 국내외 여론을 의식한 일제는 김찬도와 권영선만 보안법 위반으로 실형을 선고하고 나머지는 근 2년간 억류 유치하였다가 면소처분을 내렸다.[60] 그러나 학생 모두는 서대문형무소에서 실제 1년 이상의 징역형을 감수한 것이나 다름없는 고문과 시련을 겪었던 것이다.

이와 같이 1920년대 말 수원고농 졸업생 · 재학생들의 비밀조직인 건아단, 계림농흥사, 조선개척사의 일련의 항일투쟁과 농촌이상사회 건설을 위한 민족주의 운동은 1930년대와 1940년대 초 지속적인 영향을 미쳐 제2차, 제3차 수원고농학생 항일투쟁으로 확대되어 연달아 일어난 수원고농학생의 항일투쟁 열의와 애국사상을 내외에 떨친 결과를 가지고 왔다.[61]

이 수원고농의 학생운동은 1920년대 맹휴가 주류를 이루는 학생운동의 연장선상으로 이해된다. 특히 1926년 6 · 10독립만세운동에 수원고농학생 다수가 상경하여 참여한 뒤 그 뜻을 계승하여 항일민족운동을 전개시켜 나간 것이었다. 즉 이는 수원고농의 뜻 있는 재학생들의 농촌사회의 부흥, 이상촌 건설, 문맹퇴치를 위해 상록수운동의 일환으로 처음에 건아단이라는 비밀조직을 결성하여 체계적으로 학생민족운동을 일으키게 된 것이었다.

또한 이 학생운동에 주도적으로 참여한 김성원 김찬도 권영선 우종휘 남영휘 육동백 백세기 김봉일 김익수 황봉선 김민찬 고재천 등은 당시 명문 사립 또는 공립중등학교를 졸업하고도 수원고농의 농학과를 스스로 선택한 애국지사로서 항일구국의식이 투철했던 인사들이었다.[62] 이들이 비록 목적한 바의 큰 성과는 거두지 못하였으나 1926년 전후부터 1928년 말까지 민족운동과 수원고농의 일제당국과의 항쟁을 계속하였던 것은 전문학교의 구국투쟁을 위한 학생조직으로서는 초유 최대규모의 학생조직이며 왕성한 구국투쟁을 위한 조직이었다고 본다.

1920년 말 수원고농의 제1차 학생항일투쟁 의거는 그 뒤 1930년대 초반

---

60) 『동아일보』 1928년 9월 26 · 27일자.
61) 이현희, 앞의 『한국근현대사의 쟁점』, 372쪽.
62) 앞의 자료, 370~374쪽.

까지 이 학교 재학생·졸업생들에 의하여 지속되어 수원고농의 학생항일
투쟁은 1920년대 말부터 1940년대 초반까지 15년여 동안 지속적으로 계속
되었다.[63]

따라서 수원고농의 학생운동은 민족의 광복을 쟁취할 때까지 국내에서
일어난 학생민족운동으로서는 최대 규모, 최장기적인 항쟁의 연속이었던
것으로 그 역사적 의미가 크다. 즉 이는 6·10독립만세운동의 내면적 영향
의 확대파급과 자극이 수원고농의 학생항쟁으로 맥락, 계승되어졌던 것이
다. 따라서 이 학생운동은 1919년 3·1혁명의 영향과 직접적인 6·10독립
만세운동에 자극되어 일련의 발전적인 항일비밀조직을 통하여 오랜 세월
동안 지속적이고 중단 없는 학생운동으로 이어졌다고 본다.

물론 이 학생항일운동 역시 상해에 있었던 임정과의 연계하에 이루어졌
으리라고 믿는다.[64] 단지 그 핵심적인 자료를 찾는데도 다시 한번 이 문제
를 임정과 연관시켜 입론을 전개해볼 생각이다.

6) 6·10만세운동과 임정의 연계성

1926년 4월 조선조 마지막 황제 제27대 순종의 승하를 계기로 3·1혁명
이후 17년 만에 다시 폭발한 민족적 저항의 울분은 전국 규모의 6·10독립
만세운동으로 구체화되었다. 이는 순수 민족주의계 학생층을 비롯하여 국
내외 민족지사들에 의해 계획 준비되어졌던 것이다. 그 배경에는 임정의
직·간접적인 지도와 감리가 있었다. 그 가운데 상해의 임정 산하 행동 전
위단체인 병인의용대의 연계투쟁이 가장 큰 배경과 영향력을 가졌다. 그러
므로 6월 10일을 기한 연계적이고 합동적인 의거계획이 분명히 있었다.

병인의용대는 상해의 임정을 지지 옹호하기 위해 조직된 전위 결사대로

---

63) 앞의 『독립운동사』 9, 673~676쪽.
64) 이미 작고한 6·10만세운동의 주동자로 중앙고보생이던 박용규는 1965년 6·10만
세 기념식장에서 저자에게 우리의 투쟁 뒤에는 임시정부의 항일투사(전광관을 지
칭)가 있어 큰 힘과 용기, 자신감을 갖고 뛰었다고 증언한 바 있다.

3·1혁명 이후 민중적 항일투쟁의 기회가 있을 때마다 국내외의 독립단체들과 긴밀한 연락을 취하면서 지도 감리하에 강력한 항일투쟁을 전개하였다. 따라서 3·1혁명을 경험한 임정요인들로서는 6·10순종의 인산일도 민족운동 전개상의 의식을 주입시킴에 있어서 예외가 아니었던 것이다. 그리하여 국내외 독립운동의 동향을 통할 수렴하고 있던 임정과의 연계하에 의거를 계획 추진해 나갔다.

그러나 3·1혁명 때 거족적 움직임을 경험했던 일제가 만일을 대비하여 사전에 탄압과 경계를 더욱 강화하여 면밀주도한 검거 선풍을 일으킴으로써 일이 성사되어 가는 데 애로와 지장이 겹쳤다.

국내에서의 6·10독립만세운동은 좌익계가 아닌 순수한 민족독립을 목적으로 했던 애국 학생들에 의하여 추진, 실행되었다. 그러나 일제의 치밀한 사전 경계와 가혹한 억제, 탄압으로 인해 대규모의 독립운동으로 확대돼 나가는 데 어려움을 겪었다.

한편 임정 요인 이동녕, 김구 등의 지시를 받은 병인의용대의 6월 10일 당일의 계획은 시기가 성숙되지 않아 실패하였다. 그 뒤 병인의용대원 전정관이 비밀리에 파견되어 학생측과 접선 성사되었다. 그 후 의열단원 나석주를 파견하여 의거를 실행케 하니 그의 동양척식회사와 식산은행에 대한 투탄의거는 바로 병인의용대가 계획한 6·10의거의 연속선상에서 이루어진 쾌거라 할 수 있다. 이는 6·10운동의 주동이나 박용규의 증언으로 확인된다.

이러한 6·10독립만세운동이 3·1혁명 때와 같이 거족적인 성과는 거두지 못하였으나 그 역사적 영향과 의의는 높이 평가해야 한다. 즉 6·10독립만세운동에 이르러서는 학생층이 민족운동의 주도세력으로 등장하여 그들의 순수한 독립의지를 알린 선구적 학생운동이 되었다. 또한 1920년대 이후 사회주의 사상의 등장으로 갈등과 침체 상태에 빠져 있던 기성 민족주의계 운동에 격려 고무와 자극을 줌으로써[65] 1927년에 이르러서 민족주의계와 사회주의계 합작의 기성 민족사회계 인사들의 모임인 新幹會와 槿

---

65) 이현희, 『동학혁명과 민중』, 대광서림, 1986, 397쪽.

友會를 조직케 하였다.

그리고 이는 그 후 1929년 폭발한 王在一 등 중심의 광주학생항일운동의 정신적 기반이 되었다.[66] 또한 1920년대 말 이후 세 번에 걸쳐 일어난 수원고등농림학교(수원고농) 학생들의 항일구국투쟁에 영향을 주었다.[67] 수원고농 학생 우종휘, 남영희 등 민족의식이 투철한 20대의 청년 다수가 6·10만세운동에 직·간접적으로 참여한 뒤 그 민족정신을 계승하였다. 따라서 뜻있는 동교 학생들과 비밀결사를 조직하여 상록수운동을 통한 학생민족운동을 계속적으로 일으킨 것이다.[68]

6·10만세운동은 임정 연계하에 1920년대 후반의 국내 민족독립운동을 발전시키는 커다란 계기를 만들어 주었다. 이로 인해 항일학생운동의 구체적 행동화의 시점이 될 수 있었던 것이다.[69] 국내에서 자유민주주의 체제를 숭모했고, 일제의 압박과 신음 속에서 자유를 찾아 빼앗긴 조국을 스스로 되찾겠다는 순수한 애국심에서 나온 학생들은 6·10만세운동을 계기로 3·1혁명 이래의 구국운동을 전개하였던 것이다.

저자는 1960년대의 6·10만세운동 연구에서 "6·10만세운동은 좌익계의 주동이 아니라 민족계 학생에 의하여 주도되었으며 大衆受用化 단계로 성사되었다"고 자료에 의거 강조한 바 있다.[70] 이후에도 대한민국임시정부(1919~1945)를 계속 연구해 오는 과정에서 6·10만세운동은 학생들의 두 갈래의 움직임으로 시종 주도되었다는 주장 속에 상해 임정과의 연계 문제를 제기하여 주목을 끌게 되었다.[71]

---

66) 秦東赫·李炫熙,『항일투쟁의 주역 왕재일연구』, 동현출판사, 1995, 25~39쪽.

67) 이현희,『한국민족운동사의 재인식』, 자작아카데미, 1994, 332~360쪽.

68) 이현희,『우리나라 근대인물사』, 새문사, 1994, 이선호·남영희 항목 참조.

69) 국회도서관,『한국민족운동사료』3·1운동편 1, 1976, 301~350쪽 ; 同 2, 220~239쪽 ; 同 3, 190~210쪽 각 참조.

70) 주 1) 참조. 이에 주도적으로 참여, 옥고를 치루었던 박용규 등 10여 명이 이 주장에 적극 찬동했다. 더욱이 의거의 현장을 목격한 지금을 작고했으나 1998년까지 중앙고보 출신의 유치웅, 안왈봉, 이훈의 등 수십 명도 이 주장에 찬의를 표한 바 있다.

71) 이의 증언은 6·10만세운동의 11명 주동자 중 한 분인 박용규와 이동환의 증언, 주장 중에서 힌트를 얻을 수 있다. 그러나 아쉬운 것은 객관적인 문서에 의한 거

그 당시 의식 있는 애국학생이라면 상해에 존재하고 있었던 임정을 모를 리 없었다. 그것은 곧 마음의 위안처였고 고향이기도 했다. "임정이 우리의 정부였다는 사실에 대해 동료 학생들의 탄압 감시를 의식하면서도 고무되었고 용기와 자신감을 갖게 된 것이라"고 생시에 말했던 관련 인사의 임정 영향력에 관한 주장은 상당히 신빙성과 무게가 실린 발언으로 평가된다.[72]

임정의 이동녕·김구 등이 주장 집행했던 광복정책을 전위적으로 직접 실시했던 병인의용대의 국내 잠입활동이 곧 임정의 6·10독립만세운동의 지도와 감리 내지는 고무 격려의 연결성으로 인식해도 좋을 것이다.[73] 따라서 국내에서의 6·10독립만세운동은 국외, 즉 상해의 임정 요인들에 의한 광복정책의 국내 통치라는 법통성의 맥락성에서 그 참뜻을 인식 이해해야 또 다른 평가점에 도달하리라 믿는다.

상해의 임정은 연통제와 교통국 등 제도권 외에도 국내외를 통치하는 차원에서 직접 진두 지휘한 실적이 그 27년 동안(1919~1945)에 충만하게 나타나고 있으므로 그렇게 평가해도 지나치지 않다고 결론 내린다.[74] 최근 미주에서 30여 년간 독립운동에 몸바친 柳一韓이 임정과의 연계하에 크게 활동했음을 밝힌 연구성과를 한 예로 거론할 수 있다.[75]

　증자료가 미발견인 점이다. 따라서 본 연구는 6·10만세운동이 임정의 직·간접적인 지시나 묵시적 영향에 의한 거사였음을 시론적으로 연구해 보기 위한 가설의 문제 제기였다. 따라서 조심스럽게 논문 집필의 숨은 의도를 밝히고자 하는 것이다. 병인의용대원 전정관의 영향은 그 단서가 될 수 있을 것이다.

72) 朴龍圭와의 인터뷰(1965. 3. 20. 서울 서대문구 북아현동 1-347 자택).

73) 이현희, 『大韓民國臨時政府主席 李東寧 硏究』, 東方圖書(日語版), 1995, 150~200·221~250쪽.

74) 이현희, 『大韓民國臨時政府』, 한국민족운동사학회, 1993, 101~131쪽.

75) 李炫熙, 『柳一韓의 獨立運動硏究』, 東方圖書, 1995, 序·結論 참조.

3부 | 임시정부의 개혁운동

1. 임정의 지도제와 개혁정책

1) 개헌 속의 개혁 의지

우리나라 법통성의 현주소인 대한민국임시정부(1919~1945)의 큰 개혁은 그 27년 동안 중국대륙을 누비면서 상해로부터 중경에 이르기까지 광복정책을 펴 나가는 과정 중에서 특징 있게 나타났다. 개혁의 실체와 그 성과는 우선 지도체제 원리의 변경을 위한 개헌 속에서 찾아볼 수 있을 것이다.

임정은 27년간 5차에 걸친 개헌으로, 보다 진취적이고 독립쟁취에 맞추어 효과적인 개혁을 기약해 왔다. 따라서 임정 27년사에서 보이는 개헌은 어떤 특정 정당, 예를 들면 여당인 한국독립당의 당리당략을 위한 것이 아니었다. 어떻게 하면 더 차원 높고 효과적인 항일투쟁과 국내외 동포의 마음을 한곳으로 집중시킬 것인가에 초점을 맞추어 광복쟁취라는 효율성을 최대한 발휘했다. 무엇보다 특정 정당이나 대한민국임시정부의 지도자를 의식해서 그의 장기집권을 목표로 한 개헌이 아니었으며 정정당당하게 공익성과 자주독립 달성을 우선했다는 점에서 높은 평가를 받을 만하다.

1948년 8·15 이후 오늘날까지 약 반세기 동안 대한민국의 헌법을 9차례나 뜯어고친 개헌으로 지도제를 변경했던 것을 볼 때 임정의 그것과의 차별화가 명백해진다. 그것은 9차례의 개헌 중 한두 번을 제외하면 특정인의 장기집권이나 심지어는 종신 통치권의 부여라는 변칙적인 개헌만이 있었기 때문이다. 아마도 이런 일관된 公先後私的인 임정의 개혁정책이 곧 오늘날 대한민국의 법통성으로 임정 27년사의 역사를 맥락 짓고 있는 것이 아닌가 한다. 그런 의미에서 임정의 개혁은 우선적으로 5차의 개헌과 건국방략이 독립쟁취를 위해 손꼽힐 수 있는 것이다.

다음으로는 법통사적 外의 일반 광복정책 속에서도 개혁정책을 찾아볼 수 있다. 그것은 앞의 상해시대(1919~1932) 14년간이나 移動시대(1932~1940) 8년간을 거쳐 重慶시대(1940~1945) 5년간의 임정 27년사가 이것을 종합적으로 정리하며 대변해 준다고 볼 수 있다. 본고에서는 임정의 개혁을 27년사의 역사적 흐름 속에서 찾아볼까 한다.

2) 상해시대의 개혁과 그 성과

(1) 제1차 개혁안

국내외 각처(7~8개)에서 수립된 다수의 임시정부가 중국 상해의 대한민국임시정부로 통합된 뒤 정부의 개혁과 광복정책의 마련을 위해 1919년 8월 18일부터 9월 17일까지 제6차 임시의정원 회의에서 임시헌법 개조안을 상정하여 심의하도록 조치하였다.[1] 이것은 이동녕 등과 신한청년당원들에 의해 수립된 상해 임정이 최초로 제정 공포했던 10개조의 임시헌장을 개헌하는 것이었다.

이에 행정각부를 한성임시정부의 법통성을 계승한 전문 8장 58조의 헌법안에 의거하여 구성하였다. 그 주요 내용은 대통령만 임시의정원 회의를 통해 선출하고, 국무원은 선출된 대통령이 임명하는 동시에 그가 주권을 행사하도록 조치하였다. 또한 종전의 6개 부서로 된 행정 각부를 한성정부의 7부 1국의 형태로 고치고 임명도 그 원안대로 시행하자는 것이며, 최고 지도자의 명칭은 집정관총재를 대통령으로 확정 변경한다는 것이다.

그리하여 통합된 임시정부의 지도체제는 대통령중심체제로 확정되어 9월 11일 새 헌법이 공포되고 이승만이 초대대통령으로 선출되었다. 그러나 이승만은 당시 미국 워싱턴에 주재하고 있으므로 국무총리 이동휘가 9

---

1) 李炫熙, 『3·1獨立運動과 臨時政府의 法統性』, 동방도서, 1987, 64쪽.

월 18일 상해에 도착하여 11월 3일 내각취임식을 거행하므로 단일통합된
대한민국임시정부가 수립된 것이다.[2] 이때의 내각 명단은 다음과 같다.

대 통 령	李承晩	국무총리	李東輝
내무총장	李東寧	재무총장	李始榮
노동국총판	安昌浩	법무총장	申圭植
군무총장	盧伯麟	교통총장	文昌範
외무총장	朴容萬	학무총장	金奎植
비 서 장	趙素昂		

제1차 개헌을 통해 대통령중심의 지도체제를 출범시킨 임시헌법은 단
일민주정부로서의 지도제 성격이 뚜렷한 통일된 헌법전으로 근대적 성격
을 띤 기본법전이었다.[3] 이는 이후에 개정된 어느 헌법보다도 정연, 우수
하고 모범적이며 안정된 민주적인 내용을 담고 있다.[4]

전문에는 3·1독립선언의 서두를 그대로 인용한 다음 임시의정원에서
상해 임정 당시 제정한 10개조의 헌법을 기본으로 하여 새 헌법을 제정한
다는 의미를 강력히 시사하였다.[5] 이것은 통합정부로서 일제강점하라 해
도 국내외를 통할, 지휘할 우리의 자주정부를 운영해 갈 것이라는 결의를
다짐한 것이다.

임시헌장의 구체적인 내용은 총강(2장), 인민의 권리(2장), 임시대통령(3
장), 임시의정원(4장), 국무원(5장), 법원(6장), 재정(7장), 보칙(8장)으로 구
성되어 있어 민주공화제의 국민국가형성을 입증해 줌으로써 근대헌법의
체제에 대한 그 진로와 방향을 명확히 이념적으로 제시하고 있다.

임정은 이러한 법제적 뒷받침에 의해 국무원과 임시의정원이 주축이 되
어 광복정책을 수행해 나갔다. 즉 연통제와 교통국을 통한 내정을 비롯한
외교와 군사정책, 교육과 문화정책, 재정과 사법정책 등을 광범위하게 집

행해 나갔다.6)

이러한 임정의 정책은 광복 때까지 27년 동안 한결같이 시행되었던 국가정통의 맥을 연결한 일관되어진 정치형태의 방향이며 방침이기도 하였다.

그러나 이에는 비현실적인 면도 지적되고 있다. 그것은 제1, 2장에 나오는 全人民의 권리의무에 대한 것, 제6장 법원 문제 등을 거론할 수 있다. 특히 3권분립의 형태를 취하면서 법원의 편제, 법관의 자격, 사법권의 독립, 사법관의 신분보장, 재판의 공개 등이 규정되어 있지만 이러한 것들은 망명정부인 임정하에서는 법률조문 이상의 기능을 발휘하지 못하였다.7)

특징적인 요소의 하나는 임시대통령의 임기가 명시되어 있지 않다는 것이다. 이는 종신직을 시사한 것이 아니라 독립운동 기간 중에는 임시대통령이나 국무총리가 경질되지 않아야만 일관되게 강력한 지도력을 발휘할 수 있다고 판단하였기 때문이었다.

그러나 실제로 이 당시 이승만대통령은 미국에 체류하고 있었고 상해에는 국무원들만 임정을 지키고 있었으므로 사실상 내각책임제나 다름 없었다. 따라서 대통령과 내각과의 마찰은 계속되었다. 뿐만 아니라 개혁에 앞장설 국무총리인 이동휘는 韓人社會黨 당수로 소련의 볼셰비키와 연결되어 있어 민족진영과의 이념적 마찰·갈등으로 임정 내에서 적지 않은 혼선을 일으키고 있었다. 따라서 이 같은 침체국면을 벗어나기 위해 다시 개혁을 위한 개헌안이 거론되기에 이르렀다.

이와 같이 제1차 개헌을 통한 임시헌법은 광복 이후 제1공화국인 1948년의 대한민국 헌법과 유사점이 많아 그 직접적인 모체가 된다고 평가할 수 있다.8)

---

6) 국가보훈처, 『독립운동사』 4권, 1972, 292~294쪽.
7) 李炫熙, 앞의 논문, 7쪽. 임시헌법 중에는 삭제된 부분도 있었는데 특수계급의 부인(8조) 규정 중 남녀귀천 빈부의 語句와 국제연맹의 가입(7조), 생명형·신체형·공창제의 폐지(10조) 등 2개 조항이 삭제되었다. 이는 개헌의 동기가 통합정부의 실현에 있었으므로 국민국가로서의 서구형 민주제를 지향하려는 개혁적 의지가 반영된 것이다.
8) 李炫熙, 『韓民族光復鬪爭史』, 정음문화사, 1990, 187쪽.

(2) 제2차 개혁안

제1차 개헌에 의해 대통령지도제로 행정업무가 수행되었으나 대통령과 내각 간의 거리와 이념상의 차이, 대립·갈등으로 인한 개혁상 혼선이 자주 일어나자 제2차 개헌을 통해 國務領制인 內閣責任指導制가 시행되게 되었다.

대통령인 이승만은 그 재임 6년 동안(1919~1925) 개혁과 외교적 중요성을 내세우며 미국에 체류하였기에 상해 임정에서 대통령의 강력한 지도력이나 적절한 정책지시를 요구할 때 현지실정과 맞지 않은 이상한 지시가 내려질 경우에는 혼란만이 야기되었다. 특히 임정 초기에는 교통국과 연통제의 실시 등으로[9] 국내로부터 각종 군자금이 임정으로 송금되었으나[10] 일제의 감시와 탄압으로 군자금이 격감되자 미주 하와이 등지에 있는 교포들이 귀하게 보내오는 인구세와 애국금에 의존하게 되었다. 그러나 1920년 2월 이후 이승만의 大韓人國民會 中央會가 군자금을 갹출하여 재무부로 보내던 방식을 歐美委員部가 이 업무를 맡게 하고, 그가 고안해 낸 공채표 발행을 시행하게 하였다.[11] 이에 이승만은 군자금 취급이 유리해지자 외교활동비라는 명목으로 적절히 탄력있게 처리해 나갔다. 따라서 상해 임정으로의 송금이 거의 중단상태에 이르게 되어 개혁에 지장이 있었다.

이와 같은 상황에서 빚어진 군자금송달에 대한 의혹은 이승만과 국무총리 이동휘와의 대립으로 표면화되고 말았다.[12] 이동휘는 이승만이 미국정부에게 위임통치를 청원한 사실을 들어 즉각 대통령사퇴운동을 전개하였으나, 그 자신은 임정에 소련자금을 끌어들여 공산주의자로 지목되어 결국 두 사람의 과오가 폭로되면서 개혁에 임한 임정은 보다 약화될 수밖에 없었다.[13] 이에 내각의 사표제출파문 등 동요가 일어나므로 임시의정원은 이

9) 李炫熙, 『大韓民國臨時政府史』, 집문당, 1982, 88~107쪽 참조.
10) 인구세와 각종 의연금이 전달되었는데, 이는 임시정부령 제1호 임시징세령 재무부령 제1호 인구시행세칙에 의하여 20세 이상 남자가 1년에 금화 1원을 내도록 규정한 것이었다.
11) 金元容, 「在美韓人50年史」, 『獨立運動史資料集』, 1974, 820~821쪽, 所牧 재인용.
12) 李延馥, 「初期의 大韓民國臨時政府」, 『慶熙史學』 2, 1970, 86~98쪽.

승만대통령에게 사태의 수습을 요구하였다. 마침내 이동휘는 사퇴하고 내무총장 이동녕이 총리대리로 집무하다가[14] 신규식 법무총장이 대리하였다. 이 때 이동녕 신규식 노백린 이시영 손정도 5명을 국무위원으로 임명하였다. 그러나 이승만은 1921년 태평양회의에 대비한다는 이유로 동년 5월 20일 상해를 떠났다.[15]

이즈음 노동국총판으로 있던 안창호가 큰 이유 없이 1921년 5월 17일 퇴임을 발표하면서 임시정부의 개혁을 위해 국민대표회의의 소집을 제창하였다.[16] 이에 1923년 1월부터 전후 5개월에 걸쳐 100여 지역단체에서 120여 명이 모이게 되었다. 그들은 100여 회의 회의를 진행시켜 임정의 개조론과 창조론의 개혁적 의견을 교환하였으나 이때는 뚜렷한 성과 없이 끝나고 말았다.[17]

국민대표회의의 결렬로 인한 혼란을 수습하기 위해 임정 내에서는 대통령과 국무원의 불신임 결의, 임시의정원 의원의 교체와 개헌이 강력히 주장되었다.[18] 이 어간에 임정의 李裕弼 내무총장은 국내외에 산재한 독립운동단체를 임정으로 統合하는 대개혁운동을 위해 동삼성 일대를 몸소 왕래하면서 실천하는데 뛰어난 성과를 거둔 바 있다. 이에 대해 이승만은 애국론을 제기, 임정의 통합에 반대하면서 내각과 정면충돌하였다. 그러다 1925년 3월 13일 마침내 나창헌 등에 의해 대통령탄핵안이 임시의정원에 상정되었다. 그 이유는 군자금문제의 의혹 외에도 위임통치권, 임시의정원에 대한 노골적인 부인 등이 작용한 것이었다. 이것이 3월 23일 심판위원회에서 최종적으로 통과되자[19] 동일자로 박은식이 제2대 임시대통령으로

13) 金俊燁·金昌順,『韓國共産主義運動史』I, 고려대 아세아문제연구소, 1971, 181~182쪽.
14) 李炫熙,『臨政과 李東寧研究』, 일조각, 1989, 255~257쪽.
15) 李炫熙,「태평양회의에의 한국외교 후원문제」,『韓國史論叢』1, 성신여대, 1976.
16) 주요한,『安島山全集』, 三中堂, 1963, 579~580쪽.
17) 李炫熙,「國民代表會議 召集問題」,『白山學報』18, 백산학회, 1975 ; 朴永錫,「大韓民國臨時政府와 國民代表會議」,『韓國史論』10, 국사편찬위원회, 1981.
18) 孫世一,「大韓民國臨時政府의 政治指導體系」,『3·1운동 50주년기념논집』, 동아일보사, 1969, 918~920쪽.

선출되었다. 따라서 이동녕 임시대통령 직무대리 이래의 비상조치가 개헌으로 확정되어 3월 30일 국무령지도체제인 내각책임지도제의 제2차 개혁인 개헌안이 임시의정원을 통과하였다. 이로써 개혁을 위한 임시헌법이 4월 7일 공포되어 두 번째로 지도체제가 바뀌게 되면서 다시 정부개혁이 시도되었다.[20]

그리하여 국무령제에 따라 석오 이후 李相龍이 국무령으로 선임되었으나 그는 곧 사퇴하고 그 아래로 양기탁, 안창호, 홍진, 김구에 이르기까지 우여곡절 속에 이러한 지도체제가 유지되었다.[21]

제2차 개헌의 내용을 보면 전문은 없고 6장 35개조로 구성되었는데[22] 그 특징은 광복운동을 위한 제반 규범이 개혁적으로 명시되어 있다는 점이다. 그 구체적인 내용은 대통령과 국문위원을 통합하여 임시정부로 단일화했고, 임정은 국무령과 국무원으로 구성된 국무회의의 결정으로 행정과 사법을 총괄케 개혁한 것이었다. 또한 국무령은 임시의정원에 대해 책임을 지고 국무령과 국무원은 임시의정원에서 선출케 조치하여 의회와 행정부의 단합된 조직화를 기하였다. 이로써 국민대표회의 소집으로 인해 약화된 임정의 기능이 김구의 강력한 지도력으로 어느 정도 강화시킬 수 있는 법적 제도적 개혁장치가 마련된 것이라 하겠다.

그리고 국무원의 법적 지위도 상승되어 법률 명령의 공포나 제안 등을 발의할 때는 連署로 하여 관리임면권도 국무령이 직접 재결, 집행하되 국무회의의 의결을 거치게 함으로써 임정의 집단지도체제로 개혁하여 갔다. 국무령의 임기는 권력의 남용을 억제하자는 의도에서 3년으로 명시하되 재선을 허용하였다.

한편 이 헌법의 적용범위를 광복운동자로 규정하여 납세, 병역, 징발에

---

19) 『독립신문』, 1923년 3월 30일자.
20) 李炫熙, 앞의 논문 「大韓民國臨時政府의 指導體制」, 11쪽.
21) 국무원은 윤기섭, 이규홍, 김철, 오영선, 김갑 등이었다. 金九, 『白凡逸志』, 교문사, 1979, 206~229쪽.
22) 대한민국(1장), 임시정부(2장), 임시의정원(3장), 광복운동자(4장), 회계(5장), 보칙(6장)으로 구성되었다.

대한 의무나 선거권 청원권 등을 그들에게 국한시키고 있다.[23] 이는 독립운동이 임정의 최대 활동목표이기 때문이다. 이후 개정된 헌법에서는 이를 명문화하였고, 1944년 최종 임시헌장에서도 정의지어지고 있다. 그리고 법원은 폐지하여 국무회의가 행정과 사법업무를 겸섭하게 되었다.

그러나 중진급 독립지사들의 상호간 분열 대립으로 임정의 침체기를 좀처럼 벗어날 수 없었으니 이로 인해 대개혁을 위한 집단지도체제인 국무위원제를 채택하는 제3차 개헌이 실시되게 되었다.[24]

(3) 제3차 개혁안

제2차 개헌으로 국무령에 선임되었던 이동녕 외에 이상룡, 양기탁, 안창호, 홍진 등이 차례로 사임, 자퇴함으로 인해 난관에 부딪친 임정은 1926년 12월 14일에 이동녕의 적극적인 보장지원하에 김구가 국무령이 된 뒤 윤기섭 등을 신내각으로 구성하고 제3차 개헌에 착수하여 정책개발을 향한 정부개혁을 시작하였다. 이는 제2차 개헌인 내각책임제의 불합리한 비현실적 내용을 타개하기 위한 것으로 국무령 한 사람에게 책임을 지우는 집중적인 지도체제로는 다수 의견의 반영이 어렵고 지도력에 문제점이 많으므로 집단지도체제인 국무위원제를 채택한 것이었다.[25]

즉 3차 개헌안은 윤기섭의 안이 부결된 뒤 약헌기초위원회(김갑 이규홍 등)를 구성하여 만들어진 임시약헌이 1927년 2월 15일 제16회 임시의정원에서 통과되어 3월 5일 공포되었다.[26]

이것이 국무위원제인 3차 개헌으로 정부의 수반을 폐지한 집단지도체제가 법적으로 마련되어 14년간 지속되었다.[27] 이에 따라 구성된 각료의 명단은 다음과 같다.

---

23)「臨時議政院議事錄」참조.
24) 李炫熙,『韓國史大系』8, 三珍社, 1973, 135~136쪽.
25) 金九, 앞의 책, 287쪽 ; 金樂山,『春山 李裕弼小史』(未刊), 1943, 8~13쪽.
26) 제16회「大韓民國臨時議政院會議錄」.
27) 上海日本總領事館,『朝鮮民族運動年鑑』1927년 3월 5일자.

주 석	이동녕	내 무 장	홍 진
외 무 장	조소앙	군 무 장	지청천
법 무 장	이시영	재 무 장	김 구
비 서 장	차이석	참 모 장	유동열
무 임 소	조성환		
	송병조		
	조완구		

그리고 이들은 국무위원으로도 활동하였다.

임시약헌은 모두 5장 50개조로 구성되어 있는데, 이는 제2차 개헌 때보다 15개 조항이 증가한 것으로 현실문제에 중점을 두어 보완된 것이었다. 즉 군주제적 성격이 훨씬 청산되고 반면 민주공화제적인 세련된 개혁의 성격이 보다 농후하게 부각되고 있는 것이다.

집단지도체제의 회의체로서 정부의 수반인 대통령이나 국무령, 국무총리의 직함을 폐지한 제3차 개헌은 국무위원이 국무를 총괄하고 임시의정원에 대해 책임을 지게 하였으며, 임기는 3년으로 하되 재선을 허용하였다. 그리고 주석은 국무위원의 호선으로 선출되어 특별한 권한이 주어지지 않았다.[28] 또한 국무위원은 2개월 이상 집무하지 않으면 자연 해임된다는 평등한 규정을 두어 집단지도체제로서의 책임과 의무를 균등하고도 명백하게 요구하고 있다. 이에 따라 김구도 1932년 윤봉길의 투탄의거와 관련하여 오랫동안 피신하다가 이 규정에 저촉되어 원로 이동녕과 함께 자동적으로 해임당한 사례도 있었다.

한편 3차 개헌의 특징이라면 임시의정원의 지위가 크게 높아지고 있는 점을 지적할 수 있겠다. 종전 정부가 국회를 소집하는 형식에서 이번 개헌으로 임시의정원이 회의를 열도록 규정하였으며, "대한민국의 최고권력은 임시의정원이 이를 가진다"라고 천명하고 있다. 이것은 제1차 개헌 때나 제2차 개헌 당시 각기 대통령의 권한 확대와 임시정부 통치를 규정한 내용보다 강한 개혁의 의미를 담고 있는 것이다. 이는 독립운동 추진기관의 약

---

28) 金九, 앞의 책, 287~288쪽.

화를 반영하는 것으로 간주될 수도 있다.[29]

또한 "장차 독립운동가들의 대동단결체인 당이 완성될 때에는 국가의 최고권력은 당에 있다"라는 조항이 포함되어 있는데, 이는 초정부적인 개혁의 성격을 가진 단일당에 대한 기대와 정당정치의 시발점이라고 해석할 수 있겠다. 이와 같은 개혁의 우상으로 인하여 실질적인 변화가 추진되어 단일정당 결성움직임이 일어났다. 1927년 11월 한국유일당독립촉성회 각 지대표 연합회가 열렸는데, 이에 앞서 1920년 10월에 북경에서 대독립당조직 북경촉성회가 조직되었고 이어 상해, 광동, 무창, 남경 등지에도 각기 독립촉성회가 결성되었다. 그리고 이 무렵 국내에서는 임정과의 연계하에 新幹會와 槿友會 등 몇 단체가 민족단일당적인 성격을 띠고 결성되었다.[30]

이러한 민족역량을 집결시키는 유일독립당 결성운동은 1930년 1월에 이르러 안창호 이동녕 김구 등이 주축이 된 韓國獨立黨이 조직되어 임정의 기본정당이 되었다. 그러나 이 때의 한국독립당은 임시약헌이 기대하는 만큼의 실제적인 유일당으로서는 많이 미치지 못하였다. 이 헌법에서는 '광복운동의 자'에 대한 조항이 폐지되고 선거권의 규정과 의무사항을 삽입하였으며, 군법회의를 예비하고 있는 점이 특징이라 하겠다.

이 제3차 개헌은 1927년 3월 5일 공포되어 4월 11일부터 본격적으로 실시된 이래 중경으로 가서 1940년 10월 주석지도체제로 개헌할 때까지 14년간 유지된 비교적 오랫동안 존속되어진 개혁적인 임시헌법이었다. 이는 국무령제의 김구 내각이 퇴진한 뒤 오영선 김갑 김철 등이 국무위원에 선출되어 실제로 집단지도체제가 이루어졌다.

그러나 제3차 개헌이 이루어진 이후의 시기는 임정의 이동시대(1932~1940) 8년에 해당되었던 때이므로[31] 임정은 재정적 궁핍으로 큰 곤경을 겪어야만 했다. 이와 같은 어려운 사정의 위협에도 불구하고 임정의 집단지도체제는 각지를 피난다니면서도 14년간 지속되어 광복을 위한 가장 긴

---

29) 孫世一, 앞의 논문, 923쪽.

30) 이현희,『韓國現代史의 理解』, 서문당, 1976, 151~154쪽.

31) 金九, 앞의 책, 288쪽.

행정업무를 계속하였고 임정을 법통사적으로 지켰던 것이다.

즉 1929년에는 한국독립당이 조직과 지청천이 高麗革命士官學校를 설립하였다. 1931년에는 이미 준비했던 三均制度의 건국원칙이 발표되었다. 또 지청천의 한국독립당군 등이 중국인 의용군과 연합하여 유격전을 강화하여 나갔다. 그 외 1932년 이봉창·윤봉길의 투탄의거에 이어 1933년에는 낙양군관학교에 한인군사훈련반을 설치하기로 합의하였고[32], 1934년 홍진 등이 신한독립당을 조직하고, 1935년 이동녕, 김구 등이 한국국민당 조직, 1937년 중일전쟁을 계기로 남경에서 한국광복진선과 조선민족진선 등이 연합체 조직, 1940년 광복군 총사령부의 설치 등이 이 기간 동안 전개되었던 임정의 주요 개혁적인 광복활동이었다. 이 당시는 비록 강력한 지도체제는 확립되지 못하였다해도 조국의 광복을 위한 구국의지가 어려운 정황 속에서도 누구의 경우나 잘 발휘되었던 것이다.

3) 重慶시대의 개혁과 그 방향

(1) 제4차 개혁안

상해에 임정이 체류하고 있을 때 국무위원제인 집단지도체제로 임시정부의 진로를 재정비하였다고는 하지만 1930년대 이후 독립운동계는 큰 변화가 일어났다. 즉 만주사변(1931), 상해사변(1932), 중일전쟁(1937) 등 일제의 침략일정을 거치면서 중국의 각 지역이 일본군의 위협을 받게 되자 중국 국민당 정부도 천연요새지인 중경으로 피난하였고, 임정도 중국 내의 정치적 상황에 의해 여러 차례 본거지를 이동하지 않으면 안 되었다.

따라서 임정의 집권지도체제가 사실상 본래의 기능을 발휘할 수 없었으므로 국내의 정세변화와 전시개혁체제에 부합될 수 있는 강력한 단일지도체제가 요구되었다.[33] 임정은 1932년 이래 항주, 진강, 장사, 광주, 유주, 기

---

32) 李鍾學, 「大韓民國臨時政府의 軍事活動」, 『韓國史論』 10, 1981 ; 金樂山, 앞의 책, 9~14쪽.

강을 거쳐 1940년 중경으로 이동 정착하는 8년간의 이동시대에 거의 개혁
정책을 펴지 못하였다. 이 8년간은 단지 그 준비단계였다고 본다.

1940년 3월 13일 기강의 임정청사에서 주석 이동녕을 잃은 임정은 용기
를 백배하여 대오를 재정비하고 김구의 지도력에 의거하여 그해 9월 중국
정부를 따라 중경으로 이동하였다. 이때 이곳에 정착한 임정은 10월 임시
의정원을 통해 광복군에 대한 중국정부와의 조약체결 촉구, 大元帥府의
신설 등을 실행하였다. 10월 9일 종전 집단체제의 임시약헌을 전시체제에
적응하는 임시약헌으로 개혁하였다. 이 제4차 개헌은 현실적 요청에 의한
것으로 순수한 단일지도체제로의 전환이었으며, 새 정부의 구성을 이루었
다.34)

제4차 개헌에 의한 임시약헌은 1940년 10월 8일 임시의정원 회의에서
통과되어 9일 공포되었다. 이는 제3차 개헌보다 8개조가 줄어들었으나35)
전시체제의 헌법답게 임정의 지위를 향상시켜 강화하였고, 주석의 영도력
을 보다 강하게 법제적으로 뒷받침해 주고 있음이 큰 특징이라 하겠다.36)

임시헌법의 내용을 보면 종전의 헌법이 국무회의에서 호선하여 회의를
주재하던 주석을 임시의정원에서 선거하고 주석의 권한에 있어서도 국군
을 통솔하고 대내외적으로 정부를 대표하고 있다. 주석은 광복운동방략과
건국방안을 의결하는 등의 직권을 가진 국무위원회를 소집할 수 있도록
규정하였다. 또한 필요시에는 행정 각부의 명령을 정지시키며 국무회의의
결의를 거쳐 긴급명령을 발효하는 등 비상시의 대권도 함께 가지게 되었
다. 이것은 임정의 주석이 임시의정원을 통해 국가의 영도자로서 자격을
가질 수 있었던 것이다. 이는 항전구國의 임무를 수행하게 하는 밑받침이
될 수 있었다.

이러한 점이 바로 제4차 개헌의 동기로, 현실적으로는 김구의 지도력을
강화하며 제도화하기 위해 불가피한 조치였다. 그 동안 김구는 1935년 5당

---

33) 李康勳, 『大韓民國臨時政府史』, 서문당, 1975, 217~226쪽.
34) 국가보훈처, 『독립운동사』 4, 1972, 814쪽.
35) 孫世一, 앞의 논문, 925쪽.
36) 李炫熙, 『大韓民國臨時政府』, 한국민족운동사학회, 1992, 320쪽.

통합으로 임정의 존속이 위협을 받게 되자 이동녕과 한국국민당을 조직하여 임정의 기반 정당이 되게 했다. 그 후 한국독립당을 재정비 조직하여 민족주의 세력의 집중을 꾀하며 임정의 여당이 되도록 개혁하였다. 그러니 중경 임정의 지도력은 이미 김구에게 집중되어 있었던 것이다.

임정은 이 제4차 개헌의 임시약헌을 포고하면서

……이렇게 하여 정부의 기초가 공고해짐과 더불어 광복군의 세력이 날로 양양됨에 따라 각 우방의 중시와 기대를 받게 되고 더욱 우리에 대한 인식과 원조가 의외로 커서 꿈에도 잊지 못하던 조국광복의 실현이 목전에 다가옴을 믿어 의심치 않는다.

라고 하면서 전시체제에 대한 대응자세를 피력하고 있다.[37]

제4차 개헌의 개정된 임시헌법에서는 1927년 3차 개헌 때의 제2조항이었던 국가의 최고권력이 임시의정원에 있다는 항목을 삭제하였고, 주석의 권한을 확대시켜 비상 전시체제에 임하는 뚜렷한 의지를 나타내고 있다. 그러나 이것은 임시의정원의 기본적인 권한을 박탈한 것이 아니고 중일전쟁 이후 강력한 통치권력에 대한 요청이 절실히 대두되고 있었기에 전시내각으로서의 임무를 제시한 것이었다.

또한 광복운동자에 의한 대단결의 당에 관한 규정도 삭제되었는데 그것은 "광복운동자가 대단결한 정당이 완성되면 최고권력은 그 당에 있다"고 규정한 것이다. 이를 삭제한 의도는 당시로서는 유일당의 결성이 실현성이 없고 오히려 임정의 존재를 위태롭게 만든다는 경험에서 취하여진 것이라 할 수 있다.[38]

한편 국무위원회와 주석을 선출하거나 면직시키는 권한을 임시의정원에 부여하여 국무위원회의 독주를 견제하는 데도 유의하였다.[39] 또한 임시의

---

37) 金正明 編, 『朝鮮獨立運動』 Ⅱ, 東京 : 原書房, 1967, 664~665쪽.
38) 秋憲樹, 「大韓民國臨時政府의 政治史的 意義」, 『韓國史學』 3, 한국정신문화연구원, 1980, 51쪽.
39) 양영석, 「대한민국 임시의정원연구」, 『한국독립운동사연구』 2, 독립기념관, 1988, 349쪽.

정원 의원은 행정부 주관으로 선거하나 의원자격의 심사 및 선거관계의 최고판결권은 임시의정원에서 갖도록 개혁하였다. 이러한 면도 역시 전시체제하에서 임정과 임시의정원의 상호견제와 협조로 민주주의 정치체제를 유지하려는 데 유의하였던 것이라 할 수 있다.

그리고 임시의정원 의원 30명 이상이 연서로 정부나 국무위원에게 질문할 권리가 주어졌다. 이때 국무위원은 5일 이내에 말이나 글로 답변해야 하는데, 그렇지 못한 때에는 그 이유를 명시해야 하였다. 단 질문한 의원의 출석요구가 있으면 출석하여 답변해야 한다는 규정도 덧붙이고 있다.40)

이 외에는 민주공화국이란 국체 표시가 삭제되었고, 국권이 주권이라 명시되었으며, 국무회의가 국무위원회로 개혁되었다. 그리고 국무위원이 2개월 결석시 자동해임된다는 조항을 삭제하였다.41)

이와 같은 임시헌법의 개정에 따라 임시의정원 회의에서 임정의 국무위원회 주석 및 국무위원을 선거하였다.

주 석 김 구
국무위원 이시영 조성환 조완구
         차이석 조소앙 박찬익 송병조

이와 함께 국무위원회에서는 임시정부의 주요 임원을 선정하였다. 그 명단을 보면 다음과 같다.

내무부장 조완구   외무부장 조소앙
군무부장 조성환   법무부장 박찬익
재무부장 이시영   비 서 장 차이석
검사원장 이상만   참모총장 유동열

그리고 당면 업무수행방침을 의결하고42) 통수부를 설치하여 주석인 김

---

40) 국회도서관, 『大韓民國臨時議政院文書』, 1974, 12~14쪽.
41) 金得柱, 「大韓民國臨時政府의 國際的 地位」, 『亞細亞學報』11, 1975, 3~6쪽.

구 외에 유동열·조성환·조완구를 막료로 선임 배치하여 군의 통수권과 기강을 확립하였다.

또한 1941년 11월 25일 국무위원에서는 임시헌법 제26조의 "국무위원회는 광복운동의 방략과 건국방안을 의결함"이라는 조항에 의거하여 조소앙이 연구 건의한 建國綱領을 통과, 정식으로 공포하였다.[43]

이와 같은 제4차 개헌을 통하여 국내의 전시체제에 대응할 수 있도록 그 면모를 일신한 임정과 임시의정원은 김구의 영도하에 보다 적극적인 광복정책을 수행해 나갈 수 있었다. 그만큼 개혁정책이 실효를 거둔 것이라고 지적할 수 있다.

(2) 建國綱領과 개혁

임정은 제4차 개헌을 단행한 뒤 조소앙의 제창으로 삼균제도의 건국원칙을 천명하였다. 이것은 정치, 경제, 교육의 균등원칙인 삼균제도로 均權, 均富, 均學의 민주공화국의 복지국가를 지향하였던 것인 바 1941년 12월 발표한 建國綱領이 그것이었다.[44]

임정은 중경으로 옮겨 진용을 재정비한 후 각종 정보망을 통해 일제의 패망을 전망하고 건국을 구체적으로 준비하였다. 1941년 10월 26일부터 12월 10일까지 4차에 걸쳐 대개혁의 안건이 되는 임시의정원의 심의를 거친 다음 광복 후 건국을 위한 구체안인 '대한민국건국강령'을 일제가 태평양전쟁을 도발한 뒤 발표하였던 것이다.

이 건국강령은 1944년 4차 개헌정신과 광복 후 헌법에도 반영되었는데 그 내용은 전부 22항으로 구성되었다. 즉 총강에 이어 복국(2장), 건국(3장)의 22항인데, 이는 건국과정을 복국기와 건국기로 나누고 이를 다시 각각

---

42) 1. 광복군 총사령부를 서안에 이동함과 동시에 군사특파단을 소환할 것.
　　2. 장병을 급속 모집, 단기훈련을 실시하여 최소한 3개 사단을 편성할 것.
　　3. 중국과 광복군에 관한 협정 원칙을 수립할 것.
　　4. 군사비는 미주방면 동포들의 특별의연금으로 충당할 것.
43) 국사편찬위원회, 『韓國獨立運動史』 5, 1969, 47쪽.
44) 李炫熙, 앞의 논문 「대한민국임시정부의 지도체제」, 19쪽.

3단계로 나누어 정치·경제·교육체제를 개혁적으로 선언한 것이었다.

우선 총강에서는 민족공동체로서의 대한민국의 의미를 최고조직체로 규정하였으며, 건국정신을 삼균제도에서 찾았다. 그리고 토지의 국유화, 순국선열의 유지, 3·1대혁명과 임정 수립과의 불가분의 관계 등을 포괄적으로 설명함으로써 대한민국임시정부의 정통성과 삼균제도가 대한민국 건국이념과 직접 연결된다는 그들 나름대로의 민족 자존자주적 건국정신을 강조하고 온 국민의 단결을 호소하고 있다. 이 개혁안이 광복 뒤에 대한민국에 그대로 직결, 반영되었다면 오늘의 여러 가지 제도적 모순은 상당부분 제거 정비되었을 것이다.

이 개혁안건에서 특히 주목되는 점은 김구 주석의 정통적 민족주의의 신념과 이상이 잘 반영되어 있다는 것이다. 이를 통해 주석 중심적 지도체제의 강인성 확실성 선명성 등을 충분히 인식할 수 있다.[45]

뿐만 아니라 복국의 실천방침과 그에 대한 의지가 명확히 엿보이고 있는데 그 내용은 3기로 나누고 있다. 첫째는 독립의 선포와 함께 임시정부와 의정원을 수립하고 혈전을 계속하겠다는 군사적 수복방침을 나타내고 있다. 둘째는 일부 국토를 탈환하고 黨·政·軍의 구성과 국제적 이해증진, 그리고 그 지위를 획득하겠다는 세계사적인 연대의식을 반영하고 있다. 셋째는 평등과 자유의사로서 각국 정부와 정상적인 조약체결로 외교수립을 강화해 나가겠다는 자립의 의지를 보이고 있다. 이 복국기의 특징은 복국기의 국가 주권이 광복운동자 전체가 대표하고 광복군이 연합군과 항일동맹의 구체적 행동을 전개한다는 개혁의 사실을 들 수 있다.

또한 건국의 단계도 역시 3단계로 추진할 것을 표방하였다. 그 첫째가 중앙의 정부와 의회가 삼균제도의 강령과 정책을 추진하는 과정이며, 둘째는 삼균제도의 헌법을 응용 실시하며, 선거가 이루어지고, 민주적인 문화생활이 보장되는 과정이며, 셋째는 건국에 대한 기초적 시설이 상당수준 성취될 시기라고 표현하여 민주적이고 복지적인 혁명의 새국가 건국을 이상형의 모델로 삼고 있었던 것이다.

---

45) 金九, 앞의 책 참조.

이 외에도 건국강령에는 건국에 따르는 민주적인 절차와 제도적인 원칙이 규정되어 있어 이를테면 광복운동과 함께 조국을 다시 찾았을 때의 제도적인 수권기관으로서의 골격까지도 구비하려는 원대한 개혁의 이상을 설계하였던 것이다.[46] 뿐만 아니라 독립운동자를 이 독립운동 실행대열에 모으기 위한 국민적 노력의 일단이 반영되는 의미에 개혁적인 전시체제를 명분있게 이해시키고 있다. 그 참여의 폭이 넓으면 넓을수록 그만큼 조국의 완전 무결한 독립은 속히 달성될 수 있다는 점을 암묵적으로 시사하고 있다.

이러한 건국강령은 사회주의 독립운동가들에게도 큰 만족을 주어 그들이 임정에로의 대동흡수와 연합을 급진전시켜 주었다. 즉 임정은 독립운동에 민족주의 노선과 사회주의 노선의 분화가 있음에 유의하여 광복 후에는 통일 독립국가를 건설하기 위한 준비로 그들이 민족주의자들이었음에도 불구하고 사회주의자들을 대동흡수 통합한 연합전선을 형성하기 위해 경제 부분에 사회주의적 요소를 도입하였다. 그 결과 임시정부의 건국강령은 정치·교육부문에서는 자유 민주주의가 지배하고 경제부문에서는 사회주의를 도입한 강령이 되었다.[47] 아울러 최초의 좌우익 연립정부가 구성되는 대혁명성을 실현시킨 것은 임정의 큰 개혁적 업적이며 법통성에 크게 기여한 사례인 것이다.

이와 같이 임정의 광복운동에 임하는 자세와 그 개혁적 이념은 이 대한민국건국강령 속에 반영되고 있다고 하겠다.

(3) 제5차 개혁안

임정은 제4차 개헌을 통해 주석지도체제로 전환한 뒤 국무원을 보강하는 등 자체 정비와 강화를 꾀하여 많은 어려움에도 국내외에 걸친 개혁적인 치적을 쌓았다. 더욱이 1941년 6월에 와서는 韓中관계가 더욱 밀착되었

---

46) 李炫熙, 『日帝時代史의 硏究』, 三珍社, 1980, 142~143쪽 ; 『韓國近現代史의 爭点』, 삼영사, 1993, 395~420쪽.

47) 신용하, 『한국현대사와 민족문제』, 문학과 지성사, 1990, 300쪽.

고, 태평양전쟁이 발발하자 당당히 대일선전성명서를 선포하여[48] 무력으로 독립전쟁을 실현시킬 것을 결의하고 이 통고문을 즉각 미·영·중·소 4개국에 보냈다.[49]

한편 제2차 세계대전이 고조되자 중국 국민당정부의 임정에 대한 지원이 확대되었고, 미국에 있던 이승만을 구미외교위원회에 위원장으로 임명하여 외교활동을 전개하도록 함으로써 외교의 균형과 실리를 추구하였다.[50] 이러한 상황은 1942년 7월 광복군에 대한 중국정부와의 타협이 이루어지게 되어 중국 내에서의 군사적 활동이 용이해졌으며, 재정적으로 궁핍해 있던 임정으로 군자금이 단일적으로 모아지게 되어 임정 수립 이래 최대의 활황을 띄게 되었다. 또한 1943년 카이로에서 미·영·중 3국 수뇌회담이 열려 戰後문제가 토의되고, 한국을 독립시킬 것을 문서적으로 결의하였으니 이는 독립운동의 전망을 밝게 해주었다.[51]

이와 같은 상황은 조국광복에 대한 열망을 새롭게 전개시켜 주었고 격변하는 국제정세에 보다 적극적·현실적인 광복정책을 수행하기 위한 법제적 뒷받침과 개혁정책이 절실히 요청되었다. 이에 새로운 정치적 상황을 만족시킬 수 있는 개혁정책의 일환으로 제5차 개헌론이 대두되었다.

임시헌법에 대한 개정안은 1942년 임시의정원 회의에서 이복원 공진원 등 26명의 의원의 제안으로 상정 의결되었다. 이 제안의 요지는 대내적으로 각 정당이 모두 통합되고 대외적으로 국제정세가 크게 반전됨으로써 종전 제4차 개헌의 임시헌법으로는 이러한 상황을 다각적으로 만족시킬 수 없다는 것이었다. 그러나 개헌문제의 핵심은 임시의정원 의원선거에 관한 것으로, 제34회 의회개최 이후 임정에 참여한 조선혁명당을 비롯한 각파 정당은 그 동안 대립으로 인한 열세를 극복하기 위해 체제개편을 요구

---

48) 임정은 1941년 12월 10일 대일선전을 포고하고 성명서를 발표하였다. 앞의 『대한민국임시의정원문서』참조. 李炫熙, 「大韓民國臨時政府의 對中國外交政策硏究」, 『韓國史學』 14, 精文硏, 1994.

49) 柳光烈, 『抗日宣言·倡義文集』, 서문당, 1975, 276쪽.

50) 金九, 앞의 책, 267쪽.

51) 李炫熙, 앞의 『大韓民國臨時政府史』, 303쪽 ; 『獨立新聞』(중경판), 윤정우 사론.

하지 않을 수 없었다.

이에 따른 헌법기초위원으로 조소앙, 조경한, 유자명, 신영삼, 박건웅, 최석순, 최동오의 7명이 선임되어 1944년 10월 공포되기까지 1년 여의 기간을 갑론을박하다가 1944년 4월 21일 제36회 임시의정원에서 약헌개정완료안이 통과되었다. 이것이 다음날 공포되었으니 이것이 주석·부주석제의 제5차 개정 임시헌법인 것이다.[52]

개정된 임시헌장은 전문과 본문 62개조로 구성되어 임정의 헌법 중 가장 장대한 것이었다. 이는 종전의 임시약헌과는 많은 차이점이 있었다. 국내외 정세를 파악하여 현실성을 고려하면서 조국광복을 위한 헌법의 체제와 명분을 살렸다. 또한 임정을 3·1대혁명의 계승이라는 대한민국 수립의 이상과 의의를 밝혔고, 민권과 사법에 관한 사항을 명시하였다. 그리고 임정의 지도체제가 주석·부주석제로 개혁되니 비상시의 좌우익 연립정부와 같은 성격을 띠게 되었다.

이 제5차 개헌의 특징적인 내용을 살펴보면, 우선 주석의 지도력과 통솔권한이 더욱 강화되었음을 엿볼 수 있다. 이전에 있어 주석에게 부여된 지도력과 통솔권한은 대외적으로는 정부의 대표이며, 대내적으로는 국군의 통할, 국무위원회의 주석, 각부 위법시 명령정지 등에 관한 광범위한 것이었다. 그러나 이번 개혁된 임시헌장에서는 각부 부장회의의 주석·국무위원회에 대한 각부 부장 임면 추천권한이 추가되었다. 이것은 현실적으로 김구의 지도력을 더욱 집중적으로 강화시켰다.

그리고 행정부를 국무위원회와 행정연락회의로 구분하였다. 임시의정원에서 선출된 국무위원들로 구성되는 국무위원회는 복국과 건국의 방책, 예산결산, 선정강화, 군무에 관한 사항 등을 합법적으로 의결하는 정책결정기관이었다. 반면 정책을 이행하는 각 부장들의 연석회의를 갖게 하는 행정연락회의를 구성하는 이중구조를 취하게 되었다. 이때 주석은 국무위원 중에서 부장을 선택할 수도 있어 실제 행정연락회의가 내각을 대표하는 요소가 더 많았다고 평가하겠다.

---

52) 제36회 「臨時議政院議事錄」.

또한 부주석제가 신설되었다. 부주석은 국무위원에 참석하여 발언할 수 있고, 표결권은 없으나 주석의 유고시 직무를 대행하게 되어 있었다. 이러한 부주석제의 설치는 행정상 필요한 것이라기보다 일찍이 파리강화회의에 파견되었고, 초대 내각의 외무총장과 학무총장 등으로 활약한 바 있는 김규식이 임정에 복귀한 데 대한 대우였으며,53) 대내외적으로 좌우익을 조정, 독립운동자의 역량을 집중하자는 정치적 효과를 고려한 것이라 하겠다.

이 개혁정책으로 말미암아 조선민족혁명당의 주석으로서의 좌파세력에의 임정대동통합이라는 좌우합작적인 큰 그림으로서의 통일의 의미가 실현시킬 수 있게 되었다. 그리고 막연히 규정되어 오던 광복운동자의 개념을 명문화할 수 있었다. 이는 개헌과정에서 가장에서 가장 논란이 많았던 내용의 하나로 재수정을 거듭한 끝에 최종적으로

　　광복운동자는 조국광복을 유일한 직업으로 인하고 간단없이 노력하거나 또는 간접이라도 광복사업에 정력 혹 물력의 실천공헌이 있는 자로 함. 광복운동에 위해를 가하는 행위가 있을 시에는 광복운동자의 자격을 상실함.

이라고 확정하였다. 이는 조국광복에 몸바쳐 온 독립운동자들로서는 주장되어야 할 정치적 명분이었으며, 독립전쟁을 앞둔 임정으로서는 민족의 역량을 결집시키는 데 필요한 대개혁사업이었다.54)

그밖에 임시의정원 의원 피선거권자의 연령을 종전 23세에서 25세로 높이고, 의원의 임기는 3년으로 규정하였으며, 국무위원의 수를 6인 이상 10인 이내이던 것을 8인 이상 14인 이내로 대폭 증가시켰다. 이는 임정의 확대와 역량의 집중화를 의식한 대책이었다. 그리고 주석·부주석 및 국무위원의 임기를 모두 3년으로 규정하여 종전의 임기에 대한 기한이 없던 데서 오는.폐단을 과감히 시정하고자 하였다.

---

53) 李庭植, 『金奎植의 生涯』, 신구문화사, 1974, 117쪽.
54) 秋憲樹, 앞의 논문, 59쪽.

또한 행정 각 부서에 선전부와 문화부를 신설하여 행정부의 강화에 일익을 담당하게 하였다. 종래 국무위원 중에서 각 부장을 호선하던 것을 이번 임시헌장에서는 행정능력만 있으면 국무위원이 아닌 인사라도 주석의 추천에 의해 국무위원회에서 부장으로 임명할 수 있게 하여 유위유능한 인재를 등용하도록 특별히 조치하였다.55)

이와 같은 내용을 가진 제5차 개헌의 임시헌장은 1942년 각 당파가 임정으로 통합한 이후 이루어진 정치적 합의라고 할 수 있다. 이것은 그동안의 개헌 중 가장 민주적이고 총체적으로 이루어진 근대적 개혁작업으로 임시의정원의 마지막 개헌과정이었다.

임시헌장을 통과시킨 임시의정원은 이어 행정 각료 14명을 선출하였다.56)

```
주    석  김 구          부주석  김규식
국무위원  이시영  조성환  조완구  황학수  장건상  박찬익
          조소앙  성주식  김붕준  유 림  김원봉  김성숙
          조경한  차이석
```

정부의 기능이 더욱 확충 강화된 주석·부주석체제는 실질적인 민주방식에 의한 지도체제로 광복 때까지 임정을 이끌었으며 이의 신념과 이념은 광복 이후에도 맥락지어졌다.57)

이와 같이 일련의 개헌과정을 통해 강화된 임정은 광복군의 활동을 더욱 강화하며58) 정부승인을 위한 외교 등 활발한 대내외적 활동을 전개하였다. 그러나 1945년 11월 임정과 임시의정원은 일단 활동을 중단한 채 임정요인들은 미군정에 의해 허무하게도 개인자격으로 귀국하고 말았다.

---

55) 국가보훈처, 앞의 책, 1005쪽.
56) 위의 책, 1009쪽.
57) 李炫熙, 『韓國現代史散考』, 탐구당, 1975, 115~117쪽.
58) 李炫熙, 앞의 『한민족광복투쟁사』, 328쪽.

4) 임정 개혁의 역사적 당위성

이상으로 임정 27년사를 통해 발전적인 광복정책으로서의 개혁과 그 성과를 검토하였다. 이를 종합적으로 평가함으로써 결론에 대신하고자 한다.

첫째, 임정 27년사의 개혁은 광복정책을 효율적이고 설득력 있게 운영하기 위해서 요인들의 다각적인 심사숙고 속에서 나온 전향적 발전정책이었다. 제1차 개혁은 내각제와 대통령중심적인 절충안을 가지고 임정의 단일 정통화 과정을 거쳐 하나로 통합하자니 강력한 지도력을 가진 대통령중심적인 체제가 보다 효과적이라는 중론에 따라 衆智를 집중·합일시킨 것이다. 그것이 곧 대통령을 구심점으로 한 강력한 단일지도체제인 대통령중심체제였던 것이다. 이를 통해 내외의 국민을 상해 프랑스조계 중심으로 모으고 통치권도 이를 구심점으로 삼아 3권분립의 정통정부를 구성해 내외를 통할 통치해 나갔다. 가령 김인서가 관련된 연통제와 교통국의 비밀통로가 그것이다.

둘째, 중국적인 영향하에 국무령중심적인 지도체제로 개편해야만 광복정책 실현에 국제경쟁력이 있다고 믿고 이러한 개혁안건을 임시의정원(국회)에서 합법적으로 통과시켰다. 비록 그 기간은 짧았으나 정치 경제력을 집중시키는 효과를 가져온 것이다.[59] 2년여의 이 국무령중심 지도체제로의 과감한 개혁은 임정이 가장 어려운 시기를 극복할 수 있었던 전환점의 모색이기도 하였다. 임정은 독자적인 힘으로 5천 년 민족사의 저력과 전통을 통해 슬기롭게 난국을 극복했던 것이다.

셋째, 임정의 침체 위기를 극복 청산할 수 있는 개혁의 길은 한 사람의 지도력만 가지고는 원만히 수행할 수 없다고 믿어 공동의 획일적인 국무위원제로 개혁 변경함으로써 가장 효과적인 개혁의 성과를 거둘 수 있었다. 이봉창·윤봉길 두 의사의 炸彈의거를 통해 크나큰 성과를 거둘 수 있었던 것은 국무위원제의 최대 성과라고 생각된다.[60]

---

59) 李炫熙, 『조동호 항일투쟁사』, 청아출판사, 1992, 189~205쪽.
60) 앞의 『한국민족운동사료』 중국편, 520~539쪽.

넷째, 이봉창·윤봉길 두 의사의 의거로 임정은 8년여의 기나긴 이동시대를 맞게 된다. 기강에서 임정의 터주대감 이동녕을 잃은 뒤 김구 등 요인들은 좌절치 않고 개혁의 고삐를 늦추지 않으면서 중경으로 이동해 갔다. 비약을 위한 개혁적인 차원에서의 정책 실현이었다. 광복군의 성립이나 건국강령의 공식화 시행 등은 임정 출범 이후 20여 년의 개혁적 경력이 중국 등 우방의 감동과 독립·자존할 수 있는 민족임을 스스로 확실하게 입증받게 된 결정적인 계기였던 것이다.61)

다섯째, 중경에서의 좌우합작적인 연립내각의 개혁적인 구성은 내면적인 면에서 상호 이견이 있을 수 있겠으나 표면적으로는 통일-통합의 대성공이었다. 더욱 오늘날 남북분단이 심화되어 있는 가슴아픈 현실의 모습을 볼 때 임정의 통합을 위한 개혁정책이 남북의 통일을 전제로 한 좌우익 진영의 연립화를 달성했다는 것은 곧 한민족의 우월성과 정통성의 현주소를 시사하는 것으로 보아도 좋을 것이다.62)

여섯째, 임정의 개혁정책은 느슨해지는 임정의 요인·동참자·후원자 등에게 심기일전, 비약할 수 있는 새로운 활력의 강한 절실성과 통합의 필연성을 동시에 인식할 수 있게 하였다.

임정이 광복군으로 하여금 직접 독수리작전 같은 국내 정진작전을 펴서 완전 광복을 달성하려 했던 그 의기·집념·이상은 곧 임정 개혁정책의 크나큰 개가요, 촉진적 성과라고 정리 요약할 수 있겠다.63)

---

61) 앞의 『대한민국임시의정원문서』, 499~520쪽.
62) 李炫熙, 주 49)의 논문.
63) 上海日本總領事館, 『朝鮮民族運動年鑑』, 101~120쪽 ; 『OSS文書』 참조.

2. 임정의 군사광복정책

1) 군사적 방법의 새로운 시작

1919년 3·1혁명 이후 민족 독립운동의 구심점을 갈망하는 민족적 여망에 따라 상해에 수립 선포된 대한민국임시정부는 실질적이고 본격적인 광복정책을 진폭있게 모색하여 나갔다. 그 기본적인 절대 목표는 조속한 조국의 완전 자주통일과 독립쟁취로서 이를 위해 국내외 동포와 독립운동단체를 연계 통할 통합할 수 있는 군사적 방안을 구체화시켜 실현시킴에 있었다.

이에 임정은 1919년 11월 5일 대한민국 임시헌법을 통해 대본영에는 대통령을 元帥로 삼아 막료와 기관의 고등부를 두고 국무총리와 참모총장이 이를 집행하게 마련하였다. 또한 내정·교통·외교·교육·문화·사법·재정 정책뿐만 아니라 실전에 임하여 무장 항일 독립전쟁을 전개, 완수할 수 있는 군사 광복정책을 마련하였다. 그것은 군대의 편성과 규칙, 군대 병력의 모집, 군사 인재의 양성, 독립군 단체의 임정에의 통할통치, 무장부대의 국내 진입작전 등으로 다양하고 규모있게 추진되었다.

이보다 앞선 1919년 9월 11일 임정은 제1차 대통령중심의 지도체제를 위한 개헌에서 군사제도의 규범을 법률상 극명하게 정립한 바 있으므로 무장독립전쟁론을 실천으로 옮겨 2천만 남녀로 하여금 광복군되기를 마음으로부터 맹세해야 한다는 취지를 분명하게 내걸고 있는 것이다.[1] 이는 한국광복군이 중경에서 정식으로 성립되기 20년 전의 일로 임정은 우리의

---

1) 『獨立新聞』(상해판) 1920년 2월 14일자, '군무부 포고 제1호'.

광복군이 성립되기 전부터 무장독립전쟁을 완수하기 위한 직할 무장군대를 보유하고자 전민족적 혈전의 결의를 보이고 있었다.[2]

그리하여 임정은 수립 당시부터 군사적 광복정책의 최고행정기관으로 국무원에 군무부를 두어 이를 중심으로 실천에 옮기고자 진력하였다. 한때 동삼성 일대(하바로프스크)에 군무부 지부까지 설치 운영하며 그곳의 무장 독립전쟁을 원격 조정하거나 직접 진두 지휘하였음을 분명히 인식해야 한다.

특히 임정이 수립된 다음해인 1920년을 혈투적 독립전쟁의 해로 결정하고 국민개병제를 절규한 것은 외교 자립주의와 민족 실력양성과 함께 무장전쟁론이 광복의 실천을 위한 임정의 3대 기본 정책목표 중에서 가장 비중을 두었던 분야임을 알 수 있다.

이에 대한민국 국군의 정통성을 한국광복군의 정신사적 맥과 활동으로부터 찾아보고 그것을 학술적 근거로 종래적인 국군의 날 제정에 있어 재검토의 필요성을 인식시켜 보고자 한다.

2) 임정 군무부의 광복정책

1919년 4월 13일 李東寧 등 29명에 의해 중국 상해 프랑스조계 내에 수립 선포된 임정은 내정·교통·군사·외교·교육·문화·재정·사법 등 여러 부문의 핵심적인 광복정책을 추진하였다. 조국의 완전무결한 광복 달성을 촉진하기 위한 무장독립전쟁론이 강력히 대두함으로써 다양한 군사적 광복 정책을 수립 시행하였다.

임정의 군사정책은 군대의 편성원칙 아래 군대의 편제와 조직에 대한 규칙을 마련하고 군사간부의 양성과 일반 군인의 모집, 동삼성 지역의 수많은 무장독립군 단체를 임정에 통할 歸一케 한다는 統合의 방향으로 추진되었다.

---

2) 이현희, 『한국광복군』, 독립기념관 한국독립운동사연구소, 1991, 14쪽.

이러한 계획은 1919년 12월 18일 발표된 '大韓民國陸軍臨時軍制' '同 臨時陸軍武官學校條例' 등 여러 군제가 성숙 조성됨으로써 구체화되어 임정의 군사적 광복정책의 근거가 마련되었다.

먼저 '육군임시군제'는 군대의 편제와 조직에 관한 규정으로 모두 3편 55개조로 구성되어 있다.3) 이것은 임정이 군단을 최고 목표로 한 군대편성 계획으로 부대의 편제는 군단에 이르기까지 분대·소대·중대·대대·연대·여단의 6단계로 정하였으며, 항일무장전쟁을 수행할 수 있는 최소의 3단위로 병력의 규모를 약 1만3천 명에서 3만여 명으로 잡았다.4) 따라서 1920년대 임정의 주요 군사정책은 군대의 편성을 제일 급한 과제로 삼아5) 임시 군제에서 부족한 군사적 광복정책 방향을 보완해 나갔다. 이에 동년 7월 교령 제6호로 大韓光復軍總司令規程과 그 세칙을 발표하고6) 1924년 9월에는 통수기관으로 대본영의 직제를 발표하였다.7) 이 임시 군제는 상해에서 실질적으로 이행되지 못하였으나 中日戰爭이 치열하였던 1940년 重慶에서 한국광복군이 창설된 연원적 근간이 된다.

'대한민국육군임시군구제'는 실전에 임할 수 있는 동원 병력을 모집하는 방안을 규정한 것으로8) 모집 대상 지역을 3개 권역으로 나누어 실시하고자 하였다. 즉 하얼빈 이남과 길림성 부근, 봉천성(심양) 전체를 포함한 지역을 서간도군구로, 연길현 일대를 북간도군구로, 노령 일대를 강동군구로 나누어 이들 지역에 거주하는 한인동포 청년들을 대상으로 군인을 모집하려는 것이었다. 臨政은 당시 한인들이 많이 거주하고 있던 이들 지역에서 20세 이상 50세 이하의 한국인 청장년들을 상대로 군적에 편입시킬 것을 계획하고 이를 선전·실천하기 위해 임정 기관지인 상해판『독립신문』을 이용하여 국내외에 있는 대한 남아들의 군대 입대를 호소 설득하였다.9)

---

3) 국사편찬위원회,『韓國獨立運動史』資料 2, 1971, 12~19·35~40·52~60쪽.

4) 김희곤,『상해지역 한국독립운동단체 연구』, 경북대 박사학위논문, 1990, 158쪽.

5) 이연복,「대한민국임시정부의 군사활동」,『독립운동사연구』2, 독립기념관, 1988 ; 同,『大韓民國臨時政府30年史』, 국학자료원, 1999, 120~125쪽.

6)『大韓民國臨時政府公報』號外, 1940년 10월 9일자(素昻文類 555).

7) 독립운동사편찬위원회,『독립운동사』6, 1975, 100쪽.

8) 국회도서관,『韓國民族運動史料』中國篇, 1976, 139~140쪽.

그리고 '임시육군무관학교조례'에 의해 군사 간부를 양성하려는 목적으로 직접 육군무관학교를 상해의 임정 직할 교육기관인 仁成學校의 교실을 활용하여 설립 운영하였다.10) 또한 군사인재 양성을 위한 임정의 노력은 미주 지역에서도 이루어져 군무총장 노백린이 재미교포 金鐘麟(林)과 함께 1920년 2월 캘리포니아주 윌로우스에 비행사 양성소를 설립 운영하였다.11) 뿐만 아니라 임정을 지원하는 수많은 외곽단체 중의 하나인 한국노병회가 1922년 10월 김구 이유필 여운형 조동호 등에 의해 조직되어 조국광복을 위해 향후 10년 이내에 1만 명 이상의 勞兵을 양성하고 백만 원 이상의 전비 조성을 목표로 활약하였다.12) '임시군구제'와 '임시육군무관학교조례'는 육군 임시군구제의 부록에 해당하는 것으로 실제적인 군사 양성방법을 규정한 중요성이 부각되고 있다.

이와 같이 임정은 수립 직후부터 군대 편성을 목표로 설정하여 기대되는 군사광복정책을 추진하면서 독립운동의 최후 수단인 전쟁을 보다 대규모적으로 개시하여 규율적으로 진행하고 최후 국토수복을 이룰 때까지 개전 준비를 위한 다양한 조치를 취하겠다는 강한 자립의 뜻을 나타냈다. 이에 임정은 구체적인 군사정책 방향을 다음과 같이 군무총장(노백린) 책임 아래 마련하였다.

1. 군사상 수양과 경험이 있는 인물을 조사 소집하여 군사회의를 열고 작전 계획을 준비하여 각종 군사 직무를 분담 복무케 한다.
2. 러시아·중국 각지에 10만 명 이상의 의용병 지원자를 모집하여 隊住의 편의성, 병사의 직무와 야학 개설, 군인의 군사훈련과 학식을 높임 등 군사인재를 양성한다.
3. 러시아·중국 각지에 사법부를 분치하여 응모한 병사를 통솔 지휘하

---

9) 『독립신문』 1920년 2월 14일자.
10) 이현희, 『한국민족운동사의 재인식』, 자작나무, 1994, 102~132쪽.
11) 金元容, 「在美韓人50年史」; 독립운동사편찬위원회, 『독립운동사자료집』 8, 1971, 804쪽; 李炫熙, 『桂園盧伯麟將軍硏究』, 신지서원, 2000, 97·100·127·130쪽.
12) 이현희, 『春山 李裕弼硏究』, 동방도서, 1994, 58~78쪽; 金樂山, 『春山 李裕弼小史』(未刊), 1943, 8~13쪽.

며 군사교육을 감독케 한다.

4. 군사적 기관을 조사하여 임정 군무부에 예속시킨다.

5. 국내 각지의 의용병을 모집하여 대오를 편성하고 각지 요새에 잠복시킨다.

6. 러시아와 중국 각지에 사관학교를 설립, 사관을 양성한다. 이는 신흥무관학교의 건학정신을 계승하는 것으로서 큰 의미가 있다.

7. 미국에 청년을 선발, 파견하여 비행기 제조와 비행전술을 익히게 한다.

8. 내외에 모험 청년을 선발하고 炸彈隊를 편성하여 그 시술을 습득시킨다.

9. 중국·구미 각국에 교섭하여 무관학생을 파견한다.

10. 청년을 선발하여 砲槍術, 화차기관술 등 전시에 긴요한 기술을 습득케 한다.

11. 미국 등 외국에 교섭하여 軍物輸入을 준비한다.

12. 국내외 주요 지점에 무역상의 명의로 양식을 준비, 전시에 충당한다.

13. 군사전전대를 특설하고 선전 방법을 강구하여 각지에 선전물을 파견하고 전투적 정신을 고취하여 무통일 무조직의 망동을 발생치 않게 한다.

14. 군법 등을 제정하여 군대의 질서와 기율을 엄하게 한다.[13]

이는 육군임시군제와 육군임시군구제, 임시육군무관학교조례에 의거하여 정리 확정해 놓은 것으로 임정의 군사광복정책은 이를 통하여 진로와 방침이 확실하게 천명되었다.

3) 무관양성학교의 설치

1910년대 동삼성 지역에는 독립군 간부를 양성할 수 있는 신흥무관학교가 이동녕 이철영 이회영 이시영 등 민족지사들에 의하여 설립 운영되고

---

13) 박성수, 「韓國光復軍에 대하여」, 『白山學報』 3, 1967 참조.

있었다. 이는 신흥강습소가 발전적으로 해체 보강하여 개편된 것으로 柳河
縣을 근거로 독립전투요원을 양성하면서 폐교될 때까지 발전을 거듭하여
크게 성장하였다.14) 초기 신흥무관학교의 교장은 이동녕·이시영이었고,
교성대장 지청천, 교관 오광선·신팔균·이범석·윤경천 등이 활동하였다.
　이 학교에서는 1920년 8월까지 약 3500여 명의 독립군 고급장교를 육성,
배출하였다. 이들 중 이시영 지청천 오광선 이범석 등이 모두 임정에 순차
적으로 합류 협력함으로써 임정의 군사적 광복정책은 보강되어 본격화되
어 갔다.
　이들은 1920년 이후 광복 때까지 국내 수복 진입작전이나 국경선에서
수천 번이나 일본군과 무장 교전하는 성과를 올렸다. 이어 밀정사살, 일제
기관 파괴, 우편물 노획, 보급차단, 작전교란, 무장증강 등은 모두 이 무관
학교 출신의 고급장교가 담당 수행하였다. 이들 중 대부분이 1940년에 성
립된 한국광복군의 산파역이 된 것은 이러한 과정을 거침으로써 가능한
절차였다.
　이들은 매일 14시간의 제도적인 고된 훈련을 받았는데 下士官반은 3개
월, 장교반은 6개월, 특별반은 1개월 과정으로 편성하여 강한 일본식 교육
을 받았다. 그것은 독립군의 최대 목표가 일본군과의 전투였으므로 그들의
전술 전략을 익히 습득하는 일은 가장 효과적인 훈련 방법이었다. 이에 學
科 1訓, 敎鍊 2訓, 民族精神 5訓, 建設 2訓의 비율로 훈련 시간을 배정하
여 구국일념과 조국애, 충성심을 널리 배양하였다.15)
　이어 신흥무관학교 졸업생들은 新興學友團을 조직하였는데, 이는 三源
堡 大花斜에 본부를 둔 혁명단체로 국내 진입작전 공작에는 거의 대부분
이 참가하였다. 또한 신흥학우보를 발간하여 애국사상을 고취하였고, 동포
들의 자녀교육에도 적극적으로 협조하였으며, 농한기를 이용하여 농민 계
몽에도 힘을 기울였다. 이러한 활동은 한인 동포들에게 민족적 신념·자주
독립사상을 갖게 하여 민간을 중심으로 자위대를 결성하고 일본군 반격에

---

14) 앞의 『독립운동사』 4, 322·482쪽 ; 이현희, 『臨政과 李東寧硏究』, 일조각, 1989,
　　125~130쪽.
15) 이현희, 『韓民族光復鬪爭史』, 정음문화사, 1990, 307쪽.

민방위대적 임무를 착실히 수행해 나갔다.[16] 이들은 1920년 6월과 10월 전개되었던 봉오동 전투와 청산리 독립전쟁의 격전에 주도적으로 참가하여 승리의 역사를 기록하였다. 뿐만 아니라 이들은 끊임없이 국내외를 왕래하거나 기습작전으로 일본 군대와 경찰을 위협하였다.

이때 임정은 상해라는 국제도시의 지역적 한계성으로 군사적 광복정책의 이론과 실제를 구체화시킬 수 있는 무장투쟁을 직접 전개할 여건이 성숙되지 못하자 동삼성에 조직 운영되었던 40~50개의 무장독립군 단체를 원격 조정 흡수하면서 전투를 독려 지휘함으로써 영향력을 행사하였다.[17] 즉 임정은 동삼성 일대의 독립군 무장부대들이 임정을 지지하고 후원함에 따라 이유필 최동오 등을 파견하여 이들과 통합 및 연계작전을 폈다.[18] 임정 군무부는 동삼성 지역의 독립군 단체들을 통할 통솔하기 위하여 이를 동삼성으로 이전하고 이들을 통해 독립전쟁을 개시하고자 계획하였다. 그러나 지역적인 문제와 재정적 곤란으로 계획이 여의치 않자 동삼성에 지부를 설치하고 활용하면서 독립군 무장부대를 원격 조정하였다. 일본 상해총영사관의 비밀 문서에 臨政이 군무부의 지부를 동삼성의 길림이나 러시아의 하바로프스크에 두고 활동하는 모습이 포착되었다는 것은 바로 그러한 사실을 입증해 주는 것이다.

앞서 1919년 11월 17일 臨政은 서간도 지역의 대표적 자치기관인 한족회가 임정의 위치는 상해에 두되 무장독립군을 지휘할 군정부는 동삼성에 건립 활용할 것을 제의하자 한족회와 그 군정부를 임정 직할의 통치기구로 귀속시킬 것에 합의를 보았다.[19] 그리하여 한족회의 군정부는 서로군정서로 개칭하고 임정 산하의 독립군으로 편입되었다. 서로군정서가 창립될 당시에 소총은 5정밖에 없었고, 훈련은 徒手 교련이 고작이었다. 그러나 이들은 열악한 환경 속에서도 무한대의 가능성을 굳게 믿고[20] 民兵制를

---

16) 李炫熙, 「新興武官學校硏究」, 『東洋學』 19, 단국대, 1989.
17) 윤병석, 「西間島 西路軍政署와 大韓獨立團」, 『獨立軍史』, 지식산업사, 1990, 115쪽.
18) 이현희, 앞의 『春山 李裕弼硏究』 ; 金樂山, 앞의 자료 참조.
19) 『독립신문』 1919년 12월 25일자.

채택하여 농촌 청년들에게 고된 훈련을 시키고 이들을 군대로 편성하였다. 특히 서로군정서의 전투력 강화와 전투 의욕을 강하게 심어준 것은 신흥무관학교의 탄생이었던 것이다.

또 臨政은 신흥무관학교의 민족구국정신을 맥락지은 임시육군무관학교를 설치해서 소규모적이지만 80여 명의 사관을 양성 파견하여 임정이 소재한 상해 등지에서도 군사정책을 성실히 수행하고자 독려하였다. 당시 육군무관학교의 초대 교장은 김희선, 2대 교장은 도인권이었으며, 교관은 김희선 황일청 도인권 황학수 김철 등이었다. 이의 조직은 교장, 부관, 학도대장, 학도대부관, 학도대중대장, 학도대구대장, 주계, 서기 등으로 구성되어 있었다.[21] 이의 운영은 1920년 중반 이후에도 지속되어 제4회 졸업생까지 배출하였으나 일제의 프랑스조계 당국에 대한 압력과 임정의 재정난으로 폐교되었다.

이 육군무관학교는 교관의 훈련과 운영으로 장교를 배출하여 국내와 일본에 파견함으로써 군사적인 독립운동을 영위해나갈 수 있었으며, 臨政 산하 독립군 단체인 대한독립군총영에 배치하여 실전에 대처토록 독려하였다. 또 육군무관학교는 청년을 독려하고 독립군을 길러 조국의 완전무결한 자립을 이룩할 때까지 무기한 일본군과 대전하여 승리한다는 이상으로 충만되어 있었다.

이와 함께 臨政은 비행대의 편성 및 비행사 양성 계획 등으로 폭넓은 무장세력 양성에 주력하였다.[22] 이에 상해에서는 안창호를 중심으로 비행기 구입이 추진되었고, 미주에서는 그곳에 체류중인 임정 군무총장 노백린 등이 비행사양성소를 설립하는 작업을 구체화시켰다. 비행기 구입 계획은 비행기를 이용한 국내 선전과 연락 활동을 목적으로 추진되었으나 비행기의 성능 미달과 재정난 등으로 곧 이루어지지는 못하였다.[23]

---

20) 『독립운동사』 자료집 7, 250~260쪽.

21) 이현희, 앞의 『한민족광복투쟁사』, 308쪽.

22) 『安昌浩日記』, 1920년 1월 14일~2월 19일 ; 이현희, 앞의 『계원노백린장군연구』, 63~77・97~99・127~130쪽.

23) 위의 『안창호일기』, 1920년 1월 14・15・20일, 2월 15・16일 ; 이현희, 앞의 책,

그러나 1920년 2월 20일 노백린과 대한인국민회 중앙총회 재무담당 金宗林의 주도하에 미국 캘리포니아주 윌로우스에 비행사 양성소가 설립되었는데, 이는 당시 캘리포니아 주정부가 주립학교의 시설 일부를 제공해준 것이었다. 그리하여 4월 캘리포니아주 레드우드 비행학교 출신 한인비행사 6명을 교관으로 초빙하고 이어 비행기 2대를 매입하였다. 그리고 미국인 기술자를 고용하는 등[24] 제반 준비를 마친 뒤 7월 5일 개학식을 거행하였다. 이후 비행사 양성소는 6개월간의 교육을 통해 19명의 한인비행사를 배출하였다.[25]

이외에도 임정은 독립전쟁에 대비한 위생병의 양성도 계획하였는데, 이는 상해 대한적십자사가 주관하였다. 이에 1920년 1월 31일 간호원 양성소를 부설기관으로 개설하여 3개월 과정으로 13명의 남녀 간호원을 양성 배출하였다. 그러나 이 사업도 재정적 곤란으로 1기생을 배출한 후 중단되었다.[26]

이처럼 임정의 독립군 양성과 독립전쟁을 위한 군사적 광복정책은 다방면에서 진폭있게 실행되어갔다. 중국 동북지방에 산재해 있던 무장독립운동단체 중 대한광복군총영은 임정의 직속 무장군사 투쟁기관으로 독립전쟁을 지휘·수행하고 있던 유일한 단체였다. 따라서 이 무장단체의 조직 연원은 1920년 5월 7일 상해에서 안창호 김희선 이탁 등이 모여 논의한 것이 처음이었다. 같은 해 6월 大韓靑年聯合義勇隊와 大韓獨立團이 합류하여 단일 군사단체로서 출범하였다. 이때 김승만 오동진 등이 무기를 구입, 무장활동을 전개하였다. 본거지를 전 대한독립단본부인 柳河縣 福順成에 설치하고 중앙연락처를 서울에, 支營을 각 도·군에 설치하여 암살대, 방화대로서 조직되었다. 營長에 오동진, 참모부장에 이탁, 경리부장에 조맹선이 임명되었다.

1920년 11월 임시정부 국무총리에게 대한광복군총영이 군자금 부족으로

132~133쪽.

24) 『독립신문』 1920년 4월 27일자.

25) 이현희, 앞의 책, 119~134쪽.

26) 앞의 『독립운동사』 4, 476쪽.

곤경에 빠져있음을 보고하고 公債豫賣의 동의를 얻음으로써 사실상 재정
적으로 독립할 수 있었다. 대한광복군총영의 인사들은 국내에 잠입하여 일
제의 관공서 습격과 밀정, 일제관헌의 사살활동 등을 계속하다가 1921년 8
월 대한통의부로 통합되었다.

4) 청년전지공작대의 조직

1937년 7월 중일전쟁의 발발은 임정의 군사활동을 더욱 자극 촉진시키
는 계기가 되었다.[27] 이때 임정은 이동녕을 필두로 하여 항주를 떠나 남경
근처의 진강 외국인촌에 임시로 판공처를 설치하고 간판도 숨긴채 은밀히
지속적인 광복투쟁의 업무를 이어갔다.[28]

임정은 이동녕이 주재가 되어 협소한 판공처 사무실에서 긴급 국무회의
를 개최하고 그 대응책을 논의하였는데, 1937년도 '임시정부시정방침대강'
중의 군사항목을 보면 결전을 위한 군사시설을 확립하기 위하여 1개 사단
의 병력을 모집 훈련하여 기본대오로 삼고 하급장교의 속성훈련을 급히
충당하려 기도하고 있다. 따라서 장교양성 속성소를 설립하여 남북 동삼성
의 의용군과 기타 교포에게 긴밀한 조직을 완성하여 임기발동을 도모한다
는 것을 목표로 내세우고 있다.[29]

또한 동년의 '임시정무보고' 중 특무와 군사시설의 실행조항을 보면 중
일전쟁의 전운이 긴밀하여 이에 대항할 계획을 세웠다. 먼저 군사인재를
모아 1937년 7월 중에 군사위원회를 두고 예비공작을 진행시킨 바 있다.
특무공작을 행함이 필요하다는 데 의견이 일치하여 동년 7월 15일 국무회
의에서 군무부 산하 군사위원회를 설치하기로 결정하였다. 이어 다음날 유
동열 지청천 이복원 현익철 김학규 안공근 등 6명을 위원으로 선임하여 군
사위원회를 발족시켰다.[30] 이들은 동삼성에서 독립군을 조직 운영한 경험

이 있는 인재들로서, 이들에게 전시체제에 대비한 임정의 군사정책과 실제적 활동을 전담하도록 독려한 것이다. 임정은 군사위원회의 설치 후 초급 장교 양성과 1개 연대의 군대편성을 일차적인 과제로 추진하기로 결의하였다.31) 이 군사위원회는 1943년 4월 13일 임정 국무회의에서 폐지를 결의할 때까지32) 임정의 군사정책을 이끌어가는 군사적 핵심기구로 충실히 광복정책의 임무를 수행하였으며, 이는 한국 광복군 창설에 인맥적이고 사상적인 기반이 되었다.33)

한편 1937년 8월엔 한국독립당, 조선혁명당, 한국국민당의 임정 우익 3당과 미국에 있는 대한인독립단 등 6개 단체의 9개 정당이 연합하여 남경에서 한국광복진선(광선)을 결성하였다.34) 여기에 맞서 김원봉 등은 동년 12월 武漢에서 조선민족진선연맹(민선)을 조직하여 이동녕 김구 등의 광선과 광복투쟁의 방법 작전상 대립하였다.

이때 임정은 진강에서 호남성 장사로 이동하였고, 다시 1938년 7월 광주로 이동할 때까지 잠정적으로 체류하였다. 그런데 이곳의 조선혁명당 본부 남목청에서 이운한이 회의중이던 임정 요인에게 총격을 자행한 5·7사건이 터져 현익철이 사망하고 김구 등이 중경상을 입는 불상사가 일어났다. 이들은 3당 통합문제를 논의하기 위해 모였던 것이었다. 이후 동년 7월 20일 광주에 도착한 임정은 3개월간 체류하였다가 동년 10월 20일 다시 柳州로 이동하여 이곳에서 판공처를 차리고 6개월간 체류하였다. 그리고 1938년 7월에는 이건우 등 청년남녀 60여 명이 漢口에서 조선청년전시복무단을 조직하여 한중 양국민이 연합하여 일제를 타도하자고 절규하면서 전후방에서 중일전쟁으로 영토적 상실 속에 위축되어 있는 중국 군민들에게 연극, 가곡, 강연 등으로 위안을 주었다.

이 때 김원봉의 조선의용대가 동년 10월 10일 한구에서 조직되었다. 이

---

30) 앞의 『독립운동사』 6, 143쪽.
31) 앞의 『대한민국임시정부의정원문서』, 247쪽.
32) 독립운동사편찬위원회, 『독립운동사자료집』 7, 1973, 97쪽.
33) 이현희, 「임정의 군사광복정책 연구」, 『논문집』 35, 성신여대, 1997 참조.
34) 앞의 『한민족광복투쟁사』, 210쪽.

는 광선측에 충격이 되어 광선측은 柳州로 가서 한국광복진선 청년전지공
작대를 조직하였다.[35] 이 청년전지공작대원으로 참가한 사람은 朴英俊 李
在賢 劉平波 池達洙 延美堂(엄항섭의 부인) 오광선 申順浩 吳姬玉 吳姬
英 盧福善 閔泳玖 馬超軍 李俊植 金兢東 등 70여 명에 이르고 있다.[36]

이들은 임정이 柳州에서 6개월여 동안밖에 체류하지 못했기 때문에 특
별한 활동을 구상 전개하지는 못하였다. 그러나 이들 가운데 일부가 중경
에서 조직된 청년전지공작대로 흡수되었다가 한국광복군으로 정식 편제되
었다.

임정에서는 광복군 성립의 전 단계로 1939년 10월 1일 군사특파단을 조
직하고 단장에 조성환, 부단장에 황학수, 단원에 王仲良(나태섭), 李雄 등
을 임명, 西安에 파견하였다. 그리고 이와 비슷한 시기에 중경에서 30여 명
규모로 한국청년전지공작대(복무대라고도 함)가 柳州의 청년공작대원까지
선택적으로 수렴하여 조직되었다.

柳州나 重慶에서 조직 운영되던 청년전지공작대 또는 복무대는 하나의
정공대의 모습을 띠고 발전하여 광복군으로 구체화된 것이다. 이에 가담하
였던 한국 청년들은 자원봉사적으로 공작대를 조직하여 일제 침략자를 박
멸하고자 하는 애국신념을 지니고 있었다. 그 중 30여 명의 공작대원 중
10여 명은 중국 중앙군교 출신의 군사훈련과 교육을 받은 인재들이 포함
되어 있었다. 그 주요 간부진으로는 대장 羅月煥, 부대장 金東洙, 군사조
장 朴基成, 정훈조장 李何有, 예술조장 韓悠韓, 공작조장 李在賢 등이 활
동하였다.

공작대는 기관지인『한국청년』발간사에서 한중 공동의 적 일제를 타도
하지 않으면 세계평화도 이룩될 수 없다고 전제하고 중일전쟁의 결과 중
국의 승리가 우리 민족의 광복의 시초라고 강조하였다. 그것을 위해 공작
실천을 위한 학습을 게을리할 수 없으며, 혁명의 역량을 키워야 한다는 것
이었다. 이에 항일청년동지를 참집시켜야 함을 실천 강령으로 내걸었고,

---

35) 葛赤峰,『朝鮮革命記』, 1959, 20~29쪽.
36) 光復軍 출신 朴英俊의 證言(1999. 5. 30).

대장 나월환은 3천만 동포를 구출하고 중국 내에 산재한 혁명 역량을 총집결하여 무장군대를 건설하자면서 임무수행을 강조하였다.

공작대는 1939년 겨울 중경으로부터 서안으로 이주하여 전지공작을 개시하였다. 이재현,[37] 김동수, 김천성 등 8명은 산서성으로 파견되어 중국 胡宗南 직속의 유격대와 합류하여 적정탐색, 정보수집, 초모공작, 귀순, 유인작전, 군수보급 등을 담당하였다. 이들은 유창한 일본어를 구사하며 큰 성과를 거두었다.

청년전지공작대는 산서성 長治縣 小東口를 중심으로 하여 潞安省과 하남성 燋作 등 여러 곳으로 왕래하며 각종 공작을 폈다. 이에 김천성은 文應國, 李炳坤 등 40명을 포섭하였는데, 이들은 호종남군 전시간부 훈련단에서 군사훈련을 받을 수 있게 인도되기도 하였다. 이러한 청년전지공작대의 각종 공작은 일본군에게 큰 타격을 주었고, 그들을 혼미케 하였다.[38]

이 동안 중경에서는 임정 직할의 광복군 총사령부가 성립되었다. 그후 총사령부가 서안으로 이전함과 동시에 1941년 3월 1일 이 청년전지공작대는 한국광복군의 제5지대로 편성되어 항일투쟁을 전개하게 됨으로 한국광복군으로서의 기능과 활동을 전개하였다.

5) 광복군 성립의 의미

1940년 9월 이동시대(1932～1940)를 끝내고 重慶으로 이동, 정착한 임정은 한국청년전지공작대 등의 세력을 기반으로 한국광복군을 성립하고 마침내 동년 9월 17일 중경 嘉陵賓館에서 내외인사 200여 명이 참석한 가운데 한국광복군 총사령부 성립 전례식을 거행하였다.[39] 광복군 성립 당시의 총사령관은 지청천, 참모장에 이범석, 총무처장에 최용덕, 참모처장에 蔡衡世, 부관처장에 황학수, 경리처장에 조경한(정훈처장 겸임), 훈련처장에 宋

---

37) 이현희 편,『한국독립운동증언자료집』, 한국정신문화연구원, 1986, 281～299쪽.
38) 光復軍 文應國의 증언(1983. 6. 3).
39) 이현희,『大韓民國臨時政府史』, 집문당, 1982, 341쪽.

虎, 군무처장에 劉振東이 각기 업무를 분담 처리하였다.[40] 임정 주석 김구는 한국광복군 선언문을 통해 한중합작으로 공동의 적 일본제국주의자들을 완전타도하기 위해 연합군 일원으로 계속 항전할 것임을 강조하였다.[41]

한국광복군 총사령부는 부대를 소대, 중대, 대대, 연대, 여단, 사단의 6단계로 편성코자 계획하였으나 숫자의 부족으로 지대를 편성하고 각기 3개의 區隊를 두었으며 이를 다시 각 3개의 분대로 나누었다. 이에 따라 제1지대장에 李俊植, 제2지대장에 김학규, 제3지대장에 공진원, 제5지대장에는 실질적인 병력을 가진 나월환을 임명하였다. 이러한 한국광복군 지대의 편성계획은 1년 동안 충원치 못하다가 1942년 4월 조선의용대가 광복군 제1지대로 편입되고[42] 지대장에 김원봉이 임명됨으로 한국광복군은 2개 지대가 되었으며, 앞서 1942년 2월에 김학규가 阜陽에 파견되어 제3지대를 창설함으로 광복군은 모두 3개 지대의 규모가 된 것이다.

한국광복군은 창설 당시 재정적 곤란에 봉착하였다. 물론 중국에서의 군사활동이 필요하였으나 중국 정부로부터 한국광복군 9개 행동준승에 의해 제약을 받게 되었다. 그러나 이 행동준승이 한국광복군의 군사적 기능을 발휘하지 못하게 하므로 임정요인들은 이의 폐기를 위하여 계속적으로 중국측과 교섭을 벌였다. 그 결과 1944년 8월 이에 대한 폐기의 용의를 중국측으로부터 받아냈다.[43] 이후 광복군의 통수권은 新협정에 의해 임정으로 이관되었다.

한국광복군은 독립전쟁을 위한 전투지역을 일본군이 주둔하고 있는 곳이라면 다 포함될 수 있다는 대전제하에 각지에 파견되었다. 이에 한국광복군은 연합군과 對日抗戰을 수행하여 일부는 미얀마, 인도까지 파견 참전하며 영국군과의 연합작전을 수행하였다. 對日戰에 참전한 한국광복군은 일반 전쟁을 수행하는 것 외에도 對敵宣傳, 포로 신문, 암호문 번역, 선전삐라의 작성, 회유방송 등에 심혈을 경주하였다.[44] 겨레의 숙원인 조국

---

40) 蔡根植, 『武裝獨立運動秘史』, 대한민국공보처, 1949, 205~207쪽.
41) 대한민국임시정부선전위원회, 『韓國獨立運動文類』 1942년 참조.
42) 임시의정원의 1942년도 정무보고 참조.
43) 제37회 「임시의정원의사록」.

의 완전독립을 쟁취하기 위하여 직접 국내 진입작전을 펴서 우리의 손으로 조국독립을 회복할 것을 결의하였다. 비행대까지 편성해 놓았던 임정의 한국광복군은 국내정진군의 특수훈련을 실시하였고, 미국 OSS 특수훈련을 받았다.[45]

그러나 연합군의 원자탄이 일본의 두 지역을 강타하자 1945년 8월 15일 일제는 무조건 항복하였으니 그해 9월에 국내 진입작전을 펴려던 임정과 한국광복군의 계획은 실현되지 못하였다. 이것이 우리 한민족과 국토의 분단을 심화시킨 주요 원인 중의 하나였다.

광복군의 성립은 민족통일군대의 성립일 뿐 아니라 국토를 완전히 수복하여 통일독립국가를 건설하려는 민족적 결의의 구현이었다. 즉 임정은 民의 저력과 결의를 광복군의 성립을 계기로 단결하여 국내로 정진, 조국 국토를 완전히 수복하고 통일독립국가를 성취하고자 한 것이 궁극적인 목표였던 것이다.

6) 국군의 날 제정의 논의와 정통성

오늘날 대한민국 국군의 맥은 임정의 직할 군대로 창설된 한국광복군에 그 계보를 둘 수 있다. 그 근거는 인적, 이념적, 조직적 맥락에서 찾을 수 있다.

광복 직후 광복군의 국내지대 편성 및 출신, 연고별 군사단체 조직을 통해 전개된 창군 운동은 군사 경력자들을 중심으로 전개되었으나 미군정의 경비대가 창설되면서 '군사단체해산령'에 의해 1946년 1월 21일 중지되었다. 초기 경비대는 일본군 출신 소장세력이 주류를 이루었으나 경비대의 한국화 작업이 추진되면서 통위부장과 경비대 총사령관을 광복군 출신으로 임명하자 광복군 출신과 우익 청년들이 대거 입대하게 되었다.

44) 이현희, 『대한민국임시정부사의 발자취』, 국가보훈처, 1992, 47~48쪽.
45) 이현희, 「重慶臨政과 韓國光復軍硏究」(下), 『한국민족운동사연구』 6, 한국민족운동사학회, 1992 참조.

그후 1948년 8월 15일 대한민국 정부와 국가가 수립되면서 국군이 창설
되자 경비대를 국군에 편입시켰음은 물론 광복군 수뇌들이 육성한 청년세
력과 우익청년들이 대거 입대, 임관하였다. 이에 한국군에 편입된 경비대
의 체질 개선이 이루어졌을 뿐만 아니라 일본군 출신이 희석되었으며, 대
부분 군사요원들이 견지했던 국군의 광복군 정통성 계승의 이상이 인적
구성을 통해 실현될 수 있었다.[46]

이처럼 광복 후 미군정의 경비대에 입대한 자들이나 대한민국 국군에
입대한 자들은 모두 광복군의 후예가 된다는 합의된 인식을 하고 있었는
데, 이는 바로 광복군의 자주독립정신을 계승하려 함이었다.[47] 즉 광복군
은 독립운동사에 있어서 최후까지 자주독립정신으로 투쟁한다는 일념하에
광복투쟁에 임하였다. 광복 직후 군사 경력자들은 창군 과정에서 광복군을
모체로 국군을 편성해야 한다는 인식으로 광복군을 지지하였으며, 군사단
체해산령으로 단체들이 해산된 후에도 경비대에 입대하지 않았다.

광복군이 환국을 완료하자 1947년 11월 '육·해·공군 출신 동지회'를
조직하여 고문에 지청천, 회장에 김석원, 훈련부장에 오광선 등 광복군 출
신 인사를 선출하고 친목을 도모하는 한편 간부 후보생을 양성하면서 국
군의 창설을 기다렸다.[48]

1948년 마침내 국가가 건국되고 국군이 창설되자 초대 국방장관에 이범
석 장군(국무총리 겸임), 국방차관에 최용덕 장군이 임명되어 광복군 출신
이 국방부의 수뇌부를 형성케 되었다. 뿐만 아니라 이범석은 국군이 광복
군의 독립투쟁정신을 계승토록 하였고, 특히 국군 3대 선서문과 국군 맹세
를 통해 선열의 血跡을 따라 죽음으로써 민족국가를 지키고 강철같이 단
결하여 공산침략자를 쳐부수어 민족통일의 사명을 다하고자 한 좌표를 설
정하였으며, 국군 창설시 입대한 자들은 광복군의 자주독립정신 계승을 모
토로 삼게 되었다.

더욱이 국군 장병들에게 뿌리깊은 광복군의 후예라는 긍지를 심어주기

---

46) 육군본부, 『국군의 맥』, 1992, 454~456쪽.
47) 전쟁기념사업회, 『현대사 속의 국군』, 1990, 403쪽.
48) 위의 책, 408쪽.

위해 장교를 양성하는 육군사관학교의 교장에도 광복군 출신을 임명하였다. 1948년 7월 29일 광복군 출신 최덕신 중령을 육사 제6대 교장으로 임명한 이래 계속해서 7대 교장에 김홍일 장군, 8대 교장에 이준식 장군, 9대 교장에 안춘생 장군 등 광복군 출신을 각각 임명하여 광복군 자주독립투쟁정신을 계승, 본받도록 하였다.[49] 그리하여 한국군은 민중에 뿌리박은 3·1혁명군으로서 삼균주의에 입각한 민주주의 이념으로 무장된 국민의 민주적 군대로 성장한 광복군의 민주공화주의 이념 및 조국의 통일 독립을 지향한 민족공동체주의를 계승하여 한민족의 군대로서 창군된 것이었다.

이와 같이 광복군은 대한민국 국군의 정신적 모체로서 정통성의 근간이 되었다. 더욱이 법적·제도적 차원에서 대한민국 정부가 임시정부의 법통을 계승하고 있으므로 대한민국 국군도 임시정부 광복군의 법통을 마땅히 계승하였다고 할 수 있다. 1948년 7월 17일 제정 공포된 헌법전문에서 대한민국의 뿌리를 3·1독립정신, 즉 임시정부에 두었고 정신적으로 독립정신의 계승을 분명히 하므로 한국군 또한 당연히 임정의 군대인 광복군의 법통을 계승한 것이다. 실제적으로 광복군 출신 이범석, 최용덕 장군이 국군 수뇌부에 기용되어 국군의 정신적 지주가 되었을 뿐만 아니라 이범석 장관은 국군이 광복군의 독립투쟁정신을 계승하도록 정신적 강화의 토대를 마련하였다. 따라서 대한민국 국군은 민족의 군대이자 한민족의 국군으로서 법통성과 대표성을 지녔던 광복군으로부터 그 정통성을 계승하고 있다고 할 수 있다.

이에 국군의 의미를 기념·상징하는 날은 광복군의 역사적 의미와 연계하여 제정하는 것이 보다 의미가 깊다할 것이다. 그럼에도 불구하고 이제까지 국군의 날은 1956년 9월 21일 대통령령 제1173호로 제3사단 23연대 3대대가 6·25전쟁 당시 최초로 38선을 돌파한 10월 1일로 제정 기념하고 있다. 물론 국군의 날을 제정할 당시인 1950년대는 6·25전쟁이 휴전으로 종결된 직후였으므로 38선 돌파가 역사적으로 큰 의미를 갖는 승리와 환

---

49) 육군사관학교, 『대한민국육군사관학교30년사』, 1977, 참조.

회의 감격이었지만, 현 시점에서는 남북화해와 협력 그리고 통일 조국을 지향하는 새로운 역사적 의미의 국군의 날을 제정하는 것이 필요하다고 판단된다. 즉 보다 민족적·통일적 의미가 부각되고 대한민국 국군의 창설 의의와 국군의 정통성을 보존할 수 있는 국군 기념일의 제정에 대한 재검토가 필요하다고 본다.[50]

이에 국군의 날을 재설정함에 있어 여러 가지 의견이 대두되었는데, 대한민국 정부가 수립되어 국방부를 조직한 1948년 8월 15일의 제안과 초대 국방부 장관 이범석이 국방부 훈령 제1호로서 국군의 탄생을 울린 1948년 8월 1일의 제안 등이 있다. 그러나 민족사적 맥락 속에서 국군의 정통성을 회복하고 새로운 통일시대에 입각한 국군의 의미를 부각시키기 위해서는 국군의 모체인 광복군의 창설일인 1940년 9월 17일에 보다 역사적 의미가 부여될 수 있으리라고 본다.

7) 한국광복군의 정통성

임정은 3·1혁명 이후 진폭있는 광복정책을 추진해 나가면서 최우선 과제로 군사적 광복정책을 펴나갔다. 먼저 무관양성을 위한 육군무관학교의 설치가 그 구체적인 열의였다. 이것은 1920년 초 동삼성 유하현에 설치 운영되었던 이동녕 이시영 등에 의한 신흥무관학교의 사병양성으로 구체화되었다.

또 임정 군무부가 주관이 된 중국 상해에서의 임시 무관양성은 지역적 여건이나 재정인원 편재 등으로 보아 실현성이 희박함에도 불구하고 100여 명을 양성, 실전에 배치 파견하였다. 뿐만 아니라 동삼성의 독립군을 그 직할 단위부대로 간주 포섭하거나 원격조정 통할해 왔다. 그 중 大韓光復軍總營 소속 남녀대원의 국내외에서의 작탄파괴, 사살투쟁의 성과는 임정

---

50) 趙恒來,「韓國軍의 創軍脈絡과 正統性繼承」,『李炫熙敎授華甲紀念論叢』, 1997, 참조.

이 조정한 군사적 광복정책 중 손꼽힐 성공적인 사례였다.51)

또 1920년대 이후 침체국면에 있던 임정은 이동녕, 김구 등의 지도와 자원으로 1932년 이봉창·윤봉길 의사의 작탄 의거를 실행 성공시킴으로써 중국 정부의 적극적인 호응과 지원을 받게 되어 고급 무관을 육성 배치할 수 있었다.

이후 일제가 만주사변, 상해사변을 거쳐 중일전쟁을 일으켜 대륙침략을 노골적으로 감행하자 임정은 본격적인 직할 단위 무장군을 양성하게 되었다. 임정은 중일전쟁이 터지자 즉각 군무부에 군사위원회를 설치하고 대일항전을 중국 정부와 공동으로 펼 것을 검토하고, 한국 청년들이 광복진선이나 청년전지공작대의 소모활동을 폈는데, 그것이 1940년의 한국광복군으로 대동 합류된 것이다.

한국광복군의 창설 직전 김원봉에 의해 조선의용대가 조직되었으나 1940년 9월 17일 한국광복군 총사령부가 중경에서 성립 전례식을 거행한 뒤 광복군 지도부에 의해 1942년 광복군 제1지대로 합편되었다. 이로써 한국광복군은 1, 2, 3지대 병력을 합해 약 500~600여 명의 규모를 가진 무장세력을 갖추게 되었다.

그런데 중국 군사위원회가 한국광복군의 행동준승 9개항을 제시, 한중연합군과 같이 지시 간섭을 받는 한국광복군이 되므로 임정은 이를 수렴할 수밖에 없었다. 이후 김구 등 임정 요인들은 직·간접적으로 행동준승의 폐기를 위해 노력한 결과 결국 1945년 광복 4개월 여를 앞두고 행동준승이 정식 폐기되었다.

이 동안 광복군은 인도, 미얀마에 파견되어 영국군과 합작으로 항일전쟁을 전개하여 연합군의 일원으로서 참전의 역사적 사실을 기록해 놓았으며, 더욱 미국 OSS와의 한국광복군 자체로 국토수복 작전까지 완료해 놓았다. 한편 미주에서는 임정과의 연계하에 이승만의 항일투쟁계획이 지속적으로 진행되었으며,52) 유일한 등에 의해 NAPKO작전이라는 국내무장진입훈련

---

51) 이현희, 「安敬信의 義烈鬪爭」, 『韓國學研究所』 2, 숙대 한국학연구소, 1992, 235
    ~268쪽 참조.
52) 이현희, 『이야기 이승만』, 신원문화사, 1995, 210~225쪽.

이 계속되고 있었다.53)

그러나 한국광복군에 의한 주체적 국토회복의 국내진입작전은 일제의 무조건 항복에 따른 8·15 광복으로 실현되지 못하고 민족적 분단의 비극으로 연결되고 말았다. 하지만 임정 27년간(1919~45) 줄기차게 전개되어 온 군사적 광복정책과 무장독립투쟁은 한국광복군 창설을 통해 한국 군대의 정통성 뿌리를 형성해 놓았던 것이다.

이에 통일된 민족의식의 구축과 국군의 민족적 정통성 회복을 위해 대한민국의 국토방위군이 되는 국군의 의미를 기념하는 날은 민족의 구심점이었던 임정의 직할 무장단위 군대로서 성립된 한국광복군 창립일이 보다 민족사적 의미가 깊다할 것이다.54)

---

53) 이현희, 『柳一韓의 독립운동연구』, 동방도서, 1995, 71~95쪽.
54) 李炫熙, 『우리나라 現代史의 認識方法』, 三光出版社, 1998, 395~399쪽.

3. 임정의 좌우합작운동

1) 합작론의 당위성

일제강점하 대한민국임시정부 27년 동안 좌우익진영의 대립은 여러 번 있었다. 그러나 민족 우익계의 이동녕 김구 등 임정 요인 40여 명은 좌우익의 단일화를 위해 분골쇄신하였다. 이는 민족의 대동 통일이라는 대전제하에 착수되어 통합의 역량·당위성을 알린 쾌거였다. 1927년 상해 등 5개 도시에서 각 촉성회가 열려 이 운동이 본격화되었다. 그러나 북벌문제로 인해 추진되지 못하다가 韓獨黨과 朝鮮革命黨이 각기 조직되면서 조선혁명당의 간부가 중국 관내로 이동하여 김구와 제휴, 통합의 분위기가 성숙되었다.

1935년 總同(한국대일전선통일동맹)의 5개 단체가 모여 민족혁명당을 조직하였다. 이때 최동오 등이 탈퇴하고, 1936년 南京에서 조선혁명당을 조직한 뒤 한독당과 제휴하였다. 임정은 이동시대 8년(1932~1940) 중 항주시대와 진강시대를 거치면서 '光線'과 '民線'이 결성되어 '聯協'을 조직하며 좌우합작운동을 펴나갔다. 본 연구를 '연협' 중심의 통합운동 과정을 내외 자료에 의거 연구하고자 한 것이다.

2) 한국광복운동단체연합의 결성과정

(1) 민족유일당 운동의 촉진

1920년대 후반기 상해의 임정을 중심으로 한 우리 정계에는 새로운 민족유일당 운동이 활발하게 대두되고 있었다. 그것은 제2차 개헌으로 국무령중심 지도체제로 개편된 뒤인 1926년, 임정의 홍진 국무령이 시정 방침을 제시할 때 나타났다. 즉 대동단결한 민족유일당 촉성이 강조되었을 뿐 아니라 제2차 개헌 속에서도 광복운동자가 대동단결의 정당이 완성된다면 최고권력은 그 당에 귀속되고 있는 것으로 간주한다고 규정하였으므로 민족유일당 촉성 운동은 합법적인 뒷받침 속에서 이룩되고 있음을 느낄 수 있겠다.[1]

따라서 1927년 11월 초순부터는 상해를 비롯한 5개 대도시에서 각 촉성회가 계속 열려 동 중순경에는 정식 회의가 개막 盛了되기에 이르렀다. 모처럼 한민족이 大黨을 조직하여 以黨治國의 중국적인 당정 협조체제를 기약 적용해 나간다는 것은 대내외적으로 볼 때 비록 좌우익적인 분열상은 나타나 있었으나 민족의 총역량을 집결시켜 나가는 데 있어서 매우 시의적절하고도 중요성이 강조된 단합의 모습을 보일 수 있어 의미가 깊었다.

더욱이 1924년 중국 국민당이 공산당과 제휴하여 단일혁명정당으로 개편 통합하는 추세에 민감한 대응을 보일 필요성을 절감하였던 石吾 등 임정 중심의 민족진영에서는 고무된 채 유일당 조직에 신명을 바쳤던 것이다. 좀처럼 포착해 볼 수 없는 귀한 기회였기에 민족진영에서 유일당 운동을 추진하려는 의도에는 대다수 독립지사가 적극 찬동해 왔다.

이에 그 통합의 분위기를 더욱 제도적으로 뒷받침해 주고 용기를 북돋아 줄 수 있었던 것은 임정이 제3차 개헌을 통해 민족지도체제의 변경을 분명히 발표한 뒤부터였다. 즉 운영하기 힘든 국무령 지도체제를 지양하고 국무위원이 책임을 똑같이 지는 균등한 국무위원 지도체제를 채택하였기 때문인 것이다. 그것은 1927년 3월 5일 개정헌법(제3차 개헌결과)을 공포하면서부터 확실해 졌다.[2]

그러나 중국의 국민당과 공산당이 北伐을 계기로 분열하여 적대관계가

---

1) 臨政의 第2次 憲法 參照.
2) 金九, 『白凡逸志』, 敎文社, 1979, 288쪽.

이루어져 대치상태로 분위기가 악화되자 민족유일당 촉진운동에도 동요가
일어났다. 이 때 공산당이 별도의 행동을 취함으로써 유일당 촉성운동에
균열이 생기게 된 것은 1928년 8월 25일 국내운동(6·10만세운동)과 연계
가 되어 있던 丙寅義勇隊 명의로 假露人 숙청문이 나돌고 있었던 한 가
지 사실만 보아도 그 사정을 엿볼 수 있다. 공산주의자들은 우리가 느끼고
있는 것과 같이 우리의 독립운동의 방향이나 전도모색보다는 소련·중국
등 공산도배의 동향에 더욱 큰 관심을 가지고 있었기 때문에 지나친 기대
에 오히려 놀라 움추러 들었다. 따라서 공산주의자(한국인)들을 假露人이
라고 공격해 왔던 것이다. 결국 유일당운동 촉진 초장부터 공산도배들의
의도적이고 방해를 위한 개입이 민족의 저력으로서의 역량을 집결해서 대
일투쟁을 효과적으로 추진하려던 민족진영의 호기를 스스로 박차버리게
하고 말았다. 이는 매우 통탄스러운 일이 아닐 수 없었다.

　해외망명 이후 온 국민이 갈구하던 임정이라는 정통민주정부를 수립하
여 일본의 한국침략을 전면적인 무효화를 선언하면서 투쟁의 전열을 가다
듬을 수 있게 민족의 역량을 조직화하자는 호소와 노력이 수포로 돌아가
고 말았던 것이다. 따라서 기대를 걸고 있었던 상해촉성회도 그런 갈등 속
에서 1929년 11월에 가서 해체 붕괴되는 비운을 맞았다.[3] 최후로 기대를
모았던 여러 곳의 촉성회 역시 공산주의자들의 의도적인 방해로 인하여
소기의 성과를 거두지 못한 셈이 되었다. 그러나 이런 사소한 시련이나 충
격으로 임정이 민족의 숙원인 좌우익의 통일운동을 포기할 수는 없었다.

(2) 정당의 조직

　공산주의자들의 방해책동으로 제동이 걸린 민족유일당 운동은 어떠한
시련과 고통이 뒤따른다 해도 어차피 해결해야 할 문제였다. 따라서 임정
을 보강 지지하고 병행해 갈 수 있게 뒷받침해야 하는 것이 민족진영의 지
상 과제였다. 이런 배경과 동기로 인해 임정을 처음부터 수립하고 내 집

---

3) 上海日本總領事館, 『朝鮮民族運動年鑑』 1929년 11월 30일자.

가문을 이어오는 듯한 원로 개화사상가 李東寧을 비롯하여 김구 안창호 조소앙 등 수십 명이 연합해서 한국독립당을 결성하였다. 상해에서 1929년 3월에 조직하였으나 오랫동안 비밀로 부쳤기에 각종 자료에서는 그 창립연대가 1, 2년 차이를 보이고 있다. 그러니 그 창립연대는 큰 문제로 삼을 필요가 없겠다.

단지 민족유일당 운동이 의도적인 방해로 인하여 좌절된 직후에 한국독립당이 조직되었다는 점이 주목을 끈다. 왜냐하면 우리 민족진영에서는 민족통일을 생명처럼 여기고 있었기 때문에 유일당 촉진이 실패되거나 좌절상태에 놓이면 즉각 제2행동을 취하였다는 점이 역사적으로 평가받기 때문다. 그런 추세로 본다면 상해의 임정 요인이 조직한 한국독립당의 결성은 곧 1929년 봄 경으로 보는 것이 어떤 맥락을 잇는 중요한 시기의 관점이 아닐까 한다.

상해에 한국독립당이 결성된 것과 거의 같은 시기에 다른 지역에서도 정당이 조직되었다. 즉 1929년 遼寧·北平을 중심으로 조선혁명당이 결성되었다. 조선혁명당의 기원은 1927년 전후 결성된 한국인의 正義府에 있었다. 당시 정의부는 수십만 명의 한국동포를 포섭하고 있었는데 그것이 성공함으로써 민중에 뿌리를 내릴 수 있게 되었다. 따라서 이들은 한국 내와 중국 동북의 넓은 지역에서 일본과의 혁혁한 유격 총력전을 전개한 바도 있었다.

그러나 同黨의 구성원은 이념 차이로 인하여 민족과 사회 양파로 갈라졌다. 민족계는 玄益哲이 이끌어 갔고, 사회공산세력은 좌경의 玄河竹이 인도하였는데 정의부 조직 자체를 반대하고 나섰다. 여러 번의 갈등과 대립 끝에 민족계의 현익철이 승리하여 정의부와 조선혁명당이 주도권을 장악하였다.

그런데 9·18사변 '滿洲事變'으로 인하여 조선혁명당의 주요 간부가 국내로 소산 유입되자 동북에서의 석권상황은 약세로 변하고 말았다. 이 黨의 주요 간부가 중국 관내로 진입하면서 임정의 金九와 제휴하여 4·29의거 이후 蔣介石 총통으로부터 확고하게 지원을 받아 洛陽軍官學校에 동

소속 청년이 입교, 소정의 교육을 받을 수 있는 혜택을 받았다.4) 1932년 10월에 동당의 주요 간부 崔東旿와 金學奎의 건의로 김원봉 이유필 등이 11월에 발기한 한국대일전선통일동맹에 가담한 바 있었다.

그 뒤 1935년에 앞의 '統同'의 5개 단체가 다시 결집하여 '한국민족혁명당'을 조직하고 김원봉이 총서기로 선임되었다. 김원봉은 실질적인 지도책임을 맡았다. 이때 이 파에 소속된 池靑天은 화려한 鬪力에 비하여 김원봉으로부터 대우를 받지 못하자 최동오와 같이 탈당하였다. 그리하여 1936년 4월 南京夫子廟 근처에서 별도의 조선혁명당을 조직하였다. 따라서 원래 東北에 잔류했던 조선혁명당과 包頭(내몽골 자치구의 남서부 도시)의 한족항일동지회와도 제휴하고 광복운동에 매진할 준비에 바빴다. 이 당의 중앙위원은 지청천 등 10여 명이었다. 실제로는 그 세력이 크게 신장되지 못하여 김구의 한국국민당을 따라다니는 형세였다. 약산의 민혁파와 갈린 뒤 더욱 경제상태가 좋지 않았기 때문인 것이다.

조선혁명당은 한국민족혁명당으로부터 갈려 나온 뒤 임정을 지지 옹호하였을 뿐 아니라 민족주의 노선을 따르게 되었다. 이들이 동북 일대에서 무장투쟁의 공적이 현저하였으므로 임정은 군무부에 군사위원회를 증설하고 지청천 외에 玄益哲·柳東說·金學奎 등을 그 위원으로 영입하였다. 뒤에 '光線'에 가담하였으며 '聯協'(전국연합진선협회)에도 일익을 담당하였다. 이들은 임정을 따라 장사로 옮겼는데 李雲漢(煥)의 김구 등 저격사건으로 현익철은 사망하고 당이 혼돈상태에 빠진 일이 있었다. 결국 1940년에 와서 이동녕·김구가 조직한(1935) 한국국민당에 합류되었다.5)

한편 1930년에는 북만에 있던 김좌진 중심의 한족자치연합회가 한국독립당을 결성되었다. 이보다 1년 앞서 1929년에는 남경에서도 후술할 한국혁명당이 결성되었다. 이런 정당이 1920년대 후반기에 여러 곳에서 조직되었던 것은 민족유일당 운동과 연관되는 것으로 평가해 볼 수 있다.

민족주의계와 이념을 달리하는 공산주의 단체도 있었고 무정부주의 정

---

4) 김구, 앞의 책, 320~326쪽.
5) 김구, 앞의 책, 335~337쪽.

당도 대두되었다. 공산계의 단체로는 의열단을 손꼽을 수 있다. 이 단체는
주로 작탄활동을 그 주요 항일투쟁의 방법으로 활용하였다.

이때 중국공산당 한인지부를 중심으로 하는 상해한인소비에트우호회가
있어 공산주의 이념 전파에 더욱 정책적 배려를 경주하였다. 상해한인반제
동맹과 中國革命互濟會 上海韓人分會 등 다양한 단체가 각기 독특한 활
동을 전개하였다. 이들은 임정의 불신 내지는 해체를 강력히 주장하였다.

무정부주의자 운동으로는 유자명 정화암 등이 동지와 조직 지도하던 남
화한인청년연맹이 손꼽힌다. 이것이 흑색공포단이나 육삼정 의거(상해) 등
으로 나타났다. 상해의 무정부주의자들은 민족주의계와 친밀하게 지내면
서 독특한 응징적 항일투쟁을 전개하였다. 무정부주의자로는 이들 외에 이
회영 신채호 이정규 백정기 등을 거론할 수 있겠다.

(3) 임정의 재편과 활동

1920년대의 임정은 민족유일당 촉진운동을 전개하였음에도 불구하고 실
효를 거두지 못하였을 뿐 아니라 임정 자체도 뚜렷한 광복정책을 펴내지
못하고 계속 모색기에 머물고 있었다. 1928년 5월에 대만 臺中시에서 한국
의 趙明河 의사가 구니노미야(久爾宮邦彦王)를 척살하였으나 즉시 절명
시키지 못하고 6개월 뒤에 사망케 하였던 의거가 있었을 뿐이었다. 그 자
는 天皇이라는 히로히토(裕仁)의 장인이기에 주목을 끌 수 있었다. 그러나
본격적으로 임정과 그 大興黨 등에 활력을 불어넣고 중국 국민당 정부로
부터 물심양면으로의 지원을 받기 시작한 것은 1932년 1월 8일 東京義擧
의 이봉창 의사와 동 4월 29일 홍구공원의거의 윤봉길 의사가 희생을 각오
하고 김구의 지도하에 작탄혈투를 전개한 뒤부터였다.[6]

반면에 이 운동으로 인하여 같은 동지가 우려하였던 상해피신론이 적중
하여 가흥·남경 등지로 피신하지 않을 수 없었다. 그리하여 임정도 동년
5월 항주로 이동하여 석오·백범 등이 淸泰第二旅社 32호실에 임시 辦公

---

6) 주 3)과 같은 자료 1932년 4월 30일자 ; 李炫熙, 『李奉昌義士의 抗日鬪爭』, 國學
資料院, 1997, 結論 參照.

處를 개설하고 집무하기 시작하였다. 따라서 3년 6개월 정도 체류하였던 항주시대(1932. 5. 15~1935. 11. 24)의 임정이 개막된 것이다. 항주시대의 첫 국무회의는 1932년 5월 15·16일 국무위원 5명 전원이 여관에 모인 가운데 열려 임정 진로에 관한 논의가 있었다. 동 5명은 이동녕 조완구 조소앙 김철 김구였다.

4·29의거 성공 이후 중국 각계로부터 답지한 격려금의 소재 문제 등으로 국무회의가 소연해 질 정도였다. 김구는 이동녕과 같이 가흥으로 갔다. 김철조차 金皙이 5월 21일자 중국신문에 안창호가 진정한 혁명가가 아니라는 요지의 기사를 게재하였다 해서 물의가 일어났다. 이로 인해 김구측에서 보낸 朴昌世 등이 임정 판공처에서 김철 등을 구타한 사건이 일어났다. 이에 조소앙 등 나머지 4명의 국무위원이 사표를 냈다. 법적으로는 사퇴가 되지 않으나 내각이 총퇴진한 셈이 되었다. 이를 수습하기 위하여 한국독립당의 이시영 송병조 등 이사 13명이 항주 시내에서 모임을 갖고 이사회를 열었다. 그러나 이들은 원만한 타협점을 찾지 못하였다.

교민단의 정무위원장 이유필은 상해파, 김철·조소앙 등은 항주파, 김구 등은 가흥파로 알려져 있다고 해서 그런 부진과 불화협음이 한때 있었던 깃으로 보인다. 그러나 그리 심각힐 정도는 아니었다.

그해 10월 임시의정원회의를 열고 각 파의 화합을 모색하는 한독당은 이사장 송병조를 김구에게 보내 상해로 귀환하도록 권유하였다. 그러나 김구는 60만円의 현상금이 걸려 있어 여러 곳으로 수시 그 거처를 이동하지 않을 수 없었다.

이 시기에 상해 한독당·朝革黨·의열단·韓革黨·광복동지회 등이 상해에서 모여 동(1932) 11월 23일 각 단체의 연합을 통해 대일혈투를 강화해야 한다는 합의하에 '韓國對日戰線統一同盟'을 결성하였다.[7]

한편 동 11월 28일 제24회 정기 의정원회의를 개막하고 국무위원 5명의 사표를 임기 만료로 간주하고 개선하되 9명으로 국무위원을 늘렸다. 9명은 이동녕 김구 송병조 차이석 이유필 조성환 윤기섭 최동오 신익희였다. 그

---

7) 국가보훈처, 앞의 『임시정부사』 4, 1972, 619쪽.

러나 임기 계산 착오로 취소되었다.

그 뒤 1933년 초 각지의 요인이 杭州로 와서 이동녕 등과 회합하고 화합을 다짐하였다. 동 3월 6일 제25회 임시의정원회의를 열었다. 여기서 5명 중 최종적으로 사표가 반려된 이동녕·김구를 포함하고 새로 9명을 국무위원으로 보선하여 11명이 되었다. 9명은 조성환 김규식 차이석 이승만 송병조 최동오 이유필 윤기섭 신익희였다. 이들의 소속정당을 보면 민족진영의 한국독립당계가 단연 우세하고 신한독립당계 등 임정 초 이래 가장 다양한 성격의 임정이 14년 만에 호화민족진용을 과시할 수 있었다.

이 때는 송병조가 주석으로 선임되었다. 따라서 임정도 그만큼 보강되어 광복정책의 중지를 모아 내실있게 펴나갈 수 있었다. 다만 현상금이 붙어

國務委員制 內閣變遷狀況(1927~1940)

1927.8~1930.10 (3차개헌) 至 1940	1930.11~1933(개각)	1933.3~1934(변천)	1934.1~1936 (개각)	1934.10 (보선)	1935.11.13 (사임과 보선)	1936.11~1939 (개각)	1939.10~1940.1(4次 改憲改閣)
李東寧(主·法)	李東寧(主·法)	宋秉祚(主·財)	梁起鐸(主)	軍務兼 곧 辭任	李東寧(主)	左同	左同(死)
金九(財·內務長)	金九(財)	車利錫(內)	趙素昂(內)	辭任	宋秉祚(財)	左同	金九(財)
吳永善(外務長)	趙琬九(內)	申翼熙(外)	金奎植(外)	辭任	金九(外)	左同	李始榮(法)
金澈(軍務長)	金澈(軍)	崔東旿(法)	宋秉祚(財)	左同	趙琬九(內)	左同	趙素昂(外)
金甲(內務長)	趙素昂(外)	尹琦燮(軍)	尹琦燮(軍)	柳東說(辭)	曹成煥(軍)	左同	洪震(內)
		李承晩(無)	崔東旿(法)	左同辭任	李始榮(法)	左同	池靑天(軍)
		金奎植(無)	金澈(無)	左同辭任	車利錫(비서장)		宋秉祚(無)
		李裕弼(無)	成周寔(成駿用)(無)	左同辭任			趙琬九(無)
		曹成煥(曹煜)(無)	曹成煥(無)	左同辭任			
				左同辭任 (宋·車 2 명만 殘留)			曹成煥(無) 군사특파단 주임
							柳東說(참모장)
							車利錫(비서장)
							趙時元(비서)

* 『대한민국임시의정원 회의록』에 의한 것임.

있어 처신을 조심하던 金九가 신내각에 계속 2개월 이상 국무위원 자격으로 국무회의에 참여치 않아 헌법규정상 자동 해임되었는데, 이동녕도 이와 마찬가지 경우였다.[8]

참고삼아 임정의 제3차 개헌을 통한 국무위원지도체제 내각변천상황 (1927~1940)을 작성해 보면 앞의 표와 같다.

제26회 정기 의정원 의회는 1934년 1월까지 계속되어 국무위원의 제2차 총개선이 있었다. 이에 앞서 송병조가 국무위원을 대표하여 정무 및 예산에 관한 보고를 하고, 이어 오인으로 인해 이유필의 파면·추인 요구안을 제출하여 추인받았다. 앞의 표와 같이 국무위원은 양기탁 등 9명으로 결정하였다. 이 국무회의에서 광복운동 방략 등 10여 가지에 달하는 의결 사항을 국무위원의 연서로 就職誓辭하고 발표하였다. 이에 따르면 이 내용 중에 체제 정부문제와 관련하여 독립운동자의 대동단결체인 통일적인 대집단의 신조직을 목표로 하고 있다. 아마 이것이 '光線' 중심의 한독당 정부로의 대단결과 좌익세력인 '民線'과의 연합체인 '연협' 조직으로 구체화된 것으로 판단해 볼 수 있다. 그의 외교방략·투쟁방법·재정문제 등이 제시되었으니 취직서사는 곧 시정방침하고도 일맥 상통하는 정책의 일환으로 평가한다.

(4) 대동단결체와 국무위원

약 3년 6개월 체류하였던 杭州에서 임정은 이봉창·윤봉길 兩義士의 의거 수습과 쏟아진 지원의 수렴, 그리고 국무위원과 의정원의원 간의 지위임무수행 문제 등으로 상해시대 이래 최대의 갈등·격무를 겪었다. 그러면서 가장 아쉽고 간절히 바라는 소망은 민족·공산세력 간의 대동단합이라는 민족적 지상과업 달성에 있었다. 국무위원이 정당활동을 위해 임정에는 단 2명만 잔존했었던 것은 그 같은 대국적 견지에서 이해되는 추세라고 믿는다.[9]

---

8) 李炫熙, 『大韓民國臨時政府史』, 集文堂, 1982, 260~272쪽.
9) 앞의 자료와 동일함.

이 해에 4번 열린 국무회의 중 제2회 국무회의(4월 2일)에서는 미주지역의 외무 및 재정행서(官署)를 설치할 법제를 결의하였다. 미주는 외교와 재정 면에서 크게 의존하던 특수 지역이기에 '연협' 조직 때도 이들 지역의 단체 대표가 참여하였던 것이다. 외무부에서 3명의 외무위원회 위원(조소앙·신익희·최동오)이 외교에 관한 제반 실무문제를 협의 토론 상정케 하였다. 이 때 이승만이 駐美外務行署의 위원으로 임명되었다.[10]

제27회 의정원 정기회의가 10월 초 의원이 6명밖에 모이지 못해 연기하고 국무회의를 열도록 조치하였다. 따라서 10월 30일 의정원 창립 15주년 기념식을 항주시내 仁和路 三義樓에서 국무위원 연석하에 개최하였다. 이 자리에서 상임위원회의 정무보고가 있었고 조소앙 국무위원의 4차까지 이어지는 국무회의 의결사항이 보고되었다. 이 해에 2,300여 원의 사업밖에 진행시키지 못한 전후사정을 상세히 설명하였다. 1935년도의 임정 예산 총 규모 5,594원 + α(비공개특별사업비)를 원안대로 통과시켰다. 10월 31일 국무위원 정원을 2년째의 진용으로 7인(송병조·양기탁·김규식·차이석·조소앙·최동오·유동열)을 선임 확정하였다. 4인의 국무위원 결원 중 2인(유동열·차이석)만 국무위원으로 선출한 뒤 제27회 정기회의를 폐회하였다.

다음 해인 1935년에 들어서면서부터 임정 국무위원의 사퇴가 현저해지고 있다. 신당 및 정당활동을 통한 '光線'결성 등 대동단결체 운동에 참여하기 위함에서였다. 7인의 국무위원 중 송병조(의정원 의장 겸임)와 차이석(의정원 부의장 겸임)위원만 임정 고수를 표방·잔류하고 나머지 5인은 4월에서 6월 사이에 사표를 제출하고 정부를 떠났다. 이들은 7월 4일에 창립된 민족혁명당에 대거 참여하였다. 양기탁은 한국독립당 대표로 신당 위원장에 내정되었다가 중앙검사위원에 선출되었다. 김규식은 한국대일전선통일동맹(1932. 11. 23)에 발기인으로 노력하였다가 1933년 2월부터 8월까지 도미하여 교포 등에게서 8천$을 군자금으로 조달·持入하였다. 그는 민족진영의 대동단합을 강조한 인물이기도 하였다. 최동오와 유동열은 남

---

10) 『臨時政府公報』 57號(1934. 4. 15).

만의 조선혁명당에 참여하기 위해 임정을 떠났다. 조소앙은 6월 19일 사표를 제출하고 남경의 신한독립당에 참여, 신당의 규약제정위원이 되었다. 그는 박창세와 같이 한국독립당 대표로 참석하여 중앙집행위원과 국민부원이 되었다. 국무위원을 사퇴한 윤기섭·신익희·성주식(성준용) 등도 신한독립당을 대표하여 홍진과 같이 참가하였다. 이런 운동은 임정에 위협적이었는데 의열단이 가장 문제가 되었다. 좌경에다가 임정을 해체코자 공작을 경주해 왔기 때문이다. 이에 관해 한독당은 신당운동이 의열단이 주동했다 해서 반대하였으나 김두봉 등은 찬성하여 결국 대표를 파견하였던 것이다.[11]

3) 한국광복운동단체연합회의 조직

(1) 정당활동

한국대일전선통일동맹에서 추진해 온 대동단결체의 신당운동에 참여하기 위하여 임정의 국무위원 7명 중 5명이 사퇴하고 이탈한 충격은 2명의 임정 고수파로 불리는 송병조·차이석으로서는 수습의 사명감을 느끼지 않을 수 없었다. 그리하여 각지의 각당에 관계하던가 하려는 임정계의 지사를 다시 집결시켜 통일운동을 펴도록 독려하기로 결정하였다. 당시 중국의 국민당 정부도 그것을 원하고 있었기 때문이었다. 중국으로서는 대한국독립단체에 현실적인 지원을 경주해야 하겠는데 그 단체가 이합집산하는 등 대동단결체가 결성되지 않으므로 혼선을 빚는다던가, 지원의 실효를 거두지 못한다는 여론이 떠돌고 있을 때였기에 다시 지난날의 독립투사들을 임정으로 모으는 일은 매우 시급하고도 당연한 일이었다.

먼저 廣東에 체류하고 있던 金朋濬과 楊明鎭을 찾아 집결토록 호소하였더니 감동한 나머지 임정 쪽으로 합류하기로 통고해 왔다. 다음에는 항주의 동지 집에 머물고 있는 이시영과 조완구 등을 만나 적극 협력을 부탁

---

11) 日本上海總領事報告 參照.

하였다. 그들 역시 임정 창립 내지는 고수파였기에 흔쾌히 합류할 것을 相約하였다. 이어 가흥에 체재하고 있던 초대 의정원의장과 주석을 역임한 원로 이동녕을 찾아 인화단결에 쏟은 공로를 높이 치하하고 다시 나서서 초창기의 넘치는 의욕과 사명감으로 돌아갈 것을 호소 설득하였다. 이에 모두 자발적인 움직임 속에서 임정의 재강화 결속과 정당을 통한 민족진영의 통일을 다짐하였다.

설득에 나선 조완구는 南京에 계속 체류하고 있는 임정의 파수꾼 백범 김구를 찾았다. 백범으로 하여금 임정의 견인차 임무수행을 호소하였다. 김구는 여러 가지 이유야 있었으나 3년 동안 임정을 떠나 있었던 사실을 매우 면구스럽게 여기고 있었다. 불미스럽게도 중국 조야로부터 받은 군자금의 독점사용 계획이 각계의 비난을 받았던 오해도 씻을겸 해서 재차 적극 가담하여 민족사의 정통을 이어나갈 생각을 굳혔다. 뿐만 아니라 좌우합작이라는 민족의 통일운동을 독립투쟁의 생명과도 같이 여겨온 백범으로서는 마땅히 자기의 본래 위치로 돌아오고 싶은 심중이었다. 이 문제로 절친하였던 김철 조소앙과도 소원해졌고 임정의 사수파인 송병조와도 마찰이 그대로 있었다.

신당운동에 대해서도 냉담한 태도로 나왔으므로 의열단의 김원봉의 합류 호소에도 불구하고 가담치 않았다. 이에 김구는 『백범일지』에서 "이때에 한국대일전선통일동맹이란 것이 발동하여 또 통일론이 일어났다. 김원봉이 내게 특별히 만나기를 청하므로 어느날 秦淮에서 만났더니 그는 내게 자기도 통일운동에 참가하였으니 나더러도 참가하라는 것이었다. 그가 이 운동에 참가하는 동기는 통일의 목적이라기보다는 중국인에게 김원봉이 공산당이 아니라는 사실을 인지시키기 위함이라고 본다. 나는 통일은 좋으나 한 이불 속에서 딴 꿈을 꾸려는 통일운동에는 참가할 수 없다고 거절하였다"라는 것이다.[12] 김구의 통일운동에 사심을 떠난 민족의 역량을 총집결하겠다는 민족사적 가치관의 높은 경지가 숨어있었기에 김원봉의 가장된 통일운동에의 합류요청을 거절하였던 것이다.

---

12) 주 4)와 同, 321~322쪽.

따라서 김구는 5월 19일 '臨時議政院諸公에게 고함'이라는 서한을 통해 자신의 우국적인 경우와 임정에의 충성, 그리고 통일운동의 의지 등을 간곡히 표현하였다. 김구의 이 告함에서 그는 "우리 임정같이 위대한 威蹟을 擧한 자는 未之見聞이라"고 임정의 민족사적 정통성을 강조하고 이봉창 윤봉길 등 애국의사의 일본침략 수뇌부를 응징한 것이 곧 임정의 위업임을 강조하였다.

임시의정원 의원 다수가 김구 자신을 無義無信輩와 같이 간주하느냐고 묻고 있다. 이 지적은 그가 복잡 미묘한 오해로 인하여 3년 정도 임정에 불참하였다는 점을 의미하는 것으로 풀이된다. 그는 職任을 갖기는 불가능하나 "국민된 책임만은 銘心刻骨하고 모험분투한다"고 밝히고 있다. 그는 통일의지에 관하여 "金九는 결코 민족통일을 반대하지 않고 진정한 통일을 요망한다"고 전제한 뒤 과거의 軍統(군사통일)이나 國代(국민대표회의) 같은 무의미한 통일이나 실패한 통일운동에는 불참할 것임을 확실히 천명하고 있다. 그의 통일방법에 관하여 "內外地를 통하여 전민족의 대표적 의사로 서지 못하면 과거 연극이 도로 될까 염려한다"고 하여 전국연합진선협회(聯協)와 같은 성격의 全民的 통일을 희망하고 있었던 것이다.13)

제28회 의정원정기회의(1935.10.19)가 항주에서 개원하였다. 송병조 등 8명만이 출석하여 송병조와 차이석 등의 임정 사수에 관하여 사의를 표하였다. 동 22일 다시 속개하고 5인의 국무위원의 사표를 수리하였으며, 1935년도의 결산서 검사의 보고가 있었다. 국무보고건으로는 미국 하와이 멕시코에 설치한 재무행서의 성과가 양호함을 알렸다. 정부세입·세출결산은 총규모 5,594원의 28% 정도인 1,547원 정도였다.

송병조가 임정을 더욱 강화하기 위하여 김구의 협조가 필요했다고 할 때 조소앙 박창세 등이 반대하였다는 것을 일본측 기록에서 찾아볼 수 있다. 이 때 조소앙과 박창세는 신당 창립에 한독당 대표로 참여하였다가 김원봉의 독주에 반발하고 참여한지 2개월만에 탈퇴하였다. 그 뒤 동(1935) 9월 25일 해산된 유서깊은 한국독립당을 재건하기에 이르렀다. 동 11월 13

---

13) 李炫熙, 앞의 책, 부록의 자료 참조.

일 7인 국무위원의 취임식을 거행하였다(앞의 도표 참조). 이동녕(주석)과
김구(외무장)가 신내각에 참여함으로써 조완구(내무장), 송병조(재무장),
이시영(법무장), 차이석(비서장)의 항주시대의 7인 내각이 구성되어 강력
한 통일운동도 본 궤도에 진입할 수 있었다.

신당운동에 참여하였던 한국독립당이 民革黨에 가담했으나 곧 해체됨
으로써 임정의 여당이 소멸되자, 동 11월 김구 등은 서둘러 한국국민당을
창당하였다. 이는 신당에 불참했던 구한국당계가 따로 조직한 정당이니 한
국독립당 대신 여당이 된 것이다. 그러니까 한국국민당은 그 정강이나 당
정이 한국독립당과 유사한 것으로 보아도 좋을 것이다. 임정은 항주시대를
청산하고 1935년 11월 하순 강소성 진강으로 이전하였다. 물론 이곳에서도
좌우익의 통일운동은 여전히 진행되었다.

(2) 진강의 임정과 통합

중국 항주시대 3년 6개월의 임정은 이제 진강시대(1935. 11~1937. 11)로
그 정통성이 맥락지어지고 있다. 이 시기의 임정은 역시 광복정책을 통제
적으로 전개하였다. 對內的으로는 임정의 공보와 기관지『韓聲』을 발행
배포하여 한국민의 독립사상과 광복의 의욕을 북돋아 주었다. 임정은 各
行署의 사업을 돌려 지휘하였는데, 미주 국민회는 임정 옹호지지 등을 표
방하여 재미동포의 통합운동을 제고시켜 주었다. 대외적인 성과로는 중국
미국 구주 일대에 외교원이나 특파원을 통해 우리의 독립이 절실함을 각
요로에 선전케 하여 큰 성과를 거두었다.[14]

1936년 11월 10일 제29회 의정원 정기회의가 가흥에서 5명의 의원만이
출석한 가운데 개막되었으나 국무위원은 전원이 참석하여 개원식을 올렸
다. 7명 등 12명이 참석한 셈인데 7명의 의원은 국무위원을 겸하였으나 나
머지 5명(양명진 김붕준 엄항섭 민병길 안경근)은 국무위원이 아니었다.
국무도 1937년도의 예산안을 통과시켰고 1936년도의 예산안을 추인하였

---

14) 『臨時政府公報』第61號.

다. 중일 간의 전운이 엄습해 옴으로 인해 군간부의 양성과 군사통일기관
의 설치를 비롯하여 변절자, 밀정의 숙청 등을 정무보고로 제시하였다.

특히 의회에 보고된 정무내용 중에는 국민단결의 촉진과 特務와 군사시
설의 확충을 거론하고 있다. 후자의 경우 전쟁이 일어날 것에 대비하여
1937년 7월 군사위원회를 조직하고 군사계획을 수립하였다. 중일전쟁이 개
시된 뒤에는 일본에 대한 특수공작을 전개토록 독려하였다. 따라서 9개 단
체가 '한국광복진선(光線)'(1937)을 조직하여 임정을 옹호하였다.

이동녕 등 7명의 국무위원은 1936년 11월 25일 포고문을 발표하였다. 그
들은 독립투쟁에는 "우리 민족의 전역량이 아니면 우리의 성공을 期必하
기 어려운지라. 전민족의 일치단결을 부르짓고 그 완성을 희망하였으나"
결과는 통일운동을 분산 감소시켰다고 개탄하면서 솔직히 지적 자인하였
다. 그들은 임정을 중심으로 이루어지는 통일이 곧 기재할 수 있는 통일운
동이라고 지적하면서 미주에서의 통일운동이 이 원칙에 부합되는 것임을
당연지사로 보고 있다. 그들은 "우리 민족의 전통적 사상과 우리 운동의
기본적 정신을 기초로 하여 되는 순결 無異한 그런 통일단결만을 우리는
찬양하고 촉진시키기에 힘 쓸 뿐이니"라며 우리 민족진영 중심적인 민족
통합운동을 적극 지지 찬성하였다. 주의·목적·취지 등이 같은 각 단체는
굳게 단결해서 독립운동전선을 통일하도록 절규하였다. 좌익계라도 여기
에 가담하여 속죄해야 할 것이라고 호소하였다. 범민족적으로 대동단결하
여 통일전선을 구축하자는 것이 대일 혈투 전개에 첩경이며 승리를 기약
할 수 있는 방략이라고 지적하고 있다.15)

이런 시기에 1937년 7월 7일 중일전쟁이 일본의 생트집하에 일어나게
되었다. 蔣介石 국민당 총통은 이후 1945년까지 8년간 대일전쟁을 승리로
이끌었다. 임정은 그해 7월 7일 전쟁이 터지자 7월 15일 국무회의에서 이
미 충분히 논의되었던 군사위원회의 조직을 확정 승인하였다. 임정은 約憲
제30조 제32조에 의거 이동녕 등 7명의 국무위원이 군사위원회의 규정 제8
조를 공포하였다. 이에 따라 선임된 군사위원은 유동열(朝革黨) 지청천(朝

---

15) 앞의 주와 同一함.

革黨) 현익철(朝革黨) 안공근(朝革黨) 김학규(朝革黨) 이복원(朝革黨) 등
모두 6명이었다.16)

중일전쟁의 발발은 중국이나 중국민족에게는 평화를 파괴하는 매우 불
행한 일이었으나 우리의 해석은 조금 달랐다. 이런 전쟁 분위기를 이용하
여 한국민족은 일대 대일독립전쟁을 일으켜 승리를 포착할 수 있다고 굳
게 믿었다. 그 복수 전쟁을 우리의 자율적인 힘으로는 감당하기 어려우니
중국과 연합하여 대일전투를 전개하는 편이 용이하리라는 판단에서 동 위
원회를 조직하였다.

(3) '光線'의 조직

1920년대 전후로부터 민족운동진영의 숙원이었던 민족역량의 대집결과
대동단합체로서 남경에 결성된 것이 1935년 7월 5일에 조직된 민족혁명당
이었다. 이 당은 두말할 필요없이 중국영토 내에서 독립투쟁에 심혈을 기
울이던 독립운동단체를 모두 흡수 망라한 민족세력의 연합결당체였다. 따
라서 의열단 한국독립당 신한독립당 조선혁명당 대한독립당 등 각 정당은
해산되고 임시정부의 세력과 기능이 현저하게 무력화되었다. 물론 김구 송
병조 차이석 등 임정 사수파가 이 민족혁명당에 불참하였던 점은 분명히
인식해야 하겠다. 이는 '국민대표자회의' 격렬(1923) 이후 임정을 압도할
좌우익독립운동 세력의 연합정당이었다.

그러나 민족혁명당은 의도가 다른 김원봉이 예상대로 적색이념 전파와
독주로 이에 가담하였던 각계파가 9월경 이탈하고 말았다. 먼저 조소앙 박
창세 문일민(한국독립당계) 등이 탈퇴한 데 이어 10월에 대한독립당이 떨
어져 나가 原復하였다. 남만의 최동오 김학규(조선혁명당계)도 대표를 소
환, 원복되었다. 홍진 조성환[曺煜] 민병길(신한독립당계) 등이 탈당하였
다. 한독당과 신독당의 이탈파는 다른 세력과 제휴한 뒤 재건한국독립당을
조직하였다.

---

16) 앞의 『임시정부사』 4, 67~669쪽.

탈당·이탈 사태로 기능이 마비된 민족혁명당은 1937년 2월 '한국'과 '조선'이라는 이름의 민족혁명당으로 양분되었는데, 전자는 지청천 등 민족계 세력이었고 후자는 자금이 우세한 김원봉 등 공산계 세력이었다. 삼두체제(지청천 최동오 김원봉)를 지향했던 민족혁명당은 결국 양분됨으로써 지청천계가 약화된 것이나 다름이 없었다.

이에 지청천은 신독당계의 김창환·황학수·조경한, 조혁당계의 유동열·김학규·최동오, 한독당계의 양기탁·강창제, 의열단계의 이복원 등과 연합하여 비상대회소집을 요청하였다. 그는 그 외 박찬익 조소앙 등에게도 협조를 요청하였다. 김원봉이 반격에 나서자 지청천의 한국민족혁명당에서는 3월 29일 김원봉 등을 淸黨的 차원에서 완전히 제거·척결해 버렸다.

한국민족혁명당은 만주(동삼성)의 조선혁명당 세력과 包頭의 韓族抗日同志會와 손잡고 조선혁명당을 확대 조직하기에 이르렀다. 동당의 중앙위원은 지청천 등 10여 명이며 중앙상무위원은 최동오 등 5명이었다. 이들은 내외에 "우리 당은 한독당 신독당 의열단 조혁당 등의 순민주주의적 정수의 혁명자로서 조직되었다"라고 그 민족단일당적인 성격을 극명히 표명하였다.[17]

민족진영계에는 지청천 등의 조선혁명당, 조소앙 등의 재건한국독립당, 김구 등의 한국국민당의 3당이 제휴할 수 있었다. 그러므로 좌익계만 잘 설득하면 범독립운동 세력의 연합전선 결성도 아주 어려운 과제만은 아니었다.

재건한국독립당은 민족혁명당의 붕괴를 촉진하면서 지청천을 후원하고 있었는데 한국민족혁명당으로 독립함으로써 제휴 가능성은 매우 높게 되었다. 한국국민당은 민족혁명당에 참가하기를 거부했던 상해 한국독립당의 이동녕·이시영과 김구 등 연합세력과 함께 이 민족혁명당에 대항할 만한 정당으로 1937년 11월에 창당된 것이다. 이 당은 임정의 유일당인 여당으로서 김구에 의해서 처음으로 범민족 세력규합에 나섰던 것이다.

이와 함께 한국독립당 대표 홍진이 남경에 나와서 지청천과 송병조(한

---

17) 앞의 자료, 670~677쪽.

독당의 김구를 대신하였다)와 함께 민족진영 3당 대표가 회동하였다. 충분히 협의를 거친 이들은 공동성명을 발표할 것이며, 합동정당은 임정을 절대 옹호지지 한다는 것이었다. 이에 더하여 각당 대표 2명을 선정, 남경에 파견하여 공동사무를 처리하게 할 것을 거듭 강조하였다. 그러나 '광선'은 이것으로 끝낼 수 없었다. 임정을 외교와 재정적으로 지원하고 있는 미주지역의 민족계 단체도 여기에 호응하여 합동 연석회의를 개최해야만 범민족 통일전선이 형성될 수 있다는 데 인식을 같이하였다. 미주라면 하와이와 멕시코가 포함된다.[18]

이에 관하여 누구도 이의를 제기하지 않았다. 미주에서는 6개의 단체가 이 단합에 호응하였다. 그 단체명은 자료에 따라 약간씩 다르게 나타나 있다. 대한인국민회(북미와 멕시코 : 현순), 대한동지회(이승만), 대한인단합회(田耕武), 대한인애국단(韓始大), 대한부인애국단(대한인부인구제회 : 朴信愛) 등의 6개 단체가 그것이다.

이들은 8월 17일 3당 6단체 즉 9개 단체의 대표자와 공동으로 제휴하고 한국광복운동단체연합회 '光線' 혹은 '光復陣線'을 결성하였다. 우선 민족계만이라도 대동 합류할 수 있었다는 것이 통일운동사상 획기적인 큰 일이 아닐 수 없었다.

(4) '聯協'의 결성 준비

범민족계 세력의 통합이라는 일단계 민족전선의 통합운동은 성공리에 완수하였다. 그러나 이것만으로는 범독립운동 세력의 단일화가 되지 못하였다. 바로 좌익계와의 제휴인 '光線'과 '民線'의 합작이 남았다. 즉 '聯協'(전국연합진선협회)의 조직을 위해 앞의 9개 정당단체는 그 정지작업을 펴나갔다.

'광선'은 선언서에서 실전 경험을 통하여 민중의 책략과 역량을 총집결시켜 일본을 타도하고 광선을 조성하지 않을 수 없음을 확실하게 천명하

---

18) 上海日本總領事 報告 참조.

였다. 이 목적을 달성시키기 위하여 광선을 확대조직하고 通力合作함으로써 당면 공작을 성공적으로 수행한다는 것이다. 이들은 임정지지 강화를 염두에 두고 그 여당격으로 기능이 뒷받침되길 희망하였다.

'광선'은 중일전쟁에 관한 결전적인 투쟁의욕을 보이는 선언서에서도 엿볼 수 있다. 이들은 모임을 갖고

> 첫째, 중일전쟁은 한중 양민족의 생사존망이 걸린 최후의 결전적인 문제인 것이다.
> 둘째, 한민족은 모두 같이 일어나 중국을 위해 항일구국 전선에 참가한다.
> 셋째, 이 시기를 당하여 한중 양민족은 연합하여 왜적을 섬멸 철저히 응징한다.

는 것을 초대 실행목표로 삼았던 것이다.

이런 민족진영의 주요 黨團 9개가 연합하여 범민족 세력을 형성함에 대해 김원봉 등 좌익사회사상세력은 매우 충격적으로 받아들이고 자기네들도 가능한 한 여러 좌익 단체나 정당을 규합하여 대항할 '민선' 결성에 온 정력·정책을 동원하고 있었다. '民線'은 동 11월 2일 결성되었다.[19]

민족계의 범민족세력인 '광선'은 그 본부를 남경 시내 일경의 눈을 피할 수 있는 곳에 두고 선전위원회를 구성한 뒤 선전사업을 펴 나갔다. 홍진 조소앙 이광 조완구 조경한 엄항섭 현익철 등 7명의 '광선' 간부는 다음과 같이 각 계파와 단체를 대표하고 있다.

'광선'의 주요 군자금 루트는 美洲의 우리 동포 성금으로부터 이어졌다. 10월 17일 약속된 헌금 3천 $ 중 250 $가 安恭根에게 접수되었다. 상해 미국 여행사를 통하여 안공근이 받은 국민적인 성금은 '광선'의 주요 인사와 협의해서 '聯協' 결성 자금화되었다. 이는 물론 임정에 보내져 운영케 하였다.

감동한 중국의 국민당 장개석 총통으로부터도 1만元 성금을 받아 독립

---

19) 上海日本總領事 報告 참조.

운동 및 민족·공산계의 통일과 합작에 충당토록 조치하였다. 그 이전의 군자금 관리 문제로 불미스러운 유언비어가 나돌았던 때를 상기해서 이번에는 철저하게 관리했고 접수 액수도 공개하였다. 이 당시 일본측 정보자료 속에는 중국으로부터 받은 성금으로 중국 등 북부에서 대대적인 무장봉기가 계획되고 있었다는 것도 유포되어 있었다.

아무튼 '광선'의 조직은 중국인들 뿐 아니라 미주, 구주, 국내 등 각지에 산재한 동포에게 광복의 기간을 그만큼 단축시킬 수 있다는 부푼 기대를 걸게 하기에 부족함이 없었다.[20]

4) 조선민족전선연맹의 조직

(1) 조선민족혁명당의 기본 노선

조선민족혁명당(혁명당)은 우익진영의 한국독립당에 대치되는 좌익계의 주요 독립운동 정당이었다. 조선의열단의 독단으로 원래 조선독립당의 일원이었던 박창세, 조소앙과 신한독립당의 홍진, 조성환, 민병길 등이 1935년 9월 전후 탈당함으로써 한국민족혁명당은 약화되었다. 그리하여 1937년 1월 한국민혁당의 잔존파는 남경에서 대표자 대회를 통해 조선민족혁명당으로 改名하였고, 김원봉 지청천 등 15명을 동 위원으로 선임하였다.

동년(1937) 3월 朝民革은 당풍쇄신 등의 구호하에 비상대회를 끝냈다. 지청천은 남경에서 朝革黨을 재건하였다. 이때부터 朝民黨은 김원봉의 의열단이 독점하였다. 7·7 중일전쟁 이후 공산계가 고개를 쳐들 수 있어 조민혁의 과격 적색파는 민혁당을 탈당하고 조선청년전위동맹을 결정하였다. 더욱이 공산주의자 王志延이 탈당하자 민혁당은 쇄락하고 말았다.

김원봉은 조민혁의 퇴세를 만회하기 위하여 1939년부터 단일당 운동을 제창하였다. 朝民革은 기왕의 탈당파 해방투쟁동맹, 독립당통일동지회, 미주에 있는 조선민족전권위원회와 연합하여 임정의 양대 정당으로 복합 결

---

20) 앞의 자료와 同一함.

성되었다. 조민혁의 책임자를 보면 김규식(주석), 김원봉, 신기언(비서처주임), 김인철(조직부장), 손두환(선전부장), 成玄園(재정부장), 申榮三(통계부장), 金剛(미주총지부주석), 李慶善(미주총지부총서기) 등이 자료상에 나타나 있다. 同黨의 김규식은 상징적 존재였고 실권은 총서기 약산 김원봉이 장악하고 있었다.[21]

'聯協'이 실패한 뒤 朝民革의 정강(1942. 12. 제6차 대표대회) 속에는 조선민족 자주독립의 민주공화국을 수립하며 국민헌법의 제정과 普選制 실시를 표방하고 있다. 그 외 일본의 주구 숙청과 그 재산의 몰수를 천명하였고, 토지혁명을 단행하여 경작지는 소작인에게 분배한다고 했다.

부녀의 권리를 남자와 평등하게 하며 노동조건을 개선하며 反파시스트의 조선인 기업가를 보호 육성한다는 것 등이다. 국민의 각종 자유의 보호와 교육 사회보험은 국가경비로 충당한다면서 인류의 평화와 행복을 촉진한다고 명시하였다. 조민혁은 그 형성 단계를 보면, 의열단·한국민족혁명당·조선민족혁명당으로 분파되어 있었다.

(2) 조선민족해방동맹과 조선청년전위동맹

1920년대 후반의 좌우합작적인 민족유일당 운동은 피차의 고집스러운 이해의 주장과 주의 등으로 인해 지지부진, 소기의 목적을 달성하지 못하였다. 1931년 10월 26일 상해에서 한국인들은 留滬한국독립운동자동맹을 결성하였다. 이에 관련된 인물로는 具然欽, 김원식, 高尙峻 등 10여 명이 주요간부로 손꼽힌다. 이들은 창립선언과 투쟁강령을 제작하고 기관지로 『阿普羅』를 발간, 소비에트 러시아를 지지하고 중국의 혁명대중과 제휴한다는 뜻을 강력히 나타냈다. 이를테면 좌경적 성격과 노선을 표방했다고 생각된다.

그러나 독자적인 노선을 추구해 나가려던 이 동맹의 일부가 김원봉의 朝民革에 추파를 던지거나 마침내는 가담하는 경우가 늘어났다. 5년 여가

---

21) 앞의 『임시정부사』 4, 750~755쪽.

지난 뒤인 1936년에 이 동맹의 일부가 김원봉의 조민혁으로부터 탈당하여
이 동맹의 명의로 좌경친공활동을 전개하였다.

중국에서 항일혁명군의 숫자가 늘어나면서 이 해방동맹은 金奎光 朴建
雄 등의 충동과 선전 감언이설로 '民線'에 가입하는 자가 날로 늘어났다.
마침내 '聯協'이 실패한 뒤 1940년 가을에 이 동맹은 조선청년전위동맹 및
李貞浩 등과 제휴하여 조선민족해방투쟁동맹을 결성하였다. 이들은 우리
가 해방을 맞기 위해서는 피를 흘려 쟁취해야 한다는 공산주의자들의 상
투적인 극렬언사를 강조하고 있었다. 이들은 좌파 진영 중 김원봉 일파와
동조, 공동노선을 추구하였다.

그러나 김원봉을 추종해도 이렇다할 실효를 느끼지 못하자 조선청년전
위동맹이 河北으로 달려가 중국 공산당이 축출된 연안노선으로 들어갔다.
그 뒤 重慶에 잔존했던 자들은 해방동맹의 옛 행적·사상을 추구하면서
대오각성, 우리 임정에 접근하려 하였다. 공산도배들의 언행이 얼마나 신
빙성이 없고 무의미한 혈투만 강조하는가 하는 점에 회의를 느꼈기 때문
이다. 그런 징조와 행동은 비록 이들이 레닌과 스탈린을 존숭하였음에도
불구하고 오히려 임정과 공복군에 대하여 옹호 지지하는 의협심을 보였다.
그러나 그들은 한국의 각 독립운동계파가 대동단결 통일해야만 살 수 있
다는 점을 강조해 준 일도 있었다.

조선청년전위동맹의 관련자가 철수한 이후 이 해방동맹은 선명한 주의
·주장을 표방하고 있다. 반일 역량을 조건없이 집중시켜 독립운동에 매진
해야만 속히 광복을 달성할 수 있다는 이론도 내세우고 있다. 한국의 독특
한 여러 독립운동단체들은 서로 손잡고 임정의 기치하에서 민족해방운동
을 완성하고 사회주의혁명은 먼저 민족해방이 성취된 뒤에 수행되어야 함
을 강조하고 있는 것이다.

이 때 한국의 사회주의당파는 민족주의당파와 손잡고 임정의 반일민주
강령, 태극기 존봉, 한국독립지도자들의 부각 등을 시종 옹호 지지한다는
사실을 실천목표로 삼았다. 조선무정부주의자연맹은 민선통일전선운동에
가담 활동하였다. 남화한인청년연맹을 조선혁명자연맹으로 개조하면서 이

운동을 본격화해 나갔다. 본래 이들은 공산주의를 적대시하고 투쟁하였으므로 민족계와 친목을 돈독히 강화해 나갔다.[22] 뒤에 조선혁명자연맹은 다시 조선무정부주의자연맹으로 그 명칭을 환원하고 임정에 참가, 적극 지지한 바 있었다.

(3) '民線'의 조직

민족진영의 9개 黨團이 모여 통일노력으로 '광선'을 조직하게 되자 좌익진영에서도 여러 단체가 모여 '광선'에 대치할 '민선'을 결성하였다. 그 단체는 한국국민당의 반대세력인 김원봉 중심의 조선민족혁명당을 위시하여 조선민족해방동맹, 조선청년전위동맹, 남화한인청년연맹(조선혁명자연맹) 등 4개의 단체였다. 이는 '광선'이 결성된 1937년 8월 17일 이후 4개월 만인 그 해 12월 武漢에서 제5차 회의토론을 거친 뒤 조선민족전선연맹('民線'이라 함)을 결성하여 金九의 '광선'과 양대 산맥을 형성한 셈이 되었다. 좌익 당파의 통일을 기하는 하나의 좌파연합통일전선이 구축되었으니 가히 그 가담세력의 동향도 알 수 있다. 이 '민선'의 투쟁강령 제5항에 나타나 있는 중국항일진쟁에 참가하는 규정에 의거, 1938년 10월 10일 漢口에서 총성이 요란한 중에서도 정식으로 조선의용대를 조직하여 무장세력을 보유하게 되었다. 따라서 직접 중국 군사작전대열에 조선의용대는 참가하였으나 뒤에 김원봉의 반대에도 불구하고 광복군에 흡수·통합되었다.

'민선'은 임정에 대하여 不關정책을 취하고 있었다. 이들은 임정을 광복에 유해하다느니 통치권력의 결핍상태라느니 하며 힐책하였다. 이런 류의 대치는 '광선'과 '민선'의 不睦과 不關의 분위기를 심화시켰다. 김구 등은 좌우익이 통합하여야 한다는 생각을 품고 좌익이 '민선'과 타협하게 하였다.[23]

김원봉에 의하여 좌익단체가 '민선'으로 통합함에는 임정의 최고영도권을 장악하려는 음모가 개입되어 있었음을 간파해야 한다. '연협' 운동이 실

---

22) 上海日本總領事 報告 참조.
23) 앞의 자료와 同一함.

패로 돌아간 것도 임정 주도권 쟁탈문제와 결코 무관하지 않았던 것이다.

중경시대 韓僑가 다같이 임정 청사에 모여 3·1혁명 23주년 기념식을 거행할 때 중·미·영·소 각국의 元首에게 승인을 요청하였는데 이 대회에는 '광선'·'민선' 각파 한인들 전체가 나란히 참석함으로써 화해 분위기가 감돌기도 하였다. 중·미·영·소 기자가 이 대회에 참석, 취재하였으므로 흥분상태를 금치 못하였던 것이다.

5) 전국연합진선협회의 조직

(1) 좌우연합운동의 당위성

진강시대의 임정은 작전상 다시 西遷하여 한구를 거쳐 호남성 장사에 도착하였다. 그리하여 장사(1937. 12. 14~1938. 7. 16), 광주(1938. 7. 17~1938. 11. 29), 柳州(1938. 11. 30~1939. 7. 16)를 거쳐 綦江(1939. 5. 3~1940. 9)시대로 접어들게 되었다. 일단 여기서 정착하였다. 그런데 중일전쟁의 악화로 중국과 같이 임정도 계속 이동기에 들어섰다. 장사의 임정 판공처(楠木廳)에서 金九 등 요인이 저격당하였다. 그리하여 조선혁명당의 현익철이 끝내 사망하였고 김구·유동열·지청천이 중경상을 입었다. 범인은 이운한이었는데 동기는 자금분배와 감정문제가 발단이 된 것으로 보인다.[24]

그 동안 독립운동단체에서는 어려운 현실적인 사정이 겹쳐 까다롭고 미묘한 사건이 빈발하고 있었으나 이미 김구 등의 '광선'과 김원봉의 '민선'으로 민족계·공산계가 하나의 단일당으로 뭉쳐 있었다. 당시는 중국 정부가 국공합작으로 공동의 적인 일제를 섬멸할 현안의 노력을 기울이고 있을 때였다.

중국의 장개석 총통이나 그 휘하의 막료들도 한국인의 대일항쟁의 열의와 능력을 높이 평가하고 있었다. 더욱이 1932년의 이봉창·윤봉길 의사

---

24) 김구, 앞의 책, 335~336쪽.

등의 혁혁한 전과를 익히 알고 있는 그들로서는 안중근·조명하 의사의 의거와 맥을 같이하는 것으로 인정하였다. 그리하여 한국독립운동계에 '광선'과 '민선'이 자력으로 양대 세력권을 형성한 것을 알고 있었던 장개석은 이미 여러번 김구와 김원봉을 접촉, 면담한 일이 있었다. 두 사람 다 같이 蔣 총통으로서는 비중있는 인물로 취급하였다. 김원봉은 황포군관학교 출신으로 장 총통으로서는 오히려 김구보다 인연이 더 깊다고 볼 수 있다. 그러나 장 총통은 한민족의 광복운동이 어느 한쪽으로 치우친다던가 한쪽 중심만이 최선이라는 생각은 배제하고 있었다. 장 총통은 중일전쟁을 겪으면서 항일투쟁에는 민족연합 세력의 통합만이 적을 섬멸할 수 있다고 믿었다.

개별적인 항쟁이 용감하다해도 그것을 조직화·일체화·연합화하지 못하면 희생만 늘어날 뿐이지 기울인 노력에 비하여 성과는 기대할 수 없다는 점을 깊이 인식하고 있었다. 따라서 장 총통은 중국 내에 흩어져 있거나 각 파별로 조직되어 일관성 없는 여러 독립운동단체들을 대동 합류시켜 국력의 조직화와 통일화가 시급하다는 점을 '광선'과 '민선' 지도자를 불러 간곡히 제휴하도록 권유하였다.

먼저 장 총통은 '광신'의 김구에게 권유하였다. "귀국의 독립운동가는 세계에서 가장 우수한 자립정신과 투쟁의욕을 가지고 있다. 과거 이봉창·윤봉길 의사의 혁혁한 작탄혈투야말로 온 세계 자유인을 감동시켰다. 아울러 한국인의 피나는 독립정신을 세계만방에 떨쳤다. 이제 남은 문제는 그것을 어떻게 유지 계승해서 완전 復國 통일할 것인가 하는 과업인 것이다. 그렇게 하기 위해서는 '민선'과 손잡고 대동 연합하여야 한다. 즉 연합할 기구를 설치하는 것이 복국의 첩경이 될 것이다" 김구 역시 장 총통의 권고가 지당한 충언이고 우정어린 지원의 협력이라 믿었다. 즉각 '민선' 진영과 타협할 것임을 대답하였다.[25]

이어 장 총통 역시 친분이 깊은 '민선'의 김원봉을 면담하였다. 장 총통은 김원봉에게 좌우익의 합작통일을 권유하였다. "이념보다 더 귀중하고

---

25) 앞의 자료와 同一함.

시급한 것은 곧 한국의 광복이라고 생각한다. 지금 이 시점에서 좌우의 대립이나 갈등 마찰은 국력의 낭비와 소모일 뿐 양측에 다같이 손실만 있을 뿐이지 도움은 결코 되지 않는 것이다. 중국 일대에서 항일투쟁을 전개한 지도 20여 년이 지나고 있는데 돌이켜 보면 무엇 때문에 이렇게 시일을 遷延하고 있는 것인가를 예리하게 분석 비판해야 한다. 왜 그동안 피를 뿌렸는가. 광복을 위해서였던 것이다. 이제 '광선'과 손잡고 연합하길 바란다. 우리 중국의 援韓도 본격화할 것이며 현실화할 생각이다."

장 총통이 한국의 독립운동에 대한 관심이 이렇게 지대하였다. 얼마나 그 우호가 깊었는가는 새삼 거론할 필요조차 없는 것이다. 양 김씨의 장 총통 重慶 면담 이후 좌우연합의 분위기는 더욱 성숙되어갔다.

(2) '聯協'의 조직

좌우익 진영의 연합통일의 필연성은 각 파가 다같이 인식을 같이함으로써 '연협'이 결성되었다. 협상의 개시는 '광선'을 대표한 김구가 아궁보에 있는 조선혁명당과 조선의용군의 본거지를 방문, 의사를 타진함으로써 본격화되었다.

신한독립당계의 윤기섭·성주식, 한국독립당계의 김홍서·김두봉·石吾 그리고 崔錫淳·金尙德 등과 좌우합작전인 통일문제를 제안하여 찬성을 얻었다. 이런 '연협'의 결성보도 문제는 중경발 UP 통신에 그해 3월 1일자로 기사가 이미 전세계에 나갔다. 이미 좌우합작통일의 전국연합진선협회가 조직된 것으로 알려진 것이다. 기록에 나타나 있는 UP 통신 기사의 抄譯은 이와 같은 것이다. "중경재류 한국인 400여 명의 3·1절 기념식날 한국인은 무장반일을 외치고 會上 장개석 군사위원장의 옹호를 절규하였다. 본일(3. 1) 오후 한국인 400여 명은 市黨部 대예배당에 집합하여 3·1血鬪 20주년 기념식을 거행하였다. 이 대회에 출석한 자는 전국연합진선협회 간부 在華 각전선대일항전병사의 가족, 한국 아동 및 국민당원들이었다.

'연협'은 조선무정부주의자·공산주의자·국가주의자·사회주의자의 합동단체로서 기념식에 있어서의 연설 및 슬로건은 어떤 것이든 숭고한 정신의 발로로서 한국 대중의 무장강화 및 한중 반파시스트 동맹 조직에 중점을 쏟았다."26) 이 내용을 보면 '연협'은 이미 결성되어 가동되고 있는 것으로 볼 수 있다.

그 동안 연합을 위해 미주 하와이의 각 독립운동단체와 연락을 취하였던 바 의견이 약간 달랐다. 그것은 "김원봉은 공산주의자다. 그런 공산주의자와의 통일은 반대한다"는 것이었다. 이에 '연협' 결성을 합의한 김구와 김원봉은 5월 초 긴밀히 만나 그 대책을 세웠다. 그 결과 공업·운수·은행과 산업 부문 등 민족주의적 체제에 있어서는 국가가 위급할 때에 당하여 國有로 한다는 조문을 넣어 그들도 합류시킬 계획을 그 대안으로 제시하였다. 그 외에 민주공화국의 건설, 농지의 적절한 분배, 언론·출판·집회·종교의 자유보장과 자본주의적 정치강령을 광범위하게 포함하는 공동성명을 발표하게 되었다. 그것이 곧 1939년 5월 김구·김원봉의 연명공동선언인 '동지 동포 제군에게 보내는 공개장'이다.

그 내용을 요약해 보면 양 김씨는 3·1혁명 이후 해외에 있어서 일본과 대결해서 지속적인 투쟁을 전개해 왔음을 전제한 뒤 강적에 대한 통일적인 힘으로 진행하지 못하였음을 솔직히 반성, 지적하였다. 그것은 우리들의 민족적 경각성이 부족했고, 혁명의 전략적 임무를 정확히 파악하지 못했기 때문이라는 데에 인식을 같이하였다. 그러나 이제 우리는 민족적 총단결의 교훈에서 오류를 통감하고 민족의 광복을 완성하는 동시에 내외정세와 우리들의 정치적 주장을 진술하게 되었다고 했다.

재중국 한국혁명단체는 이와 같은 사명의식을 이해하고 강력히 광복운동을 추진하기 위해서는 각 혁명단체가 각기 자기 단체를 해소하고 현 단계의 공동정강하에서 단일당을 조직해야 한다는 점을 연합진선협회 결성의 기본 정신과 동기로 내세웠다.

공동연명선언서를 공개적으로 발표한 뒤 각 계파 단체별로 여러 가지 미묘한 것을 포함, 광범위하게 조정작업을 진행하다가 마침내 7월 17일 중경에서 좌우합작의 연합통일단일당적인 전국연합진선협회(연협)를 결성

---

26) 앞의 『임시정부사』 4, 688~689쪽.

선포하였다.27)

단일당으로의 합류는 한국인의 모든 독립운동단체가 단결하여 광복운동을 조직적이고 체계적으로 진행시키려는 데에 초점이 모아진 것이다. '연협'에 참가한 단체는 '광선'의 한국국민당·재건한국독립당·조선혁명당 3당과 '민선'의 조선민족혁명당·조선민족해방동맹·조선청년전위동맹·조선혁명자동맹의 4당 등 7개 당파 이외에도 미주와 하와이에 있는 한국인 독립운동 단체가 다양하게 포함되어 있었다.

이렇게 7당 통일회의가 개최되었는데 회의가 민주진영 쪽으로 우세하게 돌아가자 좌익계 '민선'측에서 크게 반발하고 나섬으로써 원만한 회의 진행이 어렵게 돌아갔다. 따라서 먼저 조선민족해방동맹과 조선청년전위동맹 대표가 자리를 박차고 일어나 퇴장함으로써 탈퇴·실패하였다. 민족운동 때문에 공산주의 조직을 해산할 수 없다는 것이었다. 이에 따라 5당 회의에서 순전한 민족주의적인 새 당을 조직하고 8개조의 협정에 5당의 당수들이 서명하였다.28)

그 뒤 김원봉의 조선민족혁명당이 또 탈퇴를 선언하였다. 이유는 당의 간부들과 그가 거느리는 청년의용대가 공산주의를 버릴 수 없으니 8개조의 협정을 수정하지 않으면 그들은 전부 탈퇴하겠다는 탈법적인 반민족적·반통일적 궁색한 변명이었다. 5당도 비록 표면적으로는 통일협정에 서명을 완료하였음에도 사실상 전국연합진선협회는 분명히 결성된 것이었다.

김구 등은 민족주의진영의 3당만이라도 통합해야 한다는 통일적인 단일당적 취지에 따라 1940년 5월 9일 기강에서 석오가 서거한 뒤 통합 한국독립당을 조직하고, 이날 창립 선언서를 발표하였다. 이는 '연협'의 와해에 따른 차선책으로서, 합당 통일의 민족사적 사명완수와 그 의지의 집결이라고 생각된다.

임정은 그 뒤 제4차와 제5차 개헌을 통해 주석·부주석중심 지도체제로 내각을 개편할 때 김원봉 등 좌익계를 대범하게 흡수 통합하여 거국전시

---

27) 金正明 編, 『朝鮮獨立運動』 II, 東京 : 原書房, 1967, 656쪽.
28) 김구, 앞의 책, 266쪽.

연합정부를 구성하였다. 이런 연합내각의 구성이라는 면에서 '연협'의 결성
은 곧 좌우파의 이해관계와 주의·이념의 차이로 와해는 되었지만 처음으
로 연합을 실현시켰다는 역사적 사명은 완수한 셈이었다. 이와 같은 통합
이나 단일화의 작업은 이 당시(1939. 7. 17) '연협'을 구성하였지만 각종 이
해관계로 인하여 타협점을 찾지 못하였다. 다만 그 뜻은 오히려 1945년까
지 지속되었다고 평가해 볼 수 있다.[29] 왜냐하면 우익이나 좌익이 다같이
기본적인 방향이나 진로모색에 있어서 '통합'이라는 민족사적 소명의식을
늘 환기 일치시키고 역사창조에 임하였기 때문이다.[30]

6) 단일합작의 성과

이상으로 '연협'이라는 임정 주도의 좌우합작 단일화운동의 실상을 살펴
보았다. '광선' 중심의 한독당 정부로의 단결과 '민선'과의 연합체로서 '연
협'이라는 좌우익의 합작운동이 실현된 것은 우리 역사상 단일 통합이라는
측면에서 실로 놀라운 성과가 아닐 수 없다. 임정 국무회의에서는 1935년
도의 임정예산 총규모 5,594＋α를 통과시키면서 통합의 열성을 보였다.
한때 임정은 송병조·차이석 2명만이 정부를 고수하는 위기를 맞았으나
중국 국민당 정부의 권유와 임정의 법통성을 감안, 다시 조완구·조소앙
등이 그 뒤를 이었다. 임정은 항주·진강시대를 맞아 조국광복운동에 신명
을 바쳤다.

이 시기에 중일전쟁이 일어나자 임정은 이를 好機라고 인식한 뒤, 군사
위원회를 조직하고 특수작전을 폈다. 9개 단체가 '광선'을 조직하고 임정을
옹호 지원한 것은 이 때였다. 이동녕 등 7명의 임정 국무위원은 1936년 11
월 좌우익의 통일이 민족사적 대과업임을 알리는 포고문을 발표, 큰 호응
과 지지를 얻었다.

29) 李炫熙, 앞의 책, 結論 參照.
30) 胡春惠 저, 『中國안의 韓國獨立運動』, 단국대, 1975, 86~87쪽.

'광선'의 김구는 '민선'의 김원봉을 만나 마침내 '연협'을 조직하였으니 이는 1939년 5월 초의 일이었다. '동지 동포 제군에게 보내는 공개장'이 그 구체적 통합의 거증적 내용이었다.

그것은 7월 17일 중경에서 7당 대표가 모여 각 혁명단체가 단일당 '연협'의 기치하에 좌우익 합작의 '통일한국'을 달성하자는 피맺힌 절규였다.

그러나 그 2당이 탈퇴, 8개조의 협정을 체결하였다. 이는 1940년대 초의 임정이 중경에서 최초의 좌우익 연립내각을 결성하는 기본구조와 이념을 잉태케 한 실로 역사상 매우 드문 단일 합작 통일운동의 순간이었다.

4부 임정을 이끌어 간 인물

1. 김병조의 독립운동

1) 신문화의 습득

1877년 1월 10일 평북 정주군 고안면 봉명동에서 金京福의 3남 중 2남으로 출생한 一齋 金秉祚(1877~1950)는 6세부터 한학에 정진하여 18세에 4서3경, 제자백가를 통달하였다. 그는 20세인 1896년부터 평북 구성군 관서면 조악동에서 서당을 개설하고 훈도생활을 하는 등 일찍이 개화되어 학문과 교육에 관심을 두고 있었다.

그러던 중 19세기 말 서세동점에 의한 개화물결이 거세게 일어 들어오자 이에 대응하여 삭발운동에 앞장 서면서 신식교육으로 신문화를 배우지 않으면 낙오될 것이라 결심하고 1908년 운영하던 서당을 폐지한 뒤 辨山학교를 설립하여 운영하면서 기독교로 개종하였다. 그리고 1913년 3월 장로회 평양신학교에 입학하여 1917년 졸업하고 목사가 되었다.

그 후 그는 학창시절 교유하였던 이승훈 유여대 함태영 등과의 인연으로 3·1혁명에 관한 계획을 전해 듣고 이에 적극 가담하여 민족대표로 선정되었다. 그러나 서울에서의 독립선언식에 참석하는 대신 평안도 일대를 순행하면서 만세시위의 확산을 위하여 각처에 독립선언서와 격문을 보내어 독립운동을 주도하였다.

이후 임정에 참여, 의정원 의원과 선전위원회 위원 등을 역임하면서 임정의 광복정책 등 활동에 주력하였으며, 이 시기 상해 한인교회 담임목사로서 한인교포의 자녀교육을 담당한 인성학교를 운영하였다.

이렇듯 김병조는 독립운동사에 있어 큰 업적을 남겼음에도 불구하고 그에 대한 연구와 인식이 민족대표 33인 중의 한 사람이었다는 정도에 머물러 있는 수준이다. 더욱이 그가 민족대표로 서명하고서도 당일 서울에서의 독립선언식에 참석하지 않았다는 사실만으로 소극적인 종교계의 온건한 인물로 인식되는 경우도 있었다.

그러나 그는 자신의 근거지를 중심으로 독립운동을 주도하였으며, 3·1혁명과 그 정신을 계승하여 최대의 성과로 수립된 임정에 직접 참여함으로써 민족광복이란 국가적 임무를 수행한 큰 인물이라 할 것이다. 물론 그는 1919년으로부터 1923년까지 5년여를 임정의 지도자로 활동하였기에 다른 지도자와는 성과 면에서 비교된다. 이에 본고에서는 김병조가 종교계의 인물이 아닌 임정 지도자이며 독립운동가로써 활약한 독특한 면면을 살펴봄으로 그의 업적을 새삼 재인식, 평가해 보고자 한다.

2) 민족대표에의 참여 경위

김병조가 민족운동에 헌신하게 된 것은 3·1혁명 당시 민족대표 33인의 한 사람으로 참여하면서부터였다. 그가 3·1혁명에 참여하게 된 것은 교회 일로 양전백의 집에 들렀다가 이승훈을 만남으로써 이루어졌다. 즉 3·1혁명 이전 김병조는 평북지방 내 서북부인 의주·삭주·창성·벽동의 4개 군을 평북노회로 분할하여 1918년 11월 27일 창립된 의산노회[1] 소속의 의주교회를 담임하고 있었다. 그후 1919년 1월 19일부터 제15회 평북노회가 열리게 되자 宣川남교회당에서는 査經會가 시작되었다.

이 사경회에 참석하기 위해 의산노회에서는 일재 김병조가 유여대, 장덕로, 김승만 목사 등과 함께 대표로 평북 선천을 방문하게 되었다. 이들은 집회에 참석 후 양전백의 집에 들르게 되었는데 여기에서 3·1혁명을 계획하고 동지를 구하러 찾아온 교계의 중진 남강 이승훈과 만나게 된 것이

---

1) 3·1혁명 당시 한국의 장로교회는 전국 교단조직인 총회 산하에 12개의 노회를 두었는데, 그 중 평북지방은 평북·서북·의산 등 3개 노회가 조직되어 있었고, 교세가 가장 강하였다. 『조선예수교장로회총회 제8회 회록』 1920년 3월, 122쪽.

다.

이때 이승훈은 김병조 등에게 서울에서 손병희 등 천도교측과 합의된 독립운동계획에 관한 내용을 설명하고 민족적 대과업에의 참가를 간절히 권유하였다. 이에 김병조 등은 모두 찬성 동참하였다. 김병조, 양전백, 이명룡, 유여대 4인이 '기독교 민족대표' 16명 중 주요 멤버로서 참가하기로 확정하였다. 그리고 이틀 뒤인 14일 김병조는 유여대와 함께 다시 양전백의 집을 방문하여 자신은 해외로 가게 되어 있으므로 이명룡에게 전폭적으로 신임하고 도장을 맡기면서 민족대표로서의 자신들의 서명을 위임하였다.[2]

이러한 과정은 3·1혁명 공판기록에 설명되어 있다. 즉

> 2월 11일 최남선·송진우를 만나 독립운동(3·1)에 기독교측 참가를 약속한 이승훈은 동지를 규합하기 위해 즉일로 京城(서울)을 떠나 평안북도 선천으로 가서 그 다음날 기독교장로교 목사 양전백의 집에서 同人 및 그 당시 마침 장노회에 출석하기 위하여 선천에 모인 장로 이명룡, 목사 유여대, 김병조 등과 만나 송진우에게 청취한 운동계획을 알려 찬동을 구하였더니 3명은 모두 동지가 될 것을 승낙하고 유여대·김병조는 독립운동에 관하여 만사를 이승훈에게 일임하였다. 또한 필요한 서류에 찍게 하기 위하여 각각 그의 인장을 同人에게 위탁하고 양전백·이명룡은 독립운동의 모의에 참석하기 위하여 경성으로 가기로 하였다.[3]

그러나 김병조는 3월 1일 당일 다른 민족대표들이 모이기로 한 서울 종로 태화관의 선언식장에 참석하지 못했다. 앞서 2월 12일 양전백의 집에서 있었던 사전조정 모임에는 김병조 이승훈 이명룡 양전백 유여대 외에 장덕로 김승만 등도 참석하였는데 이들은 의논하던 중에 서울에서 전개하기로 한 독립선언식에 참석하지 않고 의주에서 별도로 독립시위운동을 전개하며 비밀기관을 조직하기로 약속하였던 것으로 보인다. 더욱 중국 일대에 선언서를 배포할 사명을 띠었다고 손병희의 합부인 주옥경이 귀띔한 바도

---

2) 李炳憲, 「梁甸伯先生取調書」, 『3·1運動秘史』, 時事時報社, 1959, 256쪽.

3) 독립운동사편찬위원회, 「大正8年 特別 第1∼5號」, 『독립운동사자료집』 5, 1972, 17쪽.

있다. 그같은 사실은 다음의 내용에서 살펴 볼 수 있다.

의주는 유여대·김병조·김승만·장덕로 4인이 음력 정월 10일에 평북
노회 축하차로 선천에 往하야 양전백 집에서 10여 동지로 더불어 國事의
광복을 共議한 후 義州 一境의 事는 4인이 분담하고 歸하야 김병조·김
승만은 비밀기관의 간부가 되고 유여대는 시위운동의 회장이 되야······4)

또 김병조·유여대 등이 2월 14일 양전백의 집에 다시 찾아와 이명룡에
게 도장을 맡기며 자신들은 의주 등지에서의 일을 맡기로 하였다는 내용
이 양전백의 취조서에서 나타난다.5)

이때 의주 일원의 만세운동에의 책임을 맡게 된 김병조는 평북 도내 각
처를 돌아다니면서 격문을 전달, 3·1혁명을 크게 확산시켜 나갔다. 그 격
문의 내용은 다음과 같다.

우리 한국 동포들에게 보내는 글
슬프다. 우리 8도의 동포여! 깊은 잠에 빠져 있음을 크게 뉘우칠 것이다.
하늘의 모습을 우러러보아라. 동방의 밝은 별이 이미 밝았고 시국의 형편
을 두루 살펴보아라. 많은 백성들이 세상을 경계하는 말이 저절로 소리가
들리니, 자태를 뽐내며 휘날리는 태극기는 제군들의 조국정신이 활발한
때문이고, 열렬한 만세소리는 제군들의 일체 생명의 맥박이 진동하는 도
다.
무도한 일본인의 음녀·아편을 이용한 정치는 청춘 소년들을 주색잡기
에 젊음을 연기와 안개처럼 허비케 하는 것과 같은지라. 무도한 일본인이
소나 돼지를 내몰 듯 하는 체육은 하잘것없는 노인과 약한 아이들의 유골
이 서북간도에 삼밭에 삼대나 대밭에 대나무같이 많이 있고 수년을 경과
하면 군청이나 면사무소에도 한국인들의 의자는 그림자도 영원히 끊어질
것이다. 또 몇 년을 경과하면 반도강산에 한인의 모습은 조금 남은 것조
차 소멸할 것은 필연적인 이치라.

---

4) 金秉祚, 『韓國獨立運動史略』, 上海 : 宣民社, 1920, 28쪽.
5) 朴殷植, 『한국독립운동지혈사』 하, 43쪽.

어른은 독립을 위해 피를 바쳐 죽는 것이 옳으며, 늙은이는 독립가를 함께 부르며 부녀자들은 독립심에 목숨을 맹세하고 만 입을 한 말로 개가를 소리 높여 부를지어다.6)

이처럼 김병조는 민족대표로 서명은 했으나 독립선언식에 참가하지 않고 별도로 해외에 나가 독자적인 독립운동을 전개하였다. 특히 그는 일부 기독교계 민족대표와 함께 거사계획을 3월 1일에 국한시키지 않고 지속적이고 체계적인 독립운동으로 발전시키기 위해 준비하였다. 즉, 3·1혁명을 계획중이던 2월 20일 이승훈은 천도교계의 권동진으로부터 해외에 사람을 파견하기 위해 5천 원의 자금을 전달받은 후 이 중 900원을 김승만에게 보내 중국 안동현(현 단동) 안동교통국사무소를 설립하게 하였다.7) 이에 김병조·김승만 등은 안동현에 미곡상을 가장한 비밀연락 교통사무소를 설치하고 활동하게 되었다. 그러나 일경의 감시가 심하여 곤경에 처하였는데, 5월 초 임정에서 파견된 선우혁이 영국인 쇼우의 도움을 받아 그가 경영하던 이륭양행으로 거처를 옮겨 이후 임정 산하 교통지부로 개편되었다.8)

이와 같이 김병조는 3·1혁명 당시 민족대표로서 33인(실제 29인)이 모인 서울의 독립선언식에는 불참하였으나 의주·상해 등지에서의 독립운동을 주도하며, 지속적인 독립운동을 위해 교통사무소를 설립하는 등의 활동을 하였다. 그리고 임정 수립에 참여, 고귀한 3·1혁명 정신을 임정에 연결하는 중요한 임무를 수행하였다. 그동안 그에 관한 시각은 소극적 독립운동가 내지는 유약한 목사 독립운동가로 온당한 평가를 받지 못했다.

---

6) 金行湜 編著, 『韓民族의 抗爭』, 자료편, 119~120쪽 ; 金亨錫, 「일제 김병조의 민족운동」, 39쪽.

7) 金亨錫, 「南岡李承薰研究」, 『東方學志』, 46·47·48합집, 연대국학연구원, 1985, 648~650쪽.

8) 李炫熙, 『大韓民國臨時政府史』, 集文堂, 1982, 77·88·101·151·253쪽 ; 金亨錫, 「上海居留韓人基督敎徒들의 民族運動」, 『龍巖車文燮敎授華甲紀念史學論叢』, 신서원, 1989, 548~591쪽.

3) 대한민국임시정부에의 동참

3·1혁명 직후 독립운동의 구심체로서 대한민국임시정부(1919~1945)를 수립하기 위해 그 선행조직으로 임시의정원이 구성되었다. 김병조는 1919년 4월 10일 개회된 제1차 임시의정원 회의에 손정도 이원익 이희경 이광수 金鉉軾 등과 함께 평안도 대표로 참석하였다.9) 그는 임정 법제위원회(위원장 홍진)에서 이사로 활동하였으며, 동년 8월 18일 개회된 제6차 회의에서 외교위원회 위원장에 선임되어10) 주로 국내외 광복전략 등 구국선전활동에 주력하였다.

1919년 2월 김규식이 임정의 대표자격으로 파리강화회의에 참석하여 5월 12일 독립청원서를 그곳에 제출하자, 그는 김규식의 활동을 지원하기 위해 여운홍을 파견하는 한편 국제연맹과 장로교 민국연합회 총회 및 미주 각 교회에 한국의 독립을 후원해 줄 것을 요청하기 위해 동년 5월 23일 안승원 손정도 장덕로 조상섭 배형식 이원익 김시혁 김승만 장붕 등과11) 함께 연서로 '韓國時事陳述書'를 발표하였다.

또 그는 손정도와 함께 '한국 기독교 대표들이 중국 기독교에 고하는 글'을 작성 발표하여 한국 독립운동에 대한 중국 기독교계의 여러 인사들의 참여와 관심을 촉구하였다.12) 그리고 구미위원부에서 이승만·서재필을 국제연맹에 대표로 파견하여 김규식과 함께 외교활동을 전개토록 할 계획을 세우자 임시의정원에서는 1919년 7월 7일부터 19일까지 제5차 의정원

---

9) 국회도서관,『大韓民國臨時政府議政院文書』, 1974, 42쪽.;同,『韓國民族運動史料』中國篇, 1976, 36·37·38쪽.

10) 위의 책, 59쪽.;同, 43쪽.

11) 안승원·손정도·조상섭·배형식·이원익·장붕은 의정원 의원으로서 상해 한인교회에 소속된 지도자들이었으며, 장덕로·김시혁·김승만은 임정의 안동현 교통사무소를 중심으로 활동하던 의산노회 소속의 지도자들이었다. 따라서 의산노회 출신으로 안동현 교통사무소 설립에 관여하였고 당시 상해 선인교회를 담임하고 있던 김병조는 이 두 세력을 규합하여 외교활동을 전개한 중심인물이었다. 金亨錫,「일재 김병조의 민족운동」,『朴永錫교수화갑기념 한민족독립운동사논총』, 논총간행위원회, 1992.

12)『日帝下獨立運動家書翰集』, 시인사, 1983, 68~73쪽.

회의를 개최하고 국제연맹에 제출할 안건을 연구하기로 하였다. 이를 위해 '국제연맹회 제출 안건작성 특별위원회'를 구성하였는데, 김병조는 이춘숙 오의선 정인과 최창식(의정원 의장)과 함께 특별위원회 위원으로 선임되어 외무위원회의 신익희 윤현진 고일청 등과 같이 청원서를 작성하였다.13) 그러나 제6차 의정원회의에서 청원서의 내용을 수정하기로 하고 새로 특별위원을 선출하였는데, 김병조 조완구 장붕 고일청 유경환 등 5인이 선정되었다.14) 이에 수정된 청원서는『한일관계사료집』(전4권)과 함께 국제연맹에 제출되었다.

이어 그는 국제연맹에 한국인 목사 1명, 재한 선교사 1명, 재외 한국인 목사 1명으로 구성된 대표단을 파견할 계획을 세우고 재한 선교사 모우리(E. M. Morry)와 在東京 임종순 목사를 파송해 줄 것을 제의하는 연락을 취하였다. 그러나 이에 관련된 문서를 전달하기로 한 김홍서가 일경에 체포됨으로써 이 계획은 무산되고 말았다.15) 이 때 김홍서는 김병조가 대표로 서명한 국내 기독교계가 상해 선인교회를 지부로 인정해 줄 것과 안동현교통사무소 운영에 협조해 줄 것을 요청하는 청원서 및 국내 교회가 시국에 관심을 갖고 기도해야 할 제목들을 요일별로 정리한 문서들도 휴대하고 있었다.16) 또 그는 10월 25일자 임정의 기관지『獨立新聞』에 친일파와 부일세력을 규탄하는 경고문을 발표하여 항일투쟁의식을 고취하기도 하였다.

이처럼 그는 의정원 의원으로서 국내외에 한국의 독립을 청원하고 협력을 호소하는 주목할 외교적 홍보활동에 주력하였다. 그러나 1920년에 들어 의정원 내에 운동방법과 이념의 차이, 출신지역 간의 대립과 갈등, 임정에 대한 재정지원 부족 등 임정 파괴·번복의 위기감이 절정에 달하자 그는 '無用之辯과 不急之察은 棄而不治'라는 설교를17) 마지막으로 의정원 의원

13) 앞의『대한민국임시정부 의정원 문서』, 51·53쪽.;『한국민족운동사료』중국편, 국회도서관, 43쪽.
14) 앞의『의정원문서』, 66쪽.
15) 金正明 編,『朝鮮獨立運動』II, 東京 : 原書房, 1967, 71쪽.
16) 姜德相,『現代史資料』25 - 三一運動(1), みすず書房, 1977, 591~592쪽.

직을 사임하였다.

의원직을 사임한 김병조는 안창호의 요청으로 국무원 산하에 설치된 선전위원회의 이사직을 맡아 임정의 선전업무를 통괄하게 되었다. 그는 임정의 외교적인 활동에 큰 관심과 집착을 가지고 조국광복에 몸바친 것이다.

임정 초기의 선전활동은 민족의식의 고취, 자주적인 홍보활동, 여론의 조성, 국민역량의 강화 등18) 매우 명분론적이며 추상적이어서 실질적인 효과를 기대하기 어려웠다. 이에 김병조 안창호 정인과 임득산 등과 같이 1920년 1월경 임정의 대내외 선전업무를 위한 새로운 선전부의 결성을 구상하고 국내 및 미·중을 대상으로 한 새로운 선전활동 계획을 수립하였다. 즉 국내에 내무부 특파원 선정 파견 및 지방선전대 조직,19) 중국 내 선전대 조직 및 한국의 독립선전 및 강연회·간담회의 개최를 통한 선전활동의 전개,20) 구미 각국에 친한적 언론인을 통한 국제여론 조성 등의 구체적인 계획을 세웠다. 아울러 이 같은 계획을 실행하기 위해 선전위원회를 구성하기로 결정하고, 안창호를 위원장으로, 김병조는 이사로 선임하여 선전업무를 총괄하게 하였다.21) 선전위원회는 산하의 선전대를 통하여 국내와 연결되었고, 대외적으로 외교활동도 담당하였던 중요 조직으로 이의 임무는 단순한 홍보활동에 그친 것이 아니라 외교·재정·군사·교육에까지 그 활동영역이 확대되고 있었다.

김병조는 이처럼 선전외교활동의 중요 기관에서 실무를 총괄하며 활약하였다. 그리고 임정의 활동을 반대하던 창조파·개조파 등 세력들에 의해 국민대표회의 소집을 위한 회의체의 결성이 시도되자 그는 상해측 발기인으로 나서 1921년 5월부터 국민대표회의 촉진회를 주관하였다. 1923년 1월 2일부터 약 5개월간 국민대표회의가 개최되면서 그는 비서장에 선임되기

---

17) 『獨立新聞』(上海版) 1920년 3월 6일자.
18) 『獨立新聞』 1919년 8월 26일자.
19) 주요한, 『安島山全書』, 三中堂, 1963, 621~622쪽. 선전대원들에게는 선전업무와 함께 군자금 모집, 독립군 모집훈련, 경찰서 폭파나 친일파 저격 사살 등의 무장투쟁의 임무가 부여되었다.
20) 앞의 『安島山全書』, 625쪽.
21) 위의 책, 691쪽.

도 하였다.22) 그러나 국민대표회의 도중 임정의 개조파와 창조파 사이에 대립이 격화되면서 결말없이 분쟁 속에 끝나자 선전위원회의 활동을 통해 임정에 참여하였던 김병조는 임정과의 모든 관계를 청산하고 자신이 몸담고 있던 상해 선인교회를 사임한 뒤, 동년 5월말 남만주의 한인교회로 옮겨 재만 한인사회의 지도자로서 한인들을 보호하며 민족운동을 전개하였다.

4) 임시사료조사편찬부원의 활동과 성과

임시사료조사편찬부는23) 1919년 5월 12일 제4회 의정원회의에서 조완구가 행한 국무원 시정방침 가운데 처음으로 언급, 구성되었다. 여기서 역사편찬 사업을 개시하였는데 당시 임시사료조사편찬부의 인적 구성은 다음과 같다.

총 재 : 安昌浩
주 임 : 李光洙
간 사 : 金弘植
위 원 : 金秉祚 李元益 張 鵬 金 翰 金枓奉 朴賢煥 趙東祜 李漢根
조 역 : 金朋濬 金錫璜 金成奉 權址龍 柳榮國 朴錫弘 朴舜欽
　　　　朴炅玉 李址明 禹昇圭 車均敏 車均賢 鄭明翼 李起榮
　　　　金興濟 李康夏 姜賢錫 金恒信 鄭惠善 趙淑景 李메리
　　　　李奉順24)

22) 박영석, 「대한민국임시정부와 국민대표회의」, 『韓國史論』 10, 국사편찬위원회, 1985, 239쪽. ; 李炫熙, 「국민대표회의 소집문제」, 『白山學報』 18, 1975.
23) '史料調査編纂部'라는 명칭은 제1사료인 『朝鮮民族運動年鑑』 17쪽에 의거한 정식 명칭으로, 이 자료는 당시 임정 일지를 중심으로 재구성하였다. 이것이 대외공식명칭이기 때문에 이의 명칭을 그대로 사용하였다.
24) 上海日本總領事館, 『朝鮮民族運動年鑑』, 197쪽.

그 목적은

조선역사의 독립 및 실력과 한일관계를 명확히 편사하여 국제연맹에 제출케 함[25]

이라고 분명하게 밝히고 있다. 이는 다시 말해 일본의 한국침략에 관한 유래 즉 정한론부터 심층적으로 분석, 그 배경을 검토해보자는 의도가 깊게 깔려 있었다. 그러나 정한론의 실상을 명확히 파악하지는 못했던 것 같다. 저자의 연구에 의하면 정한론은 대원군의 서계거척사건으로 인해 즉자적으로 일어난 것이 아니고 일본의 뿌리깊은 한국관 인식부족이나 멸시관에서 비롯하였기 때문이다.[26] 일종의 콤플렉스 때문인 것이다.

임시사료조사편찬부에서는 『한일관계사료집』 전4권을 간행하였다. 이는 공동저술 간행으로 일본의 침략행동을 예의 분석 비판하여 앞으로의 선전운동에 기본 자료로 귀중하게 활용한 바 있다. 그리고 이를 국제연맹에 보내 우리의 현실을 읍소한 바 있고, 1921년 소집되었던 9개 국가의 협의체였던 태평양회의에도 그 자료를 번역하여 이승만·서재필 등 5명의 우리측 대표가 이를 휴대하고 워싱턴까지 간 바 있었다.[27] 그러나 회의에는 안건으로 상정 토의되지 못하였다.

또한 임시사료조사편찬부의 목적에는 3·1혁명의 자세한 기록들을 수집, 정리하여 선전자료로 삼는 동시에 수많은 희생자들의 공로, 성과 등을 누락 없이 기록에 남겨두고자 함이 있었다. 이는 자료화하여 국제연맹에 보내 한국독립의 가능성을 타진해 보자는 강력한 자립적 집념·의지도 있었고, 역사 자체로 영구히 보존하자는 의도도 작용했을 것으로 보인다.[28] 이러한 목적을 가지고 구성된 임시사료편찬부에서 역사의식이 뚜렷했던

---

25) 民族運動硏究所 編, 『民族獨立鬪爭史』 史料 海外編興論社 ; 『興論』 第26號, 부록, 1956, 22~23쪽.
26) 李炫熙, 『征韓論의 背景과 影響』, 大旺社, 1986, 결론 및 89~99쪽 참조.
27) 李炫熙, 「태평양회의에의 한국외교후원문제」, 『韓國史論叢』 1, 성신여대, 1976.
28) 앞의 『安島山全書』, 207쪽.

김병조는 위원으로서 사료편찬사업에 전력하였다.

그러나 이 기관은 임정이 하나의 단일통합정부로 정통화 과정을 거친 단일중심기구로서 제1차 개헌에 의한 대통령중심체제가 출범하던 1919년 9월 8일 해산하고 그 사업은 국무원에서 직접 경영하게 되었다. 따라서 동 위원도 거의 물갈이를 하게 되었는데 김병조와 이원익 2명만 남아 이에 참여하게 되었다.[29] 하지만 임시 사료조사 편찬의 업무는 동년 9월 23일 완료되었다. 『한일관계사료집』 4권의 편찬 조역에는 김여제 김석황 김성봉 등 22명이 선임되어[30] 자료집을 간행함에 있어서 사료의 수집, 정리, 분석과 편찬 등에 적극 조력하였다.

김병조는 약 3개월간 유지되었던 임시사료편찬부에서 그 위원으로 『한일관계사료집』 전4권이라는 방대한 자료집을 편찬 간행해 내는 데 주도적인 업적을 남긴 것이다.

이 기관은 한일교섭의 유래와 독립운동의 전반적인 상황을 짧은 기간이나마 총점검하였다. 아울러 일본인의 국내외 각지에서의 학살·고문·탄압 등 만행 사례를 광범위하게 조사 수집하여 국제연맹에 제출 폭로할 상당량의 내실 있는 자료를 준비해서 실제로 활용하였다.[31] 또 사료조사편찬 과정에서 조동호가 字母를 만들어 주요한 등과 함께 임정의 기관지인 『獨立新聞』의 발간 준비가 진행되었다. 이 사료집의 인쇄가 종료되기 약 한달 전인 동 8월 21일 『독립신문』이 상해 동익리 사옥에서 창간되기도 하였다.

5) 신한청년당의 창당과 김병조

제1차 세계대전이 끝나가는 1918년 8월 20일을 전후하여 중국 상해 프랑스조계의 몽양 여운형의 자택인 自爾路 25호에서 장덕수 김철 조동호 여운형 선우혁 한진교 등 6명이 발기인이 되어 신한청년당이 창당되었

---

29) 앞의 『民族獨立鬪爭史』, 31쪽.
30) 上海日本總領事館, 『朝鮮民族運動年鑑』 1919년 9월 23일자, 31쪽.
31) 姜興秀, 『朝鮮獨立鬪爭史』, 高麗文化社, 1946, 121쪽.

다.32)

이 당의 창당 목표는 그 취지문 속에 잘 반영되어 있는데, 첫째 먼저 독립을 완성하고, 둘째 독립을 회복한 다음에는 문화적·도덕적으로 민족을 개조하여 新大韓민족을 만들며, 셋째 학술과 산업을 일으키어 실력을 양성함과 동시에, 넷째 대한민족의 신문화가 전인류에게 위대한 행복과 번영을 주도록 한다는 것이었다.33) 뿐만 아니라 풍속·문화·도덕 등을 새롭게 연구 선전하기 위하여 20세 이상 40세 이하의 인사를 입당시키겠다는 것이었다.

이에 당의 창립시기로부터 3·1혁명 이후에까지 입당한 인물 중 현저한 인물은 김병조 등 30여 명에 이르고 있다.34) 그 명단을 보면 다음과 같다.

呂運亨　金秉祚　趙東祜　張德秀　金　澈　鮮于爀　韓鎭敎
金奎植　徐丙浩　金淳愛　金　九　李光洙　安定根　韓元昌
李裕弼　梁　憲　趙素昂　金甲洙　趙尙燮　都寅權　張　鵬
林盛業　金仁全　崔　一　李元益　李圭瑞　申昌熙　白南圭

임정 광복정책에 적극 가담한 김병조는 임정을 수립하고 보강할 목적하에 신한청년당을 창립하였는 바 그 초기부터 핵심적으로 참여하고 있다. 신한청년당의 최대 이념은 대한의 완전한 자주독립 달성에 있었다. 즉 민족주의 민주주의 공화주의 사회개혁주의 국제평화주의를 채택하고 그 이념하에서 광복투쟁을 전개해 나가고자 추진한 것이다.35)

신한청년당은 소수정예주의로 나가 50여 명 이내로 그 인원이 충원되었던 것으로 보이는데, 당원의 자격을 20세 이상 40세 이하로 규정하고 조국독립을 위하여 생사로써 맹약한 동지만을 엄선 가담시켰다. 이 당에 가입하는 절차는 기존 당원이 먼저 적임자를 물색하여 권유해서 입당 후보자

---

32) 李炫熙, 『趙東祜抗日鬪爭史』, 청아출판사, 1992, 84쪽.
33) 『新韓靑年』 창간호, 1919년 12월.
34) 국회도서관, 『韓國民族運動史料』 中國篇, 1976, 290쪽.
35) 愼鏞廈, 「신한청년당의 독립운동」, 『韓國學報』 44, 일지사, 1986, 99쪽.

가 동의하면 이사에게 추천하고, 이사는 그를 총회에 제출하여 총회의 승
인을 얻어 당원이 되었다. 이처럼 신한청년당은 유능하고 독립운동에 몸과
마음을 바치기로 맹약한 의지 있는 청년들로만 조직된 청년당이었다. 당원
은 주로 평안·황해·충북·서울·경기 출신으로 30대 청년이 주축을 이
루었다. 또 이들 가운데 3·1혁명 이전에 망명했던 인물이 가장 많았고, 대
부분 고등교육을 받은 인물들로 기독교 신자가 대부분이었으며, 국내에서
애국계몽운동 등 신민회 활동과 교육사업에 종사했던 인물이 대거 합류하
였다. 김병조 또한 그러한 경력의 신앙심이 돈독한 애국적 인물이었다.

이처럼 신한청년당은 작은 규모의 청년독립운동단체였으나, 창립 직후
해외에서 3·1혁명을 가장 먼저 준비하여 국내 및 일본 유학생들과 연결
을 맺고 3·1혁명의 직접적인 진원을 만드는 큰 업적을 달성하였다. 이는
당시 일제 관헌도 3·1혁명의 최초의 준비단계를 신한청년당으로 지목하
고 있었음에서 그렇게 설명할 수 있다.36)

또한 신한청년당은 국내외에 대원을 파견하여 독립운동을 자극함으로써
3·1혁명을 전후하여 각지로부터 유력한 인사들이 상해로 집결하도록 분
위기를 잡는 등의 역할을 하였다. 이는 3·1혁명 직후 임정을 수립 선포하
는 데 그 임무가 구체적으로 연결되어 나타나게 되었다.

1919년 3월 하순 무렵부터 여운형 선우혁 김철 등은 국내에서 온 33인
중의 한 분인 김병조 및 현순 등과 더불어 상해에 독립임시사무소를 설치
하고 각국을 향해 독립을 선언하면서 임정 조직에 착수하였다.37) 마침내
20·30대의 장년층을 추대하여 임시의정원의 10개조 헌법을 축조 심의하
는 등 결의를 거쳐 1919년 4월 13일 오전 이동녕 의장이 임정을 수립 선포
하기에 이른 것이다.38) 이로써 신한청년당이 1918년 제1차 세계대전의 종
전에 따른 국제정세의 변화를 예의 주시해서, 활용하여 독립국가를 수립하
고자 기도한 것이 정부수립을 통해 보다 구체적으로 기반을 닦게 된 것이
다.39)

---

36) 앞의 『한국민족운동사료』 중국편, 20~23쪽 참조.
37) 독립운동사편찬위원회, 『독립운동사』 4 - 임시정부사, 1972, 113~114쪽.
38) 李炫熙, 『大韓民國臨時政府史』, 集文堂, 1982, 서·결론.

그 후 신한청년당은 임정이 운영상 애로가 있고 좌익계의 임정전복 의도하에 국민대표회의가 열리게 되자 임정을 수립했던 위치에 서서 개조론을 주장하는 등[40] 임정이 수립된 뒤에도 임정 중심의 독립운동에 진력하였으나 당 내부의 분열로 1922년 말 해체되었다.[41]

의욕적인 신한청년당은 작은 규모의 청년 중심의 독립운동 단체였음에도 국제사회에 독립청원서를 전달하거나 당원을 국내 및 해외에 파견하여 독립운동을 독려케 하였다. 또 3·1혁명의 진원과 자극이 되는 등 큰 업적을 남겼다. 김병조는 이러한 활동을 전개한 신한청년당의 주요 민족민주공화세력으로서 전망 있게 활동하였다.

6) 韓中互助社의 조직과 활동

김병조는 중국 내에서의 광복선전활동을 위해 저명한 중국인들과 친목회를 조직하여 후원하자는 계획에 따라 김규식 윤기섭 汪兆銘 등과[42] 한중호조사를 결성하였다.[43]

1921년 태평양회의 소집문제가 제창되면서 이에 대한 임정 요인들의 기대가 매우 컸으며, 태평양회의 외교후원회까지도 결성되었다.[44] 이때 한·중 학생이 중심이 되어 한중국민호조사가 조직되었는데 이에는 한국측에서 민족대표로 임정과의 연계를 갖고 있는 김병조를 비롯하여 윤기섭 김홍서 여운형 조동호 이유필 김규식 한진교 송병조 서병호 윤현진 김인전 이원익 최창식 도인권 등이 쟁쟁한 대표로 참가하였고, 중국측 인사로는

39) 李炫熙,「제1차 세계대전과 민족운동계의 동향」,『학산김정학박사송수기념 한국사학논총』, 학연문화사, 1999 ; 앞의『임시정부의 숨겨진 뒷 이야기』,「김병조」항목.
40) 李萬珪,『呂運亨鬪爭史』, 叢文閣, 1946, 20~21쪽.
41) 愼鏞廈, 앞의 논문 참조.
42) 국사편찬위원회,『韓國獨立運動史』 3, 1967, 366쪽.
43) 金正明 編, 앞의 책, 107~108쪽.
44) 李炫熙, 앞의 논문「태평양회의에의 외교후원 문제」참조.

兪宗周 周劍秋 余鯤 孫境亞 赫兆英 등 18명이 대표로 참가하였다.[45] 이들은 한중연대으로 공동의 적인 일본제국주의를 축멸할 것을 최대의 목표로 하였다. 한중 양국대표 30여 명이 1921년 5월에 모여 만든 이 모임이 한중호조사 발기의 모체가 되었다.[46]

한중호조사는 한중친선은 물론 한국독립과 중국혁명에 상호협조하며, 또한 일보 전진하여 경제 · 상업 · 교육 방면에 대해 상호원조할 것을 목적으로 1921년 가을 상해 프랑스조계 浦石路 14호에서 조직되었다.[47] 한중호조사는 「中韓國民互助總社臨時假規則」을 마련하고[48] 일제 침략이 구축됨을 전제로 한 한중 양국민의 행복을 도모한다고 강조하였다.

이후 한중호조사는 1921년 8월 15일자로 태평양회의에 대한 제안과 선언문을 영문으로 번역하여 미국 워싱턴 동 회의의 의장인 미국대통령 하딩에게 보냈으며,[49] 세계와 극동의 평화를 애호하는 까닭에 태평양회의에 대해 다음 조건을 제출하려고 하였다.

이는 모두 11가지로, 즉

1. 1905년과 1910년의 소위 합방조약의 전면무효을 선언할 것.
2. 일본의 정치 경제 군사상의 시설 철거.
3. 한국과 극동공화국의 대표파견을 주장할 것.
4. 한중 두 나라의 주권과 동아평화를 방해하는 영일동맹의 취소.
5. 中日 21개조 등의 취소.
6. 중국은 膠州灣과 일본이 山東에서 점유하는 이권을 회수할 것.
7. 일본의 滿蒙 福建에서의 특수세력을 취소할 것.
8. 중국은 대만을 회수할 것.

---

45) 李炫熙, 「1920년대 한중연합항일운동」, 『국사관논총』 1, 국사편찬위원회, 1989.
46) 이기형, 『몽양 여운형』, 실천문학사, 1988, 82쪽.
47) 「呂運亨被疑者訊問書」 第14回, 『韓共資料』, 82쪽.
48) 앞의 『한국민족운동사료』 중국편, 217~218쪽.
49) 위의 자료, 219~222쪽, "八七, 太平洋會議에 즈음하여 韓人獨立運動者의 行動과 中韓國民互助總社의 宣言에 의해 ―九二―年九月十三日字로 在上海 總領事가 外務大臣에 報告한 要旨, 太平洋會議에 즈음하여 韓人獨立運動者의 行動과 中韓國民互助總社의 宣言의 件".

9. 중국은 영사재판권과 외국우편국의 철폐를 주장할 것.
10. 각국은 중국에서의 조계를 환부할 것.
11. 각국은 중국에 있는 주둔병을 철퇴할 것.

등이다. 이러한 조건은 한중 양국이 일치하여 주장한 것으로, 다행히 그 목적을 달성할 수 있다면 "한중호조사만의 私幸은 아닐 것이라"고 역설하였다.[50]

또 한중호조사는 각 지방에 지사를 설치 운영하고 있는 것으로 보이는데, 이는 일본측 자료에서 검토해 볼 수 있다.

      …… 워싱턴에 있는 임시정부대표자 이승만 서재필 등은 앞서 태평양회의에 관련하여 20수개 조로 된 청원서를 제출하였다. 이 청원서의 재료는 그 곳 대한민국임시정부의 일부와 協成會의 임시정부를 옹호하는 한국단체가 지난번 華府會義 列國 대표자에게 한국독립에 진력해 줄 것을 청원한 것이며 또 전기 이・서 등은 미국의원 토마스를 특별고문으로 하여 同人과 연서하여 회의에 參列을 요망하였다. 또 한인의 일본유학생이 도쿄에서 이 달 5일 발표한 독립선언 인쇄물을 당 지방의 한인, 중국인, 외국인 간에 배포한 사실이 있다. 그들은 華府회의에 대한 운동이 성공할 가망이 없음을 인식하고 있는 것 같다. 당지의 중한호조사는 최근 각별한 활동을 하지 않으나 廣東 중한호조사는 상당히 활동하고 있는 것 같고 앞서 광동으로 향한 임시정부 국무총리 申圭植은 지금도 그대로 그곳에 있으면서 廣東政府 일파의 후원을 얻고자 운동하고 있지 않나 추찰된다.[51]

는 것이다.

이처럼 한중호조사는 한중친선과 함께 공동의 적인 일제에 대한 효과적인 항일투쟁을 위해 김병조 등 한중 유력인사들을 중심으로 협력 제휴하여 활동하였다.

---

50) 李炫熙, 앞의『조동호항일투쟁사』, 209쪽.
51) 앞의『한국민족운동사료』중국편, 240~241쪽.

7) 임정의 역사논총과 역사저술 활동

임정의 임시사료조사편찬부 위원이었던 김병조는 이 기관에서 수집한 사료를 기초로 하여 우리나라 최초의 독립운동사서인『한국독립운동사략』을 저술 배부하였다. 이는 1920년 상해 선민사에서 한글과 중문판으로 발간되어 널리 보급, 애독된 주목받는 독립운동사 중의 하나이다.

이 저서는 1894년 동학혁명으로부터 1920년까지의 한국근대사를 두 가지의 내용과 범위로 저술한 독립운동사로 이 시기의 역사를 외세의 침입과 이에 저항하는 민족의 투쟁을 중심으로 서술하고 있다. 모두 17장으로 구성되어 있으며, 주로 독립운동의 실태를 연대별로 정리하고 있다. 그 주체를 각 장별로 살펴보면 다음과 같다.

　　　　1장 : 自甲午戰役至合邦後十五年間大略
　　　　2장 : 威爾遜(월슨)의 十四條約과 大韓獨立 擧事의 來歷
　　　　3장 : 日人은 橫暴自恣하고 韓族은 敵愾決心이라
　　　　4장 : 大韓民國은 如瑞日이 方昇하고 臨時政府는 若砥柱屹이라
　　　　5장 : 韓族의 義烈과 日人의 暴虐
　　　　6장 : 內外國人의 公憤과 正義
　　　　7장 : 敵刀에 死傷과 牢獄에 泣血
　　　　8장 : 政府의 通喩와 民會의 陳述
　　　　9장 : 我義軍의 繼續猛進으로 死傷이 日增
　　　　10장 : 國土訴寃義人表精
　　　　11장 : 美洲人士의 奮起
　　　　12장 : 日本 人性은 羊衣狼心
　　　　13장 : 我政府의 對外方針과 일본의 對我愚策
　　　　14장 : 內外人士之獨立精神去益奮發
　　　　15장 : 獨立運動之宣傳
　　　　16장 : 義血日賤大業日進
　　　　17장 : 獨立宣言紀念祝賀式[52]

---

52) 앞의『韓國獨立運動史略』참조.

이 저서에 나타난 그의 역사정신은 먼저 철저한 민족주의라는 사실을 살펴볼 수 있다. 그는

> 史는 史氏의 作하난 바라, 予난 敢히 揮毫의 소양이 無하나 我韓獨立 運動은 개국 이래 初有의 대업이오 同胞諸君의 유일한 정신이라. 窮智極 謀의 夙險이 無하고 成人就義의 丹心이 亶然한 바 一命의 死를 見하고 泯默키 不忍하며 一聲의 義를 聞하고 掩過키 불능한져.[53]

라고 그 저술동기를 피력하고 있다. 즉 역사가로서의 소양이 없으나 민족 독립의 大義를 위해 이 책을 저술한다고 술회하였다.

그리고 그는 철저한 사료의 수집을 통해 사실을 정확하게 인식 비판하고 있음을 알 수 있다. 『한국독립운동사략』에는 18종의 독립선언서를 비롯해 각종 중요한 사료들을 함께 수록하여 스스로 "자료수집의 전형을 제공하노라"라고[54] 하였듯이 독립운동사 연구에 있어 매우 귀중한 자료가 되고 있다. 뿐만 아니라 당시 국제정세의 동향과 해외 한인들의 활동상황을 자세하게 소개함으로써 정확한 세계흐름의 인식과 독립운동 방향제시에 중요한 자료가 되었다.

특히 그는 종전 역사가들의 역사인식과 달리 역사의 주체를 일반 민중으로 인식하고 있다. 그는 동학혁명을 한국독립운동의 시발로 보며, 이를 외세의 침략에 저항한 민족·민중운동으로 인식하고 있다. 또한 독립운동의 실태를 소개하면서 지도자들의 면면을 살피기보다 민중들의 참여와 투쟁에 중심을 두었으며, 임정에 대한 기술도 국내외 동포들에게 신뢰받는 민주정부임을 강조하는 등 그의 역사인식에 있어 민중에서 중심을 두는 상당히 진보적인 역사가의 면모를 보여주고 있다.

김병조는 『한국독립운동사략』 이외에도 1924년 동삼성 집안현에서 『독립혈사』와 『대동역사』를 저술하였으나[55] 『한국독립운동사략』 이외의 저

---

53) 위의 책, 5쪽.
54) 白淳在, 『韓國獨立運動史略』 解題, 아세아문화사, 1974 참조.
55) 吳在植 편저, 『民族代表33人傳』, 東方文化社, 1959, 244~245쪽.

서는 현존하지 않고 있다.

8) 진정한 지도자의 면모

1919년 3·1혁명 당시 민족대표 33인이고, 기독교대표 16명 중의 한 사람으로 평생을 독립운동과 목회사업으로 애국운동을 전개한 일재 김병조는 목사이기에 앞서 서북 기독교계가 배출한 대표적인 민족독립운동가라 할 수 있다. 그는 한학을 수학하여 많은 유묵을 남기고 있는데, 일찍이 개화의 물결을 인식하여 근대문물의 필요성을 절감하고 신식교육에 종사하는 한편 기독교로 개종하였다.

그 뒤 신학교에 입학하여 예수를 마음의 구주로 모시고 지혜로운 목회자의 길을 택하였다. 학창시절 교유했던 이승훈 유여대 등 다수의 민족지사들과의 인연으로 마침내 3·1혁명의 추진단계에서부터 참여하여 민족대표로 서명하기에 이르렀다. 그러나 그는 서울의 독립선언식에 참여하지 않고 3·1혁명의 지방과 해외로의 확산을 위해 평안도 일대에 독립선언서와 격문을 돌리며 만세시위운동을 주도하는 등 보다 실질적인 독립운동에 참여하였다.

그후 33인 중 유일하게 임정에 참여하여 국내 민족운동계쟁투와의 연계를 도모하는 한편 의정원 의원 및 선전위원회 이사로서 임정의 외교·선전활동에 주력하였으며 사료편찬조사부원으로 선출되어 『한일관계사료집』 전4권을 편찬하였다. 또 자신의 저서로 『한국독립운동사략』을 저술하여 민족의식을 고취시키고 중요한 독립운동 관계자료를 남겼다.

그리고 그는 한중호조사의 조직에 참여하였고, 상해 인성학교 교사로서 한인교포 자제의 민족교육을 위하여 힘썼다. 뿐만 아니라 상해 한인교회의 담임목사로 시무하면서 임정을 후원하였으며 동삼성 지역의 종교계 지도자로서도 민족의식 운동확산에 공헌하였다. 또한 동삼성 목릉현에서 신일소학교를 설립하여 청소년 교육에 힘쓰는 한편 『韓族新聞』을 발행하는 등 해외에서 조국독립을 위해 진력하였다.

그는 광복 후 조만식 등과 함께 평양에서 조선민주당을 창설하였으며, 1946년 광복단을 조직하여 지하운동을 벌이던 중 1946년 12월 24일 소련 군정에 피체되어 신의주 소련군 특무사령부에 수감되었다가 1947년 2월 시베리아에 유형당하여 1950년 그곳에서 순국하였다.

이처럼 김병조는 목사의 길을 걸어간 종교계의 큰 지도자였으나 당면한 민족의 독립을 위해 일생을 독립운동에 헌신한 민족독립투쟁가이기도 하였다. 이에 우리 정부는 뒤늦게나마 그의 공을 기려 1990년 건국훈장 대통령장(제2급)을 추서하였다.

한 때는 민족대표 33인중의 한 분으로 서울의 독립선언식에 불참했다 해서 국내는 물론 상해에서도 '뒤마려선생' 등 의혹 속에 크게 오해를 사기도 하였었다.56)

그러나 그는 일제에 협력한 일도 없을 뿐 아니라 평생 목회와 항일독립 운동에 헌신하였다. 그간의 오해·경원·격리·냉소상태가 풀리면서 임정 가담 5년간의 큰 업적을 남겨 이제부터는 역사에 올바르게 평가받게 되었던 것이다.

일재가 그날 서울의 3·1만세 현장에 불참한 것은 손병희와 이승훈에 의해 극비리에 해외로 파견되어 독립선언서를 중국 방면 등에 전파하기 위함이었음이 33인 중의 한 분인 이명룡과 손병희의 합부인 주옥경에 의해 판명되었다.57)

---

56) 이현희, 앞의 『임시정부의 숨겨진 뒷 이야기』, 「김병조」 항목 참조.
57) 이명룡의 주장(1955), 주옥경의 증언(1960).

2. 임정에서의 신채호의 위치

1) 초창기의 임정 가담

애국지사 단재 신채호(1880~1936)는 민족주의자이며, 애국계몽사상가이고 민족 역사학자로 1936년 여순 감옥에서 순국할 때까지 약 60년의 전 생애를 아나키스트로 민족의 독립과 조국광복을 위해 헌신하였다.

그는 1880년 12월 8일 충남 대덕군 산내면 도림리에서 신숙주의 후손인 신광식의 차남으로 태어났다. 그가 성장하던 시기의 조국은 내외적인 모순과 혼란, 外侵 등의 강한 도전으로 위기가 고조되어 가고 있었던 때였다. 그는 암담한 현실에 처한 위기의 조국을 구하기 위하여 일신의 안일을 넘어 분투하였다. 그의 민족독립운동은 일제에게 나라를 강점 당한 1910년을 전후로 더욱 구체화, 현실화되어 갔다.

신채호의 본격적인 구국운동은 1907년에 조직된 신민회의 애국투쟁에서부터 시작되었다.[1] 이 때 그의 강경정책적인 독립운동의 방책은 주로 무장투쟁론에 입각한 것이었다. 그가 동지들과 함께 1910년 4월 해외로 망명을 결행하여 노령 블라디보스톡으로 가 정착한 것은 신민회의 독립전쟁방략의 채택과 함께 무장투쟁을 위한 독립군 기지를 해외에 창설·활용하기 위한 것이었다.[2] 이후 신채호의 민족독립운동은 격렬한 무장투쟁론으로 시종 일관되었음을 눈여겨볼 수 있다.

---

1) 申一澈, 「申采浩의 近代國家觀」, 『丹齋申采浩先生殉國50周年追慕論叢』, 1986, 372쪽.
2) 『단재 신채호전집』上, 1977, 형설출판사, 39~58쪽.

따라서 1919년 그는 3·1혁명 직후 수립된 상해 임정의 독립운동에 참
여하였으나 그 정책과 노선을 비판하였다. 결국 우남 이승만의 위임통치
청원 사건과 그의 대통령 당선을 계기로 임정이 수립될 초창기 멤버였던
그는 타협을 거부하고 이로부터 과감히 성명서를 낸 채 탈퇴하게 되었다.

그 후 신채호는 중국 동삼성과 노령에서 무장투쟁을 벌이고 있던 독립
군의 통일을 위해 노력하였으며, 反임시정부 노선을 관철시키기 위해 국민
대표회의(1923. 1. 2)의 소집을 요구하였다. 마침내 임시정부를 해소시키자
는 창조파의 일원이 되어 임정 활동에 큰 타격을 주었다.

본고에서는 투철한 비타협적 민족주의자이지만 임정의 활동과 배치되어
독립투쟁을 전개하였던 단재 신채호의 임시정부에서의 활동과 탈퇴 이후
에 전개한 무장독립투쟁 활동을 살펴보고자 한다. 기인으로 일관된 그가
왜 무정부주의자로 그 노선을 채택하였는가 하는 점도 아울러 살펴보게
될 것이다.

2) 同濟社·大同輔國團의 조직과 단재

1910년 국권피탈 이후 독립운동을 위하여 많은 독립지사들이 국외로 망
명하였다. 그중 국제도시인 중국 상해로 집결해 있던 한국독립지사들은
1912년 7월 4일 국권회복운동을 전개하기 위해 그곳에서 거점으로 동제사
를 조직하였다.[3] 이 조직의 중심적인 임무를 수행한 인물은 신규식 박은식
신채호 조소앙 등이다. 한국동포의 점진적 이주와 애국지사들의 상해로의
집결이 증가하자 동제사 조직이 점차 확대되었다. 이 회의 전성기에는 그
회원수가 3백여 명에 육박하고 있었다.[4]

동제사는 물론 조국의 독립을 위한 독립지사들의 애국단체로, 표면상으
로는 '同舟共濟' 즉 한마음으로 같은 배를 타고 彼岸에 도달해 가자는 뜻

---

3) 國會圖書館, 『韓國民族運動史料』中國篇, 1976, 22쪽.
4) 申圭植, 『韓國魂』, 127쪽.

으로 우리 동포들의 상부상조를 위한 끈끈한 동포애의 응집적 조직이라고
하였다. 그러나 실제적인 목표는 국권회복을 위한 독립운동에 있었다.[5]

동제사의 이사장에는 1911년 3월 경 상해로 망명하여 중국 혁명인사들
과 밀접한 관계를 맺으면서 신해혁명에도 참가하였던 무인출신 예관 申圭
植이 맡았고, 총재직에는 민족주의 사학자 朴殷植이 추대되었다. 그리고
이들과 함께 뛰어난 지도력을 발휘했던 중심인물이 그 성격이 애국애족으
로 일관했던 단재 신채호였다. 그는 1910년 이후 투철한 민족주의 독립운
동가로 조국의 독립을 위한 민족주의 사상전개에 힘썼다. 따라서 그는 일
제의 침략으로부터 나라의 독립을 쟁취하여 자주부강한 조국 건설을 투쟁
의 목표로 삼았다.[6] 그가 말하는 '자주부강한 조국'이란 근대적인 민족국가
이며, 전제주의적 군왕이 대표되는 나라가 아닌 평등한 국민국가를 의미하
는 것이었다.

특히 그는 국혼을 중심으로 하는 역사관을 확립하고 이를 국민들에게
일깨워주는 데 힘썼다. 이에 그 본보기로 을지문덕, 최영, 이순신 등 영웅
의 전기를 저술하여 민족정신을 강조하였고, 빼앗긴 국가를 회복하기 위한
정신적 준비과정으로 삼고자 하였다.

이러한 정신은 동제사의 국권회복이라는 목표에 부합되어 동제사를 이
끌어 나가는 핵심인물들의 정치사상을 형성하게 되었다. 이 외에도 조소앙
김규식 박찬익 조성환 신석우 여운형 조동호 홍명희 등이 참여하였다. 이
들은 대부분이 신민회 회원으로서 활동하였던 인물들이다. 중국에 망명하
여 독립운동을 전개하고자 그 뜻을 함께 하고 포용의 큰 그릇이라고 본 동
제사에 흔쾌히 가담했던 것이다.[7]

동제사는 중국 내 각 지역과 구미 각 지역, 일본에까지 지사를 설치하고,
중국 안에서의 우리나라 독립운동에 핵심적인 임무를 수행하였다. 또한 각

---

5) 金喜坤,「同濟社의 結成과 活動」,『韓國史硏究』48, 1985, 175~176쪽.
6) 愼鏞廈,『申采浩의 社會思想硏究』, 한길사, 1984, 236쪽.
7) 申載洪,「1910年代 外國에서의 民族運動」,『韓國史』21, 국사편찬위원회, 1981,
   337쪽 ; 李炫熙『趙東祜抗日鬪爭史』, 청아출판사, 1992, 11·65·68·73·78·
   109·199~200쪽.

지의 중요 정보를 수집하여 국내의 독립운동단체에 전달함으로써 크게 용기와 도움을 주었다.

특히 동제사는 청년들에 대한 교육활동에 심혈을 기울였다. 국내로부터 망명해 오는 한국 청년들에게[8] 강습소를 마련하여 중국어를 가르쳤으며, 중국이나 구미지역 학교에 유학을 주선하였다. 그러나 언어의 곤란으로 인해 이 사업을 진행하기가 어려웠다. 따라서 이 문제를 해결하기 위한 조치가 필요하게 되자 1913년 12월 17일 상해 명덕리에 박달학원을 설립하였다. 이 학원에는 유학을 위한 준비과정으로 중국반과 구미지역반을 만들고, 영어·중국어·지리·역사·수학 등을 교과목으로 채택하였다. 여기에서 신채호는 박은식 홍명희 문일평 조소앙 등과 중국인 農竹, 미국계 화교인 毛大衛 등과 함께 핵심지도교수로서 활동하였다.[9] 이곳에서 교육을 마친 한국 청년들은 자신이 원하는 바에 따라서 중국이나 구미 각국의 학교로 유학을 가게 되었는데, 학생 수는 제3기에 걸쳐 100여 명 이상에 달하고 있었다. 동제사는 중국의 李烈鈞 紐永健 唐繼堯 柏文蔚 程潛 盧永祥 夏孫鵬 王卓夫 등과 협의한 뒤 한국학생들을 保定군관학교·天津군수학교·南京해군학교·五淞상선학교·湖北강무당·雲南군관학교·杭州체육학교 등에 보내 강인한 군사교육을 받도록 하였다. 따라서 10년 동안 100명 정도의 졸업생이 배출되어 일본과 동삼성 지역으로 파견, 항일독립운동을 이끌어 나갔다.[10]

이와 같이 동제사의 박달학원은 독립운동에서 핵심적인 임무를 수행할 인재를 양성하였고, 장차 임정의 조직에 있어서 실무를 담당할 무장세력의 형성을 확실하게 배양하였던 것이다.

신채호는 청년교육에 지도자로서 힘쓰면서 투철한 민족주의사관을 바탕

---

8) 鄭元澤, 「志山外遊日誌」, 『독립운동사자료집』 8, 1974, 366쪽.
9) 閔弼鎬, 「眤觀申圭植先生傳記」, 『韓國魂』, 申圭植, 130쪽 ; 李炫熙, 앞의 『趙東祜抗日鬪爭史』, 75·200쪽.
10) 『特高警察關係資料集成』 第12卷, 日本 : 不二出版, 1992, 189~239쪽 ; 閔弼鎬, 「眤觀申圭植先生傳記」, 『韓國魂』, 申圭植, 130~131쪽 ; 李炫熙, 앞의 『趙東祜抗日鬪爭史』, 75·200쪽 ; 金樂山, 앞의 『春山李裕弼小史』, 7~15쪽.

으로 한국 역사를 서술 해석하여 청년들의 독립사상의 고취에도 큰 영향
을 주었다.

한편 동제사는 중국 내에서 한국독립운동을 보다 효과적으로 전개하기
위해서는 중국 혁명인사들의 협조가 필요하다고 판단하였다. 이에 신규식
이 동제사를 조직하기 전부터 밀접한 유대관계를 가졌던 인물들을 중심으
로 더욱 확장 보강하여 비밀결사인 신아동제사를 조직하였다.[11] 이는 동제
사를 기반으로 조직된 한중호조단체로서 한국의 독립운동을 위한 한중 혁
명지도자들의 연합체였다.

신아동제사에 참가하였던 중국측 인사들은 다음과 같다.

　　宋敎仁　陳其美　胡漢民　戴季陶　廖仲愷　鄒　魯　徐　謙　張博泉
　　吳鐵城　殷汝驪　張秀鸞　胡　霖　呂天民　唐紹儀　黃介民　陳果夫
　　張靜江　黃　覺　屈映光　柏文蔚　唐露園　楊春時[12]

동제사는 이들에게 한국독립운동에 대하여 관심을 갖고 지원해 주기를
원하였다. 실제 진기미는 1911년 원세개로부터 받은 4만 원 중 일부를 한
국을 비롯한 안남(베트남)·인도의 혁명지사들에 대한 독립원조와 우리나
라 유학생들의 학비에 사용하였다.[13]

그후 동제사의 신규식 신채호 박은식 등은 1914년 제1차 세계대전(1914
~18)이 일어나자 상해에서 대동보국단을 조직하고, 시베리아와 간도지역
및 국내와 긴밀한 연락을 취하면서 앞으로의 국제정세에 대처하고자 계획
하였다.[14]

─────────────

11) 金喜坤, 앞의 논문, 180~181쪽.
12) 申載洪, 앞의 논문, 137쪽.
13) 蕭錚, 「蔣介石, 金九 그리고 나」, 『月刊朝鮮』 1985년 1월, 419쪽.
14) 국회도서관, 앞의 『韓國民族運動史料』 中國篇, 17쪽. 대동보국단에 관하여는 자
　　료의 부족으로 그 진상을 정확히 파악할 수는 없으나 대동사상이 바탕이 된 독립
　　운동단체라고 보기도 한다(김희곤, 앞의 논문, 183쪽). 또는 미국 샌프란시스코에
　　서 1907년 張慶이 조직한 大同輔國會와 같은 맥락으로 보는 견해도 있으나(독립
　　운동사편찬위원회, 『독립운동사』 4) 대동보국단은 독립운동 단체인 반면 대동보

1918년 8월에 이르러서는 여운형 조동호 등이 신한청년당을 결성하여 파리강화회의에 대표를 파견하는 등 세계대전이 끝난 국제정세를 맞아 그 대처방안으로 독립운동의 새로운 방향을 모색하고자 하였다. 신한청년당원들은 이후 1919년 4월 상해에서 임정을 수립 선포하는 데 중추적인 임무를 수행하였다.

통합된 임정에서 그들은 요직에 임명되어 정책결정에 중요한 영향을 끼치면서 임정의 중심세력권을 이루었다. 이에 신채호는 신규식 박은식 김규식 박찬익 등과 이러한 동제사의 활동을 통하여 임정 수립의 실질적이고 핵심적인 폭넓은 임무를 수행하여 갔다.

3) 임시의정원의 의원과 임정의 수립

1919년 3·1혁명이 일어난 지 30여 일을 전후로 하여 국내외 일대에는 여러 개의 임시정부가 수립되거나 그 단계에 놓여 있었다.15) 그것은 노령의 대한국민의회정부,16) 한성임시정부,17) 상해의 대한민국임시정부,18) 천도교의 대한민간정부,19) 조선민국임시정부,20) 평안도의 신한민국임시정부21) 등이다.

이 가운데 실제적인 형태를 갖춘 것은 노령·한성·상해의 임시정부이며, 그 외에는 전단적인 성격의 임시정부였다. 이들 정부가 각지에서 수립

국회는 교민친목회의 성격을 띠고 있다고 보며, 신규식과 미국의 독립운동단체 (특히 안창호, 이승만)와는 그 운동방략을 달리하고 있음을 볼 때 이 둘을 연결시키시에는 무리가 있다.
15) 李炫熙, 『大韓民國臨時政府史』, 集文堂, 1982, 89~99쪽.
16) 1919년 3월 17일 선포.
17) 1919년 4월 23일 선포.
18) 1919년 4월 13일 선포.
19) 1919년 1월 1일 선포 예정.
20) 1919년 4월 9일 출범 예정.
21) 1919년 4월 17일 출범 예정.

된 것은 독립운동 세력의 분열에 의한 것이 아니라 일제의 식민지 통치하에서 교통장애나 정보망의 미비 등 연락이 불충분하였기 때문이다.

　가장 먼저 임시정부를 수립한 곳은 노령에서였다. 1860년대 초 이후 노령 연해주 일대로 이주하기 시작한 한국인들은 1884년 한국정부가 러시아와 경흥개척조약을 맺자 이주의 숫자가 급속히 증가하였다. 1910년 8월 29일 일제강점(국권피탈) 이후에는 농민·광부·지식인 등 각 계층별로 상당수가 이주하여 노령 일대의 한인교포는 50여만 명을 초과하여 제법 번창하였다. 이들은 이곳에 한인사회를 건설한 뒤,22) 1907년 대한청년교육회, 공진회, 공공회 등을 조직하여 항일운동을 전개하였다. 1912년에는 석오 등이 권업회를 조직하여 교포의 산업을 장려하면서 『해조신문』을 발행하여 독립정신과 애국사상을 고취하였다.

　그후 1917년 12월 블라디보스톡에서 全러시아한족회 중앙총회를 설립하고 교포들에게 자치독립사상을 고취하였다. 이어 1919년 2월 대한국민의회 정부라고 개칭하고 정부대표로 윤해, 고창일을 파리강화회의에 파견, 한국의 독립을 호소하였다.23) 대한국민의회는 3·1혁명이 일어나자 임정의 수립을 서둘러 동년 3월 17일 수천 명의 군중을 모아 독립선언식과 독립선언서를 낭독한 뒤 시가행진을 전개하였으며,24) 다음과 같이 5개항의 결의안(생략)과 내각원을 발표하였다.

　　대 통 령　　손병희
　　부 통 령　　박영효
　　국무총리　　이승만
　　총　　장　　윤현진(탁지)　　　　이동휘(국무)

---

22) 李炫熙, 「海外의 獨立運動」, 『韓國現代史』 5권, 新丘文化社, 1969.

23) 拓殖局, 『朝鮮外에 있어서의 朝鮮人槪況一般』 참조 ; 李炫熙, 『大韓民國臨時政府』, 한국민족운동사학회, 1991, 58～59쪽. 그들은 김규식과 공동으로 외교공세를 취하고자 기도했었다.

24) 朴殷植, 『韓國獨立運動之血史』 下 제10장. '在外同胞의 獨立宣布' 선언서는 각국 영사관에 보내져 미국과 프랑스 영사들에게 동의를 받고 러시아 국민도 환영하였다.

```
            안창호(내무)        남형우(산업)
참모총장      유동열
강화대사      김규식
```

한편 1919년 3월 중순 이후부터 서울에서도 한남수 김사국 홍진 이규갑 등에 의하여 한성임시정부 수립이 비밀리에 진행되고 있었다.[25] 20여 명의 독립지사들은 정부수립을 착수하기 위하여 3월 16, 17일에 서울 내수동 한성오의 집에서 임시정부수립 준비위원회를 열고 임시정부와 국민대회 개최에 관한 구체적인 방침을 토의한 다음, 4월 2일에는 인천 만국공원에서 13도 대표자회의를 열고[26] 한성임시정부의 수립을 선포하기로 결의하였다. 마침내 4월 23일 학생시위와 함께 13도 대표 24명으로 조직된 국민대표 명의로 이승만을 집정관 총재로 하고 이동휘를 국무총리 총장으로 하는 한성임시정부의 수립을 선포하게 된 것이다.[27] 이어 선포문, 국민대회 취지서, 결의사항, 약법, 임시정부령 제1, 2호 및 각 원을 선임하였다.

```
집 정 관 총재     이승만
국무총리 총장     이동휘
외무총장         박용만        내무총장        이동녕
군무총장         노백린        재무총장        이시영
법무총장         신규식        학무총장        김규식
교통총장         문창범        노동국총판      안창호
참모부총장       유동열
```

그리고 평정관 18명을 두었는데, 신채호는 박은식, 박찬익, 조성환 등과 함께 평정관으로 선임되었다.[28] 이의 성격은 집정관 총재 또는 내각의 자

---

25) 朴殷植, 앞의 책, 254~265쪽 ; 李炫熙, 「漢城臨時政府와 民族運動」, 『鄕土서울』 50, 1991.
26) 준비위원회 회원은 한남수 홍명희 김사국 이민태 등이었다. 주 23)의 논문 참조.
27) 김원용, 「在美韓人50年史」, 『한국독립운동사자료집』 8, 856~857쪽 ; 주 25)의 논문 참조.

문기관 성격으로 구성되었던 것으로 보인다. 이와 같은 사실은 연합통신을
통하여 즉각 비상한 관심 속에서 전세계에 알려졌다. 이후 한성정부는 임
정에 법통성을 부여받게 되었다.

이 시기에 중국 상해에서도 독립운동을 위해 독립지사 29명에 의하여
임정이 수립되고 있었다. 상해는 각국의 조계지가 형성되어 있는 국제도시
로 일제의 탄압을 피하여 독립운동을 하기에는 비교적 안전한 곳이었다.
이에 한국 독립지사들은 상해로 망명하였다.

1918년 8월에는 여운형 선우혁 신채호 김철 조동호 한진교 등에 의하여
신한청년당이 조직되어[29] 파리강화회의에 파견한 한국대표로 김규식을 선
정하였으며, 국내에 선우혁 김철 서병호 등을 파견하여 군자금모집과 상해
에 있는 독립운동가들의 독립열망과 국제정세를 전달하게 하였다. 이렇게
활동하던 신한청년당의 독립지사들은 임시정부의 필요성을 느끼게 되었
고, 3·1혁명 이후 더욱 많은 독립운동가들이 상해로 집결함으로써 독립을
위한 구국활동은 더욱 활기를 띠기 시작하였다. 신채호가 상해에 도착한
것은 이때를 전후한 시기였다.

이와 같이 독립운동을 위한 세력이 상해로 집결되고 발랄한 애국청년들
이 주축이 되어 발족한 신한청년당의 특파원들이 속속 돌아옴으로써 상해
프랑스조계 보창로 329호에 독립임시사무소를 두고[30] 현순을 총무로 하여
각국에 3·1혁명의 사실을 선전하였다.

이때를 맞춰 석오 이동녕 등 명망 있는 독립지사들이 상해에 도착하니 4
월 9일 손정도, 이광수의 건의로[31] 다음날인 4월 10일, 11일 프랑스조계 김
신부로 현순의 임시숙소에서 이동녕 신채호 조동호 여운형 등 29명의 20
대~50대의 의원이 출석한 가운데 제1회 임시의정원 회의를 개최하였다.

---

28) 이연복, 「대한민국임시정부와 단재」, 『단재신채호선생순국50주년추모논집』, 1986,
   4쪽.
29) 『呂運亨關係豫審決定書』 참조.
30) 박은식, 앞의 책, 109쪽.
31) 洪淳鈺, 「한성·상해·러시아령 임시정부의 통합과정」, 『3·1운동 50주년기념논
   집』, 동아일보사, 1969, 896~897쪽 ; 이현희, 『大韓民國臨時政府主席 李東寧硏
   究』(日語版), 東方圖書, 1994, 233~243쪽.

임시의정원 의장으로는 이동녕이 선출되어 정부가 조직된 것이다.

이때 성격이 괄괄한 신채호는 임시의정원 의원으로 선출되었다. 그는 이 자리에서 한성임시정부의 법통성을 계승할 것을 강력히 주장하였다. 동 11일에 속개된 회의에서는 신석우·조완구 등이 한성임시정부의 집정관 총재로 선출되었던 이승만을 국무총리로 선출하자는 동의 제청이 있었다. 이때 신채호는 경련을 일으키며 "이승만은 우리나라를 미국정부에 국제연맹의 위임통치 및 자치를 청원한 자이기 때문에 신임할 수 없다"고 강력하게 반대하였다.[32] 미국에서 독립운동을 위한 외교활동을 하고 있던 이승만은 미국 대통령 윌슨에게 재미대한국민총회 임시위원회 대표자격으로 정한경, 민찬호와 함께 한국이 완전한 독립정부를 수립하고 내정과 외교권이 회복될 때까지 국제연맹의 위임통치로 보호받게 해달라는 내용의 청원서를 전달하였다. 이 소식은 2월 16일 연합통신을 통해 세계에 보도되었다. 이를 전해듣게 된 신채호는 그것은 반민족적 행위라고 격분하며 이승만의 외교활동을 비판하였다.

신채호는 "미국에 들어앉아 외국에 위임통치나 청원하는 이승만을 어떻게 수반으로 삼을 수 있단 말이오. 따지고 보면 이승만은 이완용이나 송병준보다 더 큰 역적이오. 이완용 등은 있는 나라를 팔아 먹었지만 이승만은 아직 우리나라를 되찾기도 전에 팔아먹은 자란 말이오"하면서 성토하였다.[33] 그것은 이승만을 국무총리로 선임하는 문제만이 아니라 그를 임정의 수반으로 삼는 것까지도 강력히 배척한 것이어서 주목된다. 이러한 신채호의 이승만 선임의 강력한 반대 이유는 이후 1925년에 이르러 임시의정원에서 이승만을 탄핵하게 하는 선구적 임무를 수행한 것이 되었다.

이때 국무총리의 선출절차가 있었다. 후보에는 신채호가 박용만을 천거하고, 조소앙이 박영효를, 김동삼이 이상재를, 여운형은 안창호를, 신석우는 이동녕을, 현순은 이회영과 조성환을, 이영근은 김규식을 각기 천거하

---

32) 독립운동사편찬위원회, 『독립운동사자료집』 9, 39쪽.

33) 신채호는 1921년 4월 19일 '聲討文'을 기초 발표하고 이승만을 맹렬히 규탄하였다. 丹齋 申采浩先生記念事業會, 『丹齋申采浩全集』別集, 1977, 87~90쪽 ; 崔洪奎, 『丹齋申采浩』, 태극출판사, 1979, 263쪽.

였다. 신채호는 현창운에 의하여 천거되었다.[34] 그러나 회의에 참가했던 의원들의 의견이 이승만을 임정의 수반으로 추천하자는 제안이 모아지게 되었다. 격분한 신채호는 만류를 뿌리치며 책상을 걷어차면서 초지를 굽히지 않고 기인답게 그대로 의연히 퇴장해 버렸다.[35] 이에 무기명 단기식 투표에 들어가니 이승만이 상해의 임시정부에서도 수반인 국무총리로 선출되었다.

이와 같은 과정을 거쳐 갑론을박 끝에 이동녕의 거중조정으로 임정이 수립 선포되었다. 이날 신석우와 이영근 등의 제청에 의해 국호를 '대한민국'으로 결정하고 임시헌장 10개조와 헌장선포문을 축조 심의 결정하였으며, 선서문과 정강 6개조를 통과시켰다. 이어 국무원을 선출하는 등 3권분립 형태의 민주공화국의 탄생을 눈앞에 두게 되었다. 이는 프랑스·영구의 민주정치를 참고한 것이다. 따라서 동년 4월 13일 그곳 청사에서 이를 내외에 정식으로 선포하였다. 선임된 인사는 다음과 같다.

임시의정원 의장	이동녕		
임시정부 국무총리	이승만		
내무총장	안창호	내무차장	신익희
법무총장	이시영	법무차장	남형우
재무총장	최재형	재무차장	이춘숙
외무총장	김규식	외무차장	현 순
군무총장	이동휘	군무차장	조성환
교통총장	문창범	교통차장	선우혁
국무원비서장	조소앙		

이와 같이 정통적인 민주공화제에 입각하여 수립한 상해의 임정은 그 형식과 민주적인 운영체제가 어떤 임시정부보다 발달되고 세련된 민주개혁 정치를 구현하고자 하는 계획하에 노력을 경주하여 왔다.

---

34) 국회도서관,『大韓民國臨時政府議政院文書』, 1974, 39~41쪽.
35) 李光洙,「脫出途中의 丹齋印象」,『同全集』下, 472~473쪽.

4) 臨政의 자주적 통합과 이탈

상해의 임정은 1919년 4월 22일 김신부로에서 제2회 임시의정원 회의를 개최하였다. 이 때에는 제1회 회의 때보다 40명이 증가한 69명의 의원이 참석하여 차장제 폐지와 위원회 시행의 가결, 유능한 각부 위원의 인선 등을 끝냈다. 완전히 이탈할 것 같았던 신경질적인 신채호는 태연하게 이 회의에 참석하였다. 그리고 4월 25일 제3회 의정원 회의에서는 임시의정원법을 의결하고[36] 정원 51명의 각도별 의원을 선출하는 등 구체적인 정부활동에 들어가려 했다.

그런데 여러 갈래의 임시정부 수립은 항일투쟁에 있어서 분산과 혼란, 통일의 약화를 초래할 뿐만 아니라, 대외적으로는 한민족의 통일된 정치역량을 의심받게 되는 것이므로 당연히 그 통합이 요청되었다. 그리하여 의회를 가지고 있던 상해와 블라디보스톡에서 통합을 추진하게 되었다.[37]

한성임시정부나 대한국민의회정부, 그리고 상해 임시정부는 각기 독자적인 통합절차와 타협을 모색하였다. 그러나 각기 다른 이해관계에 따른 주장으로 혼선을 빚게 되었다. 대한국민의회정부측에서는 그들의 이점으로 지리상으로나 교포의 수, 독립지사들의 대거 집결 등으로 동삼성·러시아령이 독립운동의 중심지가 되어 있다는 것을 내세워 임시정부를 러시아령 내에 설치해야 한다고 주장하였다. 반면 상해임시정부측에서는 동삼성이나 러시아령은 일본군이 침투할 가능성과 소련의 냉대, 비협조가 예상되며 마적의 출몰, 국제적 활동의 중심지가 못된다는 이유 등으로 상해 임정으로의 통합을 강력히 주장하였다.[38] 그리고 한성임시정부측은 국내에 정부를 두는 것은 불가능하나 한성임시정부가 3·1혁명의 발생지인 본국의 서울에서 조직되었다. 이는 더욱 13도 대표의 총의에서 성립된 것이므로, 그 법통성은 마땅히 한성임시정부의 성립취지를 그대로 따라야 한다고 각

---

36) 앞의 『대한민국임시정부의정원문서』, 42~45쪽.
37) 앞의 『大韓民國臨時政府』, 94쪽.
38) 上海日本總領事館, 『朝鮮民族運動年鑑』 1919년 5월 13일자에는 각지에 흩어져 있는 의회의 통일을 결의하였다.

기 그럴싸한 명분을 주장하였다.

이와 같은 문제는 동년 5월 25일 미국에 있던 안창호가 상해에 도착하자 해결의 실마리가 풀리기 시작하였다. 즉 상해 임정과 러시아령 임시정부가 한성임시정부로 통합한다는 것이었다.

그는 이 안을 국무회의의 의결을 거쳐 현순과 김성겸을 통해 대한국민의회정부에 제의하여 정부통합의 결의사항을 통과시켰다. 의회문제는 대한국민의회에서 의원 4/5가 상해 임시의정원에 편입한다는 조건으로 대한국민의회정부가 이동휘의 주동으로 해산을 결의하였다.39) 그후 동년 7월 7일부터 7월 19일까지가 회기였던 제5회 임시의정원 회의에서 다음과 같은 내용을 합의하였다.

1. 상해와 러시아령으로 설립한 정부를 일체 작소하고 오직 국내에서 13도 대표가 창설한 한성정부를 계승할 것이니 국내의 13도 대표가 민족 전체의 대표인 것을 인정함이다.
2. 정부의 위치는 상해에 둘 것이니 각자의 연락이 비교적 편리한 까닭이다.
3. 상해에서 설립한 정부가 실시한 행정은 유효임을 인정할 것이다.
4. 정부의 명칭은 대한민국임시정부로 할 것이니 독립선언 이후에 각지를 원만히 대표하여 설립된 정부의 역사적 사실을 살피기 위함이다.
5. 현재의 각원은 일제히 사퇴하고 한성임시정부가 선임한 각원들이 정부를 인계할 것이다.

이 회의에서 임정에 반감을 가진 신채호는 전원위원회위원장 겸 충청도의원(대의원 ; 국회의원)으로 선임되었다.40)

이에 따라 상해에서는 8월 18일부터 9월 17일까지 제6회 임시의정원 회의가 열려 임시헌법 개정안과 임정 개조안 등이 상정 민주방식에 따라 토의되었다.41) 이중 임시헌법 개정안이란 상해정부의 10개조 임시헌장이 초

---

39) 주요한, 『安島山全書』, 214쪽.
40) 앞의 『대한민국임시정부의정원문서』, 50~51쪽.
41) 第6回「臨時議政院記事錄」1919년 9월 6일자.

기에 너무 조략한 것이었음을 의미한다. 따라서 이것을 보완하여 행정 각
부와 한성임시정부를 구성하는 여러 가지 조문을 포함해서 전문 8장 58개
조로 최종 토의 확정하였다. 이의 골자와 특징은 대통령만 임시의정원에서
뽑고 각 국무위원은 대통령이 임명하며 주권의 행사를 대통령에게 위임하
는 것이다.42) 그리고 임정 개조안은 한성임시정부의 7부 1국으로 고치고
각원의 임명도 한성임시정부 명단대로 하자는 것이었다. 다만 집정관총재
를 대통령으로 명칭을 변경한다는 내용이다.

　이는 안창호에 의하여 제안 설명된 것이다. 당시 한성정부의 집정관 총
재로 선출되었던 이승만은 한성정부 수립의 사실이 알려지자 5월 미국 워
싱턴에 집정관총재 사무실을 설치하고 한성정부를 대표하여 외교활동을
전개하고 있었다. 그는 상해 임정의 수반 명칭인 국무총리라는 관명을 사
용하지 않고, 외교적인 관계에 있어서 'President(대통령)'라는 칭호를 사용
하여 문제가 되었다.

　이에 상해 임정은 8월 25일 국무총리대리 안창호의 명의로 이승만에게
'President'라는 칭호를 사용하는 것을 중지하라고 요구하였다.43) 그러나
이승만은 이것이 알려지면, 우리의 독립운동에 크나큰 방해가 된다고 거절
하면서 계속 'President'의 칭호를 고집, 사용하였다.44) 이에 안창호는 임정
이 상해로 통합된 뒤 대통령제의 정부 개조안을 제출하였던 것이다.45) 여
기서 도산과 우남 간의 갈등 마찰이 일기도 하였다.

　그리하여 9월 6일 대통령제의 헌법개정안이 만장일치로 통과되었다. 대
통령에는 이승만이 선출되어 통합정부를 마련할 수 있었다. 이어 9월 11일
새 헌법이 공포되었으며 신내각이 성립되었다. 따라서 9월 15일이 통합된
임정의 시정일이 되었다. 신내각의 각료 명단은 다음과 같다.

　　　대 통 령　　　이승만

---

42) 앞의 『大韓民國臨時政府』, 97쪽.
43) 주요한, 앞의 책, 218쪽.
44) 上同.
45) 앞의 『대한민국임시정부의정원문서』, 60~61쪽.

국무총리	이동휘		
내무총장	이동녕	외무총장	박용만
군무총장	노백린	재무총장	이시영
법무총장	신규식	학무총장	김규식
교통총장	문창범	노동국총판	안창호

한편 개성이 강한 신채호는 이 의정원 회의에서 이승만이 대통령으로 선출되자 이에 불만을 크게 나타내며 임시의정원 전원위원과 임시의정원 의원직을 즉각적으로 사퇴하였다. 이후 그는 임정의 독립운동정책에 반대하며 개인적인 무장투쟁활동을 전개하였다.46) 따라서 신채호가 임정에 적극적으로 참여하였던 것은 1919년 4월초부터 7월까지 불과 4개월 동안이었다. 신채호는 이승만이나 안창호를 반민족적인 지도자라고까지 극렬히 비판 성토하면서 외교론이나 점진론·준비론에 입각한 독립운동노선에 회의를 품고 강력히 반발하였다.47)

신채호는 임정으로부터 탈퇴한 뒤 주간으로 발행되던 신문 『新大韓』의 주필로 활동하였다. 그는 이 신문의 논설을 통하여 외교활동에만 매달리는 이승만대통령의 정치활동과 임정의 정책노선에 대하여 비자주적이라고 비판을 가하였다. 이승만의 위임통치 청원사건과 임정 활동외 침체현상을 맹렬하게 비판하였다. 또한 이승만을 대표로 한 외교기구인 구미위원부의 폐지도 함께 주장하였다.

이즈음 임정의 외무차장이었던 여운형이 일제와의 정치적 협상을 위해 일본으로 건너가 연설을 하고자 한다는 소문이 나돌았다. 그는 우리 민족의 자주적 의지에 위배되는 타협주의자이며 반민족주의 국적이라고까지 성토하면서 여운형의 사형을 주장하기도 하였다.48) 이때 임정에서도 여운형의 도일을 문책하였으나 안창호는 오히려 격려하거나 두둔하는 등 역공을 취하였다. 뒤에 독립에 위반된 행동이 없다 하여 임정측에서도 곧 반론

---

46) 앞의 논문 「대한민국임시정부와 단재」, 11쪽.
47) 金昌淑, 「獨立運動祕話」, 『丹齋申采浩全集』 別集, 1977, 402쪽.
48) 앞의 『독립운동사』 4, 393쪽.

을 철회하였다.

이러한 신채호의 주장과 행동은 마침내 임정의 지도자와 임정 자체를 부정하는 이른바 '신대한사건'을 일으키게 되었다. 그는 주간신문『신대한』의 주필로 활동하면서 임정의 외교론과 준비론을 비판하였고, 무력전쟁을 통한 독립운동의 실천만을 강력히 주장하였다. 이후『신대한』은 임정의 강력한 항의와 일제의 이간정책으로 1920년을 전후로 폐간되고 말았다.[49]

신채호의 임정 반대는 북한의『조선전사』나 이나영의『조선민족해방투쟁사』에 나타난 것과 같이 처음부터 임정을 배척, 성토한 것이 아니었다. 이승만의 위임통치의 반대와 파벌문제의 염증 그리고 무정부적인 성향이 있었기 때문임을 명확히 구분 검토 인식해야 할 것이다.

이후 신채호는 북경으로 가 그곳에 있던 박용만 고일청 김창식 이일양 등과 함께 임정의 정치노선에 반대하는 '大韓民國軍政府'를 조직하였다. 이들은 군사적인 무력항쟁이야말로 우리 민족의 독립을 앞당길 수 있는 가장 효과적인 방법이라고 주장하였다. 이에 신채호는 무력투쟁을 위한 군자금 모집에 전력하면서 각지의 독립운동자들과 무장적 독립운동노선을 다각적으로 모색해 나갔다.

5) 국민대표회의의 소집과 단재

국민대표회의 소집문제를 가장 먼저 제기한 것은 상해의 안창호 여운형 박은식 김규식과 북경에 있던 신채호 박용만 신숙 등에 의해 조직된 군사통일회의였다.[50]

1920년에 중국 동삼성 지역으로 출병한 일본군에 의해 우리 독립군과 각 독립운동단체들은 시베리아로 후퇴할 수밖에 없었다. 그러나 이곳에서 다시 자유시참변을 겪게 됨으로써 독립운동자들은 동삼성 지역으로 분산

---

49)『독립신문』1920년 1월 10일자.
50) 李炫熙,「國民代表會議召集問題」,『白山學報』18, 1975, 165~168쪽.

되어 이동하였고[51] 한편으로는 군세력을 재편성해 나갔다. 이러한 과정에서 그들은 항일무장세력을 총집결시키는 새로운 군사단체의 필요성을 절감하게 되었다.

그리하여 당시 북경에 있던 신채호와 박용만, 신숙 등은 동삼성에 있는 독립운동단체가 2개, 무장세력군이 약 2천 명 정도라는 것을 파악하고, 효과적인 독립전쟁을 수행한다는 목적 아래 1920년 북경에서 군사통일촉성회를 발기하였다.[52] 이를 본격적으로 추진하기 위하여 裵達武를 남만주로, 南公善을 북만주로 파견하여 각 단체에 군사통일촉성회의 취지와 회의 강령 등을 전달 인지케 하였다.[53] 이에 1921년 4월 20일 각 단체대표들이 참석한 가운데 군사통일준비회를 개최하고 군사통일방침에 관한 토의를 진행하였다.[54] 그 토의내용을 살펴보면

첫째, 일본군의 동삼성으로의 출병으로 시베리아로 이동 중 밀산에서 재만독립군을 다시 편성하여 대한독립군단을 만들었는데 자유시사변으로 동삼성에 돌아온 이 대한독립군단에게 국내로 총공격할 준비를 하게 한다는 것.
둘째, 경신참변과 일본군의 토벌작전으로 흩어진 독립군을 재통합하여 국경지역에서 일본군과 전투를 한다는 것.
셋째, 독립전쟁을 수행하는 데 있어서의 지휘권 문제.
넷째, 이승만의 위임통치문제에 의한 불신임과 임정, 임시의정원을 부인한다는 것.

등에 관한 것이었다. 이어서 4월 27일에는 임정과 임시의정원에 대한 불신

---

51) 申載洪, 「自由市慘變에 對하여」, 『白山學報』 14, 1973, 168~191쪽 참조.
52) 국사편찬위원회, 『韓國獨立運動史』 3, 1967, 67쪽.
53) 이연복, 「초기의 대한민국임시정부」, 『慶熙史學』 2, 98쪽.
54) 이 회의에 참석한 인물은 내지국민회대표 박용만, 하와이국민군대표 김천호, 박승선, 김세준, 간도국민회대표 김구우, 西路軍政署대표 송호, 국내광복단대표 권경지, 하와이독립단대표 권승근·김현구·박건병, 국내청년회대표 이장호·박광동, 대한국민의회대표 남공선, 국내노동당대표 김갑 외에 국내통일당대표 신숙·신성모·황학수 등이 참석하였다.

임안을 가결, 이에 대한 결의문을 채택하여 상해의 임정으로 보내는 한편 이승만대통령에 대한 성토문과 군사통일회의의 결의문을 각지의 독립운동 단체에 전달하였다. 그리고 신성모를 대표로 상해 임정에 보내 임정을 즉각 해산할 것을 강력히 요구하였다.

이와 같이 군사통일회의의 결의와 요구는 당시 상해 임정에 대해 신망을 갖고 있던 국내외 동포들로부터 실망과 비난 성토 등을 받게 되었다.[55] 따라서 임정은 1921년 5월 30일 내부公函 제121호「불온언동에 대한 주위의 件」이라는 내용으로 각 관서에다 '반임정계작태인사'들의 주장을 엄중 경계해 줄 것을 아울러 촉구하게 되었다.

그러나 군사통일회에서는 그동안 토의 문제들을 해결하기 위해 국민대표회의를 소집하기로 하고 신채호 박용만 박건병 남공선 배달무 등을 국민대표회의 준비위원으로 선출하여 추진해 나가게 되었다. 그리고 신채호로 하여금 이를 선전촉진하기 위하여『大同』이라는 주간신문을 발행하게 하였다.[56] 이들은 강력한 항일민족독립운동의 방법은 국민대표회의에서만 해결될 수 있다고 보고 반임시정부의 태도를 견지해 나갔다. 결국 현재의 임정을 무시하고 재창조하자는 취지였다.

한편 1921년 5월 21일 신채호 김정묵 박봉래 등이 발기하여 통일책진회 발기취지회를 발표하였다.[57] 이들은 진정한 독립정신을 발휘하여 민족의 역량을 집결 통일하자고 강조하였으며, 임정 대신 새로운 정부를 세워 정국을 쇄신하고자 기도하였다. 또한 군사지휘권을 통일하여 항일독립전쟁에 능률적으로 대처하자고 하였다. 이러한 내용은 군사통일회와 거의 같은 것이었다.

이렇게 북경에서 반임정계의 움직임이 있자, 상해의 임정에서도 국민대표회의에 대한 문제가 거론되기에 이르렀다. 이에 1921년 5월 12일 김병조, 나용균, 이영렬, 서병호, 한진교가 발기한 상해동포연설회를 열고 독립운동

---

55) 앞의『독립운동사』4, 516~519쪽.
56) 천관우,「언론인으로서의 단재」,『나라사랑』3, 외솔회, 1971, 33쪽.
57) 앞의『韓國獨立運動史』3, 70쪽. 이때 1921년 5월 21일이라는 일자는 정확하지 않다. 북한사회과학원력사연구소,『조선전사』근대 3, 푸른숲, 1989, 203쪽 참조.

의 정책과 시국문제의 해결방안 등에 대하여 강연을 하고, 국민대표회의를
소집하기로 결정하였다. 그리고 이어서 5월 19일 상해국민대표회기성회를
조직하고 여운형 등 20명을 그 위원으로 선임하였다.[58] 이어 6월 6일에는
제1회 국민대표회의기성회 총회를 개최하고 기성회簡章을 제정하였으며,
박용식 등 위원 10명을 늘려 선출하였다.

이와 같이 북경과 상해에서 모두 국민대표회의를 주장하게 되자 국민대
표회의의 개최만이 시국문제를 해결할 수 있다는 분위기가 조성되었다. 이
에 상해와 북경이 중심이 되어 서로의 대표가 여러 번 연락을 취하면서 개
최하는 방향으로 추진되었다. 그 결과 1922년 5월 10일에 국민대표준비회
가 조직되었고, 이어 회의가 소집되어 5월 30일에 이르러서는 '국민대표회
준비위원회선언서'가[59] 발표되었다. 이 내용은 상세히 인쇄되어 각 단체에
발송되었다. 그리고 1922년 9월 1일을 개최일자로 정하고 그 준비에 착수
하였다. 이에 각지로부터 대표들이 상해로 도착하였다. 특히 상해 임시의
정원에서는 6월 17일 이승만대통령에 대한 불신임안이 제기되는 등 국민
대표회의에 대한 기대가 컸던 것이다.

그러나 국민대표회의 개최일자를 처음의 9월 1일로 지킬 수가 없었다.
그것은 자금문제와 각 지역의 기성회 결성과 대표의 선출, 상해 임정의 내
부문제의 해결 등으로 인하여 몇 번 날짜가 연기되다가 한형권이 모스크
바에서 붉은 돈 20만 루불의 운동자금을 가져와 다시 준비작업이 진전되
었다.[60] 마침내 1922년 12월 20일 70여 명의 대표가 모인 가운데 예비회의
를 개최한 뒤 드디어 1923년 1월 2일 100여 개 단체의 각 대표 120여 명이
참석한 가운데 국민대표회의가 상해 프랑스조계 중심지에서부터 정식으로
개최되었다.

이 자리에서 의장에는 김동삼, 부의장에는 안창호·윤해, 비서장에는 배
달무, 비서에 오창환·이충모 등이 선임되었으며,[61] 조직으로는 군사, 재

---

58) 『독립신문』 1921년 5월 21일자.

59) 국사편찬위원회, 『韓國獨立運動史』 資料 臨政篇 Ⅲ, 1973, 343~344쪽.

60) 앞의 『韓國民族運動史料』 中國篇, 295~296쪽.

61) 위의 책, 300~301쪽.

정, 외교, 생계, 교육, 노동의 6개 분과위원회가 설치되었다.

그러나 이러한 국민대표회의의 개최는 임정에게는 최대의 위기를 맞게 하였던 것이다. 이에 임정에서는 김구 내무총장이 국민대표회의를 불법집회로 규정하고 비난하였다. 심지어 박은식은 임정계 청년들로부터 위협과 봉변을 당했으며 신채호를 비난 성토 추방하자는 전단도 떠돌아다녔다. 하지만 국민대표회의는 당시 독립운동을 하고 있던 각지의 독립운동단체에서 파견된 독립운동자들의 집합체였던 것이다. 임정이나 '국민대표회의'는 다같이 민족의 광복을 앞당기자는 의지가 있었다.

국민대표회는 다음과 같은 회의일정의 초안을 작성하여 의안을 확정한 뒤 그 동안의 독립운동에 대한 문제점을 파악하고 이를 시정하여 그 방책의 재정비를 시도하려고 하였다. 이 회의에는 공산계의 자금이 유입되었다 해서 임정고수파들은 적지 않게 신경을 곤두세우고 있었다.

1. 보고
   가) 준비회의 경과보고(서면)
   나) 각지 각 단체의 사정보고(서면)
2. 시국문제
3. 선서 및 선언
4. 독립운동의 대방침
   군사, 재정, 외교, 생계, 교육, 노동
5. 국호 및 연호
6. 헌법
7. 위임통치사건
8. 과거사건
   가) 위임통치사건
   나) 자유시참변사건
   다) 40만원 횡령사건
   라) 중국 밀산사건
   마) 관전현 통의부사건
   바) 기타 위와 동질성의 사건

이 가운데 본 회의의 토의결과 위임통치사건은 취소되고 과거사건에 관한 내용을 추가하였다.[62]

국민대표회의가 진행되고 있던 중 임정에 대한 개조안을 둘러싸고 창조파와 개조파의 대립이 격렬하게 전개되었다.[63] 창조파는 지금의 임정을 해산하고 새로운 정부를 만들며 독립운동은 실질적인 무장세력을 양성, 급진적으로 해야 한다고 주장하였다. 이는 단재의 생각이었으니, 그의 영향력이 컸음을 알 수 있다. 이에 대하여 개조파는 임정을 실제 독립운동의 방책에 적합하도록 개조하자고 주장하면서 창조파의 주장을 반대하였다.

이러한 창조파와 개조파의 대립이 다른 안건은 다루지도 못한 상태에서 3월 20일 이후 노골화되자 국민대표회의는 난관에 빠지게 되었다. 이때 여운형 등의 각 독립운동단체를 통합하여 一大獨立黨을 조직하자는 제안이 있었으나 별 소용없었다. 김동삼 배달무 이진산 등 동삼성지역 대표들은 실망한 채 다시 소속단체로 돌아갔다. 이에 윤해가 다시 의장으로 선출되고, 오창환이 부의장에 당선되어 계속 국민대표회의를 진행시켰다. 그러나 개조파에 속한 대표들이 전원 퇴장함으로 국민대표회의는 성공을 거두지 못한 채 말(言語)의 성연으로 끝나고 말았다.

이후 국민대표회의는 창조파만으로 진행되었는데, 이들은 새로운 정부를 세우기 위해 헌법 초안을 기초하고, 이에 의하여 1923년 6월 7일 비밀회의를 개최하였다.[64] 여기에서 국민위원회원으로 윤해 김규식 김창환 원세훈 신숙 도인권 박용만 등 33명을 선출하고, 헌법을 제정하였다. 동시에 신채호외 박은식, 문창범, 이동휘 등 30명을 고문으로 천거하였다. 그리고 국호를 '韓', 연호를 '단군기원'으로 결정하였다.

이에 대해 개조파의 57명은 6월 3일 반대의 성명을 발표하였고[65] 6월 6일에는 임정이 국무령포고 제3호로 윤해와 신숙을 비난하였다. 그리고 임정 내무총장 김구는 내무부령 제1호를 발표하면서 국민대표회의의 즉각적

---

62) 위의 책, 303~304쪽.
63) 李炫熙, 『大韓民國臨時政府史』, 集文堂, 1983, 183~184쪽.
64) 崔洪奎, 『申采浩의 民族主義思想』, 단재신채호선생기념사업회, 1983, 309쪽.
65) 『동아일보』 1923년 6월 25일자.

인 해산을 명령하였다. 반면 창조파는 노령으로 이동하여 최고 독립운동기
관을 만들고자 했으나 소련정부의 반대로 실패하고 말았다.

이와 같이 1921년 신채호가 박용만 신숙 등과 함께 시국문제, 즉 임정의
내부적 문제를 해결하고 각지에 분산되어 있던 군사단체의 통일을 추진하
기 위해 발의하여 개최하였던 국민대표회의는 이에 대한 국민들의 커다란
기대에도 불구하고 창조파와 개조파의 사상적 대립, 공산당의 분열책동 등
장애로 인하여 임정에 큰 타격을 주고 결렬되고 말았다.

오히려 이런 분란·혼란의 계기가 침체 늪에 빠져 있던 임정의 소생과
활력을 넣는 데 일조가 되었다고 평가해 볼 수 있다. 단재 역시 임정 그 자
체에 대한 극명한 반대라기보다는 불확실한 광복분쟁의 혼선이나 갈피를
잡지 못하는 개별적인 능력 등의 문제에 불만이 있었기에 그런 태도를 취
했던 것이다.

6) 임정과 단재의 위치

단재 신채호가 임정과 결별하고 극렬하게 反임정 활동을 전개하게 된
계기는 상해에서 3·1혁명 직후 임정이 수립된 뒤 임정 수반으로 이승만
이 거론되면서부터였다. 그는 이승만이 1919년 2월 한국을 국제연맹에 의
해 위임통치해 줄 것을 그의 은사인 미국 윌슨대통령에게 청원한 사실을
비판하며 강력히 반대하였다. 그러나 민주방식에 따라 투표한 결과, 대통
령의 당선이 이승만에게 돌아가자 격분한 신채호는 회의장에서 격렬한 구
호를 남긴 채 퇴장해 버리고 말았던 것이다.

그러나 이때까지는 아직 임정에서 완전히 탈퇴한 것은 아니었다. 그의
임정활동은 이후 7월까지 이어졌다.[66] 그후 통합된 임정을 결성하기 위해
개최된 제6회 임시의정원 회의에서 다시 이승만이 대통령으로 선출됨으로

---

66) 愼鏞廈, 「申采浩의 無政府主義獨立思想」, 『申采浩의 社會思想研究』, 1984, 274
쪽.

이에 강력하게 반대하던 신채호는 자신의 의지가 관철되지 않자 끝내 임정과 완전히 결별하게 되었다.

이후 그는 마찬가지로 이승만의 대통령 당선과 그의 정치노선에 반대하던 신규식 등 급진론자들과 함께 임정 활동에 대한 반대투쟁을 전개하였다. 1923년 후반 국민대표회의가 결렬되고 난 뒤 우당 이회영 등을 중심으로 무정부주의에 대한 관심이 고조되자 그는 본격적으로 무정부주의 운동에 뛰어들었다.67) 이는 1924년 잠시 승려생활을 했던 그가 이를 청산하고 나온 뒤 이회영 유자명 원심창 백정기 정화암 유림 등 무정부주의자들과 교유하면서부터라고 하겠다. 그러나 신채호는 무력항일투쟁 노선도 계속 관심을 갖고 민중들의 역량을 항일무력투쟁에 연결시키는 방책을 구상해 나갔다. 그 결과로 그는 작탄활동과 무력응징방식의 혁명적이고 투쟁적인 방법을 채택하게 되었다.

따라서 그는 상해의 임정이 추진해 나가고 있는 외교적 독립론과 독립전쟁준비론을 격렬하게 비판하였으며, 일제를 몰아내고 한민족의 자주적 생존권을 되찾기 위해서는 민중들에 의한 직접적인 무력혁명밖에 없다고 주장하였다. 그러나 이것 역시 많은 제약과 한계가 뒤따른다는 사실을 미쳐 깨닫지 못한 것이었다.

그는 혁명을 통해서 파괴해야할 것을 5가지로 제시하였는데

첫째, 이족통치의 파괴
둘째, 특권계급의 타파
셋째, 경제약탈제도의 타파
넷째, 사회적 불평균의 타파
다섯째, 노예적 문화사상의 타파

등이 그것이었다.68)

---

67) 金炯培,「申采浩의 無政府主義에 관한 一考察」,『단재신채호선생순국50주년추모논총』, 1986, 9쪽.
68) 위의 논문, 11쪽.

이러한 그의 혁명사상은 1922년 12월 조선의열단의 김원봉으로부터 요청을 받고 완성한 「조선혁명선언」에 잘 나타나 있다. 이 선언은 그의 투철한 민족주의 사상에 무정부주의 이념을 가미 수용한 것이다.[69] 따라서 우리의 적인 일제를 혁명으로 제거하는 것은 한민족의 정당한 생존수단이며, 자치론·내정독립론·참정권론·준비론·점진론 등은 매국적인 기만성을 가진 것이라 일방적으로 규정하였다.

그의 무정부주의운동은 중국이나 일본에서도 활발하였다. 1926년 '재중국조선무정부주의자연맹'에 가입하면서부터 시작되어 이듬해인 1927년부터는 적극적인 무정부주의활동을 전개하였다. 그해 9월에는 한국, 중국, 일본, 대만, 안남, 인도 등 6개 민족대표 120명이 모인 가운데 '무정부주의동방연맹'을 조직하였다. 이때 신채호는 임병문이라는 대만사람의 안내로 한국대표로서 참가하였다.

신채호가 무정부주의를 수용하게 된 것은 국가 자체에 대한 부정적인 인식에서 출발한 것이라기보다도 국민들에게 애국의식과 민족의식을 제고시켜 주기 위함이었고, 민중을 중심으로 한 강력하고도 가공할 무장투쟁적 독립전쟁을 수행하기 위해서였다고 할 수 있겠다. 즉 그는 모든 국민들이 자주적, 창의적 성향을 갖게 되면 평등한 사회가 이루어질 것이므로, 지도자의 구속을 받는 국가라는 조직은 더 이상 무의미하다고 생각한 것이었다. 이것이 바로 신채호가 임정과 결별한 뒤 개인적인 충격 중심의 작탄활동을 중시했던 근간이 되었던 것이다.

그는 1928년 4월 한국인 중심으로 무정부주의동방연맹 북경회의를 조직하였다. 신채호는 여기에서 주동적인 인물로서 선언문을 작성 발표하였다. 그리고 이 연맹을 선전할 기관을 설립할 것과 일제 관공건물을 폭파시키

---

69) 『동아일보』 1929년 4월 8일자. 신채호는 국민대표회의가 분열되어 실패할 즈음 조선의열단의 김원봉의 방문을 받았다. 김원봉은 그에게 조선의열단의 행동강령과 투쟁전략을 자세히 설명한 뒤 조선의열단의 행동지침이 될 '혁명선언문'을 작성해 줄 것을 간청하였다. 이에 신채호가 김원봉의 요구를 받아들여 완성 발표한 것이 1923년 1월에 완성 발표한 '鮮革命宣言'이었다. 朴泰遠, 『若山과 義烈團』, 1947, 39~58쪽.

기 위한 폭탄제조소의 설치를 결의하였다. 그는 이러한 결의를 추진하기 위하여 자금을 마련하려고 위조된 외국화폐의 인출에 가담했다가 1928년 5월 일제 관헌에 의해 피체되고 말았다. 그후 그는 1936년 옥사할 때까지 무정부주의자와 그 주의를 고수 실천하였다.[70]

신채호의 이러한 사상은 철저한 항일투쟁노선에서 출발한 비타협적 무장투쟁론으로, 그가 임정과 결별했다고 하더라도 민족의 독립운동선상에서 합리적인 투쟁에 위배되는 독립운동가는 아니었던 것이다. 그의 독립투쟁 노선은 임정의 광복투쟁방법보다는 급진론에 입각한 즉자적이고 효율적인 무장투쟁선상에서 이해해야 할 것이다.

7) 무장투쟁론의 이론과 실체

단재 신채호는 일제에 의해 우리나라가 병탄된 1910년 이전부터 무장항일투쟁노선을 가장 중시하며 이후 일관되게 무장작탄투쟁을 위주로 한 독립운동을 전개해 나갔다.

그는 1907년 신민회의 간부로서 활동한 이래 노령 블라디보스톡에서 광복회를 조직하여 부회장으로서 더욱 뚜렷한 무장투쟁을 전개하였다. 그후 3·1혁명의 결과로 상해에 임정이 수립될 때 의정원 의원 29명의 한 사람이며 산파역으로서 주도적 임무를 수행하였다. 그는 임시의정원 의원과 전원위원회 위원장으로 선출되었고, 앞서는 한성임시정부의 평정관으로도 선임된 바 있다. 그는 초기에는 임정에서 충청도 대표의원으로 적극적인 활동을 전개하였으나, 이승만의 위임통치 청원사건과 민주방식에 의한 대통령 선임에 반대하여 임정과 결별하였다.

그는 이후 北京 군사통일회촉성회와 군사통일준비회 등을 잇달아 주도해 나가면서 투장투쟁세력의 통합에 진력하였고, 독립군에 대한 지휘권의

---

70) 張乙炳, 「단재신채호의 민족주의와 무정부주의」, 『단재신채호선생탄생100주년기념논집』, 1980, 21~22쪽.

통일에 힘썼다. 그는 자신의 이러한 무장투쟁 방략을 관철시키고 독립운동
의 세력 통합을 위하여 국민대표회의를 요구하였다.

이에 상해지역의 각 독립운동 단체와 연락을 통하여 국민대표회의는 개
최되었으나 임정에 대한 창조파와 개조파의 분열이 격렬하게 대립하여 이
회의는 무산되고 말았다. 이때 신채호가 포함된 창조파에 의하여 임정을
부인한 새정부가 조직되어 노령 블라디보스톡에서 활동을 시작하려고 했
다.

그러나 소련 정부에 의해 추방당함으로써 이들의 기대는 좌절되고 말았
다.71) 그 결과 무장투쟁 세력은 약화되었고, 반면 일제의 탄압과 내부적 혼
란으로 위기에 빠졌던 임정의 위기가 수습됨으로써 민족독립운동 세력의
주체들이 점차 상해의 임정으로 집결되어 갔다.

한편 신채호는 국민대표회의가 결렬된 이후 항일독립투쟁의 한 방편인
무정부주의론을 수용하여 민중들에 의한 직접적인 혁명투쟁으로 조국의
독립을 쟁취하고자 기도하였다. 따라서 그는 조직적인 단계가 아니라 개별
적인 응징과 무력적, 파괴적 요소를 강조하게 되었다.

이러한 신채호의 급진적인 무력투쟁노선과 혁명론은 어떤 이념에 의한
것이 아닌 직접적인 애국애족에 호소한 독립전쟁을 통하여 조국의 광복을
수행하겠다는 혁명적 자주독립론이라고 지적할 수 있을 것이다.

---

71) 앞의 『韓國民族運動史料』, 298~320・450~459쪽.

3. 이유필의 독립투쟁

1) 티 없는 애국자의 일생

대한민국임시정부는 일제강점하 국내외에서의 민족독립투쟁의 구심점이었고 대표성이 공식 인정되고 있음이 저자를 포함하여 이 분야 전공학자, 전문가의 공통적인 연구성과로 기록되고 있다.

헌법을 기초로 한 임정 27년사는 곧 석오 이동녕, 백범 김구 등 40여 지도자에 의하여 시종 격려 인솔되고 있었다. 이 요인 대열에 빼놓을 수 없는 인물이 있다. 임정 수립 당시(1919)로부터 상해에서 日警에 강제 체포(1933), 국내로 압송되어 만 3년간 옥고를 치른바 있는 春山 李裕弼(1885~1945)의 60 평생을 평가치 않고서는 임정의 올바른 해석이 불가능하다고 믿는다. 그는 임정 27년사 중 그 제1기(1919~1932)에 해당하는 상해시대에 타 요인과 같이 착실하게 광복투쟁 대열에서 신명을 바친 15년 만에 강제로 일경에 체포되어 국내로 압송되었던 애처로운 그의 鬪歷을 검토치 않을 수 없다.

그는 임정 수립 이전에도 保民會 등 항일투쟁 단체를 조직 운영하였고 鉢山중학교 등 교육기관을 설립, 인재 육성에 헌신적인 노력을 경주했던 거물 요인이었다. 그는 3·1혁명 직후 상해로 망명하여 新韓靑年黨에 가입 활동하다가 임정이 수립된 뒤 이에 참여하면서 내무총장 등 요직을 두루 역임하였다. 그는 백범 유정(조동호) 등과 한국노병회 한독당 등을 조직 운영하였으며, 거류민단을 조직하고 인성학교 등을 운영하였다. 그 중 재만독립운동단체의 임정에로의 歸合통일운동을 펴면서 한중호조사를 통해 한중연합투쟁을 줄기차게 전개한 바도 있었다.

그러다가 1932년 윤봉길 의사의 의거로 인해 다음해 3월 상해의 魯班路 同 중국인가 노상에서 프랑스 형사를 앞세운 상해 일본영사관 경찰에 의해 강제로 체포 연행당하였다. 그리하여 국내로 압송 당해 고향인 신의주 지법에서 3년형을 선고받고 1936년에 만기 출옥하였다.

그 뒤로는 가택에 연금 당하다시피 하여 고향에서 동지가 설립해 준 회사를 운영할 정도였다. 이는 생계를 위한 조치였다. 그의 항일투쟁 열의가 지속되었음은 1944년에 조직된 여운형 등의 조선건국동맹의 평북책임자로 임명된 것을 보아도 알 수 있다. 변절, 귀순 운운한 임시정부의 판단은 전혀 믿기 어렵다는 점을 분명히 밝히면서 춘산 60평생의 항일독립투쟁을 평가해 볼까 한다.

2) 성장기의 춘산

(1) 탄생

春山 李裕弼(1885~1945)은 본관이 경주로 평북 의주군 州內面 壽星洞 에서 태어났다.[1] 그의 성품은 관후호괄하며 적극성과 인내심이 깊어 매사 에 견실하였다. 그는 중국의 고전을 섭렵하여 상당한 수준의 한문 소양을 쌓았으며, 이를 기반으로 7세 때 고향 의주 근처의 北山齋라는 서당에서 수학하여 한문실력을 더욱 닦았다.[2] 그는 10세 때 부친의 별세로 편모슬하 에서 유년시절을 보냈다. 그러나 춘산의 모친은 오로지 자제교육을 긴요한 급선무로 삼아 그 자손의 학업을 적극 장려하였다.[3]

춘산이 20세 되던 1904년에는 대내적으로는 동학교단에서 갑진개화신생

---

1) 김낙산, 『春山李裕弼小史』(未刊), 1943, 1쪽. 이유필의 호는 춘산이요 본관은 경주 이씨이며, 이기초의 장남으로 단기 4218년(1885) 을유년 11월 28일 평안북도 의주 군 주내면 수성동의 명문거족의 가문에서 태어났다.
2) 위와 같음.
3) 위의 책, 1~2쪽.

활운동을 펴고 있었고 대외적으로는 러일전쟁이 일어났다. 이로 인해 국가
민족에 대한 신관념과 신학문의 사상이 점차 싹트게 되니 춘산에게는 커
다란 충격이 아닐 수 없었다. 그는 신학문을 닦기로 맹세하고 求是학교에
취학함으로써 격변하는 국제정세에 능동적으로 대처하기 위한 신학문에
몰두하였다. 여기에서 신과학을 수학하여 과학사상의 습득과 활용방안을
모색하면서 법학에도 관심을 가졌다.

그러나 학업을 닦는 한편으로 그는 동지와 보민회를 조직하였다.[4] 춘산
이 의욕을 가지고 고향 의주에서 조직한 항일단체인 보민회는 민권제창을
대임으로 삼아 동포의 권리와 사상을 환기시켜 관리의 탐학을 논박하고
조사하였다. 이러한 그의 열성은 지방유지들을 격동케 하였다. 춘산이 출
생 성장하던 시기는 외세의 도전이 거세게 밀려오던 때로 특히 일제의 침
략적인 대한정책은 춘산의 수십 년간에 걸친 혁명역사의 역정을 분발케
한 것이다. 이는 춘산의 동지이면서 上海 배달공론사의 사장이었던 金樂
山이 『春山小史』라는 저서(필사본)를 통하여 춘산의 時運의 변동을 소개
함으로써 그 전모를 알 수 있게 되었다.

(2) 국권회복에의 노력과 유배

일제의 한국침략이 본격화된 것은 1905년 11월 17일 불법 강제로 체결
된 무효의 을사조약을 통한 외교권의 피탈로부터였다. 이 충격적인 사실로
인해 의병항일투쟁 등 항쟁이 전국적으로 치열하게 확산되어 나갔다. 일제
는 무력으로 진압하였으나 한국인의 애국적 자주독립정신으로 무장된 저
항은 잠재우지 못하였다.[5]

이때 일찍이 개화사상보급에 앞장섰던 윤치호 鄭雲復 유동열 등은 서북
학회를 조직하여 학문보급 · 민지계발 · 정신환기를 주요 목적으로 삼았다.

---

4) 文巖, 『춘산이유필선생전기약사』(未刊), 1946, 6~7쪽. 동북삼성에 있었던 친일단
   체인 보민회와는 同名異會로 위의 자료에 보민회를 중심으로 한 국권회복운동에
   관하여 기술하고 있다.
5) 위의 책, 3쪽.

춘산은 동 의주지부의 간부가 되어 회원들을 지도하며 동포들의 애국사상을 환기시키고 대한자강회의 사회사상과 민족운동의 자강의지가 무엇인가를 납득시키기 위하여 종횡무진 활동하였다.6) 나라의 위기가 점차 심각해지자 춘산은 간부의 한사람으로서 민족의식의 건재성과 주체사상의 견지 등을 절규하였다.7)

그러나 날로 국권은 기울어갔고 외부압력이 더욱 극심하여 단체들은 정책을 제대로 전개할 수 없었다. 이 때 이동녕 안창호 양기탁 전덕기 최광옥 이동휘 조성환 이승훈 등은 비밀단체를 조직하였는데 이것이 1907년에 조직한 신민회였다.8) 이들은 국외에서 독립운동의 터전을 마련하려는 운동을 전개하여 열강의 공론을 환기시켰으며9) 교육운동과10) 구국운동을 동시에 폈다.11) 신민회는 총독사살혐의로 곤욕을 겪기도 하였다.12)

신민회는 우리나라의 장래성 있는 학생들을 구미에 파견하여 장구적인 저항책을 취하였는데 이것이 대한신민회이다. 춘산은 역시 이의 간부로서 관서일대의 지도를 담당하였다.13) 그는 신의주를 중심으로 신민회의 설립목적을 펴기에 여념이 없었다.

춘산이 23세 되던 해인 1907년 만국평화회의가 헤이그에서 개최될 때 이상설·이준·이위종 3명의 특사가 고종의 勅詔를 휴대하고 참가하려 했으나 거절당하자 이준열사가 자결에 가깝게 순국하였다. 이러한 사실은 즉각 일본수뇌부에 알려져 고종을 강제로 퇴위시키고 순종에게 대를 잇게 하였을 뿐 아니라 연호도 광무에서 융희로 변경 실시하였다. 이어 1907년

---

6) 이현종, 「대한자강회에 대하여」, 『진단학보』 29·30, 1966 ; 김낙산, 앞의 책, 3쪽.

7) 김낙산, 위의 책, 3~4쪽.

8) 신용하, 「신민회의 창건과 그 국권회복운동」 상·하, 『한국학보』 8·9, 일지사, 1977.

9) 신용하, 「신민회의 독립군기지 창건운동」, 『한국근대민족운동사연구』, 일조각, 1988, 재수록 참조.

10) 박일남, 「신민회의 교육활동에 관한 연구」, 『교육논총』 창간호, 동국대, 1981, 796~850쪽.

11) 신용하, 「신민회의 교육구국운동」 Ⅰ·Ⅱ, 『기러기』 203·204, 1982, 12~21쪽.

12) 윤경노, 『105인사건연구』, 일지사, 1990, 45~75쪽.

13) 김낙산, 앞의 책, 4쪽.

7월 24일 정미 7조약을 강요하여 고문통치에서 차관통치로 침략일정을 빠르게 추진하여 갔다. 이로부터 구한국군대를 해산시키고 언론기관을 폐쇄하였으며, 집회를 금지하는 등 압박 사멸정책을 전용하니 각지에서 의병이 크게 일어났다. 이 때 춘산은 국망의 책임을 느끼고 자결하기로 결심을 하였으나 때를 기다리기로 하고 서울 보광중학교에서 면학에 힘쓰는 동시에 京城법학전문학교 3년제를 수학하여 차례로 졸업하였다. 이후 고향에 돌아와 발산중학교를 설립한 뒤 교편을 잡고 학생들을 교도한 바 있다.14) 그리고 춘산은 최남선 등과 청년학우회를 조직하고 의주연합회에 청년강습소를 부설하여 교편을 잡아 교육자로서의 면모를 보여 주었다.15)

1910년 8월 29일 일제에 의해 마침내 소위 합병조약을 강제로 체결당하여 한국은 강점당하였다. 을사조약이 강제로 체결될 때도 자결하는 선비가 많았거니와 1910년 국권피탈 때에도 줄을 이었다. 일제는 특히 서북인의 애국심을 경계하고 그의 색출에 혈안이 되어 있었다. 그것이 바로 '105인사건'이었다. 당시 寺内正毅 조선총독사살사건 혐의자로 체포된 인사 중에 신민회 회원들이 다수 포함되어 있었는데 춘산도 이때 큰 곤욕을 겪었다.16) 체포된 인사는 800여 명에 달하였으며 125여 명이 기소되었고 춘산을 포함한 19명이 유배당하였다.17)

춘산은 1912년 6월 보안법위반으로 1년간 전남 진도에 유배되었다. 그러나 그는 고립된 유배생활에서도 야간학교를 설립하여 그곳 농민들의 아동을 교육시키는 한편 명치대학 법과 교외생으로 졸업을 하는 등 춘산의 일과는 구국투쟁의 목표달성을 위한 매진으로 일관되었다.18)

그는 1년간의 유배생활을 끝내고 상경하여 법학전문학교에 복학, 졸업하였다. 취직자리가 마땅치 않던 그는 영변군의 관직을 수행하였는데 직책

---

14) 위의 책, 4~5쪽.
15) 위의 책, 6쪽.
16) 李載順, 「신민회와 寺内총독암살음모사건」, 『현상과 인식』 2 · 3, 한국인문사회과학원, 1978, 143~172쪽.
17) 김낙산, 앞의 책, 6~7쪽.
18) 위의 책, 7쪽.

은 서기로 생각된다. 그러나 그는 해외로 나가 독립투쟁을 하는 것이 목표 였기에 서기직을 사임하고 목표를 이룰 수 있는 기회를 관망하고 있었 다.19)

이 과정에서 金敬姬와 결혼하였으나 아들이 없어 근심하던 중 1916년 장자를 보게 되었다. 이에 그의 모친(이영선)은 친손자를 본 기쁨으로 춘 산에게 더 바랄 것이 없으니 오직 구국투쟁을 위해 가정의 일은 생각지 말 라는 간곡한 말씀을 한 바 있었다. 이제 춘산은 30대의 완숙한 경지에 이 르니 35세가 되던 1919년부터 그의 전도와 운명에 큰 변화가 일어났다.

3) 대한민국임시정부의 수립과 춘산의 광복정책

(1) 3·1혁명과 중국으로의 망명

1914년 발발한 제1차 세계대전은 엄청난 전비를 소모하고 1918년 종전 되었다. 이에 전후처리 문제를 논의하기 위한 베르사이유체제의 평화회의 가 미국 윌슨대통령의 제창으로 파리에서 개최하게 되었다. 우리나라는 1910년 국권피탈 이래 일제에 강점 당한 상태로 일제가 제1차 세계대전에 서 전승국이 됨으로써 윌슨대통령이 주창한 민족자결주의에 제도적으로 적용되지 못하였다. 그러나 민족자결주의의 정신에 입각한 이념적인 적용 에는 해당되리라고 믿어 해외의 동포들은 매우 고무되었고, 피압박 민족의 광복을 외친 것이었다.

이 때 춘산 등 전국에 산재해 있던 신민회의 회원들은 매우 절실한 시기 가 오고 있음을 인식하고 있었다. 이에 국내외에는 많은 수의 인물들에 의 한 구국결사항쟁이 고개를 들어 불붙기 시작하였다. 金性洙 宋鎭禹 등은 李鍾一 등 천도교의 중진과 기맥을 통하여 중앙학교의 숙직실을 근거지로 삼아 수십 차례 왕래하며 민족운동을 숙의하다가 마침내 시기와 여건이 성숙하여 1919년 3월 1일 거국 거족의 3·1혁명이 전국에 걸쳐 성공리에

---

19) 「상해가정부이유필사건판결문」 ; 김낙산, 위의 책, 8쪽.

일어나게 되었다.[20]

1919년 3월 1일 손병희, 한용운, 이승훈 등 33인이 서울에서 독립선언서를 발표하고 거사하자 국내의 민중들은 거족적으로 참여하여 민중혁명으로 성공시켰다. 이에 각파 대표가 중국 상해에 회동하여 먼저 1919년 4월 11일 대한민국임시의정원 및 동 4월 13일 임정을[21] 정식으로 수립하여 국내외에 선포하였다.

춘산은 1933년 소위 치안유지법 위반으로 신의주지방법원으로 송치되어 동 법원으로부터 3년형의 징역을 선고받았다. 이때 증거품도 함께 압수당하였는데 그에 대한 판결문의 내용을 보면,

> 이유
>
> 피고인(이유필)은 大正 8년(1919) 3월 평안북도 의주군 서기재직중 소위 만세사건발발시 이에 관계 있는 독립운동자측으로부터 이에 참가할 것을 강요받았으며 한편 관헌의 감시가 엄중하여 자기에게 혐의가 있는 것으로 생각되어 우려한 나머지 멀리 남양으로 피신해 그곳에서 실업방면으로 진로를 개척할 결의를 갖고 동년 4월 중 향리를 출발하여 중국 상해에 다다랐으나 전후의 사정으로 여권의 願出을 주저하여 同地에서 도식 체재중 마침 미국(미주)에서 온 안창호를 서로 알게 되어 그의 역설권유를 받아 점차 '조선독립'의 희망을 품게 되었다

라고 언급하고 있듯이 그 이유는 3·1혁명에 직접 참가하였다는 점과 '참가강요'라는 상투적인 모함성이었다. 그는 남양으로 실업을 목표로 하여 상해로 망명하였다고 했는데 그것은 표면적 이유를 독립투쟁이 아니고 상업에 종사한다는 위장적인 사유를 내건 것이다.

춘산은 상해에서 미국으로부터 온 안창호와의 만남으로 독립투쟁의 결의가 더욱 다져진 것으로 보인다. 그는 임시의정원이 상해에 구성되어 趙

---

20) 이현희, 「3·1혁명과 인촌 김성수」, 『평전 인촌 김성수』, 동아일보사 인촌기념회, 1991.

21) 上海日本總領事館, 『朝鮮民族運動年鑑』 1919년 4월 13일자 ; 이현희, 『석오 이동녕평전』, 동방도서, 1992, 8~11쪽.

素朋이 수초한[22] 전10개조의 임시헌장을 이동녕 등 29명의 임시의정원 의
원이 김신부로 현순의 임시 거택에서[23] 상정 토의하기 시작하였던 4월 10
일 경 고국을 떠나 5월 1일 상해에 도착한 뒤 임정에 합류하였다.

상해에서의 임정 수립은 춘산에게는 구국투쟁을 실현할 수 있는 좋은
기회로 고무 격려되어 만반의 준비를 갖추어 망명길을 재촉했다.

(2) 임정에의 합류와 광복투쟁활동

1919년 4월 13일 상해에서 수립선포된 임정은 국내외 독립투쟁의 핵심
체로써 3·1혁명 이후의 혁명공작을 추진하고 국내외의 민력을 집중시키
면서 독립전쟁을 준비하는 대본영으로서 인식되었다.[24] 또한 민족의 대표
를 파리평화회의에 파견하여 독립승인을 요구하고 일제에 대해 주권의 환
부를 주장하는 한편 군사·정치·경제적인 시설 철폐와 일반 민중은 단결
하여 일제에 적극 저항하여 일제의 법령과 과세납입을 거절하였다.

이에 자극을 받은 춘산은 이러한 호기를 놓칠 수 없다 하여 1919년 4월
10일 고향을 떠나 단신으로 중국에 망명할 것을 결심한 것이다. 당시 춘산
이 해외로 망명하여 독립쟁취의 결의를 남겼다는 소식을 들은 평북유지들
은 그에게 큰 기대감을 전달하기도 하였다.

마침내 춘산은 동 5월 1일 중국 상해에 도착하여 그에게 독립투쟁의 의
지를 불어넣어 준 안창호와 동지 신익희 등 임정의 여러 인사와 교제하기
시작하였다. 그는 1933년 3월 프랑스 공무국원을 앞세운 일경에 체포되어
신의주로 압송될 때까지 15년간 중국에서 임정을 구심점으로 하여 각부의
국무위원과 임정을 지원하는 외곽단체를 조직하여 적극적인 광복투쟁을
전개해왔던 것이다.

춘산은 임정에 합류하자마자 안창호의 권유와 石吾 이동녕의 인도로 임

---

22) 『조소앙자서전』(미간본) 참조.
23) 이현희, 『임정과 이동녕연구』, 일조각, 1989, 202~209쪽.
24) 김낙산, 앞의 책, 10~11쪽 ; 이현희, 『한국근·현대사의 쟁점』, 삼영, 1992, 339~
    362쪽.

정에서 주요한 직책을 담당하게 되었다. 그는 국무원 위원과 내무부, 재무부에 소속되어 독립운동을 활성화하기 위해 군자금을 조달하는 일을 도맡아 주재하였다. 또한 입법부에서도 의정원 의원과 동 부의장으로도 활약하였다. 즉 춘산은 처음에는 국무원 위원으로, 그후 내무부 비서국장을 역임하였으며, 선전부 부총판, 평안북도 독립공채모집위원, 재무차장 겸 공채관리국장, 법제국장, 이어 또 의정원 의원에 당선되었고, 이듬해에는 부의장에 피선되었으며 신한청년당에 가입하여 이미 파리강화회의에 가서 독립승인운동을 진행중이던 김규식의 후임으로 이사장에 피선되었다.25)

춘산은 박은식의 필생의 업적인 『한국독립운동지혈사』를 편찬 간행하여 사료로서 가치있게 활용하게 하였는데, 오늘날까지 『血史』의 상해간본은 매우 소중하게 평가되어 활용되고 있다. 또 그는 『上海指南』을 저작하여 상해의 정황을 국내의 동포에게 상세히 소개하였다.

춘산은 실질적인 독립투쟁을 위해서는 무엇보다도 군자금이 필요하다고 스스로 판단하고 재무총장이던 이시영의 지도를 받고 당시 奉天(현 심양)에 거주하던 안병찬을 찾아가 협력하여 독립공채모집에 착수하고자 하였다. 그러나 안병찬이 일제 관헌에게 피체됨으로써 목적을 달성할 수 없어 상해로 돌아왔다. 이 같은 사실은 그의 판결문에 다음과 같이 기록되어 있다.

翌 5월 중 동 정부(임정)에서는 당시 봉천성 관전현 향로구 거주 안병찬이란 자를 평안북도독판에 임명하게끔 피고인이 該 사령서를 휴대 同 장소를 출발 안동에 도착 同 정부 안동교통국사무소가 있는 안동 구시가지 怡隆洋行 내에 수일간 잠복 기간 同 정부로부터 액면 30만원의 독립공채권을 송부받은 것을 갖고 그후 전기 안병찬을 방문, 본인에게 前記사령서를 교부하여 독판 취임의 승낙을 받아 동인과 협력하여 공채모집에 착수하려고 하였는데 동인은 당시 한인청년연합회 총재로서 동 지방에서 활동중인 고로 이를 승낙하지 않아 할 수 없이 동 장소에 체재하고 있던 중 안병찬은 기후 이어 일본관헌에 체포되었다. 이에 놀라 급거 안동의

---

25) 김낙산, 앞의 책, 12쪽.

이륭양행으로 돌아왔지만 관헌의 수사가 점점 엄중하여 도저히 공채모집의 목적을 달성할 수가 없음을 깨닫고 동지인 모집위원 송병조에게 공채권의 보관을 의뢰하고 동년 6월 상순 경 상해로 돌아와 동 정부 재무총장 이시영에게 공채모집의 불성공에 이르게 되었다는 뜻을 보고하였다.

라고 한 데서 안병찬과의 포섭 관련사실을 알 수 있다. 그 후 종씨인 임정의 이시영 재무총장의 추천으로 재무차장에 취임하여 약 5개월여 동안 재정업무를 수행하였다. 이 때 그는 독립공채의 발행을 실무적으로 수행하였고, 국내외를 직접 연결하는 교통국과 연통제의 비밀연락기구를 통해 상당량의 군자금을 모집하여 임정 활성화에 기여하였다.

또한 각 군관학교와 일반대학에 학생을 보내 대학의 지식을 습득하게 하였는데 청년들을 알선하여 黃埔, 保定, 開封, 雲南, 杭州, 廣西 등지에 있는 각 군관학교에 취학하게 하여 군사지식을 습득하게 하였다. 남경에 있는 東南대학을 비롯하여 金陵대학, 광동에 있는 中山대학·廈門대학·燕京대학, 그리고 항주에 소재한 之江대학, 상해에 있는 同濟대학·震旦대학·路鑛대학에서 일반 대학의 지식을 습득하게 하는 교육에도 열성이 남달랐다. 따라서 대학지식을 습득케 한 인원이 1,200여 명에 이르며 전비조성비만도 10여만 원에 12,000여 명의 회원을 확보하기도 하였다.[26)

(3) 신한청년당에의 가입과 활동

춘산이 신한청년당에 가입하여 활동한 시기는 1922년 2월경이었다. 이 신한청년당이 해체된 것이 동년 12월경이었으므로 그가 가입하여 활동을 전개한 기간은 10개월 정도였다. 이 신한청년당이 존속한 시기는 4년 4개월 정도였으나 이 당에 속하여 활동하였던 주요 멤버가 임정의 수립과 그의 광복정책을 수행해가는 데 있어서 크게 기여하였다.[27) 이들은 임정을

26) 위의 책, 13쪽.
27) 『독립신문』 1920년 2월 5일자 ; 신용하, 「신한청년당의 독립운동」, 『한국학보』 44, 1986 ; 이현희, 「이동녕」, 『근대인물한국사 107』, 동아일보사, 1992, 7·81·88·89·95·96·111·141·163쪽.

정통으로 옹호하고 적극적으로 지지하였으므로 임정고수파였던 춘산이 신한청년당에 가담 활동한 것은 매우 당연한 것이며 필연적인 사실이었다.

신한청년당은 1919년 12월 1일 당의 기관지로 『신한청년』을 창간하였다.28) 그 목적은 민족의식의 고취와 민족의식의 제고에 있었다. 『신한청년』 창간호는 모든 한국 민족에게 독립운동의 실상을 자세히 알려주고 이 기관지를 교재로 삼아 독립사상을 국민들에게 고취시키며 이를 국민생활의 표준이 되도록 하게 의도하고 있었다.29) 여기에는 또한 '애국가'와 '3·1 독립선언서' 등 50여 종의 독립운동 사료들이 실려 있다.

신한청년당은 3·1혁명 이후 김구 안정근 이유필 등 다수의 인사가 입당하여 당원이 증가하게 되니 상해에 약 25명, 상해 이외의 지역에 약 25명, 즉 50여 명의 당원으로 확충되었다. 1919년 말 당시의 이사장은 서병호였고, 이사는 김구 여운형 조동호 등 10여 명에 달하였다.30) 신한청년당의 대표적인 조직체는 임정과 대한인거류민단이었다. 신한청년당의 당원들은 임정의 차장급의 인사로 기용되었으며 임정의 주체세력의 하나가 되었다. 또 상해고려교민친목회를 개편한 상해 대한인거류민단의 간부가 되어 이를 통하여 독립운동을 적극적으로 추진하여 나가기도 했다. 1919년 7월 26일 상해 대한인거류민단은 간부를 선출하였는데 여운형을 단장으로 선임하였으며 춘산은 의사원의 한 사람으로 선출되었다.31)

신한청년당의 주요 활동은 1920년 8월 미국의원단의 외교와 1922년 1월 동방피압박민족대회에 참가하여 외교정책을 전개한 것 등이었다. 신한청년당은 1920년 8월 16일 미국의원단 일행이 북경에 오게 되자 임정과 협력하여 한국의 독립을 위한 적극적인 협조와 지원을 요청하였다.

동방피압박민족대회에는 김규식과 여운형이 신한청년당의 대표로 선출되어 1922년 1월초에 참가하였다. 이곳에는 대한애국부인회 대표로 金元慶·權愛羅, 고려공산청년연회 대표로 林元根·金柱,32) 그 외에 본국에서

---

28) 『신한청년』 1, 4쪽.
29) 위의 책, 137쪽.
30) 김정명 편, 『조선독립운동』 II, 220쪽.
31) 위의 책, 240~241쪽.

노동자대표 10여 명 등이 참석하였다. 이 대회에 참가한 국가는 한국·중국·일본·몽골·자바·러시아 6개국이었으며, 각국별로 의장 1명을 선출하였는데 한국은 여운형을 의장으로 선출하였다.[33] 각국 의장은 자국의 대표로부터 각국 상황에 대한 보고를 듣고 토론을 거친 뒤 그 결과를 결의안으로 작성하여 발표하였다. 한국은 아직 공업이 발달되지 않고, 계급의식이 유치하여 계급운동은 시기가 이르며, 또한 농업국으로서 일반민중들은 민족운동에 공명하고 있으므로 계급운동자는 우선 독립운동을 지지해야 한다는 것이었다. 따라서 독립달성을 위해 노력해야 한다는 방침을 결정하였다.

이 때 춘산은 이사장에 재직하고 있던 김규식이 국제회의에 참석하게 되자 그를 승계하여 후임 이사장직을 맡고 있었으나 임정의 목적과 취지가 동일한데 이러한 단체가 중복되어 있을 이유가 없다고 동지인 조상섭 김병조 손정도 등과 함께 탈당을 논의하였다.[34] 그러다 신한청년당의 일부가 고려공산당에 가입하였으며, 1922년 모스크바에서 동방피압박민족대회와 1921년 11월 12일부터 이듬해인 1922년 2월 6일까지 워싱턴에서 군비축소를 위한 태평양회의가 거의 같은 시기에 개최될 때[35] 모스크바에의 동방피압박민족대회에 신한청년당 대표가 참석하기로 결정된 데 반발하여 당내의 민족주의 고수파가 탈당하기에 이르렀다. 이 때 춘산도 신한청년당을 떠나 임정에서의 활동에만 전념하였다.

여운형은 춘산 등이 당을 탈당한 이유를 '여운형피의자신문조서'에서 이렇게 설명하고 있다.

　　모스크바에서 극동피압박민족대회가 열리게 되었을 때 미국 워싱턴에서는 군비축소회의가 개최되어 프·이·미·영·일의 5개국 대표가 여기

---

32) 「여운형피의자신문조서」 제4회, 『韓共자료』 1, 309쪽.

33) 「여운형피의자신문조서」 제5회, 위의 책, 333쪽.

34) 위의 조서 제2회, 371쪽.

35) 이현희, 「태평양회의에의 한국외교후원문제」, 『한국사논총』 1, 성신여대 국사학과, 1975.

에 참석하게 되어 있었던 관계상 그들은 이 회의에 신한청년당으로부터
대표자를 파견하여 조선의 독립을 제창하자고 주장하였다. 나와 김규식이
신한청년당을 대표하여 극동피압박민족대회에 출석하는 것을 반대하였으
나 이것이 받아들여지지 않았기 때문에 탈당한 것이었다[36]

고 설명하고 있다. 그런가하면 일본측 자료에서는 춘산 등이 신한청년당
수뇌부가 공산주의자로 돌아가고 있었기 때문에 탈당한 것이라고 적대시
하여 기술하고 있다.[37]

춘산이 후반기에 가입 활동하였던 신한청년당은 1922년 12월 상해 프랑
스조계 내에 있던 서병호의 숙소에서 여운형 김규식 한진교 도인권 서병
호 등이 모여 해산을 결정하고 지방에 있던 다른 당원들에게 이를 전달하
기로 결의하였다. 그리하여 신한창년당은 창당 4년 4개월 만에 자진 해산
하게 되었으며 춘산은 다시 한국노병회를 조직하여 임정의 독립투쟁을 위
한 정책을 적극 지지 옹호하였다.

(4) 한국노병회의 결성과 그 사상

한국노병회는 신한청년당이 해체될 즈음 백범 춘산 등에 의하여 중국
상해에서 조직되었다.[38] 이것은 춘산의 三皆주의사상에 의거하여 백범과
의 의기투합으로 이루어진 것이다.

한국노병회는 1922년 10월 28일 상해 霞飛路 寶康里 24호 조상섭의 집
에서 창립되었다.[39] 이의 목적과 취지는 임정에 대한 지원과 조국광복을

---

36) 주 34)와 같음.
37) 국회도서관,『한국민족운동사료』중국편, 1976, 290쪽. 이 자료에서는 "앞서 김규
    식·여운형·서병호 등의 손에 의해 조직되어 상당히 활동하여 온 신한청년당에
    이들 주뇌자가 공산주의자로 투신하였기 때문에 당내 분열이 생겨 대한민국임시
    정부측에 속하는 김구 張鵬 이유필 김인전 도인권 崔一 안정근 李圭瑞 申昌熙
    등은 드디어 탈당하기에 이르렀다"고 탈당의 이유를 설명하고 있다.
38) 「여운형피의자신문조서」, 제3회,『한공자료』1, 255쪽.
39) 「조동호증인신문조서」, 위의 책, 316쪽. 이 자료에서는 동회의 조직일자가 1922년
    11월 상순경으로 기록되어 있으나 이외의 다른 여러 자료에서는 동년 10월 28일

위하여 향후 10개 년간에 1만 명 이상의 노병을 양성하고 100만 원 이상의 전비를 조성하는 것이라고 그 회헌 제3개조에서 명시하고 있다. 이것은 10년간 인재양성을 통한 준비를 한 뒤 독립전쟁을 일으켜 일제를 축출하며 자력으로 조국의 광복을 쟁취하자는 것이었다. 춘산은 한국노병회에서 김구에 이어 이사장이 되었으나 조직 초기에는 서무부장을 맡아 활동하였다.

특히 춘산은 그의 중심사상인 三皆主義의 실현에 힘을 썼는데 이는 광복투쟁의 기본 이념이요 사상체계로 독창성 있는 내용이 담겨 있다. 즉 모두 근로정신을 가져야 한다는 皆勞, 모두 군사요원이 되어 독립전쟁에 있어 선도적인 임무를 수행해야 한다는 皆兵, 모두 통합을 위한 대동단결을 호소한 皆合이 그것이다.

이 회의 조직은 정신력만으로는 독립을 위한 본래의 성과를 거둘 수 없음을 인식하고 무력을 양성하여 독립전쟁을 치루어야 한다는 생각들이 구체화된 것이다.[40) 따라서 황포군관학교 등에 학생을 파견하여 군사지식을 습득케 한 것도 이 때문이었다.

춘산이 기초한 것으로 보이는 '한국노병회 취지서'에 보면 3·1혁명 이래의 모든 노력이 독립에 커다란 영향을 미쳤다는 사실을 지적하면서,

그 진행의 내용에 대하여는 회규에 載在하나니 만인의 兵이 비록 과하나 無人에 衆하며 백만의 금이 비록 少하나 空手에 多하며 천년의 한이 비록 遲하나 또한 無期에 遠한지라. 요컨대 차로써 진행상 一樣的을 삼음이라.

오등의 기치는 삼엄하나 高明하고 오등의 庭戶는 淸淨하나 광대하며, 오등의 목적은 高遠하나 近易하고 오등의 사업은 거대하나 단순하나니 苟히 其人으로서 회규만을 恪守할진대 그 소유관계의 일체를 불문하고 오직 쌍수로서 奉迎할지라.

자로 기록을 하고 있으므로 후자의 자료에 근거한 일자를 따른다.
40) 독립사업의 실제 성취를 위해서는 물질적인 공구가 필요한 것이다. 따라서 대한독립의 공구는 무력이며 무력의 공구는 군인과 군자금으로서 군인의 양성과 군자금의 저축을 목적으로 한 하나의 단체결성이 필요했던 것이다.

라고 하여 회칙을 철저히 이행 준수해 나가야 함을 강조하고 있다.[41] 이것
은 춘산의 10년간의 장기적인 안목에 의한 불요불굴의 끊임없는 광복정책
에 대한 그의 의지와 신념을 읽어볼 수 있는 근거가 될 수 있다고 하겠
다.[42]

한국노병회는 1922년 10월 1일 조상섭의 자택에서 노병회의 발기·조직
을 협의한 뒤 동 10월 7일 김구, 이유필, 梁基瑕, 박은식, 韓泰珪, 조동호
등 20여 명이 이 회의 정식 발기를 합의하였다.[43] 이어 회의 취지서 회헌
및 회칙의 기초위원으로, 이유필 김인전 조동호를 선정하였다. 이들은 10
월 21일 노병회발기총회준비회를 열고 취지서 회헌 및 회칙을 통과시켰
다.[44] 이러한 기반을 토대로 동년 10월 28일 김구 이유필 여운형 양기하
김인전 金鉉九 李龍宰 조동호 崔錫淳 崔瀋 나창헌 등이 모여 한국노병회
발기총회를 열고 한국노병회를 창립하였다. 창립 초기 당시의 회원으로는
통상회원으로 김구 이유필 여운형 조상섭 김인전 손정도 양기하 김현구
최석순 한태규 조동호 최준 이용재 金斗萬 나창헌 윤기섭 黃龍雲 등이 있
었고, 특별회원으로 趙東建 朱文源 白雲瑞 尹元章 등 21명이었다.[45]

한국노병회 회헌에 의하면 임원으로 총재 1명, 이사장 1명, 이사 30명 이
내, 회계검사원 3명 이내를 두도록 규정하고 있다. 이사장중심 체제로 이사

---

41) 「韓國老兵會會憲附會則及趣旨書」 참조, "赤手로써 白刃을 迎하여 악사로써 死
地를 視하고 전자 仆함에 후자 계하야 최후의 승첩을 기하고서 오직 전일방 進進
하야 不己하는 내지 동포들의 거룩한 행적은 특히 3·1운동 이래 천하와 共見하
는 사실로 그들의 생활적 욕구, 정신적 관념, 자유, 자존, 자신, 자강 등등의 모든
경애할 만한 정신은 環球列强으로서 대한독립에 정신적 승인을 공하였다 함이
또한 우연한 일이 아니로다. 즉 오등 해외에 捷屑하는 자들도 혹 외인에게 향하야
오족의 요구하는 바를 선전하며 혹 내지에 대하야 세계의 추향하는 바를 통달하
야 풍찬노숙하며 십사구생한지 또한 자에 수년 혹은 십기년이라. 비록 公에 補함
은 無하였으나 이미 私를 恩한 지 久矣었나니 신세의 탄이 하일에 已하며 가국의
淚가 기시에 乾하리오"라고 독립운동의 밝은 전망을 적시하였다.
42) 「여운형의견서」, 『韓共자료』 1, 281쪽.
43) 김정명 편, 앞의 책 제2권, 298~299쪽.
44) 「한국노병회회헌」 및 『朝鮮民族運動年鑑』 1992년 10월 28일자 ; 이현희, 『조동호
항일투쟁사』, 청아출판사, 1992, 10·219·229·231·235·245·250쪽.
45) 김정명 편, 앞의 책 제2권, 298쪽.

장이 회부를 총괄하고 이사회와 총회의 의장이 되며 회를 대표하도록 규정하였다. 또한 총재도 이사회에서 추천하도록 하였다. 그리고 이사장 밑에는 경리부·교육부·노공부·군사부의 4부를 두고, 각 부에 부장 1명과 부원들 약간 명씩을 두도록 하고 있다. 이에 의거하여 한국노병회는 창립 총회 때 간부를 선출하였는데 그 명단을 살펴보면 다음과 같다.

```
이 사 장   김 구
이     사   이유필 손정도 김인전 여운형 나창헌 조상섭
회계검사원   조동호 최석순
```

한국노병회는 이어 1922년 11월 2일 상해에서 제1회 이사회를 개최하고 내부직원을 선출하였다. 그 내용을 보면,

```
경리부장   이유필   부원   김인전 한태규
교육부장   조상섭   부원   나창헌 윤기섭
노공부장   손정도   부원   여운형 최 준
```

등이 뽑혔다.

위와 같이 춘산은 한국노병회 발기인의 한 사람으로 참여하여 조국의 독립을 목적으로 한국노병회를 조직하였다. 동회의 이사로 선출되었고 또한 경리부장직을 맡아 실질적이고 효과적인 광복정책을 위하여 군자금의 모집과 인재 발굴을 통한 노병의 양성에 노력을 경주하였다. 이때 춘산이 경리부장으로서 담당한 소관사항은 회의 기밀관계 등 8가지로 그 내용은,

① 회원의 총수와 회중기밀에 관한 사항
② 문서의 기록, 수발 및 보관에 관한 사항
③ 회계에 관한 사항
④ 예산, 결산에 관한 사항
⑤ 회원의 상벌, 기타 신분에 관한 사항
⑥ 특별회원 연락에 관한 사항

⑦ 통계에 관한 사항
⑧ 다른 부서에 속하지 아니한 사항

이었다.

한국노병회의 회원은 통상회원과 특별회원으로 나누어 통상회원은 40세 이하의 군사교육이 가능한 자로 매년 1원의 회비를 내며, 특별회원은 40세 이상의 군인이 될 수 없는 자로 회비는 매년 3원을 적립하도록 결의하였다.[46]

한국노병회는 김구, 춘산 등이 다방면으로 활동하다가 1923년 4월 1일 상해교외의 愚園路 梵王渡花공원에서 총회를 개최하고 이사장인 김구가 회비 400원의 적립을 보고한 뒤 신입회원의 승인, 회헌의 제정 등을 결의하였다.[47] 그러나 한국노병회의 이러한 계획은 더이상 실현되지 못하고 점차 유명무실해졌는데, 이는 회의 주체세력인 신한청년당의 해산에 기인한 것으로 보인다. 또한 김구도 이사장직을 재직 1년 후 사임하고 이유필이 제2대 이사장직을 승계하여 활동하였으나,[48] 회원을 20~30명밖에 확보하지 못하고 목표 달성을 채우지 못하는 안타까움을 남겨 놓았다.[49]

(5) 재만단체의 임정에의 귀합추진(삼개주의)

춘산은 백범의 후원으로 한국노병회의 이사장직을 수행하여 왔으나 한국노병회는 구체적인 목표실현을 거두지 못한 채 그 목표 10년이 되는 1932년 尹奉吉의사의 의거를 전후하여 해산 것으로 보인다.

임정은 1919년 9월 제1차 개헌에서 대통령중심 지도체제로 민주공화정부를 운영해 왔으나 초대대통령 이승만의 독립청원서·위임통치 문제 등

---

46) 「여운형피의자신문조서」 제3회, 앞의 책, 225쪽 및 「여운형피의자신문조서」 제2회, 앞의 책, 299쪽 참조.
47) 「여운형피의자신문조서」 제5회, 앞의 책, 384쪽.
48) 「여운형피의자신문조서」 제3회, 앞의 책, 254~255쪽 및 「여운형피의자신문조서」 제2회, 위의 책, 299쪽.
49) 앞의 『조선독립운동』 2, 242쪽.

으로 인해 불신임이 계속되는 가운데 지도체제의 변경이 신중히 논의되고 있었다.[50]

이 당시 그는 박은식 신내각의 내무총장이 되어 인물과 기구의 개혁을 도모하는 한편 남북 만주(동삼성)에 산재해 있던 각 독립운동단체의 임정에의 귀합운동도 동시에 전개하고 있었다. 1924년 12월, 제2차 개헌인 국무위원체제로 지도체제를 변경 실시하게 되었다. 춘산은 이와 함께 지방연통제를 입안 실시하고 단체들의 귀합에 적극성을 띠었던 것이다.[51]

춘산이 선도한 동삼성의 각 독립운동단체의 귀합운동은 1925년 4월 경으로 남만주의 정의부, 동만주의 참의부, 북만주의 신민부를 역방하여 협의한 뒤 각파 단체들이 임정의 기치하에 귀합하도록 하였다. 그는 각파로부터 대표를 선출하여 임정의 각료를 삼고 혁명역량을 집중하는 통일내각의 산출을 실현하고자 하였다.[52] 이는 춘산의 삼개주의사상 중 '皆合'에 해당하는 실천의 구체적인 표현이었다.

1925년 6월에는 새 헌법에 의하여 이상룡을 수반으로 한 국무령제의 신내각이 조직되었다. 춘산은 이 내각의 국무위원으로 피선되었고, 그후 홍진 내각 때에는 재무총장에 선임되었다.

춘산은 동삼성 각 독립단체들의 임정으로의 귀합운동을 전개하면서 임정의 재정적인 곤궁함을 타개하기 위하여 1926년 임시정부 경제후원회를 조직하고 모든 회원에게 인구세의 정기적 완납을 실천하게 하였다. 또한 월액 1원 이상의 후원금을 정부의 경상비보조로 충당하게 하였다. 이 임정의 경제후원회는 200여 명의 동포들로부터 임정을 재정적으로 지원할 것을 호소하여 200만 원 내외를 모금, 임정의 재정적 지원에 큰 보탬이 되게 하였다.

이보다 앞선 1923년 3월 춘산은 흥사단에 가입하여 서무부장으로 활동한 바 있었다. 이 단체의 주요 취지는 건전한 인격을 양성하고 조직력과 신성한 단결로 조선민족의 전도대업의 성취를 위한 기초를 삼는 것이었다.

---

50) 이현희, 「대한민국임시정부의 지도체제」, 『한국사론』 10, 국사편찬위원회, 1981.
51) 김낙산, 앞의 책, 10쪽.
52) 김낙산, 위의 책, 14쪽.

춘산은 해외에 거주하는 동포의 집단생활을 실현시키기 위해 안창호 李鐸
金承萬 김두만 등과 京奉·南滬·寧津浦線 일대를 두루 시찰하여 거주지
선정에 힘썼다. 그리고 재만주동포의 안정된 생활을 위하여 안창호 김동삼
등과 협력하여 농민호조사를 조직하고, 교육·산업·보위 등의 협동사항
을 책정한 뒤 집행하였다.

춘산은 이와 같이 행정부에서 독립투쟁을 게을리하지 않았으며 입법부
에서도 뛰어난 업적을 쌓았다. 임시의정원의 의원과 동 부의장으로서 3권
분립의 민주공화정치를 제도적으로 운영해 온 민주대의정치를 실천한 역
군이라 하겠다.[53]

1927년 2월에는 안창호 吳東振 등 170명의 동지가 吉林에서 중국 관헌
에게 체포되어 바로 일본에 인도되게 되자 상해한교대회를 열고 춘산을
대표로 선출하여 북경으로 파견하였다. 이에 정부당국, 사회단체, 언론기관
등 유력한 방면에 교섭을 벌여 체포된 동지들을 마침내 석방하여 귀환하
도록 하였다.[54]

이처럼 춘산은 임정의 상해시대인 1919~1932년에 이르는 14년간 눈부
신 광복투쟁을 지속적으로 진행시켰다. 그는 일경의 미행, 감시, 사찰의 위
협이 계속 따르고 있었으나 전혀 관계치 않고 광복투쟁을 위한 임정의 목
적 수행을 적극적으로 실천하여 온 것이다.[55]

(6) 한국독립당의 조직과 운영

춘산 등 임정을 구심체로 광복정책을 체계적으로 모색하여 오던 독립지
사들은 중국의 정당 중심의 정치규범을 새로이 인식하고 그를 토대로 한
국독립당을 조직하였다. 한독당은 '상해'·'만주(동삼성)'·'재건'·'통합' 등
4번에 걸쳐 同名異黨으로 1920년대 말부터 1945년까지 명멸했었다.[56]

---

53) 앞의 「이유필판결문」 참조.
54) 김낙산, 앞의 책, 16쪽.
55) 앞의 「이유필판결문」 참조.
56) 이현희 외, 『재발굴 한국독립운동사』 II, 한국일보사, 1988, 148~173쪽 ; 국회도서

1930년 춘산은 석오, 백범 등과 같이 3월 25일자로 현재 상해 馬當路 보경리 4호 임정청사에서 한국독립당을 결성하였다. 이 당은 신민주국가를 건설하고자 함에 그 목적과 취지를 두고 있다. 즉 오직 혁명수단을 다하여 일제의 침략세력을 박멸하고 생활평등의 신민주주의 국가를 건설하고자 하였다.57) 창당 인사는 춘산 외에 이동녕 안창호 김구 조소앙 김두봉 최석순 姜昌濟 송병조 조완구 박찬익 차이석 엄항섭 안공근 조상섭 등 20여 명이며, 이 때 춘산은 총무이사로 선출되었다.

당시 임정은 석오 백범 등이 춘산계와 연합하여 한국유일독립당촉진회를 결성했으나 공산계와 이탈하여 留滬한국독립운동자동맹을 결성하였다.58) 춘산은 사상적 혼돈을 극복하고 민주국가건설을 위하여 한독당을 동지들과 조직한 뒤 총무이사로 선임하여 1933년 체포될 때까지 정당업무에 전력투구하면서 청소년운동과 병인의용대를 조직하여59) 국내항쟁까지도 지도하였다. 또한 광주・남경・북경 등 기타 주요 지역에 한독당 지부를 설치하여 당무의 발전을 꾀하였으며, 기관지로서『韓聲』・『韓報』등을 발행하였다. 그리고 각지에 소년단체, 청년단체, 부인단체, 노동단체 등을 조직하여 당 규칙에 의한 영도력으로 각 부분에서 독립운동을 집행하였다.60)

앞선 시기인 1923년 8월에는 교민을 위한 자치단체를 맡아 인성학교 등 교민들의 민족교육에도 열성을 경주하였다. 그는 상해 대한교민단장에 선출되었으며, 교민들의 아동교육기관인 인성학교를 인수하여 교장에 취임

관,『한국민족운동사료』중국편, 573・642・763・819・884~885쪽.
57) 김낙산, 앞의 책, 16쪽. 그의 행동강령은 6가지로 다음과 같다.
　　1. 대중의 혁명의식을 환기시켜 민족의 혁명역량을 집중한다.
　　2. 민족적 반항 및 무력적 파괴 등으로 적극 이 사업을 진행한다.
　　3. 세계피압박민족과 긴밀하게 이를 연락한다.
　　4. 토지 및 기타 대생산기관은 이를 국유화한다.
　　5. 보통선거제도를 실시하여 국민의 참정권을 평등히 한다.
　　6. 의무교육제도를 실시하여 국민의 수학권을 평등히 한다.
58) 앞의「이유필판결문」참조.
59) 김낙산, 앞의 책, 12~13쪽 ; 앞의『임시정부의정원문서』, 230・240・264・268・786쪽 ; 이현희,「6・10만세운동과 임정」,『한국민족운동사연구』11, 1995.
60) 김낙산, 앞의 책, 17쪽.

한 뒤, 교사·교칙·학제·교과서 등 일체의 사항을 개선하고 기본금변법
을 확립하여 학교 교과내용을 쇄신하여 확장하였다.[61] 그는 상해 우리 교
민들의 교육과 자치에 온갖 정력을 경주하였다. 상해 대한인거류민단의 주
요 활동인사로는 춘산 외에 여운형 선우혁 張松岩 張鵬 최창식 韓百源 秦
熙昌 金弘叙 도인권 등이 적극 가담하였다.[62]

초기에는 상해 대한인민단이라 칭하였다가 1920년 3월 16일 임정에서
거류민단제를 공포함에 따라 대한인거류민단으로 개편된 것이다.[63] 1931
년 1월 춘산이 민단제도 개편 초기에는 정무위원장으로 재선되었으며, 2년
동안 교민의 거주보호, 생활지도, 취학주선에 힘을 쏟았다. 밖으로는 생활
의 간소화, 사상의 혁명화, 사업의 협동화를 촉진하였다. 또 선전과 문화사
업에도 유의하여 임정의 기관지『독립신문』의 특별사원으로 많은 액수의
군자금을 정기적으로 원조하였다.

그 외에 1920년 3월에는『民聲』이라는 주간지를 창간하고, 1925년 10월
에『上海春秋』라는 주보를 발행하였으며, 1932년 1월『上海韓聞』을 발간
하는 등 언론운동에 계속 종사하였다. 그리고 1920년 12월 백암 박은식의
『한국독립운동지혈사』와 1923년 5월『상해지남』등을 편찬 간행 보급하였
다. 위의 3종류의 신문은 사상과 전선통일에 대한 일관된 주장이었다.『혈
사』는 한문으로 편찬하여 중국인에게 운동상황을 선전한 것이고,『상해지
남』은 국내 동포에게 상해를 소개하기 위한 것이다.

이와 같이 춘산은 한독당을 조직하여 정당의회 정치의 민주공화정책을
지속적으로 전개시켜 나갔다.[64] 아울러 그는 거류민단장과 인성학교 교장
등의 주요 직책을 수행하면서 상해 내에 거주하고 있는 동포의 권익옹호
와[65] 민족교육 신장에 크게 기여하였다. 춘산은 인성학교를 여운형 도인권

---

61) 上海日本總領事館,『朝鮮民族運動年鑑』, 56·84·96·97쪽.
62) 국가보훈처,『독립운동사자료집』9, 52쪽 ; 앞의『독립운동사』4, 239·407·408·
   502쪽.
63) 국가보훈처,『독립유공자공훈록』제5권, 1988, 171~172쪽.
64) 앞의『임시정부의정원문서』, 230·756·761·778·786쪽.
65) 앞의『한국민족운동사료』중국편, 1976, 38·42·129·152·171·446쪽 참조.

등의 힘을 토대로66) 지·덕·체의 배양을 최대의 목적으로 삼아 운영해 나갔다. 한때는 프랑스조계 공무국에서 연액 600불을 자선사업보조금으로 받은 적도 있었다.67)

(7) 한중연대의 광복투쟁

춘산이 상해 임정에 합류한 이후에 독립투쟁은 각지의 단체들의 대동단 결을 통한 통합만이 큰 역량을 발휘할 수 있으며 국내외 동포에게 새로운 자신감을 불어넣어 줄 수 있다고 믿었다. 이에 그는 삼개주의에 따라 동삼 성지역의 참의부 등 여러 독립운동단체 대표들을 찾아가 임정에로의 귀합 과 통일을 절규한 바 있었다.68)

1932년 1월 28일 중국 상해가 일제에 의하여 침략을 당하는 상해사변이 일어났다.69) 동년 1월 8일 이봉창 의거가 크게 성공을 거두지 못하였으 나70) 동 4월 29일에는 윤봉길 의사의 의거가 홍구공원에서 크게 성공을 거 두었다.71) 이에 白川대장 등 20여 명이 폭살 폭상되고 重光공사 등 많은 요인들이 중상을 입게 되니 일제 당국은 이를 춘산이 주동한 것으로 판단 하여 프랑스영사에게 요청하여 춘산의 가택을 수색하였다.72) 마침 춘산은 출타중이어서 다행히 화를 면할 수 있었으나 그 시간에 방문하였던 안창 호가 피체되어 일경에게 인도되고 말았다. 당시 춘산은 교민단장으로서 프 랑스정부 및 의회에 탄원서를 제출하고 북경주재 프랑스공사에게 안창호 의 석방과 한국교민의 보호법을 요구하였다. 당국은 그 뜻을 인정 수용하 여 영사를 교체하고 한교보호법을 내렸다.73)

---

66) 문일민, 『한국독립운동사』, 359쪽.
67) 국가보훈처, 『독립운동사』 제4권, 317·319·409~410·471·567쪽.
68) 유준기, 「1920년대 재만독립운동단체에 관한 연구 - 참의부를 중심으로 - 」, 『한국 민족운동사연구』 2, 1988, 143·131~161쪽.
69) 上海日本總領事館, 『朝鮮民族運動年鑑』, 180~183·186쪽.
70) 이현희, 『3·1독립운동과 임시정부의 법통성』, 동방도서, 1987, 265~274쪽.
71) 이현희, 위의 책, 274~293쪽.
72) 이현희, 『광복투쟁의 선구자』, 동방도서, 윤봉길 항목 참조.

이봉창·윤봉길 두 의사의 의거로 춘산은 큰 곤욕을 치루었고, 석오 백범 등 임정요인들은 극심해지는 일제의 발악적인 탄압으로 가까운 가흥·항주·소주·진강·남경 등 각지로 은신해 있었다. 그러나 춘산은 상해에 그대로 남아 교민단장으로서 동포와 생사고락을 함께 하였다.

이런 중에도 그는 독립운동전선의 대동통합을 투쟁방법의 하나로 인식하고 있었다. 즉 전선통일은 그의 유일한 믿음으로 매사에 이를 기준으로 삼았다. 1932년 10월 25일 남만주 조선혁명대표 최동오, 북경광복동지회대표이며 북경대 교수였던 김규식, 남경의열단대표 한일래 등 요인을 초청하여 11월 '한국대일전선통일동맹'을 결성하였다.[74] 이는 투쟁을 위한 역량을 임정산하에 통합시키고자 함에 그 뜻이 있는 것이었다.

이보다 한달 정도 앞선 동년 9월에는 李光濟, 차이석 등 당 대표를 南京 亞洲文化協會에서 주최하는 동방피압박민중원동회의에 파견하여 중국·인도·대만·안남 등 각국 대표와 동양의 약소국 피압박민족의 해방운동 방책에 대하여 협의하였다. 그리고 동년 10월 20일 천진·북경대 교수이며 광복동우회 회장인 김규식과 협의하여 한중연합전선을 결성하였다.[75] 동년 10월에 중국 민중항일단체인 중화민중대동맹 대표 葉承明 李次山 何永貞 吳山 丁超五 등과 만나 한중연합전선 사항을 협의한 뒤 결의안을 얻었다. 이로써 한국대일전선통일동맹과 중화민중대동맹은 '중한민중대동맹'을 통합 결성하였다. 춘산은 이 동맹의 집행위원에 피선되었고 김규식은 미국에 파견되어 취지의 선전과 자금조달을 위해 활동하였으며, 중국인 趙君을 露京에 파견하여 취지와 상황을 통보하는 동시에 후원을 청하였으며 또한

---

73) 김낙산, 앞의 책, 18쪽.

74) 국사편찬위원회, 『한국독립운동사』 자료 3, 479쪽.

75) 중국 남경을 중심으로 한 이 '統同'은 한국독립당, 조선혁명당, 조선의열단, 한국혁명당, 광복동지회 등의 대표가 모여 결성된 것으로 조직체계는 비서부·조직부·선전부·군사위원회·경제위원회·외교위원회로 구성되어 있다. 한국독립당 등 9개 단체 대표 32명이 남경에 모여 단일당을 조직한 것이 민족혁명당이었다. 따라서 춘산이 체포된 뒤에 1935년 7월 5일 이 '통동'은 협약에 따라 해체되었다. 앞의 『한국민족운동사료』 중국편, 725·729·731·751·764·787·807·826·841·857쪽.

동북군사행동을 촉진하였다.[76] 이렇게 춘산의 통합의지와 혁명역량의 집중에 대한 노력은 진전을 보았으나 그가 체포되어 본국으로 압송당하게 되자 더 이상의 항일투쟁을 실현하지 못하였다.

춘산은 체포되기 직전인 1933년 3월 1일 교민단장으로서 전체 교민들과 중국측 유지들을 모아 3·1절 기념식을 크게 거행하면서 기념식사를 엄숙하게 이끌어 나갔다.

> 우리들은 조국독립을 위하여 독립운동에 전심전력하여 왔으나 于今 14년의 긴 세월에 아직 그 목적을 달성치 못하고 또다시 해외에서 이 날을 맞이하게 되니 참으로 유감스럽습니다. 이제부터 우리들은 더욱 일층 분투하여 하루 빨리 조국광복으로 이 신성한 3·1절을 자국에서 맞이하게 하는 것이 참으로 우리들의 책임이오니 이에 각자 勉勵하시라.[77]

하니 이에서 그의 투철한 애국투쟁 의지를 엿볼 수 있다. 이러한 항일성, 우국적 충정은 1921년 長沙에서 한중연합투쟁인[78] 중한호조사의 결성, 제휴에서도 이미 나타나고 있다.[79]

4) 투옥과 최후의 투쟁

(1) 피체와 강제 압송

춘산은 상해로 와서 임정에 합류하여 활동한 직후부터 계속하여 일경에 의하여 극렬분자로 낙인찍혀 감시 미행당하였다. 그러던 중 1932년 4월 29일 윤봉길 의사의 의거가 성공하자 이것이 춘산의 주모로 발생하게 되었다는 정보를 얻은 일제는 발악적으로 그의 가택이 있는 상해 보강리 54호

---

76) 김낙산, 앞의 책, 20쪽.
77) 위의 책, 20~21쪽.
78) 이현희, 「1920년대 한중연합항일운동」, 『국사관논총』 1, 국사편찬위원회, 1989.
79) 문암, 『춘산 이유필선생약사』(미간본), 1941, 13~14쪽.

를 수색하기 시작하였다.[80] 이에 근 1년 여를 그곳에 있지 못하고 전전하
면서 항주·가홍·유주·진강·남경 등지에 은신해 있던 그는 동지들과
기맥을 통하고 있었다. 그후 그가 상해에 도착한 지 15년 만인 1933년 3월
9일 상해 중국인거리에서 인질범을 가장한 일경에 의해 체포되었다. 즉 일
제 경찰은 납치범을 가장하여 중국인 거주지역으로 잠입하여 3월 9일 5시
경 불법 체포하여 간 것이다.[81]

일제는 윤의사의 홍구공원에서의 의거로 인해 큰 충격을 받고 발악적인
수색작업을 하면서 항일투쟁을 간단없이 전개하던 춘산을 이 의거의 주동
배후인물로 지목하여 수단과 방법을 모두 동원하여 체포하기에 이른 것이
다. 이튿날인 3월 10일 영자신문 및 한문신보에 대서특필로 춘산의 피체사
실이 보도되자 각계에서 격분 항의하였고, 일본의 불법행위를 질책 성토하
였다.

일제 당국은 끝까지 이 사실을 부인하고 가짜로 꾸민 납치범 명의의 인
질 보상금을 요구한 편지 한 통을 춘산의 가택에 써놓아 인질범 소행으로
뒤집어 씌웠다. 이에 정말로 인질범의 소행으로 오인한 중국인 유지가 보
상금 모집운동을 전개한 일도 있었다.

당시 중국 상해에서 발행되던 『上海時報』에서는 1933년 4월 11일자로
이와 관련된 기사를 보도하였다. 이 기사 속에는 일제당국이 일본인 형사
山田과 加藤 2명에게 춘산이 상해 중국인거리에서 항일활동을 전개하고
있음을 감시 보고케 함을 알 수 있다. 즉 춘산은 밀정에 의하여 체포된 것
이었다. 혹 들려오는 것처럼 자수하거나 친일행동이 아니었음은 이 사실
보도를 통해서도 잘 알 수 있다. 따라서 중국측도 춘산의 납치범에 대한
엄중 처벌과 즉각 석방을 강력히 요청함으로써 외교문제로까지 비화하여
문제를 일으킬 것임을 시사하고 있었다.[82] 이에 대하여 일본측의 답사에서
는 춘산의 납치범인 2명이 성만 알고 이름이 빠져 있으므로 사실을 조사하
기 어렵다는 이유로 책임을 회피하고 있었다.[83]

---

80)「윤봉길피고인신문조서」제1차 ; 이현희, 앞의 『광복투쟁의 선구자』, 367~371쪽.
81) 김낙산, 앞의 책, 22쪽.
82) 『上海時報』民國 22년(1933) 4월 14일자.

이렇게 하여 중국으로 귀화한 춘산은 윤봉길 의사 의거 이후에 프랑스 조계 내와 주변 중소도시를 내왕하며 항일투쟁을 계속하여 오다가 일제의 밀정에 의한 미행보도에 의하여 중국인 거주지역인 華界 내에서 피체되어 본국으로 강제 압송된 것이다. 따라서 항간에 사실도 확인하지 않고 그가 상해 일본영사관에 자수하거나 내통했다는 등의 무책임한 모략은 사실무근이며 이는 그의 판결문이나 중국언론에 보도된 사실적 자료에 근거하여 확인할 수 있는 것이다.[84]

1920년대는 중국의 국적을 취득한 춘산이 체포되어 가자 李春山救營會 가 조직되어 오히려 중국인 중의 유력인사가 이를 맡아 염려하고 있었다.[85] 즉, 상해에 있는 중국 각계에서는 극도로 이 사실에 격분하여 상해 내의 20여 사회단체가 공동으로 발기하였던 것이다. 이에 정부를 격려하고 여론을 환기시켜 석방을 도모하였다. 또 그의 가족생활문제나 자녀교육문제 등의 일을 위해 그 전권을 춘산의 친우인 상해총상회회장인 王曉籟에 게 책임을 지워 회장으로 삼았다. 그 밖에도 오산, 정초오 등을 위원으로 하여 관민 각 방면에서 석방운동을 전개하였다.

그의 체포사건은 한중연합진영에 커다란 이변을 야기시켜 중일 간의 국제문제화가 되었다. 중국국적을 취득한 그를 국제관례상 일경이 중국인 거주지역에 침입하여 체포를 감행한 것은 주권침해라 하여 일본을 공격하였던 것이다. 중국 관헌도 일본에 항의하여 춘산의 인도를 요구하였으나 일본은 체포한 사실이 없다며 이를 부인하고 강력한 요구를 외면하였다.

그러나 일본은 이 사건이 중일 간의 국제문제로 될 것을 우려하여 춘산을 화물선으로 일본 長崎에 몰래 송환하고 끝내 체포 사실을 부인하였을 뿐만 아니라 한국에 그를 수감한 후 본인이 자기의사에 의해 귀순하였다

---

83) 위와 같음.

84) 안공근의 프랑스조계 당국에 보낸 진정서라는 것이 춘산을 모함하기 위한 악의에 찬 무책임한 중상과 비방 모략적인 내용인 것이다. 일제측 자료에 나오는 안공근 의 모함투서는 계속 연결되고 있다. 국회도서관, 『한국민족운동사료』 중국편, 778 쪽.

85) 김낙산, 앞의 책, 24쪽.

고 역선전하였다. 또한 일제는 이러한 모략을 임정에 보내어 항주에 피난
중이던 임정 판공처에서는 춘산이 정말로 자수한 것으로 오해하고 성원도
안 되는 임시국무회의를 열어 그를 파면 처분한 것이다.

이때는 임정이 피난 중인 기간이라 경황이 없어 사실의 진위를 판단치
못했다. 더욱 춘산을 잘 알고 있던 백범 석오 등이 결석한 가운데 이루어
진 것임을 살펴야 하며, 이로 인하여 그 동안의 춘산을 변절자로 오해하는
오류를 범했던 것임을 새삼 인식해야 할 것이다.

일경에 체포된 춘산은 일본 총영사관으로 극비리에 연행되어 1933년 4
월 1일 출발할 때까지 약 20여일 간을 온갖 고문을 받으면서 자수의 위협
을 받았다. 그러나 끝까지 일제의 회유에 불응하여 상해를 떠나 4월 5일
신의주 평북경찰부에 인도되었다. 그는 귀순이나 전향을 종용받았으나 이
를 끝내 뿌리쳐 3년의 징역형을 받게 된 것이다. 그 뒤 8월 8일 검찰국에
송치되어 신의주형무소에 수감되었다. 이어 10월 3일에 예심이 개시되어
10월 19일에는 예심종결이 있어 공판에 회부되었다. 12월 8일 공판이 개시
되어 12일에는 3년 징역형을 선고받았다. 따라서 10월 22일 확정판결되어
복역이 개시되었던 것이다. 춘산은 마침내 이 같은 경로에 따라 신의주형
무소에 입감되어 제1심만으로 확정판결을 받고 옥중생활을 시작하였다.[86]

(2) 수형과 만기출옥

1933년 3월 9일 중국인 거주지역에서 납치범을 가장한 일제의 밀정에
의해 체포된 춘산은 일본헌병대에서 비밀리에 가혹한 심문을 마치고 4월
초 상해를 출발하여 일본 長崎와 한국의 부산·서울을 경유하여 신의주소
재 평북경찰부에 압송되었다. 이어 동년 8월 검사국에 송치되어 신의주형
무소에 구치되어 있다가 10월에 예심종결과 12월에 징역 3년형의 확정판
결을 선고받고 복역하였으며 1936년 3월 말에 만기출옥하였다. 춘산은 4월
초 신의주 평안북도 경찰부에 밀송되었는데 8월에 가서야 검사국에 송치

---

86) 앞의 「이유필판결문」 참조.

3. 이유필의 독립투쟁 459

되었으니 이 동안 4개월의 공백기간이 남게 된다. 일제는 그동안 협박과 회유를 통해 귀순시킴이 투옥해서 응징하는 것보다 더욱 효과적이고 한국인에게 미칠 친일분자의 양산에도 크게 도움이 된다고 믿고 석방조치를 취하기로 정책적 방침을 마련하였다. 이는 동 5월 18일 헌병사령관이 일본 외무성 아시아국장에게 통고한 요지 속에서 증명되고 있다.[87] 그것은 춘산을 처벌하는 것보다는 이를 이용하여 다른 한국의 유력인사를 다수 전향 자수시켜 귀순케 함이 상책이라 여겨 그를 회유하고자 했었다.

그러나 춘산은 일제 당국의 어떤한 감언이설이나 위협에도 불구하고 민족적 양심으로 이를 완강하게 거부하며 형집행을 수용하여 독립운동자로서의 당당한 풍모를 잃지 않았다.

> 한국독립운동자 수괴 李裕弼의 석방
> 住所 上海 佛租界 霞飛路 寶康里 54호
> 한국독립당이사 재상해대한교민단정무위원장
> 李春山이라 칭하는 이유필
> 右者는 3월 9일 상해 남시에서 상해 파견헌병이 체포하여 심문한 결과 불경죄와 치안유지법 위반의 죄상이 명료하게 되어 3월 31일 상해총영사관에 사건을 송치하고 동관으로부터 4월 3일 평안북도 경찰부에 신병을 이송하였다. 이 때 동 경찰부에서 심문중이던 바 4월 25일 총독부 경무국과 협의한 뒤 4월 30일 엄중 훈계, 장래를 서약케 하고 석방하여 본적지로 귀환케 하였다.

라는 기록을 통하여 볼 수 있듯이 춘산의 회유성 석방에 관하여 상해주재 일본헌병당국은 매우 곤란한 상태였던 것으로 보인다. 재상해 동지와 연락한다면 국제적인 문제가 야기될 뿐만 아니라 이미 체포된 안창호를 치안유지법 위반으로 징역 4년을 선고한 선례가 있어 곤경을 겪다가 자수를 가

---

87) 국회도서관, 『한국민족운동사료』 중국편, 771～772쪽. 동자료(449호), 770쪽에 보면 이유필 체포에 관해 1933년 3월 8일 상해일본총영사가 일본외무대신에 보고한 내용을 찾아볼 수 있다. 즉 이유필은 당지 일본 헌병대가 체포하여 그곳에서 구속·심문중이라는 사실이다.

장한 석방조치를 취한 조선총독부 경무국에 그 이유를 질문하니 7가지의
이유를 열거한 바 있다. 그것은 춘산과 임정요인 간의 이간책동을 위한 의
도가 다분히 포함되어 있으며 임정요인의 위상을 손상시키자는 것이었다.
  일제측의 자료에서는 어떻게 해서든지 임정요인의 항일투쟁열의를 말살
희석하기 위해 혈안이 되어 있었으며, 그들의 친일분자 전향책동을 엿볼
수 있다. 그 내용을 보면 첫째,

  춘산은 개전의 정이 현저하고 시일죄상을 시인하여 심문경찰관의 심증
  이 양호하다. 따라서 당국은 본인을 처벌하는 것보다 차라리 석방하여 이
  를 이용하면 도리어 한국통치상 유리하다고 확인한다

는 것이다. 법학을 전공한 춘산이 체포된 이상 감형을 생각지 않을 수 없
었을 것이다. 일제는 이를 이용하여 '개전의 정'이 있는 것 같이 보이게 하
였다. 즉 처벌보다는 석방하여 회유함으로써 전향시키자는 의도임을 분명
히 알 수 있다. 그러니 항일투쟁 전력이 혁혁한 춘산이 전향한 것처럼 표
현하는 것은 사실과 다른 것이다. 둘째,

  본인은 김구 등과 같이 흉포한 행위가 없으므로 과형은 2년을 넘지 못
  하며 따라서 1년 이내에 가출옥할 것이 예상되므로 과형하는 것보다는 지
  금 석방하여 엄중 감시하는 것이 이후 처리에 유리하다

라는 것이다. 즉 석방하여 감시하는 것이 다른 독립운동자의 검거나 계보
를 파악하는 데 유리하다는 점을 계산한 고등 술책이었다. 셋째,

  평안북도 신의주에 약 1,500원의 자산을 가지고 있어 이번 귀환을 기회
  로 동지에 정착하여 생업에 종사하고자 하는 열망을 가지고 있었다. 따라
  서 과형하여 출옥 후 다시 활동케 하는 것보다는 차제 은전을 베풀어 그
  의 독립운동의 생명을 영구히 끊는다면 장래의 단속상 득책이라고 인정
  하였다.

라고 했듯이 춘산의 독립운동의 생명을 영구히 단절하자는 흉계가 잠재한 것이다. 넷째는,

사안의 성질상 재판의 공개는 면치 못할 바이고 그 결과 일반의 주지가 예상되고 특히 상해총영사관의 입장도 고려하여 법무 당국과도 협의한 후 본인에 대하여는 금후 절대로 해외에 가지 않을 것과 본인 또는 가족 등으로부터 일체 해외에 통신하지 않을 것을 조건으로 하여 기소를 보류한 실정이며 본인이 스스로 상해를 탈주했다고 하게 하였다. 목하 평안북도 의주 高一淸(자산 약20만원을 가진 동지의 유력자)에게 책임을 지고 떠맡게 하였다.

라는 것으로 이 항목은 매우 중요한 내용을 포함하고 있다. 춘산을 4개월 간 구류상태 속에 방치하면서 일제는 기소를 보류했다고 지적하고 있다. 특히 춘산 스스로가 상해를 탈주했다고 한 점은 춘산으로 하여금 자수케 하였다는 점을 효과로 들 수 있는 것이다. 이 점은 우선 그가 중국 국적을 취득하고 있으므로 중국측에서 체포에 관해 엄중 항의하자 춘산이 스스로 자수 또는 귀순하였다는 점을 들어 국제분쟁을 미연에 방지하자는 상투적 고등술책의 집행을 위한 것이다. 또한 임정 내에 이러한 사실무근의 역정보를 유입시켜 오인 격분케 함으로써 춘산을 임정으로부터 파면케 하거나 제명 처분케 하여 춘산으로 하여금 재기불능의 파렴치한 인생단절을 노린 것으로 보여진다. 다섯째,

본인에 대하여는 당지 경찰관을 붙여 엄중 감시케 하고 통신 등은 전부 검열하고 상해로의 통신이 필요할 경우에는 평안북도 고등과장이 대신 상해총영사관으로 통보하기로 한다

는 것이다. 이는 춘산을 일경으로 하여금 고향 거택에 그대로 유폐, 고립화 시키자는 의도인 것이다. 여섯째,

본인의 처 김경희는 본월 15일 경 귀환할 예정인데 귀환한 뒤는 다시

상해로 돌아오지 않도록 조치할 의도이다.

라고 하였으니 이는 춘산의 합부인까지도 신의주 고향에 함께 유폐 고립시킬 계획이었다.

춘산의 합부인 김경희(1889~1967)는 26세 때인 1914년 춘산과 결혼하고 1919년 부군을 따라 상해로 건너가 내조의 공을 쌓았다. 더욱이 그는 애국부인회를 결성하고 10여 년간 독자적인 독립운동을 계획하면서 부군인 춘산의 애국투쟁을 측면으로 지원한 바 있다. 춘산이 투옥되자 뒷바라지에 온 정성을 쏟다가 1967년 79세로 서거하였다. 일곱째,

조선총독부에서는 한국독립당 괴멸의 의도를 가지고 있으나 이상과 같이 단기과형 출옥 후 재차 활동케 하는 것보다는 차제 석방의 은전을 주어 본인과 같은 유력자의 독립운동의 생명을 영구히 단절함은 장래 재외 독립운동 단속상 득책이라고 인정한 데 연유한다

라는 항목을 통해 일제가 춘산의 항일투쟁 전력을 얼마나 두려워하고 있었나를 가늠할 수 있다.

그러나 춘산은 체포되어 압송당했음에도 이러한 결사적인 회유와 위협 속에도 굴하지 않고 이상의 7가지 이유에 의한 석방조치에도 완강히 불응, 저항하였으니 치안유지법 위반이란 죄목으로 보복적인 조치로 징역 3년형을 선고함으로 마침내 춘산은 투옥된 것이다.[88]

그는 1936년 3월 23일경 만기출옥하였는데, 이때 나이는 52세였다. 그는 염세하거나 돈세할 생각을 품고 있었던 것으로 보인다.[89] 혹자는 그의 투쟁경력으로 보아 형량 3년은 너무 가볍다고 주장하고 있으나[90] 당시 독립운동계의 거물인 안창호도 4년형을 선고받았다. 따라서 치안유지법 위반의 최고 형량을 고려하면 이러한 의문은 자연 해결된다.

---

88) 「이유필판결문」 참조.
89) 김낙산, 앞의 책, 27~28쪽.
90) 박영준(광복군 출신)의 주장. 이는 1991년 10월 19일 동국대에서 저자에게 증언함.

(3) 대동산업의 창업과 운영

1936년 3월 23일 춘산은 신의주형무소에서 3년 징역형을 선고받아 옥고를 치룬 뒤 만기출옥하였다. 당시의 언론보도에서도 이를 기사로 비중있게 실었다. 내용을 보면,

> 상해 독립운동의 거두 춘산 이유필씨는 소화 8년(1933) 봄에 상해총영사관 경찰에게 검거되어 동년 3월에 신의주지방법원에서 징역 3년의 구형을 받고 이래 신의주형무소에서 복역중이던 바 23일로서 만기 출옥하여 신의주 梅技町자택에서 정양 중에 있는 바 신체는 자못 건강하다고 한다.[91]

라는 것이었다.

만기출옥한 춘산은 평양, 강서, 경성(서울), 전주, 내외금강, 원산, 함흥, 부전고원 등지를 유력하였는데 내금강 如如院에 당도하여 노의가사와 석장를 지니기로 뜻을 결정하였으나 그의 친우들의 간절한 권유와 자녀의 교육을 고려하여 그 뜻을 거두었다.[92] 사실 춘산은 거주가 제한되어 있어 두문불출하였으나 틈틈이 조국강산을 애국적 탐구의 일환으로 은밀히 심방한 것으로 보인다.

이와 같이 춘산이 방황하고 당혹해 하면서 자기 갈등에 얽매여 있을 때 이를 지켜본 고향 유지가 생각다 못해 주식형식으로 출자하여 만든 회사가 순수 민족민간자본에 의해 설립된 대동산업주식회사였다. 그는 산업에 뜻을 두고 있으면서 각지를 시찰한 1937년 8월에 金基鴻 趙尙鈺 李亨權 등의 여러 고향 친우들과 협의하여 5만원의 자금으로 대동산업주식회사를 신의주 대안인 안동(현 단동)에 설립하여 처음에는 전무취체역(전무이사)에 피선되었고, 5년 후에 사장에 선출되었다. 안동은 남만주의 보고로서 양국 국경의 물자가 폭주하고 상인들이 운집하여 가히 산업발전을 할 땅이라 할 수 있고 또한 그가 하고자 한 사업이 날로 발전하여 신망이 쌓여 이

---

91) 『조선일보』 昭和 11년(1936) 3월 24일자.
92) 김낙산, 앞의 책, 28쪽 ; 『春山略史』, 16쪽.

전에 비해 크게 성취할 희망이 보였다.[93] 그는 독립운동 못지 않게 사업에
서도 수완을 발휘하여 신망이 매우 컸던 것으로 보인다.

이러한 민족기업운동은 그의 삼개주의 중 개로정신에 부합되는 실천운
동이라 말할 수 있겠다. 그는 상해 임정에서 내무총장으로 있을 때 삼개주
의를 제창하여 조국의 광복에 힘썼다. 춘산은 대동산업주식회사의 사장으
로서 민족기업육성에 기여하였다.

그는 대동산업주식회사를 설립하여 사장에 이르기까지 민족기업을 육성
해 갔는 바 이를 일제의 협력하에 이루어진 회사인 것 같이 여기고 있음은
크나 큰 오해인 것이다. 그는 이 회사를 설립한 지 5년 뒤에 사장에 선임되
었으나 1년 뒤 이 회사는 해체되고 말았다.[94] 대동산업은 대지주, 변호사,
정미소, 병원장, 목욕탕업자 등 20여 명의 출자로 이루어진 주식회사임을
吳景浩의 증언으로[95] 증명되고 있다. 이들 유지 20여 명이 합작으로 출자
하여 애국투사였던 춘산의 생계를 도왔고 민족기업육성에도 기여한 것이
다.[96]

(4) 조선건국동맹과 춘산의 참여

조선건국동맹은 1944년 8월 10일 서울에서 여운형 조동호 玄又玄 등 10
여 명이 조직한 국내에 있어서 최후의 항일투쟁단체로 여운형이 동 위원

---

93) 김낙산, 앞의 책, 29쪽.

94) 1937년 8월 신의주의 고향 친우들이 모여 생활형편이 어려운 춘산을 돕자는 여론
에 따라 김기홍 조상옥 이형권 등 약 20여 명의 제우들이 협의하고 공동출자하여
50만원을 모아 대동산업주식회사를 안동에 설립하였다. 이 회사의 사장에 김기홍
이 선임되었고 춘산은 전무직에 종사케 하였다. 5년 후 사장에 피선되었으나 그로
부터 1년 후 해체되고 말았다. 그간 일경의 감시와 탐색이 극심하여 오직 시세와
추이를 정관하고 있었다.

95) 1990년 5월 27일 자택에서 면담.

96) 대동산업주식회사의 설립을 위해 출자한 인사로는 김기홍 조상옥 이형권 이동관
이명화 獨孤烈 姜利璜 吳佑殷 崔允禎 金炳鍊 金虎贊 金東昊 등 20명으로 김기
홍은 주식 50% 이상을 소유한 초대사장이었다. 이들의 직업은 대지주, 변호사, 상
업, 증권회사 사장, 병원장 등 다양하였으나 대부분이 토지소유의 지주들이었다.

장에 추대되었다.[97] 위원장의 추천으로 李如星 金文甲 이만규 등 20여 명을 영입해서 상위지도부를 구성하고, 不名・不居・不文의 3不 맹세를 서로 다짐하였다. 이 항일회의체에는 항일투쟁을 계속해 왔던 지조와 참신한 인사를 영입하도록 규약까지도 써놓았던 것이다. 따라서 회사・학교・대중단체・농촌・공장 등에 이르기까지 그의 하부조직을 설치 운영해 왔던 것이다.[98]

동년 10월 경에는 부서와 강령을 기초 결정하였다. 내무・외무・재무의 3개 부서였다. 기초발기위원회의 한 사람인 유정 조동호는 현우현과 함께 내무부에 속해 있었다. 건국동맹은 매주 토요일에 서울 경운동 삼광의원(현우현의 자택)에서 비밀리에 모임을 갖고 이를 전국적인 규모로 확산 보급시키기 위하여 각도 대표의 책임위원을 선임하였다.

이때 조동호는 상해 임정(1919~1945) 때 존경하던 선배 중의 한 분인 이유필이 향리에서 3년 징역형을 선고받고 복역 후 가택에 주거제한을 받고 있다는 소식을 듣고 이내 춘산을 평북책임위원으로 추대하여 함께 항일투쟁을 전개하도록 권유하였던 것이다.[99] 조동호는 1923년 이래 상해에서 헤어져 생사를 확인할 수 없었던 춘산을 수소문하여 그의 소재를 파악하였다. 신의주 고향집에 주거제한 속에 칩거해 있다는 사실을 알아차린 뒤 유정은 사람을 시켜 건국동맹의 취지를 알리고 평북책임위원으로의 취임을 권유, 마침내 쾌락을 얻게 된 것이다.[100] 그때가 1944년 11월 경으로 8・15광복을 9개월 앞둔 시기였다. 춘산은 항일투쟁열의 신념이 이처럼 지속적으로 강렬했었다는 것을 극명하게 인식해야 한다.

5) 임정 지킨 조타수

춘산은 이미 1919년 3・1혁명 전에도 경향 각지를 왕래하면서 교육 결

---

97) 이만규, 『여운형투쟁사』, 총문각, 1946, 160~180쪽.
98) 이현희, 앞의 『조동호항일투쟁사』, 290쪽.
99) 위의 책, 291쪽.
100) 위의 책, 292쪽.

사항쟁을 통하여 민족독립운동의 실체와 사명감을 느끼고 있었다. 그는 법률을 전공할 때까지 서당식 교육을 통해 전통사회의 낙후성을 인식하고 근대사회로의 이행만이 나라의 발전을 기약할 수 있다고 믿었다. 그가 법률학을 전공으로 택한 이유도 그 본의가 무엇인지를 웅변으로 알려주는 사실인 것이다. 춘산은 성장기에 국권회복을 위해 신명을 바치다가 섬으로 유배된 일도 있었다. 남보다 고독이나 시련을 극복하는 신념과 능력이 잠재해 있었던 춘산으로서는 조국의 완전 자주독립만이 번영과 세계화로의 첩경이라고 믿었다. 그의 세계사적인 안목이나 시각은 훨씬 거시적이고 진취적이었다.

3·1혁명이 국내에서 일어나자 그는 이내 중국 상해로 망명의 길을 재촉하였다. 법적으로 보호를 받을 수 있는 국제도시 상해에서는 항일투쟁의 행동반경이 훨씬 용이하고 활달성을 발휘할 수 있다고 믿고 있었기 때문이다. 1919년 5월 상해에 도착한 그는 이동녕 안창호 김구 등의 도움을 받아 임정 요인으로 합류하고 광복정책을 펴나가게 되었다. 아울러 신한청년당에 가입하고 한국노병회와 한중호조사 등을 조직하였다. 임정의 국무위원(내무총장 등)으로서 춘산은 거류민의 조직과 지도, 임정의 직할 정규교육기관인 인성학교를 맡아 광복투쟁에 전념하게 되었다. 그는 서북인이었으나 지역감정 타파로 인적 교류에 솔선 수범함 바 있다. 그리하여 東三省 일대에 산재한 무장독립운동 단체의 책임자를 방문하고 임정으로의 복귀 합류를 적극 권유하여 크게 성과를 거두기도 하였다.

임정은 以黨治國이라는 중국식 국가운영에 착안하여 임정의 유일한 여당격으로 한국독립당을 조직 운영하였다. 총무이사로서 그의 위치와 비중은 매우 컸다. 선배 동지를 결속시켜 좌우익의 대립이나 지역적 감정을 정리 귀일시키는 데도 남다른 능력과 수완을 보였다.

임정 27년사 중 그 제1기에 해당되는 상해시대(1919~1932) 14년간은 임정이 기반을 잡고 광복정책을 과감히 펴나가던 시대였다. 그러나 때로는 공산계와 반대파의 비협조, 갈등, 마찰이 일어나 활발한 광복운동을 펴나가기에 애로가 많았다. 따라서 이동녕 김구 등은 炸彈투쟁(의열투쟁)을 결행하기로 해서 이봉창이나 윤봉길 같은 의사로 하여금 내외에서 무장투쟁을 전개케 하였다. 마침 1932년 4월 29일 윤의사의 홍구공원 의거가 성공하자 임정의 기반이었던 프랑스조계에 더 이상 체류할 수가 없었다. 춘산 가택에도 수색 소동이 일어나 마침 그 집을 방문한 안창호가 체포되어 국내로 압송되었다. 춘산은 1920년 초 중국 국적을 취득하여 1932년 4·29의거 이후 1년여 동안 중국인가로 활동무대를 옮겨 11월 한국대일전선통일동맹 등을 조직하고 계속 활동하였다. 그러나 윤의사의 배후인물로 지목된 춘산은 납치범을 가장한 일본경찰에 체포되어 국내로 압송, 3년 징역형을 선고받고 만기복역으로 시련과 고통을 감내치 않을 수 없었다.

그는 만기 출옥한 1936년부터 1945년까지 9년 동안 주거의 제한을 받는 속에서 고향 동지의 도움으로 생계를 위해 안동시내에 한때 대동산업주식회사를 맡아 운영했었다. 그러나 민족자본으로 인한 경영난으로 더 이상 오래 지탱하지 못했다. 그는 이즈음인 1944년 여운형 조동호 등이 은밀히 조직한 조선건국동맹의 평안북도 책임자로 위촉받아 최후의 항일투쟁을 지속적으로 추진하다가 8·15 민족의 광복을 맞았다.

백범 등 임정 동지를 만나기 위해 남하하던 중 급서하는 아쉬움을 남겨 애국 60 평생을 종결지었다. 귀순이나 변절설은 전혀 사리에 합당치 않다는 점을 거듭 각종 최신 자료(春山小史, 判決文, 呂運亨鬪爭史)에 의거 분명하고도 정확히 단언해 두는 바이다.

만일 그가 일제에 귀순하거나 내통하였다면 어떻게 최고징역형인 3년간을 만기 복역할 수 있었겠으며 항일투쟁으로 일관한 건국동맹의 평북책임자로 위촉 활동할 수 있었을까 하는 의구심이 앞서기 때문에 거듭 이 문제는 명확한 학술적인 연구결과임을 밝혀둔다. 더이상 허황된 소문만을 굳게 믿고 춘산의 변절을 주장하려는 무책임한 발언은 즉각 중단, 애국자의 원형대로 존숭해야 한다. 아울러 독립기념관의 임시정부실에도 밀납인형으로 다른 임정 요인과 같이 나란히 모셔져야 된다. 그는 1945년 11월 청단에서 남하중 별세하였다.

4. 조소앙의 광복투쟁

1) 삼균사상을 통한 구국일념

趙素昻(1887~1959)은 趙鏞殷이 본명으로 대한민국임시정부 27년 동안을 한결같이 그의 정통성을 지키면서 혁명동지와 같이 나라를 회복하는 독립운동에 시종 투신했다. 그는 三均思想의 실현을 통해 독립제단에 몸 바친 사색하는 문필 혁명투쟁가이다.[1]

1910년 우리나라가 일본에 강점 당하였을 때 조소앙은 24세의 청년이었다. 그는 그 전후시기에 독립운동을 전개하다가 일경에 체포되어 구속당하면서도 일본에서 한국인 유학생 친목회를 만들고 독립운동의 기반을 닦았던 개화지식인이기도 하였다. 그 뒤 잠시 국내로 들어와 교직에 있다가 상해로 망명하여 박달학원을 운영 교수하는 등 청년교육을 통한 인재육성·자금조달 등 독립기반 조성에 힘썼다.

이후 그는 유수한 중국 혁명지사들과 손잡고 대동당 같은 아시아 반일항쟁 단체를 조직 활동하기 시작하였다. 또 국제적인 안목도 넓었던 그는 1917년 한국독립 문제를 세계 여론을 통해서 환기시켜 광복을 달성하고자 만국평화회의나 국제사회당대회 등 각종 국제회의에 우리나라의 독립문제를 의제로 채택시키기 위하여 외교적 노력을 경주하였다. 일찍이 세계화에 기여한 것이다. 그리고 1919년 2월초 동삼성 길림성 내에서 '대한독립선언서'를 직접 기초하여 이동녕 김교헌 여준 박찬익 등 39명과 함께 공동 명의로 인쇄 내외에 살포하여 독립운동을 민중 참여의 대중운동으로 확산시

---

1) 이현희, 『우리나라 근대인물사』, 새문사, 1994, 463쪽.

키면서 3·1독립선언서에 앞서 일제의 만행을 폭로 규탄하였다. 이 점은 세계 여론조성에 선도적 임무였다.

이러한 활동을 기반으로 조소앙은 3·1혁명 직후 상해에 임정이 수립되자 그 산파역으로 참여하였다. 그는 임정의 정통성을 마련한 임시헌법을 기초(수초)하는 실무를 맡아 이시영 남형우 신익희 한기악 등 율사와 같이 임정이 민주공화정으로 탄생하는 데 중요한 임무를 수행하였다. 이후 그는 임정의 외무부장으로서 임정의 승인과 독립운동에 대한 중국 및 연합국의 구체적 지원을 얻기 위해 정열적이고 학구적인 외교활동을 전개하였다. 카이로·포츠담 선언에서 독립을 보장받은 것은 크나큰 실적이었다.

특히, 그의 삼균주의에 입각한 건국이념은 단군의 홍익인간 정신에서 출발하여 대한민국건국강령으로 구체화되었고 임정의 복국과 광복 후의 건국 계획에 대한 좌표를 제시해 주었다.

이에 본고에서는 임정의 수립과 함께 혁명적 독립사상을 외교적 능력과 절충시키면서 독립과 건국을 위해 활동한 조소앙의 광범위한 광복정책의 약여한 면모를 살펴보고자 한다.

2) 항일의식의 형성

1887년 경기도 교하군(현 파주군)에서 출생한 조소앙은 시대적으로 국운이 기울어가는 정세에 예민한 관심을 보이며 성장하였다.[2] 1902년 성균관에 입학한 그는 이곳에서 신채호와 알게 되었고, 1904년 이를 수료한 뒤 황실유학생으로 선발되어 도쿄 제일중학교에 입학하였다. 그후 明治대학 법학과를 졸업할 때까지 8년여 동안 유학생활을 한 그는 이 시기 한국이 일제에게 불법적인 을사조약으로부터 본격화된 침탈과정을 목격하였다. 마침내 망국의 처지에 직면하게 되자 그는 바로 그 대책의 일환으로 유학생활을 했고 국제적인 변화를 맞게 되었다.

---

2) 삼균학회, 『素昻先生文集』 下, 1979, 연보.

그는 학교에서 외국어(일본어, 영어)와 법률을 배우는 외에도 손문 고리
키 강유위 양계초 다윈 등 동·서양에 걸친 저명인사의 철학·역사·종교
를 연구하고, 기독교에 입교하여 민족주의 사상을 국제적인 사상과 비교하
여 체계화시켜 나갔다.

또한 재일본 유학생의 조직인 共修학회·大韓興學會 등에서 활동하면
서 이때 함께 유학생활을 하던 안재홍 송진우 김성수 조만식 등과 서로 교
분을 갖게 되었다. 그리고 1905년 당시 도쿄에는 중국인 유학생들과 동맹
회를 결성하는 등 활동이 두드러졌는데, 조소앙은 이들 중 戴季陶 등 혁명
파 인사와 교류하면서 한중 양민족이 처한 공동관심사의 문제와 연대의식
에 관하여 논하기도 하였다. 임정 시절 그의 한중 유대강화는 이때 그 기
반이 잡혀진 것이다.

한편 그는 유학시절 조국이 일제에게 강탈당한 형세를 극복하기 위한
항일운동의 발판을 마련하고자 중국으로의 망명을 시도했으나 실패, 체포
되었다. 그 뒤 귀국한 다음해인 1913년 다시 상해로 망명하였다. 이곳에서
그는 친분이 있었던 중국혁명지사 대계도를 비롯하여 黃覺, 陳果夫 등과
신아동제사·反日大同黨을 결성, 이후 중국에서의 항일운동을 위한 기반
을 마련하였다. 그해 이러한 경험을 바탕으로 신규식 박은식 홍명희 등과
동제사를 개조하고 박달학원을 함께 운영 교육하면서 청년혁명가를 육성
하였다.[3]

이듬해인 1915년 그는 국내외 동포의 대동단결과 민족의 종교적 단합을
목적으로 六聖敎라는 구국종교를 제창하였다. 이것은 단군의 독립사상, 석
가의 慈悲濟衆, 공자의 忠恕一貫, 소크라테스의 知德合致, 예수 그리스도
의 愛人如己, 마호메트의 信行必勇을 연결시켜 6명의 성인사상을 한 가지
로 일체화시키고자 한 것이다. 즉, 이는 그의 민족단결을 위한 기본사상이
었던 셈이다.[4]

이와 같은 사상이 밑바탕이 되어 그는 신채호 박은식 등과 한국의 독립

---

3) 靑柳純一, 「趙素昻의 抗日獨立運動과 三均主義」, 『三均主義硏究論集』 14, 삼균
   학회, 1994. 2, 8~9쪽, 「조소앙의 이력서」 참조.
4) 국가보훈처, 『독립유공자공훈록』 8.

을 주장하는 대동단결선언을 작성하여 국내외 각계 인사에게 발송하였는데, 이 선언문은 주권재민론과 대동사상에 기초한 선구적인 독립선언이었다. 그 강령에서 독립과 평등은 성스러운 권리임을 주장하면서 해외 각지에 현존하는 단체는 대소를 막론하고 규합 통일하여 유일무이한 최고기관을 조직하자고 제청하였다. 또한 헌법을 제정하여 민정에 부합된 법치를 실행할 것과 국민적 외교의 실행을 주장함으로써 민주주의 사상을 피력하였다. 이는 그가 임정에 참여하여 민주주의에 기초한 공화제에 입각한 헌법의 초안을 만드는 기반이 되었다.5)

이어 1919년 2월초 그는 동삼성(만주)으로 가 그곳에서 활동하던 여준 김좌진 박찬익 등과 함께 대한독립선언서를 작성 선포하였다. 이에는 김교헌 신규식 이동녕 안창호 이승만 이시영 등 독립운동가 39인이 공동 서명하였다.6) 이 선언은 일제의 포악함과 인류평화에 미치는 위험성을 신랄하게 비판하였고, 자주독립의 민주국가건설을 역설 주장하였다. 또 한국독립의 정당성과 필연성을 강조하여 항일무장투쟁의 의의를 역설 주장하였다.7) 특히 이 선언서에는 조소앙의 삼균주의가 나타나고 있는데, 이후 그가 임정에 참여 활동하면서 이 삼균주의가 건국강령의 기본이념으로 발전 채택되기에 이른다. 1919년 2월에는 신규식의 밀명으로 일본 도쿄에 파견되어 유학생들과 접촉하면서 2·8독립선언의 계기를 조성, 그들의 독립운동을 지도하였다.8)

이와 같은 조소앙의 초기항일운동은 그의 임정참여와 한국 민족운동의 이념 즉 삼균주의를 체계화시키는 바탕이 되었다.

3) 임정에의 참여와 활동

1919년 3·1혁명 이후 중국 상해에서 임정이 수립될 때 율사인 조소앙

---

5) 삼균학회 편, 「大同團結宣言」, 『조소앙선생탄생백년기념추모제전』, 1987.
6) 洪善憙, 『趙素昻의 三均主義硏究』, 한길사, 1982, 23쪽.
7) 조항래, 「戊午大韓獨立宣言의 經緯와 意識」, 『삼균주의연구논집』 11집, 1990, 9.
8) 이현희, 『대한민국임시정부사』, 집문당, 1982, 61쪽.

은 처음부터 주도적으로 참여하여 임시헌장과 임시의정원법의 기초위원으로서 실무작업을 담당하였다.9) 서구 민주주의 이념을 기본으로 프랑스식 헌법을 기초한 그는 초대 임시의정원 의원으로 선출되었고, 제1회 임시의정원이 1919년 4월 10일 중국 상해 金神父路에 있던 현순의 임시가택에서 개회되었을 때 이승만을 국무총리에 선임했고, 자신은 비서장에 선임되었다.

이보다 앞서 그해 4월 10일 국내 서울에서도 임정형태로 조선민국임시정부가 수립되었는데 정도령에 손병희, 부도령에 이승만이 선출되어 내각을 구성하였을 때 그는 交通務卿에 임명되기도 하였다.

이해 4월 상해 임정에서 국내의 독립운동 정보와 군자금 모집 및 송금, 임시정부의 선전과 독립사상의 고취를 위하여 대한민국청년외교단을 조직하게 되자, 그는 외교특파원으로 임명되어 각지에 파견, 활동하였다. 그리고 그해 6월 10일경에는 만국평화회의에 출석하기 위해 파리에 도착하여 임정의 전권대사로 파견된 김규식과 합류하여 한국의 독립승인 및 국제연맹에의 가맹을 요구하는 등의 외교활동을 전개하였다. 또한 8월에는 스위스에서 개최되는 국제사회당대회 준비위원회에 참석하여 임정의 수립을 보고하였다. 이 때 그 대회의 집행위원회에서 '한국의 독립을 승인한다'라는 외교적 성과를 얻어내기도 하였다.

이후 런던 파리 등 6, 7개국에서 외교활동에 전력하다가 1921년 5월 북경을 거쳐 이듬해 1월 상해로 다시 돌아와 6월 26일에 개최된 임정 임시의정원에서 경기도 의원으로 선출되었다.

1922년 6월 외무총장에 취임한 그는 중국 국민당 정부와의 원조와 한중공동전선의 모색에 힘썼다. 그후 1927년 국내에서 신간회가 성립되자 이에 호응하여 11월 상해에서 한국유일독립당촉진회 연합회를 결성, 그 상임위원으로 선출되었다. 이는 임정 성립 후 처음으로 시도된 민족세력 통합운동이었으나, 좌우익의 대립 심화로 민족유일대당은 결성하지 못하고 1930

---

9) 손세일, 「대한민국임시정부의 정치지도체계」, 『한국근대사론』 II, 지식산업사, 1977, 275쪽.

년 1월 이동녕 김구 이시영 등의 임정 요인을 포함한 28명과 함께 상해 한국독립당을 창당하였다(1929년설도 있다).

이때 그가 당의 당강을 작성하였는데 여기에 그의 삼균사상이 공식 반영되었다. 즉 당의에서는 "국토와 주권을 완전히 광복해서 정치, 경제, 교육의 균등을 기초로 한 민주국가를 건설하여 국민 각개의 균등생활을 확보하고, 밖으로는 민족과 민족, 국가와 국가의 평등을 실현하고, 나아가 세계일가의 진로로 향한다"라고 하였다. 당강에서는 보통선거를 통한 참정권과 기본권 보장, 토지 및 생산기관의 국유화로 생활의 평등화, 국비의무교육에 의한 교육권의 평등화, 민족자결과 국제평등, 세계일가의 조성 등을 주장하고 있다.10)

이는 이후 임정의 정책에 그대로 수용되어질 뿐만 아니라 상해 한국독립당의 맥을 잇는 재건한국독립당, 한국국민당, 통합한국국민당은 물론 중경에 이른 임시정부의 민족통합전선을 형성하는 데까지 이어서 그 기반이 되었다. 그 결과 1941년 대한민국건국강령의 중심사상으로 반영되었다.11)

1930년대 들어 일제의 대륙침략이 본격화되는 가운데 임정은 이봉창, 윤봉길 의사 의거 이후 14년간의 상해시대를 마감하고 조소앙 등의 주도하에 1932년 5월 이래 항주 등지로 옮겨 다니는 8년간의 이동시대(1932∼1940)를 겪다가 1940년 9월 중국 정부의 전시 수도였던 중경에 정착하면서 새로운 체계의 정부활동을 가동하였다. 이동시대 중에도 민족연합전선 형성에 전력하였던 조소앙은 1940년 10월 임정의 제4차 개헌을 통해 수립된 김구 주석체제하에서 외무부장으로 선출되었다. 또 그는 임정 내부에 선전위원회를 구성하여 주임이 된 뒤 내외에 대한 선전활동에 힘을 쏟았다.12) 그러한 구체적인 활동의 하나가 한중문화협회의 활동이었다. 이는 비정부적인 차원이지만 구성인원의 대부분이 중국 정부의 중요 유력인사들이었다. 따라서 한중 공동문제에 대한 폭넓은 상호교류가 이루어졌다.13) 그는

10) 한시준, 「상해한국독립당의 연구」, 『삼균주의연구논집』 12집, 1992. 2, 215쪽.
11) 위의 논문, 237쪽.
12) 이현희, 앞의 책, 514∼519쪽.
13) 김학준 편, 『혁명가들의 항일회상』, 민음사, 1988, 114쪽.

이 협회에서 김규식과 함께 부회장직을 수행하였고 회장은 손문의 아들로 입법원장인 孫科가 맡았다. 손과는 『申江日報』를 경영하였다.

그러나 무엇보다도 임정에서의 조소앙의 활약이 두드러지는 것은 중·미·영 등의 연합국을 상대로 한 외교활동이다. 한국 독립운동에의 물질적 지원과 임정승인 획득을 위해 중국정부에는 보다 구체적인 지지를 요구하는 한편, 미·영 등 연합국에 대해서는 광복 이후 임정의 정통성 확립과 신민주국가 건설의 바탕을 마련하기 위하여 임정 승인을 끈질기게 요구하였다. 그는 일제의 패전이 막바지에 다른 1945년 3월 한국의 독립과 임정의 정식승인, 일제의 침략행위에 대한 엄정한 처리 등을 요구하기 위해 샌프란시스코에서 개최되는 국제회의에의 참가를 요구하였으나[14] 미국의 비자를 얻지 못하고 말았다.

결국 그가 의도한 대로의 외교적 성과는 얻지 못하였지만 임정에 참여한 이후 줄곧 외무부장 등 외교관계를 전담하여 그는 뛰어난 외교적 능력을 발휘하였다. 그리하여 안으로 민족세력의 통합을 모색함은 물론 밖으로 중국 및 우호적인 서구 연합국에 대하여 한국의 독립문제와 임정의 존재를 일깨우는 등 외교적 성과에 큰 몫을 해냈다.

4) 임정 27년사를 이끈 문필혁명가

조소앙은 직접 발로 뛰는 외교혁명가인 동시에 일찍이 일본유학 등에서 쌓은 지적인 능력과 예리한 판단, 그리고 정확한 정세분석 등을 통해 수많은 성과를 내놓았다. 따라서 그는 자신의 독립사상을 바탕으로 임정의 국제적 위치를 견고히 해준 문필혁명가이기도 하였다.

그는 메이지대학 법학과 재학시 『대한흥학보』에 4편의 에세이를 발표하여 본격적인 집필활동을 시작하였고[15] 그의 구국적 사상체계는 이후 말보

---

14) 홍선희, 앞의 책, 30쪽.
15) 삼균학회 편, 『조소앙선생약전』, 1988년 참조.

다 글을 통해 체계적 이론으로써 구상 실천되어 갔다.

그는 1922년『발해경』을 집필한 이후『한국문원』,『김상옥열사전』,『소앙집』상·하,『유방집』,『화랑열전』,『이순신거북선연구』,『대성원효전』등을 10여 년간에 걸쳐 저술하였다. 이들은 모두 우리 민족의 역사와 문화에 관한 것으로, 민족문화의 독창성과 우수성을 강조하여 독립정신을 고취시키고 민족의 대동단결을 호소한 것이었다. 또한 그는 시사물도 발간하여 그것을 통해 자신의 사상을 피력하였다. 1924년『사어해주간』을 창간하였고, 1934년 항주에서『震光』을 국한문 2가지로 발간하였는데 이에서는 혁명단체의 연합과 대당조직에 관해서 논하였다. 즉 "한국독립운동에 있어서도 어떤 주의, 어떤 당파를 막론하고 결정적 공통적인 혁명 대상은 일본제국주의이며, 그것을 타도하지 않으면 자주적인 自黨派의 혁명목적을 성취할 수 없다"라고 강조하였다.16) 그리고 대당이 조직되지 않는 것은 일정하고 공통적인 주의 정책이 없으며 중심적 세력과 인물이 없기 때문이라고 지적하였다. 그리고 1930년『韓報』를 국문으로,『韓報時刊』은 중문으로 발간하여 사설과 특간사 등을 집필하였다. 더욱 그는 1941년 임정의『광복』지를 창간하였다.

그의 이러한 혁명적 문필활동은 많은 논문과 논설, 선언문의 작성을 통해서도 이루어졌다. 그는 1930년『한국현상과 그 혁명추세』를 탈고하여 처음으로 삼균주의 이론을 발표하였다. 이어『동삼성한교문제』,『한국독립당의 근상』등을 집필하였다. 그리고 임정의 기관지인『독립신문』에「3·1절 독립신화」,「독립당과 공산당의 전도」,「독립당과 계급성」등을 기고, 발표하였고,『상해주간』특간호에서는 한중동맹론을 제창하였다. 또『독립평론』창간호에는「3·1절과 한국독립당의 임무」, 2, 3호에서는 한국독립당 선전부장의 명의로「한국독립당 당의연구방법」등을 발표하였다. 그는 여기서 '3·1혁명론'을 강조하였다. 특히 그는 많은 선언문이나 성명 등을 피력하였는데 그것은 개인의 명의 또는 임정 외무부장 등의 입장에서 발표되었다.

---

16)「革命團體聯合問題」,『震光』제1호, 1943, 1.

1931년 그는 삼균주의 이론체계를 정립하여 임정의 대외선언을 기초하여 임정 명의로 중국 남경국민회의에 제출하였다. 이해(1931)에 만보산 사건과 관련된 국내 동포의 화교보복에 대하여 한국독립당 명의로 「대한국내화교선언」을 발표하였다. 일본의 동삼성침략에 대해서는 「대일본점거동성치함중국당국」, 「통전중국각계」, 「통전중국선포일본죄악」, 「경고중국각계서」 등을 발표하였다.17) 이듬해(1932)에는 「대이봉창저격일황사건」을 발표하고 있다.

그가 임정의 이름으로 발표한 글들은 대략 다음과 같다. 즉 「윤의사 홍구폭탄에 대한 선언」(1934), 「3·1절 제16주년 기념선언」(1935), 「박장군 순국 30주년 기념선언」(1936), 「韓亡 26주년 통언」(1936), 「국치 27주년 기념선언」(1937), 「對中日戰局선언」(1937), 「경고중국동포서」(1940.3.1), 「루즈벨트·처어칠 선언에 대한 성명서」(1941), 「국치 제31주년 기념선언」(1941), 「告국내동포서」(1942)18) 등 일련의 시국 선언문을 발표하였다. 이러한 그의 왕성한 문필활동은 임정 법통성의 이론적 체계를 확립하는 데 크게 공헌하였다. 이에 따라 개인의 구국의지뿐만 아니라 임정의 대외적인 이미지 구축에 있어 커다란 외교적 성과를 거둘 수 있었다.

5) 素昻의 사회민주사상과 건국이념

조소앙의 사회민주사상과 건국이념은 삼균주의에 입각한 것으로 그것은 '대한민국건국강령'을 통해 구체적이고 본질적으로 확립되었다. 1940년 9월 기강으로부터 중경에 정착한 임정은 급변하는 국제정세에 대응할 수 있는 정부체제를 모색하는 한편 광복 후 건국할 국가에 대한 구체적인 비전으로서 실천강령을 제정하였다. 이것이 '대한민국건국강령'이다. 이는 1930년부터 임정의 기본이념으로 채택되어온 조소앙의 삼균주의를 바탕으

---

17) 『소앙선생문집』 上·下 참조.
18) 앞의 『조소앙문집』 上, 148~153쪽.

로 건국목표와 임시정부에 의한 광복 후의 전체적인 건국구상이 명시되어 있다.

이 강령은 제1장 총강, 제2장 복국, 제3장 건국의 총3장 24개조로 구성되어 있다. 그 제1장 총강에는 우리 민족국가의 역사적 배경과 임시정부의 정통성을 표명하고 있다. 단군의 홍익인간과 이화세계의 이념이 담겨 있으며, 정치·경제·교육의 균등을 구현하는 삼균제도를 건국의 기본이념으로 삼을 것을 규정하고 있다. 이어 제2장 복국에는 상실한 주권을 회복하기 위한 독립운동 방략을 모색하고 있다. 광복운동자 전체가 주권을 대행하며, 임정의 국무위원회가 임시헌법에 의거하여 복국에 관한 업무를 집행할 것을 규정하였다. 또 전민족적 역량을 동원하여 국제적 협력을 얻어 일제를 분쇄하고 건국을 준비할 것을 제시하였다. 제3장 건국에는 적(일제)의 모든 통치기구가 박멸되고 정부가 수립되면 보통선거를 실시하고 토지와 대생산기관의 국유화를 이룩하며 고등기초교육까지의 의무교육을 실시하는 등 삼균주의의 결실을 거두기까지의 건국계획을 밝히고 있다.[19]

그러나 이 강령은 임시의정원의 결의를 거치지 않고 국무위원회의 결의만으로 공포되었다는 비난이 일부 의정원 의원들에 의하여 제기되었다. 또한 토지국유나 대생산기관의 국유화 등에 대한 반대 의견도 있었다.[20] 그러나 이 건국강령은 어느 외부사상을 모방하거나 변용한 것이 아닌 우리 민족의 역사적 정통사상과 배경을 근거로 자유주의와 사회주의를 평등한 입장에서 모두 수용하여 완전한 민족연합전선에 의한 투쟁론을 전개하였다. 결국 이는 광복 후의 국가건설을 세계평화에까지 연결시켜 한민족의 자유민주국가로 향한 방향을 제시해 주었다고 하겠다.[21] 이에 이러한 이념이 바탕이 되어 중경의 임정은 김원봉 등 사회주의 세력을 끌어안아 대연합통일전선을 이룩하여 좌우익의 거국내각을 구성할 수 있었다.

조소앙의 삼균주의에 입각한 건국이념은 무엇보다도 동서양의 사상을 포용한 민족주의에 바탕을 둔 것이며 그것을 통해 자유민주적이고 독립적

---

19) 조일문, 「조소앙의 삼균주의」, 『한국민족운동사연구논총』, 1988, 201~202쪽.

20) 국회도서관, 『대한민국임시정부의정원문서』, 1974, 294~339쪽 참조.

21) 김용신, 「조소앙 삼균주의의 역사적 위치」, 『史叢』 23, 고대사학회, 1979, 90쪽.

인 한민족의 미래를 설정한 것이었다. 또한 완전한 균등사회를 지향한 혁
명적 이념으로서 그의 삼균주의는 모든 차별 구조를 극복하여 정치·경
제·교육의 권리를 균등하게 향유함은 물론 사람과 사람, 민족과 민족, 국
가와 국가 사이의 균등한 인식과 실천을 통하여 전체 인류가 평화롭고 고
루 잘 살 수 있는 세계일가의 형성을 기대한 정치철학이며 균등사상이었
다.[22]

이와 같은 민주적, 진보적 건국이념이 태평양전쟁 이전에 이미 건국강령
을 통해 정부에 반영되어 임정의 건국계획을 정립시켰다는 것은 커다란
역사적 의미가 있는 것으로, 광복 후 제정된 대한민국 헌법전문에 "정치·
경제·사회·문화의 모든 영역에 있어서 개인의 기회를 균등히 하고……"
라고 선언함으로써 우리는 지금 그 정신을 계승하고 있는 것이다.

조소앙의 건국이념은 삼균주의를 통해 한국의 민족독립을 완성한 후 최
종적으로는 세계적인 민족국가를 구상한 것이었다. 따라서 균등을 바탕으
로 사회민주사상을 포용한 그의 건국 구상은 대한민국임시정부의 외교적
실무를 수행하는 과정 속에서 터득한 세계적이고 보다 폭넓은 안목에 의
해 구상되었던 것이었다.

6) 임정을 이끈 법통성의 몸체

무엇보다도 조소앙의 나라 사랑과 그 업적은 임정을 조직하고 인도하는
데 주도적으로 참여한 사실이다. 그는 임시헌법과 임시의정원의 조직법을
만들면서 대한민국임시정부의 산파역을 충실히 담당하였다. 또한 그는 임
정의 여러 총장과 외무부장으로서 임정의 외교적 임무를 능력껏 수행해
나갔다.

일찍이 파리강화회의에 있어 일·영·미 등 제국주의 세력의 방해로 독
립 승인이 실패하자 국제적인 제2 인터내셔날 및 영국 노동당 등의 승인을

---

22) 조일문, 앞의 논문, 222~223쪽.

비롯하여 끊임없는 노력으로 카이로선언, 포츠담선언, 얄타회담, 테헤란회담 등에서 미흡하나마 한국의 독립문제가 문자로 보장되고 재확인된 것은 그의 노력의 성과이기도 하였다.

1919년 8월 그는 한국문제의 국제적 관심 집중을 의도하고 국제연맹에 임정 수립을 보고함과 동시에 네덜란드에서 개최된 제2회 국제사회당 집행위원회에 참석하여 한국 승인문제의 실행요구안을 제출하면서 열변을 토하였다. 그의 논리 정연한 연설로 인해 이 요구안이 통과된 것은 그의 공로 중에 큰 업적이라 하겠다.

그는 외교임무를 수행하는 정치가이기도 했지만 사색 연구 비판하고 집필하는 학자의 면모도 강하게 풍기고 있었다. 바쁜 중에도『김상옥열사전』등 100여 편 이상의 논문과 저서를 남겼다. 이러한 창조적인 연구작업이 바로 1920년대 후반 삼균주의를 창안해 낼 수 있었던 사상적 바탕이 되었다. 이 삼균주의는 한국독립당의 당의·당강을 거쳐 임정의 건국강령의 중심 사상으로 공식 수용되어 임정의 건국 계획과 방향을 설정해 주었다.

이것은 광복 후 대한민국이 건국되면서 헌법을 통해 정통성이 확인되었다. 그의 삼균사상은 민족 발전의 철학이 되었기에, 그는 독립운동가이며 문필가이기보다 사상가로서 더욱 길이 빛날 것이다.

그는 애국사상은 입으로 크게 떠들고 몸짓으로 소리치는 것이 아니라 실천하는 것이라 강조하였다. 이에 임정에 대한 국제적 승인을 얻고 연합국 일원으로 한국 독립운동세력이 참여할 수 있도록 임정의 외교적 임무를 몸으로 실천하였다.

그 결과 임정과 한국독립문제에 대한 국제적 인식을 제고시켰고, 마침내 카이로선언과 포츠담선언을 이끌어 낼 수 있었던 것이다.[23] 1942년 미국 LA시청에서 태극기의 현기식을 거행할 때 독립운동가 柳一韓이 조소앙의 축사를 대독하였는데 이것이 그가 임정과 미주를 연결시킨 독립운동의 한 가지 예이다.[24]

---

23) 이현희, 앞의『우리나라 근대인물사』, 465~467쪽.
24) 이현희,「유일한의 在美獨立運動硏究」,『한국민족운동사연구』12, 1995.

그러므로 삼균주의에 입각한 그의 독립과 건국이념은 오늘날 더 귀중하게 선양시켜야 할 것이라 평가된다.

6·25전쟁 때 납북되어 김일성에게 저항하다가 서거한 그에게 1989년 최고의 건국공로훈장인 대한민국장이 추서되었다.[25]

---

25) 국가보훈처, 『독립유공자공훈록』 8권, 1990, 514~518쪽.

5. 김인서의 독립운동

1) 성장배경

南隱 金麟瑞(1894. 4. 21~1964. 4. 2)는 목사로 널리 알려진 분이다. 그러나 그는 한창 청운의 뜻을 품고 야심차게 성장하던 20대 초반에는 그를 따를 자 없을 정도로 열렬히 민족독립운동에 투신했던 민족지도자요, 독립운동가였다. 그는 호를 柳村이라 하고 南隱이라고도 하였다. 전자는 독립운동시에 유통하던 호이고, 후자는 신앙생활 속에서 하나님의 말씀을 영적으로 전파하던 때의 호로서 '남은 종'의 뜻에서 유래한 것이다.

김인서는 함남 정평군 광덕면 인흥리에서 김관엽과 이근내 사이에서 출생하였다. 8세 이래 자작농가의 후손으로 태어난 그는 유교 집안이었으나 1910년 만 16세가 되던 해에 인근 강연장에서 성재 이동휘 장군으로부터 강연을 듣고는 기독교에 깊은 관심을 갖게 되었다. 이동휘 장군은 그해 여름 정평군 정평읍 초가예배당에서 '죄 값은 사망'이라는 제목으로 명연설을 하였는데, 김인서는 이를 감동적으로 듣고 크나큰 인생의 전환점을 찾게 된 것이다.

유촌은 성재의 "조선사람은 우상, 첩, 술, 거짓말, 당파싸움(붕당) 등의 죄값으로 망한다(롬6 : 23)"는 병폐에 관해 눈물어린 열변에 고무되어 교회에 나가게 되었다. 유촌은 1910년 8월 29일 국권피탈 소식을 접하고 망명하거나 항일투쟁가로 변신한 사람, 또는 변절한 사람들을 보고서 "예수를 믿으면 하나님의 보호와 미국의 도움으로 광복한다"라는 생각으로 교회에 다니면서 마음으로부터의 구주를 되새기고 있었다.

1911년 봄 캐나다 선교사에게 세례를 받고 첫 번째의 설교로 큰 뜻을 펴게 되었다. 그는 1912년 서울 경신학교에 편입, 1914년에 졸업하였다. 이때 경신학맹회의 파송을 받아 경기도 파주군 교하면 문발리(진골)에 나가 첫 번째로 개척전도에 열을 올리기 시작하였다. 여기서 지주였던 이선우(1875~1949)와 파평윤씨 부부를 상대로 전도하기 시작하여 그 일대 30여 호를 신자화하였다. 그곳에서 유촌은 이선우가 과거 1900년대 의병에게 군자금을 전달하고 숨어서 민족운동을 한 사실과 파평윤씨가 1907년 국채보상운동에 참여하였다는 말을 듣고 크게 감동한 나머지 자신도 신앙과 민족운동을 동시에 펼 것을 다짐하였다.[1] 이어 1915년 회령의 보통학교 교사로 부임하였으니 이 학교는 기독교계였다.

이때 3·1혁명이 일어나자 적극적으로 가담하였고, 임정의 연통제에 참사로 국내외 비밀연락망을 통해 민족운동에 헌신하게 되었던 것이다. 이로 인해 체포된 유촌은 청진, 서대문, 함흥감옥에서 4년 여의 옥고를 치루었다. 그 후 그는 1964년 서거할 때까지 40여 년간 목사로서 전도에 전념하였다.

2) 회령지방 3·1혁명에의 참여

서울을 중심으로 3·1혁명이 일어나자 회령에서는 어느 지역보다도 먼저 3·1혁명을 주도적으로 전개하였다. 서울에서 3·1혁명이 폭발하였다는 소식이 전해지니 회령군 군민의 민심은 술렁거리기 시작하였다. 만세시위의 기미가 보이자 회령군 내 일제 당국은 3월 11일부터 회령농업학교와 회령보통학교에 휴교령을 내렸다. 이는 그동안에 일어난 만세시위가 대부분 학교를 중심으로 일어났다는 판단으로 이를 사전에 방지하고자 취하여진 조치였다.

그러나 학생들은 격문을 인쇄하여 한밤중에 배포하였다. 일제가 군청 직

---

1) 交河面 文發里 李善雨의 자제 회고담(1970. 1. 5 자택).

원이나 헌병, 국경 수비대 등을 동원하여 삼엄한 경계를 펼쳤으나 회령 군민들의 움직임은 조금도 가라앉지 않았다.[2] 3월 19일부터 회령군 내 각지에 퍼진 격문은 어느새 독립선언서로 바뀌어 어느 곳에서나 쉽게 볼 수 있었다.

3·1혁명 24일 뒤인 3월 25일, 이 날은 때마침 회령보통학교의 졸업식이 있던 날이었다. 그동안 일제에 의한 휴교조치로 오랫동안 서로 만나지 못하고 있던 학생들은 학교로 가던 도중에 시위대와 마주치게 되었다.

이 만세시위의 계획과 준비를 실질적으로 책임을 맡았던 사람은 회령교회의 최경재 장로였으며, 보통학교 교사였던 김인서와 강창기가 함께 주도하였다. 이때 김인서는 독립이 당장에는 이룩되지 못할 것임을 알고 있었다.[3] 이들은 계획한 당일 아침 11시에 교회 신도 30여 명을 이끌고 우체국 앞에서 모인 뒤 독립만세를 외치며 시가행진에 돌입하였다. 따라서 이때까지 일방적인 휴교조치로 일제에 대한 울분이 가슴에 맺혀 있던 학생들은 이들과 만나게 되자 순식간에 격렬한 시위대로 돌변하여 만세시위에 동참하였다.

회령 기독교계가 경영하고 있던 회령보통학교에 1915년 교사로 부임하여 재직중이던 김인서는 만세시위가 일어나자 학교 학생들을 이끌고 선도에 나서 만세시위에 참여하였다.[4] 이에 학생들과 교사들은 물론이고 회령 군민들도 이 시위에 동참하므로 시위대는 1천명을 넘는 큰 강한 물결을 이루게 되었다.

김인서는 당시 함경북도, 중국 동삼성 노령 일대에서 활약하고 있던 의식있는 청년들과 연락하면서 독립운동에 동참 정진하고 있었다. 그는 청년들에게 "이곳은 위험지대이니 죽음을 각오하지 않을 수 없고, 우리 중에는 살아 남아서 일할 만한 인재를 후방에 감추고 나와 같은 소용이 작은 인물이 죽음 앞에 서는 것이 장래를 위하는 최선책이다"라고 하였다. 즉 그는 인재를 아껴 자신이 투신하는 것이 민족의 장래에 유익한 일이라 절감하

2) 文一民, 『한국독립운동사』 2, 1966, 781·787쪽.
3) 「豫言錄」, 『金麟瑞著作全集』 5, 신망애사, 1975, 369쪽.
4) 국가보훈처, 『독립운동사』 4권, 임시정부사, 1975, 290쪽.

였으며, 서울에서 3·1독립운동 즉, 민중혁명이 일어났다는 소식에 접하자 곧 회령지방에서의 독립만세 시위에 투신하였던 것이다.

이들이 미리 만들어 두었던 태극기를 나누어 들고 독립만세를 외치며 행진을 계속하자 당황한 일제 당국은 군수 이하 모든 군직원을 동원하고 경찰 기마대까지 출동시켜 가까스로 시위대를 해산시켰다. 이 자리에서 교사, 학생 등 10여 명과 수명의 기독교 신도들이 일경에 체포당하고 말았다.[5]

투옥된 김인서는 10여 절로 된「監獄歌」라는 노래를 지어 이를 함께 체포된 이들에게 부르도록 독려 권유하였다. 그것은

> 끼마다 먹는 밥은 콩조밥이요
> 밤마다 자는 잠은 새우잠이라

또는

> 삼천리 강산은 큰 감옥이요
> 2천만 동포는 남의 종일세.

라는 내용이었다. 그는 일제 치하의 우리나라는 큰 감옥이나 다름없으며, 강산은 허리가 끊어진 폐허라고 분통해 하였다.

그런데 시위대는 이에서 그치지 않고 다음날인 26일 다시 만세시위를 전개하여 독립의지를 나타내는 동시에 일경에 체포되어 간 교사와 학생, 군민의 석방을 요구하기로 결의하였다. 이 날의 만세시위는 회령보통학교에서부터 시작되었다. 오전 10시경 이 학교 학생들은 학교 운동장에 집합한 뒤 소리높여 만세를 부르며 시위에 들어갔다.[6]

이와 거의 동시에 회령 교회에서도 신도들이 신흥남학교와 보흥여학교 학생 40여 명과 함께 태극기를 들고 시위를 전개하였다. 마침내 시위대는

---

5)『매일신보』1919년 3월 27일자.
6) 金正明 編,『明治百年史叢書』Ⅰ, 768쪽.

5~6백여 명을 헤아릴 정도로 늘어났으며 그 위세가 당당하여 회령군민들은 박수를 보내 호응하거나 직접 시위대열에 뛰어 들어 만세를 외쳤다. 또한 상인들은 상점의 문을 닫고 철시하기도 하였다. 이날의 만세시위는 일제 헌병대가 출동하여 탄압을 가함으로 해산되었으나 지도급 인사 12명이 그 자리에서 체포되어 갔다.[7] 그 후에도 만세시위의 여파는 계속되었으며 그 영향은 인근 마을에도 번져 만세 시위가 그치지 않았다.

3월 27일 오후에는 벽성면 영환동에서 주민 20여 명이 시위를 벌이고자 하였으나 일경의 제지로 뜻을 달성하지 못하였으며, 이튿날(3월 28일) 오후 2시에는 봉의면 남산동에서 주민들이 면사무소 앞에 집합하여 만세를 부른 다음 면장의 만류에도 불구하고 부근 운기동에 있던 헌병주재소를 습격하였다. 이들은 재빨리 출동한 일제 헌병과 기병대에 의하여 강제 해산당하고 현장에서 9명이 체포되었다.[8]

또한 3월 29일에는 화풍면 인계동 고령진에서 주민 50여 명이 만세시위를 벌이다가 역시 헌병과 기병대에 의하여 해산되었는데, 이날의 시위는 규모는 적었으나 매우 격렬하였다. 이어 3월 31일에도 부근 마을의 청년들이 태극기를 준비하여 만세시위를 벌이다가 사전에 발각되어 주동자가 일경에 체포되었다.[9]

이와 같이 회령지방의 독립만세시위는 여러 차례에 걸쳐 격렬하게 일어났는데, 이는 간도·노령지역의 한인 교포들과의 긴밀한 연락과 후원 아래 이루어졌던 것이다. 이곳에서의 만세시위가 다른 곳보다도 일제 당국의 강력한 제지와 탄압을 받았던 것은 이곳에 일본군 국경수비대의 상당수 병력이 주둔하고 있었기 때문이었다.[10]

김인서는 이러한 여건 속에서 전개되었던 회령지역에서의 3·1혁명에 적극 참여한 뒤 독립운동에 평생 헌신할 것을 결심하고 임정이 있는 중국 상해와 기맥을 통하고 있었다.[11] 국내에서 민족운동을 일으키던 독립운동

---

7) 앞의 『한국독립운동사』, 790쪽.
8) 앞의 『明治百年史叢書』, 436쪽.
9) 앞의 책, 435쪽.
10) 앞의 『독립운동사』 4, 779쪽.

가는 3·1혁명 이후 중국 상해로 망명해서 임정(1919~1945)을 수립하거나[12] 그와 기맥을 통해 국내에서 연락원, 조사원, 파견원으로 지하적 양상을 띠며 애국활동을 전개하고 있었다.[13]

신앙심으로 무장된 유촌 김인서의 경우는 후자의 분야에서 뚜렷하고도 뛰어난 업적을 남겼다고 본다. 한 때는 독립이 가깝지 않다고 부정적이며 회의적인 생각으로 잠시 머뭇거린 때도 없지 않았었다.[14] 그러나 상해에 임정이 수립 선포된 1919년 4월 13일 이후에는 독립-광복에 자신감을 갖게 되어 민족독립운동에 하나님의 가르치심과 영적인 감동에 따라 흔쾌히 뛰어들게 되었다.[15]

그는 특히 연통제라는 임정의 비밀통로를 통해 애국활동을 펼쳐 나갔다. 임정의 교통국과 함께 비밀통로의 구실을 충실히 했던 연통제는 국내외를 가장 규모있게 통할 통치했던 나라의 행정조직이었다.[16] 이 점이 바로 저자가 지적했던 임정이 대한민국의 법통성으로 가장 적합한 활동이었다는 데에 해당한다.[17]

3) 비밀통로, 연통제의 실시

(1) 연통제의 조직

비밀행정조직인 연통제는 상해에 본부를 둔 임정이 민주적 국민국가로서의 고유한 업무수행을 위해 마련한 지방행정제도로서 대한민국임시정부가 국내외를 지휘 감독하기 위한 기본 조직이었다. 물론 이는 극비에 속해

---

11) 국가보훈처, 『獨立有功者功勳錄』 5, 1988, 522쪽.

12) 李炫熙, 『大韓民國臨時政府』, 한국민족운동사학회, 1991, 79~99쪽.

13) 李炫熙, 『대한민국임시정부의 발자취』, 국가보훈처, 1992, 37~48쪽.

14) 앞의 「豫言錄」, 369쪽.

15) 閔庚培, 『일제하의 韓國基督教民族信仰運動史』, 대한기독교서회, 1991, 218·238·377쪽.

16) 李炫熙, 『大韓民國臨時政府史』, 집문당, 1982, 101·125~152쪽.

17) 李炫熙, 『3·1독립운동과 임시정부의 법통성』, 동방도서, 1987, 결론 참조.

있던 지하조직이었다.18)

이는 민족의 광복 때까지 지속적인 독립운동을 유지하기 위해서는 필연적으로 겪어야 할 한 과정이었다. 국내외 국민 간에 독립의지를 확인 상통하고 구국사업의 완성을 기하며 내외의 독립을 수렴시키기 위하여 연통제를 실시하였던 것이다.

연통제는 임정 내무부 소관사항으로 당시 내무총장 안창호가 1919년 5월 25일 상해에 도착하여 동년 7월 10일 「대한민국임시정부 국무원령 제1호」로 임시 연통제가 공포되면서부터 본격적으로 업무가 개시되었다.19) 이는 주로 국내의 교통 통신과 행정조직으로 만들어졌으나 후에는 한국인이 많이 살고 있던 남만주 지방에도 설치되었다. 이는 교통국과 함께 임정의 하부조직으로 광복정책 전개에 공고한 기반이 되었다.

이어 법령에 의하여 연통부를 나누어 각도에 감독부(감독), 각군에 총감부(총감), 각면에 사감부(사감)를 각기 설치하였다. 연통 각부에서 처리하는 주요 사무(제20조)를 살펴보면 다음과 같다.

1. 정부에서 발하는 법령과 기타 공문 전포에 관한 사항
2. 독립시위운동의 계속 진행에 관한 사항
3. 장차 외지에서 동원하여 전쟁을 개시할 때는 군인 군속의 징모, 군수품의 징발수송에 관한 사항
4. 구국금 100원 이상을 거출할 구국재정단원 모집에 관한 사항
5. 구국금과 기타 정부에 상납할 금전의 수합과 납부에 관한 사항
6. 장차 정부에서 공채를 발행할 때는 공채발매에 관한 사항
7. 통신에 관한 사항
8. 기타 상부로부터의 임시 명령에 관한 사항

등이었다. 그리고 연통부는 다음과 같은 사항을 조사하여 매 5일마다 정부에 보고하도록 하였다. 그 내용을 보면

---

18) 앞의 『大韓民國臨時政府史』, 101·125쪽.
19) 국회도서관, 『韓國民族運動史料』 중국편, 1974, 76~79쪽.

1. 독립사업을 하고 순의 순국한 자의 주소, 성명, 순국년월일, 창의와 순국당시의 상황, 상속인의 주소 성명
2. 독립운동시 적으로부터 부상당한 자의 주소, 성명, 연령, 상처 및 부상정도, 부상당시의 상황
3. 독립운동을 하고 적으로부터 처형된 자의 주소, 성명, 연령, 형명, 형량 및 형기, 처형년월일, 처형된 사유
4. 독립운동을 주장하고 획책하여 진췌한 공적이 커다란 자의 주소, 성명, 연령 및 사적의 개요
5. 독립운동을 협조하기 위해 백원 이상의 자금을 의연한 자의 주소, 성명, 연령, 금액의 연월일, 납주한 단체명
6. 군사상 지식, 경험을 가진 자의 주소, 성명, 연령 및 약력
7. 독립운동에 관한 민심의 경향
8. 적의 계엄 정도와 유혹 수단·방법 등
9. 기타 참고할 사항
10. 변장한 통신원에게 신표를 주어 활동케 함
11. 충용한 청년으로서 시위대를 조직, 시위운동 준비
12. 구국재정단원에 관한 보고
13. 출금한 자의 변성명 사용
14. 정부 법령과 기타 공문의 전포계통과 보고계통을 규정함
15. 직원명부, 문서수발부, 구국금수납부, 현금출납부, 부경비 일기장 등의 장부를 비치함.

한편 연통부의 행정조직은 다음과 같다.

연통부
감독부(도)- 감 독 1인(국무총리가 임명)
　　　　　　부감독 1인(국무총리가 임명)
　　　　　　서 기 3인(감독이 임명)-서무
　　　　　　재 무 2인(감독이 임명)-재무
총감부(군)- 총 감 1인(내무총장이 임명)
　　　　　　부총감 1인(내무총장이 임명)
　　　　　　서 기 2인(총감이 임명)

```
                재무원 1인(총감이 임명)
  사감부(면)-   사  감 1인(감독이 임명)
                서  기 1인(사감이 임명)
                재  무 1인(사감이 임명)
```

이러한 법적인 배경에 근거하여 1919년 7월 10일 연통제의 실시가 공포된 후 10월 17일 그 관계가 발표되었으며, 11월 30일에는 서울에 임시총관부가 설치되었다. 따라서 곧 국내에 그 조직과 기능이 확대 보급되어 갔다.[20]

이와 같이 임정이 국내와의 연락, 군자금의 모집, 항일투쟁의 조직으로 연통제를 설치하게 되자 유촌 김인서는 1919년 11월 감독부의 함경북도 회령군 부총감으로 임명되어 활동하였다.[21] 이 때 국내의 연통제 조직현황을 살펴보면 다음과 같다.[22]

```
  1. 전북   감  독 : 노진룡
           부감독 : 오의균
           재무원 : 이  열   황종관
           고  문 : 강대식   이석렬   나홍균   이종탁   이강렬
                   신용수   이철환   홍종화   이우철   이봉헌
                   김양평   백낙일
  2. 전남   감  독 : 정순화
           재무원 : 이원선
           고  문 : 정봉태   김자성
  3. 함북   감  독 : 강준규
           재무원 : 이두환
           서  기 : 이원혁
           회령총감 : 진홍진
```

20) 앞의 자료, 82~95쪽.
21) 앞의 자료, 75~81쪽.
22) 上海日本總領事館, 『朝鮮民族運動年鑑』, 45~46쪽.

        동 부총감 : 김인서

        경성총감 : 이상호

        경흥총감 : 김문협

    4. 함남 총감부

        함 홍 : 김 준 박양승

        영홍군 : 한창현 조봉희

        덕원군 : 강기찬 양세환

        정평군 : 원정준 장세환

        신흥군·풍산군 : 유승해 주 담

    5. 전북 감독부

        통신원 : 박기동

    6. 경기도

        파 원 : 이종욱 전진원

동년 12월 1일에는 교령 제2호로 연통제가 개정 공포되었고[23] 12월 8일에는 도사무분장 규정이 내무부령 제2호로 공포되었다.[24] 이에 의하여 경기, 충청남북, 전라남북, 경상남북, 황해, 평안남북, 함경남북, 강원도에 각기 독판을 설치하고 부에는 부장, 군에는 군감, 면에 면독을 두어 각각 관내의 행정사무를 관리하며 소속 관리를 지휘감독하게 하였다. 따라서 임시정부 국무령 제1호와 비교하면 감독이 독판, 총독이 부장 또는 군감, 사감이 면감, 그리고 그 소속관원의 명칭이 각각 변경되었다.

그러나 주요 사무의 구체적인 제시는 없고 행정사무라고만 쓰는 것이 다른 점이라 하겠다. 신연통제의 행정조직을 보면 다음과 같다.

    1. 각도의 행정기구

        독 판 1인

        참 사 4인(비서실, 내무사, 재무사, 교통사, 경무사)

        장 서 약간인 - 담임사무

---

23) 「대한민국임시정부 교령 제2호」 참조.

24) 「대한민국임시정부 내무부령 제2호」 참조.

　경　감　2인 - 경찰, 위생
　기　수　약간인 - 기술
　통　역　약간인 - 통역, 번역
　통신원　약간인
　경호원　약간인
　참　의　7인(내무총장이 임명)
2. 각 부・군의 행정기구
　부　장　1인
　참　사　1인
　장　서　약간인
　군　장　약간인
　경　감　1인
　기수・통역을 둘 수 있다.
　통신원　약간인
　경호원　약간인
　참　의　5인(내무총장이 임명)
3. 면의 행정기구
　면　감　1인
　조　사　약간인
　협의원　3인(독판이 임명)

　이에 의하여 김인서는 1920년 1월 함경북도 회령군 참사가 되어 함경북
도 내 지식인들과 유대를 같이 하면서 군자금 모집과 조직 확대에 전념하
였다.[25] 연통제는 황해도, 평안남북도, 함경남북도의 경우 그 실시가 대체
로 무리 없이 진행되었다. 그러나 경기도, 충청남북도에서는 파주, 개성 등
일부 지방에서만 실현되었고, 강원도, 경상남북도, 전라남북도의 경우는 거
의 불가능하였다. 그러나 연통제가 설치되지 못한 지방에서는 그와 거의
비슷한 독립운동 단체가 조직되어 연통부를 대신하였다.
　강원도 지역과 충청도, 전라도 일부 지역에는 대한독립애국단이 조직되

---

25) 앞의 『독립유공자공훈록』, 522쪽.

어 연통부의 활동을 담당하고 있었으며, 경기도, 경상도, 충청도, 전라도에
서는 청년외교단과 대한민국애국부인회 또는 대한적십자회의 활동이 연통
부의 일을 대신 담당하여 활동하고 있었다.

원래 연통제는 국내에서만 실시하고 해외 동포사회에는 거류민단제를
실시하고자 하였다.26) 중국 동삼성 북간도에는 일찍부터 대한국민의회정
부와 북로군정서가 있었는데, 임정은 이들과의 행정적 통합과 업무연락을
강화하기 위한 수단에서 1920년 10월부터 국민회의 관할을 연길, 화룡, 돈
화, 액목현으로 확장한 뒤27) 간도남부총판부를 설치하고 북로군정서는 왕
청, 훈춘, 동녕, 영안, 목릉으로 정하여 간도북부총판부를 설치하였다. 총판
에는 각기 단체의 책임자인 구춘선과 서일을 임명하였다.28)

한족회는 소속 군사기관으로 서로군정서를 가지고 있었는데, 1919년 11
월 17일 임시정부 통치하에 귀속되었다.29) 따라서 1920년 12월 4일 임시정
부에서는 이 지방에 간서총판부를 설립하고 여준을 총판으로 김형직을 부
총판으로 임명하였으나 사실상 부진상태를 면치 못하였다.30) 임정은 9개
월 앞서 시베리아 동포사회에 대한 연통제 실시도 추진하여 총판에 최재
형, 부총판에 김치보를 선정하였으나 최재형이 살해되어 그 실시가 좌절되
었다.31)

연통제의 도, 독판부, 군(부)의 직원(1920년 12월 31일 현재) 및 간도남
북부총판부·간서총판부의 명단을 검토해 보면 국내의 9개 도, 독판부 1
부, 45개 군에 연통제가 조직되어 독립활동을 전개하였다. 동삼성에도 3개
총판부가 설치되어 국내외와의 유기적인 연락망이 구비되어 독립구국운동
을 치밀하게 전개할 수 있었다.

---

26) 국사편찬위원회, 『韓國獨立運動史』 자료 2 - 임정편, 1985, 49~53쪽.
27) 김낙산, 『춘산 이유필소사』(미간), 1943, 8~17쪽.
28) 『독립신문』 1921년 3월 26일자.
29) 앞의 『朝鮮民族運動年鑑』, 36~37쪽.
30) 앞의 『韓國獨立運動史』 자료 2, 76쪽.
31) 朱耀翰, 『安島山全書』, 삼중당, 1963, 671~677쪽.

(2) 연통제 관계인사의 피검과 김인서

상해 임정 초기 연통제에 의한 각 기관의 업무는 법령 및 공문의 전포, 군인 군속의 징모, 군수품의 조사 수렴, 시위운동의 계획, 애국성금의 모집 운동, 통신연락, 정보수집, 독립운동가의 연락, 계보파악 등 다방면에 걸친 것이었다. 개정 공포된 연통제하에서는 행정사무를 관리한다고 명시하였 으나 이전의 업무와 연관이 있었다. 즉『朝鮮民族運動年鑑』에는 1919년 말부터 1920년까지의 기간에「平北督辦報告」운운한 것이 보인다.[32] 거기 에다 1920년 4월부터는 인구세의 징수, 5월부터는 공채모집의 업무까지도 포함되어 있다.[33] 그러니 이와 같은 연통제의 실시가 임시정부의 독립정책 에 큰 공헌을 한 것은 사실이지만, 이에 종사했던 사람들은 수난과 고초를 겪어야만 했다. 더욱이 일제는 임시정부의 기반이 되는 연통제를 무너뜨리 기 위하여 전 경찰력을 동원하였으니 그로 인해 연통제 관련자들이 당한 고초는 이루 헤아리지 못할 정도였다.

1919년 9월 9일 평안남도에 특파된 유기준이 평양 기성의원에 기거하고 있다가 일경에 체포되어 연통제 관계 서류를 압수당함으로써 연통제의 조 직 내막이 탄로났던 것을 시작으로 하여 1920년 9월에는 함경북도 회령의 연통제 관련자 10여 명이 체포되었다.[34]

함경북도의 연통제 조직은 특히 1919년 11월 30일 나남사건을 계기로 독판부원과 군감 전원이 검거되어 어느 곳보다 먼저 전도적인 수난을 당 하였다.[35] 이 사건은 함경북도 경성(군)총감부 삼향동 사감부 서기 임대욱 과 임정발이 1917년 12월 중순 나남경찰서에 체포됨으로써 노출된 것이었 다.[36] 함북 감독부는 1919년 6월경에 회령 야소교학교 교사로 재직중이던 김인서와 임원혁이 상해 임정으로부터 직접 지시를 받아 조직된 것이었

---

32) 앞의『朝鮮民族運動年鑑』, 35~45쪽.

33) 앞의『한국민족운동사료』중국편, 81쪽.

34) 김인서 외에 윤대선 노춘섭 송권섭 박관훈 등이 검거되어 독립운동의 의거사실이 노출되었다.

35) 金正明 編, 앞의 책, 254~262쪽.

36) 국회도서관,『韓國民族運動史料』3·1운동편, 649~651쪽.

다.37) 따라서 부감독 김인서와 연루자 47명은 일경에 체포되어 1920년 8월 함흥 지방법원 청진지청에서 공판에 회부되었다. 1921년 경성복심법원에서 연통제 조직의 주동자로 징역 4년형의 실형이 확정 선고되어 옥고를 치루었다. 이 당시의 재판과정은 당시 창간된 동아일보에 「朝鮮은 朝鮮人의 朝鮮」이란38) 제목하에 대서특필되기도 하였다.39)

이외에도 1919년 12월 31일 평안북도 창성군에서 통신원 김지일, 재무담당 강우여, 창성면감 강제박 등이 검거되었다. 창성군의 경우 군면의 기구가 제대로 조직되었음은 물론 임시군청까지 있었으며, 선박까지 구입하여 연락밀선 선원 3명이 이를 운영하는 연통제의 모범적인 군이었다.

그러나 이용익의 밀고로 각 면에서 3백 명이 체포되어 강제박 이병모 김봉수 강창을 이봉태 허규 장화윤 문창수 등은 징역형을 선고받고, 강제억 강제량 김하철은 암살당하였다고 한다.40) 그리고 1920년에 들어서도 평안도 일대의 수난은 계속되어 동년 5월 3일에는 평안북도 독판 안병찬 등이 검거되었고,41) 6월 7일에는 평북감독부 교통선시설 특파원 권창훈이 검거되었다. 또한 7월 24일에는 의주군 통신원 양승업이 검거되었는데, 1919년 이후 의주군에서 연통제와 관련되어 복역한 사람은 의주군감 송문정 외 22명이었다.42)

동년 9월 정희용 등 29명은 국내의 연통제 조직이 탄로남에 따라 회령의 연통제 조직을 다소 변경하여 종래와 같이 각도의 독판을 내무부 직할로할 때는 심히 불편하므로43) 연락이 용이한 간도에 독판부를 설치 운영하였다. 동시에 국내에서는 인구세, 공채, 적십자회비 등 기타 명목하에 자금을 모집할 계획을 세웠으며, 안정근, 왕삼덕에게 임무를 부여하여 간도로 특파하기도 하였다.44)

---

37) 朴殷植, 『韓國獨立運動之血史』, 서울신문사, 1946, 191쪽.
38) 『동아일보』 1920년 8월 22일자.
39) 『동아일보』 1920년 8월 31일자.
40) 이연복, 「대한민국임시정부의 교통국과 연통제」, 『한국사론』 10, 1981.
41) 앞의 『朝鮮民族運動年鑑』, 39쪽.
42) 『동아일보』 1921년 6월 13일자.
43) 국사편찬위원회, 『韓國獨立運動史』 자료 3 - 임정편, 1985, 187~195쪽.

그후 연통제 종사자들은 이전부터 관여하고 있던 동삼성 서간도의 대한청년단연합회 활동에 전념하였고, 또는 광복군총영에서 활동하기도 하였다.[45]

4) 한국인 통치의 당위성과 김인서

경성군 1면의 연통제 기구가 발각됨으로 인해 함경북도의 연통제 관련 총검거인 수가 80여 명으로 늘어나게 되었다. 그 규모 때문만이 아니라 당시 연통제에 관련된 사람들이 모두 지방 유력자들이었다는 데서 일제 당국은 크게 격분했고 당황하였던 것이다.

김인서는 함경북도의 책임자로 체포되어 나남경찰서에 압송되었다. 그는 극심한 고문이 가해졌으나 이를 이기지 못하면 함경도에 있는 수백 명의 동지들이 희생당할 것이라 생각하였다. 고문 당하는 소리와 고문을 이기지 못해 쓰러진 동지들을 보니 그는 크게 책임감을 느끼게 되었다.[46] 이에 그는 기독교인으로서 자신이 희생할 것을 기도하였다.

그러던 중 김인서는 밤중에 고문실과도 같은 으시시한 심문실로 끌려갔다. 한국인 형사는 그에게 엄중한 문초를 하기 시작하였다. 형사는 그에게 묻기를 "당신은 기독교인이니 거짓말을 하지 않겠지요?"하니 그는 "그러하다"고 대답하였다. 이에 본격적인 심문에 들어갔다. "연통제는 누가 시작한 것인가?"라고 묻자 김인서는 상해 임정으로부터 지령을 받고서 시작한 것이라고 조금도 주저없이 답하였다. 계속하여 함경북도 총감부는 누가 만든 것이냐고 다그치는 심문에 그는 모두 자신이 한 일이며, 회령 이외의 지역에서는 아직 시작하지 못하였다고 말하였다. 또한 임시정부와의 관계를 묻는 말에는 모든 일은 자신이 연락과 보고를 행하였고, 다른 도와의 관계는 전혀 없었다고 잘라 말하였다.

44) 이현희, 「춘산 이유필연구」, 『한국사학』 14, 한국정신문화연구원, 1994 참조.
45) 이연복, 앞의 논문, 10쪽.
46) 앞의 『김인서저작전집』 5권, 369쪽.

이와 같이 그에 대한 심문이 매우 복잡하고 예리한 것이었으나 그가 모든 책임이 자신에게 있음을 확인하고 조금도 흔들림이 없자 다행히도 형사는 더 이상의 심한 고문을 하지 않았다.[47] 만약 그가 이 자리에서 연통제 관계의 정보를 말하였다면 회령 일대는 물론 함경남도 일대의 상당한 동지들이 검거되었을 것이다. 그러나 자신의 희생만을 원하였으므로 사건은 더 이상 확대되지 않았다.[48]

따라서 그는 예심판결에서는 남을 위한 희생까지 걸머짐으로써 5년형을 구형받았다. 그 후 1920년 초가을 그는 변호사도 없이 청진지방법원지청에서 공판을 받게 되었다. 이 자리에는 50여 명의 연통제 관련자들이 쇠줄에 줄줄이 매여서 재판정으로 들어왔다. 이 때 일본인 재판장은 김인서를 제일 첫 번째로 불러 질문하기 시작하였다. "피고는 왜 독립운동을 하였는가?" 이에 그는 당당하게 "조선은 조선사람의 조선이다. 조선사람인 내가 조선사람의 조선을 위하여 독립운동을 하지 않을 수 있겠소!"라고 크게 말하였다. 계속하여 "조선은 언제나 조선사람의 조선으로 일본이 일본의 조선을 만들려 하지만 안 될 일이다. 조선사람의 조선을 조선사람이 사랑하고 지키는 것은 당연 이상의 당연한 것으로 이는 천칙으로 불가범한 것이다. 조선을 조선사람이 통치함은 당연한 것이다"라면서 법정 한가운데 서서 쩡쩡거리며 열변을 토하였다.[49]

그러나 그는 1921년 경성복심법원에서 연통제 조직의 주동자로 징역 4년형을 확정 선고받고 함흥 감옥에 투옥되었다. 이때 그의 나이는 25세로 감옥 내에서 옥중 목사로 불리어졌다.

그는 여기에서 10년형을 받고 복역중이던 이종영을 만나게 되었다. 그는 김인서에게 탈출할 계획을 알리면서 "우리는 일본인의 죄인이 되기 위하여 사는 것이 아니요, 독립운동을 하기 위하여 사는 것이다. 옥중에서 5년, 10년을 썩을 것이 아니라 여기서 탈출하여 독립운동을 하는 것이 대한 남아의 할 일이니 감옥의 탈출은 곧 독립운동이다"라고 당당하게 주장하였

---

47) 앞의 책, 368~372쪽.
48) 앞의 책, 369~370쪽.
49) 앞의 책, 『독립유공자공훈록』, 522쪽.

다.50)

이에 대해 김인서는 "삼천리 강산이 큰 감옥이니 소옥을 피하다가 필부의 죽음을 당할 것이 아니라 참고 참아 대옥을 파하는 것이 대장부의 취할 길이라" 설명하면서 감옥의 탈출계획을 장래를 위하여 반대하였다.51)

이처럼 김인서는 한국의 독립이 천하의 순리임을 당당히 주장하며 신앙인으로서 민족독립운동에 투신하였으니 이를 통해 신앙인의 민족운동에 주도적인 동참이 가능하다는 점을 분명히 일깨워 주었다고 평가할 수 있겠다. 따라서 그는 임정과 관련된 독립운동의 위상을 한 차원 높여 주었다고 결론짓는다.

---

50) 앞의 『김인서저작전집』 5권, 367~375쪽.
51) 앞의 책, 374쪽.

5부 임정의 국제교류

1. 1920년대 한중연합 항일투쟁

1) 임정의 수립과 연대활동

1910년 국권피탈 이후 한중 두 나라는 일본제국주의의 공통된 침략 앞에 공수 동맹해야 할 절박한 한계상황에 놓이게 되었다.[1] 우리나라의 독립지사가 중국대륙 중에서도 국제도시인 상해 프랑스租界로 집결되기 시작한 것은 결코 우연한 일이 아니었다. 1919년 4월 13일 그곳에 우리의 정통 민주공화정부인 대한민국임시정부가 대표성을 가지고 大本營을 수립 선포되어 重慶에 이르러 환국하기까지 27년간 국내외를 핵심적으로 다스린 것도 모두 전통적인 한중의 유대와 평화애호와 맥을 같이 하기 때문인 것이다.[2] 그 중 우리의 3·1혁명에 영향을 받은 5·4운동과의 연대활동은 특히 주목케 하는 사실이다.[3]

중국대륙의 여러 저명한 도시 중에서도 국제도시의 성격을 보이고 있어 자유로운 왕래와 활동이 보장되고 있는 상해는 이전부터 한국 독립운동의 하나의 거점이었다. 3·1혁명 이후, 미국·시베리아·일본 등지에서 모여든 독립운동의 지도자들과 한국 본토로부터의 망명자가 늘어, 뜻을 모아 1919년 4월 13일에는 최초로 프랑스조계 金神父路에서 임정이 수립 선포되기에 이르렀다.

---

1) 『國民』 1卷 4號, 「陳寶鍔啓事」.
2) 李炫熙, 『韓民族光復鬪爭史』, 正音文化社, 1989, 제2편 5장 참조.
3) 小野信爾, 「5·4운동과 민족혁명운동」, 『세계역사』 25, 岩波講座, 1920, 272~285쪽.

그 뒤 중국에서는 한국에서 거국 거족적으로 일어나 성공한 3·1혁명의 영향으로 5·4운동이 일어났다. 在留 한국인은 곧 이 운동에 참가하여,[4] 중국인과의 연대를 강화시켜 나갔으며 여러 가지 면에서 협조가 있어 큰 성과를 이룰 수 있었다. 상해에서의 최초의 집회는 國恥紀念日인 5월 7일 국민당에서 청년군중을 모아 排日시위를 전개한 것이다. 이 국민대회에서 한국 독립지도자들은 청년독립단 등의 이름으로 배일적인 항일 문서를 써 보내어 배일감정을 선양하였다.[5] 이 항일운동에는 한국인 약 30명이 대거 참가 시위하였다. 같은 국치일인 5월 9일의 兩江學堂에서의 집회에서도 약 30명의 한국인이 출석하여 중국학생과 제휴하고 항일적 연설로 연대투쟁의 분위기를 돋구었다. 여기서 5월 7일은 1915년 일본이 21개조 요구에 관하여 최후 통첩을 발하였던 날이었고, 5월 9일은 군벌 원세개 정부가 이것을 수락하였던 날이다. 따라서 중국국민은 이 날이 치욕적이었다 하여 국치일로 지정한 것이다.

중국의 혁명파 인사들은 계속적으로 우방인한국의 임정을 지원하였다.[6] 이처럼 중국 학생과 함께 배일적 연설을 하였다고 일본의 헌병들은 이들의 행동을 추적했다.[7] 5·4운동이 치열하게 확대 파급되었다가 일단락된

---

4) 중국 상해에 체류하고 있던 한국인들은 1920년 9월 현재 약 8백명(『時報』 9월 17일자 「旅滬韓人募捐興學」), 1921년초 '이제 약 7백명' 그 중에 '약 200명은 소위 직업적으로 불량한 도배'(朝鮮總督府警務局, 「上海在住不逞鮮人의 狀況」, 1921년 4월 ; 韓國史料硏究所, 『朝鮮統治史料』 제8권, 343쪽)라고 하는 숫자가 알려지고 있다. 尹潽善 前大統領은 한국인이 上海에 3·1혁명 당시 3천 명 정도 있었다고 저자에게 증언했으나 조금 과장된 것 같다. 2천 명 정도인 것으로 보인다 (1987. 7. 10 自宅面談, 李炫熙, 『獨立統一運動史料集』, 國土統一院, 1989 ; 林相範, 「5·4운동시기까지 陳獨秀의 삶과 사상 : 근대적 개인관의 출현」, 『東洋史學研究』 64, 1998).

5) 大正 8년 5월 21일 日本騷密 第2829號 「上海有關朝鮮獨立運動情報」, 金正明 編, 앞의 資料 Ⅱ, 40쪽. 이후 쌍방은 韓中抗日連席會議를 소집 운영하였으며 中國革命派 인사들은 한국의 독립운동을 적극 지지한다는 성명서를 낸 바도 있었다.

6) 朱執信은 『建設雜誌』에 韓國獨立의 합리성과 가능성을 자신있게 기고하였다. 孫文 孫洪伊 李烈鈞 등도 한국의 혁명지도자 李東寧 申圭植 金九 朴殷植 趙素昻 등과 獨立問題에 관하여 공동관심사로 密談을 나누곤 하였다(黃季陸, 『韓國近代史序』, 林秋山 譯, 『韓國近代史』, 3쪽 ; 金正明, 앞의 자료, 48~50쪽 각 참조).

후인 8월에는

　　한국인은 山東문제로 중국인을 위하여 진력하고, 중국인은 한국인을 위
하여 진력하며, 현재 상해의 각 신문은 산동에서의 일본인의 행동을 논하
는 경우에는 번번히 한국에서의 일본의 학정을 예로 드는 것이 보통이었
다.

라고 양자의 상호협력 관계의 발전을 승인했다.[8] 그 전후로 在中한국인들
은 손문 등 중국 국민당 관계자들과[9] 접촉할 정도로 중국 민중들과의 연
합활동에 힘쓰면서 활동하였다.[10] 1919년 11월 일본의 압력에 의하여 상해
프랑스조계 馬浪路 普慶里 4號(현 馬當路 306弄 4號)에 있던 6번째의 임
정 청사의 광복활동이 통제를 받게 되자, 그 과제는 한층 절실하였다.

　　近世 이래 人智가 漸進하고 세계는 反히 협소하여져서 遠者는 近하고
近者는 親하여 仁仁親親의 道는 卽貴하고 약자는 此를 扶하고 강자는
此와 和하여 사람으로 하여금 각각 其界를 守케 하고 각각 其業에 安케
하여 경쟁의 폐가 없게 하였다.…… 嗟吁 貪虐의 蠻族魔類는 世世種出하
여 侵掠을 主로 하고 전투를 業을 삼아 人을 傷함을 能으로 하고 人을
殺함을 是誇하여 世에 不平의 浪을 起케 하고 人에게 원한의 마음을 품
게 한다. 유약한 邦國 민족은 漸敗漸衰하여 中華와 한국에 있어서 가장
그 害를 受한다.…… 한국의 패망은 중국에 關하지 않겠는가 중국의 쇠약
은 한국에 關하지 않겠는가…… 만약 중국 국민들로 하여금 일찍이 한국
의 비참한 상황을 생각케 하였더라면 금일에 어찌 山東의 근심이 있을 수

　7) 金正明 編, 「조선독립운동에 관한 上海情報」 三·四, 『朝鮮獨立運動』 II, 東京 :
　　　原書房, 1967, 38~39쪽.
　8) 朝鮮軍參謀部, 「上海의 排日朝鮮人의 情況」, 『朝鮮報』 제37호 1919년 8월 25일
　　　; 신승하 외, 『20세기의 중국』, 서울대 출판부, 1998, 75~144쪽.
　9) 胡春惠, 앞의 책, 38~39쪽 ; 李炫熙, 『3·1獨立運動과 臨時政府의 法統性』, 179
　　　~203쪽.
　10) 「上海방면에서의 독립운동에 대한 동향 보고의 件」 五. 손문 측근의 朱執信은 국
　　　민당의 理論誌 『建設』 1권 1호(1919년 11월), 2권 2호(1920년 3월)에 長文의 평론
　　　「朝鮮代表在和會之請願」을 게재하여 한민족의 항일독립투쟁을 지원하였다.

있겠는가. 어찌 福州의 모욕(福州사건, 1919. 11)을 당하였겠는가. 통곡해야 할 것은 이 점인 것이다. 비록 늦기는 하였으나 지금에라도 역시 방치해서는 안 될 것이다. 韓中同類相助는 人情의 常例이나 금일로부터 시작하여, 한국과 중국이 함께 상호 제휴하여 그들의 장점으로 우리의 단점을 보완하여 장래의 禍患을 방어해야 할 것이다.…… 한국이 적다하나 오히려 기백만의 충성이 있다. 한국의 熱血로써 중국의 충성에 灌하면 上天은 반드시 구제하는 바에 응하고 반드시 원하는 바를 얻어 성취할 것이다.…… 원컨대 중국의 애국 僉位여, 뜻을 두고 다시금 심사숙고할 지어다.

대한민국 2年(1920) 1月 日

한국선비 韓 重 生 올림11)

이렇게 한국인 선비 한중생의 이름으로 「敬告中華四萬萬人」이라는 호소문과 한중연대의 중요성이 6가지로 분류되어12) 나왔다(1920. 1).13) 3월에는 특히 중국의 청년지식인을 대상으로 하여 잡지 『新韓靑年』이 창간되었으며,14) 한국의 혁명파 인사는 지방의 대소집회에 나가 중국인들에게 한국의 실정을 현장감 있게 보고하고 지원을 호소하기도 하고 있었다.15) 아래의 기록은 상해·가흥 등지에서 한국의 어떤 망명지사가 국외로의 탈출 경위와 일제의 탄압성에 대해 설명한 것이다.

방금 어디에서 왔는지 모르겠으나 어떤 한국 사람이 고국으로부터 도망하여 上海에 이르러 연설하고 다시 浙江省 嘉興으로 왔다. 1920년 1월 11

---

11) 大正 9년 3월 24일, 高警 第8437號 「國外情報 支那 朝鮮 兩國民 握手에 關한 件」, 「中華四億人에게 보내는 敬告文」, 『韓國獨立運動史』 3 - 臨政篇, 1973, 173~175쪽.

12) 韓重生은 韓中共手(連帶)의 이유로서 첫째 地形的인 밀접성과 相互방어성, 둘째 歷史的 밀착성과 심원성, 셋째 言語 文字 風俗의 相同性과 交通의 원활성, 넷째 韓中兩民族의 姓氏의 유사성, 다섯째 兄弟의 友誼가 돈독하여 古情의 심원함을 망각할 수 없음, 여섯째 貧賤之交의 유구성으로 보아 韓中의 連帶의식이나 그 밀착된 활동은 가히 절연할 수 없다는 요지인 것이다(앞의 資料, 174~175쪽).

13) 「大韓民國臨時政府系 지목된 인쇄물 배포 등의 件」.

14) 『五四時期刊介紹』 제3집, 人民出版社, 1959, 180~182쪽.

15) 胡春惠, 앞의 책, 60~69쪽.

일 오후, 이 성의 남문 온길에 있는 耶蘇堂에서 '조선망국사'를 강연했다.
학계와 實業界 등에서 미리 와 청취하는 군중이 수 백여 명, 그 비장한
모습이 한국인은 도망할 때 여러 가지 고통스러웠던 상황을 歷述 강조하
고 상세하게 설명하였다. 비등한 대목에 이르면 放聲大哭하였다. 자리에
있던 사람들도 대부분 울고 개탄하는 소리가 분명하였다. …… 한중연대
의식을 고취한 것이다.16)

이처럼 감격어리게 듣고 있던 수 많은 청중들은 아낌없이 동정을 표명
하였다. 물론 당장 조직적이고 체계적인 지원으로 연결되지는 않았으나 그
뒤 3월, 상해학생연합회 관계자가 한국의 혁명파 지사 다수를 초대해서 연
회를 개최하였다. 또한 앞서 언급한 구국 10인단의 대표나 저명한 신문인,
잡지사 경영자 등과 5·4운동의 명사들이 배석하여 갖가지 한중연대투쟁
을 위한 전초전으로서의 격려의 말이 오가고 있었다. 그 대부분이

  아무리 궁리해 보아도 韓中 양민족은 단결해서 투쟁해야 한다는 생각
  이다. 따라서 兄弟之間이며, 진실로 제휴를 필요로 한다.17)

라고 하는 요지였다. 그러나 여전히 정신적 지원의 범위를 크게 넘지는 못
하였다. 段祺瑞 徐樹錚 吳光新 段芝貴 王揖唐 楊士奇 등 안휘파 주요 군
벌의 최후 진통으로 애국운동에 대한 탄압이 심해져 4월에 학생과 군대가
충돌하고 상해에 계엄령이 선포되었다. 동 5월에는 프랑스조계에 있던 전
국학생연합회와 전국각계연합회는 조계 경찰에 의해 활동이 폐쇄되는 일
도 있었다. 이처럼 중국인측에 그 여유가 없었던 사정도 물론 고려되지 않
으면 안될 것이다. 1920년 7월에 안휘파 군벌이 安直전쟁으로 몰락 축출되
고 직예파의 북경 정부가 성립되어 국면이 호전되었던 뒤에도 사실상 구
체적인 진전은 없었다.18)

---

16)『時報』民國 9년(1920) 1월 13일자,「嘉興通信」참조.
17)『時報』1920년 3월 7일자,「中國人士之宴會」. 金昌世 安定根 徐內樺 金淳愛 등
   이 이 회의에 출석하여 韓中連帶活動의 중요성을 力說한 바 있다.
18) 李炫熙, 앞의『3·1獨立運動과 臨時政府의 法統性』, 東方圖書, 179~185쪽.

그렇지만 임정의 항일투쟁이 소강상태에 머물던 1920년 10월 6일 일본군이 동삼성 간도지방에 침입하여 독립투쟁을 계속하던 재류 한국인을 참살한 '琿春事件'이[19] 발생하여 애국 시민들에게 충격을 안겨 주었다.[20] 일본군은 중국의 영토, 주권을 공공연히 짓밟았으며, 더욱이 그 후 3개월 이상 간도(길림성)를 점령하였다. 따라서 안휘파의 궤멸 이래 가장 반동적이고 친일적인 군벌로서 동북에 기반을 둔 봉천파가 한국인의 투쟁을 억압, 저지하기 위하여 일본군과 제휴해서 압살을 획책하였던 것이다.[21]

이 같은 어려운 여건 속에서도 한국인 지사 한중생의 한중연대와 항일투쟁의 공동일조를 위한 우국적인 주장은 크게 호응을 얻었고, 한중 양지사들을 결속함에 있어서 그의 경고문은 그 구체적인 촉매제 구실을 다한 셈이 되었다.

2) 연대항일운동의 정비

중국에 체류하고 있던 한국인은 정통정부인 임정을 구심점으로 하여 중국혁명파 인사와 제휴해서 연대항일투쟁을 모색하였다. 이 같은 재중 한국혁명파 인사들의 연루방침에 따라 재중 한국인은 지금까지보다도 더욱 더 강력하게 한중연대 항일투쟁을 강조하였다. 10월에 창간된 주간지『震檀』, 1921년 1월부터 출간됐던 월간지『天鼓』를 위시하여 2월에 간행된 신문『東亞靑年』등은 대체로 中文의 간행물이었다.[22] 박은식은 '중국 영토에서 투쟁하는 한국 국민의 투쟁에 대한 이해와 연대'를 위해『韓國獨立運動之血史』를 중문으로 출판(1920. 12 상해)하였다.[23] 한편 金(名 不詳)이라는 한국인 지사는 환등기를 가지고 돌아다니면서「한국독립의 情形」·「북

---

19) 東尾和子,「琿春事件と間島出兵」,『朝鮮史硏究會論文集』14, 1977, 59~85쪽.
20) 林正和,「琿春事件の經過」,『駿台史學』19, 1966.
21) 小野信爾, 앞의 논문, 274~275쪽.
22)『震檀』1921년 1월~5월號 참조.
23) 朴殷植, 앞의 책, 323~324쪽.

만주의 정형」·「琿春의 情形」 등을 강연하였다. 이에 대하여는,

> 강연하다가 침통한 곳에 이르게 되면, 장내의 청중은 소리내어 울면서
> 눈물을 흘리니 눈뜨고는 차마 볼 수 없고 귀로 들을 수도 없었다

라는 것과 같이 그는 상해에서부터 각 省과 현 단위로 그 강연 범위를 넓
혔다.[24]

중국인들 역시 진지하게 이것에 호응하였다. 상해의 전국각계연합회, 학
생연합회 등은 琿春事件을 놓고 일본 정부와 일본 관리들에게 결연히 항
의문을 발표하고, 북경정부 외교부, 북경주재 각국 공사단에게 요청하도록
하였던 것이다.

마침내 그 해 10월 23일 각계연합회 평의회는 雲南 대표 呂志伊의 제의
를 바탕으로 한국인 원조의 결의를 채택하였다. 그리하여

> …… 우리들이 만약 아직도 동심 협력하고 公理人道를 옹호하여 조선
> 동포의 의거에 찬동하지 않는다면, 특히 우리 민족의 커다란 수치에 그치
> 는 것이 아니라, 재차 스스로 멸망의 위험에 빠지게 될 것이다. 잘 유념하
> 여 우리 국민은 朝鮮독립에 대해 적극적 원조로 대응하지 않으면 안 될
> 것이다.

라고 그 이유를 적은 통고문을 전국에 발송하였다.[25] 이러고 있을 때 중국
상해에서 개최중이던 전국교육회연합회(10. 20~11. 10)는 각지의 학교가
한국인 학생을 수용토록 호소하고 군자금 1萬元을 모금하여 한국인의 교
육을 위해 학교의 설립을 제안하였다.[26]

그 계기가 되었던 것은 분명 11월 3일 화교의 고명한 교육 독지가 陳嘉
庚을 초빙하여 교육회연합회가 개최하였던 환영회였다. 그 자리에서 중국

---

24)『時報』1920년 12월 8일자,「韓人幻燈講演記略」.
25)『時報』1920년 10월 24일자,「各界聯合會開評議會」.
26)『5·4 時期期刊介紹』第3輯, 183~184쪽.

국적을 가진 한국인 金文淑 등은 열띤 애국적인 연설을 하였다. 그녀는
"일본의 침략을 받은 한국의 참상을 비통하게 설명"하고, "한국에 대해서,
감히 단 하루도 잊지 못하고, 중국에 대해서도 역시 방관할 수 없는" 충정
을 설명하였다. 그는 중국의 각 중·고등학교가 한국의 청년 남녀를 수용
하여 고등교육을 시킬 것을 호소하였다. 어떤 의미에서는 분위기에 어울리
지 않는 이 호소에 대해 교육평론가 黃炎培·黃任之가 즉시 응했다.

김문숙 등의 연설이 끝나자 황임지는 임시로 3가지의 辨法을 제의하여,
각 省·區 대표의 찬성과 도움을 요청하였다. 이를 차례로 살펴보면 아래
와 같다.

　첫째 한국 국민을 각지에 두루 소개하고, 일본인의 한국에 대한 情形을
강연하도록 할 것, 둘째 한국의 서적·신문·잡지를 소개하고, 우리나라
사람들도 함께 그 고충을 통감할 수 있도록 할 것, 셋째 각지의 학교는 한
국 청년을 받아들이고, 상당한 교육을 받을 수 있도록 할 것. 이러한 辨法
은 단지 같은 처지의 한국과 제휴하기 위한 것뿐만이 아니고, 그럼으로써
우리나라 사람들을 각성시킬 수 있다고 말하면서 계속 협력할 것을 강조
하였다.

진가경도 그가 설립한 廈門대학에서 한국인 학생들을 받아들일 것을 그
장소에서 약속하였던 것이다.[27] 그들의 한국인들에 대한 동정은 깊었다.
그럼에도 불구하고 공동의 투쟁은 왕성하지 못하였다. 전국각계연합회는
통고에 앞서 10월 20일에

　각지에서 이 案(琿春事件)을 魯·閩 兩案(山東問題, 福州事件)과 마찬
가지로 중대하게 보아야 할 것임을 강조한다. 즉시 분기하여 함께 밀고
나감으로써 국권을 신장하고, 위급한 상황을 극복하게 될 것이다. 우리의
승리는 기성의 사실이다.[28]

---

27) 『時報』 1920년 11월 4일자, 「敎育聯合歡迎陳嘉庚」;『時報』 1920년 12월 1일자,
　「韓人金鍾聲在之演說」에서는 동년 11월 24일 金氏가 韓中聯合제휴를 역설한 것
　이었다.

라는 의미의 뜻을 각 省·區의 각계연합회에 통보하였다. 상해의 『民國日報』·『時事新報』, 천진의 『益世報』 등 5·4운동 이래로 救國世論의 선두에 섰던 신문들도 각기 특징있게 경종을 울렸다.[29] 그러나 학생·시민의 반응은 그렇게 만족스럽지 못하였다.[30]

21개조, 山東문제에서 우리는 누구보다도 앞서 중국인의 애국적인 열기를 보았다. …… 그런데 원래는 어떻게 되었는가? 아직 해결을 보지 못한 魯案을 국민들은 이미 잊어가고 있지 않는가? 琿春문제는 국민들이 다시 돌아보려 하지 않는다. 琿春이 변방에 위치하고 있다고 하여 주의를 필요로 하지 않을 수 있겠는가, 비상한 관심을 가져야 한다.

라고 『震檀』에서 한탄하였던 한[31] 한국 사람은

주권을 추호라도 손상하는 자가 있거나 이 땅의 풀 한 포기, 나무 한 그루라도 흔드는 자가 있다면, 마땅히 죽음을 걸고 맹세코 그것을 거부하여야 할 것이며, 氣가 죽지 말며 태만하지도 말아야 할 것이다. 힘을 내야 한다. 최후의 승리는 우리 것이다.[32]

라고 한국 사람의 항일 분기를 촉구하고 있다. 그러나 2년간의 투쟁에서 승산이 없음인지 대륙을 진동하던 안휘파 군벌의 패배는 안심하였던 사람들 사이에는 5·4운동, 산동문제에서와 같이, 그리고 복주사건에 즈음해서와 같은 대중적 저항이 일어나지 않았다.[33]

이상과 같은 한중연합 항일운동의 정비과정은 대체로 1920년 전후까지 완료됨으로써 적극적으로 활동할 수 있는 기반이 닦여졌다고 해도 과언이

---

28) 『時報』 1920년 10월 22일자, 「各界聯合會之函電」.

29) 金正明 編, 앞의 자료, 431쪽.

30) 앞의 資料, 「朝鮮獨立運動의 各種 機關誌에 대한 報告의 件」, 1921년 4월 12일.

31) 앞의 資料, 451쪽, 「上海獨立運動家의 動向에 관한 調査報告의 件」, 1921년 4월 29일.

32) 『震檀』 第5期, 1920년 11월 7일자, 「何漢視琿春問題」.

33) 小野信爾, 앞의 논문, 276~278쪽.

아닌 것이다.

3) 한중호조운동의 성과

韓中互助운동은 한중호조사가 중심이 되어 전개한 민간 차원에서의 연합적인 항일투쟁이었다. 상해 임정이 취약하여져 국민대표회의가 제창되던 1921년에 들어서면서 중국 각지에서 한중연대조직이 점차 대두하기 시작하였다.[34] 중국에서 한중민간외교와 친선분위기가 활발해진 1921년도에는 長沙 한중호조사(3. 17),[35] 安徽 한중호조사(3. 17),[36] 漢口 韓中民互助社(4월),[37] 上海 한중호조사(4월), 上海 韓中國民互助總社(8월 이전 : 本部上海),[38] 韓中協會(廣州 9. 27),[39] 廣州 한중호조사(11. 11)[40] 등이 대표적이었다. 이어 동년 3월 말경 임정 외무부선전원 黃永熙는 湖南省湘潭縣 敎育會, 國貨維持會, 學生會聯合會, 縣立中學校, 縣立女子高等學校, 第一國民學校靑年會, 商務會에서 한중친선과 독립선전사업을 수행하였다. 9월 2일에는 상해 中國諸路商界聯合會에서 태평양회의에 제출할 10개조를 중국정부에 보냈는데, 여기에서는 9조에 한국의 독립을 요하였다. 같은 해

---

34) 李炫熙, 「國民代表會議召集問題」, 『白山學報』 18 참조. 1921년은 太平洋會議가 워싱턴에서 개막되었기에 臨政은 동일한 이념을 가지고 있던 廣東政府의 영향을 받아 민간외교가 활발해졌다.

35) 『朝鮮民族運動年鑑』 및 金正明 編, 앞의 책 II, 289쪽.

36) 楊昭全, 「現代中朝友誼關係史的開端」, 『世界歷史』, 1979.

37) 『施伯高傳』, 25~36쪽 참조.

38) 앞의 『朝鮮統治史料』 제7권, 94쪽 ; 제8권, 23쪽. 韓中 10명씩의 評議員이 선임되었다. 한국측은 金文淑 金奎植 呂運亨 金弘叔 李鐸 李澈 徐丙浩 尹顯振 韓鎭敎 李春塾이었다.

39) 김정명, 앞의 책, 468~469·474쪽, 「廣東에 있어서의 韓中協會組織에 관한 件」 1921년 10월 10일. 광동의 호조운동을 계기로 한중협회가 조직되었다. 이 협회에는 광동정부의 국회의원 등이 참여하여 회원수가 수백 명에 달하였다. 일본의 한중침략을 규탄하는 문서를 태평양회의에 제출한 바 있다. 『獨立新聞』 1921년 11월 11일.

40) 楊昭全, 앞의 논문.

12월에는 한중 국민을 조직하는 유일한 언론기관임을 표방하였던 월간 『光明』이 광주에서 창간되었다.41) 동월 상해의 신문 『商報』는

　　韓中聯進會의 조직이 廣東・香港에 있고 上海・北京・保定 등에 분회 를 설치하기에 이르러 군경당국이 제거할 방침을 세웠었다.42)

라고 대대적으로 보도하였다.

　　琿春事件 직후 「중국에 한중친우회를 설치할 필요가 있음을 논함」이 발표되자, 在中 한국인은 상해에 한중친우회를 조직하였다. 동시에 이 문서를 인쇄 배포하고, 각지에 사람들을 파견하여 정력적인 조직 활동을 수행하게 되었던 것이다. 항일열이 강한 한국인이 중국인을 유인하여 연대항일케 하는 것이 기정 사실화 된 것도 1920년 여름 이후부터였다. 당시 근간에는 독립신문 기자 李英烈의 명의로 「論中國有設中國親友會之必要」라는 인쇄물을 중국 각지에 배포하여 중국인의 동정, 지지를 구함과 동시에 적개심을 불러 일으켰다. 그를 위하여 漢口・長沙 두 곳에는 당시 韓中互助團籌備所라는 곳을 설치 운영하였다. 이는 한중연합운동의 구체적인 유대의 一例였다.43) 나중에 생긴 施洋의 경우에서 보여지듯이 각지의 구국 활동은 이것을 적극적으로 수용하여 연대항일투쟁으로 발전시켰다. 친우회란 명칭은 정착되지 않고, 거의 대부분 '互助社'라는 호칭을 채용하였다.44)

　　한중호조사에 관해서는 거의 자료가 없어 상세히는 알 수 없다. 따라서 발기인이나 간부들이 판명된 것은 일본 관헌이 남긴 長沙의 한 예뿐이지만, 여기에는 毛澤東・何叔衡 등 유명한 중국공산당의 창립에 동참하였던 그룹이 운동의 중심이었다. 新民學會는 모택동 등이 1918년에 결성하였던

---

41)『5・4 時期期刊介昭』第3輯, 186~193쪽 ;『朝鮮民族運動年鑑』1921년 9월 22일 자 ;『民族獨立鬪爭史』史料 - 海外篇, 興論社, 1956, 104~105쪽.

42) 秋憲樹,『資料韓國獨立運動』2, 연세대 출판부, 1972, 295~296쪽.

43) 金正明 編, 앞의 책 Ⅱ, 443・451・456쪽.

44) '호조사'라는 명칭은 그 지역명과 함께 중국 내에서 50여개사가 조직 운영됨으로써 한중 간의 친목 형태와 공수 동맹의 유대를 짐작할 수 있겠다.

신문화운동의 소단체로 호남지역에서 5·4운동의 중핵으로서 활약하였다. 이들 한중연합 유대운동이 두 민족의 공동의 적을 섬멸시키려는 연대투쟁 의식으로 심화시켜 나간 것이다.

長沙 韓中互助社의 중국측 발기인 28명 중, 16명은 新民學會·文化書社 등 두 조직의 관계자였다.45) 따라서 장사의 한중호조운동은 모택동 등이 호남 공산주의 小組의 활동과 동심원을 이루고 있었다고 보겠다. 이에 대해 한중협회는 광동 군정부와 임정과의 우호관계 위에 광동 정계, 국민당의 유력자를 결정하여 조직하였다.

중국에서는 1919년 9월경, 북방의 北京 정부와 남방의 광동 군정부가 서로 정통을 주장하며 대립하고 있었다. 손문은 후자의 원수로 추대되었지만 1919년 5월 배척되어 광동으로부터 물러나, 상해에 우거하였다. 그러나 1921년 1월 그는 비상 대통령으로서 재차 광동 정부로 되돌아오게 되어, 그가 통솔하는 중국 국민당은 중국 西南(광동)·廣西·雲南·貴州 등에 현실적인 기반을 가지게 되었던 것이다. 전부터 손문이나 국민당과 우호적인 관계를 가지고 있던 임정은 즉시 廣東으로 사절을 보내어 구체적인 원조를 요청하였다. 손문 등은 군정부의 능력이 허락하는 한 이에 응하였다. 그 내용은 임정과 중국 護法政府(광동 군정부)와 5개조에 달하는 조건에 관한 상호 승인46) 외에 중국 군사학교에 한국인 학생을 받아들일 것, 그리고 임시정부 대표의 광동 상주와 그 경비부담 등이었다.47)

그러나 일본에의 외교적 고려하에, 그러한 것들은 비공식적으로 혹은 민간조직을 통해서 수행하는 형태를 취했다.48) 그리하여 군정부의 외교부 총무 司長인 朱念祖를 위원장,49) 국회의원 謝伯英을 부위원장으로 하고, 한중 쌍방으로부터 4인씩의 위원을 선출하여 조직위원회를 구성한다라고 하

---

45) 『5·4 時期社團』 1, 三聯書店, 1979, 7~9쪽.
46) 독립운동사편찬위원회, 『독립운동사자료집』 7, 1973, 187~188쪽.
47) 范廷傑, 「韓國臨時政府初期的政治與外交」, 『傳記文學』 27卷 4期, 1975, 86~87쪽.
48) 胡春惠, 『韓國獨立運動在中國』, 中華民國史料研究中心, 1976, 40~41·60쪽.
49) 위의 책(번역본), 40쪽.

는 용의주도한 준비를 거쳐, 9월 29일 한중협회가 발족된 것은 대한민국임시정부를 원조할 수 있는 방법을 모색한다는 의미도 있었다.[50] 이 협회에 丁象謙 古應芬 鄒魯 汪兆銘 徐謙 孫科 李福林 魯蕩平 林友宇 葉夏聲 등 광동의 정계·군계·국민당 관계의 쟁쟁한 멤버가 참가하여 찬동하였던 것도 한중연합과 공수동맹의 성격을 나타내 준 사례인 것이었다.[51]

예를 들면 長沙 한중호조사는 1921년 3월 17일에 한중 양국 국민의 감정과 발전을 교류하며 두 나라 국민의 사업을 강력히 추진함을 목표로 조직하였다.[52] 발기인을 보면 한국인과 중국인이 전부 가담하였는데 한국인의 숫자는 극히 적었으며, 한중 국민의 감정과 발전을 북돋아 상호 연락하고 공동사업을 계획함을 목적으로 하고 있다.[53]

한국인측은 李愚珉 黃永熙(臨政 外務部 臨時宣傳員) 李基彰 등 8명이며, 중국측 혁명파 인사로는 易培基 賀民範(船上中學校) 仇鰲(交涉署長) 陶毅(女 周南女學校) 任培道(女 同) 李崇英(女 同) 任慕克 劉壽康 羅宗翰(通俗報館) 李鳳翔 張泉山(第1師範學校) 簫旭東(通俗報館) 玉季範(黎家坡鑛業局) 魏浚明 何叔衡(通俗報館) 陳菱會(第1師範學校) 能夢非(第1師範學校) 謝煥南 毛澤東(湖南敎育家) 劉馥(北京內務參事) 李成干(前省公署敎育科) 李抱一(大公報館) 匡日休(第1師範學校) 方維夏 劉馭背(修業學校) 易禮容 王世珍(第1師範學校) 夏丏尊(同) 등 30명이었다.[54] 그 간부로는 선전부주임 이기창(韓) 하숙형(中), 통신부주임 황영희(韓), 경제부주임 이우매(韓) 모택동(中) 하민범(中)[55] 등으로 이와 같은 여건과 시대적 배경 속에서 나타난 한중연대 조직이 어떠한 활동을 전개하였는가. 한중국민 互助總社가 1921년 9월, 동년 가을로 예정된 워싱턴회의를 겨냥하

---

50) 金正明 編, 앞의 책 II, 474~475쪽.
51) 日本 高警 第28417號 大正 10년(1921) 10월 21일, 「國外情報」.
52) 이의 住所는 中華民國 長沙小吳門正街 艦小學校內이다.
53) 『民族獨立鬪爭史』 史料 - 海外篇, 輿論社, 1956, 112~113쪽.
54) 이 人員 中에는 文化書社 社員과 新民學會 會員이 포함되어 있다.
55) 金正明 編, 앞의 책 II, 289쪽. 당시 易培基 등과 같이 長沙 한중호조사를 발기 조직한 任培道는 신민학회 회원으로 한국의 독립을 적극 지원할 목표로 이를 결성하였다고 언급하였으며 廣州 방면의 지지를 받았다고 한다.

여 '한국의 독립', '대만의 회수' 등 한중 양국인이 서로 일치, 이를 주장하는 11개 항목의 요구 선언을 제출하였던 것과 내용은 불명확하지만[56] 광동의 한중협회가 같은 워싱턴회의와[57] 그 회의에 출석하는 중국 대표 앞으로 전보를 쳤을 것이라는 사실이 알려져 있다.[58] 잡지『광명』은 2, 3호로 휴간되고 말아 한중협회의 그후 소식은 알 수 없다.

한중연진회에는 당국의 의심을 불러일으킨 요소도 있는 것 같았다. 그렇지만 한중호조사는 그후에도 활동을 계속하게 되어 1925년경까지 단편적이지만 여러 가지 일본 헌병의 조사나 외교기관의 보고에서 그 성명이 발견되고 있다.

1920년 이래 상해를 중심으로 각지에 설치되었던 한중호조사는 1922년 말에 이르러 새로운 규약을 개정하여, 중국인 吳山(正理事長)·周劍秋·沈仲俊, 한국인 金奎植(副理事長)·申翼熙·李裕弼 등을 중심으로 중국 남방의 손문 후원 하에서 활동의 기초를 다져 근방의 각지에 사람을 파견하고 그 확장에 노력하여 현재에 東三省 間島 방면에도 그 뿌리를 심었다.

라고, 조선총독부 경무국의『1922년 조선치안상황(국외)추가』에 보이고 있는 것이다.[59] 보고서는 계속해서[60]

그러면서도 同社는 단지 중국인과 한국인이 합동하여 일본의 배척을 목적으로 하는 등이 있다.

---

56) 앞의『朝鮮統治史料』제8권, 23·62쪽.

57) 胡春惠, 앞의 책, 40쪽.

58)『五四時期期刊介紹』제3집, 192쪽. 또『東方雜誌』18권 24호,「中國大事記」에 1921년 11월 1일 한중협회는 "전세계 각 社團에 통전하여 협회의 성립을 진술하고"로 기술되어 있다.

59) 앞의『朝鮮統治史料』제7권, 30쪽. 吳山에 관해서는 陸丹林,「吳山」,『革命人物誌』제6집, 中國國民黨史史料編纂委員會編, 1971에 상세하다.

60)「滿鐵1」,『現代史資料』31, 579쪽 참조.

라고 지적하였다. 이어 1925년 6월 2일 북경에서 간행되고 있는『先頭者社』團人 趙南升 韓興 元世勳 徐曰甫 朴健秉 裵天澤 宋虎 黃虎龍 柳靑宇 등은 連署로서「中國國民의 韓國救族運動에 當하여 우리 二千萬兄弟姉妹에게 告함」이라는 제목으로 선전문을 반포하였다. 그 주요내용은 한중이 연합하여 일본을 총공격하여야 한다는 것이다. 이어 국내외의 각종 사회 각 단체와 한국민족운동단체가 연합 연대하여, 투쟁의 의지를 표시함과 동시에 중국 국민운동에 대하여 정신적 물질적인 원조를 아끼지 말아야 한다는 것 등이었다.[61]

4) 한중친선과 독립의지

이와 같은 맥락 속에서 한중연대운동의 중심적인 활동가로 손꼽을 수 있는 인사는 施洋(1889~1923)이었다.[62] 그는 변호사로 오랫동안 법질서 확립에 기여하였는데 5·4운동 때 크게 활약한 바 있으며 武漢 각계연합회의 대표였다. 그는 중국 상해 각계연합회에 파견되어 평의회 의장, 상임위원을 역임하였다. 후에 중국 공산당에 입당하여 무한 시절에 노동운동의 법률고문으로서 유력한 공헌을 다하였다. 국민대표회의가 소집되어 한창 창조파·개조파가 열띤 논쟁을 전개하고 있던 시기인 1923년 2월, 京漢鐵道總工會의 총파업이 直隸 군벌의 무력 탄압을 받았던 유명한 2·7학살사건 때 처형되었다.

한편 林育南(1898~1931)은[63] 5·4 운동 당시의 [64] 무안 학생연합회의 리더로 전국학생연합회에 참가하였던 적도 있었다.[65] 후에 중국 공산당에

---

61)『現代史資料』31, 579~581쪽 ; 앞의『民族獨立鬪爭史』, 145쪽.
62) 施洋의 字는 伯高, 湖北 竹山出身으로 知韓派이기도 하다.
63) 이 林育南 등이 쓴『施伯高傳』은 원명『2·7 운동 記實』, 순국 1주년에 출판되었던『施洋先生紀念錄』(1924년 2월)에 수록되었던 것으로, 바로 그 시대의 자료라고 볼 수 있다.
64) 胡春惠, 앞의 책, 60·69쪽.
65) 傅啓學,『中國外交史』, 385쪽.

입당하여 시양과 함께 무한의 노동운동을 지도하였다.

1919년 전후 윌슨의 '민족자결주의'의 조류가 세계를 휩쓸고 있을 동안에 한국 민중이 피로 싸웠던 3·1혁명은 한국 독립투쟁의 기폭제로 활용되었다. 1920년 겨울 한국청년당의 이우민 조중구 등이 상해로부터 漢口로와서 무한의 인사와 접촉하여 독립운동을 선전하도록 하였다. 백고 시양은 각계연합회에서 이들을 만나 자신이 품고 있는 생각과 한중에의 압박을 제거할 것을 강조하여 찬동을 받았다.66) 백고는 여기에서 한국인 조중구등과 함께 분담하여 각 학교와 각 단체에 나아가 집회를 열고 연설을 행하여 일본의 만행, 한인의 참상, 한중호조의 필요성 등을 선전하였다. 이 기운은 무한에서 크게 고조되어 한중호조사 결성의 계기가 성숙되었다.67)

다음해(1921년) 4월, 백고 등이 발기하고 각 학교, 각 단체 및 각계의 동지들이 집회를 열어 한중호조사의 결성을 선언하였다. 이 때 한국인 이기창 등이 함께 추천되어 선언규약, 활동계획 등의 기초를 맡았다.68) 이들은 운영을 맡으면서 광범위한 지역과 연락을 취하여 이 호조사의 조직 확대와 실력의 증대를 도모하였다. 이리하여 호남 사천 등에도 한중호조사가 결성됨으로써 한중 양국민은 상호협조의 감정을 크게 고무시켰으니 상해 주재 임정 특파원이 漢口에 와서 백고 등에게 깊은 감사의 뜻을 표하였던 것이다. 한국의 인사들 중에 생활이 곤란한 사람이나 활동에서 장애에 봉착한 자가 있으면, 백고는 전적으로 힘을 써서 원조하고 자기 자신의 곤궁함은 도외시하였다.

한중 양민중의 연대운동이 열렬해지자 일본 영사가 이를 적대시하게 되었다. 그리하여 백고 및 한국 동지들의 활동은 철저히 일본의 스파이에 의해 감시를 당하였다. 조중구 부부가 한구에 있는 프랑스조계에서 체포되어 위태롭게 되었을 때, 백고가 프랑스 영사에게 서한을 보내어 법률대로 한국 사람을 보호해 줄 것을 요구하였기 때문에 한국 사람들은 비로소 조계

---

66) 胡春惠, 앞의 책, 40~41쪽.
67) 金正明 編, 앞의 책 Ⅱ, 451쪽.
68) 李基彰, 李愚珉은 長沙 한중호조사의 임원으로도 있었다. 이들은 무한을 거점으로 한 조직가로서 각지를 왕래하면서 항일투쟁을 전개하고 있었다.

에 안주할 수 있게 되었다. 일본 영사는 스파이로 하여금 독약을 조중구 집의 수도관에 집어넣게 하는 등 암살을 기도하였는데, 백고의 열성적인 구호에 힘입어 겨우 죽음을 면하였다. 1922년 이기창은 무창으로 옮겨가 있다가 일본 경찰에 체포되어 수사를 받게 되었는데, 중국 경찰이 저지하여 가까스로 무창 경찰서에 구류되었던 것이다. 백고 및 각계의 인사들은 크게 분격하여 당국에 대해서 엄중히 항의하고, 이기창의 석방을 요구함과 동시에 불법행위를 자행했던 일본 경찰을 처벌하고 우리나라에 사과할 것, 금후는 이러한 불법행위를 하지 않을 것을 보장할 것 등을 강력히 요구하였다.

이처럼 백고는 한국의 독립투쟁을 지원하였고 한국의 동지를 극진히 도와주었을 뿐만 아니라 평화주의자이며 구휼의식이 강렬했던 자유인이었다.[69] 그는 한중 양국은 함께 피압박 받고 있으니 연합하여 공동의 적인 일본제국주의를 축멸하지 않으면 한중 두 나라가 모두 소생되지 못할 것이며, 나아가 동양의 평화는 정착되지 못할 것이라고 믿고 있었다.

결론적으로 사실상 일본제국주의는 한국과 중국 양국 국민들에게 크나큰 파괴·살상의 위협을 준 침략자였다. 뿐만 아니라 시종일관 가해자였음은 영원히 잊을 수 없는 것이다. 석오 이동녕 주석과의 상담을 거쳐 백범 김구가 단행한 한인애국단의 윤봉길 의거(1932. 4. 29)가 있기 전인 1932년 2월 1일 한국독립당 특무대에서 한중연합과 친선을 강조하는 선고문을 발표하였다.

내용의 대의는 곧 중일전쟁에 제하여 한국인은 중국을 원조하며 편의를 주어 일본에게 손해를 주지 않으면 아니된다는 것이었다.[70]

5) 한중우호와 임정의 활성화

---

69) 伯高는 湖北 교섭원을 만나 엄숙하게 추궁하였다. 한 달 이상의 교섭 끝에 李基彰은 석방되었다. 그가 한국 사람을 구제한 사실도 너무 많아 일일이 열거할 수 없을 정도이다.

70) 앞의 『民族獨立鬪爭史』, 173쪽.

1920년대의 한중연합 항일운동은 1910년 한국이 일제에 강점되어 중국
으로 망명해 온 일부 독립지사들이 중국 혁명파 인사들과 제휴함으로써
구체화되었다. 이후 1945년까지 연결되고 있거니와 한중 두 나라는 다같이
일제의 침략과 압박을 받고 있었기 때문에 공동의 적이라는 인식선상에서
중국에 망명해 온 인사들과 자연스럽게 여러 가지 경우를 통하여 제휴하
였고 유대도 더욱 강화되어 나간 것이다.71)

처음 1910년대 중국에서 한국인으로 최초의 중국 혁명파 인사들과 제휴
하고 기반을 다져 놓은 분은 망명객 중의 고참이기도 한 申圭植 曺成煥
韓興敎 등과 李東寧과 李始榮, 그를 이은 趙素昻 朴贊翊 閔弼鎬 등이었
다.72) 그 중 신규식 조성환 한흥교 등의 지사는 손잡고 직접 중국의 신해
혁명에 참가하여 중국측에 도움을 주었다. 이것이 인연이 되어 이들은 정
치와 경제의 중심지인 국제도시 상해의 租界를 한중연대활동의 본거지로
삼아 정계·언론계·경제계 인사들과 폭넓은 교제를 펴 왔던 것이다.73)

한국측 지사는 중국 상해의 同濟社와 新亞同濟社를 차례로 조직 운영
하면서 중국 혁명파 인사들과 제휴하였다. 따라서 가일층 심해지고 있는
일제 침략에 대항하려는 자세를 취하였다.74) 그 중에서도 한국측 지사들은
중국 國益에 도움이 되는 사업을 공동으로 전개, 성과를 올리는 데 주력하
였으며, 특히 예관은 南社와 寰球中國學生會에 가입하여 한중연대활동을
더욱 강하게 확산시켰다.75)

동시에 脣齒관계 같은 한중 양국 국민과의 유대는 孫文의 삼민주의의
자유·평등·독립의 정신을 실현시킴에서 그 유대의 정신사적 기반을 삼
았던 것이다. 손문의 한중 간의 '共同분투 노력'에의 주장은 이중적 압박
속에서도 좌절치 않고 일층 양민족 지도자가 분발하여 제휴해 나갔다고

---

71) 閔石麟,『晲觀申圭植先生傳記』참조.
72)『李光洙全集』제13권, 329~330쪽.
73) 정신문화연구원, 앞의 자료, 62~69쪽.
74)『吳鐵城回憶錄』, 32~33쪽.
75) 胡懷深,「上海的學藝團體」,『上海通志館期刊』2·3·4, 龍門書店, 1965, 846~
848쪽.

보겠다.[76]

 1910년대 말까지 계속하여 중국으로 망명한 극소수의 한국 독립지사들은 중국 혁명파 인사와 연대활동을 전개하였다. 이에 편승하여 국내에서 3·1혁명이 일어나자 다수의 한국인 지사가 상해로 집결하였다. 이는 임정이 수립되면서 더욱 활기를 띠고 체계적이며 조직적으로 발전되어 나갔다.[77] 3·1혁명의 세계사적인 의미는 잠자고 억눌리는 민족에게 커다란 격려와 고무가 되었음은 물론 다수의 중국민족에게도 적지 않은 충격을 주었다. 이러한 사실은 周恩來 陳獨秀 傅斯年 등의 논저와 주장이 대변해 주고 있다.[78] 이 같은 3·1혁명 예찬과 존중론은 여러 학자들도 지적하였듯이 중국의 5·4운동을 일으키는 데 직접적인 계기가 된 것이다.

 따라서 중국 혁명파 인사들은 한국의 독립운동 사실을 올바르게 인식하고 그 정신과 방법을 중국 민족운동에 援用해 왔던 것이다. 3·1혁명의 영향이 5·4운동에 미치기도 하였으나 이와 반대로 그것이 다시 한국의 민족독립운동으로 발전적인 격려도 되었다. 그리하여 결국 護法政府에서 임정을 승인한 뒤 임정이 다시 호법정부를 승인하는 등 상호간의 인정은 한중연대 항일운동의 실질적이고 핵심적인 상호 이해증진의 사례로 주목되는 과정인 것이다.[79]

 임정이 官·民 양차원에서 한중연대활동을 강화해 나간 것은 임정이 수립된 뒤 국내외를 정치해 나감에서 찾아야 되는 하나의 광복정책적 수단이며 방법이었다고 평가된다. 韓重生의 한중연대 호소나 임정의 내무총장 이동녕의 중국인과의 연대운동에의 모색 등은 다같이 양민족의 우정어린 접근을 시사하는 내용으로 연대투쟁에의 성취 사례인 것이다.[80] 이를 토대로 長沙의 한중호조운동 등은 官邊이 아닌 양국 민간 차원에서 크게 공동투쟁의식과 성과로 나타낸 것이라고 보겠다.

---

76) 정신문화연구원, 앞의 자료, 62~64쪽.

77) 『朝鮮統治史料』 제8권, 343~344쪽.

78) 周恩來·陳獨秀·傅斯年 등의 논설과 강연·回憶錄 참조.

79) 胡春惠, 앞의 책, 40~41·60~62쪽.

80) 李炫熙, 『臨政과 李東寧硏究』, 一潮閣, 1989, 序論 및 結論 참조.

1920년대의 한중연대 항일투쟁은 중국측의 援韓 차원뿐 아니고 그 반대의 경우도 있었음을 우리는 눈여겨볼 수 있다. 한국측을 지원한 손문 외에 蔣介石은 그 군정막료와 함께 한국과의 연대항일활동을 희망하고 있었으나, 1920년대에는 안휘파 군벌들과의 투쟁 및 공동합작운동 등으로 시달려 활성화가 되지 못하였다.

1932년 이봉창·윤봉길 의사의 작탄의거가 크게 계기가 되어[81] 마침내 援韓的인 측면에서의 활발성과 함께 크게 발전해서 성과를 거두게 되었다.[82]

저자는 한중연대가 항일투쟁상 매우 중요한 과제라고 생각한다.[83] 따라서 1930년대의 한중연대투쟁은 稿를 달리하여 규명하되,[84] 이는 역시 임정의 상해시대(1919~1932)를 떠난 이동시대(1932~1940) 8년 동안에 해당되리라고 본다.[85]

---

81) 金樂山, 『春山 李裕弼小史』(未刊本), 1943, 22~28쪽.
82) 李炫熙, 「大韓民國臨時政府와 國民黨政府」, 『金大煥博士華甲紀念論文集』, 1988, 129~150쪽.
83) 李炫熙, 「大韓民國臨時政府 法統性에 關한 研究」, 『金龍德博士停年紀念史學論叢』, 1988, 555~588쪽.
84) 坪江汕二, 『增補改訂朝鮮民族獨立運動秘史』, 高麗書林, 1986, 94~97·119~120쪽.
85) 蔡根植, 『武裝獨立運動秘史』, 1947, 199~204쪽.

2. 임정과 국민당정부
─상호 외교정책 관계를 중심으로─

1) 1920년대 초의 한중외교

1919년 4월 13일 상해 유지이며 손문의 심복인 杜月笙 등의 協援으로 중국 상해에 수립된 대한민국임시정부는 그이후 항주, 진강, 남경, 장사, 광주, 유주, 기강, 중경 등지로 27년간 이동시대를 겪으면서도 법통성을 유지 계승하였다. 임정은 오늘날 대한민국의 법통성-정통성을 맥락짓는 최초의 민주공화체제정부였다. 이 27년 동안 우리 임정은 중국정부의 적극적인 물심양면으로의 지원과 격려를 받아 왔다. 한중 양국관계의 교섭은 27년 동안을 4단계로 나누어 논의해 볼 수 있다.

첫째는 임정수립 전후기로부터 1926년까지이며, 둘째는 1927년 이후부터 1932년까지이고, 셋째는 1932년 이후로부터 1936년까지이며, 넷째는 1937년부터 1945년까지이다. 첫째·둘째 단계는 상해시대이며, 셋째·넷째 단계는 임정의 이동과 불안정의 기간이었다. 임정 27년 동안 우리는 중국 정부의 적극적인 배려 속에서 안심하고 독립운동을 전개해 나갈 수 있었다. 그러나 때로는 갈등과 마찰, 회의와 좌절, 소외와 공허함도 맴돌고 있어 양국정부 간의 불편한 동반자관계가 유지된 경우도 있었음을 정치사적인 의미와 시간적인 평가로서 남기지 않을 수 없겠다.

우선 첫째 단계에서의 한중외교사관계를 살펴보겠다. 임정에 대한 중국 蔣介石 국민당 정부의 지원의 성격은 중국학자나 정치가들이 언급하고 있다. 즉 그들 정부의 이권과는 무관하게 순수한 전통적인 友誼로서, 혹은 상호간에 사상적으로 공감을 갖게 됨으로써 임정을 지원하였다는 것이다.1)

임정에 대한 중국정부 지원의 성격을 분명히 이해하기 위하여서는 다음과 같은 연구가 선행되어야 한다. 일본이 대륙침략정책과 중국민족주의가 발전하는 과정에서 임정을 지원했던 중국 지도자 孫文과 蔣介石 총통의 임정에 대한 태도와 중국정부의 대일정책에 있어서 임정이 차지하고 있었던 비중을 분석·평가하는 작업이 그것이다.

일찍이 중국의 혁명가들은 청왕조의 무능과 열강의 제국주의에 저항하여 1911년 10월 10일 辛亥革命을 일으켰다. 이에 손문이 초대 임시정부 대통령으로 취임하였다. 이때 영·미·프는 손문정부에 차관을 청산치 못할까해서 압력을 넣어 곤궁에 빠지게 하였다.2) 이에 원세개에게 총통직을 양위하였다.3) 이런 시기를 전후로 한국의 독립지사들은 중국으로 망명하여 한국독립을 지원받는 분위기를 조성하였다.4)

임정 요인으로 중국정부와 처음 접촉한 인사는 임정의 기반을 닦은 예관 신규식이었다.5) 예관은 손문의 동맹회에 가입하여 친목을 돈독히 하고

---

1) 林秋山,「大韓民國臨時政府에 대한 中華民國의 支援政策에 關한 硏究」, 경희대 정치학박사논문, 1975 ; 陳立夫,「中國의 韓國獨立運動支援과 韓國指導者의 紛爭」, 韓國精神文化硏究院 編,『韓國獨立運動史資料集』, 博英社, 1983, 125쪽 ; 崔鍾健 譯編,「大韓民國臨時政府文書輯覽」, 知人社, 1976 참조.

2) 손문의 임시정부를 승인하지 않고 海關委員會를 조직하여 세금을 직접 회수함으로써 재정적으로 임정을 위기에 봉착하게 만들었다. 국내적으로는 共和制에 대한 중국국민의 인식도 부족하였고 北洋陸軍의 지지를 받고 있던 袁世凱를 중심으로 한 구세력이 군사적으로도 막강하였다. 胡春惠,「韓國獨立運動在中國」, 中華民國史料硏究中心, 1976, 13~14쪽.

3) 佐伯有一·野村浩一 外, 吳相勳 譯,『中國現代史』, 한길사, 1980, 215~216쪽. 한국독립지사들은 손문, 원세개를 비롯한 북양군벌정부와 다른 여러 세력과 관계를 갖고 지원을 요청하였다.

4) 손문의 동맹회에 가입하여 신해혁명에 참가하였던 신규식은 조성환과 같이 1912년 1월 손문이 중국임시정부의 대통령으로 취임하자 중국정부의 원조를 요청하였다.

5)『韓國魂』中 閔弼鎬의「睨觀申圭植先生傳記」참조. 신규식은 宋敎仁, 陳果夫 등 20여 명과 같이 상해에서 新亞同濟社·南社 등을 조직하였다. 이는 한국의 독립

신해혁명에 참여하였다. 1912년 1월 손문이 중국 임시정부 대통령으로 취임하자 조성환과 같이 면담하고 중국의 원조와 격려를 요청하였다.6) 신규식은 상해의 『민권보』 신문사에서 그의 전재산을 기증하는 일방 陳其美(英士)를 도와 '倒袁운동'을 조력한 바 있었다.7) 그는 이 같은 중국인사와의 지면을 통해 新亞同濟社・南社를 결성하여 한국독립운동을 협조케 주선하였다.8)

1914년 제1차 세계대전시 독일이 山東반도에서 이권을 얻으려 하자 일본은 독일에 선전포고를 하고, 산동 교주만에 출병하였다. 한국독립지사 成樂馨은 이 기회를 틈타 원세개의 북경정부에 접근하여 韓・中・獨이 연합해서 항일할 것을 요구하였으나 원세개는 당시 일본정부에게 재중일혁명당을 탄압해 줄 것을 요구하고 있었으므로 중립을 지켰다. 그리고 그는 황제 취임에 대한 일본정부의 양해를 얻기 위해 일본의 21개 조항에 대한 교섭에도 응하였다.9) 그러던 중 1916년 6월 원세개가 사망하자 중국정부는 段祺瑞(1865~1936)를 거두로 한 安徽派와 馮國璋(1859~1919)의 直隷派로 양분되었다.

이 당시 일본은 자국의 이권을 위해서는 어떠한 정부에도 원조를 아끼지 않겠다고 하여 중국군벌들과 제각기 밀착되어 있었다. 재정적 지원을 못받는 손문은 이들 군벌과 타협하였다. 廣東都督 陳煥焜이 광서군벌 陸營廷, 호남군벌 譚延闓, 북양군벌 段祺瑞 등의 부대가 남하하자 이를 막기 위해 손문을 광동으로 초청하였다. 손문은 1917년 8월 25일 광주에서 국회비상공의를 열고 9월 1일 대원수가 되었다. 그러나 손문은 정치활동을 활발히 전개할 수 없어 1918년 5월 대원수직을 사임하고 상해로 돌아갔다.10)

운동을 지원하는 중요한 결사로 손꼽힌다. 胡春惠, 앞의 책 참조.

6) 金正明 編, 『朝鮮獨立運動』 I, 東京 : 原書房, 1967, 278~280쪽.

7) 陳英士(其美) 등도 한국의 독립운동에 대하여 頃心相助, 日夜分憂의 경지에 도달하였다고 신규식의 『韓國魂』 61쪽에서도 언급하였다.

8) 陳果夫, 「陳英士先生革命事蹟」, 『陳果夫全集』, 1967, 88~89쪽.

9) 佐伯有一, 앞의 책, 236~237쪽. 그러나 현실적으로 帝制復活이 불가능할 뿐만 아니라 열강 등이 그를 지원하지 않자 원세개는 1916년 3월 21일 帝制의 취소를 선포한 뒤, 그 해 6월 6일 사망하였다.

이처럼 중국국민을 대표할 수 있는 중앙정부가 존재치 못하고[11] 군벌이
할거하던 중국의 상해에 있던 李始榮 여운형 현순 신익회 최창식 등은 중
국 각계와 외국신문에 독립혁명에 관한 선전문을 발송한 바 있었다.[12] 중
국혁명당의 중진급인 宋敎仁 陳其美 胡漢民 朱執信 戴季陶 陳果夫 등은
한국이 여지없이 당한 1910년의 일제강점을 커다란 국가적 치욕으로 생각
하고 한국독립의 필요성을 강조하였다.[13] 일본이 요구하는 모두 21개 조항
은 그들의 반일감정을 더욱 고취시켰다. 그들은 한국독립의 필요성과 재정
적 지원도 아끼지 않았다. 중국의 5·4운동이 일어났을 때 5월 7일 상해에
서 중국혁명당이 청년을 모아 한중연합의 반일시위를 전개할 때 金鼎穆을
단장으로 한 大韓靑年團員들도 이에 동조 가담하였다.

이후 한중항일연석회의를 소집하였고, 중국인사들은 한국의 독립을 지
원하겠다는 결의를 표하였다. 이 때는 이미 상해에 한국 임정이 수립된 후
였다.[14] 동년 10월 임정의 安昌浩(노동국 총판)와 중국정치가들은 中韓靑
年協會를 조직했다.[15] 중국혁명의 지도자 손문, 孫洪伊의 격려와 朱執信
의 홍보활동은 한국독립운동에 큰 힘이 되었다.

손문은 1919년 10월 중화혁명당을 국민당으로 개편하였다. 이어 그는
1921년 4월 비상대통령에 선출되었다.[16] 손문의 호법정부가 중국의 정통
정부였으므로 임정의 국무총리 겸 외무부장 신규식이 11월 30일 임정대표
로 광주의 손문을 방문하였다.[17] 여기서 임정은 5가지 요구조건을 제시,[18]

---

10) 佐伯有一, 앞의 책, 247~250쪽.

11) 중앙정부란 명칭은 북경지방에 세력을 확대할 수 있었던 군벌의 자칭이자 열강이
   북경정부에 부여한 명칭에 지나지 않았음을 알아야 할 것이다.

12) Lee Chong-Sick, *The Politics of Korea Nationalism*, University of Califonia
   Press, Bakerley, 1965, 130쪽 ; 胡春惠, 앞의 책, 17쪽 ; 金正明 編, 앞의 책 Ⅱ,
   193~194쪽.

13) 胡春惠, 앞의 책, 39쪽 ; 閔石麟 編, 睨觀申圭植先生遺 著, 『韓國魂』, 睨觀先生紀
   念會, 臺北, 1955, 73쪽.

14) 李炫熙, 『大韓民國臨時政府史』, 집문당, 1982, 제2장 ; 『3·1獨立運動과 臨時政
   府의 法統性』, 동방도서, 1987, 제5장 참조.

15) 金正明 編, 앞의 책 Ⅱ, 40·405~407쪽.

16) 佐伯有一, 앞의 책, 89~91쪽.

어려움 속에서 외교적 승인을 받았다.[19] 한중 상호간의 승인과 재정적 지원, 군사양성협조문제가 그 핵심을 이루고 있었다. 임정은 남파 朴贊翊(朴英俊의 선부장)을 駐광동대표로 상주시키는 데 허락을 받았고 그 비용도 중국정부가 부담해 주었다.[20]

호법정부는 1922년 4월 5일 한국의 독립을 승인하였고, 북경정부에게는 파리강화회의 대표에게 한국의 독립문제를 각별 취급토록 당부하였다.[21] 이와는 별도로 민간 차원에서의 한중 간의 우의돈독은 독립운동을 지원할 목적으로 결성된 한중호조사의 국민당 중견인물들의 援韓운동에서 찾아보아야 할 것이다. 이는 1921년 봄 漢口·長沙지구에, 동 8월에는 상해에, 1922년 成都에서 각기 조직되었다. 1921 9월에는 광동에 한중협회가 조직되었다. 丁象謙 등 중국 국민당 중견인물이 이 협회의 찬조자들이었다.[22]

---

17) 신규식은 상해에 임정이 수립된 이래 처음으로 타국정부에 파견된 외교특사였다. 그는 호법정부의 중요부서의 장관들을 만나 임정에 대한 중국정부의 지원, 승인을 강력히 요청하였다. 尹潽善 전대통령과의 면담(1987. 8. 11)에서 이 사실은 실증적으로 확인되었다.

18) 신규식은 11월 3일 공식적으로 손문총통을 회견하고 다음과 같은 내용의 국서를 전달하였다. 첫째, 대한민국임시정부는 호법정부를 중국정통의 정부로 인정함. 아울러 그 원수와 국권을 존중함. 둘째, 대중화민국 호법정부가 대한민국임시정부를 승인할 것을 요청함. 셋째, 한국학생의 중화민국군관학교에의 수용을 허가해 줄 것을 요청함.넷째, 차관 오백만원을 요청함. 다섯째, 조차지대를 허가하여서 한국 독립군 양성에 도움이 되게 하기를 요청함. 이에 손대통령은 임정승인건에 관해서는 호법정부도 타국의 승인을 받지 못하고 있는 형편에 임정을 승인한다고 해서 크게 도움은 될 것이 없다고 하였다.

19) 광동성만을 확보하고 있는 호법정부로서 오백만원의 차관이라든지 조차지대를 허가하기는 역량부족이라며 북벌 완성 후 한국독립을 적극 지원하겠다고 대답하였다. 단지 한국학생의 중화민국군관학교에의 수용건은 승락하였다.

20) 보훈처, 『독립운동사자료집』 - 임시정부사 4, 1973, 187~188쪽.

21) 호법정부는 王正廷을 파리 평화회의에 파견하고 광주 비상국회는 한국의 독립을 승인할 것을 결의하였다. 파리평화회의에 참석하고 있는 왕정정에게 평화회의에서 한국의 독립을 주장하도록 전보를 쳤다. 范廷傑, 「韓國臨時政府初期的政治與外交」, 『傳記文學』 27권 4기, 1975, 86쪽.

22) 同協會의 구성원은 임정과 관계를 맺고 있던 한국인 대부분이 가담되어 있었다. 중국인으로는 학교 교원들이 많았다. 임정은 한중호조사들을 통해 한국독립을 위한 선전과 외교활동을 적극 전개할 수 있었다. 漢口의 한중호조사는 1921년 5월

1924년 손문의 국립 광동대학에도 한국청년을 무료입학시켜 장학혜택으로 인재를 양성하였다. 한중호조사는 이 시기에 태평양회의에 일본의 한국침략을 규탄하는 문건들을 보냈다. 그 외 여러 단체가 한국의 독립을 요구하는 건의문을 발송토록 결의하였다.

임정의 재정적인 지원으로 재원을 확보할 수 있었다.[23] 1912년 경 진기미(英士)가 8,000원을 한국 등 혁명지사들에게 전한 일이 있었다.[24] 陳庚韓은 김규식의 파리회의 참석을 위한 여비를 주선해 준 일도 있었다.[25] 이때 중국 商民團에서는 200엔을 임정에 기부하였다.[26] 중국의 손문은 1924년 6월 광주 교외의 黃埔에 군관학교(교장 장개석)가 설립된 뒤 한국인 학생이 입학할 수 있게 조치하였다. 진과부가 1인당 20원과 배표를 제공하며 크게 주선하였던 점도 특기할 사실이었다. 1919년 운남독군 唐繼堯의 임

30일 재중일본공사관이 연길 일대에서 활동하던 한국독립투사들을 검거할 수 있도록 일본 군경의 활동을 합법화하기 위한 國境會巡協定에 대한 초안이 『중외보』에 보도되자 중국정부 외교총장에게 이를 비난하고 취소할 것을 요청하기도 했다. 광동의 한중호조사도 1921년 11월부터 워싱턴에서 개막된 태평양회의에 일본의 한국침략을 규탄하는 안건을 제의하기도 하였다. 다른 단체들에게 1921년 9월 22일 상해에서 中國諸路商界聯合會, 10월 5일에 열린 중화민국학생연합총회, 그리고 11월 30일에 열린 전국국민외교대회 등에서도 한국의 독립을 요구하는 건의문을 태평양회의에 보낼 것을 결의하였다.

23) 임정의 재원은 국내외의 구급의연금, 국내외공채모집, 인구세징수(1인당 50전)였다. 일경의 모금자 검거로 국내에서는 활발히 전개되지 못했다. 국내외 공채는 매입이 부진하여 공채발행은 곧 중지되었다. 그리고 인구세징수라는 명목으로 재상해한인들로부터 민단세를 징수하였다. 이러한 여러 가지 사정으로 사실상 임정은 재정적으로 곤경에 빠졌다. 이에 임정은 1920년 12월 20일 여운형을 광동에 파견하여 중국 남경정부에 축하를 보내고 그 자리에서 임정재정의 궁핍함을 설명하였다. 在廣東商界유력자들과도 교섭하여 만족한 성과를 거두고 상해로 돌아왔다. 1921년 11월 3일 임정의 국무총리 겸 외무부장인 신규식이 손문의 호법정부에게 요구한 차관 오백만원은 보조받지 못하였으나 광동주재임시정부대표의 常駐비용만은 부담하겠다고 하여 지원을 받아냈으니, 이것이 중국호법정부로부터 정식으로 받은 재정적 지원이었다.

24) 蕭錚, 「中國協助韓國光復之回憶(二)」, 『傳記文學』 45권 1기, 1984.

25) 金承學, 『韓國獨立史』, 獨立文化社, 1970, 264쪽.

26) 李龍範, 「3·1운동에 대한 중국의 반향」, 『3·1운동 50주년 기념논집』, 1969, 537쪽.

정에의 금전적 지원과 항공학교 등에 50여 명의 입학을 허용해 준 것은 큰
지원이었다.[27]

　이 때 손문은 북벌안을 국회에 제출하였으나[28] 陳炯明이 반란을 일으켜
그들은 상해로 철수하였다. 그러나 1923년 2월 손문의 지지자들은 진형명
을 광동에서 축출하고 손문을 재차 영입하여[29] 1924년 1월 국민당 제1차
전국대표대회(광주)를 열었다.[30] 이 대회에서 소련용공노동원조의 3대 정
책을 결정하였다.[31] 손문은 1924년 말 북경정부의 段祺瑞로부터 회담요청
을 받고 북경으로 가던 중 일본에 들려 불평등조약을 폐지해 줄 것을 요청
하였다.[32] 그는 12월 31일 북경에 도착한 후 다음 해 3월 12일 사망하였다.
그는 일본에 대해서 매우 우호적인 생각을 가지고 이를 표명한 바 있었
다.[33]

---

27) 운남독군 唐繼堯(1881~1927)는 운남강무학당과 운남육군항공학교에서 임정의
　　證明書를 소지한 한인을 모두 입학시켜 50여 명을 훈련시켰고 1922년 12월말부
　　터는 하남성 邯鄲軍官講習所, 北京學生團, 開封兵工局 등에도 학생을 유학시켰
　　다. 1923년부터는 여운형(남경과 상해일대에서 활동)은 낙양강무당의 吳佩孚, 山
　　西 閻錫山과 교섭하여 우선적인 지지와 협조를 받았다.
28) 손문은 王輯唐을 지휘자로 하는 安福派, 그리고 만주의 張作霖과 삼각동맹관계
　　를 맺었다. 따라서 북경정부(직예파)를 고립시키고 북벌을 기도하였다. 그러나 그
　　를 지지하였던 陳炯明을 중심으로 한 광동의 鄕紳派 간의 불화로 인해 진형명이
　　오패부에게 기울어져 반란을 일으켰다. 이에 손문과 국민당원들은 다시 한번 광
　　동에서 상해로 피신했다.
29) Jean Chesneaux, Francoise Le Barbier, and Marie Claire Bergére, 『中國現代史』,
　　183쪽.
30) 佐伯有一, 앞의 책, 314쪽.
31) 이에 1924년 10월 親英國 陳廉白이 이끄는 부르조아민병대인 廣東商團軍이 무장
　　폭동을 시도하였다. 군관학교의 학생군은 상단군을 무장해제시키는 데 있어 활약
　　을 보였다. 더욱이 1925년에는 광동성 동반부를 장악하고 있던 군벌 진형명과 싸
　　워 그를 추방하는 데 성공하여 혁명의 근거지를 확보하였다.
32) 손문은 코베(神戶)에서 「大亞細亞主義」라는 강연을 통해 자신의 소신을 피력했
　　다.
33) 1923년 일본의 정치가 鶴見祐輔(쓰루미유 우쓰게)를 만나 이런 우호적인 담론을
　　폈다. "나는 일본을 사랑하고 망명시절에 나를 비호해 준 일본인에게 감사하고 있
　　다. ……그러기 위해서는, 일본이 종래의 중국에 대한 그릇된 서양식의 침략정책
　　을 버리고, 북경정부에 대한 원조를 중지하여, 만주로부터 철퇴하지 않으면 안 된

중국정부의 임정 지원은 한중 간의 역사적 관계유지의 필요성, 청·일전쟁에서의 일본의 패배, 일본의 21개항 요구조건의 불쾌감, 중국인들에게 민족주의와 반제국주의 의식고취 등의 필요에서 였다고 볼 수 있겠다.[34]

2) 국민당정부의 소극적 외교정책

임정과 중국 국민당정부와의 제2단계 외교는 1927년으로부터 1932년까지의 양국관계의 제문제이다. 손문의 약소민족지원이라는 정치역량과 철학을 계승한 분은 황포군관학교장 장개석이었다. 그도 약소국의 자주독립을 지지 후원하였다. 그러나 국내 통일문제 및 중일 간의 문제로 공개적으로는 적극 지원의 의사표시와 그 실천을 노출시키지 못하였다. 그는 호법정부의 지위향상과 공고함을 나타내기 위하여[35] 1926년 8월부터 12월까지 장애파를 제거하기 위하여 북벌을 단행하고 장작림을 제외한 군벌을 귀속시켰다. 그리고 정부와 당내부를 재편성하였다. 국민정부가 북벌을 진행하는 동안 王精衛 등 좌익계는 광동에서 무한으로 옮긴 국민정부를 장악하였다.

1927년 3월 18일 상해에서는 80만 노동자가 總共會에 가담하여 위협적인 세력이 되었다. 이 때 장개석은 동 4월 12일 상해에서 공산세력을 축출하였다. 4월 15일 남경을 수도로 정하고 손문의 국민당의 정통성을 계승하는 국민정부를 수립하였다(4. 18).[36] 동 7월 그는 무한정부를 통합한 뒤 9

다. 그렇게 되기 전에는 일본의 어떠한 시책도 중국인의 감사를 받지 못할 것이며, 중국인은 의심에 찬 눈으로 일본을 바라보고 있을 것이다."

34) 胡春惠, 앞의 책, 58~59쪽.

35) 그는 양자강 하류지방의 5개성을 지배하고 있던 孫傳芳, 하남성과 사천성을 장악하고 있던 오패부, 산동성의 장작림 등과 같은 군벌 등을 정벌할 것을 계획하였다. 그 다음 순서로 당과 정부를 장악하고 있던 좌파 왕정위와 우익을 대표하는 개혁 마르크스주의자 胡漢民 등을 제거하여야 했다. 그리하여 장개석은 먼저 1926년 8월부터 12월까지 반봉건·반제국주의의 기치하에서 북벌을 단행하였다.

36) Jeans Cheaneaux, op. cit., 175~178쪽.

월에 우파세력과도 타협을 이루어 국민당을 통합시켰다. 1928년 1월 다시 권좌에 오른 장개석은 2월 閻錫山 등과 함께 장작림을 굴복시키기 위하여 봉천군을 공격하였는데 그는 폭사당하였고 그 아들 學良은 국민정부에 합류하였다. 동 10월 10일 그는 군벌시대를 끝내고 1929년 3월 당권을 장악하였다.37) 그는 군·당·정부를 장악한 것 같았지만 용암같은 군벌들의 도전을 받고 있었다. 그의 남경정부가 지속될 수 있었던 것은 전역에 확산된 반일감정 때문이었다.38)

이처럼 장개석은 손문의 뒤를 이어 남경에 국민정부를 세우고 군벌의 도전을 효과적으로 대처하는 문제 외에도39) 일본의 제남점령(1928. 4), 소련의 중국국경 위협 및 중동철도 회수문제, 군사적 위협 등 겹치는 난제해결이 더 급박한 당면과제이었기에40) 한국의 독립을 지원하는 일에는 자연 소홀할 수밖에 없었다.41)

이 시기에는 임정 내에 원조를 받을 수 있는 기반조성이나 여건이 성숙되지 못하였다 해도 과언이 아니다.42) 1919년 4월 임정이 수립되어 동 9월

---

37) *Ibid.*, 190~192쪽.
38) 이들 군벌들은 적당한 기회만 있으면 남경정부와 절연하려고 하였으나 장개석이 이들을 뇌물로 사수하거나 무력으로 위협하였기 때문에 그들은 서로 단결할 수 없어서 세력균형을 계속 유지하고 있었다. 장개석은 당정화운동을 통하여 공산주의자들과 그 동조자들을 탄압하고 제거하였기에 신망을 잃었다. Lloyed F. Eastman, *The Aboritive Revolution : China Under Nationalist Rule 1927~1937*, Cambridge, Mass : Harvard Univ. Press, 1974, 138쪽.
39) 일본은 중국에서 경제적 이권은 물론 영토적 야욕까지 성취하고자 조그마한 구실이라도 찾아내려 하였다. 따라서 일본은 동북지방의 환난을 야기하여 중국을 분할시키려는 목적으로 장작림을 폭살하였다.
40) 일인거류민단보호를 구실로 일병은 제남을 점령하였다. 1929년에 소련이 극동군을 편성하여 중·소국경에 배치시켜 놓은 사실과 중소의 공동관리하에 있었던 중동철도를 회수한다는 국민당정부의 발표에 충격을 받은 일본은 동삼성 침략정책에 박차를 가하였다. 1931년 9월 일본은 일병에게 중국 장학량군대의 군복을 입혀 봉천에서 동북 三哩지점에 있는 유조구 부근의 철도를 폭파시켜 놓고는 이것을 중국측에서 파괴하였다고 트집을 잡아 군사행동을 전개하였다.
41) 장개석은 남경에 국민정부를 수립하고 군·당·정부의 모든 정권을 장악하기에 여념이 없었다.
42) 초대 임정대통령인 이승만은 1921년 8월부터 워싱턴에서 취무하였으므로 상해 국

3개 처가 하나의 정부로 통합된 이후에도 임정을 불신하는 문제가 생겨 국민대표회의가 소집되어(1923년 1~5월) 임정의 개조와 창조의 논의가 무성했던 일도 있었다.[43] 더욱이 이승만 임시대통령의 불신임안이 제기되어 결국은 1925년 정식으로 탄핵 면직당하였다(1925. 3). 그리하여 임정은 1925년 이후 국무령중심 지도체제로 제2차의 개헌을 단행하였다.

여기서[44] 1926년 최후로 국무령이 된 김구가 혼란과 침체를 정리하고 강력한 민주정부형태를 취하면서 중국정부와의 협조체제를 보다 더 긴밀하게 갖추어 나간 것이다.[45] 그 뒤 1927년 2월에는 제3차 개헌을 통하여 집단지도체제인 국무위원중심 지도체제로 변경하여 이동녕이 주석이 되어 참신한 정부가 출범하였으니 이후 1940년까지 14년간이나 이 체제대로 계속 유지하였다.[46] 이 시기가 임정으로서는 가장 큰 업적을 남긴 것으로 평

무원과 정책의 일치를 볼 수 없게 되었다. 하와이 우리 동포의 인구세와 애국금은 구미위원부를 거쳐 임정에 송금하였기에 이박사 자신이 외교용으로 사용하였다. 워싱턴의 이승만대통령과 상해의 내각 사이에는 대립이 구체화되었고 급기야 대통령은 불신임을 받아 면직되었다. 임정의 노동국총판이었던 안창호도 1921년 5월 17일 사퇴하고 국민대표회의를 소집하여 임시정부의 개조를 주장하였다.

43) 국민대표회의는 1923년에 소집되어 5개월에 걸쳐 무려 100여회의 회의를 거듭하였으나 실패하였다.

44) 1924년 6월 개회된 임시의정원은 1925년 3월 이승만 대통령을 탄핵·면직시키고 이동녕이 대리를 맡다가 박은식을 정식으로 제2대 임정대통령으로 선임하였다. 박은식은 곧 국무령(오늘날의 총리) 지도체제인 내각책임지도제를 확립하였다. 그러나 임시의정원에서 국무령으로 선출한 이상용 양기탁 안창호 홍진 등은 군자금의 곤란과 임정활동의 부진으로 연달아 사퇴하였다.

45) 이동녕의 추천과 후원하에 1926년 12월 14일 김구가 국무령이 되어 새 내각을 조직하였다. 그 뒤 국무령 1인이 책임을 지는 내각책임제로는 다수의 의견을 반영하기도 어려워 국무령제를 폐지하고 국무위원제인 집단지도체제를 채택하였다.

46) 제3차 개헌에 따라 1927년 2월 15일 이동녕을 주석으로 한 정부가 출범하게 되었다. 임정은 독립단체들이 상호 단결하여 효과적인 독립운동을 전개하기 위하여 유일독립당을 조직할 필요성을 절감하게 되었다. 이에 1927년 중국 각처에서 유일독립당촉성회를 열고 11월 14일 상해에서 각지 촉성회연합회를 개최하였다. 그러나 이 유일당촉성회는 해산되었다. 한편 이동녕 김구 안창호 조소앙 등의 임정인사들이 중심이 되어 상해에서 한국독립당을 조직하였다. 그 뒤를 이어 남경에는 한국혁명당이, 1930년에 동삼성에서는 한국독립당이 조직되었다. 이현희, 앞의 책, 12·13장 참조.

가되고 있다. 임정은 유일독립당의 필연성을 절감하고, 1927년 11월 14일 상해에서 각지 촉성회연합회를 개최하였다. 그러나 공산계의 방해공작으로 실패하고 이동녕 등은 한국독립당을 조직하였다. 남경에는 한국혁명당이, 1930년에 동삼성에는 한국독립당이 조직 운영되었다. 임정 재정형편의 악화와[47] 남경정부의 와해위험으로 혼란기에 처하였을 때 1931년 9월 18일 만주사변이 일어났다.[48] 이 때 중국정부가 임정을 적극 지원하게 되었다.

  일본은 1932년 3월 1일에 괴뢰국인 만주국을 세웠다.[49] 이보다 앞선 1932년 1월 28일 일본은 상해사변(1932. 1. 28)을 일으켜 상해를 점령하였다. 이 때 재상해한교들이 항일행동에 적극 참여하였다.[50] 학생들도 남경정부의 일본에 대한 유화정책에 반대하는 극렬시위를 전개하였다.[51] 경제적으로 중국이 일본에의 의존도가 높았기 때문에 이런 미온적인 태도를 취한 것이다.[52] 장개석은 동 2월 25일 남경에서 三民主義力行社를 조직하였다.[53] 이럴 즈음에 4·29 윤봉길 의사의 홍구공원에서의 의거가 성공리

---

47) 임정은 많은 독립운동단체들로부터 정치적으로나 이념적으로 적극 지지를 받지 못하였을 뿐만 아니라 극도의 재정난에 허덕이고 있었다. 당시 임정의 궁핍상태는 월세 30원인 초라한 임정청사의 집세도 6개월씩이나 지불할 수 없어 명도소송을 당할 정도였다.

48) 1931년 9월 18일 사변이 발발하여 남경정부가 한국독립운동에 적극적인 관심을 갖게 되었다.

49) 일본은 그들의 팽창주의정책을 실현하기 위하여 동북지역 전역을 점령하고 만주국을 세운 것이다.

50) 장개석은 '先安內 後攘外'를 주장하면서 제네바 국제연맹에 이 사건을 제소하였다. 중국국민은 일본에 대한 남경정부의 소극적인 정책에 분개하였다.

51) 이현희, 앞의 책, 293쪽 ; 簫錚, 앞의 책, 65쪽 ; 송건호·유인호·진덕규 외, 『해방전후사의 인식』, 한길사, 1979, 8쪽 ; Eastman, *op. cit.*, 246쪽 ; Chesneaux, *op. cit.*, 208쪽.

52) 남경정부로서는 경제적으로 중국이 일본에 의존도가 높으므로 섣불리 선전포고를 할 수 없었다. 1930년에는 일본과의 무역이 중국무역 전체의 1/4이나 차지하고 있었으며, 일본에 상환하여야 할 채무가 1931년에는 1914년보다 무려 23배나 증가하였다. 그리고 재중일본 거류민이 26만 내지 28만으로서 전체 외국인의 51%나 차지하였다.

53) 장개석은 1932년 2월 25일부터 29일까지 남경 中山陵園에서 황포군관학교 1기에

에 종료되었다. 그 이전(1928. 5) 타이완의 台中에서 조명하 의사의 일제의 久爾宮邦彦王의 제거의거(1928), 이봉창 의사의 1·8일왕폭살미수(1932. 1. 8) 등 일련의 적극적인 일제침략의 요인제거운동은 중국정부와 국민의 한국민 인식을 전혀 달리하게 하였다.54)

앞의 이봉창·윤봉길 의사는 이동녕 김구 등이 주도한 한인애국단의 단원이었다. 이는 임정의 독립투쟁을 수행함에 있어 보다 질적 향상을 도모한 적극적인 방법이 채택이었다고 평가된다.55) 김구는 평화적인 수단으로는 일본의 식민통치를 벗어날 수 없다고 느낀 나머지 세계인의 관심을 집중시킬 적극 방법을 쓴 것이다.56) 이 의거로 한때 만보산사건으로 인한 한중 간의 불편했던 관계가 해소되었고 중국의 몇 억 인구가 못해 낸 큰 사업을 몇 천만의 인구를 갖고 있는 한국용사가 해냈다고 찬사를 아끼지 않았다.57)

이는 임정 자체의 침체와 안일을 한 단계 뛰어넘게 하였다. 즉 활력소를 불어넣게 하였으며, 중국정부로서는 자기네들 문제로 미쳐 임정에의 소홀했던 지원을 보다 확실하게 할 수 있게 하였다.

중국 국민당원 박찬익의 활동으로 宋美齡이 10만 원을 내는 등 많은 액수의 위로금이 모아졌다. 4·29의거로 이동녕 김구 등 임정 요인은 체포의

서 6기에 이르는 20여 명의 동창들과 三民主義力行社를 조직하였다.

54) 임정은 국제연맹을 통해서는 일본으로부터 독립하기가 어렵다고 판단하였다. 따라서 임정의 한인애국단이 중심이 되어 일제의 요인총살과 기물파괴공작을 적극 전개한 것이다. 이로 인해 중국인들은 한국인에 대해 인식을 달리하였으며, 한국인의 용기를 부러워하였다.

55) 도쿄 경시청 앞에서의 이봉창 의거는 실패하였다. 그러나 중국 국민당기관지인 『국민일보』는 "韓人李奉昌擔擊 日皇不幸不中"이라 보도하면서 한국인의 독립운동을 격찬하였다. 윤봉길 의사의 의거는 임정의 전환과 독립투쟁의 결정적인 계기를 마련하였다.

56) 이 두 의거는 국내외 동포들의 독립정신을 앙양시켰을 뿐만 아니라 법통을 겨우 유지하던 임정에 활기를 불어넣어 주었다. 이 의거를 주도한 김구 등과 한인애국단은 중국 각계로부터 찬사와 적극 지원을 받게 되었다.

57) 朴南坡(박찬익)의 주선으로 물질적인 원조도 답지하게 되었다. 송미령 여사가 10만원, 주경란은 1만원, 중국 19로군이 1만원, 그리고 상해상회가 7천원을 각각 위로금으로 보냈다.

위협을 받아58) 陳果夫, 蕭錚, 褚輔成, 林繼庸 등의 주선과 閔弼鎬 등 임정 실무자의 적극적인 호위로 비밀히 가흥·소주 등지로 피신할 수 있었으나 분란도 있었다.59)

여하튼간에 윤의사 등의 의거는 분명히 한중 양국간의 관계를 보다 돈독 공고히 연결시킬 수 있는 결정적인 계기를 마련하였을 뿐 아니라 침체 국면에 빠져 있던 임정 자체의 발전을 전환기로 접어들게 하는 데도 크게 기여했던 것이다.

그당시 復旦대학 이공학부장 林繼庸은 임정의 요청을 받고 상해전쟁 중 19로군의 고문 겸 기술조장으로 수뢰제작에 공헌하였다. 그는 당시 황포강에 정박중인 일본해군기함 出雲號를 공격하였다. 물통형과 도시락형의 수류탄 제작에 참여하였으며, 이 의거로 인해 백범이 체포되려하자 19로군 총부에서 1만 원을 얻어 백범 일행의 피신에 앞장섰다.60) 1933년 9월 임정의 安炳武가 中山대학에 다닐 때 林繼庸은 광동공병창장에 재직하였는데, 그 때 3년간 매월 15원씩 생활비를 지급받았다. 임이 유럽으로 갈 때도 광동시멘트 총경리(사장) 劉寶璟에게 부탁하여 1년간 계속 생활비를 지급하게 하였다.61)

3) 임정의 적극적 대중외교정책

임정과 국민당정부와의 교섭을 통한 제3단계는 1933년부터 1936년까지

---

58) 홍구공원의거 이후 한인들은 체포의 위협을 받기 시작하였다. 그리하여 임정은 상해를 떠나 1932년 5월에 절강성 항주로 이동하였다. 따라서 강소성 정부주석이었던 진과부는 금전상으로 임정을 원조하였다. 항주에 있는 『국민일보』 책임자인 호건중에게 김구와 조소앙 등이 『韓國文報』를 발행하는 데 도움을 주도록 요구하기도 하였다. 임정은 항주에서 1932년 5월 15·16일 양일간 이동녕 김구 조소앙 조완구 김철 등(국무위원)이 국무회의를 열고 사후묘책을 논의하였다.
59) 혼란 중에 재무장이었던 김구가 윤봉길 의거 후 중국조야로부터 임정에 보내 온 미화 5천달러를 임정에 내놓지 않았다는 소문이 나돌았다.
60) 독립유공자 安炳武의 증언(1986. 5. 20).
61) 중앙연구원, 『林繼庸先生訪問記錄』 林泉記錄, 1984, 23~54쪽.

의 기간이었다. 1933년 초 김구는 남경 중앙군교에서 장위원장을 면담하였다. 중국정부는 적극 지원을 요청받았고 지지도 확약하였다. 김구는 이미 동북의용군후원회 회장 저보성의 도움도 약속받았다.62) 중국은 1933년 12월에 낙양군교의 제7분교 내에 반을 설치하여 한국의 군사간부를 훈련시킬 수 있게 하였다.63)

낙양분교의 주임은 祝紹周 장군(陳果夫의 동창)이고 한국인으로는 지청천과 이범석 장군이 총단장과 대장직을 담당 수행하고 있었다. 이 학교는 정치군사 훈련을 주목적으로 하였다. 그런데 1935년 4월 일본의 항의로 제1기생을 졸업시킨 것을 끝으로 중지하고 말았다. 하지만 동 10월 군사위원회 정훈반은 다시 입학·훈련시켰다. 김구는 중국측의 협조로 1935년 남경에 한국독립군특무대 예비훈련소를 설립하여 28명의 한국청년들에게 혁명의식과 군사기초훈련을 시켰다.64)

한편 황포군교 동창회는 조선의열단 김원봉 단장을 지원하였다.65) 그는

---

62) 김구는 가흥에서 박남파의 주선으로 동북의용군후원회 회장인 저보성과 殷疇夫의 도움을 받게 되었다. 이후부터 동북의용군후원회는 한국독립을 적극적으로 지원하는 단체가 되었다. 김구는 1933년 초에 남경으로 가서 진과부의 소개로 장개석과 회담할 수 있었다. 이 때 김구는 일본, 한국, 동삼성지역 내에서 폭동을 일으켜 일본의 대륙침략의 다리를 끊기 위한 특무공작금 백만원을 요청하였다. 이에 장개석은 상세한 계획서를 요구하였다. 그 다음날 장개석은 진과부를 통하여 매월 5,000원을 지불하겠다고 제의하였다. 이에 대한 보답으로 김구는 중국국민당 중앙조직부를 위하여 비밀특무공작을 담당하였다. 김구는 전용전화의 설치와 활동비용도 획득하였다. 비용은 1933년 2월부터는 진과부가 특별비로 주다가 1934년부터 1941년까지는 중앙당부 특별비예산 내에서 지급하였다.

63) 기밀임무담당으로 김구는 중국지도계층 가운데 핵심적인 인물들과도 접촉하게 되었다. 이밖에 진과부는 김구에게 무관양성문제를 제의하여 받아들였다. 국민당정부는 한국학생을 황포군관학교와 중요지역의 군관학교 분교에 입학시키고 있었다. 황포에서만도 그동안(3기~7기) 이미 100여 명의 졸업생이 배출되어 북벌과 항일전선에 참여하였다.

64) 한국인 무관양성소로 하남성 낙양의 군관학교 분교를 사용하기로 하였으며 이에 대한 모든 행정과 재원은 중국 국민당의 중앙조직에서 담당하였다. 그러나 중국 남경정부는 한국청년을 중국군관학교에서 교육시킨다는 것이 국제문제화될 것을 두려워하여 대외적으로는 비밀로 하고, 학생들도 가명으로 훈련을 받았다. 북경, 천진, 상해, 남경 등지에서는 92명의 청년들을 모집하였다.

1925년 이 군사학교에 입학하여 제4기로 졸업하고 하급간부가 되었다.

장개석이 김원봉을 지원하고 그의[66] 요구를 들어준 것은[67] 그가 황포군교 출신이기 때문이었다.[68]

---

65) 황포군관학교 동창회에서는 이미 조선의열단 단장인 김원봉(약산) 일파를 지원하고 있었다. 김원봉은 1925년에 황포군관학교에 입학, 제4기로 학교를 졸업한 후 하급간부가 되어 학교에 남아 있었다. 그러나 그는 다시 상해로 가서 의열단을 지도하였다. 1931년 일본군이 동북을 점령하고 1932년 7월 19일 錦州로부터 熱河로 진병하여 중국군민이 계속 수난당하자 북경에 있던 김원봉은 남경으로 가서 중국과 공동으로 항일투쟁을 전개하고자 하였다. 그는 황포군관학교 동창을 이용하여 王敬久, 于國勳의 도움으로 90명의 한인을 남경 孝陵衛에서 약 4km 떨어진 곳에 조선혁명간부훈련반(1932년 7월)을 설치하여 군사훈련과 정치사상교육을 시켰다.

66) 김원봉은 황포군관학교 출신이기 때문에 학교장을 겸임하고 있던 장개석 위원장에게 쉽게 접근할 수 있었다. 그리하여 그는 ① 日滿요인을 암살하고, 그 중요기관 파괴, ② 만주에서 반일단체와 서로 제휴하여 일본제국 타도, ③ 조선과 만주의 노동자와 농민계층을 잠입시켜 혁명군을 조직할 준비를 할 것, ④ 지폐를 위조하고 남발하여 만주국의 경제를 혼란시킬 것, ⑤ 공포활동을 실행하여 물자를 확보할 것과 같은 계획을 수행할 투사를 양성하기 위하여 「조선혁명계획서」를 蔣위원장에게 보내 허락을 얻었다. 장개석은 김원봉일파의 지원을 황포군관학교 동창회에 일임하였다. 그리하여 그는 당시 九行社 서기인 황포군관학교 동기생인 滕傑의 힘을 입어 조선혁명간부학교를 설립하였다.

67) 조선혁명간부학교는 대외적으로는 국민정부군사위원회 간부훈련반 제6대라 하였다. 이는 제1대부터 제5대는 중국인만을 수용하고, 제6대는 실질적으로 조선인혁명간부를 훈련시킬 목적으로 조직하였기 때문이다. 훈련장소는 남경교외 湯山祠廟를 기지로 삼아, 제1기로 1932년 10월 20일에 학생 26명을 입학시켜·1933년 4월 22일 졸업시켰다. 제2기는 1933년 9월 17일에 입학, 남경 강녕진에서 훈련시켜 1934년 4월 20일 54명을 졸업시켰으며, 제3기는 1935년 3월 2일 44명이 입학하여 남경교외 上方鎭 天寧寺에서 훈련을 받고 1935년 10월에 36명이 졸업하였다. 조선혁명간부학교는 월 3,000원을 蔣총통으로부터 급여받아 학생들에게 월액 30원 내지 100원을 지불하고 나머지는 유지비로 사용하였다.

68) 이들은 대개 상해, 천진, 북경, 청도, 만주, 한국 내로 파견되어 공포생활을 전개하였다. 소수는 중국군대로 파견되어 주로 첩보활동을 담당하였다. 이 조선혁명간부학교 역시 1935년 여름 이후 폐교되었다. 그러나 같은 해 10월 성자현에 다시 군사위원회 정훈반 조선학생대를 설치하여 84명의 한국청년에게 척후 정보특공만을 담당하는 특수훈련을 비밀히 실시케 하였다. 그리고 남경중앙군관학교에도 김약산이 주선하여 남경중앙군관학교에 제10기로 1934년 8월 40여 명이 입학하였고, 제11기로 20여 명이 1935년 9월에 입학하여 중국인들과 함께 훈련을 받았다. 그러

김구는 임정을 장악하는 한편 비행기를 구입하여 항공대를 창설할 계획을 세웠다. 이에 관해 진과부 형제는 도움을 약속하고 항주에 설립한 항공학교에 얼마간의 한국학생을 입학시켰으니 이것이 한국공군 발전에 기여한 단서가 되었다. 이와 같은 중국정부의 적극적인 지원에 대해 보답하는 뜻에서 김구는 일본군사정보를 수집하는 특수공작을 자담할 것임을 밝혔다.

1932년에는 여러 개의 독립단체가 통합해야 할 필요성이 대두되었다. 항주의 조소앙 김두봉 등의 한국독립당, 남경의 조선의열단, 북경의 유동열 등의 조선혁명당, 남경의 지청천 등의 신한독립당, 가흥·진강의 김구 등의 애국단 등이 대표적인 독립운동단체인데, 이들이 모여 이 해 11월 23일 한국대일전선통일동맹을 조직하였다.[69] 그 뒤 의견의 불일치 등으로 인해 1935년 6월 남경에서 조선민족혁명당을 창당하고 이 동맹은 해체하였다. 동 7월 김규식이 주석, 김원봉이 총서기가 되었다. 공산색채가 농후하여 조소앙 등은 9월에 동당을 탈당하고 한국독립당을 재건하였다.

우파의 지청천 등은 새로 한국민족혁명당을 창설하였다. 제명된 김원봉은 다시 조선민족혁명당을 만들어 이에 맞섰다.[70] 김구는 항주에서 다시 가흥으로 가서 이동녕 등과 제13차 내각(1935. 10~1939. 9)을 세우고 5당 통합문제를 협의하였다.[71] 1935년 11월 임정은 진강으로 옮겼다가 다시 남

나 역시 일본의 압력으로 퇴학당하였다.

69) 1932년 11월에 이르러 김약산 등이 한국대일전선통일동맹을 조직하였다. 동맹집행위원회는 單一大黨을 조직하기 위하여 1935년 6월 20일에 혁명단체대표대회를 남경에서 개최하였다. 따라서 조선민족혁명당을 창당하고, 이에 찬동한 타당과 한국대일전선통일동맹은 해체키로 하였다. 그리하여 7월 4일 드디어 「朝鮮民族革命黨」의 결당식을 개최하여 김규식을 주석으로, 김약산을 총서기로 선출하였다. 따라서 전한국독립당계의 조소앙, 박창세 등은 9월에 조선민족혁명당을 탈당하고 한국독립당을 재건하였다.

70) 우익인 지청천, 유동열, 최동오 등 조선민족혁명당의 창당인들은 전당비상대표회의를 열어 김원봉 등 좌익계열을 제명하고 새로 한국민족혁명당을 창설하였다. 제명된 좌익분자들은 김원봉을 중심으로 규합하여 조선민족혁명당을 만들어 한국민족혁명당과 대립하였다.

71) 가흥에 있던 김구는 김두봉이 항주에서 임정을 고수하고 있는 차이석과 송병조

경으로 이동하였다.

장개석은 1931년 이후 반공정책을 썼으나72) 이념이 다른 김구와 김원봉을 동시에 지원하였다.73) 그것은 장개석의 뛰어난 균형 있는 정책적 배려에 기인한 것이었다.74) 일본을 자극하지 않으려던 조심스러운 장개석의 정책에도 불구하고 일본군은 1933년 1월 초 육해군 합동으로 열하성을 점령, 만주국과 병합하였다.75) 중국은 굴욕적인 협정체결도 감수해야 했다. 1934

양인에게 임정을 해산해 버릴 것을 주장했다는 것과 김철의 병사와 조소앙 등 5 명의 국무위원이 사직하였다는 소식을 듣고, 1935년 10월 항주로 돌아왔다. 김구는 이시영 조완구 등과 임시정부 유지문제를 협의한 결과 일동이 가흥으로 가서 그곳에 있던 이동녕 안공근 안경근 엄항섭 등과 더불어 의회를 열고 제13차 내각 (1935년 10월부터 1939년 9월까지 지속)을 세웠다. 김구는 임정을 유지하기 위해선 단체가 필요하다고 느껴 민족혁명당에 참여하지 않았던 전 독립당 인사들과 한국국민당을 조직하고 1935년 11월에 임정을 강소성 진강으로 끌고 갔다가 잠시 남경으로 옮겼다.

72) 중국정부측에서는 공산화되지 않은 독립국으로서의 한국이 수립될 수 있도록 지원하겠다는 확고한 정책이 마련되어 있지 않았다. 장개석은 1931년 이후 김구와 김원봉의 사상이 다른 두 집단을 동시에 지원하였다. 이유로는, 김원봉이 황포군관학교 출신이라는 것과, 표면상으로는 공산당과 관련이 없는 듯한 위장전술로 중국군사위원회의 승인과 국민당 요인의 원조를 받았기 때문이다.

73) 장개석은 중국 내에서 반일단체의 지도자, 과격한 교수와 학생들을 체포하였으며, 국민들의 일본상품불매운동까지도 억제하였다. 일본군은 1933년 1월 5일 육해군 합동으로 열하성을 점령하여 만주국과 합병하였다. 5월에는 화북 일대를 휩쓸고 평북 3마일 밖에까지 쳐내려오고 있었다. 이에 남경정부는 천진과 북경의 약간 북쪽과 만리장성 사이의 지역을 비무장지대로 설정하는 塘沽協定에 조인했다. 1934년에는 일본의 새 외상 廣田繼內田은 이같은 전략으로 인하여 일본이 국제적으로 고립될 것을 염려하여 중국과의 관계개선을 주장하였다.

74) 중국남경정부는 두 나라가 절대적으로 동등한 입장에서 우호조약을 체결할 것과 서구열강을 제외한 일본정부의 경제, 정치, 군사적 도움을 제의했다. 로이드 이스트만(Lloyd Eastman)은 만약 일본군이 북방에서 일련의 문제들을 야기시키지 않았다면 중일관계는 위와 같은 조건으로 해결되었을 것이라고 주장하고 있다.

75) 중국국민들은 이러한 남경정부의 유화정책에 항의하기 시작했다. 1934년 1월에 붕괴되기는 하였으나 1933년 11월 17일에 복건성에 반란정부가 수립되기도 했었다. 그리고 화북지방이 만주처럼 일본의 손에 들어갈 것을 두려워하여 학생들이 1935년 2월 9일과 16일에 대규모의 정치적 시위를 벌였다. 또한 12월 27일에는 구국연합회가 상해에서 조직되었다. 이들은 좌익과 협조하여 일본과 싸워야 한다는

년에 일본의 외상은 대중국과의 외교분쟁을 방지하기 위하여 관계개선을 주장할 정도였다. 격분한 중국국민이 한 때 1933년 11월 17일 복건성에 반란정부를 세워 그들의 반대의지를 표한 바도 있었다.76) 지식인(변호사, 문인, 학생 등)들의 저항운동은 1936년 하반기까지 각처에서 전개되었다.

이 시기의 중국의 한국지원은 윤봉길 의사의 4·29의거로 인해 즉각 활성화되었으나 중국 내의 정치적 혼미와 대일유화정책으로 표면적인 지지의 의사표시는 중국인 특유의 정서로 인해 좀처럼 보이려 하지 않았다. 그런 와중에서도 임정과 국민당정부의 외교관계는 의연 우호적 차원에서 지속되고 있었다.

4) 양국정부의 외교정책과 그 성과

한중 양국간의 외교관계로 성과를 보인 것은 마지막 제4단계였다. 그것은 1937년부터 1945년까지의 적극적인 외교정책의 시기인 것이다. 이 시기에는 중국정부가 표면적으로도 가장 적극적인 지원을 아끼지 않았던 활성화의 모습을 보여주었다.77)

1937년 중일전쟁 이후 중국 국민당정부는 임정을 적극 지지 후원하였

통일전선을 지지하였다. 1936년 5월 중순 이후에는 천진에서 수천 명의 학생들이 시위를 벌였고, 광동·광서에서도 반란이 일어났으며, 8월에는 여러 도시에서 일본인들이 살해되기도 하였다. 장개석은 "先安內 後攘外"정책만을 강조하였다. 1936년 12월 초 장개석은 서안에 도착하였을 때 장학량이 항일을 주장하는 학생시위문제와 자신의 신념을 메모로 제출하자 사임해 버렸다. 그래서 12월 11일, 장학량은 장개석을 구금했던 서안사건을 일으켰다.

76) 한중 간의 협력관계는 1931년 만주사변 이후 다소 능동적이었으나 중국 내 정세의 혼미와 중국 남경정부의 대일유화정책 때문에 비공개적이었으므로 소극적인 수준을 크게 벗어나지 못하고 있었다. 한국독립지사들과 접촉은 갖지 못하고 당의 중앙조직부, 황포군관학교 동창회 등 군관단체를 통해서 한국의 독립운동을 지원하는 정도였다.

77) 顧祝同, 「朝鮮義勇隊의 第三戰區工作」, 한국정신문화연구원 편, 앞의 책, 36~37쪽 ; 胡春惠, 앞의 책, 55·888~889쪽.

다.78) 그것은 군사상 한국의 독립의지가 필요한 존재로 부각되었기 때문이었다. 일본군 내에 관련된 한국인을 특수공작임무 수행원으로 활용할 수 있었다. 정보수집이나 파괴공작, 요인사살, 작전교란 등으로 활용될 수 있었기에 이용가치가 높았던 것이다.79) 임정 요인들도 이 긴요한 사실을 인정하고 항일전에의 참여를 공식화하였다.80) 김구는 한독당 등 9개 단체를 연합하여 광복진선(광선)을 결성하여 주체기관화하였다. 중국정부가 사천성으로 이동하자 임정도 1937년 11월에는 한구로, 1938년 2월에는 호남성 장사로, 1938년 7월에는 광동성 광주로, 동 10월에는 광서성 유주로 이동하였다. 그리고 광선 청년공작대를 조직, 광서 남쪽에서 중국을 지원하게 조치하였다. 1939년 5월에는 사천성 기강으로 이전하였고 10월에는 의정원을 보강하였다. 이 시기에 김원봉도 '민선'을 조직하고 좌파를 통일코자 기도하였다.81)

상해, 동삼성 등지에서 투쟁하고 있던 한국청년들은 1939년 10월 중경에서 한국청년전지공작대를 결성하여 서안 등 여러 지역에서 중국 유격대와 합류하고 정보수집, 초모공작, 적정탐색, 선전, 위문공연, 독립정신고취 등을 전개하였다.82) 이들 공작대와 조선의용대의 항전 참가목적과83) 임무는

---

78) 긴급 국무회의를 개최하여 항일에 적극 참전할 것을 결정하였다. 김구는 휘하의 공작대를 보정과 천진으로 파견하여 항일전투에 참가케 하고, 일본에 대한 정보공작에 적극 협조하였다.

79) 임정은 남경에서 한국독립당, 한국국민당, 조선혁명당 및 미국에 있는 대한인독립군동지회, 국민회, 부인애국단단합회, 애국단 등 9개 단체의 연합회를 개최하여 광복진선 '광선'을 결성함으로써 임정의 기반을 확고히 하였다. 임정도 1937년 11월에는 한구로, 1938년 2월에는 호남성 장사로, 1938년 7월에는 광동성 광주로, 10월에는 광서성 유주로 이전하였다. 그리고 한국광복진선청년공작대를 조직하여 광서 남쪽에서 중국을 도와 전지에서 복무하도록 하였다.

80) 1939년 5월에는 다시 사천성 기강으로 임정의 총본부를 옮겼고, 10월에는 임시의 정원의 정무회의를 소집하여 의정원의 진용을 확대함으로써 충실을 기하였다.

81) 김원봉 중심의 조선민족혁명당도 서경에서 1937년 11월 他左翼團體인 조선민족운동자동맹, 조선혁명자연맹과 함께 대표회의를 개최하고 조선민족진선연맹 '민선'을 조직하여 좌파들을 통일하고자 하였다. 이 단체는 김구의 한국광복운동단체연합회 '광선'과 함께 한국혁명당 진영의 두 주류를 이루었다.

82) 1938년 10월 한구에서 조직된 조선의용대는 중국군사위원회 정치부에 예속되었으

항일독립전쟁의 효과적인 수행에 있었다.[84] 그리고 청년전지공작대와 조선의용대의 참가임무도 분명하였다.[85]

1940년 3월 13일 이동녕이 사망한 뒤 4월 기강에서 한국독립당, 한국국민당, 조선혁명당의 3당 우익진영은 연합대표대회를 열고 중국정부에 광복군의 창군을 승인해 주도록 요청하였다.[86] 동 5월에는 3당을 통합하여 한국독립당을 조직했다. 동 9월 임정은 본부를 중경으로 이전 확충했다. 장개석 총통의 승인하에 그 해 9월 17일 광복군을 창설하였다.[87] 광복군은[88]

므로 중국군 부대에 배속되어 6개전구 13개성 경내에서 중국군 정치부와 협조하여 많은 일본어 훈련반을 창설하고 활동하였다(葛赤峰,『朝鮮革命記』; 秋憲樹,『자료한국독립운동사』, 연세대 출판부, 1971, 81~140쪽 ; 독립운동사편찬위원회 편,『독립운동사자료집』7, 1973, 213~214쪽).

83) 일부 대원은 화북에서 기존의 화북조선청년연맹회에 가입하여 활동하기도 하였다. 이들은 중국군사위원회 정치부에 속해 있었기 때문에 양식의 보급에 있어서 중국부대와 똑같은 대우를 받았다.

84) 임정도 군사특파단을 파견하기로 하였다. 그러나 계획이 실행되지 못하자 대원들은 중국중앙군관학교 출신 장교 12명과 함께 중국군사기관에 복무하였다. 한국청년지사들은 1939년 10월 중경에서 한국청년전지공작대를 결정하여, 서안, 산서성, 하서성, 화북 등 광범위한 지역에서 중국 유격대와 합류하여 정보수집, 굴토공작, 적정탐색 등 활동을 전개하였다.

85) 임정의 한국청년전지공작대와 조선의용대의 항전참가 목적과 임무는 ① 재중국 한인을 집결하여 항전에 참가시켜 중국인들의 항일의식을 고취시킨다. ② 일어에 능통한 한인대원들은 일선에서 전단을 살포하거나 확성기를 사용하여 일본군의 죄악상을 폭로하고, 염전과 반전사상을 고취시킨다. ③ 적의 후방으로 들어가서 일본군에게 강제 징병되어 온 한국인 병사와 일본군 점령지 안에 이민온 한국교민들에게 민족의식과 혁명정신을 주입시킨다. ④ 국내로 잠입하여 민중에게 혁명사상을 고취시켜 폭동을 일으킨다.

86) 한국독립당, 한국국민당과 조선혁명당 등 3당은 1940년 4월 기강에서 연합대표대회를 소집하고 정식으로 중국당국에 중국영토 내에서 한국광복군의 성립을 승인하도록 요구할 것을 결의하였다. 1940년 5월에는 통합 한국독립당을 조직하였다. 9월에 총본부를 중경으로 옮겼다.

87) 임정은 중국영토 내의 광복군 성립에 대해 장개석 총통의 허락을 받아 9월 17일에 중경 가릉빈관에서 광복군총사령부성립대회를 거행하였다. 광복군 창설까지의 경비는 미국 하와이 교포의 의연금 4만원과 중국부녀위노총회장 송미령의 희사금을 비롯하여 중국 각계 각층에서 보내 온 원조금으로 충당하였으나 그것만으로는 광복군의 장비와 유지비를 조달할 수가 없어 진전을 보지 못했다.

1945년 8·15까지 5년간 임정산하의 정규 무장군대로 발전하였으나 9개 행동준비로 인해 중국정부에 활동이 묶여 있었다.[88] 그것이 장 총통의 양해로 풀린 것은 8·15를 4개월 앞둔 시기였다.[90] 임정은 제4차 개헌으로 주석중심 지도체제로 변경하고 김구를 최고지도자로 선출하였다. 이는 1944년 제5차 개헌 때까지(주석·부주석중심) 지속된 지도체제였다.

1938년 무한에서 국민당 총재로 선출된 장개석은 김구(1938. 11)와 김원봉(1939. 7)에게 좌우합작을 권유하였다.[91] 이에 1939년 7월 17일 이들은 중경에서 전국연합진선협회(연협)를 개최하였다. 그러나 실패하였다. 따라서 국민당 중앙당부는 한독당(김구)을, 군사위원회는 조선민족혁명당(김원봉)을 각기 지원하였다. 장개석 총통은 한국지원을 일원화하기 위하여 1941년 10월 30일 何應欽 장군에게 한국광복군과 조선의용대를 군사위

---

88) 임정은 1940년 10월 18일 중경에서 개최된 한국임시의정원회의에서, 직접 선거하는 방법을 채택했다. 이렇게 선출된 주석은 국가의 원수로서 최고통수권을 가지게 되었다. 한편 1938년 무한에서 거행된 전국대표회의에서 국민당총재로 선출된 장개석은 1938년 11월에는 김구 주석을, 1939년 7월에는 김원봉을 각각 면회하는 자리에서 한국내부의 일치단결을 위하여 좌우파가 합작하기를 권하였다. 이에 1939년 7월 17일 전국연합진선협회를 중경에서 개최하였으나 합작은 결국 실패하고 말았다. 중국정부는 할수없이 국민당 중앙당부는 김구를 중심으로 한 한국독립당일파를, 군사위원회는 김원봉을 중심으로 한 조선민족혁명당일파를 각각 지원하였다. 그리하여 중국정부는 한국독립운동에 대한 지원을 일원화할 계획을 세웠다.

89) 장개석은 1941년 10월 30일 何應欽 장군에게 한국광복군과 조선의용대를 군사위원회에 예속시키고 참모총장이 이를 담당 운용하도록 명하였다. 장개석은 광복군이 중국영역 내에서 활동하고 있는 동안은 중국군사위원회 참모총장의 지휘를 받음은 물론 양식과 군비의 보급도 군사위원회에서 직접 공급하도록 명령하였다(1941). 이에 중국군사위원회 참모총장은 광복군의 지휘권을 부여받게 되었다. 1941년 12월 일제가 진주만을 기습하여 태평양전쟁이 발발하게 되었다.

90) 이현희, 「대한민국임시정부와 광복군의 작전」, 『군사』 제5호, 1982, 81쪽.

91) 중국정부는 1942년 7월 20일 중국 국민당 중앙상무위원회의 제206차 회의중에 한국문제에 관하여 토론한 결과, 원로정치가인 戴傳賢, 당시 군사위원회 참모총장인 하응흠, 국방최고위원회 비서장인 王寵惠, 당시 장위원장의 시종실에 근무하던 진과부, 중앙조직부장이었던 朱家驊, 중앙당부 비서장이었던 吳鐵城, 국민참정회 비서장이며 군사위원회의 참모실장인 王世杰 등 7인의 위원을 결성하여 한국문제를 처리할 것을 결의하였다.

회에 예속시키고 참모총장이 이를 주관케 하였다.[92] 동 11월 15일에는 군사위원회 참모총장이 군사작전권과 군량군비의 지원을 군사위원회가 주관토록 명하였다.

5) 통일전선의 모색

1941년 12월 일제의 갑작스러운 진주만 기습으로 태평양전쟁이 일어났는데 장개석은 임정만을 유일한 지원대상으로 원칙을 삼았다. 중국정부는 兩金의 합작을 갈망하여 때로는 위압적인 수단도 동원하곤 하였으나 김원봉의 비협조로 번번이 실패하고 말았다.

중국정부는 광복군의 인사권도 장악하고 있었으므로 중국 장성(尹呈輔)을 광복군 총사령부 참모장에 임명하였으며 주요직책은 중국장교가 맡았다. 民線이 光線에 가입한 것은 중국정부의 재정적 지원의 일원화로 임정 김구에게만 집중되었기 때문이었다.[93] 따라서 조선의용대는 1942년 5월

---

92) 1942년 8월 1일과 17일에 '商討朝鮮問題' 회의를 열고 「대한국재화혁명역량부조운용지도방안」을 작성하여 한국에 대해 최선의 지도원칙으로, 한국독립운동에 대한 재정적 지원, 임정의 승인여부, 원한기관의 통일화문제 등을 논의하였다. 이 회의는 1941년 10월 장개석이 陷川侍六代電指示에 의하여 이미 실시하고 있었던 정책을 기체화시킨 것이다. 1942년 8월 17일에 결정된 주요사항은 첫째, 재중광복군에 대한 지도 및 협의 중 군사적인 문제에 있어서는 군사위원회에서 책임을 지며, 그 외의 정치적인 문제에 있어서는 중앙당부에서 주관한다. 둘째, 한국광복군의 발전을 지원하기 위하여 우선 백만원을 차관해도 좋다. 셋째, 적당한 시기에 한국임정을 승인하되 그 시기는 蔣총재가 결정하도록 요청한다.

93) 중국 국민당은 광복군을 재정적으로 지원하겠다는 조건으로 1942년 9월 한국광복군행동준승 9개항을 첨부하였다. 그 내용은 첫째, 중국 항일작전 기간과 임정이 국내로 진입하기 전까지 중국군사위원회가 광복군 사령부의 소재지를 지정하고, 광복군을 직접 管轄한다. 둘째, 광복군의 統帥權은 中國參謀總長이 장악 운용하며 中國最高統帥部는 軍令만을 접수한다. 셋째, 광복군이 국내에 진입한 후에도 임정이 국내로 복귀하지 못할 경우 중국군사위원회의 군령에 따른다는 등이다. 이 準繩으로 인하여 광복군은 자유로이 軍隊를 모집 편성 훈련시킬 수 없었을 뿐만 아니라, 공작활동도 낱낱이 규제받아야 했다.

광복군의 제1지대로 편입하였다. 그들은 임정 요인으로도 합류하였으니 一
見 좌우합작이 이룩된 것같이 보였다.[94] 중국정부는 1942년 7월 20일 한국
문제에 관하여 토의한 결과 戴傳賢, 何應欽(군사위원회 참모총장), 王寵惠
(국방최고위원회 비서장), 陳果夫, 朱家驊(중앙조직부장), 吳鐵城(중앙당
부 비서장) 등 7인을 한국문제처리위원으로 임명하였다. 이들은 同 8월 임
정의 제정지원승인 여부, 援韓機關의 통일화 문제 등을 논의하였고 8월 17
일 주요문제가 결정되었다.[95] 중국정부는 9개 행동준승으로 광복군의 발
목을 묶었는데 그에 관해서는 이견이 있다. 사실 광복군은 중국의 항일전
선에서 많은 공적을 쌓았던 것을 중국정부도 인정해야 할 것이다. 이는 임
정의 국제법상의 지위향상에도 영향을 주었으며 우위권 확보라는 腹案이
작용한 것 같다.

중국정부는 김구의 요구대로 1941년 12월부터 매월 6만 원씩 지불하였
다. 1942년 6월부터 1943년 4월까지는 매월 20만 원, 1943년 5월부터 1944
년 8월까지는 매월 50만 원, 1944년 9월부터 1945년 3월까지는 매월 100만
원, 1945년 4월부터 1946년 6월까지는 매월 천만 원의 보조비를 받을 것으
로 기록되어 있다.[96] 특수한 경우에는 수시로 수백만 원씩 지원하였다. 김
구는 중국정부의 재정적 지원을 차관으로 간주해 주도록 요구하였고 중국
도 이를 긍정적으로 받아들였다.

임정의 활동으로 1943년 12월 1일의 카이로선언이나 그 뒤 포츠담선언
에서 한국의 독립이 보장되었던 것이며 對日·對獨宣戰布告도 서슴치 않
았다. 광복군의 통수권이 오랫동안 묶이지 않았더라면 우리는 빼앗긴 조국
을 시련 속에서나마 우리 광복군이 스스로 탈환할 수 있었을 것이다. 그렇
다면 한국은 분단시대를 맞지 않고 완전한 통일된 조국을 재건할 수 있었

---

94) 韓國光復軍의 軍制는 中國軍事制를 모방하여 개편하였다. 총사령부 밑에 總務,
參謀, 副官, 經理, 政訓, 編練, 軍醫, 宣傳 등 8개처를 두고, 그 밑에 다시 科를 두
었다. 이 시기의 한국광복운동을 扶助한 중요책임자는 군사위원회 참모총장 何應
欽, 중앙당부 朱家驊, 중앙당부 비서장 吳鐵城 등이었다.

95) 韓國光復軍이 軍事委員會에 배속된 후로는 광복군과 임시정부 사이에는 실질적
인 예속관계의 근거는 없고, 광복군은 중국군의 일개 補助雇庸軍과 같았다.

96) 李炫熙, 앞의 책, 86쪽.

을 것이라는 점이 못내 아쉬움을 남기고 있다.

한편 장개석은 손문이 정식으로 승인한 우리 임정을 일본과의 관계 등을 고려하여 끝까지 승인하지 않은 점은 아무리 정책적이고 국익이 앞서는 어려운 국내문제라고 해도 이해하기 어렵다.

비록 장개석은 임정을 승인하지 않았으나 국민당 중앙집행위원회의 입법원장이며 中韓文化協會 이사장인 孫科는 1942년 3월 임정을 승인하라고 문서로 주장한 바 있는 등 우호친선적인 중국의 지식인이 다수였다는 점에서 우리는 따스한 인정을 느낄 수 있다. 장개석은 임정을 하나의 '단체'로 인식하였던 데에서 견해의 차이를 느낄 수 있다.[97]

그런데 중국정부는 과연 임정을 얼마나 적극적으로 지원하였으며 국제적으로 승인하였을까. 표면상은 적극성을 띠는 것 같았으나 내면적으로 중국 자체의 국제적인 균형문제가 있어서 반드시 일치하지 않았다.[98] 1945년 5월 14일 閔弼鎬의 말과 같이 중국정부는 임정만을 교섭상대로 적극성을 띠지 않고 각 정당의 활동도 지원하고 간섭했기에 임정이 단결치 못하였던 것이다.[99] 중국의 재정적 지원은 심사와 절차가 까다로와 시일이 상당히 걸렸던 점도 지적치 않을 수 없다.

3천만 민중의 심혈이 결집된 임정이 적국과 대립하는 최고기관이며 민족독립정신의 대표장소이기도 하였음을 생각해 볼 때 임정 27년 동안 중국정부의 지원도 적지 않았다.[100] 우리가 얼마간이나마 중국정부에 도움을 주었던 것도 기억해야 한다. 이런 상호 보충적인 외교관계의 결속이 韓中

---

97) 김구 주석은 중앙조직부로부터 별도로 기밀활동비를 받았다. 그것은 주로 혁명동지를 구제하는 임시경비로 쓰이거나 사람을 비밀히 戰區나 한국의 내지로 진입시키는 경비로 썼였다. 이 기밀경비는 1945년 7월 전에는 매월 20만원이었다. 중앙조직부에서는 이후로 증액하려 하였으나 일본의 投降으로 실현되지는 않았다. 임정이 특수한 상황에 처해 있을 때 중국측은 별도의 보조금을 내놓기도 하였다.

98) 자유중국에서 우리의 임정을 정치사적으로 연구하는 胡春惠는 장개석 총통이 임정을 승인하지 못한 것은 열강들의 압력 때문이었다고 중국측 경우를 대변하고 있다. 그러나 중국은 세계 강대국으로서의 住相도 국익을 놓고 고려하였기 때문인 것으로 보인다.

99) 閔泳秀와의 面談(1984. 9. 15).

100) 『素昻先生文集』 上 참조.

양국의 우의와 친선을 보다 높은 차원으로 승화시키고 영속시킴에 밝은 빛을 발산하게 되는 것이다.

　결론적으로 임정과 국민당정부는 抗日共守同盟의 차원에서 상호보완의 20세기적 사명을 완수해 나갔다고 믿는다. 국민당정부의 임정 지원이 이론과 실제 면에서 다소 차질이 생기고 우리가 희망하고 있는 것과 같이 당장 만족할 만큼 성과 면에서 실적이 쌓이지 않았던 것은 생활습관과 의식구조 면에서의 차이일 수도 있겠다. 아무튼 임정-대한민국은 중국정부와 민간인으로부터 자주자립의 터전을 마련하는 데 크나큰 도움을 받았다.101)

---

101) 이현희, 『3·1독립운동과 임시정부의 법통성』, 동방도서, 1987, 제5장, 제11장 참조.

3. 임정의 외교정책과 승인문제
―美·蘇와의 외교정책을 중심으로―

1) 미·소와의 외교교섭의 기본 틀

1919년 3월 1일 국내에서 거국 거족적으로 일어난 3·1혁명의 결과로 상해에 수립된 대한민국임시정부는 군주제의 결별 청산인 동시에 민주공화체제로의 제도적 출범을 기약한 일제강점하 한민족 독립운동의 일대 전기와 구심점을 마련하였다. 이후 1945년 민족의 광복기까지 중국 일대에서 국내외를 통제 통할하던 임정은 그 독립운동의 여러 가지 기본 정책방향 가운데 외교정책을 매우 비중 있게 다루었다. 1910년 나라를 일제에 강점당한 한민족은 이후 1919년 3·1혁명시까지 혹독한 식민통치를 받았음에도 불구하고 이것이 폭로되어 세계 여론화되지 못한 주요 원인 가운데 하나가 외교적인 교섭이나 지원이 미약하였기 때문이라는 판단을 갖게 되었다.[1]

따라서 임정은 1919년 9월 초 몇 갈래의 정부형태를 단일 민주연합정부로 수렴, 통합되기 전부터 외교적인 정책을 전개하여 한국의 절대 완전한 독립을 국제여론에 호소하고 국제적인 승인과 지원을 강구하였다. 우리나라의 독립이 세계평화 유지상 절대로 필요함을 깨닫게 하여 우리 국민에게 동정하도록 세계를 향해 외교선전을 실행한다고 그 방향을 제시하였

---

[1] 국사편찬위원회, 『韓國獨立運動史』 자료 3 - 임정Ⅲ, 탐구당, 1973, 68~69·181~183쪽.

다.2) 이를 구체화시키기 위하여 파리강화회의, 국제연맹 그리고 유럽에 대한 적극 외교와 미국·소련·중국 등을 상대로 한 국가와 개인적 차원에서의 호소정책을 펴 나갔다.3)

그러나 이것이 여의치 못하자 국제규모의 기구를 통한 독립의 보장운동은 방향을 돌려 임정의 국제승인 문제로 전환 착안케 하였다.4) 물론 이 외교정책도 실효를 거두지 못하자 각국 정부와 유력한 민간지도자를 개별 방문하고 선전 외교공세를 전개하였다.5)

3·1혁명 이후 우리 민족이 3대 진로를 설정하였을 때 그 한 가지 방략으로 외교자립주의를 표방하였음은 시의 적절한 의식 있는 정책방향 정립이라 지적할 수 있다. 1919년 3월 1일을 전후로 한 시기에 민주의식이 성장하여 국내외의 8개 처에서 각종 임시 민주정부가 각종 헌법, 선언서, 포고문 등을 발표하고 수립되거나 될 찰나에 놓여 있을 때 그들의 각종 결의안이나 창립장정 등에서도 외교활동의 중요성과 우선주의가 분명히 눈에 띌 정도였다.6)

임정의 외교방향은 장기적인 안목에서 국가 차원은 물론이며 개별적으로 접촉하는 적극 교섭 외에도 문서적인 활동도 구상 실천에 옮겼다. 각종 명목을 띠는 국제 규모의 회의에도 파견원·외교원·조사원 등의 명칭을 붙여 우리의 대표를 선발하여 유력한 나라와 도시에 파견함으로써 세계적인 여론 조성의 효과 추출과 함께 임시정부 자체의 역량을 기울여서까지 크게 후원하였다.

임정 외교활동에 관한 업무의 총지휘는 주로 최고지도자(대통령·국무령·주석) 아래 외무총장이 담당케 되어 있었다. 그러나 임정이 국제법상으로 세계 강대국의 승인을 획득할 조건을 구비치 못하고 있어 지휘 감독

2) 大正 9年 5月 22日 高警 第14529號 國外情報 「上海假政府 施政方針 等 印刷의 件」, 在上海總領事 通報 要旨 참조.
3) 上海 「大韓民國臨時政府의 臨時憲章宣布文」 10개조 중 제7조에서 국제연맹 가입을 분명하게 밝히고 있다.
4) 『大韓國民議會政府의 決議案』 참조.
5) 李炫熙, 『大韓民國臨時政府史』, 集文堂, 1983, 108~120쪽.
6) 李炫熙, 『大韓帝國의 最後와 臨時政府의 活動』, KBS사업단. 1983, 165~195쪽.

에도 취약점을 노출시키고 말았다. 그것은 1910년 일제에 강점당하기 이전
의 대한제국과 임정 간에는 국제법상 계속적인 국가권력의 유지와 실효성
이 단절되었다는 사실을 의미하는 것이었다. 곧 임정은 대한제국의 망명정
부가 아니었기 때문이라는 것이다. 새로 승인을 받아야만 국가로서의 권리
를 행사할 수 있게 되는 것이었다.

국제법상 일정한 영토 위에 거주하고 있는 그 나라의 국민들이 실효성
있는 독립민주정부를 수립하였을 때 국가가 탄생하는 것으로 보는 것이
일반론적인 해석이다. 임정의 경우는 정식 민주정부로 간주하기 어렵다는
유권적인 해석이 나오고 있기 때문에 승인 받기에 어려움이 있었다.[7] 그러
나 오히려 이것이 유구한 전통을 자랑하는 우리나라의 민족사적 정통성
즉, 법통성을 간단없이 연결하는 첩경이 되기도 하는 것임을 명백히 알아
야 할 것이다.[8]

평화회의를 전제로 한 파리강화회의가 속개되고 있을 때 이승만은 김규
식 李灌鎔을 전권대표진으로 삼아 파리에 파견하였음을 윌슨 미국 대통령
에게 통고하면서 한미조약(1882)에 의거 지원을 요청하였으나 거부당하였
다. 이에 그는 영·독·이·중 등에게도 유사한 내용의 요구서를 제시하였
으나 역시 묵살되고 말았다.[9] 이에 외교정책의 중심적인 기구를 설치하여
이곳을 거점으로 제도적인 외교 공세를 폈다. 그 상대국은 미국, 영국, 프
랑스, 중국, 소련 등인 바 본고에서는 중국을 제외한 임정의 전반적인 외교
정책을 살펴보고자 한다. 특히 제2차 세계대전 이전까지의 임정의 외교정
책을 중점적으로 취급하였음을 밝혀둔다.

---

7) 申基碩, 「大韓民國臨時政府의 國際的 地位」, 『3·1운동 50주년기념논집』, 1969,
   643~644쪽. 임정을 승인한 나라는 프랑스 중국 폴란드 등 극소수 국가에 지나지
   않았다.
8) 李炫熙, 「大韓民國臨時政府의 正統性問題檢討」, 『정신문화연구』 17, 1983.
9) 독립운동사편찬위원회, 『독립운동사』 4, 1972, 324~326쪽.

2) 외교정책과 그 기본방향

임정의 중추적 지도 임무를 수행하던 안창호는 임정이 단일통합민주정부로 수립되기 전부터 외교활동의 중요성을 역설하였고 그 방향을 천명 실시한 바 있었다.[10] 이어 그는 1920년 1월 5일 임정 신년축하회 석상에서 '우리 국민이 斷定코 실행할 6大事'를 피력하는 가운데 외교공세를 독립운동의 기초작업으로 천명한 바 있었다.

따라서 임정은 독립전쟁을 수행하는 한편 자유열국을 상대로 한 외교공세를 전개하였다. 안창호는 "오늘날의 외교는 결코 제국시대의 외교가 아니요, 독립정신을 가지고 열국의 동정을 끌려 함이라" 하였고, 그가 외교를 중시하는 이유로서 "독립전쟁의 준비를 위하는 것이요, 평시에도 그러하지마는 전시에는 비록 일국이라도 내편에 더 넣으려 하오"라는 우국충정을 통하여 외교정책의 중대성을 강조하고 있다.[11] 독립전쟁의 의사가 있다면 군사정책과 함께 외교에도 지성을 다하여야 함을 주장하고 있는 것이다.

임정의 외교정책에 관한 부문별 의욕사업의 목표는 시정방침 가운데 다섯 가지로 요약되고 있다.

첫째, 선전사업의 확장을 들 수 있다. 선전부를 하나의 부로 확장하고 일본의 침략주의가 세계평화의 화근인 이유와 한국에 대한 비인도적 행위에 관한 사실과 한국의 독립이 곧 세계평화에 직결될 뿐 아니라 필요하고 한민족의 자격이 독립 국민으로 충분함을 실증하는 등의 자료를 수집 조사하여 민활하게 선전하도록 독려한다는 것이다.[12]

둘째, 선전원의 각지 파견을 들 수 있다. 동아 및 구미 각국에 선전원을

---

10) 안창호는 1919년 7월 8일 파리와 워싱턴의 외교정책을 강화하여 김규식을 국제연맹에 파견하고, 서재필을 공식대표로 임명하였다. 외교요원의 증가와 외국인의 고용 등을 강조한 바 있었다.

11) 『독립신문』 1920년 1월 10일자.

12) 『대한민국임시의정원기록』 제4회집 제14에 보면 1919년 5월 12일에 외교부에 위탁하여 전권위원을 뽑아 중외 1인씩 두기를 신석우의 동의와 유정근의 재청으로 가결되었음을 알 수 있다.

적당히 선정 파견하고 혹은 연설에, 도서에 혹은 해당 국가의 신문 잡지에 저작가, 연설가 등을 광범위하게 이용하여 자유주의(독립정신)를 선전케 한다.

셋째, 정당·교회 및 단체를 이용하여 외교 공세를 펴겠다는 취지이다. 동아시아나 구라파 미주 등지에서 각국의 정당은 물론 교회나 기타 단체를 이용하여 우리 독립국가 달성이 곧 세계평화에 기여한다는 등의 여론을 환기시켜 외교적 효과를 거둔다는 것을 내세우고 있다.

네째, 遠東에 거류하는 미국인을 이용하여 외교적인 호감과 독립문제 상정의 효과를 기대한다. 원동에 거주하고 있는 각국 신문 및 저작가, 선교사 등과 의사를 소통하여 선정을 방조케 함을 원칙으로 하여 치밀한 계획을 수립 운영한다는 것이다.

다섯째, 한중친목회를 조직하여 대중국외교 활동을 전개한다. 뿐만 아니라 임정은 광범위하게 대외 선전자료를 수집 정리키 위하여 국내 및 일본에 수백 명의 각도 조사원을 파견하고 독립운동의 진행 사항과 일본의 대한정책을 탐지, 은밀히 분석 보고하도록 조치하였다.13) 이에 따라 국제문제, 열국정책, 세계사조, 세계 각국의 한일관계 논평 등을 광범위하게 신속·정확히 탐지 수집하도록 독려하였던 것은 큰 외교적 수확이라 평가할 수 있겠다.

동 시정방침 '제8항 교섭' 순서에서는 구체적인 대외교정책의 방향과 그 의식을 11가지로 밝히고 있다.14)

첫째, 중국외교단의 편성을 들고 있다.

둘째, 소련에 교섭원을 파견 활동케 한다. 소련 외교에 정통하다고 보는 적당한 인원을 선발하여 소련 내정과 인물을 면밀히 검색하고 유력한 기관에 교섭하여 군기·군수품 등의 공급과 우리 임정이 일본과 전쟁을 개

---

13) 앞의 『독립운동사』 제4권, 299~305쪽. 동시에 각 시도의 특파원이 임정의 수립 배경 설명과 정책 독려, 계몽을 위하여 파견되었다. 거기에 더하여 각 선전위원회와 지방선전대가 조직되어 독립외교운동을 진행시켰다.

14) 조선총독부경무국, 「上海假政府의 조직과 不逞鮮人의 행동」 임정의 시정방침 참조.

시할 때에 후원하도록 적극 요청한다는 구체적인 안을 짜놓았다.

셋째, 몽고에 교섭원을 파견하는 문제가 있다. 상당한 임정의 인물을 선정하여 우리가 일본과 전쟁을 개시할 때 적극 옹호 지원해 줄 것을 요청토록 계획을 수립하였다.15)

네째, 미일 간의 전쟁을 촉진시키며 군사원조를 지원받도록 요구하였다. 미국에 파견할 외교원으로 하여금 미국과 교섭을 시켜 미일전쟁을 선동 촉진하고 임정에 대하여 군비·군기·군수품의 대여를 강력히 청원토록 한다. 이 역시 1882년 한미조약에 기초하고 있음은 두말할 나위도 없겠다.

다섯째, 구미에 있는 대자본가를 찾아 차관을 얻도록 특별 교섭을 전개한다.

여섯째, 오스트리아 등 일본의 무력주의를 기탄하고 있는 나라에 교섭하여 독립전쟁 때 우리나라에 후원이 되게 한다.16)

일곱째, 미·불·이 3국에 교섭하여 한일전쟁이 발발할 때 동정과 지원을 얻게 한다.

아홉째, 신흥약소국과 교섭하여 상부상조의 정신으로 군기 및 군수품을 임정에 원조토록 적극 동맹외교를 전개한다.

열번째, 중국 및 일본에 주재한 각국 외교관과 교섭하여 우리 임정에 동정이 기울어지게 조치한다.17)

열한번째, 국제연맹회에 대하여 대사를 파견하고 독립승인을 요구한다. 아울러 우리 임정이 국제연맹에 가입되도록 요구한다는 것인데 이는 이미 상해에 임정이 수립될 초기부터의 외교적인 열망이었다.18)

이와 같은 임정의 시정방침 가운데 외교정책의 중요성은 다시 그해 (1920) 3월 2일 이동휘 임정 국무총리가 의정원에서 행한 시정방침 연설문 속에 더욱 긴요하고 간략히 강조 제기되었다. 그것을 요약하면 "대한의 독립이 세계평화에 직결된다" "선전사무의 확장이 중요한 과제이며 일제의

---

15) 임정시정방침 참조.
16) 앞의 책 『대한민국임시정부사』, 111~112쪽.
17) 조선총독부경무국, 「상해在住 不逞鮮人의 동향」, 1926.
18) 「대한민국 임시헌장선포문」(1919. 4. 11) 제7조 및 동 선언문 참조.

침략주의를 폭로한다" "신흥국가와의 긴밀한 유대강화에 둔다"라는 것이다.[19] 이는 앞으로 다룰 태평양회의의 실패 이후 변경되었다.[20]

1919년 11월 5일에 정부조직 중 외무부의 관제가 발표되었다. 이에는 비서국(일반 행정사무 관장), 외사국(외교사무 관장), 통상국(통상관계 관장)의 국을 설치하고 있다. 그 중 통상국은 실적이 없었고 외사국이 중추적 기능을 장악하였다.

당시 임정의 대통령으로 선임되어 활동하고 있던 이승만은 미국에 주재하면서 다음에 살펴 볼 구미위원부를 중심으로 외교정책을 전개하고 있었으므로 상해에 있는 외무부로서는 활동할 수 있는 여건이 마련되어 있지 못하였다. 따라서 그곳에 주재하고 있던 이승만은 임정의 국무총리에게 타전하였다. 그 주요내용은 총리는 대소외교만을 관장하고 구미방향의 주요 외교업무는 그 자신이 직접 주관하여 집행할 것이라는 요지였다.[21]

당시 국무총리는 대소외교의 독점을 통해 정책을 펴나갔다. 구주 미주의 외교활동에 관하여 이승만이 시종 주도권을 장악하고 외교정책을 폈던 것은 이 같은 이유에서였다. 이 외교업무는 구미위원부가 폐지되던 1925년 4월 10일까지의 집행이었다.[22] 물론 이승만이 그 절차를 무시하면서 독단적으로 처리하였기에 여론이 좋지 않게 떠돌았다. 즉 국무회의나 외무장관의 인준을 거치지 않고 자의로 처리해 버렸던 것이다.[23]

그 뒤 1934년 4월 2일 임정 국무위원회는 미국에 주미외무행서를 설치하고 현지에 있던 이승만을 동서 외무위원에 임명하니 이로부터 단절되었던 구미방면의 외교정책은 다시 이승만에 의하여 활발히 속행된 셈이었다.[24] 1941년 6월 임정은 다시 구미방면의 외교활동을 적극화하기 위하여

---

19) 『독립신문』 1920년 3월 4일자.
20) 1920년의 세계 강대국의 지원호소와 신흥국가 간의 유대강화로부터 1922년에는 세계 각국과의 친교강화로 변경되었다. 점진적인 외교정책, 즉 장기적인 외교강화 정책으로 전환되었음을 의미하는 것이다. 『독립신문』 1922년 5월 6일자 참조.
21) 『독립신문』 1919년 12월 25일~26일자.
22) 구미위원부가 완전히 폐지되어 기능이 정지된 것은 1928년이었다.
23) 『대한민국 임시정부공보』 제57호, 대한민국 16년 4월 15·16·18·19일 각 참조.
24) 1930년대에 일본이 대륙침략을 본격화하게 되자 참전외교로 그 정책을 다시 전환

주미한국위원회를 워싱턴에 설치하였으며 이승만이 동회의 위원장(주차워
싱턴전권대표)이 되었다.[25] 1942년 6월 24일에는 임정외교부에 외교연구
위원회를 설치 운영하였다. 그 규정은 모두 5개조인 바 그 직무는 임정 승
인 문제, 조약에 관한 국제정세의 연구, 전후 동방민족 등의 연구, 국제 동
태의 보고 등으로 되어 있다.[26]

1944년 재미한인사회의 분열로 인하여 임정의 직접적인 지휘와 감독을
받는 구미외교위원회를 설치하여 이승만 등 9명의 위원을 임명하였다. 결
국 1945년까지 구라파와 미국 등지의 외교활동은 이 위원회가 맡아 집행
하였다.[27]

3) 주파리위원부의 설치와 성과

(1) 강화회의에의 외교

임정의 독립운동은 외교정책을 효과적으로 전개함에서 그 단서를 잡아
볼 수 있겠다. 외교정책을 펴 나감에 있어서는 무엇보다도 기구와 조직을
구심점으로 한 체계적인 추진이 선행되어야 했다. 파리에 임정의 파리위원
부가 설치되어 이를 거점으로 외교활동을 전개한 것도 그 최대의 광복 수
단이라 할 수 있다.

제1차 세계대전의 전후책을 강구하기 위한 파리강화회의가 파리에서 개
막되었다. 이에 약소국들의 민족자결문제가 대두되자 나라를 빼앗긴 한민
족의 지도자들은 그곳에 큰 기대를 걸었다.[28] 각지에 산재한 한민족은 그

하였던 것이다. 동맹국의 일원으로 대일전쟁에 참여함으로써 정부의 국제적 지위
를 향상시킴은 물론 전후 세계 강대국으로부터 독립을 보장받고자 했던 투철한
민족의식의 발로 때문에 취해진 국가적 외교 시책임을 알 수 있겠다.
25) 이현희, 앞의 『대한민국임시정부사』, 113쪽, 이때 金九 주석 발행의 신임장 참조.
26) 이현희, 위의 책, 453쪽.
27) 이현희, 『일제시대사의 연구』, 삼진사, 1974, 138~140쪽.
28) 김창숙, 『심산유고』 권5, 국사편찬위원회, 1973, 「躄翁 73년회상기」 상편 참조.

대표를 뽑아 국제규모의 파리강화회의에 파견, 독립문제를 타결시킬 계획을 가지고 있었다. 3·1혁명 이전인 1918년 10월 1일, 미국의 대한인국민회는 이에 파견할 대표로 이승만 鄭翰景 閔瓚鎬 등 3인을 선출하였다.[29] 다음해 1월 이들은 미국정부에 여행허가를 신청하였으나 거부당하고 말았다. 파리행이 여의치 못하자 이들은 "한국이 저 불법 포악한 일본의 통치하에서는 절대로 있기를 원치 않고 나중에 독립할 목적으로 미국의 위임통치를 받고자 한다"라는 내용의 위임통치청원을 미국무성과 신문사에 접수시켰다.[30]

상해의 신한청년당에서는 그때 비록 국가가 없었다 해도 한민족의 대표로 외교통인 金奎植을 파리에 파견하였다. 3월 중순 파리에 도착한 김규식은 중앙 샤토당街 제36호에 한국인 대표관을 개설하고 통신국을 부설하였다.[31] 이 때 李灌鎔과 黃玒煥이 스위스와 독일로부터 각기 파리에 도착 합류하여 대표단을 더욱 보강하게 되었다. 더욱이 상해로부터 다시 趙素昻 金湯 呂運弘 등이 파리에 도착하여 이들이 중심이 된 외교단은 활기를 띠기 시작하였다.[32]

이러한 시기에 상해에 임정이 수립되자 정부는 즉시 김규식을 외무총장 겸 전권대사로 임명하여 그 신임장을 파리로 발송하였다. 따라서 김규식은 이때부터 임정의 공식 대표자격으로 활동하였다.[33] 그의 한국독립운동을 위한 외교활동은 비록 크게 성공은 못하였지만[34] 박력있고 효과적으로 추진되었다. 그는 우선 파리에 한국통신국(Bureau D'Information Coreen)을

---

29)『독립신문』1921년 3월 26일자.

30)『독립신문』1921년 3월 26~27일자. 이승만은 이 문제로 1925년 임정으로부터 불신임 탄핵을 받았다.

31)『조소앙전』(필사본, 미간) 참조.

32) 임시정부 주파리위원부통신국,『구주의 우리 사업』, 17~18쪽. 이때 대한국민의회 정부에서도 윤해, 고창일을 파리에 파견하였으나 소련 국내 문제로 뒤늦은 9월 말경에야 도착, 활동하지 못하고 말았다.

33) 上海日本總領事館,『朝鮮民族運動年鑑』, 9~10쪽.

34) 이정식,『김규식의 생애』, 신구문화사, 1974, 53~59쪽. 그는 미국의 국민회로부터도 위임장을 받았다.

설치한 뒤 4월 26일부터는 『홍보』라는 간행물을 통하여 한국독립의 정당
성을 역설하였다.[35]

한편 미국의 이승만도 대통령의 직함으로 미국정부와 외교교섭을 전개
하는 한편 김규식의 활동도 지원하고 있었다. 4월 14일부터 3일 간 필라델
피아에서는 徐載弼, 유일한 등이 한인자유대회를 열어 김규식 등의 독립운
동을 적극 지원키로 추진하면서 한국통신국을 설치, 외교활동의 중심기구
로 활용하였다.

이처럼 임정 초기의 외교는 파리강화회의에 집중되었다. 김규식은 5월
10일 2천만 한민족을 대표하여 한국의 역사와 문화, 3·1혁명, 임정 성립의
당위성, 일제의 폭압통치 폭로, 우리 임정의 국가승인 요구 등 20여 항목에
달하는 독립공고서를 강화회의와 다른 나라 정부에도 발송하여 독립국가
보장을 호소하였다.[36] 그뿐 아니라 5월 24일과 6월 11일에는 강화회의 의
장 끌레망소(George Clemenceau)에게 독립보장을 요구하는 서한을 보냈
고 6월 14일과 16일에는 미국 대통령 윌슨에게도 같은 내용의 읍소를 보낸
바 있었다.

그러나 강화회의는 주로 전승제국주의 국가들의 이권도모를 기도하였을
뿐 약소국의 요청이나 호소는 완전히 무시되고 말았던 것이다.[37] 혹시 제
국주의국가들이 한국의 경우를 동정한다 해도 폴란드나 체코슬로바키아와
같이 전국민이 독일을 비롯한 동맹국과 싸우지 않는 이상 거론의 기회를
얻기란 힘든 일이었다.[38] 한국인의 피나는 외교공세에 대해 강화회의 사무
총장 두사다(Dusata)와 화이트(White)의 명의로 한국문제는 제2차 세계대
전 이전의 의제이기에 이곳 회의에서는 취급될 성질의 호소가 못된다는
짤막한 반응이 있었을 뿐이었다.[39]

---

35) 이옥, 「3·1운동에 대한 佛·英의 반향」, 『3·1운동 50주년기념논문집』, 동아일보
사, 1969.

36) 앞의 『구주의 우리 사업』, 18~19쪽.

37) 이현희, 앞의 책, 115쪽.

38) 앞의 『구주의 우리 사업』, 19쪽.

39) 강화회의는 한국 대표단에게 납득할 만한 회답도 없는 가운데 6월 28일 對獨강화
조약을 체결하였다.

그럼에도 불구하고 김규식은 꾸준히 외교활동을 폈다. 6월 28일에는 파리에 머물던 미국대표단에게 절박했던 한국문제를 상세히 설명하였으며 7월 28일과 31일에는 두 번에 걸쳐 프랑스 동양정치연구회에서 200여 명의 청중 앞에서 한국문제에 관한 전반적인 연설회를 열어 외국인의 우리 문제에 대한 관심을 높인 바 있었다.

8월 8일 김규식이 김탕 여운홍 등을 대동하고 파리를 떠나 미국으로 가자 파리에는 이관용과 황기환이 남아 독립을 위한 활동을 계속하였다.[40]

(2) 국제연맹과 사회당대회에의 활동

강화회의에 대한 실망은 그의 부산물인 국제연맹에서도 비슷한 인상을 갖게 하였다. 한국문제에 비교적 우호적 태도를 취해 줄 미국이나 소련이 가담치 않은 국제연맹이고 민족자결주의가 존중되고 있는 상황이었으니 임정의 외교정책은 이 보다는 유력인사의 개별교섭 같은 접근방향의 전환이 요청되었다.

우리 임정에서는 국제연맹에의 외교활동을 준비하고 있었다.[41] 그러나 상해에서도 국제연맹에 대한 기대가 크지 못하다는 사실을 깨닫게 되었다.[42] 파리에 있는 임정의 위원부에서는 사정이 달랐다. 한가닥 희망을 걸고 있었으며 국제사법재판소가 설치될 단계에서는 그에 거는 기대가 결코 적지 않았던 것 같다.[43] 파리위원부는 1920년 4월 23일 쌍모레어에서 개최된 국제연맹 최고이사회에 블라디보스톡에서의 일본군의 횡포한 행동을 철저히 조사 응징해 줄 것을 요청함과 동시에 한국의 완전 자주독립안도 상정 토의해 줄 것을 함께 요청하였다.

---

40) 이관용 역시 10월에는 스위스로 돌아갔기 때문에 주파리위원부의 위원장은 황기환이 대리로 맡아서 외교활동을 지속적으로 전개하였다.

41) 『임시의정원기사록』 제5·6회 참조.

42) 『자유한국(La Coree Libre)』 No. 7, 174~176쪽. 1920년 7월 제네바에서 열린 국제연맹 제1차 총회에 한국대표단의 불참가 선언을 통해서도 그에 관한 기대가 얼마나 희박하였는가를 알 수 있겠다.

43) 위의 자료, 173~177쪽.

1921년 6월 10일 국제연맹옹호회가 다시 제네바에서 개최되었을 때 한국독립문제가 정식으로 토의되었다. 각국 대표들이 그의 긍정성을 인식, 한국의 입장이 크게 현안으로 부상된 일도 있었다. 상대적으로 일제의 한국강점이 개별적으로 응징되는 성과가 있었다.[44] 프랑스에서 '한국민국제연맹개진회'가 조직되어 외교활동의 거점이 확보될 수 있었던 것은 어려운 여건 속에서도 우리 대표의 노고가 그만큼 컸었다는 사실을 입증해 주는 것이다.

특히 큰 성과를 기록한다면 1919년 7월부터 개최된 제8차 국제사회당대회에 한국대표가 참가 활동한 사실일 것이다. 25개국 대표가 참집한 가운데 열린 이 국제회의에 주파리위원부에서는 8월 4일 조소앙과 이관용을 대표로 참가케 하였다.[45] 이들의 외교활동으로 8월 9일 한국독립승인결정안을 통과시켰다.[46] 그 내용은 모두 3가지였으니 한국독립문제의 승인, 동아정세의 조사, 혁명촉진 등이었다.[47]

조소앙은 이 결의안의 실행을 확정짓기 위하여 네덜란드의 암스텔담에서 개최되는 10여개국 참여의 국제사회당 집행위원회에도 참석하였다. 그는 각국 대표가 스위스에서 가결된 한국의 독립 승인문제를 각기 본국 국회에 제안하여 통과되도록 한다는 결의문을 채택케 하는데 성공하였다. 브뤼셀에 있는 국제사회당 본부에서 임정을 승인해 주도록 국제연맹과 열강에 대하여 요구하였다는 소식이 상해에 전해지자 환희에 찬 임정 요인들은 이 사실을 호외로 알리기도 하였다.[48] 이 회의에 참석, 외교교섭을 전개하던 조소앙은 네덜란드를 경유 영국·덴마크·소련 등 10여 개국을 경유,[49] 1921년 12월 상해로 돌아와 외교활동을 소상히 임정에 보고하고 정

---

44) 1920년 10월 12일 이탈리아 밀라노에서 열린 국제연맹옹호회에 한국대표로 윤해·이관용이 참가, 혁혁한 외교활동을 전개하였으므로 각국 대표로부터 한국의 피압박사실이 속히 풀어져야 할 것이라는 동정을 얻게된 것이다.
45) 『조소앙전』(필사본, 미간) 참조.
46) 삼균학회, 『조소앙선생문집』 참조.
47) 『독립신문』 1919년 10월 28~29일자 상해판.
48) 『독립신문』 1920년 4월 8일자.
49) 앞의 『조소앙전』 참조.

책의 전환을 건의한 바 있었다.50)

1921년 1월 15일 이관용은 대한적십자사 구라파지부장의 자격으로 제네바에서 열린 만국적십자총회에 참석하였다. 여기서 그는 일본적십자사로부터 한국적십자사를 분리 독립해 줄 것을 요청하였으며, 일제의 포학성과 간도에서의 일본의 한국인 학살사실을 폭로 규탄한 바도 있었다.51)

(3) 선전외교활동

주파리위원부는 1919년 10월 10일 이관용이 위원장직을 사임하자 서기장 황기환이 위원장 대리로서 그 직임을 수행하였다. 그는 런던 주재 외교위원도 겸하여 그곳과 파리를 왕래하면서 외교활동을 전개하였다. 마침 9월 26일 대한국민의회정부에서 파견한 尹海·高昌一이 늦게 도착하여 이들과 합류하고 선전 외교에 주력하였다. 우선 그들은 10월 17일 프랑스 인권옹호회의에 한국문제를 상정 설명하였으며, 1920년 1월 4일 국제평화촉진회 주최로 개최된 중국 각 사회단체 연합회에서는 윤해 등의 환영회를 열고 한국독립결의안을 통과시켰다. 이어 1월 8일에는 파리대학의 샬레(Challaye) 교수, 중국인 謝東發, 뮤테(Moutet) 하원의원이 우리의 실정을 참석자에게 소개하고 독립의 당위성을 역설하였다.

선전활동용 책자로는 『홍보』(1919. 4. 29~同 11. 29)를 비롯하여 1919년 9월에 『한국의 독립과 평화』, 1920년 4월에 월간 『자유한국』, 1920년 12월에는 『구주의 우리 사업』을 간행 선전하였다. 또 『통신전』, 『日人이 조약의 가치를 여하히 侮視하는가』라는 책을 영문 및 불문으로 인쇄 배포하였다.

파리위원부 통계에 따르면 1919년 3월부터 1920년 10월 말까지 유럽 각 신문에 한국관계 기사가 게재되었는데 181종의 신문에 517회나 발표되었다. 프랑스신문에만도 133개 신문에 423건이 게재되었다.52) 로마교황도 한

---

50) 『독립신문』 1922년 2월 20일자.
51) 『독립신문』 1919년 9월 9일, 1921년 2월 17일자.
52) 앞의 『구주의 우리 사업』 참조.

국인의 자유와 행복을 기원하는 글을 위원부에 보내오기도 하였다.

1919년 11월 19일 소련 무르만스크에서 파리에 온 30여 명의 한국인과 영국에서 온[53] 10여 명의 동포가 모여 한인국민회를 조직, 파리위원부의 일을 외곽에서 협조하였다.[54] 이들은 유학생 10여 명을 영입하고 1920년 3월 1일 3·1절 1주년 기념식을 거행한 바도 있었다.[55]

(4) 영국에서의 외교

임정과 영국과의 외교는 국가적 차원보다 민간적 차원에서의 교섭이 주류를 형성하였으며, 황기환이 1920년 10월 3일 런던 주재 외교원으로 임명된 뒤부터 본격화되었다.

민간 외교로서 성과를 거둘 수 있었던 것은 『한국의 비극』 등을 쓴 친한파 언론인 맥켄지(F.A. Mckenzie)와 『조선의 부흥』을 저술한 그레이브스(J.W. Graves)의 우정어린 도움이 컸었기 때문이다. 전자는 그 외에 『자유를 위한 한국인의 투쟁』(Korea's Fight for Freedom)을 저술하여 친일적인 한국인의 한국관을 시정하고 이해하는 데 도움을 주었다. 후자는 국제사회봉사회를 통하여 한국 내에서 일본의 한국인 기독교도 박해와 학정, 포학성 등을 폭로 비난하면서 속히 인도와 평화가 있는 사회를 만들라고 촉구하였다.[56]

이 같은 추세에 따라 영국 하원에서는 1919년 7월, 1920년 4월과 8월에 헤이데이(Heyday)와 그룬디(Grundy) 의원이 주가 되어 한국문제에 관하여 3번이나 토의를 진행시킨 바도 있었다. 이렇게 한국문제가 유리하게 전개되는 여세를 몰아 황기환은 맥켄지, 그레이브스 등의 후원을 얻어 1920년 10월 26일 60여 명 규모의 대영제국한국친우회(The League of Friends

---

53) 현규환, 『한국유이민사』 상, 815~817쪽.
54) 이들은 대개가 노동자로서 한인국민회 결성 6개월 뒤에는 6천 프랑을 모아 파리위원부에 군자금으로 헌납한 바도 있었다.
55) 보훈처, 앞의 『독립운동사』 4권, 1972, 337쪽.
56) 국사편찬위원회, 『한국독립운동사』 3, 1967, 243~244쪽.

of the Korea in Great Britain)를 결성하였다.[57]

한국친우회는[58] 결성하던 날 로버트 뉴만(Rovert newman) 의원을 의장으로 추대하여 그로 하여금 회의를 주재케 하였다. 이어 맥켄지가 일본의 한국침략에 관한 폭로 규탄성명이 있은 뒤 죤 워드(John Word)의 제안을 크리포드(Dr. J. Crifford)가 대독하고 결의안을 가결시켰다. 이 결의안의 내용은 다음의 4가지 사항이었다.

첫째, 한국 내 정치・경제・사회・종교의 현황을 널리 선전한다.
둘째, 한국인을 위하여 정의와 자유의 회복을 지원한다.
셋째, 한국의 신교의 자유를 옹호한다.
네째, 한국에서 정치・종교적으로 박해받는 사람, 과부, 고아 등을 위로 구조한다.

뒤를 이어 윌리엄(W. L. William)의 발의로 기본적인 활동방침을 네 가지로 정하였다. 첫째 교회, 둘째 강연회, 셋째 신문지상, 네째 의회를 움직여 각 방면에 대하여 통일된 조직적 선정에 전심협력할 것을 결의하였다.[59]

한국친우회는 회장 로버트 뉴만경을 중심으로 명예서기, 회계간사 등 10여 명의 임원을 선출, 한국의 독립을 위해 끝까지 헌신 노력할 것을 다짐한 바 있었다.[60]

이렇게 파리위원부의 외교활동은 1920년 이후부터는 그 중심지가 파리에서 런던으로 옮겨갔다. 그러나 황기환이 미국으로 가고 맥켄지도 시카코 데일리뉴스지로 전근하면서 영국에서의 활동도 활발치 못하였다. 더욱이 뉴욕과 런던을 오가던 황기환이 1923년 4월 18일 임정으로 전근되어가자 그곳의 외교활동은 크게 저조한 상태를 면치 못하였다.

---

57) 조선정보위원회, 『英美에서의 조선인의 불온운동』 참조.
58) 영국하원 의사당 6호실에서 결성을 본 한국친우회는 국회의원 17명, 교육자 6명, 신문기자 4명, 교회목사 9명, 귀족 3명 등 62명의 주요인사로서 구성되었다.
59) 앞의 『英美에서의 조선인의 불온운동』 참조.
60) 앞의 『구주의 우리 사업』, 53~54쪽.

4) 구미위원부의 설치와 성과

(1) 선전외교활동

3·1혁명 직후인 1919년 3월 15일 대한인국민회의 결의로 서재필이 미국 필라델피아에 외교통신부를 설치 활동하다가 임정이 수립된 뒤 대한민국통신부라 개칭하였다. 이의 수행목표는 "한국의 독립사업을 원조하고 한국 안에서 당하는 일본의 학정을 항의하며 한국의 실정을 선전함"에 있었다.[61]

임정은 7월 16일 서재필을 외교전권특사로 임명, 정부의 공식대표 자격을 부여하였다. 그러나 이승만은 한성임시정부의 집정관총재라는 자격으로 워싱턴에 그 사무소를 설치, 1920년대의 외교활동을 전개하였으므로 두 사람 간에 갈등이 생겼다. 구미위원부는 8월 25일 설치한 한국위원회를 고쳐 만든 것이며 9월에는 다시 구미위원회로 개편하면서 이승만이 통합정부의 대통령이 되자 대한민국통신부와 주파리위원부를 통합, 주미 각지의 외교를 전담하는 단일창구로 발전하였다.

구미위원부는 외교뿐 아니라 임정의 사무도 대행하도록 직무와 권한을 분명하게 표현하고 있다.[62] 임정의 대미외교의 일선 집행소이기도 한 구미위원부는 초기에 역시 파리강화회의에 기대를 걸고 지원함에서부터 그 단서를 찾아볼 수 있다.[63] 그러나 친일적 경향을 띠고 있었던 미국정부의 정책방향을 배일친한적 방침으로 전환시키기에는 내외 여건이나 상황에 무리가 있었다.[64]

따라서 미국사회의 여론에 의하여 한국에 대한 지원을 요청하는 방향으

---

61) 김원용, 『재미한인 50년사』, 25~35쪽.
62) 구미위원부는 8가지의 직무규정과 권한을 가졌다. 그 내용을 보면 대통령의 직속 기관이면서 어떤 부처의 지휘감독도 받지 않게 되어 있었다. 미주동포사회에 물의가 일었던 것은 이 때문이었다.
63) 1919년 4월 5일 국민회 총회장 백인규가 미국무장관에게 파리의 김규식대표를 외교적으로 승인해 주도록 요구한 것이 강회회의 외교의 시초였다.
64) 보훈처, 앞의 『독립운동사』 4권, 341~342쪽 ; 조선총독부 경무국, 『警察調査 不逞鮮人의 槪況』, 1935, 35~38쪽.

로 외교정책을 새롭게 결성하지 않을 수 없었다. 민간차원에서의 외교공세
가 적극성을 띠었고 또 성과도 있었던 것은 불행 중에도 다행스러운 일이
었다. 선전활동이 보다 더 활발해질 수밖에 없었던 추세도 내실은 이런 고
충이 있었기 때문이었다.

미국에 있어서의 한국의 선전외교는 서재필이 만든 대한민국통신부의
활동으로부터 시작되었는데 1919년 6월부터는 오하이오주에서 월간『한국
평론』을 간행 선전활동을 전개하였다. 대한민국통신부가 구미위원부로 파
리위원부와 함께 통합된 뒤 동 위원장에는 파리로부터 미국에 도착한 김
규식이 선임되었다. 李大偉 林炳稷 등이 위원장을 보좌하면서 외교선전업
무를 수행해 나갔다. 동 위원부 고문 돌프와 변호사 스테거, INS통신사 기
자 윌리엄즈 등이 이에 가담, 활동을 크게 고무 진작시켰다.[65]

구미위원부의 외교활동의 주요 골자는 선전용 간행물의 배포, 일본의 한
국탄압사실을 언론기관에 상세히 폭로 규탄하거나 헐버트나 스코필드 같
은 선교사를 동원하여 강연회, 선전유세 등을 개최케 하는 내용이었다. 이
승만 서재필 김규식 등은 미국무성과 당국자들과의 개별 접촉을 통하여
한국의 피압박 사실과 독립되지 않으면 안될 당위성 등을 설명하고 후원
을 강력히 요청하기에 여념이 없었다. 일제도 선전활동의 실효성을 인정하
고 각별히 주의를 환기할 정도였다.[66]

구미위원부가 제작 배포한 선전용 간행물에는 켄들(C. W. Kendall)이
쓴『한국의 진상』을 비롯하여 申興雨의『한국의 재흥』등 21종에 달하고
있다. 이 같은 단행본 못지 않게 잡지와 신문에서도 선전외교의 효과를 계
산하고 있었다. 1919년의 경우 필라델피아대회 결의문「미국에 대한 한국
의 호소」가『네이션(Nation)』4월 19일호에 실려 큰 감명을 주었는데, 이
같은 종류도 8가지에 이르고 있었다.[67]

이에 잘못 인식된 미국정부 당국자들의 한국인식은 구미위원부의 선전

---

65) 임병직,『임정에서 인도까지』, 여원사, 1964, 123~125쪽.
66) 조선총독부경무국,『미국 하와이지방에 있어서의 不逞鮮人의 상황』, 大正 10년 3
    월 참조.
67) 국사편찬위원회,『한국독립운동사』3, 1967, 813~814쪽.

활동으로 인하여 크게 전환되었다. 1919년 3월부터 1920년 9월 1일까지 18
개월간 미국신문에 한국관계 기사가 모두 9 ,700여건이나 게재되었는데[68]
그 중 50여 건만이 친일적인 기사였다.[69]

(2) 미국의 한국친우회와 그 활동

구미위원부의 선전활동에 대한 미국 행정부의 반응은 기대와는 달리 냉
담하였다. 그러나 미국 의회에서의 반응은 의외로 좋았다. 1919년 5월 16일
상원의원 톰킨스(Dr. F. W. Tomkins)가 필라델피아에서 서재필의 권유에
따라 창립한 한국친우회가 그 중추적인 임무를 수행하였다.[70] 이 회는 11
명의 이사가 주동이 되어 한국의 독립사업을 원조하고, 한국 내에서 벌어
지는 일본의 학정에 항의하며, 한국의 실정을 선전하기 위하여 창립된 것
이다.[71] 따라서 신교의 자유를 보장받고 미국인에게 한국의 진상을 전파함
을 목적으로 삼았다.[72] 이 회는 미국 전역의 각계 각층으로부터 지지 찬동
을 얻어 1만 여명의 회원을 확보하였으며 19개 지부를 설치하였고 구미위
원부의 활동에 많은 도움을 주었다.[73]

서재필이 미국인만의 한국친우회에 가담 활동한 것은 그가 미국 국적을
가지고 있었기 때문이었다. 그는 이 회를 구심점으로 하여 맹렬한 선전활
동을 전개하였다. 때로는『한국평론』이라는 영문기관지를 발간 배포하였
으며『어린이 순교자』,『한국정신』등도 배부, 여론조성에 보탬이 되게 하
였다. 그는 이승만과 함께 각 지부를 순회하면서 강연회를 개최하고 미국
내에서의 한국분위기를 조성하는 데 기여하였으며 이로 인해 날로 많은
뜻 있는 회원을 확보할 수 있었다.[74] 서재필의 권유를 받은 미국인 선교사

---

68) 앞의『재미한인 50년사』, 395쪽.

69)『독립신문』1921년 1월 14 · 15일자.

70)『독립신문』1920년 2월 16 · 17일자.

71) 앞의『재미한인 50년사』, 376~378쪽.

72) 이현희, 앞의 책, 120쪽.

73) 임병직, 앞의 책, 123~127쪽. 일본문서에는 3천 명의 회원이 있을 정도였다고 과
소 표현하였다.

들이 자진하여 강연회를 개최하기도 하였는데 선교사 파이팅(A. C. Whiting)은 270여 회의 한국옹호 강연회를 가진 바도 있었다. 미국 국회의원과 선교사 및 기타 미국인들로 구성된 한국친우회의 외교선전활동은 결국 서재필의 피나는 애국에의 노력으로 큰 효과를 거둘 수 있었던 것이다.

(3) 미국의회에서의 외교

한국친우회의 열성적인 한국 지원과 선전에 힘입어 한국문제는 미의회에 상정 토의될 수 있는 일단의 성과를 기록할 수 있었다. 상원에 3회, 하원에 1회, 도합 4회에 걸쳐 한국독립문제가 상정되었다. 상원의회 18명, 하원의원 3명 등 21명이 발언하여 미국의회 의사록에 64쪽이나 발언내용이 수록된 일도 있었다. 첫 번째는 1919년 상원의원 스펜서(Spencer)와 노리스(Noris) 등이 제출한 한국문제 토의안으로서, 이 안건은 8월 16일 상원외교위원회에서 토의된 바 있었다.[75] 두 번째는 같은 해 10월 19일 프란스(France) 상원의원이 제안한 한국독립 찬조결의안이었다.[76]

하원의 메이슨(Mason) 의원도 1차 토의를 진행시켰다. 그러나 모두 3건은 토의에만 그쳤을 뿐 결의를 보지 못한 것이 충격을 줄뿐이었다. 단지 상원에 세 번째로 제안된 안건만이 표결에 붙여졌던 것이다. 1920년 3월 17일 상원의원 찰스 토마스가 앞서 케리 상원의원이 제안하였던 아일랜드 독립안이 상정된 끝에 한국독립 동정 및 국제연맹 회원으로 인정키로 하는 수정안을 제출하였다.[77] 토마스 의원은 제안 설명에서 1882년에 체결된 한미조약에 의거 양국 간의 영구적인 평화와 친목을 들어 "한국의 주권이 회복되어야 함"을 역설하였다.

그러나 한국 독립문제의 경우는 아일랜드안과는 상이하므로 이를 분리해야 한다는 주장이 나와 분쟁이 일어났다.[78] 결국 한국문제를 분리하자

---

74) 앞의 『英美에서의 조선인의 불온운동』.

75) 이현희, 앞의 책, 121쪽.

76) 앞의 『英美에서의 조선인의 불온운동』 참조.

77) 『독립신문』 1920년 6월 1일자.

는 보류안이 표결에 들어간 결과 34 : 34 동수를 기록하였으나 의장의 부표를 던져 부결됨으로써 토마스의 한국독립안은 아일랜드안의 수정안으로서 잔류케 되었다. 이어 동 3월 20일 투표에 들어가 한국안이 표결에 들어갔으나 32 : 46으로 부결되고 아일랜드안은 38 : 36으로 가결되었다.79)

한국독립문제가 부결된 이유는 아일랜드안이 수정안으로 제안되어 한국문제에 찬성하는 9명의 상원의원이 부표에 가담하여 버렸기 때문이었다. 물론 기권한 16명의 의원도 아일랜드안과 한국안이 같이 상정된 것에 반대의사를 표한 것일 뿐 한국독립안 그 자체를 반대 폐기시키고자 기도하였던 것은 아니었다.80)

그 외에도 한국독립문제에 관하여 의회에서 세계평화와 인도주의에 입각하여 열변을 토한 의원으로 상원의원 포인덱스더(Poindexter), 메코믹(Mecomick) 등이 있었다. 이들의 토의 내용은 대략 비슷한 것으로, 1905년 이후 일제가 한국을 침략할 당시 미국 극동정책의 기만을 통렬히 규탄하였으며 그에 따른 죄과를 시인하고 한국의 독립문제를 지지하고 또한 심각하게 취급해 줄 것을 요청하는 내용들이었다. 미국의 한국지원은 과거의 외교적 실책을 반성하고 인류의 평화와 자유 정의의 실현을 위하여 당연히 경주해야 할 정책적 배려라는 핵심적인 발언을 전개하였던 것이다. 이러한 사실은 연합통신(U.P.I.의 전신)을 통하여 세계 주요지역에 전파되었으니 이들의 활동이 당장에 큰 성과는 없었다 해도 국제여론조성에 비중을 차지하고 있는 게 아닌가 생각된다.

여하간 서재필과 이승만은 국가와 민족을 위하는 일에 미국 정계, 종교계, 교육계 등을 대상으로 한국 지원을 호소, 선전 활동을 전개하여 지지자를 획득하는 데 크게 기여하였다. 일제가 한국 내의 제암리 등에서 수십 동의 교회를 소각하고 수백 명의 신도들을 집단 학살했던 사실은 미국 각 종파를 초월한 교계에 큰 충격과 분노를 금치 못하게 하였다. 이것이 상대적으로는 한국의 독립문제를 우선적이고 동정적으로 취급하게 하였다.

---

78) 신재홍, 「대한민국임시정부의 외교활동」, 『사학연구』 22, 1973 참조.
79) 『독립신문』 1920년 3월 26·30일자.
80) 앞의 『朝鮮民族運動年鑑』 1921년 2월 2일자.

(4) 미국의회 의원단에의 외교

대미외교를 강화하여 여러 가지 방법이 모색되고 실행될 단계에 미국 상·하의원 70여 명이 1920년 8월 극동을 시찰하게 되어 있었다.[81] 한민족 은 비록 미국이 우리의 실정을 외면하거나 적극성을 띠지 않는다고 하여 섭섭해했지만 미국에 거는 외교적 기대는 막연하나마 매우 컸다. 그런 시 기에 미국의원단의 한국을 포함한 극동시찰의 소식은 다시 한번 한국의 독립문제를 호소할 수 있는 기회가 주어지는 것이라 생각하고 준비를 서 둘렀다.

임정에서는 미국의원단 환영준비위원회를 조직하고 安昌浩를 그 위원 장에 선임하였다. 6월 28일에는 이를 효과적으로 수행하기 위한 예산 11,400원을 준비해 두었다.[82] 임정에서는 이들을 맞아 일본의 부당한 지배 와 포학성의 폭로, 한국독립의 필연성 등을 선전 납득시키기로 하였다. 이 에 대해 일본에서도 역공세를 펴기도 하고 조선인이 일본 통치에 만족한 다는 사실과 일본 통치의 결과 모든 면에서 조선사회가 발전하고 있다는 등의 허위사실을 시찰단에게 문서로 수교할 것을 음모하였다.[83] 이에 임정 에서는 용의주도하게 대책을 강구하였다. 미국의원단이 8월 5일 상해에 도 착하였을 때 임정에서는 鄭仁果 呂運亨 李喜儆 呂運弘 李裕弼 徐丙浩 金 淳愛 등을 대표로 선정, 교제위원의 임무를 맡겼다.

이들은 8월 5일 미국의원단 일행에게 진정서와 선전자료를 제출하였 다.[84] 교제위원은 일행이 머물던 8월 5일부터 8일까지 각종 환영대회에 참 석하여 외교활동을 전개, 한국을 이해시키는 데 최대의 노력을 경주하였 다.[85] 8월 9일에는 일행이 南京으로 옮기자 申國權을 그곳에 파견하여 현 지의 任春熙와 함께 외교활동을 전개하도록 독려하였다. 미국의원단이 8

---

81) 앞의 『朝鮮民族運動年鑑』 1920년 8월 5일자, 240~241쪽.

82) 『안창호일기』 1920년 8월 15~20일자 참조.

83) 조선총독부경무국, 『미국 및 하와이지방에 있어서의 不逞鮮人의 상황』, 37~47쪽.

84) 趙孟善(독립단총장) 등 36명이 연서한 영문진정서와 한국민주학생회 연서의 진 정서, 선전자료 등 50여 건에 달하였다.

85) 金正明 編, 『朝鮮獨立運動』 Ⅱ, 東京 : 原書房, 1967, 241~242쪽.

월 14일 北京에, 8월 23일에는 奉天에 도착하였을 때도 임정은 파견원을 현지에 보내 교섭케 하였다. 상해에 체류하였던 일행 중 죠터 의원을 비롯한 여러 의원을 여운형 등 3인이 방문하여 한국헌법, 한일관계, 일제의 한국 및 중국침략의 불법성을 영문으로 작성, 수교한 뒤 외교공세를 폈다. 그리하여 10여 명의 의원을 개별적으로 방문 교섭할 수 있어 미국의원들은 그들의 한국관을 시정하였을 뿐 아니라 일제 침략의 실상을 알게 되어 한국독립의 원조를 약속하기도 하였다.[86] 그러나 강대국 간의 문제가 더 시급한 당시 상황 속에서 한국의 독립문제는 공식적인 원조보다 사적인 이해와 동정 면으로 흘러갈 수밖에 없었다. 이것이 임정의 대미외교의 취약점이며 한계성이기도 하였다.

미국의원단 일행은 일본의 한국여행 저지책략에도 불구하고 서울 방문계획을 실현컸다. 일행 중 약 50여 명이 8월 24일 서울을 방문하게 되었다.[87] 이를 계기로 임정은 대대적인 제2의 독립운동을 계획하고, 남녀 의사·지사들을 국내에 파견하는 한편 平南道廳(8. 3)과 新義州 철도호텔(8. 5), 宣川 警察署(9. 1)에 각기 투탄하는 등 한국민의 의거를 북돋아 주었고, 비상리에 안창호 임정의 내무총장은 미국의원단에게 사전에 이 같은 사실을 알려 놀라지 않게 하였다. 동삼성에서는 광복군총영의 吳東振이 결사대를 조직, 선언문 4만 매를 지참하여 국내에 들어와 살포케 하였다. 동시에 미의회시찰단이 국내로 시찰일정을 잡자 임정은 국내에 吳熙文 金仁根 張德俊 등을 보내 양기탁 이상재 등과 연락을 취하고 이런 내용을 협의하였다. 독립청원서의 미의원수교와 선전활동을 지시한 뒤 의원단의 열렬한 환영과 테러로서 항일분위기를 고조시키게 하며 미일전쟁을 유발케 미국의원단을 저격할 것도 아울러 지시하였다. 그러나 이와 같은 극비의 지시까지도 조선총독부 경무국에서 탐지하고 경계망을 삼엄하게 쳤다.[88] 이런 치밀한 경계 속에 마침내 1920년 8월 24일 100명의 미국회 상하원의원 일행 중 28명의 의원과 그 가족 약 50여명이 서울에 도착하여 國際親和會의

86) 『동아일보』 1920년 8월 14~18일자.
87) 『동아일보』 1920년 8월 22~25일자.
88) 『동아일보』 1920년 8월 25일자.

영접을 받고 조선호텔에 여장을 풀었다. 시찰단 일행이 봉천을 출발, 8월 24일에 서울역에 도착하기 전 경의선 철도 연변의 義州·郭山·安州·開城·長湍·金村 등지에서는 만세시위가 있었고 선천의 미국인 선교사 尹山溫은 대한독립승인청원서를 선천역에까지 나가 교부한 일도 있었다.

미국의원단들의 일정은 도착한 다음날(25일) 서울을 관광하고 오후에 부산으로 내려가 일본으로 순방하게 되어 있었다. 그런 중에도 기독교청년회관에서는 미국의원의 강연과 개인적인 교담회도 있었다. 서울 시내에서는 대한중흥단의 지도로 철시하고 시위에 들어가는 등 분위기가 어수선하였던 것 같다.[89]

한편 동삼성에 거점을 둔 광복군총령에서는 결사대 단장으로 金榮哲을 임명하고 미국의원단의 한국방문기간 중 무장항쟁을 시도하였다. 그러나 김단장, 안경신 이하 20여 명이 경계망에 발각되어 8월 21일 체포됨으로써 불발로 끝났다.[90] 뿐만 아니라 서울시민이 시내 주요 연도나 환영대회에 참석할 것에 대비, 강제로 분산시켜 시찰단 일행에 접근치 못하게 경계를 강화하였다. 그러나 실제로 서울 시민이 합세하여 요소 요소에서 경계를 비웃듯 독립만세를 고창 시위하다가 부상도 당하였고 수백 명이 체포되어 간 일도 있었다.[91]

일본의 갖은 방해공작으로 서울 YMCA회관에서 베푼 환영대회가 거의 무산되다시피 하였을 때 헐스맨 의원이 700여 명의 군중 앞에 나타나 "정의 인도로 향상 발전하라"는 분발을 돋구는 요지의 강연을 하여 열렬한 환영 속에 성료된 일이 있었을 뿐이었다.[92]

24시간 정도 滯韓한 미국의원단은 주마간산식으로 한국과 한국인을 보았다. 그러니 동정이나 이해를 펼 시간적 여유조차 없었다. 더욱이 도쿄를 경유하여 미국으로 건너간 점을 고려하면 그곳에서의 세뇌공작도 컸으리

---

89) 보훈처, 앞의 『독립운동사』 4권, 352쪽.

90) 『동아일보』 1920년 8월 23~25일자.

91) 박영석, 「미국의원단 내한」, 『한미수교100년사』, 국제역사학회 한국위원회, 1982, 267~271쪽.

92) 『동아일보』 1920년 8월 24·26·28·29·30일자 기사 및 사설 참조.

라 본다. 그러나 미국에 돌아간 의회지도자들은 한국의 독립문제에 관하여
하등의 문제를 제기하거나 대정부 질문조차 전개하지 않았던 것을 보면
우리의 외교노력이 필사적이었다 해도 받아들이는 미국의원의 자세를 탓
하지 않을 수 없는 것이다. 그럼에도 불구하고 미국에 거는 한국인의 독립
에의 가능성이나 열망은 좀처럼 줄어들지 않았다. 미련을 간직하면서 기회
가 주어질 때마다 세계를 놀라게 할 독립의 신념이나 의지를 표하곤 하였
다.

일본에서 유학하고 있던 한국인 학생이 미국의원단이 일본 제국호텔로
가는 중에 태극기를 흔들며 그 차에 탑승, 독립 만세를 연창하다가 체포되
어간 일도 있었다.[93] 이러한 여러 민족적 울분의 폭발 등을 보면 미국위원
단이 아무런 사명이 없는 관광단이었다 해도 미국의원에게 거는 한국인의
독립열망은 필사적 절대적이었으며 최대의 목표였음도 아울러 알 수 있
다.[94]

5) 태평양회의에의 외교정책

(1) 외교후원회의 활동

한국의 독립을 파리강회회의에 호소하다가 여의치 못한 임정의 외교정
책은 다시 미국의원단의 극동시찰을 계기로 그 분위기를 고조시키려 기도
하였으나 역시 勞多功小로 끝나고 말았다.

미국의원단이 다녀간 뒤 1년이 채 못된 시기에 미국 워싱턴에서 국제규
모의 태평양회의가 9개국이 참여한 가운데 개막, 3개월간 계속된다는 소식
에 접한 임정 외교가에서는 다시 큰 기대 속에 그 준비에 분망하였다.[95]
이 회의는 일명 워싱턴회의라고도 하는데 1921년 11월 11일부터 1922년 2

---

93) 김정명, 앞의 『조선독립운동』 II, 423~424쪽.
94) 이현희, 『3·1운동사론』, 동방도서, 1979, 150~157쪽.
95) 이현희, 앞의 『대한민국임시정부사』, 124~147쪽.

월 6일까지 속개되었으며 그 주재자는 미국 대통령 하딩(W. G. Harding)
이었다. 이 회의의 목적은 우리의 독립문제와는 거리가 먼 해군군비축소와
태평양·원동(동북아시아) 문제의 토의였다. 그러나 이 회의에 참가한 열
국이 미국·영국·프랑스·이탈리아·일본의 5개국과 중국·벨기에·폴
란드·포르투칼 4개국이었는 바 우리의 독립문제와 직접적으로 관련이 있
는 나라가 다수 참석, 토의를 진행시킨다는 국제회의이기에 임정의 지도자
들은 큰 기대를 걸었다. 국내 민족지도자들 역시 이번만은 失機하지 말고
2천만 한민족의 숙원을 풀자는 호기로 여기고 있었다.96)

이에 임정과 구미위원부는 이번 기회에 이 회의 미국대표단에게 독립의
지원을 간청하는 외교정책을 경주키로 결정하였다. 이런 사실은 이미 그해
(1921) 7월 10일 경 파악할 수 있었고97) 7월 25일을 전후로 임정과 구미위
원부에서 그 대책을 협의하였다.

구미위원부에서는 통신 30호(7월 20일자)로 "한·일 두 나라가 대판결을
할 기회를 놓치지 말자. 대한 국민들아! 1921년 11월 11일 워싱턴 만국대표
자회 이 기회를!"이라는 요지의 격문이 나와 다시 호기를 포착할 찰나에
있었다. 국내에서는 성급하게도 한국문제가 포함되는 것으로 알 정도로98)
국내외에서의 관심이 매우 높았다. 8월 10일 미국은 이 회의에 참석할 9개
국 대표에게 정식으로 초청장을 발송하였다.

이에 임정은 8월 13일 교민단회관에서 '對太平洋會議 한국외교후원회'
를 조직하고 의장에 洪震을 선임하였다.99) 그리고 동 8월 18일 동 외교위
제2차 총회에서 이에 관한 규칙을 제정하였다. 그에 따르면 위치는 상해에
두고 목적은 외교후원이며 전임직원은 11명을 두되 총회에서 선거하여 외
무를 집행하게 하였다. 본회의 수입 가운데 70%는 외교후원에 투입하고

---

96) 이현희, 「태평양회의에서의 한국외교 후원문제」, 『한국사논총』 1, 성신여대, 1976
    참조.

97) 노재연, 『재미한인사략』, LA, 1963, '1921년 군축회의'.

98) 『東菴日記』(미간본) 1921년 8월 1일자, "美國主唱, 太平洋會議, 朝鮮問題包含,
    故日本大恐慌……".

99) 상해 프랑스조계 自邇路 439호에서 100여 명의 유지가 운집한 가운데 2시간 여의
    회의를 진행시켰다. 앞의 『朝鮮民族運動年鑑』 1921년 8월 13일자.

30%는 기타 경비에 충당케 하였다. 8월 26일 총회에서 간부를 선출하였다. 홍진이 간사장이 되었고 서무전임간사에 張鵬, 서기에 李秉周 등 11명이 선임되어 곧 사업을 착수케 하였다. 3회의 총회를 마친 뒤 군자금도 상당액을 수합하였으며 8월 26일 제1회로부터 12월 22일의 제9회까지 9회에 달하는 각종 외교후원의 문제를 검토 분석 종합하였다.

일정에 따라 9월 3일 안창호와 金泰淵이 이 회의에 외교를 후원하는 거국 거족적 차원에서의 지지를 호소하는 연설을 행하였다. 그는 그 필요성을 역설하면서 "이번 외교에 승리하면 우리에게 이익이 있겠고 실패하면 해가 있기 때문이다"라고 예리하게 지적하였다.[100]

동 회의가 미국 워싱턴에서 한창 진행되고 있을 때 미국과 영국의 주장으로 1922년 1월 6일 해군군비축소 비례를 미·영 대 일본의 경우 7대 5로 의정하였다.[101] 안창호는 이 회의를 기하여 우리의 독립문제가 반드시 세계적인 관심의 초점이 되어야 살아남을 수 있음을 호소하고 자활의 능력과 독립의 자격만 구비한다면 이 회의가 열리고 안 열리고는 상관할 바 아니며, 역시 그의 점진적인 민족의 실력이 양성되어 그것이 기반화될 때 가능함을 강조하였다. 또한 여운형 등이 주장한 국민대표회의도 한번쯤 대대적으로 열고 각계의 의견을 수렴하여 통일의 공론을 마련하자고 호소하였다.[102]

이 회의 외교후원회의 홍진 간사장은 「對태평양회의선언서」를 발표한 뒤 결의문도 공포하였다. 이 결의문 3가지로 되어 있는데, 첫째 참여 9개국은 한국독립을 완전히 승인할 때까지 활동할 것이며, 둘째 각 단체와 개인은 일치단결된 행동을 취해야 하고, 셋째 전국민으로 하여금 군자금을 적극 후원케 할 것 등이었다.[103] 단결과 군자금의 실현만이 이 회의를 전국민적 차원에서 추진될 수 있게 하기 때문이었다. 이미 발표한 선언서를 검토해 보면 "本領을 관철하면 종래의 역경을 脫免하고 共存同業의 福繁을

---

100) 주요한, 『안도산전서』, 삼중당, 1963, 601~602쪽.
101) 『동암일기』 1922년 1월 6일자.
102) 이현희, 「국민대표회의 소집문제」, 『백산학보』 18, 1975, 163~212쪽.
103) 앞의 『朝鮮民族運動年鑑』 1921년 9월말경 참조.

享受"할 수 있음을 들어 이 회의에 거는 기대가 지대함을 시사하였으며 "약자의 승리를 조성케 됨은 국제관례상 屢見한 즉 외교정책은 국가운명에 밀접한 관계가 있음"을 지적하였다. 동시에 "우리의 독립을 방해하는 자는 곧 우리의 적이라 오인은 어떠한 장애가 앞을 막더라도 생사를 不顧하고 우리의 목적에 도달하기까지 적의 앞으로 맹진하는 외에 他事가 無할지니"104)라는 독립에의 의지를 보이면서 이 회의의 귀추를 주목하였다.

한국의 평화가 곧 동양의 평화이며 세계의 그것임을 전통적으로 연결시켜 분기할 것을 강조하였다. 이 회의에 거는 기대가 커서 임시의정원에서도 정식으로 거론되었다. 9월 25일 동 개원식을 거행한 뒤 9월 29일 이 회의에 한국을 대표할 인물의 선임안을 통과시켰다. 이에 따라 대표에 이승만(대통령), 부대표에 서재필(구미위원장)이 선임되었고 정한경이 서기로 일을 보게 되었다. 그 외 고문으로 돌프와 토마스가 추선되어 한국대표단은 5명이 된 셈이었다.

태평양회의 외교후원회는 사명을 관철시키고 이를 내외에 널리 홍보하기 위하여 10월 3일 간사회를 열고 주간홍보자료『선전』의 발행을 결의하였다. 선전지는 매주 토요일 발행하기로 하고 주간에 홍진, 기자에 장덕로 등 6명이 선임되었다. 이들은 10월 29일자로『선전』제1호를 발행하였다.105) 동 창간사에서,

　　오족은 우리 世業을 광복하고 我지위를 확장하고자 하면 내로는 충실된 민기를 분흥하여 맹렬히 운동을 격진시키고 외로는 원만한 국교에 결탁하여 공정한 판단을 수행케 하는 것이 아니라면 도저히 그 효과를 收하기 難하다.106)

라 하여 민중의 참여와 공정한 외교에 기대를 걸고 있음을 알 수 있다. 결국 자강의식의 충만과 외교정책의 원만성에서 광복의 심도를 측정하고 있

---

104)『宣傳』1921년 11월 30일자.
105) 앞의『조선독립운동』II,「선전」발행의 건, 大正 10년 11월 11일 高警 제29026호.
106)『선전』1921년 10월 29일자.

는 것이다. 『선전』은 『독립신문』과 함께 임정의 사명을 뒷받침하였다. 同紙는 우리 대표단 이승만·서재필에게 다섯 가지 사항을 통고하였다.

첫째 미정부에 임정 대표의 참가를 요구할 것, 둘째 열강에 우리 정부를 승인케 할 것, 셋째 일본의 불법한 행위에 대하여 손해를 배상할 것, 넷째 중화민국의 주권과 영토를 보장케 할 것, 다섯째 시베리아의 일본군은 즉각 철병할 것 등이었다.107) 한국대표단의 외교활동은 결국 미국무장관 중심의 미국대표단을 설득하는 사업으로 초점이 맞추어지고 있었다.

우리 대표가 본회의장에 출석하여 우리의 정당한 요구를 9개국 대표 앞에서 호소 설득 개진할 수 있게 후원해 주도록 요구하였다.108) 한국대표단은 1921년 11월 1일자로 '군비축소회 한국특파단'의 명의로 장문의 「미대표에게 보내는 서한」을 발표하였다.109) 이 글은 일제의 한국침략과정과 그 포학성·부당성·비위 등을 지적하고 이 한국의 문제가 곧 태평양회의의 의제인 극동문제의 하나가 될 수 있으니 취급 토의해 주고 이 회의에 참가를 갈망한다는 요지였다. 임정 외교후원회에서는 한국대표단에게 우리의 사업(독립)은 희생과 사투가 아니고서는 성공하지 못한다는 격려를 잊지 않았다. "태평양회의가 我韓 독립에 至重한 관계가 有함에 반하여 각하의 책임이 중대하므로 전민족의 시선이 모두 각하의 신상에 총집하였나이다. 각하의 일언일동이 국가 전도에 막대한 肯綮가 된다"고 절규하여 이승만 서재필 등 한국특파단의 외교활동에 거는 기대의 심도·비중을 알 수 있다.

한국이 遠東 全局의 중심지이기 때문에 한국의 독립이 완성되지 않는 한 세계평화는 공리 공담에 불과할 것임을 엄숙히 천명하였다. 따라서 이 외교문제가 관철되지 않으면 혈전도 불사할 결사적 각오와 민족적 결의를 표시하였다. 『선전』지는 창간(10월 29일) 이후 1922년 2월 6일(태평양회담 종료)까지 우리 대표단의 성원·격려와 국내의 독립운동의 사실은 물론 극

---

107) 『선전』 1921년 11월 30일자.
108) 『독립신문』 1921년 10월 27일자.
109) 신재홍, 「대한민국 임시정부와 대미외교」, 『한미수교100년사』, 국제역사학회 한국
    위원회, 1982, 284~285쪽.

동 약소국가의 억울한 처지를 대변해 주었다.110)

(2) 태평양회의의 개막과 국내지사의 독립열망

임정에서 태평양회담에 관한 공식적인 태도를 표명한 것은 동 회의 소집을 주창한지 20일 만인 1921년 8월 15일이었다. 이 회의가 워싱턴에서 개막된 것이 그 해 11월 11일이었으니 그동안 3개월의 준비기간이 주어진 셈이었다. "우리의 문제는 此석상에서 반드시 일대 重題가 될지라 대동화평의 요소인 우리 문제를 귀정하지 않으면 何日이던지 분규 해결을 見得할 수 없음"을 깊이 인식하였다.

따라서 임정 외교후원회는 국내외 동포에게 물심 양면으로의 지원을 요청하였다. 9월 1일부터 동 17일까지 117명이 955원을 의무금 및 기부금으로 쾌척하였다. 임정 재무차장 이유필은 외교후원회의 총경비를 300만 원 정도로 세워 1921년도의 세출예산에 임시로 추가하였다는 것을 표명하였다. 그 당시만 해도 파리강화회의나 국제연맹회의와는 달리 이 회의에 거는 기대가 "심절한 관계가 있다"고 인식하였다.111) 그러나 그렇게 중차대하다고 본 이 회의에 대한 사전 정보입수나 정세분석도 제대로 되지 못한 상황 속에서 3개월간이나 허송세월을 보낸 듯한 것은 임정 외교부의 무능을 노출한 일면도 보였던 것이다.

임시의정원 의원 홍진 외 24명의 명의로 보낸 독립청원서에서도 '세계의 평화, 동아의 행복·정의·인도를 위하여 독립 자주의 조건'을 제출하고 완전 해결의 실마리를 풀려고 기도하였다. 한국의 불행이 곧 동양 대다수 국가의 불행으로 간주되어야 함을 이 회의에 호소하였다. 따라서 "한국 문제를 해결하지 않고는 세계는 장래 재차 전란의 와중에 투입될 것"이라고 경고하였다.112) 또한 한국은 자립자활의 터전과 능력이 구비되어 있음을 들어 독립의 청원을 국제회의에 호소 겸 재결을 획득코자 하였던 것이

---

110) 이현희, 앞의 『대한민국임시정부사』, 133쪽.
111) 『독립신문』 1921년 10월 5·28일자.
112) 앞의 『조선통치사료』 제7권, 조선치안상황(국외정보) 상해·북경·천진 방면.

다.113) 실제로 우리 대표단은 미국에서 백방으로 외교 교섭을 전개하였다.

이렇게 국내외 동포의 독립열망이 가득 찬 가운데 태평양회의는 1921년 11월 11일 미국 등 9개국 대표가 참여한 가운데 워싱턴에서 개막되었다. 먼저 미국측 대표에 의하여 군비축소문제 및 극동문제 등이 제안되었다. 그 방향은 만국의 평화를 도모하며 불가침을 약속하자는 것이었다. 이는 동서양이 처음 만나는 대집회였기에 희망은 의구스럽지만 눈을 부릅뜨고 응시한다는 반응도 불러일으켰다.114) 동 제1회 총회에서 의장으로 뽑힌 미국전권 휴스(국무장관)는 건조중인 주력선의 폐기와 보유비율의 설정을 제안하였다.115)

이 회의는 11월 16일 군비축소, 극동문제, 산동문제, 얍도문제, 4국협정 등을 차례로 논의하였는데 실질적으로 보아 4국협정 이외에는 그 때까지 조인하지 않았다. 영국에 속해 있던 아일랜드는 자활국이 되었으나 오히려 불만의 소리가 높았고, 인도의 경우는 영국으로부터 분리하고자 하여 독립운동에 박차를 가하였다. 이집트 역시 그러한 기미가 보여 피압박국가의 해방분위기가 조성되는 것 같았다.116) 이렇게 각국의 의안이 多端함으로서 인도·이집트도 자립의 전망이 밝아진다는 소식이 국내외에 알려지자 한껏 부푼 기대가 곧 달성되는 것으로 성급한 기대까지 걸고 있었다.

한편 국내에서는 이 회의가 개최된다는 소식을 듣고 동(1921) 9월 한국민의 독립열망서를 작성하여 상해를 경유, 워싱턴에 머물고 있는 우리 대표단으로 하여금 이 회의에 제출케 하였다.117) 「韓國人民致太平洋會議書」의 작성은 국내에서 李商在 등이 1921년 8월 미국에서 조직된 대한민족대표단과의 긴밀한 연락하에 이루어진 것으로 국내 13도 260군과 각 사회단체대표 372명이 서명함으로써 공식적인 문서로 우리 국민의 독립열망이

---

113) 뉴욕의 동포들이 이를 후원하기 위하여 공동회를 조직, 군자금을 모집하였으며 일본에서는 한국유학생이 중심이 되어 19명의 체포자가 생긴 가운데 시위운동까지도 전개한 바 있었다.
114) 김윤식,『續陰晴史』, 국사편찬위원회, 1960, 551~552쪽.
115)『동암일기』1921년 10월 1·22일자.
116) 김윤식, 앞의 책, 554쪽.
117)『독립신문』1921년 11월 19일자.

한 정성스런 문서에 집중된 것이었다.

이 속에서 한국민의 의사와 방향은, 첫째 일본에 의한 한국 강점사실을 부인하고 무효로 인정해 줄 것, 둘째 임정의 합법성-정통성을 인정, 국제적으로 승인해 줄 것, 셋째 한국 특파대표단의 이 회의 출석권을 부여할 것 등이었다.118)

(3) 한국대표단의 활약과 결과

제9회 임시의정원 회의(1921년 9월 19일)에서 절대다수로 한국대표단의 대표와 부대표로 선정된 이승만과 서재필은 각기 미국에서 정한경 및 2명의 미국인 고문과 합류, 특파단의 명의로 외교활동을 전개하였다. 미국 내각지에 산재한 우리 동포들도 이 소식을 접한 뒤 각자 군자금을 모집하거나 찬조연설 등으로 이들 한국대표를 격려 고무하였다. 뉴욕에 거주하는 동포들은 千世憲 林超 趙炳玉 李源益 許政을 준비위원으로 선정하고 각기 활동케 한 일도 있었다.119) 홍보활동을 통해 전미주 교포들을 이 외교활동에 지원토록 독려한 바 있었다.

이 때 서재필은 상원의원 토마스를 통하여 이 회의에서 한국을 일본의 학정으로부터 구출하여 줄 것을 진정서로 제출하였다. 이어 휴스 국무장관을 방문하고 일본이 한국의 독립운동자를 체포 고문 학살하는 만행이 계속되고 있으니 이를 중지해 줄 것과 긴급조치가 뒤따르도록 적극적인 협조를 당부하였다. 왜냐하면 휴스 국무장관은 곧 이 회의에 의장을 맡고 있었기 때문이었다. 휴스는 이 문제를 공식으로 거론하기는 어려우나 사적으로 일본대표에게 자제해 줄 것을 경고하겠다고 약속할 정도로 적극성을 띠지 않았다.120)

동 한국특파단의 서기인 정한경은 하와이에서 연설을 통해 이 호기를 독립 승인의 전기로 연결해야 한다고 역설, 많은 감동과 호응을 얻었다. 그

---

118) 「韓國人民致太平洋會議書」 참조.
119) 『독립신문』 1921년 10월 28일자.
120) 김도태,『서재필박사자서전』, 수선사, 1948, 253~255쪽.

는 서재필의 말을 빌어 금후의 외교는 독립협회 운동 이후에 절규하는 미증유의 중대사임을 의식적으로 표하고 비록 한 때 실패할 불운을 맞는다 해도 좌절치 않고 목적달성을 위하여 끝까지 초지일관할 것임을 다짐하면서 연설을 끝냈다.[121]

이 시기에(8월 30일) 임정은 국무회의를 통과한 9개항의 독립요구서를 우리 대표단으로 하여금 이 회의에 제출케 하였다. 한국특파단은 12월 28일 국내에서 보내 온 「韓國人民至太平洋會議書」와 함께 이 요구서를 이 회의에 정식으로 접수시켰다. 그 주요 골자는 임정의 이 회의에 대하여 한국을 완전한 독립민주국으로 승인하고 동양평화에 위해되는 일제의 여러 정책을 근본적으로 匡正할 것을 요구함으로부터 시작하여 소위 연합을 徹消할 것도 강력히 호소하였다. 따라서 3·1혁명에 이르는 민족적 자주 자립의 터전이 우리 2천만 동포들의 자발적이고 희생적인 참여에 의하여 이루어졌음과 그에 따른 임시정부의 출현이 곧 혁명의 뒷받침이 됨을 강력히 주장하였다.[122]

따라서 한국독립의 조건으로 그 승인과 함께 일제의 무조건 완전 철수 및 중국과의 공동운명체적인 아시아적 평화질서를 갈구하고 있음을 알 수 있다.

한국독립의 이유를 적극적인 이유와 소극적인 이유로 구분 천명하였다. 전자의 경우로 계통적 국가생활, 문명의 선진성, 고상한 도독의 人, 독창의 재능을 有한 민족, 언어 문자의 문명흡수력, 건설적 능력과 세력蓄伸, 직접 운동과 정당 유력한 최고기관으로서의 임정 등을 열거 주장하였다.[123] 후자의 경우도 독립과 열국, 일본의 보증, 러일전쟁 후의 가면탈각, 시기와 폭력의 합병, 심절한 역사적 仇讐, 양민족의 극단 차이, 제국적 허영, 포악한 총독통치, 세계 평화의 대저기압, 소위 식민정책의 졸렬성, 대감옥, 경찰의 폭행, 塞責的 사법, 검사 수색 감금, 新得의 2대 자유, 생활근거의 파괴, 이권의 독점, 경제 압박의 종류, 종교의 압박, 한국인 교육의 절멸 등 32가

---

121) 앞의 『조선통치사료』 제7권, 하와이에서의 정한경의 연설.
122) 이현희, 앞의 책, 144~145쪽.
123) 『독립신문』 1922년 2월 20일자.

지의 이유를 열거하여 규탄 성토하였다.

이 요구서에서는 결론적으로 전통적 자주자립에의 권위와 능력에 기초하여 독립민주국을 건설하고 일제의 무조건 철수를 요청하였다. 이렇게 요구서를 작성하여 미국대표단장에게 접수시키면서 "한국인은 소위 개량을 원하는 것이 아니요, 다만 각국이 조약만 준행하기를" 당부하였다.124)

그러나 이 같은 우리 대표단의 읍소에도 불구하고 회의가 속개되었던 3개월간(1921년 11월 11일~1922년 2월 6일) 한국 문제는 한번도 거론조차 되지 않았을 뿐 아니라 대표 한 사람도 워싱턴 백악관을 출입조차 못한 허망한 결과만을 안겨 주었다. 이 회의가 원래 일제의 征韓의식에 따라 팽창주의·황도주의·대국주의 등을 억제하자는 성질의 순서였음에도 불구하고 한국문제가 취급을 외면당하였다는 것은 분명히 세계평화에 역행하는 가소로운 국제규모의 회의였음을 알 수 있다. 미상원에서도 독립요구서가 제출 토의될 정도였는데 이 회의에서 냉대받았다는 사실은 여러 가지 외교상의 문제를 던져주는 심각한 결과가 아닐 수 없었다. 단지 한국대표단 고문인 프레드·A·돌프가 임정을 승인해 달라는 논설을 발표하였는데 이것이 1921년 12월 1일자 미국회의사록에 수록되어 있다.

서재필이 주관하던『한국평론』에서도 이 회의에 관한 전반적인 문제를 협의 소개하여 태평양회의장 밖에서의 외교활동은 결코 저조하지 않았음을 입증해 준다. 이 때 국내에서는 이 회의의 성패 여부를 떠나 천도교 중심의 제2의 3·1혁명을 시도하였다.125)

이와 같은 허탈감이 대소외교방면으로의 관심을 갖게 하여 김규식 이동휘 등 52명이 모스코바에서 개최된 극동세력자회의에 참석한 일도 있었다.126) 그러나 공산주의자들의 기만술책에 따라 하등의 독립보장이나 어떤

---

124) 앞의『조선통치사료』제7권 ; 이현희,『정한론의 배경과 영향』, 대왕사, 1986, 100 ~120쪽.
125) 이현희, 「제2독립선언서의 사적 의미」,『동국사학』15·16합집, 동국대 사학회, 1981 참조.
126) 로버트 A. 스칼라피노·이정식 공저,『한국공산주의운동의 기원』, 한국연구원, 1961, 1~30쪽.

성의 있는 답변을 닫지 못하고 허무하게 돌아올 뿐이었다.[127] 결국 민족의 실력을 양성해야 하겠다는 자강론이 대두될 수밖에 없었다.[128]

외교부재의 충격은 임정 요인들에게 새로운 발전의 길을 모색하지 않을 수 없게 하였다. 1925년 3월 23일 임정이 이승만을 대통령직에서 물러나게 하였고 4월 10일 구미위원부가 폐지되었다.[129] 구미위원부는 그뒤 3년간 더 유지되었지만 이승만이 대통령직에서 물러난 이후 박은식이 약 6개월간 제2대 대통령으로 직무하였다. 그 뒤 제2차 개헌을 통해 국무령중심 지도체제로 변경하고 새로이 지도이념을 정비하였다.[130] 다시 1927년 3차 개헌으로 국무위원제를 실시, 지도체제를 변경 실시하였다. 1934년 4월 2일 임정은 정부 내에 외무위원회를 서리, 외교문제를 협의하였다. 또한 외무행서규정도 제정, 필요한 지역에 외무행서를 두고 각 행서에는 외무위원 1명과 비서 약간 명을 두어 임정 외무부장의 명을 받아 지방에 외교사무를 장리한다고 규정하였다.[131] 주미외무행서 외무위원에 이승만을, 주불외무행서 외무위원에 徐嶺海를 각각 임명, 시무케 하였다.[132]

6) 소련과의 외교정책

임정과 소련과의 외교교섭은 의외성을 지니고 있었다. 비교적 빨리 교섭할 수 있었고 쌍방이 외교관계 성립을 추진해 나갔다는 점과 공산당이 중개 임무를 맡아 비밀리에 접근을 추진하였던 점을 지적할 수 있겠다. 초기임정에는 국무총리이며 한인사회당 당수인 이동휘와 朴鎭淳 등 공산계로 지목되었던 세력이 관여하고 있었다는 점과 민족계 지도자의 사상적 방황

---

127) 이정식, 앞의 『김규식의 생애』, 84~87쪽.
128) 이현희, 『한국근대사의 모색』, 이우출판사, 1979, 125~129쪽.
129) 『임시의정원의사록』.
130) 이현희, 「대한민국 임시정부의 지도체제」, 『한국사론』 10, 국사편찬위원회, 1981.
131) 『대한민국임시정부공보』 제57호, 대한민국 16년 4월 15일자.
132) 국사편찬위원회, 『한국독립운동사』 자료 - 임정 II, 163~165쪽.

이 오히려 소련의 개입을 가능하게 하였다.133) 더욱이 파리강화회의, 미국
의원단의 극동시찰, 태평양회의 등 구미를 상대로 한 독립운동이 실효를
거두지 못하자 임정 내의 정책적 반성이 대소외교방향으로 선회하였던 것
이다.134)

임정을 중심으로 한 민족계 독립운동가들 중에서도 사상적으로 정착하
지 못한 언행을 보였다. 李光洙의 도쿄 2·8독립선언서에서 소련이 군국
주의적 야심을 버리고 신국가의 건설을 도모한다든가, 안창호 정인과 黃鎭
南 등이 1920년『독립신문』의 속간을 프랑스 영사에게 요청하였을 때 사
회주의 선전 때문에 허락할 수 없다는 반응도 이들의 사상적 갈등의 일면
을 노출시킨 예증이 된다.135) 박은식도 소련의 움직임이 세계 개조의 첫
번째 동기였다는 것을 그의 저서에서 지적하고136) 임정 군무총장 계원 盧
伯麟도 시베리아전선에의 유도 발언 등에서137) 사상적 불안정성 내지는
방황의식을 짐작할 수 있겠다.

임정이 대미외교에의 실망과 허탈로 좌절상태에 놓여 있을 때에 1922년
1월 21일부터 2월 2일까지 소련은 모스코바에서 극동인민대표자회의를 소
집 개최하였다.138) 약소국의 지도자를 유혹하기 위한 국제대회인 동시에
태평양회의를 의식한 긴급소집회의이기도 하였다. 우리나라의 대표로는
김규식 여운형 이동휘 張建相 羅容均 金始顯 權愛羅 金元慶 등 52명에
이르고 있다.139) 이 대회는 한국·중국·일본·몽고·자바·러시아 등 여

---

133)『여운형조서』, 510~514쪽.

134) 이만규,『여운형투쟁사』, 총문각, 1946, 24~27쪽.

135)『안창호일기』1920년 11월~12월.

136) 박은식,『한국독립운동지혈사』, 서울신문사, 1946, 59~60쪽.

137) 金弘壹,「나의 증언」,『한국일보』, 1972년 3월 8일자 ; 이현희,『계원노백린장군연
구』, 신지서원, 2000, 87~97쪽.

138) 소련은 구라파에 공산주의를 뿌리내리고자 기도하였으나 여의치 못하자 1920년부
터는 그 방향을 돌려 아세아 약소국을 포섭대상국으로 삼았다. 1920년 7월·8월의
코민테른 제2차 대회에서 약소민족·식민국가 문제를 토의하였다. 1920년 9월 中
近東회의, 1921년 1월 소련 내의 터키계 공산주의회의 등을 연달아 개최하면서 추
파작전을 전개하였다.

139) 김준엽·김창순 공저,『한국공산주의운동사』I, 고대아세아문제연구소, 1973, 388

러 지역에서 144명의 대표가 참석하는 국제규모의 회의였다. 이 회의에서
채택한 한국문제에 관한 결의안은 세 가지였다.

첫째, 한국에는 계급운동을 전개할 시기가 못된다.
둘째, 한국 대부분의 국민은 농민이니 이들이 공명하는 민족독립운동을
    전개하고 공산주의자는 이를 지도해야 한다.
셋째, 임정은 개혁할 필요가 있다.

결국 공산주의 이론인 대중의 투쟁을 선도하되 임정을 개편해야 함을
역설한 것이다. 이는 공산주의자로 개편 운영해야 한다는 이론인 것이니
국민대표회의 소집에 소련 자금이 개입되었던 것은 결코 우연한 일이 아
니었다. 이 회의가 5개월간 지속되었으나 실패하자 연합전선 구축의 작업
은 실효를 거두지 못하였다. 따라서 1923년 이후부터는 대소외교는 단절
상태에 놓였다.

대소외교는 처음부터 상호적인 이유에서 이루어졌지만[140) 소련은 국제
적으로 고립상태에 있었다. 1917년 단독강화 이후 연합국으로부터 외면당
하였으며 러시아 제국이 체결하였던 모든 조약을 폐기함으로써 국제적인
신뢰감을 실추시켰다. 1918년에는 영·불·일·미군부대가 소련에 진주하
여 레닌정부는 위기를 맞았다. 이 때 소련정부는 한국독립군을 지원하여
일본에게 시베리아 진주의 구실을 준다는 것을 고려치 않을 수 없었으므
로 한·소 비밀외교가 성립될 수 있었던 것으로 보인다. 두말할 필요 없이
소련의 의도는 한국에(임정 포함) 공산주의 혁명을 연장 실시하는 것이었
다. 따라서 공산주의 단체가 나서서 중개임무를 띤 것이다. 한인사회당과
이동휘가 한소외교를 독점 교섭코자 기도하려 노력하였던 것이다. 1920년
1월경 임정 국무위원들이 모스코바 외교원으로 安恭根, 여운형, 한형권을
선임하였는데, 당시 임정의 국무총리였던 이동휘가 한인사회당의 한형권
만 파송한 것도 그 독점외교의 저의를 입증해 주는 사실이다.

───────────

~390쪽.
140) 앞의 『독립운동사』 4권, 359~361쪽.

임정과 소련 사이에 있던 한인사회당, 그 후신인 상해의 고려공산당과 그것과 맞서 있던 이르쿠츠크의 고려공산당은 모두 소련이 간여 조종하였다. 이는 1918년에 만들어진 것이며, 이르쿠츠크에서 가장 먼저 조직되었다. 1922년 두 곳의 공산당이 그해 코민테른에 의해서 해체될 때까지 이들은 공산이념을 전파하는 데 더 배려를 기울였다. 1925년 조선공산당이 한국에 창설될 때 한국문제는 이에 맡긴 것이다.[141]

임정과 소련 사이에 맺어진 비밀협약은 1920년에 파견된 한형권의 교섭으로 이루어졌다. 그 내용은 여섯 가지인데, 임정은 공산주의를 택하고 선전 사업에 임하여야 하고 독립활동을 원조한다는 것이 주요 골자였다. 그외에 군사적 지원과 이를 위한 제도적 보장 등을 협약하였다. 그러나 이조건은 공산주의자들의 책동으로 이루어졌으므로 임정에서는 관심을 두지 않았다.[142] 단지 임정과 소련정부 사이에 한국의 독립운동을 지원하는 군사협약이 들어있었던 것은 사실인 것으로 보인다.

소련정부는 임정에 두 번에 걸쳐 자금을 지원하였다. 첫 번째는 1920년 한형권이 40만 루불을 받아 이동휘의 비서 金立을 통해 상해에 들여온 것인데 이 두 사람이 적절히 유용하여 사용처가 분명치 않다. 두 번째는 1922년 11월 역시 한형권이 윤해와 함께 20만 루불을 들여온 것이다.[143] 그 일부는 국민대표회의의 비용으로 사용되었다.[144]

임정이 이처럼 대소외교를 전개한 주요 이유는 구미 등과의 외교정책이 실효를 거두지 못하게 되었기 때문이었다. 따라서 이 기회가 독립원조와

---

141) 위의 책, 361~367쪽.
142) 『朝日新聞』1920년 12월 10일자.
143) 앞의 『독립운동사』 4권, 369쪽. 소련의 레닌은 극동인민대회에서 축하 연설을 통하여 임정지원이 한국문제 해결이라 언급하였고 여운형을 설득, 임정을 민족연합전선으로 개편할 것을 고려하고 있었다. 이때 국민대표회의가 소집되었으므로 선뜻 20만 루불을 투자, 효과를 기대하였던 것이다. 소련은 공산주의 혁명을 이 시기에도 달성해 볼 수 있을까 하는 의도하에 이 자금이 투입된 것으로 풀이된다.
144) 이현희, 「국민대표회의 소집문제」, 『백산학보』 18, 백산학회, 1975, 163~212쪽. 국민대표회의자금으로 쓰인 소련자금이 제3차 자금이라고도 한다. 자금문제는 복잡한 내용이 얽혀 있어 정확한 판단을 내리기에 어려움이 많다. 자료마다 그 내용이 다르게 표현되어 있는 것은 이 때문이었다.

승인의 최후 소망으로 알고 획기적인 정책적 조치를 취하였다. 그러나 소련이 처음부터 공산주의자들을 개입시켜 공산혁명을 달성시키려는 음흉한 저의를 가지고 있었으므로 이를 간파한 임정은 대소외교 역시 실효를 거두지 못하는 것으로 알고 다른 외교정책을 모색하게 되었던 것이다.

제2차 세계대전을 전후로 한 시기에는 미·영을 상대로 한 독립보장외교정책으로 발전하였다. 즉, 임정 외무부장 趙素昻의 외교노력이 곧 카이로회담, 포츠담 선언 등으로 나타났던 것을 큰 성과로 지적해야 할 것이다.[145]

7) 임정 승인의 결사적 노력 경주

3·1혁명 이후 40여 일 만인 1919년 4월 13일 中外協應으로[146] 상해에 수립된 임정은 그 해 9월 초 국내외의 6개의 임정을 합리적·민주적으로 자진통합한 단일 민주공화제 정부를 탄생시켰다.[147] 그 이후 민족의 광복시까지 27년 동안[148] 임정은 내정·외교 등 8개 부문의 독립운동 기본방략을 결정, 그 방향과 지침을 정하였다. 그 가운데 가장 중요시 여기고 정책을 효과적으로 펴 나갔던 부분이 외교정책일 것이다. 임정은 처음 상해에 수립될 때부터 지속적으로 외교정책의 중요성을 인식, 이를 전개하여 나갔다.

그것은 한국독립의 승인과 임정의 국제적 인정, 그리고 독립운동의 보장과 지원 정책의 추구라고 생각된다. 임정은 그 대상국을 구미와 중국·소련 등 유력한 강대국으로 정하였다. 한국독립운동에 영향력을 행사할 수

---

145) 앞의『조소앙전』및『조소앙선생약전』각 참조.
146)「大韓民國臨時憲章宣布文」1919. 4. 11, 前文 참조.
147) 李炫熙, 「3·1民主革命後 臨時政府의 成立과 그 性格 - 民主體制의 推進」,『歷史教育』31·32합집, 역사교육연구회, 1982, 153~181쪽.
148) 임정의 역사를 30년으로 보는 견해도 있다. 그것은 1919년으로부터 1948년 대한민국 정부가 정식으로 수립될 때까지를 임정기간으로 이해해야 한다는 논리인 것이다.

있는 국가를 설득 호소해야 효과가 있다고 판단했기 때문이었다.

이는 임정의 지도자인 국무총리나 외무·내무총장 등이 외교 공세가 독립운동의 기초작업임을 공식석상에서 수차 천명하고 있음에서도 확인된다.[149] 그 방법으로는, 첫째 선전원·조사원·파견원 등의 명목을 띤 외교원을 각기 대상국에 파견 설득한다. 둘째 정당·교회·단체를 이용 외교 공세를 펴서 한국의 경우를 소상히 이해 감동케 하는 방침이다. 셋째 遠東에 거주하는 외국인을 설득, 직접 교섭하는 방법을 고안한다. 넷째 미일 간의 전쟁을 촉진하고 군사지원을 요청, 자체의 역량을 배양한다. 다섯째 구미에 산재한 대자본가를 방문하여 차관을 교섭하고, 독립전쟁의 실력을 기른다. 여섯째 오스트리아 등 일본과 기탄하고 있는 나라와 교섭하여 독립전쟁이 발발할 때 軍器·軍需品의 지원을 요한다. 일곱째 영·불·일 3국과 교섭, 한일전쟁을 유발, 그때 동정과 지원을 요청하여 소기의 성과를 거둔다. 여덟째 신흥약소국과 교섭하여 상부상조의 상호적 보익을 도모한다. 그 외에도 중일에 주재하는 각국 외교관과 교섭하여 동정을 얻고 국제연맹회에도 대사를 파견, 연맹에 가입하고 독립의 승인을 적극적으로 요청, 성사시킨다는 것 등으로 짜임새 있게 계획되어 있었다.

이와 같은 외교적인 여러 가지 정책 방침에 따라 임정은 기구를 설치하고 각국을 상대로 파리강화회의, 태평양회의 등에 적극적인 외교 공세를 폈다.

먼저 제1차 세계대전의 전후 처리를 위해 미국 윌슨대통령의 주창으로 개막되는 파리강화회의에 임정은 그 대표를 파견, 외교활동을 전개하게 하였다. 임정은 공식대표로 김규식을 파리에 파견하였고 그 이후 각처에서 외교원이 당도하여 주파리위원부를 중심 기구로 외교활동을 전개하였다. 김규식은 파리통신국을 설치하고 각종 간행물과 강연·회견 등을 통하여 한국독립의 당위성을 호소하였다. 한편 20여 항의 독립控告書를 강화회의에 보냈고 同 의장에게도 독립 요구 서한을 제출하였다. 그러나 한국문제의 토의장이 못된 강화회의는 우리 2천만 동포의 열망을 외면해 버리고 말

---

149) 주요한, 앞의 『安島山全書』, 125~129쪽.

왔다.

국제연맹에도 이와 비슷한 내용의 독립 열망을 호소하였다. 일본의 횡포와 독립안의 상정 토의를 최고이사회에 요청하였지만, 무반응이었다. 그러나 1921년 6월 국제연맹옹호회가 제네바에서 개최되었을 때는 우리의 독립안이 토의되는 성과만은 기할 수 있었다.

파리에 파견된 김규식 등 외교원들의 노력에 의하여 '韓國國際聯盟開陳會'를 조직할 수 있어 외교활동에 도움을 주었다. 1919년 7월부터 열리고 있는 국제사회당대회에 조소앙·李灌鎔 등이 가서 활동한 결과 한국독립승인 결의안이 통과되어 성과를 거두었다.150) 조소앙은 그 뒤 소련까지도 歷訪하는 등 10여개국을 상대로 외교 교섭을 전개, 효과를 얻었다.151)

1920년 1월에는 국제평화촉진회 주최로 중국 각 사회단체연합회가 한국의 독립결의안을 통과시켰다. 특히 외국의 유력자가 우리의 실정을 소개하였고 각종 선전책자를 영·불문으로 번역 소개함과 동시에 신문·잡지에 한국문제를 호소하였다.

프랑스에서는 1919년 11월 한국인국민회가 조직되어 주파리위원부를 외곽에서 지원해 주었다. 영국과의 외교는 개인적인 차원이 주류를 형성하였는데 언론인·학자·국회의원 등을 상대로 외교 공세를 폈다. 여기서는 외국 신문기자 맥켄지 등 60여 명의 후원으로 대영제국한국친우회가 조직되어 이를 거점으로 독립결의안을 가결시킨 바 있었다. 이들은 한국을 선전해 주었으며 자유와 정의의 회복을 지원하였다. 종교의 자유를 보장해 주도록 영국정부에 건의하는 한편, 교회·신문·잡지·의회 등에 교섭을 전개하였다. 따라서 외교 공세가 처음에는 파리 중심적이었으나 뒤에는 황기환 등의 노력으로 런던이 그 중심지가 되었다. 그러나 1923년 황기환이 사망하면서 이후 외교 공세는 침체의 늪에서 헤어나지 못하여 실효를 거두지 못하고 말았다.

구미위원부는 서재필 중심의 임정통신부와 주파리위원부를 흡수, 미주

---

150) 앞의 『趙素昻傳』 참조.
151) 『素昻先生文集』 上, 59~62쪽.

에 있어서의 단일적인 외교활동과 임정의 사무도 대행하였으나 1919년 이후 1925년에 폐지될 때까지 초기 미주 외교의 핵심기구로서의 임무를 수행하였다. 이 기구는 서재필 이승만 김규식 등이 주동적으로 참여, 외교활동을 전달함으로써 외교 공세의 구심점이 되었다. 이들은『한국의 진상』등 20여 종의 각종 간행물을 선전용으로 要路에 배포, 설득을 유도하였다.

1919년 3월부터 1920년 9월까지 18개월간 미국 신문에 한국관계 기사가 9,700건이나 게재될 정도의 외교활동을 전개, 실적을 올렸다. 더욱이 서재필의 권유로 필라델피아에서 발족한 한국친우회는 구미위원부의 보조단체로서의 임무를 수행하였다. 일제의 학정과 한국의 실정을 선전하였으며 信敎의 자유보장 강조 및 미국인의 대한국관 시정 이해 촉구를 그 주요 활동으로 삼았다. 1만여 명의 회원과 19개 지부를 가진 이 회는 민간외교로서 큰 비중을 갖게 되었다. 따라서 미국정부측에는 큰 흥을 얻지 못하였으나 下院에 4회나 한국문제가 상정되었고 20여 명의 한국을 이해하는 의원이 발언한 바 있었다.

한편 1920년 8월 100여 명 규모의 미국의원단이 중국·한국·일본 등지를 순방할 때 임정과 국내 지도자가 상호 연결, 독립 만세시위와 개별 교섭을 전개하였다. 그러나 이들의 반응은 기대 이하였다. 어쩌면 1921년 11월부터 1922년 2월까지 3개월간 워싱턴에서 속개된 9개국 대표 참여의 태평양회의에도 그대로 그 영향이 미쳤는지 국내외의 '독립 열망'이 무시되고 말았다. 우리 임정은 외교후원회를 조직하였고『宣傳』이라는 홍보지(週刊)도 발간하면서 결의에 찬 각종 致書를 제기하였음에도 우리 대표단은 독립요구서를 그 회의에 접수만 시켰을 뿐 참석이나 토의를 실현시키지 못하고 말았다.

이와 같은 임정의 외교정책은 당초의 시정방침과는 다르게 苦戰을 면치 못하였다. 결국 심각한 반성으로 임정의 임시대통령 이승만이 면직되고 구미위원부도 폐지되었다. 임시 대리한 이동녕에 이어[152] 박은식이 대통령직

---

152) 李炫熙,「石吾 李東寧의 獨立運動과 臨時政府의 政策方略」,『東洋學』15, 1985 참조.

을 맡았다. 그러나 곧 정부는 개편되어 2차 개헌으로 국무령중심 지도체제
로 변했고, 3차 개헌으로 국무위원제 지도체제로 변경되었으며, 1940년대
에는 주석이나 부주석 지도체제로 되어 4차, 5차 개헌시까지 이 체제로서
임정은 어려운 속에서도 독립운동을 지속적으로 이끌어 나갔다.[153]

한편 구미외교가 실패로 돌아가자 이에 대한 배신감, 허탈감 등이 대소
외교로의 선회를 가져왔다. 모스크바에서 개최된 150여 명 참석의 극동인
민대표자회의(1922. 1. 21~2. 2)를 절정으로 한 국제규모의 회의에 임정대
표가 50여 명이나 대거 참석했던 것은 사상이나 이념을 초월한 우리의 최
대 목표인 절대독립 의지의 표현으로 보아도 좋을 것이다.

소련은 공산주의 이념이나 투쟁정신을 한국에 移植, 뿌리를 내리고자
몇 번에 걸친 거액의 자금을 지원하였다. 이 자금은 일부 연락자들의 자의
처리 등의 문제를 야기, 독립자금으로 사용하기도 전에 유용 작태가 빚어
져 사실상의 효과를 거두지 못하고 말았다.[154]

임시정부의 외교정책은 이처럼 많은 노력이 경주되었음에도 불구하고
효과는 적었다.

그 이유로는 첫째 갑작스러운 민주공화제로의 개편에 따르는 적응의 미
숙을 들 수 있다. 둘째 작전의 치밀성 부족, 정보 수집의 不備, 열강국 유
력 인사의 한국 인식 부족 등을 거론할 수 있다. 셋째 임정의 일치단결성
결여와 체계적이고 조직적인 외교 센스의 미숙 등을 지적해 볼 수 있다.
그러나 제2차 세계대전을 전후로 한 시기에는 그 진취적인 양상이 훨씬 호
전되어 갔다.[155]

---

153) 李炫熙, 앞의 「大韓民國臨時政府의 指導體制」 참조.
154) 앞의 「呂運亨調書」 ; 李炫熙, 「白凡의 獨立運動과 臨政의 法統性」, 『白凡研
     究』 1, 1985 ; 李炫熙, 「臨時政府의 指導體制와 法統性」, 『申國柱博士華甲紀念
     論文集』, 1985.
155) 이 문제에 관해서는 이후 연구에서 다각적으로 보완될 것이다.

결 론

　이상 살펴본 임정 27년사(1919~1945)는 한민족의 독립운동사상 우리나라의 법통성을 가장 새롭게 합리적으로 확립 제시하였을 뿐 아니라 자유민주주의의 이정표를 정립하는 새 역사를 창조하였다. 이는 5천년 한민족사의 계속성·개혁성·민주성을 동시에 귀한 유산으로 남겨 오늘날 대한민국의 자유민주공화국을 공고한 반석 위에 정립, 기반화할 수 있게 뒷받침하였다.

　오늘날 대한민국이 세계적인 도약과 가능성의 국가로 화려하게 조명을 받고 선진국 대열로 주목받으며 발돋움하게 된 배경도 임정을 대표성과 구심점으로 한 손꼽히는 국내외의 민족독립운동가와 그 소속단체원의 희생적인 애국투쟁이 이를 가능하게 한 것으로 연구 결과 나타나고 있다.

　일제강점하인 1919년 4월 13일 처음으로 3·1혁명의 영향하에 임정이 상해 프랑스조계에서 이동녕 등 민족지도자 30여 명에 의해 합헌하에 민주적으로 수립 선포된 이후 1932년 1월 이봉창 의사의 의거와 동 4월 윤봉길 의사의 성공한 홍구공원의거로 위협을 받아 항주에 이동, 정착할 때까지 14년간(1919~1932) 각종 제도와 다양한 광복정책이 정립 실시되었다.

　이 시기에 대통령중심지도제와 국무령·국무위원지도제에 의한 모두 세 차례의 개헌과정을 거쳐 법리적인 지도원리가 헌법에 의거해서 합리적으로 다스려졌다. 여기서 임정은 기반이 잡혔다. 때론 국민대표회의 소집문제, 지도자 간의 갈등·대립·격론 등으로 임정이 불신을 받아 해체 노출될 위기까지 처했었으나 이동녕 김구 등 지도자에 의한 순수하고 강력한 리더십으로 민주적 결단과 대응에 따라 원만히 처리해 나갔다.

1932년 임정이 항주로 나와 임시 수도로 정하고 판공처를 개설한 뒤 집무하였으나 위기에 처해 국정수행 상 애로와 진로가 불투명했고 순탄치 못한 때도 있었다. 따라서 임정은 간판과 짐을 챙겨 1930년대 후반 진강·장사·광주·유주·기강에 도착하여 집무를 계속하였으니 그때가 1939년이었다. 8년 동안(1932~1940)의 이동시대를 고통 속에 감내한 것이다.

그러나 그 중 김구 등의 피격이나 이동녕 김철 등 지도자의 서거로 임정은 그 입지가 매우 불안해졌다. 더욱이 1937년의 중일전쟁이 일어나면서 중국도 南西遷이란 불가피한 피난성 이동을 단행하였기에 임정 후원에도 소략할 수밖에 없었다.

따라서 임정의 지도자는 차라리 베트남이나 인도·미얀마 등지로 가서 임정 판공처를 차리고 세계 유력국가를 교섭상대로 광복투쟁을 전개해야 할 문제까지도 고려하고 있었다. 그러나 蔣介石 국민당 총통과 그 막료들의 권유 및 적극 지원하에 중국의 지도부를 따라 중경으로 이동, 5년간 정착하게 된 것이다.

여기서 중경시대 5년간(1940~1945)의 새로운 임정의 광복정책이 전개되었다. 광복군의 성립이나 좌우익 진영의 합작으로 연립정권이 수립되는 등 임정은 새로운 국면을 맞게 되어 활기를 띠기 시작하였다. 또 자금도 축적되어 광복정책을 이상적으로 펴 나갈 수 있었다. 임정은 국제적인 교류와 승인획득을 위해 중국·미국·소련·프랑스·폴란드·영국 등 여러 나라와 교섭하여 소련·프랑스·폴란드 등의 승인을 받아 그 위상과 운신의 폭이 그만큼 제고되었다.

이때 임정은 좌파 김원봉의 조선의용대를 흡수 합편하여 광복군을 더욱 보강함으로써 OSS작전(독수리)으로 국내진공을 계획하였다. 그러나 일제가 전의를 상실, 8월 15일 성급히 항복함으로써 이를 실천하지 못해 우리의 국제적 발언권이 상대적으로 취약할 수밖에 없게 되었다. 한때 미국에서 활동하던 민족기업가 유일한 등이 조직했던 게릴라부대의 NAPKO(냅코)작전과 OSS작전이 연계할 진공책이 무산된 것은 여간 애석한 일이 아닐 수 없다.

임정을 이끈 지도자는 이동녕 김구 이시영 엄항섭 조완구 신익희 박찬익 외에도 김병조 조동호 신채호 이유필 조소앙 김인서 전진원 등이 각자 독자적이고 특수한 임무를 띠고 광복정책을 펴 왔다. 이에 본고에서는 저자의 최근 연구성과까지도 정선 算入해서 『이현희교수저작선집(1)』로 체계화·조직화했음을 밝혀 둔다.

임정 27년사는 우리 민족의 최대 역량과 자주 독립에의 집념·염원·희망·포부가 동시에 펴지면서 국내와의 연계하에 독립을 쟁취하는 데 구심점과 대표성이 되었음을 확인할 수 있다. 그러므로 임정 27년이 대한민국의 제1공화정이 되어야 함을 본 연구를 마무리하면서 다시 한번 실현될 수 있게 강조 역설한다.

대한민국임시정부사 연구 관련 참고문헌 목록
〈2001년 현재〉

1. 資料

〈국한문〉

『開闢』
『改造』
『共立新報』
『國民報』
『朝鮮中央日報』
『나라사랑』 전30권(외솔회)
『大邱每日新聞』
『大同』
『親睦會會報』(大朝鮮日本留學生親睦會 편찬)
『大韓每日申報』
『獨立』 上·下.
『獨立新聞』(上海版, 1919)
『獨立新聞』(重慶版).
『독립신문』(서재필 창간)
『동아공산』
『東亞日報』
『三一申報』
『上海時報』
『西北學會月報』
『西友』
『서울신문』

『선봉』
『高純宗實錄』
『時事新報』
『申江日報』
『新東亞』
『新韓民報』
『安岳郡誌』
『雩南李承晩文書』 전18권(국학자료원, 1998)
『仁川府史』
『帝國新聞』
『朝鮮日報』
『中央』
『中央新聞』
『靑丘新聞』
『太平洋週報』
『延安李氏大同譜』
『豊川盧氏族譜』
『韓人申報』
『海朝新聞』
『玄楯自史』
『皇城新聞』
『黃海道誌』

....

高麗大學校 民族文化硏究所,『韓國現代文化史大系』1~5, 1975/1980.
國家報勳處,『大韓民國臨時政府 法令集』, 1999.
國家報勳處,『미주 한인민족운동 자료』, 1998.
國家報勳處,「要視察人名簿」,『海外의 韓國獨立運動史料(XVII)』日本篇 ⑤, 1996.
國家報勳處,「排日鮮人 有功者 名簿」,『海外의 韓國獨立運動史料(XVIII)』日本篇 ⑥, 1997.
國家報勳處,『海外의 韓國獨立運動史料』전15권, 1988/1999.
國家報勳處,『獨立軍團名簿』, 1997.
國家報勳處,『독립유공자 공훈록』전30권, 1988/2002.

國家報勳處,『韓國獨立運動史料』- 楊宇朝篇 -, 1999.

金允植,『續陰晴史』上·下, 國史編纂委員會, 1970.

國史編纂委員會,『大韓帝國官員履歷書』, 1972.

國史編纂委員會,『韓國獨立運動史』Ⅰ~Ⅴ, 1965~1969.

國史編纂委員會,『韓國獨立運動史』자료 제1~30권, 탐구당, 1968~1995.

國史編纂委員會,『新編韓國史』전50권, 1995~2001.

國史編纂委員會,『日帝侵略下 韓國36年史』1~13, 탐구당, 1962~1973.

國史編纂委員會,『資料大韓民國史』1~3, 1971.

宋相燾,『騎驢隨筆』, 國史編纂委員會, 1955.

鄭喬,『大韓季年史』上·下, 國史編纂委員會, 1957.

黃玹,『梅泉野錄』, 國史編纂委員會, 1955.

國會圖書館,『大韓民國 臨時議政院文書』, 1974.

國會圖書館,『韓國民族運動史料』3·1運動篇 Ⅰ·Ⅱ, 中國篇, 1976.

國會圖書館,『島山安昌浩資料集』Ⅰ·Ⅱ, 1997.

『光復』(영인본).

독립운동사 편찬위원회(국가보훈처),『독립운동사』1~10, 1971~1978.

독립운동사 편찬위원회(국가보훈처),『독립운동사 자료집』1~13, 1971~1977.

民族運動硏究所,『民族獨立鬪爭史』(海外篇), 興論社, 1956.

朴殷植,『韓國獨立運動之血史』, 서울신문사, 1946.

단주유림기념사업회,『旦洲柳林』자료집 1, 1991.

大韓每日,『白凡金九全集』전12권, 1999.

유자명,『한 혁명자의 회억록』, 독립기념관, 1999.

趙素昻,『素昻集』, 1932.

崔鐘健 편,『大韓民國臨時政府 文書輯覽』, 知人社, 1976.

秋憲樹 편,『資料 韓國獨立運動』1~5, 연세대출판부, 1972~1975.

한국정신문화연구원, 李炫熙 편,『韓國獨立運動史證言資料集』, 박영사, 1986.

한국정신문화연구원,『韓國獨立運動史資料集』, 박영사, 1983.

〈日文 : 자료·단행본〉

慶北警察部,『高等警察要史』.

『朝鮮民族運動年鑑』(上海).

朝鮮總督府 警務局,「金九動靜關聯件」.

朝鮮總督府, 『朝鮮總督府統計年報』.

朝鮮總督府, 『朝鮮總督府官報』.

朝鮮總督府, 『每日新報』.

慶應義塾, 『慶應義塾100年史』中卷, 昭和35년(1960).

慶應義塾, 『慶應義塾50年史』, 1907.

慶應義塾, 『福澤諭吉全集』, 東京 : 岩波書店, 1958~1964.

金正明 編, 『日韓外交資料集成』全10冊, 東京 : 嚴南堂書店, 1964.

金正明 編, 『朝鮮獨立運動』Ⅰ・Ⅱ・Ⅲ, 東京 : 原書房, 1967.

岡義武, 『現代日本小史中 政治史』, 1976.

井上清, 『現代史槪說』第18卷, 1963.

小島晋治・박원호 역, 『中國近現代史』, 지식산업사, 1975.

姜德相, 『現代史資料』25~31(朝鮮 1~7), 東京 : みすず書房, 1965.

東洋文化社, 『思想情勢視察報告集』, 東京, 1977.

金正柱, 『日帝統治史料』全10卷, 東京 : 章文閣, 1970~1975.

朴慶植, 『朝鮮人强制連行の記錄』, 東京 : 未來社, 1965.

山邊健太郎, 『日本統治下の朝鮮』, 東京 : 岩波書店, 1974.

金一勉, 『天皇と朝鮮人と總督府』, 東京 : 田烟書店, 1984.

藪景三, 『朝鮮總督府の歷史』, 東京 : 明石書店, 1994.

成進文化社, 『秘文 韓國人獨立鬪爭秘史』(原題 : 鮮人の騷擾觀), 朝鮮總督府,
    1975.

海野福壽, 『韓國倂合』, 東京 : 岩波書店, 1996.

外務省(東京外務省 亞細亞局), 『現代中國朝鮮人名簿』, 昭和28年(1953).

李瑜煥, 『在日韓國人の50年史』, 東京 : 新樹物産株式會社出版部, 1960.

李珍珪, 『關東大震災における朝鮮人虐殺の眞相と實態』(朝鮮に關する硏究資
    料 9), 1963.

豊田 穰, 『情報將校 明石元二郎』, 東京 : 光人社 NF文庫, 1994.

山口 隆, 『尹奉吉 暗葬地の金澤から』, 東京 : 社會評論社, 1994.

李炫熙, 「大韓民國臨時政府硏究」, 東京女大 『比較文化硏究所紀要』65, 1995.

『北國新聞』, 『東京一日新聞』, 『每日新聞』, 『大阪每日新聞』, 『東京每日新聞』,
    『中外商業新聞』, 『大陸報』, 『朝日新聞』.

『日本外交文書』1~10.

『昭和特高史』1~3.

淺田喬二, 『日本帝國主義下の民族革命運動』, 東京 : 未來社, 1973.

森川哲郎,『朝鮮獨立運動暗殺史』, 東京 : 三一書店, 1976.

鹿嶋郎子,「金元鳳の思想と行動」,『1930年代の研究』, 東京 : 三一書店, 1982.

阿部洋,「舊韓末の日本留學(Ⅰ)(Ⅱ)(Ⅲ) - 資料的考察」,『韓』 3・5・6・7號, 東京 : 韓國研究院, 1974.

戸叶薫雄 外,『朝鮮最近史』, 東京 : 蓬山堂, 1926.

坪江汕二,『朝鮮民族獨立運動秘史』, 東京 : 巖南堂書店, 1966.

〈英文〉

『Asian Review』,『Korea Review』,『The Honolulu Star Bulletin』,『Willows Daily Journal』.

H. L. Stimson,『The Far Eastern Crisis』, N.Y. 1936.

FRUS

〈中文 : 자료・단행본〉

章君穀(陸京士 校訂),『杜月笙傳』 全4卷, 傳記文學出版社, 1986.

葛赤峰,『朝鮮革命記』, 上海 : 商務印書館, 民國 34年(1945).

國民政府軍事委員會,『十年來朝鮮的反日運動』, 民國 27年(1938).

『民聲週報』,『國民黨政府與韓國獨立運動資料』.

李毓澍,『中日二十一年條交涉上』, 中央研究院近代史研究所(臺灣), 1966.

『蔣介石日記』,『上海時報』,『香港華字日報』.

張群・黃少谷,『蔣總統對世界自由和平之貢獻』, 臺北, 民國 57年(1968).

胡春惠,『韓國獨立運動在中國』, 臺北 : 中華民國史料研究中心出版, 民國 65年(1976).

楊昭全,『關內地區朝鮮人 反日獨立運動資料彙편』 上・下, 瀋陽 : 遼寧民族出版社, 1987.

楊昭全,『大韓民國臨時政府史』, 吉林省社會科學院, 1996.

徐万民,『中韓關係史』, 社會科學文獻出版社, 1966.

2. 單行本

C. W. Kendal,『The Truth about Korea』, 신복룡 옮김,『한국독립운동의 진

상』, 평민사, 1986.

H. K. 玄, 『國民會略史』, 독립운동사료Ⅱ, 고려대학교 민족문화연구원, 1986.

Horace Newton Allen, 김원모 역, 『알렌의 日記 : 舊韓末 激動期 秘史』, 단국
     대학교 출판부, 1991.

姜德相, 『朝鮮獨立運動の群像』, 靑木書店, 1983.

姜東鎭, 『日帝의 韓國侵略政策史』, 한길사, 1984.

강만길, 『조소앙』, 한길사, 1987.

강만길, 『한국민족운동사론』, 한길사, 1985.

강만길, 『통일운동시대의 역사인식』, 청사, 1990.

강만길, 『조선민족혁명당과 통일전선』, 화평사, 1991.

강영심, 『신규식의 생애와 독립운동』(문고본), 독립기념관, 1992.

姜在彦, 鄭昌烈 역, 『한국의 개화사상』, 비봉출판사, 1981.

姜濟煥, 『島山 安昌浩雄辯全集』, 웅변구락부 출판부, 1950.

姜興秀, 『朝鮮獨立血鬪史』, 서울 : 高麗文化社, 1946.

계봉우, 『꿈 속의 꿈』.

계봉우, 『조선역사』.

桂勳模, 「3・1운동 관계문헌목록」, 『신인간』 262호, 1969.

高權三, 『朝鮮政治史』, 을유문화사, 1947.

高承濟, 『韓國移民史硏究』, 章文閣, 1973.

高元燮, 『反民者罪狀記』, 白葉文化社, 1949.

古下선생전기편찬위원회, 『古下宋鎭禹先生傳』, 동아일보사, 1965.

郭林大, 『못잊어 華麗江山』(在美獨立鬪爭半世紀秘史), 大成文化社, 1974.

郭林大, 『안도산』(한국학연구 4집 별집), 인하대학교 한국학연구소, 1992.

국가보훈처, 『대한민국임시정부 수립 80주년 기념논문집』 상・하, 1999.

국사편찬위원회, 『한국사』 21~24, 탐구당, 1976.

국사편찬위원회, 『한민족독립운동사』 4・6・7・13, 1988~1993.

국토통일원, 『대한민국의 민족사적 정통성』, 1975.

국토통일원, 『민족사적 정통성 연구논총』, 1976.

국토통일원, 『한국임정하 좌우합작에 관한 연구』, 1976.

金九, 『나의 소원』, 한길사, 1980.

金九, 『백범일지』, 학원사, 1986.

金九, 『原本 白凡逸志』, 서문당, 1989.

金國泰 역, 『해방 3년과 미국』 1, 돌베개, 1984.

金淇周, 『韓末 在日韓國留學生의 民族運動』, 느티나무, 1993.

金大商, 『日帝下强制人力收奪史』, 정음사, 1975.

金德亨, 『韓國의 名家』, 一志社, 1976.

金樂山, 『春山 李裕弼小史』, 1943(未刊行, 저자 소장).

金道泰, 『徐載弼博士自敍傳』, 首善社, 1948.

金東和, 『중국조선족 독립운동사』, 느티나무, 1991.

金明秀, 『一堂記事』, 一文社, 1927.

김방, 『항일독립운동가 성재 이동휘』, 대왕사, 1998.

金秉祚, 『韓國獨立運動史略』上, 上海 : 鮮民社, 1922.

金相德, 『朝鮮獨立運動史』, 朝鮮出版文化社, 1946.

金三雄, 『朴烈評傳』, 가람, 1996.

金錫營, 『李東寧先生一代記』, 乙酉文化社, 1978.

金夕影, 『申翼熙先生一代記』, 早大同窓會出版部, 1956.

金承學, 『韓國獨立史』, 獨立文化社, 1970.

金榮秀, 『大韓民國 臨時政府憲法論』, 三英社, 1980.

金永義, 『佐翁尹致昊先生略傳』, 기독교 조선감리회 총리원, 1934.

金雲泰, 『일본제국주의의 한국통치』, 박영사, 1986.

金源模, 『近代韓國外交史年表』, 단국대 출판부, 1984.

金源模・鄭成吉 共編, 『寫眞으로 본 百年前의 韓國 : 近代韓國(1871~1910)』,
    가톨릭출판사, 1986.

金元容, 『在美韓人五十年史』, California, 1959.

金鼎奎, 『龍淵 金鼎奎日記』, 독립기념관, 1994.

金晶東, 『일본을 걷는다』(일본 속의 한국근대사 현장을 찾아서)Ⅰ・Ⅱ, 한양출
    판, 1996・1999.

金正義, 『韓國少年運動史』, 民族文化社, 1992.

金正義 편, 『한국문명사의 이해』, 혜안, 1995.

金正柱, 『日本의 韓國侵略史』, 新韓學術研究所, 1955.

金俊燁・金昌順, 『韓國共産主義運動史』1~5, 아세아문제연구소, 1967~1976.

金俊燁, 『석린 민필호전』, 나남출판사, 1995.

金俊燁, 『長征 - 나의 광복군 시절』1・2, 나남, 1987・1989.

김중섭, 『형평운동연구』, 민영사, 1994.

金鎭鳳, 『3・1운동』, 세종대왕기념사업회, 1977.

金鎭鳳, 『3·1운동사』, 국학자료원, 1999.

金昌洙, 『항일의열투쟁사』, 독립기념관, 1991.

金昌洙, 『역사와 인간상』, 동방도서, 1992.

金昌洙, 『韓國民族運動史論』, 汎友社, 1994.

金河璟, 『大韓獨立運動과 臨時政府鬪爭史』, 鷄林社, 1946.

金學俊, 『혁명가들의 항일회상』, 민음사, 1988.

金學俊, 『한국문제와 국제정치』, 박영사, 1987.

金學俊, 『강대국 관계와 한반도』, 을유문화사, 1983.

金學俊, 『이동화 평전』, 민음사, 1987.

金學鐵, 『격정시대』 하, 풀빛, 1988.

金弘壹, 『大陸의 憤怒 - 老兵의 回想記』, 문조사, 1972.

金喜坤, 『중국 관내 한국독립운동단체 연구』, 지식산업사, 1995.

南坡朴贊翊傳記刊行委員會, 『南坡朴贊翊傳記』, 을유문화사, 1989.

盧景彩, 『한국독립당 연구』, 고려대 박사논문, 1991.

盧善敬, 『盧伯麟將軍傳記』(필사본, 未刊), 1959·1979.

盧善敬, 『盧伯麟將軍實記』(未刊), 1980.

盧載淵, 『在美韓人史略』, LA, 1963.

도산안창호기념사업회, 『島山安昌浩』, 1946.

로버트 T. 올리버, 박일영 역, 『이승만 비록』, 한국문화출판사, 1982.

류근일, 『이성의 한국인 김규식』, 동서문화사, 1981.

Mckenzie, F. A./李光麟 譯, 『韓國의 獨立運動』, 一潮閣, 1969.

沐熹·孫科志, 趙一文 譯, 『피어린 27년 대한민국임시정부』, 건국대학교 출판
     부, 1994.

文一民, 『韓國獨立運動史』, 獨立文化社, 1962.

文定昌, 『軍國日本의 朝鮮强占 36年史』(上·中·下), 柏文堂, 1965·1966.

민병용, 『미주 이민 100년』, 한국일보사, 1986.

民心社 出版局, 『大韓民國臨時政府의 內容』, 民心社, 1945.

朴慶植, 『日本帝國主義의 朝鮮支配』, 청아출판사, 1986.

朴慶植, 『朝鮮3·1獨立運動』, 平凡社, 1976.

朴啓周, 『大地의 星座』, 삼영출판사, 1957.

朴成壽, 『獨立運動史硏究』, 창작과 비평사, 1980.

朴英晩, 『光復軍』(상·하), 協同出版社, 1967.

朴永錫, 『韓民族獨立運動史硏究』, 일조각, 1982.

朴永錫,『재만한인독립운동사연구』, 일조각, 1988.

朴容萬,『경무대 비화』, 삼국문화사, 1965.

朴日根,『近代韓美外交史』, 博友社, 1968.

朴泰遠,『若山과 義烈團』, 白楊堂, 1947.

박현환,『續篇 島山安昌浩』, 三協文化社, 1954.

박환,『만주한인민족운동사연구』, 일조각, 1990.

박환,『재소한인민족운동사』, 국학자료원, 1998.

박태균,『조봉암 연구』, 창작과 비평사, 1995.

박태균,『홍범도 장군』, 연변인민출판사, 1991.

方善柱,『在美韓人의 獨立運動』, 한림대 출판부, 1989.

백남운,『나의 인생』, 신현실사, 1973.

潘炳律,『省齋李東輝一代記』, 汎友社, 1998.

배호길,『三・一運動實記』, 대구 : 동서문화사, 1954.

백범김구선생기념사업회,『白凡 金九 - 생애와 사상』, 敎文社, 1982.

백범사상연구소 편,『白凡語錄』, 1978.

卞廷煥 外,『民族正氣論』, 경산대학교 출판부, 1995.

보성고등학교,『普成學校 80年史』, 1986.

북악사학회 편,『역사에 비친 한국근대인물』, 백산출판사, 1994.

사계절출판사,『역사신문』 전6권, 1997.

社團法人 愛國同志援護會,『韓國獨立運動史』, 1965.

山邊健太郎, 李炫熙 譯,『日本統治下의 朝鮮』, 三光出版社, 1998.

瑞文堂,『사진으로 본 독립운동』上・下, 1987.

선우진,『백범 김구』, 태극출판사, 1974.

선우훈,『민족의 수난』, 태극서관, 1948.

孫世一,『李承晩과 金九』, 一潮閣, 1970.

孫忠武,『상해 임시정부와 백범 김구』, 범우사, 1987.

宋建鎬,『韓國現代史論』, 韓國神學研究所, 1979.

宋建鎬,『서재필과 이승만』, 정우사, 1980.

宋建鎬,『金九』, 한길사, 1980.

宋南憲,『解放三十年史』(1), 成文閣, 1976.

송병기,『근대 한중관계사 연구』, 단국대 출판부, 1985.

三均學會,『素昴先生文集』, 上・中, 횃불사, 1979.

新丘文化社,『韓國現代史』 1~8, 1969~1972.

申圭植, 『韓國魂』, 普信閣, 1971.

申福龍, 『韓國政治史論』, 博英社, 1978.

申肅, 『나의 一生』, 일신사, 1963.

신일철, 『신채호의 역사사상 연구』, 고려대 출판부, 1981.

愼鏞廈, 『獨立協會硏究』, 一潮閣, 1976.

愼鏞廈, 『한국 근대 민족운동사 연구』, 일조각, 1988.

愼鏞廈, 『박은식의 사회사상 연구』, 서울대, 1982.

愼鏞廈, 『한국 근대사와 사회변동』, 문지사, 1980.

愼鏞廈, 『한국 민족독립운동사 연구』, 을유문화사, 1985.

愼鏞廈, 『신용하전집』 33, 지식산업사, 2000~2002.

申載洪, 『抗日獨立運動 硏究』, 신서원, 1999.

申載洪, 『獨立戰爭史』, 독립기념관, 1991.

申昌鉉, 『海公申翼熙先生略傳』, 1976.

신형철, 『몽양 여운형의 정치노선』, 동양문화사, 1991.

安在鴻, 『新民族主義와 新民主主義』, 民友社, 1945.

梁又正, 『李大統領鬪爭史』, 연합신문사, 1949.

嚴恒燮, 『屠倭實記』, 國際文化社, 1947.

呂運弘, 『夢陽 呂運亨』, 청하각, 1967.

廉仁鎬, 『김원봉 연구』, 창작과 비평사, 1993.

吳始林 譯, 『臨時政府』(獨立運動年鑑), 大衆實話社, 1970.

우남실록 편찬회, 『雩南實錄』, 悅話堂, 1976.

禹昇圭, 『나절로 漫筆』, 탐구당, 1978.

柳光烈, 『抗日宣言 倡義文集』, 서문당, 1975.

劉錫仁, 『愛國의 별들』, 교문사, 1965.

柳永烈, 『大韓帝國期의 民族運動』, 一潮閣, 1997.

柳永益, 『이승만의 삶과 꿈』, 중앙일보사, 1996.

尹慶老, 『105人 事件과 新民會 硏究』, 일지사, 1990.

尹慶老, 『안창호 일대기』, 역민사, 1995.

尹炳奭, 『3·1運動史』, 正音社, 1975.

尹炳奭, 『이상설전』, 일조각, 1984.

尹炳奭, 『國外韓人社會와 民族運動』, 一潮閣, 1990.

尹炳奭, 『近代 韓國民族運動의 思潮』, 集文堂, 1996.

尹炳奭, 『러시아지역의 한인민족운동사』, 교문사, 1994.

尹潽善, 『救國의 가시밭길』, 한국정경사, 1967.

李敬南, 『抱宇 金鴻亮傳』, 알파, 2000.

李圭泰, 『서울 600년』, 조선일보사, 1993.

李克魯, 『苦難四十年』, 乙酉文化社, 1947.

李基東, 『悲劇의 軍人들』, 일조각, 1982.

李起夏, 『韓國政黨發達史』, 의회정치사, 1974.

이기형, 『몽양 여운형』, 실천문학사, 1986.

이기형, 『여운형』, 창작과 비평사, 1987.

이달순, 『독립운동의 정치사적 연구』, 수원대 출판부, 1991.

이덕주, 『신석구연구』, 기독교대한감리회 홍보출판국, 2000.

李萬珪, 『여운형 투쟁사』, 총문각, 1946.

李民樹, 『獨立運動家 30人傳』, 瑞文堂, 1975.

이범석, 『우등불』, 삼육출판사, 1994.

이범석, 『한국의 분노』, 광창각, 1946.

이병천, 『북한학계의 한국 근대사 논쟁』, 창작과 비평사, 1989.

李炳憲, 『3·1運動秘史』, 時事通信社 出版局, 1959.

李石薰, 『순국혁명가 열전』, 조선출판사, 1947.

李奉昌, 『上申書』(獄中手記).

李承晩, 『독립정신』, 활문사 출판부, 1910.

李延馥, 『大韓民國 臨時政府 30年史』, 국학자료원, 1999.

이원모, 『백범 일대기』, 재미백범김구선생기념사업협회, 1982.

이원순, 『인간 이승만』, 신태양사, 1965.

이원순, 『세기를 넘어서』, 신태양사, 1989.

李恩淑, 『民族運動家 아내의 手記』, 正音社, 1975.

李殷羽, 『臨時政府와 李始榮』, 汎友社, 1997.

이응준, 『회고 90년』, 산운기념사업회, 1982.

이인수, 『大韓民國의 建國』, 촛불, 1988.

이재화, 『한국 근대 현대 민족해방운동사』, 백산서당, 1988.

李庭植, 『한국민족주의의 정치학』, 한밭출판사, 1982.

李庭植, 『金奎植의 生涯』, 新丘文化社, 1974.

이정식·김학준, 『革命家들의 抗日回想』, 민음사, 1988.

李正熙, 『아버님 秋汀 李甲』, 인물연구소, 1981.

李昌洙, 『大韓民國憲法大意』, 東邦文化社, 1948.

이태호, 『압록강은 흐른다』, 백문당, 1985.

이한우, 『이승만 90년』, 조선일보사, 1995.

李海煥, 『朝鮮獨立血史』, 菊露社, 1946.

李炫熙, 『韓國現代史 研究』, 同和文化社, 1972.

李炫熙, 『日帝時代史의 研究』, 三珍社, 1974.

李炫熙, 『韓國現代史의 理解』, 瑞文堂, 1976.

李炫熙, 『韓國近代史의 摸索』, 二友出版社, 1979.

李炫熙, 『3·1運動史論』, 東方圖書, 1979.

李炫熙, 『韓國近代史와 民衆意識』, 探求堂, 1981.

李炫熙, 『韓國近代史의 再發見』, 探求堂, 1981.

李炫熙, 『大韓民國臨時政府史』, 集文堂, 1982/1983.

李炫熙, 『우리나라 근대인물사』, 새문사, 1994.

이현희, 『臨政과 李東寧硏究』, 일조각, 1989, 일어판/1995, 중국어판/1997, 영어판/2001.

李炫熙, 『3·1독립운동과 임시정부의 법통성』, 동방도서, 1987, 일어판/1995.

李炫熙, 『大韓民國 臨時政府』, 한국민족운동사학회, 1991.

李炫熙, 『趙東祜 抗日鬪爭史』, 청아출판사, 1992.

李炫熙, 『韓國光復軍』, 독립기념관, 1991.

李炫熙, 『韓國近現代史의 爭點』, 삼영, 1993.

李炫熙, 『春山李裕弼硏究』, 東方圖書, 1994.

李炫熙, 『韓民族光復鬪爭史』, 正音文化社, 1990.

李炫熙, 『柳一韓의 獨立運動硏究』, 동방도서, 1995.

李炫熙, 『韓國民族運動史의 再認識』, 자작아카데미, 1994.

李炫熙, 『石吾李東寧評傳』, 동방도서, 1993.

李炫熙, 『이야기 李承晩』, 신원문화사, 1995.

李炫熙, 『우리나라 근대 100년』, 새문사, 1997.

李炫熙, 『우리나라 현대사의 인식방법』, 삼광출판사, 1998.

李炫熙, 『李奉昌 의사의 항일투쟁』, 국학자료원, 1997.

李炫熙, 『인물 한국사』, 청아출판사, 1988.

李炫熙, 『桂園盧伯麟將軍硏究』, 신지서원, 2000.

李炫熙, 『임시정부의 숨겨진 뒷 이야기』, 학연문화사, 2000.

李炫熙, 『한국근현대사의 재인식』, 삼광출판사, 2000.

李炫熙,『우리 역사속의 진실찾기』, 신지서원, 2001.

임경석,『고려공산당 연구』, 성균관대 박사학위논문, 1993.

林炳稷,『임시정부에서 인도까지』(임병직 회고록), 여원사, 1964.

임영태,『식민지시대 한국사회와 운동』, 사계절, 1985.

인촌기념회,『평전 김성수』, 1991.

인촌기념회,『인촌김성수전』, 1976.

任重彬,『한용운 일대기』, 정음사, 1974.

張道斌,『3·1運動史』, 國史院, 1960.

張乙炳,『인물로 본 한국민족주의』, 범우사, 1988.

張俊河,『돌베개』, 사상사, 1971.

鄭京煥,『백범김구 연구』 1~5, 신지서원, 1999~2002.

鄭京煥,『한국현대정치사연구』, 신지서원, 2000.

鄭光鉉,『3·1運動史 - 判例를 통해 본』, 法文社, 1978.

정용대,『大韓民國臨時政府外交史』, 한국정신문화연구원, 1992.

정정화,『녹두꽃』, 미완, 1987(개제 : 장정일기).

鄭晉錫,『일제하 한국 언론투쟁사』, 정음사, 1975.

鄭華岩,『이 조국 어디로 갈 것인가』, 자유문고, 1982.

趙擎韓,『白岡 回顧錄』(國外編), 韓國宗敎協議會, 1979.

趙東杰,『한국근대사의 시련과 반성』, 지식산업사, 1988.

趙東杰,『한국근현대사의 이해과 논리』, 지식산업사, 1999.

趙東杰,『한국민족주의의 성립과 독립운동사 연구』, 지식산업사, 1989.

趙炳玉,『나의 回顧錄』, 民敎社, 1959.

朝鮮無政府主義運動史 編纂協議會, 『韓國아나키즘運動史』, 螢雪出版社,
        1978.

趙素昂,『遺芳集』, 亞細亞文化社, 1992.

趙恒來 편,『1900년대의 애국계몽운동 연구』, 아세아문화사, 1992.

趙容萬 外,『일제하의 문화운동사』, 현음사, 1982.

朱耀翰,『安島山全書 所載 安昌浩 豫訊問記補遺』, 1970.

朱耀翰,『秋汀 李甲』, 大成文化社, 1964.

지복영,『역사의 수레를 밀고 끌며』, 문지사, 1995.

車東璵,『金九』, 참한출판사, 1990.

채근식,『武裝獨立運動秘史』, 공보처, 1948.

천경화,『한국인 민족교육운동사』, 백산출판사, 1994.

崔明植, 『安岳事件과 三·一運動과 나』, 兢虛傳記編纂委員會, 1970.

崔文衡, 『列强의 東아시아政策』, 一潮閣, 1979.

최창규, 『근대 한국정치사상사』, 일조각, 1972.

최창규, 『한민족의 정체성과 한국사의 정통성』, 금오출판사, 1976.

崔洪奎, 『丹齋 申采浩』, 太極出版社, 1979.

秋憲樹, 『한민족의 독립운동과 임시정부의 위상』, 연세대학교 출판부, 1995.

秋憲樹, 『資料 韓國獨立運動』 Ⅰ~Ⅳ(上·下), 延世大學校 出版部, 1971~
        1975.

秋憲樹, 『대한민국 임시정부사』(문고본), 독립기념관, 1989.

한국민족운동사학회, 『한국민족운동사연구』 전30권, 1984~2002.

한국임시정부 선전위원회, 趙一文 譯, 『韓國獨立運動文類』, 건국대 출판부,
        1976.

한국항공우주학회, 『한국항공과학기술사』, 1987.

한길사 편, 『한국사』 1~26, 한길사, 1994.

한상도, 『한국독립운동과 중국군관학교』, 문학과 지성사, 1999.

한승인, 『독재자 이승만』, 일월서각, 1984.

한승조 외, 『해방전후사의 쟁점과 평가』 1·2, 형설출판사, 1990.

한시준, 『한국광복군 연구』, 일조각, 1994.

한시준 외, 『대한민국임시정부의 좌우합작운동』, 한울아카데미, 1995.

한영우, 『한국민족주의 역사학』, 일조각, 1994.

許政, 『우남 이승만』, 태극출판사, 1970.

玄圭煥, 『韓國流移民史』, 어문각, 1976.

胡春惠 저, 辛勝夏 역, 『中國 안의 韓國獨立運動』, 단국대 출판부, 1978.

홍선표, 『서재필의 생애와 민족운동』, 독립기념관 한국독립운동사연구소, 1997.

洪善熹, 『趙素昻 思想』, 太極出版社, 1975.

洪善熹, 『趙素昻의 三均主義』, 한길사, 1982.

홍순권, 『한말 호남지역 의병운동사 연구』, 서울대, 1994.

洪淳鎬, 『韓國國際關係史理論』, 대왕사, 1993.

3. 論文(논설 포함)

高永一, 「대한민국 임시정부를 논함」, 『수촌박영석교수화갑논총 한민족독립운

동사』, 탐구당, 1992.

高珽烋, 「대한민국 임시정부와 미주지역 독립운동」, 『대한민국 임시정부와 독립운동』 발표요지, 대한민국임시정부 수립 80주년 기념 국제학술회의, 1999.

具仙姬, 「후쿠자와 유키치(福澤諭吉)의 對朝鮮文化政略」, 『國史館論叢』 8, 국사편찬위원회, 1989.

權寧建, 「대한민국 임시정부와 서구 민주주의 - 그 수용 및 변질과정을 중심으로 - 」, 『논문집』 6, 안동대학, 1984.

權寧建, 『趙素昻의 三均主義論』, 한양대학교 박사학위논문, 1986.

權東鎭, 「個儻不覇의 盧伯麟氏」, 『開闢』 통권 62호, 1925년 8월.

金國柱, 「나의 光復軍시절 체험기」, 『수촌박영석교수화갑논총 한민족독립운동사』, 1992.

金得柱, 「大韓民國臨時政府의 國際的 地位」, 『亞細亞學報』 11, 亞細亞學術研究會, 1975.

金泳謨, 「한국독립운동의 사회적 성격 - 독립투사의 배경분석을 중심으로 - 」, 『아세아연구』 59, 1978.

金榮範, 「한국광복군 간행 『광복』의 독립운동론」, 『한국독립운동사연구』 1, 독립기념관, 1987.

金榮範, 「조선의용대 연구」, 『한국독립운동사연구』 2, 독립기념관, 1988.

金榮秀, 「대한민국임시정부 헌법의 특성과 그 정통의식에 관한 연구」, 『성균관대논문집』 31, 성균관대, 1982.

金榮秀, 「上海 臨時政府의 憲法에 관한 연구」, 『論文集』 第2卷 2號, 忠南大 社會科學研究所, 1975.

金榮秀, 「大韓民國 臨時政府의 憲法에 관한 硏究」, 『公法硏究』 4, 1976.

金龍國, 「大韓民國 臨時政府의 成立과 初期의 活動」, 『3·1運動 50周年紀念論集』, 東亞日報社, 1969.

金容新, 「趙素昻 三均主義의 歷史的 位置」, 『史叢』 23, 高麗大 史學會, 1976.

金宇鐘, 「안중근의 애국정신과 동양평화사상」, 『吳世昌화갑기념논총』, 1995.

金祐銓, 「光復軍日記」, 『한국독립운동사연구』 3, 독립기념관, 1989.

金源模, 「서울에서의 3·1운동 신발굴자료 : '조선과 일본'」, 『鄕土서울』 49, 1990.

金源模, 「서재필의 在美韓人會議錄 첫 公開」, 『朝鮮』 60, 1985.

金源模, 「張仁煥의 스티븐스 射殺事件 硏究」, 『東洋學』 18, 단국대, 1988.

김인덕, 「6·10만세운동의 매개가 된 순종의 죽음」, 『역사비평』 16, 1992.

金昌洙, 「韓人愛國團의 成立과 活動」, 『한국독립운동사연구』 2, 독립기념관, 1988.

金昌洙, 「만오 홍진의 항일민족운동」, 『李炫熙화갑기념논총』, 1997.

金昌洙, 「대한민국 임시정부의 군사활동」, 『한민족독립운동사』 7, 1990.

金學奎, 「白波自敍傳」, 『한국독립운동사연구』 2, 1988.

金亨錫, 「一齋 金秉祚(1877~1947)의 민족운동」, 『수촌박영석교수화갑논총』, 1992.

金鎬逸, 「대한민국임시정부의 교육사상」, 『한국사론』 10, 국사편찬위원회, 1981.

金弘壹, 「나의 證言, 大陸의 憤怒」(老兵의 回想記), 『한국일보』 1972년 5월 31일~6월 2일자.

金弘壹, 「不滅의 鬪魂」, 『다리』 48, 1973.

金喜坤, 「1920년대의 임시정부외곽단체」, 『경북사학』 4, 경북대 사학과, 1982.

金喜坤, 「한국노병회의 결성과 독립전쟁준비방략」, 『윤병석화갑기념논총』, 1990.

金喜坤, 『상해지역 한국독립운동단체연구』, 경북대 박사학위논문, 1991.

盧景彩, 「'임시정부'는 얼마나 독립운동을 하였나」, 『역사비평』 11, 1990.

盧景彩, 『한국독립당연구』, 고려대 박사학위논문, 1992.

동아일보사, 『현대사를 어떻게 볼 것인가』 1~4, 1987.

朴成壽, 「한국광복군에 대하여」, 『백산학보』 3, 1967.

朴成壽, 「石吾 李東寧의 독립사상」, 『유병덕화갑기념논총』, 원광대, 1990.

朴永錫, 「大韓民國 臨時政府와 國民代表會義」, 『韓國史論』 10, 국사편찬위원회, 1981.

朴永錫, 「민족유일당 연구」, 『朴性鳳화갑기념논총』, 1987.

朴永錫, 「洪震의 중국동북지역에서의 항일민족독립운동(1927~1933)」, 『李炫熙화갑기념논총』, 1997.

朴容玉, 「趙信聖의 민족운동과 의열활동」, 『吳世昌화갑기념논총』, 1995.

朴贊勝, 「1910년대말~1920년대 여운형의 민족해방운동론」, 『역사와 현실』 6, 1991.

潘炳律, 「李東輝와 韓末 民族運動」, 『한국사연구』 87, 한국사연구회, 1994.

潘炳律, 「李東輝와 1910년대 해외민족운동」, 『한국사론』 33, 서울대 국사학과, 1995.

潘炳律, 「대한국민의회와 상해임시정부의 통합정부 수립운동」, 『한국민족운동
　　　　사연구』 2, 1988.

白永瑞, 「抗日戰期 중국민족운동의 과제와 통일전선」, 『창작과 비평』 20,
　　　　1987.

方善柱, 「대한민국 임시정부와 미국」, 『대한민국 임시정부와 독립운동』 발표
　　　　요지, 대한민국 임시정부 수립 80주년기념 국제학술회의, 1999.

裵勇一, 「신채호의 애국계몽사상 연구」, 『吳世昌화갑기념논총』, 1995.

裵勇一, 「박은식과 신채호의 역사사상 비교」, 『李炫熙화갑기념논총』, 1997.

孫科志, 『日帝時代 上海 韓人社會 硏究』, 고려대 박사학위논문, 1998.

孫科志, 「일제시대 상해 한인사회의 경제구조와 한인의 생활실태」, 『한국독립
　　　　운동사연구』 12, 독립기념관 한국독립운동사연구소, 1998.

孫世一, 「大韓民國臨時政府의 政治指導體系」, 『3·1運動 50周年紀念論集』,
　　　　동아일보사, 1969.

孫世一, 「김구선생의 민족주의」, 『나라사랑』 21, 외솔회, 1975.

宋建鎬, 「항일독립운동기의 인물 연구 - 金奎植의 一生」, 『국사관논총』 18, 국
　　　　사편찬위원회, 1990.

宋南憲, 「우사 김규식」, 『한국현대인물론』 2, 을유문화사, 1987.

宋炳基, 「이승만과 김구의 민족노선」, 『창작과 비평』 1977년 봄호.

宋鍾復, 『日帝의 韓國産業權 침탈과 그 저항에 관한 硏究』, 성신여대 박사논
　　　　문, 1992.

申基碩, 「大韓民國 臨時政府의 國際的 地位」, 『임정수립 전후의 해외독립운
　　　　동』(徐廷德화갑기념논집), 동아일보사, 1970.

申福龍, 「大韓民國 臨時政府와 金九」, 『한국사론』 10, 국사편찬위원회, 1981.

申福龍, 「臨時政府와 金九」, 『논문집』 13, 건국대 대학원, 1981.

愼鏞廈, 「新民會의 創建과 그 國權回復運動」 上, 『韓國學報』 8, 一志社,
　　　　1977.

愼鏞廈, 「新民會의 創建과 그 國權回復運動」 下, 『韓國學報』 9, 一志社,
　　　　1977.

愼鏞廈, 「新民會의 獨立軍基地創建運動」, 『韓國文化』 4, 서울대 한국문화연
　　　　구소, 1983.

愼鏞廈, 「신한청년당의 獨立運動」, 『한국학보』 44, 일지사, 1986.

申載洪, 「歐美洲에서의 抗日獨立運動」, 『한국민족운동연구논총』, 영남대 출판
　　　　부, 1988.

申載洪, 「大韓民國 臨時政府의 外交活動」, 『사학연구』 22, 한국사학회, 1973.

申載洪, 「大韓民國 臨時政府와 歐美와의 關係」, 『한국사론』 10, 국사편찬위원회, 1981.

申載洪, 「북로군정서와 김좌진 장군」, 『나라사랑』 41, 외솔회, 1981.

신춘식, 「상해 임시정부 인식에 문제 있다」, 『歷史批評』 1988년 봄호.

신춘식 외, 「대한민국 임시정부 정통론의 허와 실」, 『망원한국사연구실 회보』 1988. 2.

安秉煜, 「大韓民國臨時政府와 安昌浩」, 『한국사론』 10, 국사편찬위원회, 1981.

안준섭, 「대한민국임시정부하의 후기 좌우합작」, 『한국사회사연구회논문집』 1, 1986.

안준섭, 「한국임시정부하의 좌우합작」, 『통일전선과 민주혁명』 2, 사계절, 1988.

양영석, 「대한민국 임시의정원 연구(1919~1925)」, 『한국독립운동사연구』 1, 독립기념관, 1987.

양영석, 「대한민국 임시의정원 연구(1925~1945)」, 『한국독립운동사연구』 2, 독립기념관, 1988.

梁榮煥, 「日帝의 侵略機構」, 『한국사』 21, 국사편찬위원회, 1976.

梁潤模, 「白凡 金九의 애국계몽사상 성립배경 -『白凡逸志』에 나타난 의식변화를 중심으로」, 『윤병석화갑기념논총』, 1990.

吳世昌, 「大韓民國臨時議政院의 역할」, 『한국사론』 10, 국사편찬위원회, 1981.

吳世昌, 「上海臨時政府」, 『한국현대사』 5, 1969.

劉準基, 「1920년대 在滿독립운동단체에 관한 연구」, 『한국민족운동사연구』 2, 1988.

尹慶老, 『105人 事件을 통해 본 新民會 硏究』, 고려대 박사학위논문, 1988.

尹炳奭, 「1910년대 미주지역 한인사회의 동향과 祖國獨立運動 - 한인 소년병학교와 숭무학교, 대조선국민군단사관학교를 중심으로」, 『두계이병도 구순기념 한국사학논총』, 국학연구원, 1987.

尹炳奭, 「1932년 上海義擧前後의 國際情勢와 獨立運動의 動向」, 『韓國獨立運動과 尹奉吉 義士』, 1993.

尹炳奭, 「대한민국 임시정부(1919~45) 연구」, 『아세아학보』 13, 1979.

尹炳奭, 「이상설과 이동휘의 민족운동」, 『吳世昌화갑기념논총』, 1995.

윤세원, 「白凡의 정치사상과 통일노선」, 『백범연구』 2, 백범김구선생 기념사업회, 1986.

이경민, 「일본에서의 한국민족운동」, 『李炫熙화갑기념논총』, 1997.

이규갑, 「한성 임시정부 수립 전말」, 『신동아』 1969년 4월호.

이동언, 「日帝下 露領地域 韓人社會 形成과 實態 : 3·1運動以前 時期를 중심으로」, 건국대, 1990.

李明花, 「상해에서의 한인 민족교육운동」, 『한국독립운동사연구』 4, 1990.

이범석, 「3·1운동에 대한 중국의 반향」, 『3·1운동 50주년기념논집』, 동아일보사, 1969.

이범석, 「광복군」, 『新東亞』, 56, 1969.

이병화, 「백범의 경제사상 성립배경」, 『백범연구』 3, 백범김구선생 기념사업회, 1987.

李相九 편역, 「上海 假政府의 組織과 活動」, 『신동아』 1967년 2월호.

李相玉, 「3·1運動 當時의 流言」, 『3·1운동 50주년기념논집』, 동아일보사, 1969.

李延馥, 「大韓民國臨時政府의 成長過程」 上, 『경희사학』 1, 경희대 사학회, 1970.

李延馥, 「大韓民國臨時政府의 軍事活動」, 『獨立運動史硏究』 2, 독립기념관, 1988.

李延馥, 「백범 김구」, 『한국현대인물론』 Ⅱ, 을유문화사, 1987.

李延馥, 「대한민국임시정부의 對蘇외교」, 『박영석화갑기념논총』, 1992.

李延馥, 「대한민국임시정부의 역사적 위상」, 『한국민족운동사연구』 23, 1999.

이영일, 「리동휘 성재선생」, 『한국학연구』 5집 별집, 인하대 한국학연구소, 1993.

이우진, 「독립운동에 대한 미국의 태도」, 『한국정치외교사학회논총』 2, 1985.

李殷羽, 「1920년대 한중양국에서 전개된 통일전선운동의 역사적 성격 비교」, 『한국민족운동사연구』 22, 1999.

李殷羽, 「대한민국 임시정부와 이시영의 독립운동」, 『李炫熙화갑기념논총』, 1997.

이정식, 「열강의 임시정부에 대한 태도」, 『한민족독립운동사』 7, 국사편찬위원회, 1990.

이정은, 「3·1운동의 지방확산 배경과 성격」, 『殉國』 27, 1993.

李鍾學, 「大韓民國臨時政府의 軍事活動」, 『한국사론』 10, 국사편찬위원회, 1981.

李炫熙, 「美洲에서의 韓國獨立運動 - 군사활동을 중심으로」, 『군사』 4, 국방부

전사편찬위원회, 1982.

李炫熙, 「國民代表會議 召集問題」, 『白山學報』 18, 백산학회, 1975.

李炫熙, 「大韓民國 臨時政府의 軍事光復政策 研究」, 『論文集』 36, 성신여대, 1998.

李炫熙, 「太平洋會議에의 韓國外交後援問題」, 『한국사논총』 1, 성신여대, 1976.

李炫熙, 「大韓民國臨時政府의 指導制」, 『한국사론』 10, 국사편찬위원회, 1981.

李炫熙, 「김마리아의 生涯와 愛國活動」, 『韓國史論叢』 3, 1978.

李炫熙, 「서울을 中心으로 한 開化運動 Ⅲ : 1900年代의 開化運動과 그 實態」, 『鄕土서울』 42, 1984.

李炫熙, 「天道敎의 大韓民國臨時政府 樹立 시말 : 서울지방의 民間政府 樹立意志」, 『鄕土서울』 48, 1989.

李炫熙, 「漢城 臨時政府의 樹立과 民族運動」, 『鄕土서울』 50, 1991.

李炫熙, 「3·1運動以前 時期 憲兵警察制의 性格」, 『3·1運動 50周年紀念論集』, 동아일보사, 1969.

李炫熙, 「3·1運動에 관한 研究」, 『研究論文集』 12, 誠信女子大學校 人文科學研究所, 1979.

李炫熙, 「대한민국 임시정부와 손정도 목사」, 『제1회 아펜젤라기념 학술강좌집』, 정동교회, 1999.

李炫熙, 「海外의 獨立運動(亡命의 隊列에서)」, 『韓國現代史』 5, 新丘文化社, 1969.

李炫熙, 「植民政治, 大韓民國 臨時政府의 政策」, 『韓國史論』 5, 國史編纂委員會, 1978.

李炫熙, 「1920年代 韓中聯合抗日運動」, 『國史館論叢』 1, 국사편찬위원회, 1989.

李炫熙, 「6·10萬歲運動과 大韓民國 臨時政府와의 關聯性」, 『韓國民族運動史研究』 11, 1995.

李炫熙, 「제1차 세계대전과 민족운동계의 동향」, 『金廷鶴송수기념한국사논총』, 1999.

李炫熙, 「임정과 조소앙의 업적」, 『최영희고희기념논문집』, 한림대, 1997.

李炫熙, 「신흥무관학교 연구」, 『東洋學』 19, 단국대, 1989.

李炫熙, 「노백린장군의 국권회복운동」, 『김진봉정년논총』, 충북대, 1999.

李炫熙, 「임시정부의 좌우합작운동 연구」, 『최근영정년기념논총』, 1999.

李炫熙, 「동학혁명과 한국 민족주의 연구」, 『박상환정년기념논총』, 1999.

李炫熙, 「노백린 국무총리의 임정지휘정책」, 『정명호정년기념논총』, 2000.

李炫熙, 「노백린의 독립사상연구」, 『역사학논총』 1, 2000.

李炫熙, 「一齋 金秉祚와 大韓民國臨時政府」, 『한국민족운동사연구』 26, 2000.

李炫熙, 「대한민국임시정부의 지도제와 개혁정책 연구」, 『역사학논총』 2, 2001.

임계순, 「대한민국임시정부에 대한 중국정부의 지원」, 『한국사학』 8, 한국정신 문화연구원, 1986.

林炳稷, 「나의 이력서 上海 臨政 귀임」, 『한국일보』 1973년 11월 24일자.

林秋山, 『대한민국임시정부에 대한 중화민국의 지원정책에 관한 연구』, 경희 대 박사학위논문, 1975.

張世胤, 「중일전쟁기 대한민국임시정부의 대중국외교」, 『한국독립운동사연구』 2, 독립기념관, 1988.

張乙炳, 「건국강령에 나타난 조소앙의 민주주의이념」, 『삼균주의연구논집』 10, 삼균학회, 1988.

장창국, 「육사졸업생들」, 『中央日報』 1982년 10월 29일~11월 30일자.

전우용, 「일제하 민족자본가의 존재양태와 민족주의」, 『역사비평』 16, 1992.

鄭國老, 「우남 이승만의 통일의지와 건국노선」, 『북한』 1988년 2월호.

정두옥, 「재미한인독립운동 실기」, 『한국학』 별집 3, 인하대 한국학연구소, 1991.

鄭用大, 「주파리위원부의 유럽외교활동에 관한 연구」, 『조항래교수화갑기념논 총』, 1992.

鄭晉錫, 「상해판 독립신문에 관한 연구」, 『汕耘史學』 4, 1990.

趙東杰, 「大韓民國 臨時政府의 組織」, 『한국사론』 10, 國史編纂委員會, 1981.

趙東杰, 「대한민국임시정부의 건국강령」, 『삼균주의연구논문집』 16, 1996.

趙東杰, 「1910년대 민족교육과 그 평가상의 문제」, 『한국학보』 6, 일지사, 1977.

趙凡來, 「韓國獨立黨硏究(1929~1945), 『한국민족운동사연구』 2, 1988.

趙凡來, 「韓國國民黨硏究」, 『한국독립운동사연구』 4, 독립기념관, 1990.

趙一文, 「金九의 獨立鬪爭과 獨立思想」, 『統一問題硏究』 1, 건국대 통일문제 연구소, 1976.

趙一文, 「韓國臨時政府 抗爭史」, 『韓國現代文化史大系』 5, 高麗大 民族文化 硏究所, 1980.

趙一文, 「光復軍의 組織과 對日戰」, 『한국민족운동사연구논총』, 영남대, 1988.

趙恒來, 「항일독립운동사에서의 대한독립선언 위상」, 『朴成壽화갑기념논문집』, 1991.

趙恒來, 「한국군의 창군맥락과 정통성 계승」, 『李炫熙화갑기념논총』, 1997.

車文燮, 「구한말 육군무관학교 연구」, 『아세아연구』 16 - 2(50), 1973.

최린, 「자서전」, 『한국사상』 4, 한국사상편찬위원회, 일신사, 1962.

최린, 「凜凜丈夫의 李東輝氏」, 『開闢』 통권 62호, 1925년 8월.

崔埈, 「大韓民國 臨時政府의 言論活動」, 『韓國史論』 10, 국사편찬위원회, 1981.

최혜경, 「우천 조완구의 민족의식과 대종교의 구국활동」, 『慶州史學』 18, 경주 사학회, 1999.

최혜경, 「애국계몽운동기 우천 조완구의 대동교운동」, 『慶州史學』 19, 경주사 학회, 2000.

秋憲樹, 「韓國臨時政府의 外交에 관한 硏究」, 『延世論叢』 10, 연세대 대학원, 1973.

秋憲樹, 「大韓民國 臨時政府의 政治史的 意義」, 『韓國史學』 3, 한국정신문화 연구원, 1980.

秋憲樹, 「대한민국임시정부와 중국과의 관계」, 『한국사론』 10, 1981.

秋憲樹, 「임정의 민족사적 의의」, 『한민족독립운동사』 7, 국사편찬위원회, 1990.

韓相禱, 「김구의 항일특무조직과 활동(1934~1935)」, 『한국민족운동사연구』 4, 1989.

韓相禱, 「중국군벌 군사학교와 한국독립운동」, 『박영석교수화갑논총』, 1992.

韓相禱, 『在中韓人軍官學校硏究』, 건국대 박사학위논문, 1993.

한상범, 「백범사상과 건국정신」, 『백범연구』 3, 백범김구선생기념사업협회, 1987.

韓詩俊, 「대한민국임시정부의 광복후 민족국가 건립론」, 『한국독립운동사연 구』 3, 1989.

韓詩俊, 「한국광복군의 창설배경」, 『동양학』 22, 단국대 동양학연구소, 1992.

韓詩俊, 「중경시대 임시정부와 통일전선운동」, 『쟁점 한국근현대사』 4, 한국근 대사연구소, 1994.

韓詩俊, 「대한민국임시정부와 한국광복군」, 『吳世昌화갑기념논총』, 1995.

韓鎔源, 『韓國軍의 創軍過程과 美軍의 役割』, 고려대 박사학위논문, 1983.

胡春惠, 「朱家驊與韓國獨立運動」, 『박영석화갑기념논총』, 1992.

玄楯, 「布哇遊覽記」, 1909.

홍선표, 「이승만의 통일운동 - 1930년 하와이 동지 美布대표회를 전후로」, 『한국독립운동사연구』 11, 1997.

홍선표, 「1930년대 재미한인의 통일운동」, 『한국독립운동사연구』 10, 1996.

홍선표, 「1930년대 후반 하와이 한인의 통일운동」, 『한국독립운동사연구』 12, 1998.

洪淳鈺, 「上海臨時政府의 正統化過程」, 『신동아』 43, 1968.

洪淳鈺, 「대한민국임시정부」, 『한국현대사의 전개』, 1988.

洪淳鈺, 「대한민국임시정부의 대중국외교 시도(1940~1945)」, 『한국독립운동과 열강관계』, 한국정치외교사학회, 1985.

洪淳鎬, 「독립운동과 韓佛關係」, 『한국독립운동과 열강관계』, 한국정치외교사학회, 1985.

洪允靜, 「盧伯麟의 抗日獨立運動 硏究」, 『한국민족운동사연구』 18, 1998.

황묘희, 「중경 임시정부의 건국구상」, 『李炫熙화갑기념논총』, 1997.

찾아보기

李炫熙 教授 略歷

1937년 서울생. 한국사 전공, 文學博士.
미국 Harvard大 연구소에서 한국근현대사 연구.
東京女子大學校 초빙교수, 일본 法政大 객원연구교수,
中華民國中央研究院 近代史研究所에서 근대사와 한국독립운동사 연구.
국사편찬위원회 편사연구관. 문화재전문위원. 도서윤리위원.
한국정신문화연구원 교수(역사연구실장).
한국민족운동사학회 회장 역임.
서울특별시문화상(1985) 수상.
5·16민족 학술상(1992) 수상.
의와참 학술상(1997) 수상.
現, 성신여자대학교 사학과 교수. 東學學會 회장. 문명학회 부회장. 石吾李東寧思想研
    究所 소장. 서울특별시 문화재위원. 청도대학 객원교수. 대한민국 독립기념관 자문
    위원. KBS·MBC 자문위원. 국사편찬위원회 위원. 서울시·정보통신부·문화관광
    부·교육인적자원부·행자부 자문위원. 노백린장군기념사업회 부회장. 유정조동호
    선생기념사업회장.
e-mail : jookdang@netian.com

주요저서
『大韓民國臨時政府史』[I](1983, 집문당), 『3·1運動史論』(1979, 동방도서), 『3·1獨立
運動과 臨時政府의 法統性』(1987, 동방도서 : 일어판, 1996), 『東學革命과 民衆』(1985,
대광서림), 『光復鬪爭의 선구자』(1990, 동방도서), 『臨政과 李東寧 研究』(1989, 일조
각), 『韓民族光復鬪爭史』(1989, 정음문화사), 『光復前後史의 再認識』전2권(1991, 범우
사), 『대한민국임시정부』(1991, 한민족운동사학회), 『征韓論의 背景과 影響』(1986, 대
왕사), 『東學思想과 東學革命』(1986, 청아출판사), 『趙東祜抗日鬪爭史』(1992, 청아출
판사), 『韓國近現代史의 爭點』(1993, 삼영), 『한국현대사의 올바른 인식』(1993, 동방도
서), 『우리나라 근대인물사』(1994, 새문사), 『東學革命史論』(1994, 대광서림), 『大韓民
國臨時政府 主席 李東寧 研究』(1995 일어판, 1997 중국어판, 2001 영어판, 동방도서),
『우리나라 현대사의 인식방법』(1998, 삼광출판사), 『대한민국, 어떻게 탄생했나』(1998,
대왕사), 『3·1혁명, 그 진상을 밝힌다』(1999, 신인간사), 『계원노백린장군연구』(2000,
신지서원), 『우리 역사 속의 진실찾기』(2001, 신지서원) 등 60권 85종과 학술논문 188편
이 있다.

대한민국임시정부사연구

이현희 지음

초판 1쇄 인쇄 · 2001년 4월 6일
초판 1쇄 발행 · 2001년 4월 11일

발행처 · 도서출판 혜안
발행인 · 오일주
등록번호 · 제22 - 471호
등록일자 · 1993년 7월 30일
121 - 836 서울 마포구 서교동 326 - 26
전화 · 02) 3141 - 3711, 3712
팩시밀리 · 02) 3141 - 3710

값 30,000원

ISBN 89 - 8494 - 121 - 2 93910